人体运动表现的测量与评价

[美]
詹姆斯·R. 莫罗 (James R. Morrow)
戴尔·P. 穆德 (Dale P. Mood)
詹姆斯·G. 迪施 (James G. Disch)
姜敏寿 (Minsoo Kang)

著

黎涌明 刘阳 译

（第5版）

人民邮电出版社

北 京

图书在版编目（CIP）数据

人体运动表现的测量与评价：第5版 / （美）詹姆斯·
R.莫罗（James R. Morrow）等著；黎涌明，刘阳译. ——
北京：人民邮电出版社，2020.10
ISBN 978-7-115-54222-9

Ⅰ. ①人… Ⅱ. ①詹… ②黎… ③刘… Ⅲ. ①人体运
动 Ⅳ. ①G804.62

中国版本图书馆CIP数据核字(2020)第098361号

版权声明

免责声明

本书内容旨在为大众提供有用的信息。所有材料（包括文本、图形和图像）仅供参考，不能用于对特定疾病或症状的医疗诊断、建议或治疗。所有读者在针对任何一般性或特定的健康问题开始某项锻炼之前，均应向专业的医疗保健机构或医生进行咨询。作者和出版商都已尽可能确保本书技术上的准确性以及合理性，且并不特别推崇任何治疗方法、方案、建议或本书中的其他信息，并特别声明，不会承担由于使用本出版物中的材料而遭受的任何损伤所直接或间接产生的与个人或团体相关的一切责任、损失或风险。

内 容 提 要

本书是人体运动表现测量与评价的专业指导书。全书分为4个部分，共14章，通过对人体运动表现、人体运动学、体育教育学所涉及的重要概念的讲解，帮助读者梳理出清晰的学习路径；引导读者利用技术手段收集和分析人体表现数据，并在体力活动、体适能训练及运动技能水平等测评方面做出正确的判断，使其将结果应用到实际生活中。针对数据的可靠性和有效性的核心概念，本书提供循证决策，可以用于运动医疗、运动机能学、运动科学和体育教育等行业。

◆ 著　　　　[美] 詹姆斯·R. 莫罗（James R. Morrow）
　　　　　　　戴尔·P. 穆德（Dale P. Mood）
　　　　　　　詹姆斯·G. 迪施（James G. Disch）
　　　　　　　姜敏寿（Minsoo Kang）
　　译　　　　黎涌明　刘 阳
　　责任编辑　寇佳音
　　责任印制　周昇亮

◆ 人民邮电出版社出版发行　　北京市丰台区成寿寺路 11 号
　　邮编　100164　电子邮件　315@ptpress.com.cn
　　网址　https://www.ptpress.com.cn
　　天津翔远印刷有限公司印刷

◆ 开本：700×1000　1/16
　　印张：29.75　　　　　　　　2020 年 10 月第 1 版
　　字数：618 千字　　　　　　2020 年 10 月天津第 1 次印刷
　　著作权合同登记号　图字：01-2016-6535 号

定价：248.00 元
读者服务热线：(010)81055296　印装质量热线：(010)81055316
反盗版热线：(010)81055315
广告经营许可证：京东市监广登字 20170147 号

目录

第 14 章　基于表现的测评：测评学生学习的其他方法 ················ 383

杰克琳·L. 伦德（Jacalyn L. Lund），佐治亚州立大学

前言

　　本书首次出版距今已有近 20 年，第 5 版依然初心不改，坚持第 1 版的写作目标。我们希望写出一本反响好且互动性强的教材，让人体运动表现、人体运动学、运动科学和体育教育专业的本科生都能够读懂。

　　各位同学，你们将要学习人体运动表现、人体运动学、运动科学和体育教育方面的各种概念，编写这本书的各位作者认为，这些概念是本科阶段应该学习的最重要的概念。我们知道，你们的运动行为学、运动生理学和生物力学的老师，甚至是英语、数学和历史课程的老师，同样都会认为各自所教的课程是最重要的。我们并非认为这些课程不重要，或者说远远不及本课程重要。然而，本书中的重要概念，其可靠性、客观性和有效性确实胜过很多其他课程。我们深信，你们希望在自己工作和生活的方方面面都能够做出正确的抉择。从真正意义上来说，这就意味着你们希望做出基于证据的决策，这样的决策是准确、可信、真实的，并且是有针对性的。这正是大家现在所学的教材和课程的核心内容。

　　无论你心仪的职业方向是物理治疗（另一种与健康相关的职业）、教学、运动防护、一般人体运动学（或是运动科学）、健康和体适能，或是体育研究或体育管理，你都能从本书中学到一些重要概念。当你走上工作岗位后，这些概念对你的日常工作能立竿见影地发挥重要作用。众所周知，体力活动影响着生活质量以及各种疾病的发病率和死亡率。不论你具体从事何种职业，测量体力活动、体适能以及身体技能水平对你都非常重要。无论是进行精神性运动、认知，还是情感范畴的测试，都应该理解并使用正确的测量程序。

　　当你通过某种类型的测试或调查过程获得相关的数据时，你希望能够确信你获得的用于决策的数据是可靠的。也就是说，你能够信赖这些数据吗？这些数据是真实的吗？设想你无论是在测试一名学生或顾客的体适能水平，还是收到私人医生提供的测试结果，你都希望该结果是有效的，因为你将依据该结果做出重要的人生抉择。在本书中，我们将帮助你学习如何收集和分析数据，对结果进行解释，并让你确信所学知识对于你做出明智的抉择具有足够的价值。

　　本书的作者们多年来一直担任大学的教授，教龄相加超过 150 年。对于本书中的内容，我们已经在成百上千次相关课程中使用过，并教过成千上万的学生。我们从这些学生那里收获了很多反馈信息以及评价。我们试图将所有这些有用的信息都加入本书之中，从而让该课程和资料变得生动有趣、内容翔实且有用。我们知道有些（或者说很多）学生对于测量与评价课程所介绍的内容望而生畏。我们相信我们有能力解答这样一门课程中的种种疑团，并帮助大家理解和学习其中的内容。大家应该知道，本书中涉及的数学知识的难度水平不超过代数入门课程。通过将这些入门级的概念与信度和效度理论巧妙结合，我们希望大家在工作和生活中需要做出决策时，会立刻想到如何收集和分析数据，并通过分析做出明智的决策。这并不意味着该课程一定很简单。当然，也没有像有些学生想的那么难。但是，该课程的确需要认真学习、复习，并使用逻辑思维能力来将这些概念结合起来。我们相信本书在整合概念方面做得很好。

第 5 版的更新内容

在第 5 版中，我们保留了那些有用的内容，增加了一些新内容，并对内容的排列做了一些调整，以便师生能够更好地理解本书的内容。教师可以将这些内容运用于具体的课堂教学中，学生可以利用这些内容来制定自己的职业目标。第 5 版主要进行了以下更改。

· 本书的重点内容是数据收集和分析，以便你可以根据证据来进行合理的决策。不论你选择哪种职业，理解基于证据的决策（evidence-based decision）这一概念都是很重要的。

· 同前几个版本一样，在本书中我们继续主要使用 SPSS（IBM SPSS 统计）来进行数据统计和分析，同时也会使用微软 Excel 软件。附录中介绍了一些例子，内容包括一些统计示例的操作说明、截屏和计算模板。

· 每章都增加了关于体力活动评价方面的信息。

· 我们继续在每章中使用大数据集，从而让大家可以在后续复习前面学过的概念和方法，以表明计算机技能对于测量与评价的重要性。请注意，这些大数据集只是起到解释说明的作用，可能并不包含某个具体研究所得出的真实数据。虽然学生们通常会忽视这些附加资料，但是我们给出这些资料的目的是帮助大家学习和温习课程内容。学生应该合理利用这些资源！

· 鉴于人们更加关注体力活动预测，以及对数据收集、分析和预测的应用，我们在第 11 章增加了一些关于体力活动分析的内容。

· 同时，本书的同主题视频课程中包含了一些专业人员录制的视频短片，他们在视频中评论并阐释了测量与评价以及数据收集和决策在他们各自职业生涯中的重要性。

结构安排

本书分为 4 个部分。

第一部分，测量与评价概述，共有两章。第 1 章介绍测量与评价中的一些概念，以及大家将会使用这些概念和相关工具的一些领域。第 2 章利用技术进行测量与评价，这一章的内容很重要。我们在生活中的每一天都在使用本书中介绍的信息。然而，如果所有这些工作都通过动手来完成将会非常枯燥，同时也容易出错。使用统计技术不会消除所有的错误（你还是可能录入错误的数据、利用错误的方法分析数据或者错误地解释分析结果），但是这样做却能帮助你节省大量的时间。我们使用 SPSS 和 Excel 来帮助你完成分析。第 2 章将介绍这些工具，并且在后续的章节中都会有相关的例子。"学习测量与评价很重要吗？我能够学会这些知识吗？能够娴熟地运用这些知识吗？"我们认为答案是肯定的，希望大家在学完第一部分之后也能做出肯定的回答。

第二部分，基本统计概念，包括 3 章，介绍统计学的背景知识，有助于理解其余章节介绍的决策和解释。通过第 3、第 4、第 5 章以及本书其余章节的学习，你将增加 SPSS 和 / 或 Excel 的使用经验。在第二部分将学习众多的统计概念，因此有些学生认为该课程是统计学的内容。虽然所介绍的统计学的基础知识很重要，但是我们更喜欢将这些知识看作进行信度和效度决策的基础内容。再次声明，这些方面所需的数学知识难度水平相当于高中或大学代数课程。有一点很重要，我们不是数学家，也不要求大家是数学家。但是我们都是本书内容的实际使用者，事实上我们在每天的生活中都在使用这些信息。我们尝试将数学知识的难度降到最低，同时重点介绍相关的概念。虽然具备较强的数学知识可能会对大家有帮助，但是我们介绍的相关内容的方法希望或要求学生只要具有最基本的数学专业知识即可。而且，使用 SPSS 和 Excel 可以帮助大家快速准确地完成涉及大量观察数据的耗时长、难度大的任务。第 3 章，描述统计与正态分布，阐释了如何描述测试结果并用图表对其进行解释。第 4 章，相关系数和预测，帮助大家理解各种变量之间的关系，以及如何通过一个变量了解其他变量。人体表现领域的研究人员每天都在使用第 5 章 "推论统计" 的内容，以此帮助他们根据研究结果进行决策并判断如何归纳这些结果。众所周知，体力活动、体适能以及能量支出对于生活质量、健康、疾病以及死亡的风险等都有重要影响。关于这些变量与生活质量之间的关系，我们获得的很多知识都源于第二部分将要学习的各种分析。你是否希望通过有趣而有意义的方式展示自己的测试结果呢？你是否希望能够阅读、解释、理解和使用与你的职业相关的科学研究文献呢？学完第二部分，你就将能够做到这些。

第三部分，信度和效度理论，是本书最重要的概念。本书各章介绍的所有内容都能指向或溯源于信度和效度概念。第 6 章从常模参考的角度介绍信度和效度，第 7 章则从标准参考的角度介绍信度和效度。第 6 章和第 7 章有很多共同之处。二者主要的区别在于涉及的测量水平。第 6 章中，测试结果从本质上来说是连续的（如体脂或摄氧量），而第 7 章的测试结果则是绝对的（如达标 / 不达标或活着 / 死亡）。除此之外，信度和效度的概念在两章之中都有交叉。想一想你最近一次完成的测试。测试的地点可能在学校、医生的办公室、单位或其他地方。你如何知道测试结果是可靠的，同时能够准确地反映你的真实情况？学完第三部分，你就能更好地解释这些结果。

第四部分，人体表现的应用，共包含 7 章。第四部分的目的在于阐释各种实际场景，在这些场景中大家将会运用到在本书中已经学到的各种知识。第 8 章 "研发书面试题和调查"，介绍如何创建各种测试来区分不同知识水平的人群。虽然具备区分知识水平的能力很重要，但是做起来却很难。在这方面还有一项能力很重要，即设计适当的调查和问卷材料，以准确地反映某个人或某个团体的知识水平和态度。第 9 章和第 10 章重点关注精神性运动范畴，并阐释如何对成年人（第 9 章）、儿童和青少年（第 10 章）的体适能和体力活动水平进行评价。第 11 章在评价运动技能和运动能力的同时，阐释了信度和效度等问题。许多教科书都利用这类章节列出各种测试，可以或者应该用来评价某项特定的技能（如网球或高尔夫）或能力（如跳跃或投掷）。本书没有为你提供建议使用的测试，而是指出在选择某项测试时应该考虑的一些重要概念，然后让你判断某个特定的测试是否满足自己的需求。假设你希望测量你的学生、客户或是你指导的运动员的身体技能、身体能力或状况，评价他们能力和技能的最佳方法是什么，以及如何解释和利用得出的结果？例如，美国国家橄榄球联盟每年通过所谓的 "选秀训练营" 来进行这项工作，开展多项活动来决定选拔由哪些球员组成一支队伍。学完第 11 章，你将能够使用测量技术来回答上述的很多问题。

第 12 章，体育运动中的心理测量，介绍了可以用于情感范畴的各种度量。这里讨论的度量用于评价态度、信仰和观念，这些内容基本上看不见、摸不着，但是理论上（和实际上）是存在的。例如，我们不难想到有些人对于体力活动持有某种态度，但是如何测量这种态度呢？学完第 12 章，你将能够更好地解释从情感范畴中获得的结果。

最后两章，最适合那些有意从事公立或私立学校教学工作的读者。其中介绍的概念对于评估认知和精神性运动范畴的表现非常重要，重点关注测量的公平性、无偏见性以及真实性等要点。即使学生有意从事的职业不包括评价学生成绩，他们也能从这些章节中学到很多知识，并能够将这些知识运用于他们现在已经选修或是在本科阶段后期将会选修的课程中。你是否已经熟悉自己选修课程的评分程序？你希望教师做什么而让评分更加公平？第 13 章和第 14 章将帮助你更好地解答这些问题。

附录部分的微软 Excel 应用，为无法获取 SPSS 的学生提供 Excel 的支持。其中介绍了如何使用 Excel 计算、测量和评价统计数据。使用 Excel 得出的计算结果与使用 SPSS 获得的结果相似。附录还为有些情况（卡方检验和流行病学统计）提供了模板，大家可以使用这些模板，省去许多必要而烦琐的步骤。

学生学习资料

本书第 5 版的一大重要特色就是包含了大量不同类型的学生学习资料，帮助你学习本书的内容，并理解如何将本书的内容运用于与人体表现相关的职业和日常决策之中。在每章中，你将会发现很多资料能帮助理解和掌握相关信息。

· 每章开篇之处提供了章节概要，介绍本章的组织结构，帮助你找到关键信息。

· 章节学习目标总结了学完本章之后应该掌握的要点。

· 我们对重要的术语在词汇表中提供了术语定义。

· 每章的开篇和结尾都设置了测量与评价的案例思考。开篇给出了某种场景，即某个人遇到了某种情况；结尾阐释本章所介绍的概念如何能够帮助这个人处理开篇场景中遇到的那些问题。

· 要点内容测试你是否已经掌握了某个特定的概念。这些内容包括各种问题和练习，它们将帮助你确认是否已经掌握了某个章节中特定位置的相关内容。有些要点内容要求大家使用计算机来完成有关任务。

· 数据集应用为你提供了一个机会来练习第 2～14 章介绍的很多技能。你应该遵循本书的指导，从而积累使用统计软件的有益经验。

我们建议你学完本书每章提供的所有资料。学完这些资料将帮助你更好地理解有关概念，并将它们运用到你的工作中，同时还能帮助你应对相关的考试。

学习小窍门

这里介绍几个小窍门，应该可以帮助你学习和使用本书的内容。坦率地说，大部分的建议适用于你选修的所有课程，而且大部分学生都知道。虽然大家知道自己该做什么，但是难点在于切实付诸行动。以下是我们的建议。

1. 阅读每章开篇之处的测量与评价的案例，对其进行认真思考。

2. 带着测量与评价的挑战，在阅读之前浏览整章内容。标出让你感兴趣的重点内容。

3. 阅读本章内容，标出更详细的要点。

4. 尝试完成家庭作业问题。

5. 每天按时上课。不要坐在朋友旁边。上课时要记笔记，多提问。

6. 分组集体学习。

7. 重做家庭作业问题。

8. 重读本章内容。

9. 回顾本章开篇的测量与评价的案例思考，看看自己是否明白如何利用本章内容帮助自己解决这一难题。

10. 从第 2 章开始，每章都有大数据集，请大家运用这些数据集。根据提示进行分析，同时还要进行与数据集相关的独立分析。

11. 如果有疑问，请思考自己如何通过学习来获取答案。通读相关章节的内容，温习自己的笔记，查看家庭作业。有些老师提出这样的建议："在向我求助之前，先问 3 个人。"意思是你应该带着自己的问题问 3 位同学（或其他人）。这种互动将有助于更好地学习相关内容。如果问完 3 个人，你的问题还没有解决，就去问老师吧。

我们相信，我们撰写的这本教科书通俗易懂、趣味性强且内容丰富。它介绍了帮助你进行决策的重要信息和概念。建议你充分利用本书以及各种相关资源。用功的学生利用充分的时间来学习，按时上课，提前预习并遵循上述建议，而不用功的学生则不使用这些技能、方法和措施。我们发现，与后者相比，前者对于信度和效度理论理解得更深，对相关概念理解得更好，而且在工作中运用这些概念的频率更高。我们希望大家都能采纳我们的建议：在学习、生活和工作中，阅读、研究、学习、理解，最重要的是运用各种测量与评价概念。

致谢

随着第 5 版的出版，我们也快走到了教学生涯的终点。因此，我们已经启用了一批过渡作者。艾伦·W. 杰克逊（Allen W. Jackson）同意从本书的合著者转为章节作者（参见第 9 章和第 10 章）。艾伦一直以来都是我们团队中的重要成员，没有他的深刻见解、写作和研究活动，我们不可能完成第 5 版。虽然封面上没有写他的名字，但是他为本书做出了重大贡献。中田纳西州立大学的姜敏寿（Minsoo Kang）也以作者的身份参与了本书的撰写。姜敏寿曾是伊利诺伊大学运动测量实验室朱为模教授的学生。朱为模可以说是体育测量界的泰斗。姜敏寿在第 5 版中的贡献主要是更新本书的辅助材料。我们很高兴姜敏寿能够加入我们的团队。

我们要感谢来自迈阿密大学俄亥俄州牛津校区的罗伯特·S. 温伯格 （Robert S. Weinberg）和约瑟夫·F. 克恩 （Joseph F. Kerns）撰写第 12 章的内容。同样，我们还要感谢来自佐治亚州立大学的杰克琳·L. 伦德（Jacalyn L. Lund）对于第 14 章的写作做出的巨大贡献。

在本书的写作过程中，许多专业从业人员为我们提供了指导、建议和鼓励，否则我们不可能完成这本书。我们与人体运动出版社的专业人士进行的合作成果显著。我们想特别感谢艾米· 托科（Amy Tocco）和朱迪·帕克（Judy Park）。乔·巴克（Joe Buck）花费了大量的时间和精力来对本书进行编排与布局，同时，卡莉·奥康娜（Carly S. O'Connor ）也帮助我们进行了最后的收尾工作。对于他们的辛勤付出，我们深表感谢。道格·芬克（Doug Fink）和丽莎·摩根（Lisa Morgan）在最终敲定该版大量的在线内容方面发挥了重要作用。我们还要向众多的测量与评价专业人员致敬，我们从他们那里学到了很多。这些人（包括我们的良师益友和学生）包括 ASJ、ATS、BAM、CHS、DJH、GVG、HHM、HRB、JAS、JEF、JLW、JMP、KDH、LDH、LRO、LSF、MAL、MEC、MJL、MJS、MJS、MSB、MTM、RGB、RGF、RWS、SSS、SNB、TAB、TMW、VWS、WBE 和 WZ。最后，还要感谢我们的家人，我们在计算机前花费了大量的时间，感谢你们的包容。我们试图在测量与评价方面做出一点贡献并引发大家的思考，这些工作实际上反映了我们的同事和朋友的努力。谢谢大家。

第一部分

测量与评价概述

我们都希望做出明智的选择。在第一部分中，我们将向大家介绍测量与评价的各种概念，及其对于决策的重要性。这些概念是本书后面各章节中学习人体表现测量的基础。第 1 章将介绍人体表现测量的范围和用途，以及相关原理和概况。第 2 章介绍计算机在人体表现方面的各种应用，主要是在测量和评价方面的应用，还将介绍书中其余章节中很多练习需要用到的各种先进技术。具体来说，大家将要使用网络和统计软件［SPSS（IBM SPSS 统计）和微软 Excel］来帮助解决测量与评价中的各种问题。

第一部分为大家提供了大量的背景知识，并讲解了各种计算机技能，这些对于有效进行测量和决策都是十分必要的。例如，大家将学习如何在 SPSS 中创建数据，通过 SPSS 读取 Excel 文档，并使用适当的步骤对数据集进行分析。本书其余章节的要点内容以及提供的其他练习都将运用到这些步骤。

第1章

测量与评价的各种概念

学习目标

学完本章，你将能够掌握以下内容。

- 理解测试、测量和评价等术语的定义。
- 区分常模参考和标准参考两种标准。
- 区分形成性评价和总结性评价。
- 讨论测量与评价过程的重要性。
- 明白测量与评价的各种目的。
- 明白目标对于决策过程的重要性。
- 区分认知、情感和精神性运动等范畴与人体表现的关系。

测量与评价的案例思考

　　鉴于你已开始学习人体运动表现测量与评价的相关知识，我们先对你在整本书中即将学到的内容进行一个整体介绍。第一个测量与评价的案例思考介绍了一个场景，该场景与大家将要学习的大多数内容相关联。我们首先对场景进行描述，然后在相应章节的结尾处向大家解释如何解答场景中出现的各种问题。

　　假设你的父亲和你谈到他最近的体检情况。他已经很多年没有体检了。医生为他进行了一系列的测试，同时还询问了他一些有关生活方式的问题。结果，医生告诉你父亲，他面临患上心血管疾病的风险，他的体重、血压、体力活动水平、胆固醇、营养以及压力水平等因素增加了他患心血管疾病的概率。你父亲告诉你，他自我感觉很好，曾在高中和大学阶段积极参加体育活动，现在气色也好于大多数的同龄人，无法想象自己患病的风险真的增加了。因为他知道你了解引发心血管疾病的各种风险因素，所以他问你以下几个问题。

　　1. 怎么知道测量是否准确？

　　2. 什么证据能够表明这些特征与患心血管疾病的确有关联？

　　3. 医生对于测试所做的评价准确性如何？

　　4. 测试获取的哪些数值说明测试对象的患病风险增加？例如，为什么一开始就判定，一个人的收缩压为 140 毫米汞柱时患病风险增大？为什么血压从 140 毫米汞柱降至 130 毫米汞柱和 120 毫米汞柱时患病风险降低？你父亲说一直积极参加体育活动，但是这意味着什么呢？他进行的体力活动量是否足以增加健康，或者降低出现不良后果的风险呢？对于每一项测量结果都可以提出类似的问题。

　　5. 哪种证据表明改变任何一种上述的相关因素就将降低患病风险呢？

　　你父亲很担忧，因为他不明白这些数字的含义。同样，他与你一样对于这些测量结果的准确性心存疑虑。你希望能够向他解释如何理解这些测试结果，并鼓励他对生活方式做出必要的改变，从而降低出现心血管疾病的风险。

　　解释测量的结果并确定人们所获信息的质量就是本课程的全部内容。本课程提供的信息将帮助大家对于获得的测量结果的准确性和真实性做出明智的抉择，并依据人体表现测量数据进行决策。总体来说，正确的测量以及相应的评价应该可以帮助大家做出正确的决策，例如改变生活方式来改善健康。我们重点关注认知、精神性运动和情感范畴的测量。

　　测量为什么重要？真的有必要了解那么多的统计学概念吗？测量过程中涉及哪些决策？我们如何才能知道测量错误对于决策的影响程度？如何回答这些问题，对于你成为一名人体运动表现领域合格的专业人士非常重要。

　　决策，不论是关于工作的或是生活的，在人生的每个阶段都很重要。我们收集到的数据质量以及对待决策的方法都将影响我们决策的质量。本文介绍的各种统计和测量的概念为大家提供了一个框架，以便于大家依据合理的数据做出准确、可靠的决策。

　　无论在研究、教育或是其他领域，在做决策前，都要先收集数据。例如，大家需要收集信息给学生打分、进行研究项目或体能评估。研究人员收集有关体能方面的数据，研究体能、体力活动、死亡率、发病率和生活质量之间的关系。测量的变量有很多，例如体力活动的数量和类型、血压和胆固醇水平。减重和体重控制是重要的健康问题，所以你可能想要测量能量消耗来预测热量是否平衡。同样，你会首先收集天气数据，然后才会大胆地外出晨跑，你依据所获取的数据（如雨、温暖、黑暗和寒冷）来调整自身的行为。在购买某只股票进行投资之前，你会首先收集有关该公司的历史、领导层、收益以及发展目标等数据。所有这些都是测试和测量的例子。每个例子都是通过收集相关数据并利用这些数据做出最佳决策。

你现在正在学习的这门课程以前叫作"测试与测量"。虽然有些学生将其称为"统计"，事实上这种说法并没能准确描述使用本书作为教材的大部分课程的内容。第二部分（第 3、第 4 和第 5 章）介绍了一些基本的统计概念；然而关于进行测试和测量所必备的统计学和数学知识并不多，仅要求理解一些基本的代数概念。另一方面，本书的每章从某些方面重点介绍信度和效度。在运动人体科学中（人体运动和表现的分支），测量与评价现在正逐渐成为一门单独的学科——运动测量（kinesmetrics）（Mahar and Rowe，2014）。要进行明智的决策，必须先进行准确的测量与评价。有效决策首先依赖于获取的相关信息。以美国青少年体育体力活动水平为例，如何测量、报告和追踪体力活动水平？

《2008 年美国人体力活动指导方针》（*2008 Physical Activity Guldlivs for Americas*）（由美国卫生与公众服务部 2008 年颁布）建议儿童和青少年每天至少进行 60 分钟中高强度的体力活动。然而，美国疾病控制与预防中心（CDC）公布的数据表明，2013 年 15.2% 的美国高中生在调查的前 7 天内，没有 1 天的体力活动时间达到 60 分钟这一最低标准，72.9% 的美国高中生没有连续 7 天日体力活动时间达到 60 分钟。该数据来自美国疾病控制与预防中心青少年风险行为监督系统（YRBSS；Kann et al.，2014）。这些公布的数值是真实可靠的吗？是否可以依据这些数据制定干预措施，从而影响生活方式行为的变化呢？这正是测试与测量（以及信度和效度）发挥作用的地方。

测量与评价的本质

我们在测量与评价中使用的术语有着特定的含义。测量、测试和评价指的是决策过程中的特定因素。虽然这 3 个术语相互关联，但是每个术语都有自己独特的含义，所以应该正确加以使用。测量是测定的行为。通常，测量的结果是给出一个数字，对接受测定的特征进行量化。例如，人们可能被要求自行提供每周进行 MVPA 的天数，或者可能要求他们提供每周进行 MVPA 的分钟数。可以利用电子设备（如计步器或加速度传感器），对他们的体力活动进行追踪。测试是用于进行特定测量的仪器或工具。这种工具的形式可以是书面、口头、生理或心理上的，也可以是机械设备（如跑步机）。要确定每周进行 MVPA 的量，可以使用自我报告、直接观察、计步器或运动传感器（即计步器或加速度传感器）等方式。评价是对已经测定的内容进行质量、好处、优点、意义或价值等方面的陈述。评价意味着比较和决策。确定一个人的体力活动量时，我们可以将该结果与美国国家标准进行比较，从而判断这个人的活动量是否足以带来健康益处。美国国家标准的依据是美国卫生与公众服务部出台的《2008 年美国人体力活动指导方针》（USDHHS，2008）。美国国家标准建议成人每周运动 150 分钟。你可以计算一个人一周的 MVPA，并将其与该标准进行对比。达标（或不达标）就需要通过评价来进行判断。将通过测试获得的测量值与某个标准或其他基准进行比较。当你告诉这个人他是否达到体力活动指导方针规定的标准时，评价就发挥作用了。或者，你也可以报告这个人平均每天行走多少步，并将该步数与一般同龄人每天的步数进行比较。

我们来看另外一个例子。要测量心肺功能，通常以最大摄氧量来衡量有氧代谢能力。可以使用多种方法来测量一个人的最大氧耗量或摄取量。你既可以让一个人在跑台上以最大强度跑步，并收集和分析运动中的呼出气体，也可以在功率自行车上以最大强度骑行，并收集呼出的气体。你还可以让被测人员在跑台或自行车上进行一次最大运动强度的运动，然后根据心率或功率来预测最大摄氧。你也可以测量一个人在 12 分钟内跑步的距离，或跑完 1.5 英里（约 2.4 千米）所需的时间。上述这些工具都能得出一个数值，例如氧气和二氧化碳的百分比、心率、时间或距离。使用其中一种工具进行了最大摄氧量的测量，这并不意味着已经对测量结果进行了评价。对于获取和提供的数据，你应将其与某种参照标准进行对比，否则毫无意义。这时就需要评价。

假设你要测试某人的最大摄氧量。而且，这个人对于最大摄氧量的数值含义一窍不通。当然，该参与者可能知道跑台测试的目的是测量心肺功能。然而，进行某种测量之后，大部分人询问的第一个问题就是我的结果如何或情况如何？如果仅仅告知他"你的最大摄氧量是 30 毫升 /（千克·分）"，他会一头雾水。你必须提供一个评价结果。一份身体检测评价报告通常依据标准性的数据来说明优点或质量等内容。例如，最大摄氧量为 30 毫升 /（千克·分），对于一位 70 岁的老年女性来说结果非常好，而对于一位 25 岁的青年男性来说就很糟糕了。

@ 可观看视频 1.1 和视频 1.2。

常模参考和标准参考

要进行评价性的决策，必须有一个参考。你可以根据常模参考或标准参考进行评价性的决策。依据常模参考进行评价性决策，意味着你需要提供个体的表现与某个团体中其他个体表现的比较结果（例如同一性别、年龄或类型的人群）。这样，就如同前一个例子的情况，你可以报告说，最大摄氧量为 30 毫升 /（千克·分）对于某人的特定年龄或性别来说是较好或较差。你也可以评价一个人与你期望达到的某个标准相对来说的表现。假设一个之前有心脏病的病人，医生可能想了解该病人的最大摄氧量是否达到了 25 毫升 /（千克·分），这个数值表明该病人的心肺健康达到了一个功能性水平。这是一个标准参考的例子。你希望获得的不是某个人与他人相比较的结果，而是与标准或基准进行比较的结果。这个标准通常最开始是基于常模参考数据以及相关领域中专家们的判断。

思考一下如何使用计步器测评各种体力活动水平。一个人要走多少步才能算作一般性的体力活动，并可以使用这样的步数来判断这个人的运动量足以带来健康益处。一个人比另一个人走的步数更多，这并不能表明活动量更多的那个人的活动量是充足的。将一个人的步数与另一个人进行对比属于常模参考比较。将这个人的步数与某个特定的最低值进行对比属于标准参考比较。例如，Tudor-Locke 和 Bassett（2004）曾建议制定针对成人公共健康的步数标准。有些人可能想知道与他人比较自己所走步数是多还是少（即常模参考比较），但是更为重要的度量可能是看这个人所走的步数是否足以带来健康益处（即标准参考比较）。需要注意的是，对于每天应该走多少步才能保持健康还没有一个统一标准。制定这样一个标准（以及许多其他标准）对测量和评价专家们来说是一个难度较大的挑战。

第 7 章将深入学习如何制定标准以及确保标准的有效性。

在过去 40 多年中，青少年体能评价方法发生了改变，这给常模参考和标准参考的比较也提供了机会。采用常模参考时，即按年龄和性别在同学之中进行比较，使用体能得分进行评价。一名儿童完成一项体能测试，然后被告知他的成绩优于某个百分数的儿童。这属于常模参考比较。如今，很多青少年体能测试都采用标准参考进行评价。假设一位 12 岁的男孩完成了 1 英里（约 1.6 千米）的跑步，他的最大摄氧量预估值为 37.5 毫升 /（千克·分）。而美国青少年体适能健康测评系统（Fitnessgram）中，健康体适能区（Healthy Fitness Zone）的最低标准为 40.3 毫升 /（千克·分），因而他的成绩没能达标。美国青少年体适能健康测评系统使用各种标准参考（即健康体适能区）对与健康相关的体适能进行测评。在美国青少年体适能健康测评系统中，重要的不是一个人与同龄人的比较结果，而是这个人的测试结果是否达到健康体适能区（即标准参考）。

多少步才足够?

每天所走的步数	公共健康指数
≤ 5 000	久坐少动的生活方式
5 001 ～ 7 499	活动量较低
7 500 ～ 9 999	有一定的活动量
≥ 10 000	活动量较大
≥ 12 500	活动量非常大

要点内容 1.1

以下测量通常是根据常模参考还是标准参考进行评价的？

- 血压
- 体适能水平
- 血液胆固醇
- 驾照理论考试
- 大学班级成绩

形成性评价和总结性评价

评价分为形成性评价和总结性评价两种。形成性评价包括初步或中期评价，例如月考以及之后对月考成绩的评价。形成性评价应该贯穿整个教学、训练和研究过程中。持续性的测量、评价和反馈对于实现人体表现计划中的各项目标是必要的。例如，进行肩部手术后，你的目标可能是恢复肩关节的活动范围。理疗师可以测量你的活动范围，并给你提供一些增加活动范围的运动建议。这些持续性的评价不必涉及正式的测试，理疗师与病人之间进行简单的观察和信息反馈互动即可。对于跟踪变化来说，形成性评价显然是非常重要的。总结性评价是最终的评价，一般出现在一项教学或培训活动的最后。作为学习本课程的学生，你最关注的可能是总结性评价——分数，即你在学期末取得的成绩。

形成性评价和总结性评价之间的区别看起来似乎只是数据收集的时间上存在不同，然而对于所收集的数据的实际使用是区分形成性评价或总结性评价的依据。所以，在有些情况下，相同的数据既可用于形成性评价，也能用于总结性评价。

减重或体重控制计划就是一个可以简单有效地说明如何运用形成性评价和总结性评价的例子。假设你已经测量了一位受试者的体重和体脂百分比。你的形成性评价表明，该受试者体脂百分比为 30%，需要减掉 10 磅（约 4.5 千克）才能实现理想的 25% 的体脂百分比。你制定了一个为期 10 周的节食和锻炼计划，旨在帮助该受试者每周减重 1 磅（约 0.45 千克）。每周你都会测量参与者的体重和体脂百分比，并将计算出的形成性评价反馈给参与者。参与者知道每周取得的进步或不足。在这个 10 周计划结束时，你再次测量受试者的体重和体脂百分比，并进行一个简单的总结性评价，以判断锻炼计划结束时受试者是否达到了降低体重和体脂百分比的目标。

再来看一下计步器步数。一个人可能制定了一个每天走一万步的长期目标，但是短期目标却是每天多走 500 步，坚持几个星期。随着体力活动量的不断增加，可以对这个目标进行调节。可以将短期目标视为形成性评价，而长期最终的目标则视为总结性评价。在许多日常决策中你知道如何使用形成性评价和总结性评价吗？

@ 可观看视频 1.3。

测量、测试与评价的目的

　　运动人体科学、人体表现、体力活动、健康促进以及健身行业中各方面的专业人士都必须理解如何进行测量、测试与评价，因为他们每天都会进行评价性的决策。我们的病人、学生、运动员、客户和同事会问我们，什么样的工具效果最好，以及如何解释和评价他们的表现和测量结果。不论你对哪个具体的领域感兴趣，使用最佳的工具以及如何解释数据都是你将要学习的重要内容。与评价相关的概念包括客观性（评价者一致性）、可靠性（一致性）、相关性（关联性）和有效性（真实性）。第 6 章和第 7 章将详细讨论这些词汇。

　　生活中很多例子都可以体现出评价性过程。例如，领导可能让你负责某个项目，就是说，由你来负责对某个人或某个项目获得特定的结果。你要使用测试、测量与评价过程来检查自己是否已经完成了这些目标。显然，你希望评价可以准确地反映你的工作成果——假设你已经出色地完成工作。当然，如果你从事教学工作，你会让学生们负责学习和掌握你所教课程的内容。同样，学生则应该让你负责准备尽可能好的测试，来对他们的课程学习表现进行评价。

　　@ 可观看视频 1.4。

　　正如你在学习过程中将会发现的那样，你必须具备大量的知识和技能才能进行正确而有效的测量和评价。如同学习或工作一样，我们一定要充分理解测量和评价的目的。测量和评价有 6 个常规目标：分组、诊断、预测、激励、成绩和项目评价。

分组

　　分组属于初步测试和评价，专业人员根据学生的能力将他们分成多个教学或训练小组。有些情况下，根据参与者的能力对其进行分组对于教学、训练和学习很有帮助。这样一个小组的所有参与者的起点相近，并且能够以较为统一的速度进行提高。以游泳教学为例，如果一半的学生不会游泳，而另一半的学生是游泳队成员，那么教学难以开展，即使学生间的差距没有这么极端，也会影响学习效果。

诊断

　　测试结果的评价往往还用来判断学生、病人、专业运动员以及体能测试项目的受试者的薄弱环节或不足之处。心脏病学专家可能对受试者进行跑步机压力测试，获取他们的运动心电图，从而诊断受试者是否存在心血管疾病以及判断疾病的严重程度。大家回想一下本章开篇之处重点介绍的测量与评价的思考题。题中的医生依据多项生理和行为的测量结果出具一份诊断报告。之所以能够这样做，那是因为我们已经知道测量数据和心脏疾病的发生率之间存在各种关系。目前，在 MVPA 引起广泛关注的同时，久坐少动的生活方式也受到了极大的关注。我们可以通过一个人参与 MVPA

和久坐少动的时间，来判断一个人是否拥有积极的生活方式。

预测

科学研究的目标之一是，通过现有或过去的数据预测未来的事件或结果。预测也是最难实现的一项研究目标。你可能在高二或高三时已经参加 SAT 或 ACT 考试，你的考试成绩将被用来预测你今后在大学期间所能取得的成就，同时你的大学可能已经将这些成绩纳入招生考核范畴之中了。运动流行病学专家可以使用体力活动的模式、心血管耐力测试结果、血压、体脂以及其他因素来预测你患心血管疾病的风险。

组建专业运动队是将技术水平相当的运动员组合在一起，同时激励这些球员取得某个水平的成绩。分组、激励和成绩是测量与评价人体表现的重要因素。

激励

测量与评价对于激励你的学生和项目参与者来说必不可少。人们需要从他们表现的评价中获得激励。如果只有练习而没有比赛或竞技，那么根本不会有专业的运动员。什么时候你才会受到最强烈的激励而努力学好本课程的知识呢？如果你事先已经知道老师不会对你进行测试和评价，那么什么会激励你学习本课程或其他任何课程的知识呢？可能只是测量体重就能产生很大的激励效果。同样，一个人知道自己每天走多少步，这可能就会激励这个人增加体力活动行为。

成绩

在教学或训练中，必须制定一套学习目标，以此来评价参与者的成绩等级。例如，在本课程中，你的最终成绩等级将接受评价，任课教师将根据你完成他制定的学习目标的情况给出一个分数。获取正确评分所需的知识和技能是本书的目标之一，第 13 章和第 14 章将重点介绍关于评价和评分的内容。人体表现的提高是教学和训练的一项重要目标，但是进行公平而准确的评价却很困难。最终成绩水平是依据标准参考进行通过与否的评价，还是使用常模参考进行评分（例如按照正态分布评定成绩）？成绩评分属于总结性评价任务，需要进行测量与评价。

项目评价

今后你可能必须进行项目评价来证明你的治疗、教学和训练是否有意义。项目评价的目的是为了证明（通过确凿的证据）是否成功实现了项目的目标。你的项目目标可能是增加你社区的 MVPA。你希望通过参与者自报 MVPA 和计步器的步数来测量参与者的体力活动，然后依据获得的数据进行决策。或者，如果你是一名体育老师，你可能被要求证明你所教的学生接受了适当的体力活动。你可能将你所教学生的体适能测试成绩与你们校区其他学生的测试成绩，或与全国的测试成绩进行比较。你可能会收集学生及其父母对你的教学项目的评价信息。社区、公司或商业健身中心的专业人员可以按照会员水平和参与情况、参与者的测试成绩、参与者的自我评价及生理评价来对他们开办的体适能培训项目进行评价。你的工作和职业前途可能取决于你是否有能力进行全面有效的项目评价。

@ 可观看视频 1.5。

信度和效度

本书中随处可见信度和效度这两个术语。它们是本书中最重要的概念。不论测量目的是什么，你都希望你的测量结果是可靠且有效的。**信度**指的是测量的一致性。**效度**指的是测量的真实性。如果一项测试或测量过程是有效的，那么它必须首先是可靠的。如果一个测试过程是可靠的，并且与测量对象是相关的，那么它就是有效的。大家思考这样一个难题，在什么情况下测试是有效的，但是却不可靠？如何才能出现这样的情况呢？如何才能让真实有效的测量不具备一致性呢？不可能出现这种情况！测试过程首先必须是可靠的，然后才能是有效的。在获取任何测量结果并将其用于任何目的时，你首先应该想到信度和效度。基本上，你可以认为，"可靠性"加"相关性"等于有效性。与可靠性密切相关的一个词就是客观性。**客观性**指的是评价者之间的可靠性。第 6 章和第 7 章将详细介绍客观性、可靠性和有效性等术语，这些术语对于人体表现的测量来说至关重要。

人体表现的领域

我们刚刚探讨的这些都与你的项目目标相关。目标就是你希望你的项目实现的具体结果。这些结果必须具备可测量性,从而可以对其进行准确的测量和真实的评价。人体表现方面的目标分为 3 个领域:认知范畴、情感范畴和精神性运动范畴。教育或心理领域的学生关心的是前两个领域的目标;对于学习人体表现的学生来说,他们关心的是精神性运动范畴的目标。

Bloom(1956)提出了认知范畴目标的分类系统(表 1.1)。他按照等级划分制定了一个清单,内容包括知道、理解、运用和分析、整合及评价。Anderson 和 Krathwohl(2001)对 Bloom 最初的分类法进行修改,加入了创造,并将其作为认知的最高水平。认知范畴的目标是处理知识型信息。情感范畴的目标关心的是心理和情感特征。Krathwohl、Bloom 和 Masia(1964)针对这些目标提出的分类系统内容如下:接收、反应、价值评价、组织和基于某个价值体系的特征描述。情感目标关注的内容包括人们对于自我表现的感受,这类目标虽然很重要,但是往往难以测量。情感目标的测量通常不以评分为目的。第三个范畴的目标是精神性运动(Harrow,1972),这包括反射性运动、基础性运动、感知能力、身体能力、技能性运动和有意运动。这些

表 1.1 人体表现各个领域的目标分类

认知范畴的分类 (Bloom,1956)	情感范畴的分类 (Krathwohl et al.,1964)	精神性运动范畴的分类 (Harrow,1972)
知识 ·具体内容的知识 ·处理具体内容的方式方法 ·某一领域共性和抽象的知识 **理解** ·转换 ·解释 ·推断 **运用和分析** ·分析各种因素 ·分析各种关系 ·分析各种组织原则 **整合** ·独特的表达 ·操作方案 ·推导出一套抽象的关系 **评价** ·依据内部证据进行判断 ·依据外部证据进行判断	**接收** ·察觉 ·愿意接收 ·控制性或选择性关注 **反应** ·反应中认同 ·愿意反应 ·反应中获得满足 **价值评价** ·接受某个价值观 ·青睐某个价值观 ·坚信 **组织** ·将某个价值概念化 ·组织某个价值体系 **基于某个价值体系的特征描述** ·普遍性价值观 ·特征描述	**反射运动** ·节段反射 ·节间反射 ·超节段反射 **基础性运动** ·移动类运动 ·非移动类运动 ·操控类运动 **感知能力** ·动觉辨别 ·视觉辨别 ·听觉辨别 ·触觉辨别 ·协调性辨别 **身体能力** ·耐力 ·力量 ·灵活性 ·敏捷性 **技能性运动** ·简单的适应性技能 ·复合型适应性技能 ·综合适应技能 **有意运动** ·表达性运动 ·解释性运动

与精神性运动范畴相关的测量技巧和概念将学习人体表现的学生与学习其他领域知识的学生区分开来。认知、情感和精神性运动范畴的目标还有其他的分类法，表 1.1 列出的分类法只是其中的几个例子。

当利用某个具体的测试来对参与者进行测量和评价时，你必须考虑到参与者在有关范畴中已取得的水平。每种分类法都是按照等级进行分类的，每个等级都是以之前已经达到的各个等级为基础的。例如，假设你试图测试 7 岁儿童的综合适应技能，这是不太合适的，因为大多数 7 岁的孩子还没有达到分类结构中综合适应技能之前的等级。同样，要让年龄较小的参与者在某个笔试中达到较高水平的认知目标即使不是不可能，至少也是很难的。

体力活动是一种被定义为身体性运动的行为。体力活动包含的内容很广，从大幅增加能量消耗的活动到轻度活动、肌肉增强活动，甚至还包括身体的不活动（即久坐少动行为）。这些体力活动行为可能出现在休闲、乘坐交通工具、工作以及进行家务活动的过程中。另一方面，体适能指的是人们完成体力活动的一系列相关能力或属性。体力活动是人们所做的事情（即某种行为），而体适能则是人们拥有或获得的某种能力。遗传对于体力活动和体适能都有重要的影响，但是可能对后者的影响更大。体力活动相比体适能更加难以进行可靠而有效的测量。一般来说，测量某个行为比测量某种属性更难。

Pettee-Gabriel、Morrow 和 Woolsey（2012）说明了体力活动（行为）和体适能（属性）之间的差异（图 1.1）。测量考虑因素对于评价体力活动行为和身体属性来说至关重要。

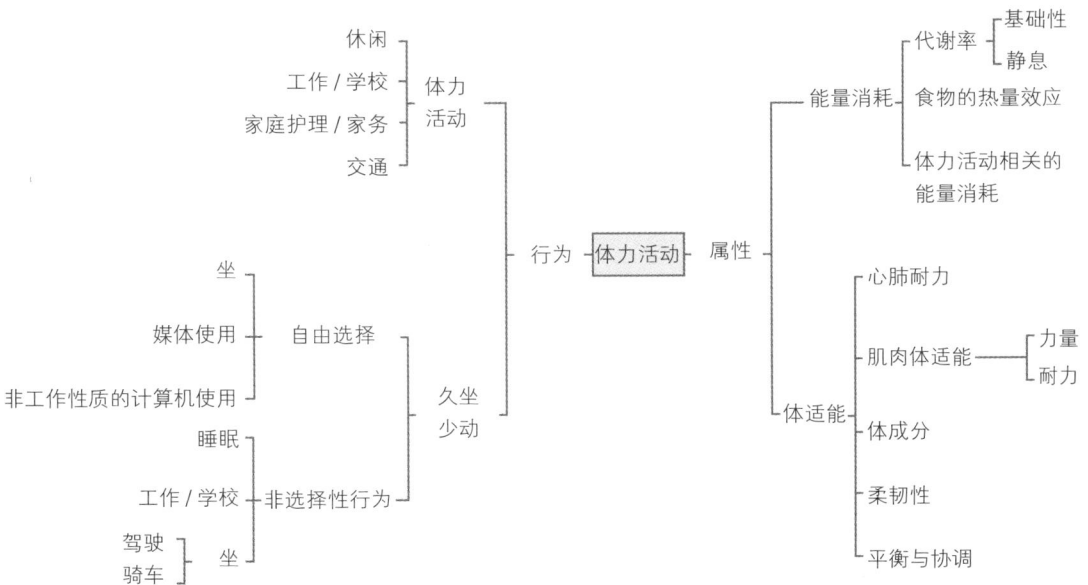

图 1.1 体力活动的框架
源自：Adapted from Pettee-Gabriel, Morrow, and Woolsey 2012.

　　调查体力活动、测试体适能水平以及测量具体体适能属性的方法多种多样。同样，测量体力活动和体适能的技术也是多种多样的。这些技术包括使用运动传感器、书面回忆、自我报告以及心率生理指标遥测术。对成人有效的技术并非总能适用于儿童。越来越多的科学文献不断涌现，介绍各种情况下以及各类人群的体力活动测量的信度和效度。我们将在第 9 章和第 10 章中探讨体力活动和体适能的测量与评价以及精神性运动范畴的各种因素等相关内容。

精神性运动范畴：体力活动和体适能

　　多年来，体育教育者、运动科学家、私人教练、竞技体育教练以及公共健康的领导者们一直关注各个年龄段人群体适能的定义、可靠且有效的测量及评价。这种关注催生了日趋增多的体适能测试和方法，针对的对象包括群体和个人。例如，库珀研究所（Cooper Institute）开发的美国青少年体适能健康测评系统，美国体适能与体育科学总统委员会（President's Council on Fitness, Sports & Nutrition, PCFSN）提出的总统的挑战（the President's Challenge）体适能测试和欧洲体适能测试（European test Eurofit）都是与青少年体适能相关的测试。这些体适能测试包含了不同的测试项目，但是都是为了同一个目的，即对体适能的水平进行评价。大家将在第 10 章深入学习这些不同的测试。研究人员进行了大量的研究，旨在证明这些测试的可行性、可靠性及有效性，并开展了建标性调查来确定各个人群的体适能水平。本书利用两章专门介绍体适能测试（第 9 章针对成人，第 10 章针对青少年）。

　　在 20 世纪下半叶，体力活动中与健康相关的内容成了公共卫生领域相关人员关注的重点。这种关注的最突出表现是公布了《体力活动与健康：卫生总署报告》（*Physical Activity and Health: A Report of Surgeon General*）（USDHHS, 1996）。该报告是由资深科学编辑 Steven N. Blair 带队撰写的。它详细介绍了定期持续进行中到高强度体力活动的生活方式所带来的健康益处。不幸的是，美国疾病控制与预防中心行为风险因素监督系统（BRFSS）公布的 2011 年的数据（Harris et al., 2013）表明，美国成年人口中只有大约一半的人达到了报告建议的每周 150 分钟的 MVPA，同时不到 30% 的人达到肌肉强化指导方针的要求，即每周进行肌肉强化运动不低于 2 天。

测量与评价的案例思考

以上内容介绍了关于人体表现的标准、评价、目的和该领域的各种问题，这些问题与前文有关你父亲的假设场景之间有着直接的关系。例如，在本课程后面所有的内容中，你将学习各种工具从而回答你父亲所提出的各个问题。第 2 章，你将学习如何上网获取信息并计算各种健康风险。你还将学习如何使用功能强大的各种计算机程序帮助你分析数据并做出决策；你将在本书后面的内容中使用这些计算机程序。第 3 章到第 5 章将帮助你理解进行实证性决策所必需的统计过程。第 3 章介绍有关描述统计学和数据分布的信息。第 4 章介绍有关变量之间关系的信息（例如减少体力活动与增加心血管疾病风险之间的关系）。第 5 章介绍推论统计相关内容，从而帮助你判断某种干预措施是否对于所关心的某个具体结果产生重大影响（例如中等强度的锻炼是否能够降低体脂）。第 6 章阐释了如何决定测量的准确性（可靠性）。你将学习如何决定测量的最佳方法，如何理解测量结果，以及为什么每次测量时总会出现测量误差。第 7 章阐释了如何制定具体的健康标准，以及这些标准是否影响出现某种特定疾病的概率。

第 8 章提供一些用来对"知晓"进行准确评价的工具。知晓是行为改变需要的必要不充分条件。例如，你父亲是否知晓如何积极参加运动可以促进健康？一个简单的知晓测试就能告诉我们答案。然而，知晓测试必须准确。你将学习如何确定某个知晓测试是否准确，并能真实反映所学内容。第 9 章阐释如何测量与心血管疾病相关的风险因素。例如，你将学习一些简单的测试方法，对有氧代谢能力、体成分、体适能以及体力活动进行测试。第 10 章阐释如何对青少年进行体适能和体力活动的测量，以及一些可以预测未来健康风险的相关测量数值。第 11 章介绍测量和评价运动技能和身体能力的各种方法。身体的各种能力，例如力量和柔韧性，可能与总体健康风险有关系。第 12 章介绍测量心理压力水平的各种方法。第 13 章虽然主要介绍评分内容，但是却包含了重要信息，告诉大家如何正确地将各种测量结合在一起从而获得一个总成绩。第 14 章举例说明如何获得其他的测量数据。例如，我们可以通过要求参与者自己报告、使用计步器，或者直接观察参与者的各种日常行为来测量体力活动。

你和你父亲对于进行的各种测量所关注的问题就是测量所要达到的目的。你如何知道这些测量是准确的？你如何知道它们真正具有预测性？你如何知道你父亲面临的疾病风险真的增加了？你如何知道具体的干预手段有助于降低风险？这些以及其他问题正是你将在本书后面要学习的全部内容。

@　可观看视频 1.6。

小结

作为一名学生，你应该能意识到几乎所有的教育决策都在很大程度上依赖于测量与评价。图 1.2 说明了测试、测量和评价之间的关系。当你成为一名人体表现方面的专业人士的时候，在测量过程中，你必须进行各种有关数据收集和解释方法的决策。你将使用各种各样的工具（测试）来对认知、精神性运动和情感范畴的目标进行评价。你将必须决定你希望制定目标的相关范畴，然后制定具体的目标，并选择各种测试方法，对你的目标进行客观、可靠、相关和有效的测量。收集了相关数据之后，可以选用常模参考或标准参考来做决策。常模参考对比中，参与者表现的比较对象是接受测试的其他人。标准参考用于将参与者的表现与某个既定标准进行比较，这个标准以某个特定的行为或特点为基准。评价可以是形成性评价（在项目中或间歇时进行评价）或者总结性评价（在项目结束时进行评价）。

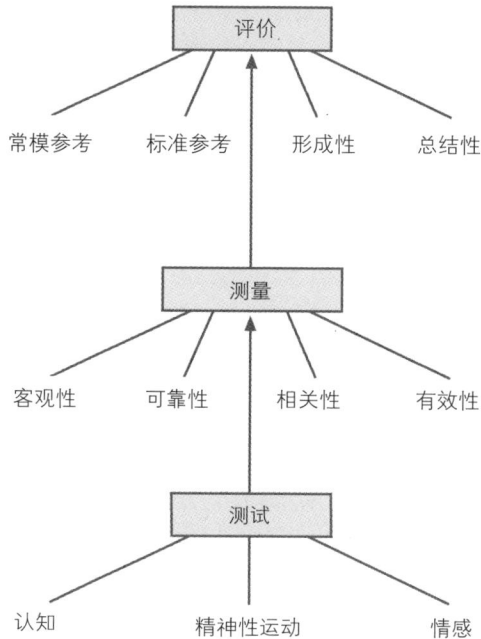

图 1.2 测试、测量与评价之间的关系

利用技术进行测量与评价

学习目标

学完本章，你将能够掌握以下内容。

· 发现计算机在你的领域中的潜在应用。

· 发现各种用于运动科学和体育教育的计算机软件。

· 了解计算机运用于运动科学、体育教育、人体运动学、临床健康和体适能测试场所的各种案例，并描述如何使用计算机辅助各种测试程序。

· 使用 SPSS 来创建并保存数据文档。

· 使用微软 Excel 软件创建数据文档，并用于 SPSS。

· 使用 SPSS 和 Excel 来分析数据，并为后面几章将要介绍的信度和效度的分析打下基础。

测量与评价的案例思考

计算机无处不在。它们出现在家里、工作单位，甚至可以拿在手中。计算机的运用使测量与评价变得便于管理。Jessica 为一家研究公司工作，这家公司提供各种干预措施，旨在帮助人们增加中高强度的体力活动。这家公司希望鼓励人们进行充分的中高强度的体力活动，从而达到《2008 年美国人体力活动指导方针》提出的标准。该公司当前开展了一个项目，其中涉及多种帮助人们增加步数的策略。为了确定每个参与者进行的中高强度体力活动量，研究人员要求参与者带上运动传感器。研究团队面临的问题是，必须进行多少天的连续监测才能获得可靠的中高强度体力活动测量值？此外，他们考虑是否有必要加入 1～2 天的周末时间。他们研究的参与者来自不同地方，可以代表总的大众人群。手动处理这么多的数据将是一件费时费力的事情。研究团队计划将他们的数据储存在计算机中，以便在整个研究过程中随时可用。

计算机在学校已经很常见了。短短几年间，之前枯燥耗时的任务，如今使用计算机只要几秒就能轻松完成，现在我们可以很轻松地将计算机放入手提包里，甚至可以拿在手中。无线通信几乎无处不在，使那些收集数据的人们几乎可以在任何地点记录测量数据并进行实时或事后分析。显然，使用计算机进行决策的能力将影响你的事业和休闲活动。

无疑，计算机的发展是过去 30 年中最重要的技术进步之一。起先，大型计算机体积庞大，占据了建筑物内的整个房间（甚至整个楼层）。使用者一般必须通过电话线或其他电子线路与大型计算机相连，而且大部分人无法接触这些大型计算机。然而，微处理器的发展产生了体积小、功能强且价格相对低廉的个人计算机。实际上，有人提出如果在过去 50 年中计算机技术出现的变革也出现在了汽车行业，那么现在汽车每升燃油能够行驶的距离就更远！然而，即使如今计算机已经广泛普及了，很多人体表现测量和评价领域的专业人士却并没有充分利用计算机所提供的巨大优势。

这名跑者佩戴的运动手表可以提供准确的速度、距离和步距等数据。相应的软件让跑者可下载这些数据进行详细分析。

此外，网络的发展和全球化的普及对于人们获取信息以及相互之间的交流产生了巨大的影响。2013 年，皮尤研究中心（皮尤网络和美国人生活项目）报道，超过 84% 的美国人使用网络。18～29 岁人群的网络使用率高达 98%；50～64 岁人群的网络使用率下降至 83%，而 65 岁及以上人群的网络使用率仅为

56%。网络使用与家庭收入以及受教育程度之间成正比。归根结底，要从事人体表现方面的职业，不使用计算机进行数据分析或报告，这几乎是不可想象的事情。显然，不论年龄多大或职业是什么，你都将会利用网络资源和计算机的各种应用来帮助你以有意义且有趣的方式来分析和报告数据。

无数的网站为研究人体表现的学生有针对性地提供了感兴趣且有价值的内容。美国国家运动医学学会（ACSM）、美国健康与体育教育者学会（SHAPE America）和美国心脏协会（AHA）等专业组织利用网络发布信息，收集数据，并试图帮助人们培养各种健康生活方式。美国疾病控制与预防中心和美国国家心肺血液研究所等机构为大众提供了重要的健康信息。

第 1 章介绍的行为风险因素监督系统和青少年风险行为监督系统为报告数据提供了优质的资源。还有其他网站提供了科学的信息，这些信息可能与你的工作职责有关（例如，你教授的课程、体适能和健康信息以及运动员训练信息）。

要点内容 2.1

登录美国国家医学图书馆网站并输入关键词 "pedometer reliability validity"（计步器信度和效度），查看利用计步器进行的一些研究。

硬件和软件要区分开。硬件包括组成计算机和配件的实物机器。软件指的是计算机编程人员编写的计算机代码，你通过软件与计算机进行互动，例如输入数据、进行分析、创建文本以及绘图。这些应用软件，通常价格便宜（或免费），为进行复杂的分析、数据收集以及报告策略提供了有效的手段。要成为一名合格的计算机使用者，你不必成为一名程序员——绝大多数精通计算机的使用者都不进行计算机编程。

利用计算机进行数据分析

计算机技术现在已经广泛应用于学校和企业。很多学校和企业都要求学生与员工必须会使用计算机——能够每天使用计算机工作或娱乐。有些大学要求学生必备个人计算机，而还有一些大学实际上在学生交学费时就给学生发放计算机。计算机对于我们的日常生活产生的影响是如此巨大（涉及生活的方方面面，如日常物品采购和银行业务办理等），以至于我们必须具备使用计算机的能力。懂得使用计算机并不要求你成为计算机程序员，只要能够在日常生活中使用计算机即可，例如进行日常的工作或是娱乐。

要点内容 2.2

打开网络搜索引擎，输入特定的人体运动科学的主题（例如体力活动普及性、肥胖变化），看看你能发现多少与该主题相关的资源。想一想你该如何将这些信息应用于本课程、其他课程或今后的工作中。

运动科学从业人员和体育教育从业人员必须进行大量涉及数字的测量和评价决策，而计算机尤其擅长处理数字。因为运动和人体表现相关的很多职业都要求从业人员每天都要使用计算机，所以你必须熟悉计算机的特点及其针对你的工作领域的具体用途，从而才能理解和使用本文中介绍的各种概念。你在所从事的工作领域中将会进行的很多决策都将需要数据分析。因此，我们将向你介绍 SPSS（IBM SPSS 统计），这是一个功能强大的数据分析程序，它将会帮助你保存、检索和分析很多你会在日常工作中碰到的测量和评价数据。

SPSS 处理数据速度快、效率高，且几乎毫不费力。例如，任何测试的一个最重要的特征就是它的信度和效度。你将在第 3、第 4、第 6 和第 7 章学到，计算机只需几秒就能生成信度和效度相关的数据。对这一点的阐释在后文中随处可见。许多统计数据可以帮助你进行有效的决策。第 3 ~ 第 14 章为你提供了很多运用 SPSS 的练习机会，练习的场景与你在工作中碰到的真实场景类似。

此外，我们还会向你介绍如何使用微软 Excel 软件来创建数据库。这些 Excel 数据库可以通过 SPSS 轻松读取。使用 Excel 创建数据库的一大优点是计算机中普遍安装了 Excel 软件。这样一来，你可以很方便地创建数据库，然后再使用 SPSS 进行分析。在本书的附件中，我们对 Excel 的使用方法进行了深入介绍。读完第 2 章，你将会更多地了解这方面的内容。

计算机在人体表现、人体运动学和体育教育中的测量用途如下。

·**上网获取与你的具体工作职责相关的信息**。当你进入你的职业生涯，你几乎每天都会使用网络，为私教客户进行常规的力量测试，研究各种报告从而制定最有效的方法来治疗你的病人，或者获取大规模人群的健康和体能数据。

·**判断测试的信度和效度**。你可以使用第 3、第 4 和第 5 章学到的统计学知识来估计各种认知、情感和精神性运动范畴的测试结果的信度（一致性）和效度（真实性）。第 3 ~ 第 14 章介绍了相关的使用 SPSS 进分数据分析的案例。

·**评价认知测试结果和生理测试表现**。计算机可以帮助评价和报告个人的测试结果。同样，你也能快速检索和分析测试结果并将其反馈给研究的参与者。你可以通过美国糖尿病协会网站上的信息预测自己患糖尿病的风险，并通过美国心脏协会网站上的信息预测自己患心血管疾病的风险。想一想，物理治疗师是如何追踪病人健康的改善情况的。他们使用计算机追踪记录和显示数据，这为他们进行形成性和总结性评价提供了很好的素材。

·**开展项目评估**。计算机可以计算各教学单元之间学生表现和学习总体情况发生的各种变化，或者追踪某个学生表现的个体变化。

·**进行各种研究活动**。你可以将一组实验参与者与控制组进行对比，从而判断新的干预项目是否对于认知或生理表现产生了重大影响。

·**制作各种展示**。你可以使用专业的软件来为学生、潜在客户、病人和同行创建各种具有强烈影响的展示，包括文本、图片、视频、图形、动画和声音等，帮助你有效表达你的意图。

·**测评学生的表现**。测试内容不论涉及认知、精神性运动还是情感范畴，学生和客户总是关心他们在测试中的表现，关心他们每个人的分数，如何理解这些分数，这些分数的含义以及他们产生的影响。计算机让我们可以轻松地回答所有这些问题。

·**对测试题目进行评分**。教师们总要保存学生的成绩记录。可以录入并操控学生数据记录的程序被称为电子制表软件。电子制表软件实质上就是计算机版本的数据矩阵，其中包括一列列和一排排的信息。学生的姓名通常出现在第一列中，其余各列记录课程作业的信息。这样每一排代表一个学生，每一列记录测试成绩以及其他作业的成绩。如果相关教师每天记录课程的成绩，那么计算平均成绩、最终成绩和打印成绩单等工作，只需敲击几下计算机的键盘即可完成。同样，健康和体能专业从业人员可以使用计算机来记录客户的锻炼情况和体重、力量、有氧代谢能力等方面的变化。

·**编写测试试卷**。计算机可以充当书面测试题库。你不必每教一个单元就重新出一份试卷，你只要将测试题目存储在你的计算机中，每教完一个单元就可以让计算机生成一份新的试卷。你可以选择使用文档处理软件或试题开发软件来建立试题库。有些试题开发程序非常先进，你不仅可以根据内容区域而且还可以根据题目的类型、难易程度以及创建的日期来选择题目。

·**计算大量的统计数据**。生理测量通常包括各种预测数值的等式。例如，人们使用皮褶法来预测体脂百分比，同时使用长跑和心率监测来测量最大摄氧量。计算机可以在很大程度上辅助测量这些数值。你不需要替换等式中的每个数值，然后进行所有的步骤来完成计算，你只需要将公式输入计算机一次，计算机就能自动计算出你想要的每个人的数值。例如，你可以登录美国卫生研究院（NIH）心肺血液研究所的网站，计算体重指数（BMI）。

@ 可观看视频 2.1 和视频 2.2。

要点内容 2.3

想一想你经常需要进行的一些耗时的工作。计算机如何帮助你更加高效地完成这些工作。人体运动学、运动科学或体育教育专业的学生们使用计算机可以完成什么样的工作？

体适能测试是大多数体育教育、人体运动学和运动科学专业中的一项重要内容。不久前，体适能测试结果的报告还是以口头公布或使用紫色的复写纸的形式。如今，青少年体适能项目可以使用计算机软件分析学生的成绩。库珀研究所青少年体适能测试项目就是一例优秀的软件程序。图 2.1 显示了老师可以给学生（以及他们父母）的一种计算机分析报告，可以让学生们更好地了解他们的体适能状态或取得的进步。

@ 可观看视频 2.3 和视频 2.4。

使用 SPSS

不论你是人体运动科学专家、物理治疗师、临床医生、教练、教师或教育者，你所要进行的有关信度和效度的许多决策都是基于统计学方面的证据。现在不要害怕！这不是一本讲授统计学的教材。这是一本介绍测量与评价的书。第 3、第 4 和第 5 章介绍的统计学知识为你提供一个框架，为你在人体表现测量和评价方面的决策提供帮助。我们将整本书中使用 SPSS（许多大学广泛提供的一个先进的统计方面的软件）和微软 Excel 来帮助你计算数据，以便用于信度和效度的各种决策。但是你的任课老师也可能会让你选择其他类型的软件进行相关的分析。不论使用何种统计软件，计算结果几乎是完全相同的（处于误差之内），同时对于该结果的解释将会完全相同，我们在本书中介绍的所有内容，几乎都可以通过使用 SPSS 的完整版和学生版以实现。SPSS 不断更新，你可以获得新的版本。由于 SPSS 不断更新，你在使用 SPSS 时可能需要稍稍灵活一些，你所在的地方使用 SPSS 的具体方法可能与其他地方并不完全相同。

SPSS 是为分析数据而开发的软件（例如计算平均值或绘图）。SPSS 必须依靠一个数据库才能进行分析。然而，SPSS 进行的每一个分析都是依靠一套通过 SPSS 数据编辑器创建和保存的数据。通过 SPSS 数据编辑器，你可以创建一个数据库（又称为数据矩阵）包含 N 行人以及 P 列变量。表 2.1 显示的一个数据矩阵，其中包含 10 行人（以身份 ID 号 1 ~ 10 来代表）和 5 个变量（性别、年龄、体重、身高和每天行走的步数）。体重的测量单位是千克，身高的测量单位是厘米。

表 2.1 数据库样本（数据矩阵）

身份号码	性别	年龄	体重	身高	每天行走的步数
1	0	20	50	165	5 000
2	0	24	51	160	6 000
3	0	21	62	173	7 000
4	0	19	59	178	6 500
5	0	23	43	145	4 500
6	1	22	86	193	4 800
7	1	25	65	183	4 000

续表

身份号码	性别	年龄	体重	身高	每天行走的步数
8	1	24	61	178	4 200
9	1	28	75	173	3 900
10	1	20	70	178	3 500

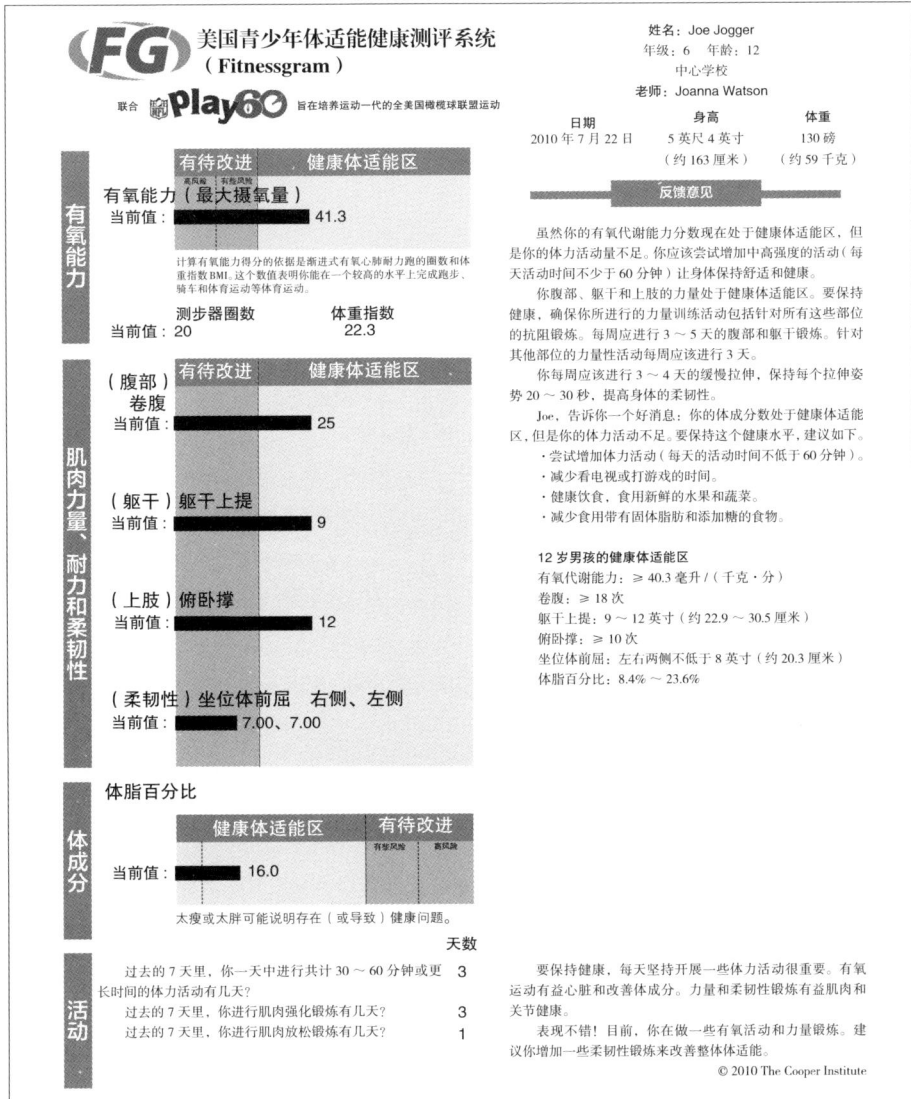

图2.1　类似这样的美国青少年体适能健康测评系统体适能报告表，可以发给父母和学生使其理解学生的进步

源自：Reprinted with permission from The Cooper Institute, 2010, *FITNESSGRAM/ACTIVITYGRAM test administration manual*, updated 4th ed. （Champaign, IL: Human Kinetics），106.

通过使用 SPSS，你可以输入和操控数据，并进行各种分析，产生各种数字、图表和图形。本书使用的每一个数据表都存放在每章的网站中。你可以下载 SPSS 或 Excel 格式数据表，并在接下来的几个段落中深入学习相关内容。

微软 Excel 使用步骤

本教材的附录包含了第 2 章介绍的 Excel 使用过程中涉及的每一步。没有 SPSS 的学生可以使用 Excel 进行数据处理。在本书的其余章节中将使用并阐释如何使用 SPSS。同时，附录将根据具体的章节来阐释每一个步骤。Excel 用户回顾附录内容将受益匪浅。每次介绍 SPSS 时，Excel 用户应该参看附录并使用相关步骤。前面章节学到的统计步骤可以推而广之运用到后面的章节中，所以我们可以重复使用相同步骤。

开启软件

在你的计算机桌面上找到 SPSS 的图标并进行双击。或者，你可能必须通过在计算机的左下角的启动菜单找到 SPSS。具体的方法将因你所在的大学或你的计算机中软件版本的不同而存在不同。当你找到并打开 SPSS 时，立刻就会出现一个空白的数据矩阵。左上角显示"未命名 1［数据集 0］—SPSS 统计数据编辑器"｛Untitled1［DataSet0］— PASW Statistics Data Editor｝。通过数据编辑器，你可以定义和录入数据（图 2.2）。

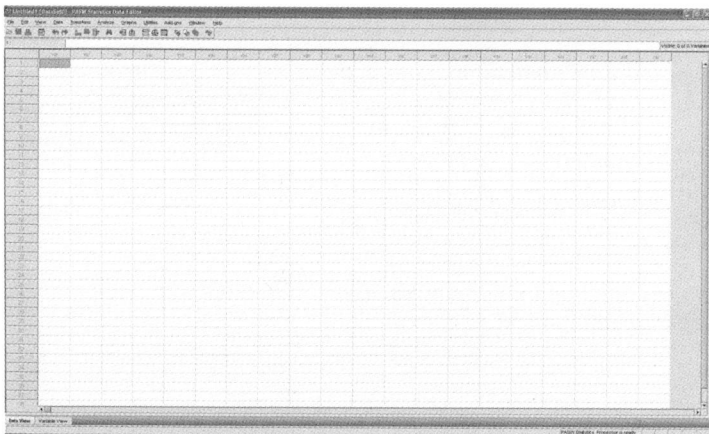

图 2.2 数据编辑器的截屏

注意 SPSS 窗口的左下角附近有两个选项。其中一个写着"数据视图"（Data View），另一个写着"变量视图"（Variable View）。数据视图窗口显示你已经录入的数据，或者提供一个可以录入数据的电子表格。变量视图让你可以定义并命名各种变量。它同时还能让你找到各种变量标签、数值标签和缺失数值。接下来的几段内容将对此进行介绍。同时还要注意数据矩阵的上方横向排列着多个下拉菜单。总体上，这些菜单为你提供了以下各个功能。

·**文档（File）菜单**。你可以创建一个新的数据矩阵，打开一个之前已经保存的数据矩阵，保存当前数据矩阵，打印当前数据矩阵或分析结果和退出程序。

·**编辑（Edit）菜单**。使用编辑菜单，你可以撤销之前的命令；剪切、复制或粘贴来自窗口的内容；插入变量或大小写；寻找某个具体的数据。

·**查看（View）菜单**。利用查看菜单，你可以改变数据出现的字体，改变数据矩阵窗口的外观等。

·**数据（Data）菜单**。该选项功能众多，你可以使用这个选项进行数据分类和选择具体的大小写。

·**转换（Transform）菜单**。通过该菜单，你可以对于各种变量进行多种方式的修改。你将会经常使用转换菜单下的计算功能。

·**分析（Analyze）菜单**。该菜单列出了你将会使用的统计学步骤。在你学习本教材的过程中将会熟悉该分析菜单。别担心，这里虽然列出了很多内容，但是我们不会使用所有内容。注意菜单中每个选项旁边都有一个箭头。该箭头表示这个特定的统计学步骤下还为你提供了其他的子菜单。你在学习该教材的过程中将熟悉这些子菜单的内容。

·**直接营销（Direct Marketing）菜单**。用户可以通过这个菜单来将数据分成多个组，并研究各组的趋势。本教材中，我们不会用到这个菜单。

·**图表（Graphs）菜单**。该菜单列出了展示数据可能需要使用的各种图表。我们在本书中将仅使用有限的一些选项。

·**应用（Utilities）菜单**。你可以通过这个菜单来对你的数据矩阵进行多种方式的修改。本书将不使用该菜单的内容。

·**插件（Add-ons）菜单**。该菜单包括多个先进的数据分析程序。本书将不使用该菜单。

·**窗口（Window）菜单**。你可以使用该菜单将数据视图分为 4 个象限。当你有大量的大小写或变量并且想要进行数据搜索时，这项功能是很有帮助的。同时运行多个程序时，窗口菜单还能让你隐藏数据窗口，并在你完成分析后可以从数据矩阵窗口切换至 SPSS 输出窗口。你可以分开数据窗口从而方便阅读多栏信息。

·**帮助（Help）菜单**。当你运行 SPSS 并有疑问时，它可以为你提供各种帮助资源。你可能发现主题和索引子菜单对你很有帮助。

虽然每一个下拉菜单都有你可能想要深入了解的其他功能，但是我们会为你提供充足的信息来帮助你学习本教材要求使用的 SPSS 操作过程。建议你在学习 SPSS 的过程中深入了解各种菜单，并使用 SPSS 自带的帮助窗口。你与 SPSS 的互动越多，你对于它的功能了解的就越深，同时使用它能让你的工作更加轻松。本书中 SPSS 的教学是基于 20.0 版本。随着 SPSS 软件不断升级，这些操作方法可能会发生些许变化。

创建并保存数据文档

使用要点内容 2.4 中介绍的步骤创建并保存你的第一份 SPSS 数据文档，命名为表 2-1。当你掌握方法，你就可以非常快速地完成这些步骤。请大家相信我们，暂且严格遵循这些步骤。注意你必须将数据矩阵保存为表 2-1（2 和 1 之间是连字号而不是点号）。这样做是因为计算机可能将点号理解为文档的扩展名，日后当你想要读取该表时可能会给你带来麻烦。因此，当你创建并保存你的表单时，请按照以下方式对其进行命名：章节号 – 表号。例如，第 2 章中，第二个表的名称应该是表 2-2，第 2 章的第三个表就是 2-3，以此类推。

SPSS 变量的名称必须以字母开始，长度不超过 64 字符。名称不能使用空格，在给变量命名时，应该避免使用特殊字符。我们选用了便于记忆的名字，方便找到我们的变量。例如 "weightkg" 实际上就是以千克（kg）为单位的重量。便于记忆的名字可以帮助你准确记住该变量是什么，以及它的测量单位（图 2.3）。

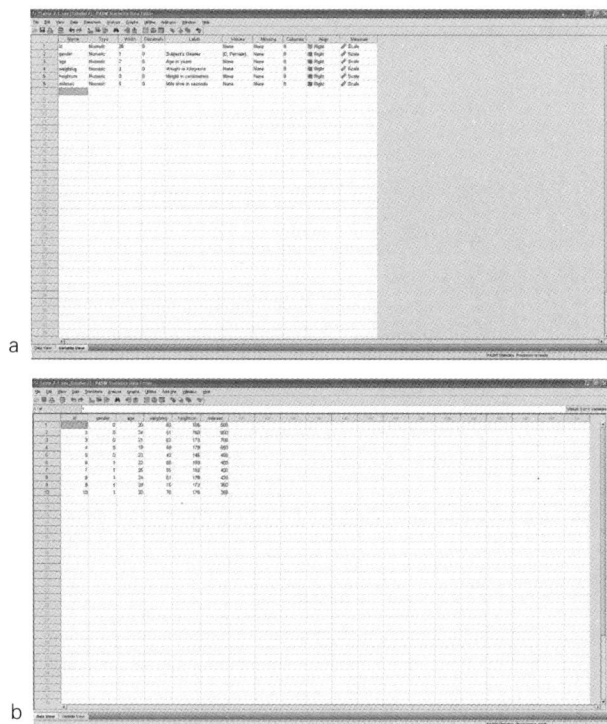

图 2.3 SPSS：a. 变量视图和 b. 数据视图窗口的截屏

@. 可观看视频 2.5。

要点内容 2.4

　　遵循这些步骤创建一个名为表 2-1 的 SPSS 文档，并将其保存到一个数据储存设备中（例如闪存、光盘和云端等）。使用 Excel 的用户参看附录进行学习。

创建并保存一个 SPSS 数据文档

　　1. 在进行这项任务之前，你务必事先准备好一个数据储存设备。在有些系统中，你可能必须将你的数据保存到一个电子账户中。

　　2. 将数据储存设备插入计算机中，并注意相应驱动的位置。

　　3. 找到 SPSS 图标并使用鼠标进行点击。（或者，你可能要点击计算机左下角的开始按钮，在开始菜单列出的程序中找到 SPSS。）

　　4. 首先你要对各变量进行命名和定义，并创建一个密码本，帮助你记住这些变量是什么。

　　5. 点击左下角的"变量视图"（Variable View）选项，注意此时窗口应该类似于图 2.3a，不同的是其中没有信息。

　　6. 为第一列的每个变量进行命名。注意变量名称必须以字母开始，不包含空格和特殊字符，且总长度不超过 64 个字符。

　　7. 暂且，先略过字体"类型"（Type）、"宽度"（Width）和"小数"（Decimals）等列。

　　8. 你可以对"标志"（Label）列中变量名称进行扩展。

　　9. 点击"数值"（Values）列的右侧边沿，显示第二个变量（例如性别）。注意有一个对话框可以帮助你对与性别数字相关联的数值进行定义。本例中，我们用数字 0 来代表女性，使用数字 1 来代表男性。输入这些数值，每次点击添加按钮，然后点击"确认"（OK）。你已经对于各变量进行了定义，现在可以开始录入数据了。

　　10. 点击"数据视图"（Data View）选项进入数据视图窗口。

　　11. 将表 2.1 中的数据录入 SPSS。你获得的结果应该类似图 2.3b 的内容。

　　12. 现在，你可以将该数据保存至你自带的数据储存设备。确保数据储存设备已经正确插入计算机。打开文档菜单，向下移动鼠标至"另存为"（Save As）（图 2.4）。

　　13. 在文件名的方框中，录入"表 2-1"（不加引号）。

　　14. 将数据保存至你的数据储存设备（不是硬盘）。将鼠标移至屏幕顶部"保存位置"（Save in box），并点击向下的箭头。向下移动鼠标至你刚刚放置数据储存设备的位置，并点击。

　　15. 现在点击"保存"（Save）。表 2.1 的数据已经保

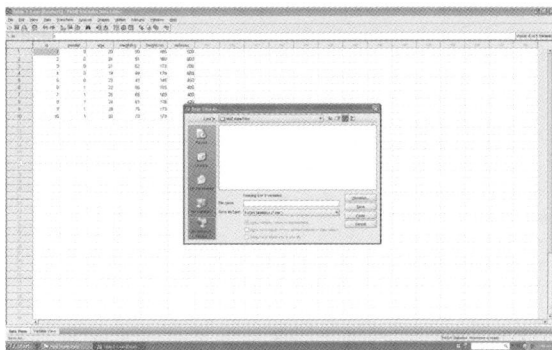

图 2.4　SPSS 截屏显示如何保存一个文档

存至你的数据储存设备。

16. 打开"文档"（File）菜单，向下移动鼠标至"退出 SPSS"（Exit SPSS）并点击。这样，你将退出 SPSS。

要点内容 2.5

你使用的计算机可能没有 SPSS。这样，你可以使用 Excel 来录入你的数据，然后使用 SPSS 来读取 Excel 数据文档。我们将举例来说明如何使用表 2.1 中的数据来完成这项工作。遵循下列步骤来创建一个表 2.1 的 Excel 数据库，并使用 SPSS 来读取数据。

创建一个 Excel 数据表

1. 在我们的计算机中打开 Excel 程序。我们将看到一个空白表。

2. 在第一行中录入变量名称。继而对于这些变量的名称按照 SPSS 的要求进行限制。（每个变量名称必须以字母开始，其中没有空格且不包含特殊字符，且总长度不超过 64 个字符。）

3. 将光标放入 A2 单元格内，开始录入表 2.1 的数据。当我们完成所有数据的录入，我们的 Excel 数据文档看上去应该像图 2.5 显示的那样。

4. 打开文档菜单，向下移动光标至"另存为"（Save As），并将表 2.1 的 Excel 版数据保存至数据储存设备。

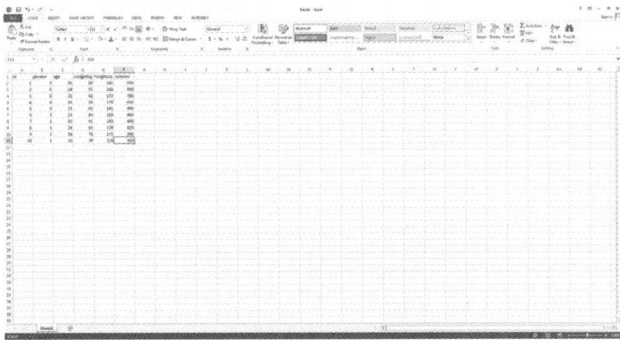

图 2.5 插入表 2.1 数据的 Excel 数据文档

现在我们已经准备好了，可以使用 SPSS 来获取我们的 Excel 数据。SPSS 能够从 Excel 中读取数据并将其置入 SPSS 中进行数据分析。我们按照以下步骤使用 SPSS 读取 Excel 数据文档。

使用 SPSS 获取 Excel 数据库

1. 按照前面介绍的方法打开 SPSS。

2. 进入"文档"（File）菜单，向下移动光标至"打开"（Open），横向移动至"数据……"（Data……）。我们将看到如图 2.6 所示的屏幕内容。

3. 我们将看到一个"打开文档"（Open File）的窗口。点击该窗口底部附近的"文件类型"（Files of type），并点击向下箭头，然后选择 Excel（*.xls）标识。这将表明我们希望将一个 Excel 数据文档导入 SPSS。图 2.7 显示了这个内容。

4. 找到我们希望导入 SPSS 的 Excel 文档。点击相关的文件名，然后该文件名将出现在文件名方框中。点击"打开"（Open）。

5. 我们将看到一个"打开 Excel 数据源"（Open Excel Data Source）窗口。点击上面写着"从第一行数据中读取变量的名称"（Read variable names from the first row of data）的方块。我们应该还记得我们之前将变量的名称放在了 Excel 数据文档的第一行。点击"确认"（OK）。屏幕内容如图 2.8 所示。

6. 我们的数据将被自动导入 SPSS。我们将刚刚导入的结果与图 2.3b 显示的内容进行对比，图 2.3b 显示的是我们直接将相关数据输入 SPSS 的结果。

7. 我们应该注意只有变量的名称和数据被导入了 SPSS。我们必须点击"变量视图"（Variable View）选项卡，按照之前录入 SPSS 的方法录入标签和数值。这是从一个 Excel 文档中导入数据的一个缺点——我们丢失了密码本信息而且必须自行创建。

8. 现在 SPSS 中已经出现了变量的名称和数据。

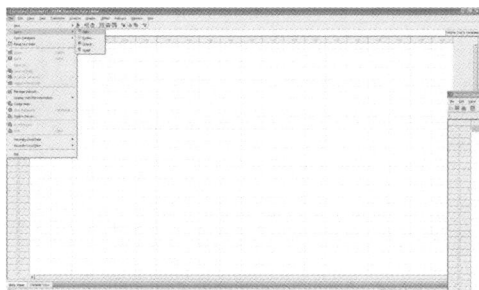

图 2.6 在 SPSS 中打开 Excel 数据文档

图 2.7 获取 Excel 数据库导入 SPSS

图 2.8 使用 SPSS 中打开一个 Excel 文档

回调和分析数据

既然我们已经创建并保存了数据，现在我们就来回调数据并使用要点内容 2.6 中介绍的过程来对其进行分析。要点内容 2.7 将介绍 SPSS 的一个最强大的功能——轻松操控数据的能力。我们将在第 9 章中进一步介绍体重指数。这里我们使用它，因为它是说明 SPSS 可以对数据进行修改的一个典型例子。

要点内容 2.6

使用我们通过 SPSS 创建的表 2-1 来获取相关数据的一些描述统计分析。

回调和分析数据

1. 首先进入数据储存设备并找到表 2-1。双击该表，启动 SPSS。

2. 进入分析菜单。

3. 向下移动光标至描述"统计分析"（Descriptive Statistics），横向移动至"描述"（Descriptives）并点击。

4. 当出现"描述"（Descriptives）窗口时，使用箭头将"年龄（年）""体重（千克）""身高（厘米）"和"步数（每天）"移入"变量"［Variable（s）］方框中。

5. 点击"确认"（OK），然后将我们得到的结果与表 2.2 中显示的内容进行对比。

6. 如果我们得出结果存在不同，返回表 2.1，并将该表中的数据与 SPSS 数据编辑器中的数据进行对比。

表 2.2 描述性统计分析

	N	最小值	最大值	平均值	标准偏差
年龄（年）	10	19	28	22.60	2.76
体重（千克）	10	43	86	62.20	12.71
身高（厘米）	10	145	193	172.60	13.29
步数（每天）	10	3 500	7 000	4 940.00	1 183.40
有效 N（listwise）	10				

要点内容 2.7

我们将使用以下方法来为表 2.1 中列出的 10 个参与者创建一些新变量。我们将使用体重和身高来计算每个人的体重指数。

使用 SPSS 中的"计算语句"（Compute Statements）

1. 按照要点内容 2.6 中介绍的方法，打开表 2-1 的数据。

2. 进入"转换"（Transform）菜单，向下移动光标至"计算"（Compute）并点击，将出现一个新的"计算变量"（Compute Variable）窗口。

3. 在"目标变量"（Target Variable）方框中输入"体重（磅）"。

4. 通过使用箭头来将"体重（千克）"移至"数字表述"（Numeric Expression）方框中。

5. 进入窗口中的键盘，并点击"★"进行乘法运算。

6. 将光标置于"数字表述"（Numeric Expression）方框中"★"的旁边，并输入 2.2（你应该记住，要把以千克为单位的体重换算成以磅为单位的体重，我们只需将以千克为单位的体重数字乘以 2.2 即可）。

7. 点击"确认"（OK）。

8. 你注意一个名为"体重（磅）"的新变量得以创建并加在了"步数（每天）"右侧的一栏。

9. 我们可以使用相同的方法将厘米为单位的身高换算成以英寸为单位的身高。注意我们将厘米为单位的身高数值除以 2.54 就可以得出以英寸为单位的身高数值。

计算体重指数有一点复杂。体重指数是以千克为单位的体重数值除以米为单位的身高平方值。我们可以使用千克和厘米或者英寸和磅进行计算。我们将进行分步介绍。

在 SPSS 中计算体重指数

1. 使用"计算"（Compute）子菜单［在"转换"（Transform）菜单下］来创建一个名为"体重指数"的变量。

2. 通过"计算语句"（Compute Statement）来使用"体重（磅）"和"身高（英寸）"创建体重指数。公式为：体重（磅）/［身高（英寸）×身高（英寸）］×703。在右侧的"数字表述"（Numeric Expression）方框中输入该公式，然后点击"确认"（OK）。

3. 通过文件菜单下的"保存"（Save）命令将表 2-1 的修改版保存至我们的数据储存设备。

4. 计算刚刚创建的体重指数的平均值，并确认该平均值为 20.6524。

5. 如果得出的不是这个数字，那么请检查之前录入的原始数字，并再次检查我们创建这些变量的各个步骤。

6. 如果我们发现之前创建的变量不正确，选中该变量所在的栏，并点击"删除"（Delete）键。该栏将从数据集中删除，然后进行重建。

下载数据矩阵

根据我们计算机的设置情况，计算机可能自动以特定的文档格式打开该文档（例如 SPSS 或 Excel）或者我们可以将其保存至我们的数据储存设备。

·SPSS 下载。在下载 SPSS 文档时，我们将获取表中的全部数据以及出现在变量视图窗口中相关变量的所有定义和描述内容。如果我们使用的计算机没有安装 SPSS，我们将无法查看 SPSS 数据矩阵。不用担心。我们只要将我们的数据储存设备连接一台安装了 SPSS 的计算机，然后双击该 SPSS 数据文档，在 SPSS 中打开该文档。

· **Excel 下载**。下载 Excel 文档的方法与下载 SPSS 的方法相同。然而，你应该记住相关 Excel 文档只有相关变量的名称和数据，并不包括 SPSS 的变量视图中的密码本。

开源统计软件

一个名为 PSPP 的开源软件模仿了我们教材中使用的部分但不是全部的 SPSS 分析。该软件向公众开放，同时在很多方面类似 SPSS。没有 SPSS 软件的用户可以使用 PSPP 来进行本教材中介绍的很多分析。开源意味着用户可以持续推荐计算机源代码的更新内容。这样，我们可以对 PSPP 进行功能扩展，进行其他的 SPSS 分析。可以通过谷歌（Google）搜索 "PSPP"，找到下载地址和文件。

测量与评价的案例思考

Jessica 可以使用 SPSS、Excel 或其他统计软件来帮助其判断研究参与者进行的中高强度的体力活动量。通过某种渠道获取一个大数据集。假设这些数据是 Jessica 研究项目参与者的一个小样本（$n=100$）的计步器读数。使用 SPSS 来计算计步器周一、周三、周五和周六记录的步数的平均值。依次点击 "分析"（Analyze）、"描述统计分析"（Descriptive Statistics）、"描述"（Descriptives），并将 "天数"（days）移至右侧，然后点击 "确认"（OK）。这些结果将如何影响 Jessica 的决策，即应该记录多少天的步数？假设 Jessica 需要分析整个研究的数据，统计软件和计算机将大大简化她的工作。

小结

速度更快且功能更强大的计算机正持续改变着我们生活的方方面面。之前需要几个小时才能完成的工作，如今仅需几秒钟。计算机不论用于研究、测试、评价、教学或评分，结合统计软件，都能极大地帮助测量和评价用户创建进行决策所需的数据。开发书面试题和评估成人和青少年体能测试，我们已有专业的软件。

运算技能，虽然一开始学起来可能很难，但是却是任何专业人士都应该具备的最有价值的技能。网络的发展影响了知识的收集和传播，从而影响着每位教育工作者、专业保健辅助人员以及体能训练师。

你将在第 3、第 4 和第 5 章中学习各种统计方法。要深入学习这些方法，我们可以在网上的赖斯虚拟统计实验室（Rice Virtual Lab in Statistics）中找到很好的学习资料。该网站提供的各种案例和模拟都是出色的学习工具。

第二部分

基本统计概念

我们在前言和第1章已经强调了依据准确而有效的测量进行正确决策的重要性。在第二部分中，我们将重点介绍统计学作为辅助决策工具的重要性。总体来说，统计学可以帮助我们确定某个事件出现的概率。知道这一概率可以在决策中发挥重要作用。在第3章中，你将学习使用集中趋势和变异等方法来描述数据分布。同时，你还将使用正态分布来描绘所测的各种变量并依据正态分布来计算各种数字。在第4章中，你将学习各种变量之间的关系，以及依据一个或多个变量来预测另一个变量的可能性。在第5章中，你将学习关于如何测试不同团体之间差异的科学假说。以体力活动的测量为例，在第3章中，你将学习如何描述各种体力活动行为的分布（例如，每周进行的中高强度体力活动的时间）；在第4章中，你将学到体力活动的不同测量值之间可能如何发生联系（例如，自己报告的每周中到高强度体力活动时间与每周运动步数之间是否存在关系）；接着，在第5章中，你将学习在进行了以增加体力活动为目的而制定的某项干预之后如何测试体力活动行为的变化。例如，两组人群每周参加中到高强度体力活动平均时间（分别为150分钟和140分钟中到高强度体力活动）代表真实差异的概率有多大。即出现这种差异纯属偶然的可能性有多大。如果这种概率极小，那么我们可以得出这样的结论，即第一组参与了某种形式的运动，致使每周中到高强度体力活动的时间增加。

虽然其中涉及的统计学的知识较多，但是第3、第4和第5章所需的数学技能水平只相当于大学代数课程。难点不是数学，相比而言，理解概念难度更大。使用统计学知识来进行测量决策的关键在于理解深层的推理和各种概念以及运用正确的统计步骤。你研究的问题以及相关变量的测量刻度将帮助你找到正确的统计学技术从而分析你的数据。因此，认真阅读并学习（包括使用SPSS）第二部分介绍的各种概念将有助你学习本书后面的知识。

第 3 章

描述统计与正态分布

概要

学习目标

学完本章，你将能够掌握以下内容。

- 说明数据的类型以及相关的测量刻度。
- 对数据进行描述统计。
- 数据制图。
- 使用 SPSS 计算机软件进行数据分析。

测量与评价的案例思考

James 是一名大学生，最近在得克萨斯州达拉斯市的库珀诊所进行了一个完整的健康和体适能测试。测试的一项内容要求他在跑步机上跑到力竭。James 跑了 24 分钟 15 秒。根据他在跑步机上的跑步时间，测试技术人员预计詹姆斯的最大摄氧量为 50 毫升 / （千克·分）。James 应该如何理解这一数值呢？这样的结果是高、一般还是低呢？它与同龄男孩子的测试结果相比情况如何呢？本章介绍的概念将帮助 James 更好地解读他在任何类型测试中取得的统计结果。

研究人员通常要和大量的数据打交道。数据可以包括普通的字母符号（例如学生的名字或性别），但是通常都是数字。本章我们将介绍数据分析的基础知识，从而帮助你培养进行测量与评价所必备的技能。实现这一目标，必须掌握基本的统计分析技能。如果你会加、减、乘、除以及（使用计算器或计算机）进行平方根运算，那么你就具备了完成大量测量理论学习必备的数学技能。事实上，使用第 2章介绍的 SPSS 程序，计算机可以帮你完成大部分的工作。然而，你必须理解统计分析的各种概念，知道如何使用这些概念以及如何解释分析结果。描述统计可以为你对表现（例如最佳数值）和表现特点（例如集中趋势和变异性）进行数学总结。描述统计还能描述分布的特点，例如对称或幅度。

测量刻度

测量结束后通常会用某个数字来代表测量结果，例如体重、身高、距离、时间以及中高强度体力活动的量。然而，并非所有的数字都是同一种类型。有些类型的数字可以进行加减运算，并且所得结果具有意义。而还有一些类型的数字，这样的运算结果意义不大或毫无意义。在这里介绍的一个数字分类方法就是使用测量刻度。测量刻度或测量等级代表一种从最低水平（定名）到最高水平（比例）的分类方法。

·**定名刻度**。命名或分类，例如橄榄球球员的位置（四分卫和边锋），性别（男或女），车子的类型（跑车、卡车或 SUV）或者你所属的组别（试验组或控制组）。定名分类本质上是绝对的，依据某个特征对于互不兼容的事物简单加以区分。其中不涉及次序、强弱或大小的概念。人们认为同一组中所有人都具备相同水平的某种特定特征，该特征决定他们的组别。你要么属于该组成员或者不属于该组成员。

·**定序刻度**。排名，例如赛跑比赛的名次。事物按照次序排列，但是不同排名之间的差异并不相等（例如第一名和第二名之间的差距可能非常小，而第四名和第五名之间的差距可能却很大）。在橄榄球球队的各种排名中，排名第一和第二的两支队伍中间的差距可能非常小，而排名第十和第十一的队伍之间的差距可能很大。赛跑比赛中第一个达到终点的选手可能比第二名快了 0.2 秒，而第三名却可能慢了 2 秒，第四名则慢了 6 秒。尽管如此，第一名排在第二名之前，第三名排在第四名之前，以此类推。

你能指出在这个颁奖仪式中使用了定名、定序还是连续的测量刻度吗?

·**连续刻度**。如果连续的数字可以进行加减乘除运算且运算结果具有意义,那么我们就可以说该数字本质上具有连续性。这些数字在数值轴中占据一个独特的位置。连续数字在形式上可以分为区间刻度和比例刻度。

区间刻度。选用相等的或共同的测量单位,例如温度(华氏或摄氏)或智商 IQ。零点是人为选择的:数值零仅代表数值轴上一个点。它并不意味着某些东西不存在。例如在摄氏温度的刻度中,零度并不表示没有热度,而是在这个温度时水会结冰,可能出现更低的温度,在零度之下。

比例刻度。除了具有绝对(真正)零值之外,与区间刻度相同,例如开氏温标的温度。体重、次数或铅球投掷距离都属于比例测量值。比例是可能具有真正零值的。例如,如果一个人的身高是 6 英尺(约 1.82 米),另一个人的身高是 3 英尺(约 0.91 米),那么第一个人的身高是第二个人的两倍。

为了帮助你正确认识这些刻度,我们来思考一下它们在体力活动中的应用。你可能对于男性和女性(性别是名称变量)每天运动的步数感兴趣。你可能想了解中等强度与高强度的体力活动量(这是一个次序变量,因为高强度比中等强度的强度更高,但是并不是所有的中等强度或所有的高强度都是相同的)。你可能想了解每天运动的步数(这是一个比例刻度,因为如果你每周运动 5 000 步,而你的姐姐则运动 10 000 步,那么她的步数是你的两倍)。

你必须记住的重要的一点是:首先存在某种特点,然后我们才可以进行数学计算。我们可以在某个刻度(即分类方法)内思考数字,分类方法包括定名分类、定序分类、定段分类以及定比分类。测量刻度是分等级的,每个等级都建立在前一个或多个等级之上。也就是说,如果一个数字是定序数字,那么我们也能对其进行分类(定名分类);如果这个数字属于定段数字,那么它也能传达定序和定名信息;如果这个数字本质上是定比数字,那么它也传达了所有3个较低水平的信息,即定名、定序和定段信息。只有定段和定比数字可以进行数学运算(例如加法和乘法运算)。人们有时使用较低水平的测量刻度——定序和定名刻度,而不是较高水平的定段或定比刻度。想一想如果你用0来代表男性,1代表女性,平均性别数值为0.4,这样的表述有意义吗?当然没有!性别是定名变量。同时还要注意,运用定序数据计算平均值,这种做法也是不合适的。平均值总是中间的排名。这也说明我们在实施统计测试前应该区分数据的测量等级。

要点内容 3.1

跳水和体操数值依据的是什么测量刻度?

求和符号

数学家们为了表达他们希望完成的数学运算,他们开发出了一套缩写系统,称为求和符号。虽然求和符号可以变得非常复杂,但是要满足当前的学习目标你只需要掌握为数不多的几个概念。你要记住3个要点:N是项数;X是你可能要测量的任何观测到的变量(例如身高、体重、距离和中到高强度体力活动时间);$\sum$(大写的希腊字母西格玛 sigma)指的是“总和”。在求和符号中,$\sum X = (X_1 + X_2 + \cdots + X_n)$,其中$n$代表第$n$次(或最后一次)观察数据。它读作“所有$X$值的总和等于($X_1$加$X_2$加……$X_n$)。”

在使用求和符号的时候一定要记住计算的顺序。要记住的主要规则是关于括号和指数的。记住你要先完成括号内所有运算然后再进行括号外的运算。如果没有括号,适用于数学运算的先后规则:首先,进行所有求幂运算;然后进行乘除运算,最后进行加减运算。例如$\sum X^2$,读作“X平方值求和”,而$(\sum X)^2$则是“X求和值的平方”。这种区别很重要,因为这两个写法代表着不同的数值。对于$\sum X^2$,我们先将每个X值进行平方运算,然后将运算结果全部相加。对于$(\sum X)^2$,我们先将所有的X值相加,然后将相加总和进行平方运算。如果X值为“1、2、2、3、3”,你可以确定两个公式的数值并不相同。$\sum X^2$等于27而$(\sum X)^2$等于121。

要点内容 3.2

使用数字“3、1、2、2、4、5、1、4、3、5”计算求和符号的数值。

确认$\sum X$等于30。确认$\sum X^2$等于110。

确认以下等式结果是2.22。

$$\frac{\sum X^2 - \frac{(\sum X)^2}{n}}{n-1}$$

报告数据

　　你可能想知道你每周（或每天）运动多少步。或者，在你对你学生或研究对象进行某个变量的测量之后，你可能想知道他们的表现如何。你难道不想知道你在某项测试中的表现如何吗？如果你的老师只告诉了你的数值，那么你会不清楚自己的表现如何。如果你只知道自己每周或每天运动的步数，却不进行任何比较（既没有常模参考也没有标准参考），那么只有数值将没有任何意义。你需要一些额外的信息。人们常常想和已经完成相似测试的他人进行比较。常模参考恰恰帮助我们实现这个愿望。它能告诉你相比完成相同测试的其他人来说你的表现如何。为了判断你与他人相比表现如何，一种方法是依据测试结果构建频率分布。频率分布是一种组织数据的方法，其中注明各种数值出现的频率。表 3.1 列出了 65 位学生的最大摄氧量［单位为毫升／（千克·分）］的测试结果。看看这些结果，假如你的最大摄氧量为 46 毫升／（千克·分）。你的表现如何？当我们以表 3.1 的方式呈现这些数字，很难判断你的表现如何。但是频率分布就能清楚地说明相比他人的数值你的数值如何（即常模参考比较）。或者，你可能想根据你的最大摄氧量进行标准参考的决策。后面你将深入学习如何做这些解释。

表 3.1　65 位学生的最大摄氧量数值

48	45	50	49	46	47	47	49	50	50
45	51	51	48	49	46	44	44	52	53
48	43	48	41	48	49	47	49	51	54
51	43	53	45	48	47	51	46	49	50
48	48	45	46	49	48	46	48	52	54
52	50	51	47	45	47	43	47	49	50
44	55	48	50	53					

要点内容 3.3

　　使用 SPSS 来获取表 3.1 中 65 个数值的频率分布和百分位。使用图 3.1 提供的结果确认你的分析。使用 SPSS 获取频率分布和百分位的方法如下。

　　1. 启动 SPSS。

　　2. 打开表 3.1 的数据（或者录入表 3.1 中的数值）。

　　3. 点击"分析"（Analyze）菜单。

　　4. 向下移动光标至"描述统计"（Descriptive Statistics），横向移动至"频率"（Frequencies）选项并点击。

　　5. 选择"最大摄氧量"，点击箭头键将其置于"变量"［Variable（s）］方框中。

　　6. 点击"确认"（OK）。

统计

摄氧量

N	有效	65
	缺失	0

最大摄氧量

		频率	百分比	有效百分比	累计百分比
有效	41	1	1.5	1.5	1.5
	43	3	4.6	4.6	6.2
	44	3	4.6	4.6	10.8
	45	5	7.7	7.7	18.5
	46	5	7.7	7.7	26.2
	47	7	10.8	10.8	36.9
	48	11	16.9	16.9	53.8
	49	8	12.3	12.3	66.2
	50	7	10.8	10.8	76.9
	51	6	9.2	9.2	86.2
	52	3	4.6	4.6	90.8
	53	3	4.6	4.6	95.4
	54	2	3.1	3.1	98.5
	55	1	1.5	1.5	100.0
	总数	65	100.0	100.0	

图 3.1 65 位学生的最大摄氧量数据分析

你也许会问自己,为什么这样做?回想一下,你想判断自己与班上的其他同学相比表现如何。你的最大摄氧量数值为 46,这个数字出现在分布的下半段中。频率分布的第五列累计百分比是一个百分位。计算百分位的方法是将等于或低于你所计算的百分位的所有数值的百分数(第三列百分比)加在一起。百分位指的是等于或低于某个特定数值的各个观察值的百分比。这属于常模参考比较。这一概念极为重要,因为很多测试数值通常都以百分位形式进行公布。如果你取得了第 90 个百分位(P_{90}),这明确地表明你的最大摄氧量高于参加测试的 90% 的人。相反,如果你的数值位于第 10 个百分位(P_{10}),则说明 90% 参加测试的人取得的最大摄氧量的数值比你高。你的最大摄氧量数值为 46,这个数值位于第 26.2 个百分位,即说明参加测试的人中,26.2% 的人等于或低于你的数值,因此 73.8% 的人高于你的数值。反过来,你可能想知道你的最大摄氧量是否足够高,从而降低你患心血管疾病的风险。研究表明,对男性来说,最大摄氧量数值大于或等于 35 足以带来健康益处,而 46 这一数值超过该标准。

图 3.1 展示的内容中数值高比数值低更好。但是事实并非总是如此。例如高尔夫运动或计时比赛,时间越短越好。当数值越低越好时,你在解释数值时要考虑到这一点。例如,如果表 3.1 中显示的数据是 9 洞高尔夫比赛数值,你获得了较低的 46 分,表示你的百分位为第 73.8 位(100–26.2 = 73.8)。

数据集应用

　　现在应该使用较大的数据集进行尝试。例如使用 SPSS 计算大数据集中 250 人每周运动平均步数的百分位。当你运行"频率"（Frequencies）按钮时，你将会发现输出内容过长（不便于使用）。为了简化这一输出，点击"频率"（Frequencies）窗口中的"统计"（Statistics）按钮；然后点击"切换"（Cutpoints）旁边的方框，这样你就能在输出中获得 10 个相等的组。点击"继续"（Continue）按钮，然后点击"确认"（OK）。注意你所获得的输出内容的第一部分是十分位数——10 组。你将看到与第 10、第 20 和第 30 等百分位相对应的每周运动步数。

集中趋势

　　现在你知道自己在整个分布中所处的位置。你位于参加测试人群倒数 30% 左右的位置。让我们来进一步思考如何对你的数值进行解读。一种方法是判断你与参加测试的一般人比较情况如何。为此，你应该观察这些数值趋向中心的位置，即它们的集中趋势。我们将简要介绍 3 种方法。

　　·**平均值**。数学的平均数，即将所有数值的总和除以数值的数量。根据求和符号，我们可以使用如下公式来表达该定义。

$$M = \frac{\sum X}{n} \qquad\qquad （公式 3.1）$$

　　其中 M 代表平均值，X 代表每次观察的数值，n 表示观察的次数。该数据中每个数值都被用来计算平均值，这是测量集中趋势最稳定的测量方法。例如，使用 4 个数值"4、3、2、5"，平均值为（4 + 3 + 2 + 5）/ 4 = 3.5。

　　·**中位数**。中间的数值，即第 50 百分位数。要获得中位数，将所有数值按照从高到低的顺序进行排列，取中间的数值。表 3.1 中显示的数据的中位数值为 48。注意该中位数是一个具体的百分位数，即第 50 百分位。中位数是数据分布中最典型的数值。一半测试者数值高于该数值，同时另一半测试者数值低于该数值。

　　·**众数**。出现频率最高的数值。众数是测量集中趋势最不稳定的方法，但是也是最容易获得的方法。从图 3.1 中可以确认该组数据的众数是 48（出现了 11 次）。

数据集应用

　　使用某个大数据集，并学习该数据集中每个变量的平均值、中位数以及众数。提示：依次选择"分析"（Analyze）、"描述统计"（Descriptive Statistics）、"频率"（Frequencies）、"选项"（Options），然后点击"集中趋势方框"（Central Tendency）中的按钮。

分布形状

只知道某个分布的集中趋势的测量值并不能告诉你有关数值的全部内容。并不是所有的分布都具有相同的形状。图 3.2 说明了几种分布可能呈现的集中形状。统计学描述分布外形（或对称情况）的专业名词是偏度。偏度值的范围一般是从 +1 到 −1。偏度值为正数的分布图有一个伸向数值轴负数端（左侧）的尾巴。我们使用接近 0 值的偏度来描述偏度较小的分布图。对于有偏度的分布图，从频率分布图尾部到最高点（即众数）我们一般按照字母顺序表述集中趋势的测量值。因此，如果分布具有偏度，中位数一般介于平均值和众数之间，且平均值通常最接近尾部。注意众数是反映测量集中趋势最显而易见的测量值。

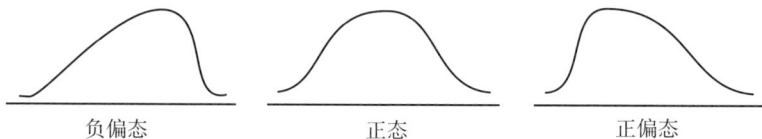

图 3.2　分布形状

分形状还具有另一个属性。在图 3.3 中，3 个分布图都是对称曲线，且具有完全相同的平均值、中位数和众数。然而，它们的分布幅度（或是峰度）存在明显差异。曲线的峰度称为峭度。顶部曲线（正态）称为常峰态（即为平均量）。曲线较平称为低峰态，升降急剧的曲线称为高峰态（尖峰态）。高峰态曲线的峭度值为正数，而低峰态曲线的峭度值为负数。正态曲线是没有偏度的常峰态分布。

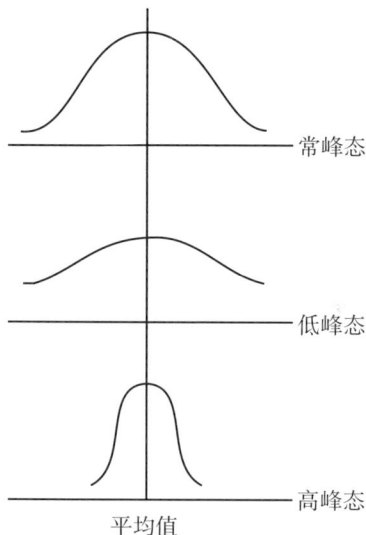

图 3.3　3 条对称的曲线

数据集应用

使用某个大数据集，并且学习该数据集中每个变量的偏度和峭度。提示：依次点击"分析"（Analyze）、"描述统计"（Descriptive Statistics）、"频率"（Frequencies）、"统计"（Statistics），并点击"分布"（Distribution）方框中的相应按钮获取偏度和峭度。你能分辨哪个正偏度最大、峰态最高吗？

有一个不错的方法，可以帮助你判断分布图的形状，即绘制一个柱状图。柱状图是一种图表，其中包含代表数据中各个数值出现频率的圆柱。它在横轴上列出了数值，并在竖轴上列出了频率。

@　可观看视频 3.1。

要点内容 3.4

使用表 3.1 中的数据创建一个柱状图来描述 65 个最大摄氧量的数值（图 3.4）。使用 SPSS 获取一个柱状图的操作方法如下。

1. 启动 SPSS。
2. 打开表 3.1 的数据。
3. 点击"分析"（Analyze）菜单。
4. 向下移动光标选择"描述统计"（Descriptive Statistics），横向移动至"频率"（Frequencies）选项并点击。
5. 选择"最大摄氧量"并点击箭头键将其置于"变量"[Variable（s）] 方框中。
6. 点击"图标"（Charts）按钮。
7. 点击"柱状图"（Histogram）按钮。
8. 点击"继续"（Continue）。
9. 点击"确定"（OK）。

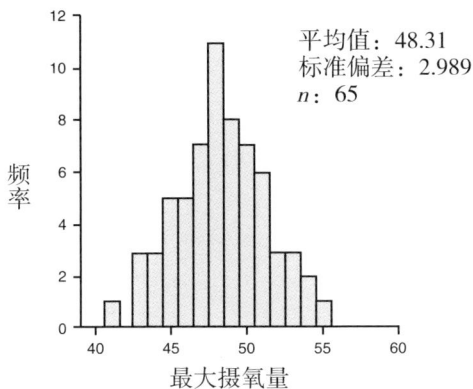

图 **3.4**　65 个数值生成的柱状图

注意：要获取柱状图，你还可以直接依次点击"图表"（Graphs）、"旧对话框"（Legacy Dialogs）、"柱状图"（Histogram），并将所要的变量放入右侧的变量方框中。通过点击"显示正态曲线"（Display normal curve），你还能获取正态曲线。

数据集应用

之前，你已经使用 SPSS 来判断第 3 章大数据集中哪个变量的偏度最大。创建一些柱状图，从而从视觉上证实这些分布图是什么样子的。在 SPSS 中，依次点击"图表"（Graphs）、"旧对话框"（Legacy Dialogs）、"柱状图"（Histogram），并将相应变量放入"变量"（Variables）方框中。你应该点击"显示正态曲线"（Display normal curve）。你能通过这些柱状图来确认之前的结果吗？

变异性

曲线的峰度是另一个对一组数值描述的重要概念。图 3.3 中的低峰度曲线说明包含了较多的异质（不相似）数据，而高峰度曲线则说明观察的数值具有更多的同质性（相似性）。我们通过各种不同的变异测量方法来反映数值的分布曲线的展开范围。这里我们介绍 3 种测量变异的方法：极差、方差和标准偏差。

极差

极差是高分数值减去低分数值。它是测量变异最不稳定的方法，因为它仅依赖于两个数值，因而并不能反映其他数值的分布情况。

方差

方差是一种依据每个数值与平均数值之差的平方来测量一组数值离散范围的方法。在报告数值的异质性方面，方差的使用频率远大于极差。方差是测量变异最稳定的方法。具有截然不同离散范围的两组数值将有着截然不同的方差。本书通篇都在介绍测量与评价的各种问题，很多不同种类的方差（例如观察方差、真实方差、误差方差、样本方差、对象间方差和对象内方差）因此也将变得非常重要。

为了说明如何计算方差，表 3.2 中给出以下数值：3、1、2、2、4、5、1、4、3、5。

表 3.2 计算变异

X（观察获得的数值）	−	M（平均值）	=	X（数值偏差）	x^2（数值偏差的平方）
3	−	3	=	0	0
1	−	3	=	−2	4
2	−	3	=	−1	1
2	−	3	=	−1	1
4	−	3	=	1	1
5	−	3	=	2	4
1	−	3	=	−2	4

续表

X（观察获得的数值）	–	M（平均值）	=	X（数值偏差）	x^2（数值偏差的平方）
4	–	3	=	1	1
3	–	3	=	0	0
5	–	3	=	2	4
总计				0	20

计算方差的步骤如下。

1. 计算平均值。

2. 每个数值减去平均值。

3. 计算每个偏差然后进行平方运算。

4. 将所有运算结果相加，然后再除以"数值数量减 1"。

教学公式 3.2 用来说明如何计算方差。

$$s^2 = \frac{\Sigma(X-M)^2}{n-1} = \frac{\Sigma x^2}{n-1} = \frac{20}{9} = 2.22 \qquad （公式 3.2）$$

即方差为与平均值偏差平方的平均数（因此均方一词有时会用来指代方差）。需要注意，计算方差时除以 $n-1$ 而不是 n，因此方差并不是严格意义上的平均值。你可以使用公式 3.3 来求一组数值的方差，因为这种方法一般来说使用起来更方便。

$$s^2 = \frac{\Sigma X^2 - \frac{(\Sigma X)^2}{n}}{n-1} \qquad （公式 3.3）$$

你应该确认使用该公式计算方差得到的数值与使用教学公式得到的数值相同。（提示：$\Sigma X^2 = 110$；$\Sigma X = 30$。）请注意，当所有数值都完全相同时，方差为零。一般来说，在测量中这不是我们想要的。数值之间存在差异才更真实。我们将在书中说明这背后的各种原因。

查看表 3.2，检查一下你是否已经真正学会了利用表中的数据来计算方差。

一般来说，我们可以通过一个类似图 3.5 中的方块来表示方差。该方块（总方差）分为两类方差：真实方差和误差方差。你可以通过思考最近的一次考试的数值来理解

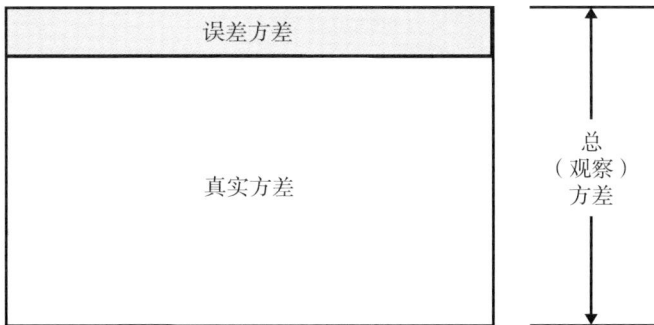

图 3.5 3 种方差

这三类方差。并不是每个人都取得了相同的数值,因此存在一个总的或观察数值方差。并不是每个人对于考试的内容都有着相同的正确认识,所以存在真实数值方差。最后,考试中出现了一些错误,但是并不是每个人的数值都反映出相同数量的错误,所以存在误差数值方差(误差可能来自多个方面,例如学生瞎猜或教师批分错误)。我们将在第 6 章学习可靠性理论时再深入探讨上述这些重要的概念。

在本书的后面内容中,这些不同类别的方差将会变得更加重要,但是现在在你要理解方差的含义,这一点很重要。虽然方差是一个经过计算获得的数字,但是我们通常在说到方差时把它当作一个概念(即变异)。记住图 3.5 中的方块以及并非所有的数值都是相同的,这可能会对你有所帮助。

标准偏差

尽管方差很重要,但是在描述统计学中常常使用一个相关的数字即标准偏差或标准差(s)来描述一组数值的变异。标准偏差是方差的平方根。将标准偏差想象成变异的长度单位值。你思考一下用于表示方差的方块(图 3.5)。当你计算一个方块的平方根,你就获得了一个长度单位值。相同的概念也同样适用于标准偏差。标准偏差很重要,因为我们使用它来测量一组数值的长度单位值的变异。

知道一组数值的标准偏差可以告诉我们很多有关该组数值的异质性和同质性。鼓励你使用该计算公式(公式 3.3)来计算标准偏差。方法很简单,只要计算方差 s^2,然后求其平方根。经过计算,你应该可以确认表 3.2 中的数据的标准偏差为 1.49(即 $\sqrt{2.22}$)。

数据集应用

使用某个大数据集,并确定该数据集中每个变量的方差和标准偏差。提示:依次点击"分析"(Analyze)、"描述统计"(Descriptive Statistics)、"频率"(Frequencies)及"选项"(Options),然后点击"分散"(Dispersion)框中的按钮。你能分辨出同质性最高和异质性最高的变量吗?你可以创建柱状图来直观地观察变异性。

标准偏差为何如此重要,它究竟意味着什么?例如,在正态分布即钟形对称的概率分布中(图 3.6),知道标准偏差能够让你了解很多有关分布的东西。在任何的正态分布中,如果在平均值的基础上加减一个标准偏差的数值,你将获得一个包含 68.26% 左右观测值的极差;如果加减两个标准偏差的数值,你将获得一个包含 95.44% 左右观测值的极差;如果加减三个标准偏差的数值,你将获得一个包含 99.74% 左右观测值的极差。只要分布呈正态,不论平均值和标准偏差是多少,上述结果始终适用。总结如下:

M(平均值) ± 1s(标准偏差)→ 68.26% 观测值

M(平均值) ± 2s(标准偏差)→ 95.44% 观测值

M(平均值) ± 3s(标准偏差)→ 99.74% 观测值

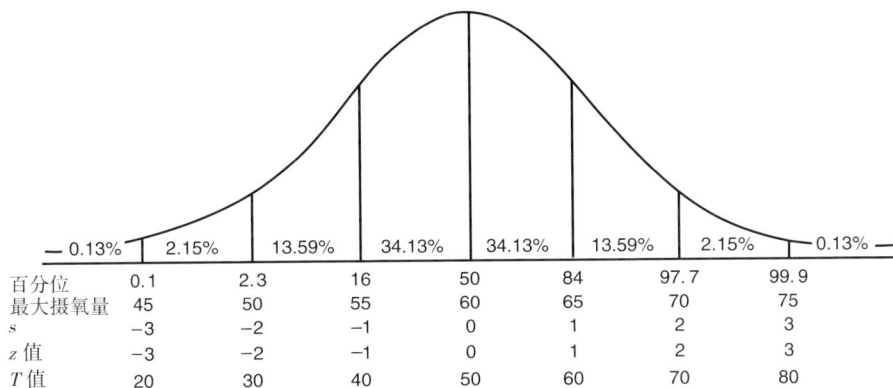

— 0.13%	2.15%	13.59%	34.13%	34.13%	13.59%	2.15%	— 0.13% —

百分位	0.1	2.3	16	50	84	97.7	99.9
最大摄氧量	45	50	55	60	65	70	75
s	−3	−2	−1	0	1	2	3
z 值	−3	−2	−1	0	1	2	3
T 值	20	30	40	50	60	70	80

图 3.6　数值的正态分布图

　　通过使用一组观测数据的平均值和标准偏差信息，你可以粗略估算任意观测值的百分位。再参看图 3.6，假如它描述的是最近一次最大摄氧量测试的观测数值，该组数值的平均值为 60 毫升 /（千克·分），标准偏差为 5 毫升 /（千克·分），该组数值呈正态分布。使用该图粗略估算数值为 50、55、60、65 和 70 最大摄氧量的百分位。相似的测试对象获得超过 70 毫升 /（千克·分）最大摄氧量的可能性有多大？图 3.6 还提供了两个标准数值的信息。接下来，你将学习标准数值。

标准数值

　　知道了平均值和标准偏差，计算标准数值就变得简单了。标准数值是围绕着一个给定的平均值和标准偏差进行标准化处理的一组观察数值。最基本的标准数值是 z 值。它的计算方式如下。

$$z = \frac{X - M}{s} \qquad （公式 3.4）$$

　　换句话来说，你可以用观察数值减去平均值后再除以标准偏差，结果就是该观察数值的 z 值。如果你对一组数据中所有观察数值进行这样的计算，你就会获得一组数值，该组数值的平均值为 0，标准偏差为 1（即该组数值已经进行了标准化处理）。你可以注意到，图 3.6 已经包括了 z 值，同时 z 值的平均值始终为 0 且标准偏差始终为 1。还有一种常用的标准成绩是 T 值，它的计算方法如下。

$$T = 50 + \frac{10(X - M)}{s} \qquad 或 \qquad T = 50 + 10z \qquad （公式 3.5）$$

　　一组数据的所有观察数值的 T 值的平均值始终是 50，且标准偏差始终是 10。需要注意，在正态分布中，99.74% 的数值都介于 z 值的 −3 和 +3 之间，介于 T 值的 20 和 80 之间。你明白这是为什么吗（图 3.6）？

　　你很可能会问自己，标准数值的意义何在？要回答这个问题，让我们先来假设你是一名体育老师正在教一节篮球课，其中你只要针对两项技能给学生打分（我们并不是推荐这种做法！）。假说你认为投篮和运球是篮球运动中两项重要技能，同时你能够有效对这两项技能进行测量。对于投篮，你测量学生每分钟成功投篮的次数；对于运球，你测量学生运球穿过障碍跑道所用的时间。假设你认为运球和投篮在篮球中同等重要（我们很可能不赞同这种观点！），所以你希望赋予二者相同的权重。快速浏览一下成绩就会明白，你不能将每个学生的这两项数值简单相加以此来判断谁是最优秀的篮球运动员。在投篮测试中，高分代表更优秀的运动表现，但是在运球测试中，低分代表更优秀的运动表现。此外，每个数值的测量单位也是不同的（即成功投篮的次数和完成带球测试所需的秒数）。

这正是标准数值能够帮助你的地方。为了在这次测试中赋予这两项技能相等的权重，你必须首先将每个人的数值转化为标准形式，例如 z 值或 T 值。注意运球测试是计时测试，所以你必须正确调整所获得的 z 值，这样时间越短 z 值才能越高。你可以通过改变 z 值的正负号（例如将 2 变为 –2；–1.5 变为 1.5），然后再将每个学生的两个 z 值加在一起，从而求得一个总 z 值，在这个总分值中，每项测试现在都有相同的权重。而使用原始数值则不能这样做，同时任何方差不相等的多组数值也不能这样做。总体来说，如果你只是将每个学生的原始数值简单相加，那么在总分值中方差越大的那组数值获得的权重就越大。但是，如果你将它们转化成标准数值，那么它们就具有相同的权重，因为它们有着相同的标准偏差（记住 z 值的标准偏差始终等于 1）。

你可以更进一步地运用这个例子，将投篮测试结果的权重定为运球测试的两倍。你只要将投篮测试的得分乘以 2，然后再加上运球测试的 z 值。差异性越大的测试将承载更大的权重。事实上，如果某个考试的成绩没有差异（即每个人的成绩都相同），那么这次考试对于区分学生的成绩毫无帮助。我们将在第 13 章中进一步介绍这个概念。

表 3.3 对于 z 值和 T 值的平均值和标准偏差等重要信息做了总结。注意这些标准数值的平均值和标准偏差始终不变。通过图 3.6 也能明白这一点。

表 3.3　标准数值的平均值和标准偏差

	平均值	标准偏差
z 值	0	1
T 值	50	10

正态曲线的面积（z 表）

如果你认真思考公式 3.4，你就会发现将一个数值转化为 z 值实际上就是用标准偏差为单位来表述某个数值距离平均值的距离。也就是说，一个 z 值表示一个数值位于平均值之下或之上的标准偏差的数量。z 值除了可以对表现结果加权计算成绩外，它还有多个用途，主要决定各观察数值在正态分布下某个特定区域中的百分位和百分比。再思考一下图 3.6 中显示的正态分布。总数 100% 代表的是正态分布的下方面积。

一个学生的数值等于平均值，该生成绩为第50百分位（即成绩优于该组50%的学生），同时 z 值为 0（T 值为 50）。

通过观察各数值本身你可能对于表现情况知之甚少（事实上观察数值没有提供任何有关相对表现的信息）。然而，如果某个老师以 z 值的形式报告你的数值，你的 z 值为正数，那么你立刻就明白你的成绩优于平均值；负数则表示你的数值低于平均值。使用正态分布曲线面积表（表 3.4）和 z 值，你可以判断呈正态分布的数据中任何 z 值相对应的百分位。

表 3.4　正态分布曲线的面积

z	0.00	0.01	0.02	0.03	0.04	0.05	0.06	0.07	0.08	0.09
0.0	00.00	00.40	00.80	01.20	01.60	01.99	02.39	02.79	03.19	03.59
0.1	03.98	04.38	04.78	05.17	05.57	05.96	06.36	06.75	07.14	07.53
0.2	07.93	08.32	08.71	09.10	09.48	09.87	10.26	10.64	11.03	11.41
0.3	11.79	12.17	12.55	12.95	13.31	13.68	14.06	14.43	14.80	15.17
0.4	15.54	15.91	16.28	16.64	17.00	17.36	17.72	18.08	18.44	18.79
0.5	19.15	19.50	19.85	20.19	20.54	20.88	21.23	21.57	21.90	22.24
0.6	22.57	22.91	23.24	23.57	23.89	24.22	24.54	24.86	25.17	25.49
0.7	25.80	26.11	26.42	26.73	27.04	27.34	27.64	27.94	28.23	28.52
0.8	28.81	29.10	29.39	29.67	29.95	30.23	30.51	30.78	31.06	31.33
0.9	31.59	31.86	32.12	32.38	32.64	32.90	33.15	33.40	33.65	33.89
1.0	34.13	34.38	34.61	34.85	35.08	35.31	35.54	35.77	35.99	36.21
1.1	36.43	36.65	36.86	37.08	37.29	37.49	37.70	37.90	38.10	38.30
1.2	38.49	38.69	38.88	39.07	39.25	39.44	39.62	39.80	39.97	40.15
1.3	40.32	40.49	40.60	40.82	40.99	41.15	41.31	41.47	41.62	41.77
1.4	41.92	42.07	42.22	42.36	42.51	42.65	42.79	42.92	43.06	43.19
1.5	43.32	43.45	43.57	43.70	43.83	43.94	44.06	44.18	44.29	44.41
1.6	44.52	44.63	44.74	44.84	44.95	45.05	45.15	45.25	45.35	45.45
1.7	45.54	45.64	45.73	45.82	45.91	45.99	46.08	46.16	46.25	46.33
1.8	46.41	46.49	46.56	46.64	46.71	46.78	46.86	46.93	46.99	47.06
1.9	47.13	47.19	47.26	47.32	47.38	47.44	47.50	47.56	47.61	47.67
2.0	47.72	47.78	47.83	47.88	47.93	47.98	48.03	48.08	48.12	48.17
2.1	48.21	48.26	48.30	48.34	48.38	48.42	48.46	48.50	48.54	48.57
2.2	48.61	48.64	48.68	48.71	48.75	48.78	48.81	48.84	48.87	48.90
2.3	48.93	48.96	48.98	49.01	49.04	49.06	49.09	49.11	49.13	49.16
2.4	49.18	49.20	49.22	49.25	49.27	49.29	49.31	49.32	49.34	49.36
2.5	49.38	49.40	49.41	49.43	49.45	49.46	49.48	49.49	49.51	49.52
2.6	49.53	49.55	49.56	49.57	49.59	49.60	49.61	49.62	49.63	49.64
2.7	49.65	49.66	49.67	49.68	49.69	49.70	49.71	49.72	49.73	49.74
2.8	49.74	49.75	49.76	49.77	49.77	49.78	49.79	49.79	49.80	49.81
2.9	49.81	49.82	49.82	49.83	49.84	49.84	49.85	49.85	49.86	49.86
3.5	49.98									
4.0	49.997									
5.0	49.99997									

源自：Based on Lindquist 1942.

表 3.4 中左侧纵向数值是整数和十分位的 z 值，顶部横向的数字代表百分位的 z 值（例如，要找到 1.53 的 z 值，首先在左侧找到 1.5，然后再向右找到 0.03 列）。表中列出的各数字为各观察数值的百分数，这些观察数值距离平均值有任一特定的标准偏差。求证 34.13% 的数值位于平均值和平均值以上 1 个标准偏差之间（即 z 值 1.00）。注意该表中没有显示负值的 z 值：因为正态分布图是对称的，所以没有必要显示负值。因此还有 34.13% 的观察数值位于平均值和平均值以下一个标准偏差之间。注意 ±1s 的数值百分比为 68.26%（34.13% + 34.13%）。看看你是否能够判断位于平均值之上 1 个标准偏差与 1.5 个标准偏差之间的各数值的百分比？图 3.7 显示了该面积。使用表 3.4 和图 3.7 来得出答案（43.32% – 34.13% = 9.19%）。

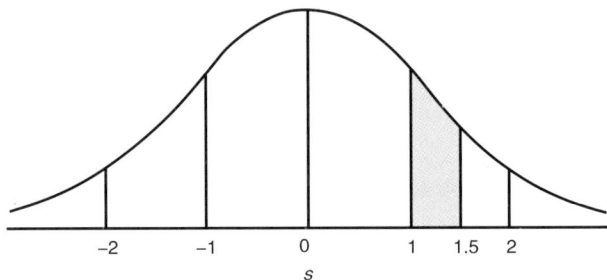

图 3.7 正态曲线中位于平均值之上 1 个标准偏差和 1.5 个标准偏差之间的面积

总而言之，在使用正态分布曲线面积表时要记住以下几个要点。

· 参照点是平均值。

· 显示的 z 值都精确到百分位。

· 表中的数字都是百分数。

使用用表 3.4 来确认 1.23 这个 z 值是（大约为）第 89 百分位。记住参照点为平均值，且一个百分位代表的是得分等于或低于某个点的总人数。（提示：如果你观察数值位于平均值之上，或百分位大于 50，或 z 值大于 0.00，那么该数值的百分位包含了所有数值低于平均值的人）。使用表 3.4 来确认 – 1.23 这个 z 值表示（约等于）第 11 百分位。你可以使用以下方法来得出该结果。

1. 在该表的左列中找到 1.2，再在顶行中找到 0.03。它们所在的行和列相交于百分数值 39.07。

2. 回想一下这个数字的含义：39.07% 的数值位于平均值和平均值之上 1.23 个标准偏差之间或平均值和平均值之下 1.23 个标准偏差之间。

3. 回想一下 50% 的数值位于平均值之下。

4. 这样，50%–39.07% 就算出余下的低于 z 值 1.23 的区域；答案是 10.93（或者相当于第 11 百分位）。

使用表 3.4 来确认在一组正态分布的观察值中 14.98% 的数值位于 z 值 0.50 和 1.00

之间（画一幅图来帮助你理解这一点）。以下为你完成这类题目提供了一些提示。

　　·针对该问题画出一幅图（首先从正态分布图开始）。

　　·思考 z 值是否能够提供帮助（通常情况下是可以的）。

　　·表 3.4 是否能够为你提供帮助（通常情况下是可以的）。

　　如果某个数值的公布形式为 T 值，只要将其转化为 z 值，然后就可以预测其百分位。要将 T 值转化为 z 值，只要使用 z 值公式来替换 T 值平均值（50）和标准偏差（10）即可。如果你的 T 值为 30，你的 z 值则为

$$（30 - 50）/ 10 = -2.00$$

　　虽然你可以使用表 3.4 来将 z 值转化为百分位，但是你也可以使用该表将正态分布数据的百分位转化为 z 值。如同前文提到的篮球测试例子中那样，如果你希望对于各 z 值进行求和来决定最佳的总体表现，那么这种转化可能会派上用场。假如有人告诉你，你在某项测试中获得了第 69 百分位。你可以通过以下方法来判断你在该次测试中的 z 值。

　　1.　计算 69% -50% = 19%，获得你的百分位与平均值之间的面积。

　　2.　表 3.4 中找到 19 最接近的数值为 19.15。

　　3.　通过参照最左列和顶行的数字来找到 19.15 对应的 z 值。该 z 值为 0.50。（这是正数，因为你的数值高于平均值。）

　　如果你想确认它对应的 T 值为 55，你只要将 0.50 替换成 T 值公式（公式 3.5）。

@　可观看视频 3.2。

要点内容 3.5

　　使用表 3.4 来确认，如果该门课程成绩 A 的最低 z 值要求为 1.35，那么预计 8.85% 的学生将获得 A。

要点内容 3.6

　　确认 T 值 1.8 相关的百分位是 96.41。

要点内容 3.7

　　使用 SPSS 来计算表 3.1 中数据的 z 值。

　　1.　启动 SPSS。

　　2.　打开表 3.1 中的数据。

　　3.　点击"分析"（Analyze）菜单。

　　4.　向下移动光标至"描述统计"（Descriptive Statistics），在横向移动选择"描述"（Descriptives）并点击。

5. 选择"最大摄氧量",然后点击箭头键,将其置于"变量"(Variables)方框中。

6. 点击"将标准化值另存为变量"(Save standarclized values as variable)框。

7. 点击"确认"(OK)。

这样就将数值转化为了 z 值,你的数据文档新增了一列 z 值。务必要保存修改后的数据文档,因为你将需要这些 z 值来完成下一个要点内容。

要点内容 3.8

使用 SPSS 来计算 T 值。

1. 启动 SPSS。

2. 打开表 3.1 中的数据。

3. 点击"转换"(Transform)菜单。

4. 点击"计算"(Compute)。

5. 在"目标变量"(Target Variable)方框中,输入"T"。

6. 在"数字表述"(Numeric Expression)方框中,输入"$50 + 10 \star z$"。

7. 点击"确认"(OK)。

8. 现在你的数据文档中已经增加了 T 值。保存数据文档。

要点内容 3.9

使用你刚刚创建的数据以及 SPSS 来核实 z 值的平均值和标准偏差分别为 0 和 1,T 值的平均值和标准偏差分别为 50 和 10。

测量与评价的案例思考

James 在本章学习的内容是否能帮助他解释跑台测试的结果呢? 他可以将他的最大摄氧量与他同龄男性平均最大摄氧量进行比较,也可以依据他的数值、平均数值以及最大摄氧量的变异性来判断他成绩的百分位。他已经学习了如何依据成绩的分布和常模标准来计算和解释各个数值。假设同龄男性的平均最大摄氧量为 45 毫升 /(千克·分),标准偏差为 5 毫升 /(千克·分),他可以轻易地判断他的成绩位于第 84 百分位。只有 16% 的同龄男性的最大摄氧量超过 50 毫升 /(千克·分)。

小结

本章介绍的描述统计为本书后面的内容打下了基础。尤为重要的是,你应该能够理解和使用集中趋势,并使用和解释正态曲线以及正态分布图各部分的面积。如果你对统计方法更感兴趣,参看 Glass 和 Hopkins(1996)的著作。Thomas、Nelson、

Silverman（2015）也为人体表现中的研究和统计应用提供了典型的例子。

到这里，你应该能够完成下列任务。

· 区分 4 个水平的测量方法，并能举例说明每一种测量方法。

· 计算和解释描述统计。

· 计算和解释标准数值。

· 使用正态曲线各部位的表（表 3.4）来预计百分位。

· 使用 SPSS 来录入数据，并生成和解释。

· 理解频率分布以及观察数值的相关百分位。

· 观察数值的柱状图。

· 关于各个变量的描述统计（平均值、标准偏差）。

· 学会运用 z 值和 T 值。

第 4 章

相关系数和预测

概要

学习目标

学完本章，你将能够掌握以下内容。

- 计算统计数据，从而判断变量之间的关系。
- 计算并解释皮尔逊积矩相关系数。
- 计算并解释估计标准误差（SEE）。
- 使用散点图来解释变量之间的关系。
- 区分简单相关和多重相关。
- 在数据分析中使用 SPSS 和 Excel 计算机软件进行相关性和回归分析。

测量与评价的案例思考

现在你已经知道了如何计算描述统计数据，并已经准备好了学习其他的重要的统计学程序。第 3 章中，技术人员报告 James 的最大摄氧量为 50 毫升 / （千克·分）。然而，James 最近刚通过阅读了解到要测量最大摄氧量实际上应该收集呼出的气体，并分析气体中的氧气和二氧化碳的含量。James 在跑台测试中还没有进行任何这类测量。他记得技术人员告诉他："James，你在跑台上的跑步时间预测你的最大摄氧量为 50 毫升 / （千克·分）。"James 现在意识到他在跑台上的跑步时间与他实际的最大摄氧量之间有关联。实际上，通过一个或多个其他变量可以预测和估计一个变量，这在人体运动科学、人体表现以及体育和训练科学中很常见。例如，在 James 的案例中，技术人员通过使用他在跑步机上的跑步时间来估计他的最大摄氧量，而不必真的测量氧气和二氧化碳的含量。

两个变量之间如何相互关联的呢？随着一个变量的表现增加，另一个变量的表现会发生变化吗？在统计学中，相关系数用来研究变量之间的关系。相关系数帮助你描述各种关系，有时还能预测结果，它们在测量理论中发挥着重要作用。

相关系数

在第 3 章中你已经学过了如何使用集中趋势和变异性的测量方法来描述数据，当时我们每次只探讨一个变量或一个测量手段。然而，教师、临床医生和研究人员通常要测量的变量不止一个。这样，他们就想描述和汇报这些变量之间的关系（统计关联）。这时数据分析师、人体运动科学专家、教师、临床医生和研究人员应该能够完成一些基本的统计学任务。例如卧推和腿推力量测试之间是什么关系？即这些力量测量方法之间是否有什么共同之处？要测量这种关系，我们需要计算相关系数，具体来说就是皮尔逊积矩相关系数，符号是 r。

相关系数是两个变量之间的线性关系的指数（这种关系可以使用直线来进行完美的描述）。它表明关系的强弱或多少，以及关系的方向。正如你在图 4.1 看到的那样，相关系数的方向既有正的也有负的，强度介于 -1.00 和 +1.00 之间。

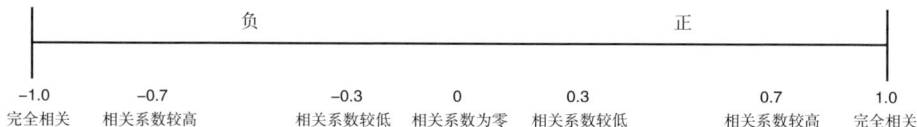

负					正	
-1.0	-0.7	-0.3	0	0.3	0.7	1.0
完全相关	相关系数较高	相关系数较低	相关系数为零	相关系数较低	相关系数较高	完全相关

图 4.1 r 的特征

高和低等词都是主观的，并且受到多个因素的影响，如获取相关系数的方式、测量对象、数据中的变异性以及如何使用相关性。r 为负数，毫无不好的含义。r 这个

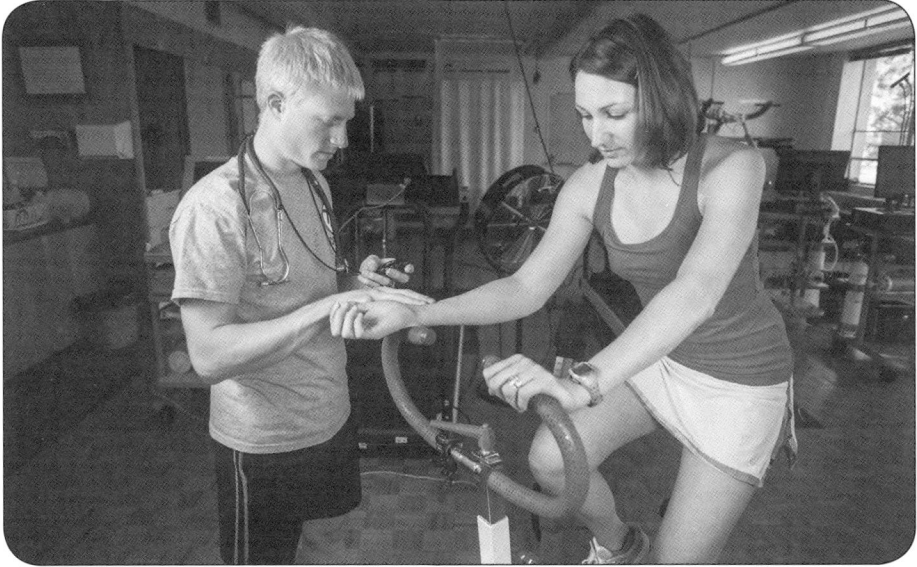

我们使用相关系数来研究变量之间的关系，例如在功率自行车上进行次最大强度训练时的心率和最大摄氧量之间的关系。

符号只是表示两个变量如何共变（即共存）。r 为正数，说明参与者在某个变量 X 中的得分高于平均值时，通常在第二个变量 Y 中的得分也会高于平均值。r 为负数，说明在变量 X 中的得分高于平均值时，通常在变量 Y 中的得分将会低于平均值。因此，相关系数 −0.5 并不是小于 +0.5。事实上，二者的相关强度是相等的，只是方向是相反的。

要点内容 4.1

如果你计算某个相关系数并得出 +1.5，那么是出现了什么情况呢？

让我们来研究影响相关系数的方向和强度的各个因素。表 4.1 显示了 10 个学生在 3 项测试中取得的数值：体重、反握引体向上和正握引体向上。通过研究这个数据，你能看到，较低的反握引体向上数值通常与较低的正握引体向上数值相匹配。如果你要计算这些数值之间的相关系数（后面将会介绍），你将会发现 r 表明一种直接的关系（正相关）。相反，如果你将体重与正握引体向上作对比，你就能看到较大的体重通常与较低的正握引体向上的数值相匹配。这些测量数值具有间接关系（或者称为负或相反的关系）。图 4.2 和图 4.3 以散点图形式说明这些关系。散点图是以图形的方式来展现两个变量之间的相关性。（你可以通过以测量名称和单位标记横轴和竖轴，以此来创建散点图。然后标示出每个参与者的每一对数值。）

表 4.1 10 个学生 3 项测试的相关数据样本

参与者	体重	反握引体向上	正握引体向上
1	130	10	8
2	130	9	7
3	140	15	12
4	150	9	10
5	150	7	6
6	160	5	3
7	160	3	4
8	160	8	7
9	170	4	5
10	170	6	3

注意：在进行正握引体向上时，掌心朝向远离练习者自己的身体；在进行反握引体向上时，掌心朝向练习者自己的身体。

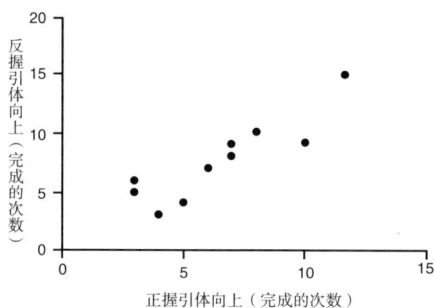

图 4.2 反握引体向上和正握引体向上之间关联的散点图

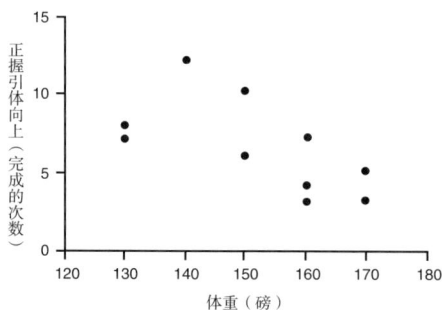

图 4.3 体重和正握引体向上之间关联的散点图

你要记住相关系数是线性关系的一种指数。所有成对的点必须形成一条直线，才能出现完全相关 –1 或 +1。如果两个变量之间的相关系数为 0（或零相关），它们的散点图完全不像一条直线。图 4.4 显示的就是一个零相关散点图的样本。

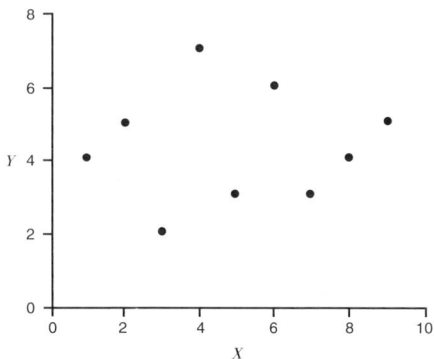

图 4.4　零相关散点图

@　可观看视频 4.1。

计算 r

我们已经对相关系数有了基本的了解，并可以通过简单散点图来说明相关性，现在让我们来学习如何计算 r。

计算 r 的步骤

1. 将你的数据分成成对的几列（这里 X 是反握引体向上的次数，Y 是正握引体向上的次数）。

2. 将每个 X 和 Y 值进行平方运算，并将计算结果放在新建的两列即 X^2 和 Y^2。

3. 将每个 X 值与其对应的 Y 值相乘，并将计算结果放入一个新列中（称为叉积或 XY）。

4. 计算每列 X、Y、X^2、Y^2 与 XY 数值的和。

5. 使用如下公式来计算 r。

$$r = \frac{n(\Sigma XY) - (\Sigma X)(\Sigma Y)}{\sqrt{[n(\Sigma X^2) - (\Sigma X)^2][n(\Sigma Y^2) - (\Sigma Y)^2]}}$$

（公式 4.1）

注意每个人都必须有两个数值。如果一个学生只完成一项测试，他的数值不能用于 r 的计算中。

使用表 4.2 中的数据，遵循这里介绍的各步骤来计算反握引体向上和正握引体向上之间的相关系数。

$$r = \frac{10(576) - (76)(65)}{\sqrt{[(10 \times 686 - (76)^2)(10 \times 501 - (65)^2)]}} = 0.89$$

表 4.2　计算相关系数

参与者	反握引体向上			正握引体向上		
	X	X^2	Y	Y^2	XY
1	10	100	8	64	80
2	9	81	7	49	63
3	15	225	12	144	180
4	9	81	10	100	90
5	7	49	6	36	42
6	5	25	3	9	15
7	3	9	4	16	12
8	8	64	7	49	56
9	4	16	5	25	20
10	6	36	3	9	18
Σ	76	686	65	501	576

要点内容 4.2

你该如何描述反握引体向上和正握引体向上之间计算出的相关系数？（提示：研究图 4.1 和图 4.2。）

决定系数

r^2 是另一个统计概念，它可以进一步提供关于两个测量值之间关系的信息。这个相关系数的平方被称为决定系数。这个值代表相关的两个测量值之间共享方差的比例。要理解共享方差，让我们来研究一个具体例子。如果长跑测试与最大摄氧量之间的相关系数 $r=0.90$，那么 r^2 就是 0.81；共享方差的比例就是 $0.81 \times 100=81\%$。这就意味着长跑中的表现占最大摄氧量数值变异的 81%。最大摄氧量数值中 19%（100%-81%）的方差就是不可预测的方差，长跑表现对此没有办法解释。因此 19% 就是误差或是剩余方差。即在你使用预测变量 X 来说明标准变量 Y 的变异之后的剩余方差。决定系数在统计和测量中很重要，因为它反映我们通过一个变量可以预测另一个变量的变异的程度。图 4.5 说明我们可以通过长跑的数值来预测最大摄氧量的变异。注意这里出现了与第 3 章介绍的方差相似的内容。

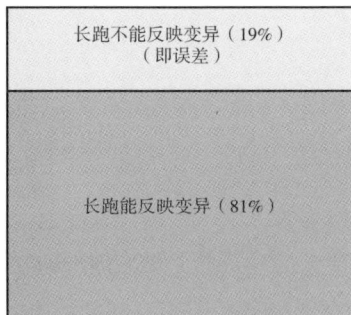

长跑不能反映变异（19%）（即误差）

长跑能反映变异（81%）

图 4.5　当 $r=0.9$ 时，长跑能够反映的最大摄氧量的变异

负相关

两个测量值之间存在负相关，可能有两个原因。首先，负相关系数可能是由于两个测量值有着相反的评分标准。例如，12 分钟的跑步距离和跑 1.5 英里（约 2.4 千米）所需的时间将会负相关。耐力较好的跑者将跑得更远，12 分钟的跑步距离数值更高；跑完 1.5 英里的速度更快，所用的时间数值更低。耐力较差的跑者将会出现相反的结果。注意这种负相关有着积极的含义，因为每次测试所谓最好和最差的数值都是相互关联的。

负相关的第二个原因是两个测量值可能存在真正的负关系。表 4.1 中显示的体重和正握引体向上的测量值，就是一个典型的例子。总体来说，体重较重的人与体重较轻的人相比，在上举或移动自己身体重量方面遇到的难度更大。

要点内容 4.3

马拉松跑步时间和最大摄氧量之间存在负相关，原因是什么？

---

r 的局限性

相关系数是描述两个变量之间线性关系的指数。如果两个变量之间恰巧存在曲线关系，例如图 4.6 中描绘的觉醒水平和表现之间的那种关系，皮尔逊积矩相关系数（PPM）将会接近 0，表明这两个变量之间没有线性关系。然而，要说这两个变量之间毫无关系，这种说法显然不正确。唤醒水平数值的高低与较低的表现有关，中等唤醒水平数值与较高的表现有关。r 的第一个局限性就是使用散点图技巧绘制变量之间的关系。

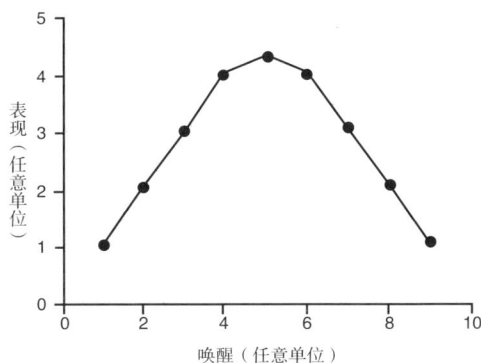

图 4.6　觉醒水平与表现曲线关系图

　　r 的第二个局限性在于相关性并非一定指的是因果关系。即使两个变量的相关系数是 +1 或 –1，仅仅依据 r 得出一个变量对另一个变量形成可测量影响的结论，这样做也是不对的。可能有第三个变量导致一个较高的 r 值反映出的关系。例如，如果我们发现体重和爆发力（在单位时间内所做的功）之间的相关关系数为 +1.0 并假设二者存在因果关系，我们可能总想运用以下逻辑：体重越大，爆发力越强；因此所有需要爆发力的运动员都应该增加体重。运动员后来可能出现体重过重，导致他们的爆发力下降的现象。第二个例子，小学生的鞋码与年级之间的皮尔逊积矩相关系数（PPM）将会很高。然而，大脚并不会让一个孩子成为高年级的学生，升入 5 年级也不会让一个孩子拥有大脚。显然，这两个变量都与年龄关联性较强，正是年龄这个变量才使鞋码与年级之间有着较高的 r 值。虽然此例中我们可以较为轻易地解释两个变量之间没有因果关系，但是，在其他情况下，第三个变量的存在可能并非那么明显。

　　r 的另一个局限性在于数据方差或极差对于 r 大小的影响。方差或极差越大的变量，r 值往往越高。图 4.7 说明了这种现象。图中实心或空心圆点的 r 值相比方形点的数据集的 r 值都要小很多。这是因为整组数据的方差大于另一组。从中我们应该充分认识到对于 r 值的理解不应仅局限于注意其强度。我们还必须思考其他问题，例如线性、其他相关变量，以及相关数据的变异性。

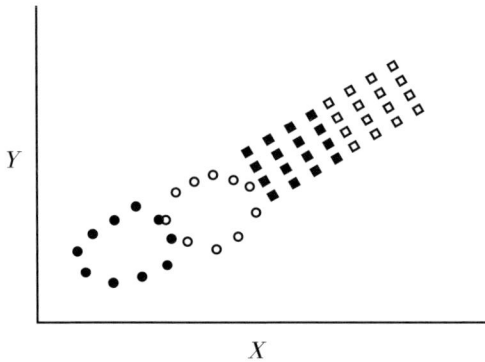

图 4.7　极差限制的相关例子

预测

在科学研究中，最有意义的一种研究结果就是进行成功预测。相关性一个有价值的运用在于预测，即通过一个或多个其他变量来预测某个变量的值。从数学的角度来说，如果 X 和 Y 之间存在某种关系，那么在某种程度上可以通过 X 来预测 Y，并且反之亦然。然而，这并不意味着 X 和 Y 之间存在因果关系。要确定 X 和 Y 之间存在因果关系，必须进行另一种研究和分析（即通过一种实验性的研究来确立或测试某个假设）。

直线

你可能还记得在高中几何课程中曾学过，在使用 x、y 轴标示的一个平面中任何一点都能通过它在该平面上的坐标 $(X，Y)$ 来表示，可以使用方程式 $\hat{Y} = bX + c$ 来定义一条直线，在这个方程式中，b 是该线的斜率，c 是该线在 Y 轴的截距。斜率表示 X 出现一个单位的变化时 Y 变化多少。Y 轴截距表示当 $X=0$ 时 Y 的数值。在图 4.8 中，我们已经标出了 5 个坐标点：$(0，1)$、$(1，2)$、$(2，3)$、$(3，4)$ 和 $(4，5)$；这些点都在一条直线上。在图 4.8 中，Y 轴截距是 1，该线的斜率是 1。当所有成对的点并不在一条直线上，我们可以通过这一组点来绘制最佳拟合线，这条线称为回归线（又称为最佳拟合线或预测线）。

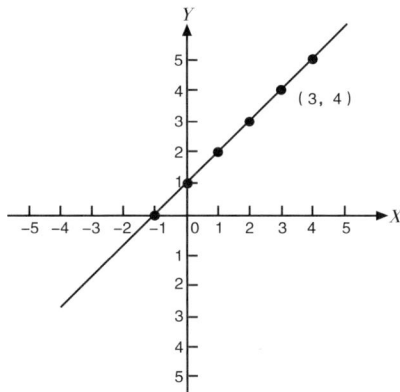

图 4.8 直线图

简单的线性预测

简单的线性预测，又称为回归线，是一种统计方法，用于通过单一预测变量或自变量来预测标准、结果或者因变量 Y。如果两个变量是相关的，这表明它们之间存在一定的线性关系，我们可以计算预测方程式。该预测方程式与平面几何中的直线方程式具有相同的形式。

$$\hat{Y} = bX + c \qquad\qquad （公式 4.2）$$

我们必须从 $\hat{Y}$ 的角度来进行思考，因为如果 X 和 Y 之间的相关系数为 -1.00 或 $+1.00$，$\hat{Y}$ 则只是 Y 的估值。通常情况下，$\hat{Y}$ 并不等于 Y。我们可以使用以下方程式来计算 b 和 c。

$$b = \frac{n(\sum XY) - (\sum X)(\sum Y)}{n(\sum X^2) - (\sum X)^2} \qquad\qquad （公式 4.3）$$

$$c = \bar{Y} - b\bar{X} \qquad\qquad （公式 4.4）$$

例如，使用表 4.1 中的数据，我们可以计算出 b 和 c，并且使用预测方程式通过体重来预测正握引体向上的次数。注意，图 4.9 中显示的预测线，代表预测方程式，同时也说明预测的误差。

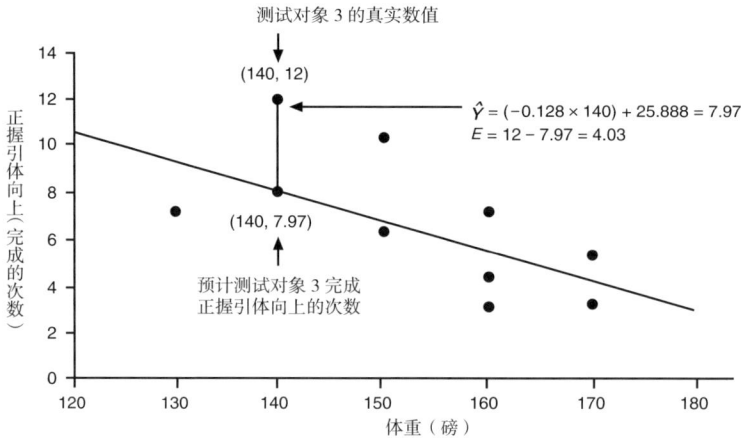

图 4.9　误差（剩余数值）

Vema、Sajwan 和 Debnath（2009）提供了一个例子说明如何在人体表现中使用简单的线性预测。他们从运动员中取样，发现在最大摄氧量（通过 1 英里或 1.6 千米跑步或步行进行的估计）与 3 分钟台阶测验（Step Test）之后的心率之间的相关系数为 -0.70。他们得出线性预测方程式，以此来通过运动员的心跳预测最大摄氧量。他们得出的方程式如下。

预测的最大摄氧量 $=114.38 - 0.24$（X）（其中 X 是心率）

在方程式中，-0.24 为斜率，114.38 是 Y 轴的截距，而 X 是运动员在进行 3 分钟台阶测验的心率。估计的最大摄氧量的单位是毫升 /（千克·分）。完成台阶测验之后立即测量 15 秒的脉搏从而预估出一分钟的心率。

要点内容 4.4

使用图 4.9 提供的方程式，求 X 为 160 时 Y 的值。

要点内容 4.5

使用表 4.1 中的数据来手动计算 b 和 c，并提供方程式，以此根据体重来预测反握引体向上的次数。

预测中的误差

除非相关系数为 –1.00 或 +1.00，否则 $\hat{Y}$ 就不一定等于 Y。下列方程式对此进行了总结。

$$E = Y - \hat{Y} \qquad （公式 4.5）$$

E（误差）表示我们依据预测方程式进行预测的不准确性。图 4.9 说明了这一误差或剩余数值。3 号参与者实际上完成了 12 个正握引体向上，但是回归方程式预测体重为 140 磅（约 63.6 千克）的参与者可以完成 7.97 个引体向上。因此，对于该参与者来说，剩余数值（或误差）为 4.03。剩余数值之所以重要有几个原因。首先，它们代表了估计或预计的纯粹误差。如果可以将这些误差降到最低，那么我们就可以提高预测的准确性。其次，剩余数值可以表示缺乏适配度，这意味着自变量不能预测该部分的标准（Y）。所以应该对预测变量进行研究从而减少这个问题。也许可能增加更多的预测变量来减少误差（后面很快就会对此进行深入的介绍）。最后，剩余数值可以在统计上去除预测变量的情况下对于某个特征进行纯粹的测量。在之前有关正握引体向上和体重之间相关性的例子中，我们可以通过体重来预测正握引体向上的次数。结果得出的剩余数值就解释为一个人在从统计学中对体重进行控制的情况下完成正握引体向上的能力。或者，换句话说，如果每个人都有相同的体重，你能完成多少个正握引体向上？剩余数值为正数，说明你每个单位身体重量完成的正握引体向上的次数大于预测的数量。要记住重要的一点就是，E 误差与 X 存在零相关。这意味着该预测方程式在 X 数据刻度中任何一个地方都是同样准确（或同样不准确）的。

估计标准误差（SEE），又称为预测标准误差（SEP），或者简称为标准误差（SE），它是一个统计概念，表示在通过 X 预测 Y 的过程中的平均误差量。从技术层面来说，它是误差或剩余数值的标准偏差。要计算标准误差，可以使用以下公式。

$$s_e = s_y \sqrt{1 - r^2} \qquad （公式 4.6）$$

s_y 是 Y 数值的标准偏差。如果我们使用表 4.1 中的数据，以下是估计标准误差（SEE），通过体重 X 来预测正握引体向上 Y 的数量。

$$s_e = 2.953\sqrt{1-(0.637)^2}$$
$$s_e = 2.953\sqrt{1-(0.4058)}$$
$$s_e = 2.276$$

因为这是误差或剩余数值的标准偏差，我们可以对其进行以下运用：如果我们预测出体重为 140 磅（约 63.6 千克）的人可以完成 7.97 个正手引体向上，体重为 140 磅的人中大约有 95% 的人正握引体向上的数值介于 12 至 4 之间。根据第 3 章介绍的内容，在正态分布中一个数值位于平均值上下两个标准偏差的概率大约为 95%，同时我们假设误差数值也呈正态分布。因此，计算如下。

7.97 ± 2 × 2.276 = 12.5 到 3.4

标准偏差（SD）此处实际上就是估计标准误差（SEE），因为估计标准误差（SEE）是预测标准误差（SEP）的标准偏差（SD）。同时还要注意预测值 7.97 是体重 140 磅的人完成正握引体向上数量的平均值。

图 4.10 通过皮褶来预测 DXA 决定的身体体脂，同时说明最佳拟合线，预测和估计标准误差等概念。

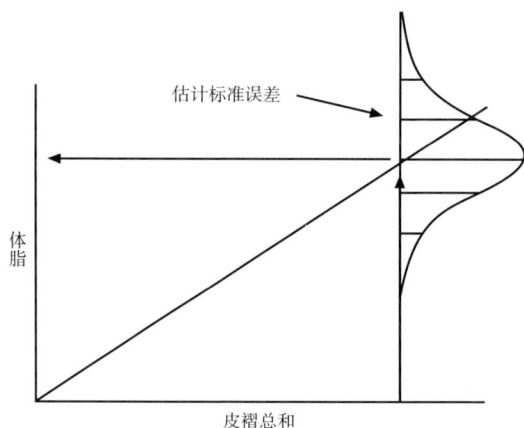

图 4.10　运用皮褶法预测 DXA 测得的体脂百分比

可观看视频 4.2。

多重相关或多重回归

相关和预测是两个相互关联的话题，前提是假设两个变量之间存在线性关系。我们已经研究了简单线性预测的概念，其中包括一个标准变量 Y 和一个预测变量 X。我们可以基于一个以上的预测变量：X_1、X_2 等来以更加复杂的方式预测 Y。这被称为多重相关、多重预测或多重回归。这种方法的数学内容更加复杂。如果 X 和 Y 之间具有曲线关系，那么我们可以使用非线性回归以 X 来预测 Y。

多重相关方程式的一般形式如下。

$$\hat{Y} = b_1X_1 + b_2X_2 + b_3X_3 + \cdots\cdots + b_pX_p + c \qquad （公式 4.7）$$

其中 $\hat{Y}$ 是预测值，b_1 表示变量 X_1 的回归系数，b_2 是变量 X_2 的回归系数，以此类推，而 c 则是一个常量。

这些技巧中涉及的一些数学知识已经超越了本书的范畴，在这里就不予讨论了。我们提供了两个例子来说明多重回归等式。Jackson Pollock（1978）公布了将多重和非线性预测结合在一起的预测方程式。他们公布的方程式通过年龄（A）、皮褶总和（SK）和皮褶平方（SK^2）总和预测通过静水力学测得的身体密度（BD）（因变量）。这 3 个预测变量（自变量）都是多重预测变量，皮褶平方总和在该预测中是非线性组成部分。

$$BD = 1.10938 - 0.0008267（\Sigma SK）+ 0.0000016（\Sigma SK^2）- 0.0002574（A）$$

使用身体密度（BD），我们可以估计出体脂百分比。

第二个例子是基于 Kline 等人（1987）的研究成果。他们想通过体重、年龄、性别和完成 1 英里（约 1.6 千米）所需的时间以及行走之后的心率来估计最大摄氧量。最大摄氧量的测量值和估计值之间的相关系数是 0.88，估计标准误差为 5.0 毫升/（千克·分）。

方程式如下。

最大摄氧量预估值 =（-0.0769）×（以磅为单位的体重）+（-0.3877）×（以年为单位的年龄）+（6.3150）×（性别）+（-3.2649）×（以分钟为单位的时间）+（-0.1565）×（心率）

男性代号为 1，而女性代号为 0。

你明白回归系数是如何反映预测变量和预测值之间的相关系数的吗？体重、年龄、时间和心率增加时，预计的最大摄氧量出现下降。男性的平均最大摄氧量比女性高 6.3150 个单位。

数据集应用

回到图 4.5。这个图说明了最大摄氧量与长跑之间的关系。思考一下如果其他变量加入回归方程式中，那么所要说明的变异性（结果造成的误差变异）将出现什么变化？假设你增加性别和年龄等变量，图中说明的误差量将出现何种变化？为什么出现这种变化？在模型中应该加入什么其他变量来减少误差量呢？

使用某个大数据集来说明各种相关性。计算 PPM［依次点击"分析"（Analyze）、"相关"（Correlate）、"二变量"（Bivariate），并将所有变量移动至右侧］以此来判断哪些变量与每周步数相关性最高。解释形成的相关性矩阵。绘制散点图来说明各种关系。［依次点击"图像"（Graphs）、"旧对话框"（Legacy Dialogs）、"散点"（Scatter Dot）并点击"简单散点"（Simple Scatter），然后点击"定义"（Define）］。选择你的 X 轴和 Y 轴的变量并点击"确认"（OK）。创建多重相关［依次点击"分析"（Analyze）、"回归"（Regression）、"线性"（Linear）］并通过性别和体重指数来预测每周的步数。将"每周步数"置于因变量单元格内,将"性别""体重指数"置于自变量单元格内。当我们使用其他的预测变量时,相关系数(预测能力)和估计标准误差将会出现何种变化?解释原因。现在将体重加入预测方程式中。解释一下这时的预测能力与仅使用性别和体重指数相比将会出现什么样的变化?你需要或者想要将体重加入预测方程式中吗?为什么?

测量与评价的案例思考

James 现在明白如何使用多种统计学的方法通过跑台上的跑步时间来估计他的最大摄氧量了。James 完成的跑台上的测试类型称为鲍克方案(Balke protocol)。我们将在第 9 章进一步介绍跑台方案(Treadmill Protocols)。研究已经表明鲍克方案的跑台测试时间与最大摄氧量之间的相关系数大约为 0.90。预测方程式为最大摄氧量 =14.99+1.444X(其中 X 等于十进制的分钟数)。注意最大摄氧量实际上是 $\hat{Y}$(即基于 X 计算出来 Y 的预测值)。因此,James 依据他之前在跑台上的跑步时间 24 分钟 15 秒(即 24.25)得出他最大摄氧量的预测值为 12.99+1.444×(24.25)=50 毫升 /(千克·分)。然而,James 也意识到该预测方程式中存在一些误差,因为相关系数并非是完美的(即 ±1.00)。估计标准误差(SEE)反映了该预测方程式中误差的量。该等式中,估计标准误差大约为 3 毫升 /(千克·分)。因此,James 有 68% 的把握,他的最大摄氧量介于 47 和 53 毫升 /(千克·分)之间(他的预测数值 ±1.00SEE)。

小结

本章介绍的相关系数和预测统计学知识为测量与评价过程打下了基础,并提供了很多必要的技能。你在后面将会明白,这些技能对于形成测量理论以及运用可靠性和有效性概念解决训练和人体表现中的实际问题都是必要的。

现在,你应该可以完成以下几项任务了。

· 计算并解释相关系数。

· 计算并解释预测方程式。

· 计算估计标准误差。

· 使用 SPSS 或 Excel 来录入数据,生成并解释:

　· 相关系数;

　· 各变量的散点图;

　· 简单线性预测方程式。

第 5 章

推论统计

概要

学习目标

学完本章，你将能够掌握以下内容。
- 理解科学方法以及与之相关的假设。
- 进行推论统计分析，从而检验某个假设。
- 使用 SPSS 或 Excel 软件中的相关程序进行数据分析。

测量与评价的案例思考

  Logan 正在学习有关人体表现中测量与评价的一门课程。同时，他也学习了有关人体表现的生理基础的课程。他的老师给班上的同学布置了阅读一篇研究论文的作业。在该论文中，研究人员假设饮用一种碳水化合物的水溶液对于自行车耐力骑行表现的帮助大于单独饮用水的效果。该项研究对于两组耐力自行车运动员的表现进行了对比，一组仅饮用水，而另一组则饮用浓度为 4% 的碳水化合物。然后对这些自行车运动员进行检验，观察他们在特定的工作强度下能够骑行多远。

  一项 t 检验表明饮用碳水化合物那一组骑行的距离远大于仅饮用水的那组（p<0.05）。Logan 想要理解 t 检验是什么，以及在这个背景下显著性指的是什么。他想知道 p<0.05 是什么意思。它是否意味着研究人员证明了碳水化合物饮料对于增加骑行耐力的效果好于单纯地饮用水？通过本章的学习，你将明白如何解释这些和其他的结果，同时学习其他的统计方法。

目前我们已经介绍的描述性统计学技巧都是解决测量问题最常用的技巧，然而，面对各种测量情况，你可能必须使用一些其他的统计学技巧。其中最常用的技巧是研究组与组之间的差异。当我们使用这些技巧将一个小组（样本）的特征与一个较大的组（总体）的特征联系起来时，我们所使用的技巧称为推论统计。大多数的人体表现研究都是通过推论统计来进行的。推论统计是第 4 章介绍的相关性例子的延伸。在刚刚描述的例子中，研究人员希望确定饮料的类型与耐力表现之间是否存在某种关系：这种饮料是否改变了耐力表现？耐力表现是否因运动员饮用的饮料不同而发生变化？画一个图从两个方面来说明这种关系，一种是饮料对表现没有影响，另一种是饮料对表现有影响。使用横轴来指代饮料类型，竖轴来指代骑行表现。对于饮料和表现之间可能出现的两种结果，绘制骑行表现的分布图：没有影响（差异）以及有影响（差异）。你能看出该例与研究两个变量之间关系的方法存在相似之处吗？

假设检验

  科学方法使用推论统计来获取知识。科学方法要求既要提出科学假设也要对该假设与其他对立假设进行推论统计检验。假设是对于总体中两个变量之间假定关系的表述。总体是整个相关的人群或观察数值。总体中相关的测量值称为参数。由于整个总体的数量巨大并不便操作（想象一下对于某个问题要对全国大四学生进行普查），你只能使用总体中一个亚群体来研究有关总体的各种假设，这个亚群体称为样本。该样本中相关变量的测量数值称为一个统计数据。使用各种技巧，你可以通过研究样本来对总体进行某种推理，但这并非一种绝对的表述。表 5.1 包含了用于区分总体参数和样本统计数据的常用符号。

表 5.1　统计符号

测量名称	总体参数符号	样本统计符号
平均值	μ	M
标准偏差	σ	s
相关系数	ρ	r

　　思考以下的各个例子。一位老师希望了解学校里五年级学生一般在一节体育课中的体力活动时间。该校五年级的学生有 200 名。这位老师随机选择了 50 名学生（样本）并且让他们佩戴显示中到高强度体力活动时间的计步器。老师对中到高强度体力活动进行分析，并认为样本数值（统计数据，如平均值）可以代表总体参数。但是你要注意，这些技巧中包含一些误差。

要点内容 5.1

　　选择你感兴趣的研究问题。指出以下内容：（a）总体；（b）样本；（c）参数；（d）统计数据。

　　假设是我们探索各种研究问题的工具。假设包括以下几种类型。
　　·研究假设。研究人员相信将会发生的内容。例如，假设你相信训练方法与摄氧量相关。你的研究假设可能是这样的：有氧训练类型不同，一个人的摄氧量也会存在差异。或者你可能是一名物理治疗师，想要判断治疗方式 A 和治疗方式 B 哪个效果更好。你可以通过 t 检验或方差分析（ANOVA）来证实这些假设。
　　·零假设（H_0）。变量（$\mu_1 = \mu_2$）之间没有关系（关联、相关性或差异）。在上面的例子中，你的零假设对应为：使用不同训练方法的训练组在摄氧量平均值上不会存在差异。或者，物理治疗师提出一个零假设：两种治疗方法的效果没有差异。零假设是你使用推论统计技巧实际进行检验（希望证明其误差）的假设。
　　·备择假设（H_1）。一种说明存在关系（关联、相关性或差异）的表述，一般与 H_0 相反。这里，你的备择假设是 $\mu_1 \neq \mu_2$，其中 μ_1 是组 1 的总体平均值，μ_2 是组 2 的总体平均值。你要记住实际上仅获取样本数据，然后利用结果推导出总体。在这个例子中，研究假设是 H_1。
　　在进行正确的统计检验之前，选择一个概率水平（p），超过这个概率水平我们就认为这种结果在统计学中具有意义。这种概率数值就称为显著值或 α 水平。通过它，你可以检验得出的结果实际出现的概率。α 水平一般设定在 0.05 或 0.01（即 5% 或 1%）。举例来说，如果研究人员将 α 水平设定为 0.05，意味着纯粹偶然地获取该统计数据的概率必须低于 5%，然后才能判断零假设是不成立的。你也许还记得第 3 章的内容，其中 5% 处于正态曲线的极限尾部（每侧为 2.5%）。事实上，除非能提供相反的证据，否则你应该假设变量之间没有关系。统计数据可能提供相反的证据。

我们可以使用价格便宜的计步器来测量学生们的体力活动水平。然后我们可以使用这些数据对于更大团体的活动水平提出假设。

还记得第 3 章介绍的正态曲线和分布吧。请你特别注意图 3.6，同时回忆一下为何大约 2.5% 的分布位于大约 ±2 个标准偏差之外。然而，研究人员可能得出一个误差的结论（即当实际上不存在关系或差异的情况下，却得出存在关系或差异的结论）。犯这种误差的概率就是 α 水平。这种误差被称为 I 型误差。α 水平被定在 0.05 或 0.01，从而将 I 型误差出现的概率降到极小。同时，如果你得出两个变量之间没有关系的结论，而实际上它们之间有关系，那么你也可能犯第二种误差，即 II 型误差。

SPSS 计算机程序（或其他的统计软件）将为你计算出真实的 α 水平。如果概率低于预设的 0.05 或 0.01 的 α 水平，你将得出变量之间存在显著关系的结论。这样，否定 H_0 并肯定 H_1。由此得出，你假设相关变量之间不存在关系（即零假设是真的）。然后，你收集数据。如果你获得的数据在零假设是真的情况下不可能出现（即 $p < 0.05$），那么你就否定零假设，并得出结论，即备择假设正确表达了总体中的关系。图 5.1 说明了可能出现的决策和误差的类型。你可能永远也不知道总体中的零假设的真实情况，所以你始终都会面临犯 I 型或 II 型误差的风险。在同一项研究中你不可能同时出现 I 型和 II 型的误差。看看图 5.1，你能明白为什么会出现这种情况吗？

总体中真实的状况

		H_0 是真的 H_1 是假的	H_0 是假的 H_1 是真的
你的判断	否定 H_0 肯定 H_1	Ⅰ型误差	正确的判断
	否定 H_1 肯定 H_0	正确的判断	Ⅱ型误差

图 5.1　Ⅰ型和Ⅱ型误差

要点内容 5.2

一名健身教练想研究增强老年人力量的最佳方法。他根据以下几种方法将样本随机分成 3 个组别：自由负重训练、固定器械力量训练和弹力带力量训练。请给该问题写出合适的零假设和备择假设。

选择正确统计技巧的依据是你的研究问题和各有关变量的测量水平。相关数据的组数和测量水平决定应该使用的正确统计方法。最常见的统计方法包括以下几种。

- 卡方检验（χ^2）。用于研究定类数据。
- t 检验。仅研究两组之间在持续（定距或定比）因变量方面的差异。
- 方差分析。用于研究两组或多组之间的持续（定距和定比）因变量的差异。

自变量和因变量

自变量和因变量之间的差异很重要。因变量是标准变量，它的存在是你进行研究性学习的原因。自变量存在的唯一目的在于判断它是否关联（或影响）因变量。自变量和因变量可以通过多种方法进行特征描述，表 5.2 显示了这些方法。

如果因变量是定类变量，各组（或单元）之间的差异可以通过频率或比例进行测量。如果你面对的是持续（定距或定比）数据，那么各组在平均值上的差异往往就是研究对象。例如，思考要点内容 5.2 中描述的力量训练的例子。你选择的用于测量训练效果的变量就是力量，这是一个因变量。自变量是训练方法，它有 3 个水平：自由负重、固定器械和弹力带。你明白在这种情况下为什么要使用方差分析吗？

@ 可观看视频 5.1。

表 5.2 变量分类

自变量	因变量
假定原因	假定效果
前因	后果
研究人员操控或测量	结果（测量）
预测依据	预测结果
预测变量	标准变量
X	Y

假设检验和推论统计的概览

所有的推论统计检验都遵循相同的推理方法和程序。

1. 关于变量之间的关系提出一种研究假设。例如，你进行的训练类型（如中强度或高强度体力活动）与最大摄氧量是否存在关系。或者，我们可以将其表述成最大摄氧量的差异取决于你是否进行中强度或高强度的体力活动。

2. 陈述零假设（H_0），说明变量之间没有关系（或差异）（例如，一个人进行的训练类型与最大摄氧量之间没有关系或差异）。

3. 陈述备择假设（H_1），它与零假设相反。它是研究假设的直接反映。注意：假设成对出现，并必须包含所有可能出现的结果！

4. 根据相关的研究问题以及变量的类型，收集数据并对其进行分析。

5. 基于你收集的数据对零假设正确的概率进行判断。

如果零假设是真的，那么进行中、高强度训练的两个组的最大摄氧量的平均值则相同，即训练类型与最大摄氧量之间没有关系。如果零假设是真的，两个平均值之间相差为零！请你回想正态曲线，其中零点位于中心位置。然而，如果零假设不是真的，那么中、高强度训练的最大摄氧量的平均值之差将不等于零。思考一下该非零数值是否位于正态分布的极端尾部。这种情况则表明如果零假设是真的，那么这个非零值的出现概率将极小。因此，你可以得出结论，零假设不是真的，同时可以相信备择假设是真的。这样，你就能否定零假设，并可以得出结论，备择假设能更加准确地反映该数据。

不论你进行何种统计检验（如卡方检验、t 检验或方差分析），都应使用这种相同的逻辑。卡方检验（χ^2）、t 检验（t）和方差分析（F）都使用不同的分布，但是它们都很相似，并且与正态分布相关。因此，你可以将 χ^2、t 和 F 想象成 z 值。虽然它们实际上不是 z 值，但是有着密切的关系。当你获得一个较大（正或负）的 z 值时，出现的概率很小（位于分布曲线的尾部很远的地方）。因此，在假设检验中，如果获得一个概率很小（例如 100 次中不足 5 次）的 χ^2、t 或 F 值时，你可以得出结论，零假设不是真的。计算机程序一般可以公布与 χ^2、t 或 F 相关的概率。我们可以将其解释为：如果零假设是真的，那么获得该值的可能性极其微小。研究人员则可以否定零假设，并得出结论，如果这个概率低（通常小于 0.05 或 0.01），自变量和因变量的水平之间存在显著相关（或差异）。

该逻辑可以延伸至最复杂的统计推理。事实上，人体表现的很多研究都使用该逻辑。一般情况下，你将看到研究报告公布的各种概率。事实上，研究人员提出一个可证伪的假设（零假设），然后收集并分析数据，并依据样本数据对于零假设（或备择假设）的真假性进行判断。

精选统计检验

以下是一些研究组与组之间相关性或差异性的统计检验。所选的这些技巧代表了最基本的推论检验。

卡方检验（χ^2）

目的：判断两个定类变量的水平之间是否存在关联。

例子：一名教练正在教两个班：有氧舞蹈班和循环负重训练班。这个教练想知道每个班的男女比例是否相同。零假设认为学员的性别和他们报名学习的课程类型之间没有关联（关系）。备择假设则认为二者之间存在关联。如果样本数据反映的零假设正确的概率很小（即 $p<0.05$），我们只能否定零假设并相信备择假设是对总体情况的正确描述。我们可以在表 5.3 中找到这些数据。结合以下 SPSS 命令来使用这些数据，以此计算相关性卡方检验，并且使用图 5.2 显示的结果证实计算结果。

1. 启动 SPSS。
2. 打开表 5.3。
3. 点击"分析"（Analyze）菜单。
4. 向下移动光标至"描述统计"（Descriptive Statistics），横向移动至"交叉制表"（Crosstabs）并点击。
5. 点击箭头键将"课程"（Class）放入行中，将"性别"放入列中。
6. 点击"统计"（Statistics）。
7. 检查"卡方"（Chi-Square）方框。
8. 点击"继续"（Continue）。
9. 点击"确认"（OK）。

表 5.3 卡方例子的数据录入

编号	性别	班级	编号	性别	班级
1	1	1	16	2	2
2	1	1	17	2	2
3	1	1	18	2	2
4	1	1	19	2	2
5	1	1	20	2	2
6	1	1	21	2	2
7	1	1	22	2	2
8	1	1	23	2	2
9	1	1	24	2	2
10	1	1	25	2	2
11	1	2	26	2	2
12	1	2	27	2	2
13	2	2	28	2	2
14	2	2	29	2	2
15	2	2	30	2	2

性别编码：1= 男，2= 女。
班级编码：1= 循环负重训练班，2= 有氧舞蹈班。

图 5.2 显示的是 SPSS 结果的输出。虽然 SPSS 为我们计算出多个统计数据，但是我们关注的检验统计数据是皮尔逊卡方值。图中卡方值为 22.5。将这个卡方值想象成 z 值（卡方值虽然不是 z 值，但是二者存在相关性）。z 值 22.5 在哪里？它位于正态分布的极远处。尤其是在零假设是真的，即性别和课程之间没有关系情况下，它出现的可能性较小。SPSS 交叉表输出公布的该检验相关的概率是 0.000（标注为双侧近似概率）。这是如果零假设是真的情况下单元分布的概率。然而，实际上，你是不可能获得 0 概率。之所以会出现零概率，只是因为 SPSS 计算机程序计算的概率（即显著性）只保留三位小数。在任何情况下，你都应该将其解释为 0.001。因此，如果课程类型和性别之间真的没有关系（零假设 H_0），那么出现如图 5.3 显示的单元分布频率极为罕见。由于这个概率极小，教练可以得出这样的结论：性别和课程类型之间存在关联。没有关联的零假设因此受到否定。图 5.2 显示 12 名男性学员中 10 名男性报名学习循环负重训练，而 18 名女性学员全部报名学习有氧舞蹈。这种相关性可能有助于教练为相关课程规划各种活动的类型。

观测量处理汇总

	案例					
	有效		缺失		总计	
	N	百分比	N	百分比	N	百分比
班级学生人数 参与者的性别	30	100%	0	0%	30	100%

班级人数 *

研究对象性别的交叉表

		研究对象的性别		总计
		男	女	
班级	循环负重训练班	10		10
人数	有氧舞蹈班	2	18	20
	总数	12	18	30

卡方检验

	值	自由度	双侧近似概率	精确的双侧检验	精确的单侧检验
皮尔逊卡方	22.500^b	1	0.000		
连续性校正 ^{a}	18.906	1	0.000		
可能性比率	27.377	1	0.000		
费舍尔精确检验				0.000	0.000
线性间的联合检验	21.750	1	0.000		
有效例子的 N 值	30				

a. 仅计算 2 x 2 表。

b. 1 单元格 (25.0%) 预测计数低于 5。预计最小计数是 4.00。

图 5.2 SPSS 交叉表输出

两个独立组的 t 检验

目的：检查两个（并且仅为两个）自变量组之间对于一个持续因变量产生影响的差异。自变量各组毫不相关（例如，男孩和女孩；试验组和控制组）。

例子：一名高中排球教练正在选择球员来组建校队，并将发球准确性作为一个选人因素。全队队员都选定之后，教练希望量化校队和校二队球员之间在发球准确性方面的差异。表 5.4 显示了发球分数。

表 5.4 发球分数

校队	20, 18, 17, 19, 20, 16, 18, 19
校二队	16, 15, 17, 14, 15, 13, 14, 12

该项研究的研究假设是校队（v）和校二队（sv）的球员在发球准确率方面存在差异。需经检验的零假设是排球校队队员的发球分数的平均值将等于校二队球员的发球分数的平均值（即二者之间没有差异）。

$$H_0: \mu_v = \mu_{sv} \qquad (公式 5.1)$$

备择假设是校队队员的发球分数的平均值将不等于校二队球员的发球分数的平均值。

$$H_1: \mu_v \neq \mu_{sv} \qquad (公式 5.2)$$

为了实现教练的目标，我们将 α 水平设定为 0.05。我们可以使用 SPSS 中的 t 检验程序来分析该数据。使用表 5.4 中数据来计算独立组的 t 检验，同时使用表 5.3 中显示的结果来验证你计算的结果。

1. 启动 SPSS。
2. 打开表 5.4。
3. 点击"分析"（Analyze）菜单。
4. 向下移动光标至"对比平均值"（Compare Mean），再横向移动至"独立样本 t 检验"（Independent-Samples T）并点击。
5. 点击箭头键将"分数"置于"检验变量"（Test Variables）方框中。
6. 点击箭头键来将"组"置于"分组变量"（Grouping Variable）方框中。
7. 点击"定义组"（Define Groups）按钮。
8. 将"1"置于组 1 方框"Group1"中，并将"2"置于组 2 方框中"Group2"。
9. 点击"继续"（Continue）。
10. 点击"确认"（OK）。

组统计数据

队伍水平		N	平均值	标准偏差	标准误差平均值
发球分数	校队	8	18.38	1.408	0.498
	校二队	8	14.50	1.604	0.567

独立样本检验

		方差相等检验		平均值相等 t 检验						
		F	显著水平	t	自由度	显著水平（双侧）	平均值差异	标准误差差异	95% 的置信区间	
									低	高
发球分数	假设方差相等	0.095	0.763	5.136	14	0.000	3.88	0.754	2.257	5.493
	假设方差不相等			5.136	13.769	0.000	3.88	0.754	2.254	5.496

图 5.3 样本 t 检验输出：组统计数据和独立样本检验

图 5.3 显示了 SPSS 的输出内容。平均值的检查表明校队队员（组 1：平均值 =18.38）发球准确性显著优于校二队队员（组 2：平均值 =14.50）。

t 检验的输出内容中包括的多个统计数据超出了本书的范畴。你可以将莱文方差相等检验（Levene's Test for Equality of Variances）的结果忽略。重点关注平均值相等 t 检验下方的数据。请注意数值为 5.136 的 t 值（实际上出现了两次）。请你把该 t 值想象成一个你在第 3 章学过的 z 值。这不是一个 z 值，但是它很像一个 z 值。如果 z 值很大（例如，绝对值大于 3），你就知道找到这么大的一个数值的概率很小。找到这个计算出来的 t 值的概率也很小。因此，你就能明白该 t 值位于分布图尾部较远的位置。总体来说，该 t 值出现的概率很小。对你来说最重要的是名为"显著水平（双侧）"的方框。这是根据样本提供的数据得出零假设是真的概率。因为该概率小于 0.05，因此教练否定了零假设，而保留了备择假设。这是对独立组进行 t 检验的一例。假如教练想要对校队队员在赛季前和赛季后的发球准确率进行对比研究，因为在两个时间点对同一组进行测量，所以将使用成对组的 t 检验。接下我们将介绍非独立 t 检验。

你可以在附录中找到进行独立样本 t 检验的在 Excel 中的操作方法。

成对组的非独立 t 检验

目的： 比较两个相关的（成对）组对一个因变量的影响。我们可以根据一些外部特征进行组匹配，或者对同一个组测量两次（即前后表现）从而进行组配对。

例子： 让我们将前面介绍的独立样本 t 检验的例子进行展开。教练想知道校队队员赛季前和赛季后的发球准确率。教练在赛季开始和结束时分别对各个球员进行检验。研究假设的内容是赛季前和赛季后的发球准确率将会出现差异。零假设的内容是在赛季中球员们的发球准确率将没有差异。为了检验零假设，我们将再次使用 SPSS 中的 t 检验程序。然而，由于每个球员检验两次（比较表 5.4 和表 5.5），所以录入的数据不同于前面的例子，以便于 SPSS 可以正确配对数据，使我们可以计算出正确的结果。

表 5.5　成对组 t 检验的数据格式

赛季前	赛季后
18	20
20	24
17	20
16	19
15	20
18	22
19	21
17	21

使用表 5.5 中的数据来进行成对组（因变量）t 检验，并使用图 5.4 中显示的结果来验证你的计算结果。

1. 启动 SPSS。

2. 打开表 5.5。

3. 点击"分析"（Analyze）菜单。

4. 向下移动光标至"比较平均值"（Compare Means），再横向移动至"配对样本 t 检验"（Paired-Samples T）并点击。

5. 点击箭头键，以此来将"赛季前"（preseason）和"赛季后"（postseason）放入成对的"变量"（Variables）方框中。

6. 点击"确认"（OK）。

通过计算得出检验前和检验后的平均差为 3.38。得出的 t 值为 9.000，相关概率（α 水平）接近零。你再将该 t 值想象成 z 值。数值为 9 的 z 值位于正态分布图的尾部，位置很偏，出现的概率很低。因此，我们否定零假设，并接受备择假设。教练因此可以得出结论，造成赛季开始至结束之间球员发球准确率的差异的原因并非偶然。

本书附录介绍了成对组 t 检验在 Excel 中的操作方法。

成对样本统计数据

		平均值	N	标准偏差	标准误差平均值
校队	赛季后表现	20.88	8	1.553	0.549
	赛季前表现	17.50	8	1.604	0.567

成对样本相关系数

		N	相关系数	显著水平
校队	赛季后表现和赛季前表现	8	0.775	0.024

成对样本检验

		成对差异					t	自由度	显著水平（双侧）
		平均值	标准偏差	标准误差平均值	95% 的置信区间				
					低	高			
校队	赛季后和赛季前的表现	3.38	1.061	0.375	2.49	4.26	9.000	7	0.000

图 5.4 样本 t 检验输出：成对样本统计数据、成对样本相关性以及成对样本检验

请注意，造成发球准确率差异的原因可能有多个因素。因为第一次测量和第二次测量之间出现一个时间差，造成发球准确率出现差异的原因可能是球员的成长、成熟或其他一些不在研究人员控制范围之内的因素。在实际实验中，我们必须控制这些因素。

单因素方差分析

目的：探究一个持续因变量（定距或定比）和一个定类自变量之间的组差异。方差分析不同于 t 检验，它可以处理包含两个以上级别（组）数据的自变量。

例子：该例的数据是基于前面介绍的力量训练的例子，其中涉及 3 种训练方法，分别是自由负重训练、固定器械训练和弹力带训练。该项研究的参与者们参与 3 种力量训练中一种（且只有一种）为期 8 周的力量训练。在该例中，自变量是力量训练方法（代

码为 1、2 和 3），因变量是单次卧推的最大重量（1RM）（研究人员可能还会评价其他的力量测量值）。研究问题是这 3 个训练组之间在卧推力量上是否存在差异。

零假设的内容是使用不同训练方法的 3 个组完成单次卧推的最大重量（1RM）的平均值将相等。

$$H_0: \mu_1 = \mu_2 = \mu_3 \qquad （公式 5.3）$$

备择假设的内容是它们的平均值将不相等（至少一组的平均值不相等）。

$$H_1: \mu_1 \neq \mu_2 \neq \mu_3 \qquad （公式 5.4）$$

研究人员将 α 水平设定为 0.01 而不是 0.05，表明研究人员希望降低 I 型误差的概率，并增加信心，即如果各组的平均值之间存在差异，造成差异的原因不是偶然。表 5.6 显示了该问题的数据。

表 5.6　单因素方差分析的数据录入格式

参与者	组	单次卧推最大重量
1	1	193
2	1	190
3	1	195
4	1	175
5	1	188
6	2	148
7	2	170
8	2	172
9	2	168
10	2	165
11	3	170
12	3	157
13	3	140
14	3	148
15	3	150

使用以下 SPSS 步骤来对这些数据进行方差分析。

1. 启动 SPSS。

2. 录入本章表 5.5 中的数据。

3. 点击"分析"（Analyze）菜单。

4. 向下移动光标至"比较平均值"（Compare Means），再横向移动至"单因素方差分析"（One-Way ANAVA）并点击。

5. 点击箭头键，将"单次卧推最大重量"放入因变量列。

6. 将"组"放入"因素"（Factor）方框。

7. 点击"选项"（Options）。

8. 点击"描述"（Descriptives）。

9. 点击"继续"（Continue）。

10. 点击"确认"（OK）。

图 5.5 中我们关注的关键信息是显著水平或概率水平。我们使用其他信息来获取显著水平。对于方差分析，显著水平检验是 F 值 17.145。同样，请你将该 F 值想象成第 3 章学过的 z 值。F 值不是 z 值，但是它与 z 值有些类似。如果各组之间的差异不大，高分值较为罕见，获得高分值的概率降低。因为该观测活动的概率水平低于 0.01（计算机的计算结果为 0.000），所以我们否定零假设，而采纳备择假设。这个结论可能出现何种统计误差？ Ⅰ 型或 Ⅱ 型？

描述统计

单次卧推最大重量

	N	平均值	标准偏差	标准误差平均值	95% 的置信区间		最低值	最高值
					下限	上限		
1.00	5	188.2000	7.8549	3.5128	178.4468	197.9532	175.00	195.00
2.00	5	164.6000	9.6333	4.3081	152.6387	176.5613	148.00	172.00
3.00	5	153.0000	11.2694	5.0398	139.0072	166.9928	140.00	170.00
总计	15	168.6000	17.6141	4.5479	158.8456	178.3544	140.00	195.00

方差分析

单次卧推最大重量

	平方和	自由度	均方	F	显著水平
二组之间	3217.600	2	1608.800	17.145	0.000
各组内部	1126.000	12	93.833		
总计	4343.600	14			

图 5.5 单因素方差分析结果

对图 5.5 中显示的各组的平均值的研究表明自由负重训练的那一组的参与者单次卧推最大重量最高 [（M=188.2 磅（约 85.5 千克）]；进行弹力带训练那一组的参与者（组 3）单次卧推最大重量最低 [M=153 磅（约 69.5 千克）]；同时进行固定器械训练那一组的参与者单次卧推最大重量介于其他两种训练方法之间 [M=164.6 磅（约 74.8 千克）]。因此，研究人员得出结论，这 3 种训练方法对于单次卧推最大重量都有不同的影响。注意 F 值表示这 3 组之间存在差异，但是它并没有具体指出哪组不同于其他组！一种名为多重比较（Multiple-Comparison）的统计检验方法可以对各组进行对比，然而这种检验超过了本文探讨的范畴。

本书附录介绍了使用 Excel 进行单因素方差分析的操作方法。

双因素方差分析

目的：探究一个定距或定比因变量和两个定类自变量之间的组差异。

例子：该数据取自一项针对青少年棒球联盟球员进行的有关移动量的假设型检验。因变量是他们在移动量检验中取得的分数。两个自变量是比赛位置（投手或防守球员）和教学方法（重复训练或并列争球）。每个自变量（称为主要效果）都有一个研究假设和零假设，两个自变量相互之间有一个研究假设或零假设。第一个零假设是投手和防守球员之间没有差异。第二个零假设是教学方法之间不存在差异。

表 5.7 显示了该例的数据。要分析这个问题，请使用以下 SPSS 操作方法。图 5.6 和图 5.7 对于 SPSS 的输出结果进行了总结。

表 5.7　双因素方差分析数据

方法	位置	分数	方法	位置	分数
1	1	29	2	1	29
1	1	30	2	1	34
1	1	24	2	1	34
1	1	23	2	1	38
1	1	28	2	1	28
1	1	29	2	1	29
1	2	34	2	2	28
1	2	34	2	2	34
1	2	31	2	2	31
1	2	30	2	2	26
1	2	32	2	2	27
1	2	28	2	2	32

注意：对于方法来说，组 1 是并列争球，组 2 是重复训练；对于位置而言，组 1 是投手，组 2 是防守球员。

进行双因素方差分析的操作方法

1. 启动 SPSS。
2. 点击"分析"（Anaiyze）菜单。
3. 选择"一般线性模式 – 单变量"（General Linear Model–Univariate）。
4. 选择"分数"（Score）作为因变量。
5. 接下来，选择"方法"（Method）和"位置"（Position）作为固定因素。
6. 点击"选项"（Options）。
7. 勾选"描述统计"（Descriptive Statistics）方框。
8. 点击"继续"（Continue）。
9. 点击"确认"（OK）。

图 5.6 显示了描述数据和与该分析相关的标签。图 5.7 显示了实际的方差分析结果。研究对象之间效果检验（Tests of Between-Subjects Effects）中包含的重要信息是方法、位置和方法位置（两个自变量之间关联）的 F 值。注意，方法和位置的检验结果都不显著；然而，方法和位置之间关联的检验结果却是显著的；通过查看图 5.6 中单元格平均值，我们发现投手（平均值 =32）重复训练的效果更好，而防守球员（平均值 =31.5）则通过并列争球练习表现得更好。对于该关联进行更加详细的解释，这超出了本书的范畴。该例的确表明，即使主要效果不具显著性，它们之间也可能具有显著的互动。

本书的附录介绍了使用 Excel 进行双因素方差分析的操作方法。

描述统计数据

因变量：   防守位置测试

方法	位置	平均值	标准偏差	N
并列争球	投手	27.17	2.927	6
	防手球员	31.50	2.345	6
	总计	29.33	3.393	12
重复训练	投手	32.00	3.950	6
	防手球员	29.67	3.141	6
	总计	30.83	3.614	12
总计	投手	29.58	4.166	12
	防手球员	30.58	2.811	12
	总计	30.08	3.213	24

研究对象之间因素

	价值标签	N
方法 1	并列争球	12
方法 2	重复训练	12
位置 1	投手	12
位置 2	防手球员	12

图 5.6 SPSS 双向变量标签和描述

研究对象之间效果测试

因变量：   防守位置测试

源	III 型平方和	自由度	均方	F	显著水平
校正模式	86.167[a]	3	28.722	2.906	0.060
截距	21720.167	1	21720.167	2197.656	0.000
方法	13.500	1	13.500	1.366	0.256
位置	6.000	1	6.000	0.607	0.445
方法位置	66.667	1	66.667	6.745	0.017

续表

源	III 型平方和	自由度	均方	F	显著水平
误差	197.667	20	9.883		
总计	22004.00	24			
校正总数	283.833	23			

a. $R^2=0.304$（调整后 $R^2=0.199$）。

图 5.7　SPSS 双因素方差分析总输出

数据集应用

　　假设使用某个大数据集来研究其中列出的检验者计步器步数的差异。其中包括采自不同地区学龄男孩和女孩的步数样本数据。请你根据该数据回答以下问题。计算男女之间的平均值和标准偏差，然后再单独计算男生和女生的平均值和标准偏差（第 3章）。男生和女生之间是否有差异（使用独立样本 t 检验）？本例中涉及的几个地区之间的检验结果是否存在差异（使用方差分析）？实际上，分析这些数据更好的办法是双因素方差分析（性别和地区）。使用 SPSS 来进行双因素方差分析（性别和地区）。最后，使用性别和 Does8500steps 这个变量，根据一个人每天是否平均行走 8500步来判断性别和体力活动之间是否存在关联（卡方检验）。

测量与评价的案例思考

　　根据一篇研究论文，Legan 已经明白因为有一个单一的自变量（饮料类型）所以才进行 t 检验；控制组仅饮用水，而实验组饮用碳水化合物饮料。他还学到，研究人员提出了一个假设，骑行的距离（因变量）随着摄入的饮料的变化而变化。Legan 现在知道 $p<0.05$ 意味着零假设被否定，备择假设被采纳。他意识到研究人员可能已经出现了 I 型误差，但是出现这种误差的概率100 次中不到 5 次。

　　因此，基于该例，研究人员得出结论，碳水化合物饮料将会提高大部分类似取样的自行车运动员的骑行耐力；然而，这个结论并不是肯定的，因为可能会出现 I 型误差。因为零假设遭到否定，所以研究人员不可能出现 II 型误差。推理测试提供的证据只能支持或否定相关假设；因此，Legan 明白了通过假设检验研究人员将永远无法完全证明他们有关碳水化合物饮料产生的影响的假设。

小结

　　本章总体简述了推论统计中使用的各种检验方法；然而，它却并没有探讨有关这些检验技巧的许多假设。显著性的统计检验往往模糊了实际差异。Glass Hopkins（1996）对于各种统计方法进行了深入的介绍。Thomas、Nelson 和 Silverman（2015）列举了有关人体表现的典型研究案例。

这时，你应该能够完成以下任务。

· 理解并解释相关的科学方法。

· 撰写和解释研究假设、零假设和备择假设。

· 使用 SPSS 来录入数据并生成和解释：

　　· 卡方检验；

　　· 独立和非独立 t 检验；

　　· 单因素方差分析；

　　· 双因素方差分析。

第三部分

信度和效度理论

在本部分，我们将深入学习第二部分介绍的一些基本统计概念和计算机应用的知识，并将其扩展应用到与有效决策相关的问题。在生活中我们都会做出各种决策，并且每个人都试图做出最佳决策。在人体表现领域，你做出的决策可能关于某个人的有氧能力、肌肉力量或每日体力活动量。你可能还要对于认知知识做出有效决策，并将成绩或取得的水平告知学生、顾客或项目参与者。或者，你可能需要对你指导的项目进行评估。良好的决策基于健全的数据，健全的数据反过来反映信度、效度和客观性等特点。你将会使用在第一和第二部分学习的 SPSS 技能，完成有关这些特征的具体任务。每一章都让你有机会使用 SPSS 程序来说明和分析各种测量问题。

要判断常模参考数据的质量，你必须遵循一些重要的步骤，第 6 章将对此进行介绍。要做出关于个人或团体的准确决策，你必须使用足够可靠、有效且客观的数据。例如，在报告某人有氧能力时，你必须确定该数值是真实的。无效数据可能会导致不正确的决策。第 6 和第 7 章将帮助你分析数据，以便报告数据，从而做出有效的解释和决策。任何测量值都不是完全可靠或有效的，但是你必须知道如何解释你的测量方法所反映的信度和效度的程度，从而可以进行正确决策。第 7 章从标准参照的角度来研究这些问题。实际上，第 6 和第 7 章之间有着很多的共同之处，主要的不同在于测量的方式和报告测量结果的方式。在第 6 章中，测量数据是持续的；而在第 7 章中，数据本质上属于定类数据（即分类数据）。除此之外，这两章之间涉及信度（连贯性）和效度（真实性）的概念非常一致。

第 6 章

常模参考的信度和效度

概要

学习目标

学完本章，你将能够掌握以下内容。

· 讨论有关效度和信度的概念。

· 区分各种不同类型的信度，并知道如何计算各种信度。

· 认识各种类型的效度证据，可以使用这些证据来提供有关某个测量方法真实性的信息，并计算相关的统计数据。

· 描述信度和效度之间的关系，并能发表观点，阐释为何这些概念对于测量很重要的原因。

· 评价人体表现测量领域中相关的信度和效度的证据。

· 使用 SPSS 和 Excel 来计算信度和效度。

测量与评价的案例思考

Kelly 是一名健身负责人，她希望评估年轻人的心肺健康水平。Kelly 希望测量受试者的最大摄氧量。然而，她听说测量心肺健康水平的最佳方法是让一个人在跑步机上跑步直到他力竭。这项测试要求收集测试者在跑步机上跑步时呼出的气体，因此需要大量昂贵的设备。因为存在种种困难，Kelly 希望使用替代（场地测试）的测试方法，例如 3 分钟台阶测试（第 9 章）或长跑（例如 1 英里跑）。她甚至还听说过可以使用非运动的模型来预测一个人的最大摄氧量。Kelly 想知道她是否应该使用那种方法来节约时间、金钱和设备，并降低受试者承受的风险。然而，Kelly 担心场地测试可能没有跑步机测试那么准确。Kelly 的担心是一个非常真实的担忧。她如何才能判断使用场地测试获得的测量结果是可靠的（即一致的）和有效的（即真实的）？

不论你的工作涉及人体表现的哪个领域，你都要依据你收集的数据进行决策。通常，这些决策都要求你在多个人之间进行比较，或者将测试结果报告给某个具体的人。例如，Kelly 可能需要将她的测试结果报告给项目主管或董事会，从而为某个特定的健身项目持续提供资金支持。你的决策和报告必须准确。你决策的准确性与你研究变量的常模参考特征相关。正如你在第 1 章学过的那样，最重要的测量特征是信度、客观性和效度（回顾第 1 章，你应该还记得一个常模参考是与一个定义明确的子组相比取得的成绩水平）。

信度和效度是本书介绍的最重要的概念。本书介绍的很多涉及计算、理论和实际的例子都源自这些概念。信度涉及一个观察内容的一致性或可重复性，它是同一个特征在相同的条件下进行多次测量得出相同结果的程度。信度也可以描述成准确性、一致性、可依赖性、稳定性和精确性。如果在相同的条件下对同一个人进行测试，每次都能获得相同（或者几乎相同）的数值，那么我们就说这种测试方法是可靠的。从这个术语中能够看出，在 Kelly 决定采用哪个场地测试的过程中，测试的信度将发挥极为重要的作用。

效度是一个测试数值真实的程度。即测试成绩，一经证实为可靠的，是否能够准确地测量我们想要测量的内容？效度取决于两个特点：信度和相关性。相关性是一项测试与测试目标的相关程度。因此，一个测量要具有效度，它必须能够对于相关的特定特点或能力进行稳定地测量，同时还必须具有相关性，即测量手段或测试必须与受测特征有关联。

因此，你可以看出来信度和效度都是 Kelly 需要重点考虑的内容。她必须确保每次场地测试得出的结果都是一致的，同时可以准确地估计跑步机上测试得出的最大摄氧量。一项测试可能是可靠的，但却不一定是有效的，但是如果它是有效的，它一定是可靠的，你明白其中的道理吗？一个测量可能是可靠的，但是可能与你要测量的内容不相关。然而，如果一个测量是有效的，它必定是可靠的。如果某个测量方法不能对相关特征进行可靠地测量，那么这个测量怎么会是有效的呢？

要点内容 6.1

　　如果 Kelly 考虑使用一个非运动的模型来预测最大摄氧量，那么她可能要获取哪些变量呢？大家一定要考虑这些变量的信度和效度。

　　一个测试在一组环境中是有效的，但在另一组环境中却是无效的。很多测试具有充分的信度，但是效度则不足。例如，身体总重量的测量一般来说是一个可靠的测量。测量值每天变化很小，在进行体重测量时，两个测量者很可能报告相同或几乎相同的测量数值。然而，身体总重量并不能有效测量身体的总脂肪量，因为身体总重量是由脂肪、骨和肌肉组织等组成的。因此，一个人的重量取决于这些身体组成部分的相对比重。

　　客观性是一种特殊的信度。客观性是评分者之间的信度。你很可能已经参加过客观测试（例如多选题测试）和主观测试（例如作文测试）。我们之所以对于这些测试进行这样的分类是因为，在给这些测试评分时使用了不同类型的评分系统。我们说多项选择、判断对错和匹配测试题都是客观题，是因为它们在评分者之间具有较高的信度。即不论谁是评分者，因为对于正确（或最佳）答案有一个定义明确的打分系统，评分者之间对于这些题型的评分都是一致的。然而，一项测试本质上可能是客观的，但是却并不准确或可靠。如果出题质量不高，考试对于测试学生所学的知识可能既不可靠也不具有效性。作文测试的评分更具主观性，不同的评分者对于同一个回答将会给出不同的分数，但是我们可以通过多种方法来增加作文测试题评分的客观性（第 8 章）。

@ 可观看视频 6.1。

信度

　　第 3、第 4 和第 5 章介绍的很多基本的统计概念帮助我们决定一项测试是否是可靠的和有效的。教师和研究人员一般需要具体的证据来证明某个测量的信度和效度，而并不是用笼统的表述来表明某个测量是可靠且有效的。用来证明信度和效度的统计数据有很多。方差（第 3 章介绍的内容）和皮尔逊积矩相关系数（PPM）（第 4 章对此进行了介绍）都被用来证明一项测试的信度和效度，因此我们需要充分理解这些内容。然而，在我们开始进行信度和效度相关的计算之前，我们必须从多个理论角度来思考这些概念，这样你才能清楚地认识到它们的真正含义。深入理解这些概念之后你将能够更好地判断选用哪个统计程序，以及如何解释运算结果。

观察、误差和真实数值

观察表 6.1 中 10 位参与者最近一次血压检测得出的数值。10 位参与者每位都有一个观测的血压记录；然而，记录系统可能出现了测量误差，因此观测的数值并非是相关参与者的真实血压值。例如，观测数值出现误差，可能是因为测试者的经验、实际的测量方法、测量的时间、测量地点、所使用的工具，以及一天中的时间、测试前发生的事情等。

表 6.1　10 位参与者的收缩血压的记录

参与者	观测出的血压	真实血压	误差
1	103	105	−2
2	117	115	+2
3	116	120	−4
4	123	125	−2
5	127	125	+2
6	125	125	0
7	135	125	+10
8	126	130	−4
9	133	135	−2
10	145	145	0
求和（Σ）	1250	1250	0
平均值（M）	125.0	125.0	0
标准偏差（s）	11.6	10.8	4.1
方差（s^2）	133.6	116.7	16.9

注意：血压单位是毫米汞柱。
源自：Data based on an example from Sax 1980.

虽然我们可能永远也不可能知道一个人的真实血压数值（不带任何误差），但是想象一下我们可以发明一种方法，通过这种方法我们测量血压的准确度将高于一般实验室或临床机构的测量值。例如，我们可以将一个压力敏感器材直接放置在动脉中，以此判断心脏收缩产生的压力（显然，我们必须忽略这样一个实际情况，想象一下这样的操作过程无疑会改变一个人的血压读数）。假设我们已经对这些参与者进行了这项测试，表 6.1 报告了他们的血压值。你将会看到 10 位参与者中只有 2 位参与者的观测血压等于他们真实的血压。其他的血压读数都有不同程度的误差。有些误差导致高估了真实血压，而有些误差则导致低估了真实血压。

在表 6.1 中我们可以看到几个要点。

·每个人的观测数值都是真实数值与误差数值之和。你的真实数值在理论上是存在的，但却无法测出，我们可以将其想象成我们实际知道的内容或是你实际表现的好坏；这没有误差。你可以把真实数值想象成无数次相关测试的平均值，假设在这些测试中，你不会因为进行了练习而表现得更好，也不会因为疲劳而表现得更差。从某种意义上来说，在某个时间点上，你的真实数值永远也不会改变，同时该数值是完全可靠的。造成你的观察数值不同于你的真实数值的所有因素都会导致误差数值的出现；真实数值是理论上存在的一个数值，但是却无法进行测量。造成误差的原因包括个体的差异性、仪器的准确性、作弊和测试条件等。

- 观察、真实和误差数值之间存在差异（为你计算出了标准偏差和方差）。
- 误差可以是正数（观察数值偏高）或是负数（观察数值偏低）。
- 误差数值对于观察差异影响较小。
- 误差数值的平均值为零。
- 观察数值方差（133.6）等于真实数值方差（116.7）加上误差数值方差（16.9）。
- 使用观察数值方差、真实数值方差和误差数值方差，信度的定义为真实的数值方差与观察数值方差之比（即真实数值方差除以观察数值方差）。

$$r_{xx'} = \frac{s_t^2}{s_o^2} = \frac{(s_o^2 - s_e^2)}{s_o^2}$$ （公式 6.1）

其中 s_t^2 是真实数值方差，s_o^2 是观察数值方差，s_e^2 是误差数值方差。在表 6.1 中，信度为 116.7/133.6=0.87。

从理论上来说，真实的数值是完全可靠的，$r_{xx'}$=1.00。（如果被测量现象出现某个变化，真实数值也一定会随之改变，但是在任何时候，真实数值都应被视为是完全可靠的，因此不包含误差。）因此，我们可以说一项测试的信度水平取决于观察数值变化包含真实数值变化的程度。

你可以看到观察数值方差等于真实数值方差和误差数值方差之和。知道任意两个方差就能计算出（或估算）第三个方差。使用等式 6.1，我们看到信度的两个极值为 0 和 1.00。如果观察数值完全不包含真实数值的差异，信度为 0.00；如果观察数值只包括真实数值差异，那么信度为 1.00。一般来说，这两种情况都不会出现。然而，一项测试要有效，那么它一定是可靠的，因此我们必须报告一项测试的信度。依据我们利用测试结果所做决策的性质，通常我们希望信度不低于 0.80。虽然 0.80 是我们追求的一个目标，但是有些结果对于低于该值的信度可能也可以接受，而有些结果可能要求高于 0.80 的信度。以警察使用的雷达枪为例，它可靠吗？更重要的是，它的测速读数有效吗？

现在回过头来思考之前的测量与评价的案例思考。Kelly 想知道她将使用的场地测试得出的数值的信度，因为这项测量将告诉她测试结果是否在不同的测试时段都能保持不变。如果该测量要对 Kelly 有用，那么它的测量结果在不同的测试时段内变化很小。此外，参加最大摄氧量场地测试的人员之间观察差异应该反映最大摄氧量的真实差异，而不仅仅是测量误差的一个函数。

从该公式中我们可以推导出以下实际含义。

- 应该有观察数值方差。（如果没有，信度不确定，因为分母为零。）
- 误差数值方差与观察数值方差相比应该较小。
- 总体来说，时间较长的测试要比时间较短的测试更加可靠。这种说法是真的，因为当测试时长增加，观察数值方差也随之增加，观察数值方差的增加更多地取决于真实数值方差增长而非误差数值方差的增长。

你可能会自问,这些内容都没有错,但是我们如何才能知道一个人的真实数值呢?我们可能永远都不知道这个人的真实数值。然而,我们可以轻易地获取观察数值,同时我们有多种方法可以预测一组数值的误差数值的变化。因此,正如方程式 6.1 所示的那样,我们可以使用观察数值方差和误差数值方差来预测信度。

计算信度系数

让我们开始进行信度系数的实际计算吧。信度系数分为两大类:种类之间的信度系数(依据第 4 章介绍的皮尔逊积矩相关系数)和种类内部的信度系数(依据第 5 章介绍的方差分析或方差分析模型)。

种类之间的信度

首先,我们来看看种类之间的信度计算方法:重测信度、等值信度和分半信度。

重测信度 你思考一个判断一种测量方法是否可靠或一致的最简单的方法。我们可以对测试参与者进行两次测试(例如,两次都安排在同一天),然后使用皮尔逊积矩相关系数来分析这两组观察数值是否相关,以此来分析二者相关程度是否较高。这正是计算重测信度系数的方法。观察表 6.2 显示的两组仰卧起坐测试的表现。通过计算得出皮尔逊积矩相关系数为 0.927,显然,这两组测试分数之间的相关性很高,足以判断该测量是可靠的。这个系数表明 92.7% 的观察数值方差为真实数值方差。如果两次测试的时间间隔较长(例如,相隔数日或数周),重测的信度系数可以称为稳定性信度,即这个测量具有跨时间一致性或稳定性。重要的是,当你非常确定第一次和第二次测试的平均值没有变化,我们应该只使用种类之间的信度方法。你可以使用第 5 章介绍的非独立组的 t 检验来检测两次测试的平均值的差异。如果存在多次测试,我们可以使用第 5 章介绍的方差分析的扩展内容——重复测量方差分析来测试平均值差异。

表 6.2 10 个参与者的仰卧起坐表现

参与者	测试 1	测试 2
1	45	49
2	38	36
3	54	50
4	38	38
5	47	49
6	39	38
7	39	43
8	42	43
9	29	30
10	42	42
求和(Σ)	413	418
平均值(M)	41.3	41.8
标准偏差(s)	6.6	6.5
方差(s^2)	43.6	41.7
	$r_{xx'} = 0.927$	

要点内容 6.2

使用 SPSS 来证实表 6.2 中报告的信度 0.927（提示：按照第 4 章介绍的方法使用 SPSS 来计算相关系数）。要用图来展示该数据，你可以为两次测试结果绘制散点图。你能明白所反映的密切关系以及我们为什么能将其解释成信度系数吗？

等值信度　判断种类之间信度的第二个方法是使用等值信度系数。例如，一位老师担心学生在书面考试中作弊。该老师出了两套水平相当或相等的试题，同时发考卷时确保所有邻座的学生都拿到不同的试卷。然而，这位老师该如何评分呢？同一个班是否应该有两个评分程序呢？学生的表现是否取决于完成的试题呢？这位老师首先应该判断这两套试题的等值性。为此，要请一个测试组在几乎相同的环境下完成两套试题。一半的参与者应该先做 A 套试题，另一半先做 B 套试题，因此测试分数不会因为答题次序而受影响。我们必须假设两套测试是平行的，解答第一套试题既不会影响也不会帮助第二套试题的作答。然后将两次测试的结果进行比较，以此判断这两套试题之间是否具有信度或一致性。还要注意这只是一个皮尔逊积矩相关系数计算，其中进行比较的两个变量是两套试题的测试分数。这是一个等值信度系数。与重测信度一样，你可以使用 SPSS 来绘制散点图，以此说明 A 套试题分数和 B 套试题分数之间的关系。

你可能会想，上述的两个种类之间信度的例子都有点牵强，因为老师组织考试不可能超过一次（而要确定测试信度的前提是进行一次以上的测试）。你想的没错！老师组织考试时，由于时间限制，同时也因为参加考试者可能出现疲劳，从而影响了之后测试的分数，所以一般一次测试只完成一次。此外，练习因素也能影响之后的数值，因此影响计算得出的信度。然而，我们有其他方法来对等值方法进行一些小的调整，同时仍然可以得出一个有关测试信度的结论。思考一位老师如何才能为一次测试出两套等值的试题。进行测试之后，我们可以创建两套等值的试题，方法是将试题一分为二，并给每个答题者每半份试卷一个分数（例如，偶数题一个数值，奇数题一个数值）。这样，我们就能将该试卷奇数题和偶数题视为两个相等的内容。

分半信度　我们可以计算出测试两半分数之间的皮尔逊积矩相关系数，并用这个系数来预测该测量方法的信度。表 6.3 显示的样本数据可以用来计算分半信度。使用皮尔逊积矩相关系数来计算分半信度为 0.639。因为前文提出希望获得不低于 0.80 的信度，因此你可能倾向于认为该项测试不可信，表 6.3 显示了该测试的分数。然而，我们必须考虑该表显示的数据的另一个方面。使用表 6.3 中数据计算出来的信度系数是上述测试两半的相关系数（假设每半包含 13 道题目，整个测试长度包含 26 道题目）。前面我们已经提到较长的测试一般比较短的测试更加可靠。因为表 6.3 算得的 0.639 是依据长度为 13 题的测试，所以我们现在必须预测包含 26 题的原测试的信度。你可能认为因为实际测试的长度为已测长度的两倍所以只要将算得的信度乘以 2 即可。这种想法是错误的。请注意 0.639 乘以 2 结果是 1.278。根据定义（参照公式 6.1），我们知道信度不可能超过 1.0，所以乘以 2 是不对的。当测试长度改变时，我们可以使

用斯皮尔曼 – 布朗校正公式（Spearman – Brown prophecy formula）（公式 6.2），来预测一项测量的信度。

$$r_{kk} = \frac{k \times r_{11}}{1 + r_{11}(k-1)} \qquad （公式 6.2）$$

其中 r_{kk} 是当测试长度改变了 k 次时的预测信度系数，k 是测试长度变化的倍数，定义如下：

$$\frac{\text{希望预测信度的题目数量}}{\text{已经计算信度的题目数量}}$$

r_{11} 是之前已经计算过的信度。因此，要预测 26 道题目测试的信度，我们代入斯皮尔曼 – 布朗校正公式，并预测出包括所有 26 道题目测试的信度。注意 $k=2$（即 26/13），同时 $r_{11}=0.639$（我们之前估算的信度）。

$$r_{kk} = \frac{（26 \div 13）\times 0.639}{1 + 0.639 \times（26 \div 13 - 1）}$$

$$r_{kk} = \frac{1.278}{1.639}$$

$$r_{kk} = 0.78$$

表 6.3　10 位参与者奇数题与偶数题的分数

参与者	奇数题得分	偶数题得分
1	12	13
2	9	11
3	10	8
4	9	6
5	11	8
6	7	10
7	9	9
8	12	10
9	5	4
10	8	7
求和（Σ）	92	86
平均值（M）	9.2	8.6
标准偏差（s）	2.2	2.6
方差（s^2）	4.8	6.7
		$r_{xx'} = 0.639$

因此，原本 26 道题测试的估算信度为 0.78。我们已经使用斯皮尔曼 – 布朗校正公式对信度进行了校正。同时，你还要注意起始题目数量对结果没有影响。当题目数量或测试量翻倍（即 $k=2$），预测的信度保持不变。如果 50 道题目的测试的信度为 0.639，当题量翻倍至 100 时，预测的 r_{kk} 将为 0.78。

我们也可以从表 6.4 估算出该数字，表 6.4 显示使用 r_{11} 和 k 各值通过方程式 6.2 计

算出 r_{kk} 的各值。你希望更改测试长度（k）的倍数（0.25 ～ 5.0）已在表 6.4 的顶部列出。你可以通过找到相关行与列交会点来判读预测信度（r_{kk}）。例如，如果你算出信度 r_{11} 为 0.40，并将测试长度增加 5 倍，预测信度即为 0.77。

你会注意到表 6.4 中包含多个小于 1 的 k 值。这表明老师也可以预测出长度缩短的测试的信度。例如，假设老师出了一份 100 题的书面测试，该测试的信度为 0.92。我们随机将该测试分为两个相等的部分，每部分 50 题，从而得出两个预测信度为 0.85 的测试。这将减少考试和打分的时间（同时让学生更开心！），让老师也有机会获得两套试题。当测试长度发生变化时，我们可以使用斯皮尔曼－布朗校正公式来预测一项测量的信度。我们可以使用这个公式来估算种类之间的信度，或种类内部的信度，后者为接下来要讨论的内容。

种类内部的信度

种类之间的信度是基于两个测量之间的相关性，而种类内部的信度是基于方差分析，二者是不同的。假设你给一组参与者进行 3 次皮褶测量。你可能希望估算 3 次测量的信度。然而，种类之间的模型只允许你对两次测试对象相同的皮褶测量进行对比，因为皮尔逊积矩相关系数只能同时对比两个对象。然而，通过种类内部的模型，我们却能估算两个以上的测试信度。因为信度一般随着测试次数的增加而提高，所以你可能希望估算两次以上测试的信度。

此外，如果两次测试之间存在常数差异（即每个人的分数增加或减少相同的量），种类之间的信度为 1.00，但是从理论的角度来说，这样的两个结果并非一致（的确有些地方不对劲）。例如，在测试皮褶厚度时，由于皮下脂肪因为前次测试仍然处于压缩状态，测量结果可能会越来越小。表 6.5 显示了常数变化的另一个例子，其中皮尔逊积矩完全相关（$r_{xx'} = 1.00$），然而信度（即测试的一致性）则不足，因为每个人的分数在第二次测试中增加了 10 分。种类内部的信度模型可以解决这个问题。由于多次测试之间存在显著的平均值的差异，因此我们必须深入研究不同测试之间的变化。影响信度的原因可能是参与者在不断地学习或出现了疲劳。

种类内部信度模型最常见有克朗巴哈系数、库德－理查森公式 20（KR_{20}）和方差分析信度。每种模型的计算方法都相似。分数的总方差分为 3 种方差来源：人、测试以及"人加测试"（People-by-Trials）。人的方差是参与者（s_o^2）之间的观察数值方差。测试方差基于测试之间的方差。想一想，如果测量是可靠的，我们预计测试之间差异较小。因此，我们可以将测试之间的差异视作误差方差（s_e^2）。并不是所有的参与者在不同的测试之间表现的差异都是相同的，因此才会出现"人加测试"的差异。我们将人的方差视作观察数值方差，将"人加测试"中人的方差和测试方差视作误差方差。我们通过观察数值方差减去误差数值方差，并将其结果除以观察数值方差，以此估算信度。

表 6.4 根据斯皮尔曼 – 布朗校正公式计算改变 k（测试长度的高）后的 r_{kk} 值

r_{11}	0.25	0.33	0.50	1.50	2.00	3.00	4.00	5.00
0.10	0.03	0.04	0.05	0.14	0.18	0.25	0.31	0.36
0.12	0.03	0.04	0.06	0.17	0.21	0.29	0.35	0.41
0.14	0.04	0.05	0.08	0.20	0.25	0.33	0.39	0.45
0.16	0.05	0.06	0.09	0.22	0.28	0.36	0.43	0.49
0.18	0.05	0.07	0.10	0.25	0.31	0.40	0.47	0.52
0.20	0.06	0.08	0.11	0.27	0.33	0.43	0.50	0.56
0.22	0.07	0.09	0.12	0.30	0.36	0.46	0.53	0.59
0.24	0.07	0.09	0.14	0.32	0.39	0.49	0.56	0.61
0.26	0.08	0.10	0.15	0.35	0.41	0.51	0.58	0.64
0.28	0.09	0.11	0.16	0.37	0.44	0.54	0.61	0.66
0.30	0.10	0.12	0.18	0.39	0.46	0.56	0.63	0.68
0.32	0.11	0.13	0.19	0.41	0.48	0.59	0.65	0.70
0.34	0.11	0.15	0.20	0.44	0.51	0.61	0.67	0.72
0.36	0.12	0.16	0.22	0.46	0.53	0.63	0.69	0.74
0.38	0.13	0.17	0.23	0.48	0.55	0.65	0.71	0.75
0.40	0.14	0.18	0.25	0.50	0.57	0.67	0.73	0.77
0.42	0.15	0.19	0.27	0.52	0.59	0.68	0.74	0.78
0.44	0.16	0.21	0.28	0.54	0.61	0.70	0.76	0.80
0.46	0.18	0.22	0.30	0.56	0.63	0.72	0.77	0.81
0.48	0.19	0.23	0.32	0.58	0.65	0.73	0.79	0.82
0.50	0.20	0.25	0.33	0.60	0.67	0.75	0.80	0.83
0.52	0.21	0.26	0.35	0.62	0.68	0.76	0.81	0.84
0.54	0.23	0.28	0.37	0.64	0.70	0.78	0.82	0.85
0.56	0.24	0.30	0.39	0.66	0.72	0.79	0.84	0.86
0.58	0.26	0.31	0.41	0.67	0.73	0.81	0.85	0.87
0.60	0.27	0.33	0.43	0.69	0.75	0.82	0.86	0.88
0.62	0.29	0.35	0.45	0.71	0.77	0.83	0.87	0.89
0.64	0.31	0.37	0.47	0.73	0.78	0.84	0.88	0.90
0.66	0.33	0.39	0.49	0.74	0.80	0.85	0.89	0.91
0.68	0.35	0.41	0.52	0.76	0.81	0.86	0.89	0.91
0.70	0.37	0.44	0.54	0.78	0.82	0.88	0.90	0.92
0.72	0.39	0.46	0.56	0.79	0.84	0.89	0.91	0.93
0.74	0.42	0.48	0.59	0.81	0.85	0.90	0.92	0.93
0.76	0.44	0.51	0.61	0.83	0.86	0.90	0.93	0.94
0.78	0.47	0.54	0.64	0.84	0.88	0.91	0.93	0.95
0.80	0.50	0.57	0.67	0.86	0.89	0.92	0.94	0.95
0.82	0.53	0.60	0.69	0.87	0.90	0.93	0.95	0.96
0.84	0.57	0.63	0.72	0.89	0.91	0.94	0.95	0.96
0.86	0.61	0.67	0.75	0.90	0.92	0.95	0.96	0.97
0.88	0.65	0.71	0.79	0.92	0.94	0.96	0.97	0.97
0.90	0.69	0.75	0.82	0.93	0.95	0.96	0.97	0.98
0.92	0.74	0.79	0.85	0.95	0.96	0.97	0.98	0.98
0.94	0.80	0.84	0.89	0.96	0.97	0.98	0.98	0.99
0.96	0.86	0.89	0.92	0.97	0.98	0.99	0.99	0.99

表 6.5　测量常量变化的效果

参与者	测试 1	测试 2
1	15	25
2	17	27
3	10	20
4	20	30
5	23	33
6	26	36
7	27	37
8	30	40
9	32	42
10	33	43
求和（Σ）	233	333
平均值（M）	23.3	33.3
标准偏差（s）	7.7	7.7
方差（s^2）	59.1	59.1
$r_{xx'} = 1.00$		

思考公式 6.1，我们可以通过观察数值方差和误差数值方差来估算出信度。人的方差为观察数值方差（s_o^2）。我们可以将"人加测试"方差视作误差方差，或者说，将所有不归因于人的方差（例如测试方差和"人加测试"方差）视作误差方差（s_e^2）。获得观察数值方差和误差数值方差的估算值后，你就可以使用公式 6.1 来估算该数值的信度。阿尔法系数的计算方法如下。

$$r_{xx'} = 阿尔法系数 = \left(\frac{k}{k-1}\right)\left(1 - \frac{\Sigma s_{\text{trials}}^2}{s_{\text{total}}^2}\right) \qquad （公式 6.3）$$

其中 k 是测试的次数，$\Sigma s_{\text{trials}}^2$ 是每次测试的方差之和，s_{total}^2 是所有测试总和的方差。

表 6.6 显示了计算阿尔法系数的例子。方差的计算方法与你在第 3 章中学习的内容完全相同。请注意，阿尔法信度（即种类内部的信度）估算的是总数值的信度（即所有测试数值的总和）。然后，你可以将结果应用于斯皮尔曼－布朗校正公式（公式 6.2）来估算测试次数增加或减少时信度系数的变化。

表 6.6　计算阿尔法系数

参与者	测试 1	测试 2	测试 3	总计
1	3	5	3	11
2	2	2	2	6
3	6	5	3	14
4	5	3	5	13
5	3	4	4	11
ΣX	19	19	17	55
ΣX^2	83	79	63	643
s^2	2.70	1.70	1.30	9.50

$$k/\left(k-1\right)\times\left[1-\left(\sum s^2_{\text{trials}}/s^2_{\text{total}}\right)\right]$$
$$3/\left(3-1\right)\times\left(1-\left(2.70+1.70+1.30\right)/9.50\right)$$
$$3/2\times\left(1-5.7/9.50\right)$$
$$1.5\times\left(1-0.60\right)$$
$$1.5\times0.40=0.60=\text{阿尔法系数}$$

要点内容 6.3

根据表 6.6 显示的数据，使用斯皮尔曼 – 布朗校正公式来估算 6 次测试的信度。注意 $k=2$（即 6/3），r_{11} 是使用阿尔法系数（0.60）求得的。

要点内容 6.4

使用 SPSS 来证实依据表 6.6 中的数据所报告的信度估算结果。让我们使用 SPSS 通过两个方法来计算阿尔法系数。第一种方法使用方差和方程式 6.3。第二种方法利用 SPSS 程序直接计算阿尔法系数。

第一种方法如下。

1. 录入表 6.6 的数据。

2. 依次点击"分析"（Analyze）、"描述统计"（Descriptive Statistics）、"描述"（Descriptives）。

3. 将所有 3 次测试和"总数"（Total）都放入"变量"（Variables）方框中。

4. 点击"选项"（Options）。

5. 仅点击"分散"（Dispersion）方框中的"方差"（Variance）方框。

6. 点击"确认"（OK）。

7. 你的输出内容中包含代入公式 6.3 所必需的 4 个方差。

第二种方法如下。

1.. 录入表 6.6 的数据。

2. 启动 SPSS。

3. 点击"分析"（Analyze）。

4. 向下移动光标至"等级"（Scale），再横向移动至"信度分析"（Reliability Analysis）并点击。

5. 选择"测试 1""测试 2"和"测试 3"，使用箭头将其放入"项目"（Item）方框中。注意：不要将总数加入该列表中。SPSS 将会为你计算总数。

6. 点击"确认"（OK）。

当数据分为正确（1）或不正确（0）时，我们也可以使用阿尔法系数。在这种情况下，阿尔法系数称为库德 – 理查森公式 20（KR_{20}）（Kuder - Richardson formula 20）。阿尔法系数和 KR_{20} 从数学的角度来说是相等的。你将在第 8 章深入学习这方面的内容。Jackson 等人（1980）对于阿尔法系数进行了精彩的讨论。

要点内容 6.5

选择采自一个大的样本的数据，例如代表的是连续数周的计步器的数字，进行以下操作。

1. 依次点击"分析"（Analyze）、"相互关联"（Correlate）、"二变量"（Bivariate），并将所有的变量都放入右侧的方框中。注意这些将是种类之间相关系数，说明成对周数之间步数的一致性。注意系数值的范围从 0.55 到 0.76，中位数大约为 0.70。同时，注意第一周与其他周的相关性较低。

2. 依次点击"分析"（Analyze）、"等级"（Scale）、"信度分析"（Reliability Analysis）并将 4 周全部放入"项目"（Items）方框中。注意整个 4 周的阿尔法系数 0.885。这是为期 4 周的信度。

3. 你如何根据 0.885 这个数值来估算单周的信度？使用表 6.4 来估算该值。

4. 使用（从第一步）获得的单周估算值 0.70，并带入斯皮尔曼 – 布朗校正公式（或使用表 6.4）。注意估算值（0.90）与使用阿尔法系数获得的数值（0.885）相似。

信度指数

解释信度系数的另一个重要的统计数据是信度指数。信度指数是观察数值与真实数值之间的理论关系，等于信度系数的平方根。

$$信度指数 = \sqrt{r_{xx'}} \qquad （公式 6.4）$$

因此，如果一项测试的信度为 0.81，那么观察数值与真实数值的理论相关系数为 0.90。请注意如果信度为 1.0，观察数值和真实数值之间完全相关。如果信度是 0.00，那么观察数值和真实数值之间的相关系数为 0.0！

测量标准误差

信度显然与一个人的真实数值相关。虽然实际上，正如本章前面的内容提到过的那样，我们可能永远也无法判断真实的数值，但是我们可以将其视作无数次测试的平均值（前提是疲劳或练习都不会影响参与者的数值）。因此，进行任何特定的测试，你对于一个人真实数值的最佳预测是获得的数值。

如果测试进行两次，你将计算测试数值的平均值，从而更好地估算真实数值。从长远来看相关的理论是随机的正数误差和负数误差最终将相抵。不论一个人的数值是多少，显然其中都将包含一些误差。换句话来说，在现实的环境中，获得完全没有误差的数值是不可能的。因此，一个人的数值每次测试都会出现变化。测量标准误差（SEM）反映一个人观察数值因测量误差而上下浮动的程度。不应该将测量标准误差与第 4 章介绍的估计标准误差（SEE）混淆。虽然二者有着相似的解释（看起来非常相似），实际上是不同的：测量标准误差与测量信度相关，而估计标准误差关系到估计的效度。

测量标准误差的计算公式如下。

$$SEM = s\sqrt{1-r_{xx'}}$$

（公式 6.5）

其中 s 是测试结果的标准偏差，$r_{xx'}$ 是估计信度。

假设一项测试的标准偏差为 100，信度为 0.84。测量标准误差的计算方式如下。

$$SEM = 100\sqrt{1-0.84}$$
$$SEM = 100（0.4）$$
$$SEM = 40$$

如果一个人在某项测试中的得分为 500，该测试的测量标准误差为 40，我们可以围绕这个人的观察数值设置置信区间，以此来估计真实数值。测量标准误差，就如同估计标准误差，我们可以将其解释为：测量标准误差是围绕一个观察数值的测量误差的标准偏差。它反映一个人观察数值由于测量误差而在各次测试中可能出现变化的大小。由于误差数值应该呈正态分布，68% 的数值应该位于观察值上下一个测量标准误差之内。因此，在我们的例子中，这个人的真实数值介于 460 和 540（即 500 ± 40）之间的概率为 68%。请注意我们还可以使用表 3.4 来围绕某个特定的观察值来设置置信区间。你应该能够看出，如果我们用观察数值加减两个测量标准误差，我们就在观察数值周围设置了一个大约 95% 的置信区间。这是因为，正如我们在第 3 章学习的那样，平均数值加减 2 个标准偏差，就获得正态分布中大约 95% 的数值。你要记住测量标准误差是一个标准偏差。以此，我们可以将其与表 3.4 结合在一起来使用，以此来证明通过一项有着具体变异性（测量标准误差）和信度的测试而获得的一个测量结果的准确性。

要点内容 6.6

如果观察数值为 500，测量标准误差为 40，那么我们应该可以证实大约 95% 的真实数值位于 420 和 580 之间（即 ±2 SEM）。

一项测试或测量不一定在各种环境中都有信度。换句话来说，一项测量的信度是针对特定的情况。测量结果（即测试数值）在特定的环境下，采用特定的测量方法，并且针对特定的人群是可靠的。仅仅因为测量结果对于一组参与者（例如女性）是可靠的，就认为它们对于另一组（例如男性）也是可靠的，这样做是不合适的。以下列出了可能影响测量信度的各种因素。

- **疲劳**。通常，疲劳会降低信度。
- **练习**。通常，练习增加信度。因此在教学和培训中应该鼓励练习。
- **参与者的差异性**。接受测试的参与者差异性越大，测试结果的信度越高。
- **测试之间间隔的时间**。通常，两次测试之间间隔时间越长，信度越低。
- **测试期间相关的环境**。通常，测试期间的环境越相似，信度越高。
- **适合测试参与者的难度水平**。测试应该既不太难，也不太简单。
- **测量的准确性**。我们必须确保测量工具具有足够的准确度。例如，我们在测量 50 码（约 45.7 米）冲刺时不应该精确到秒，而应该精确到百分之一秒。
- **环境条件**。诸如噪声、过热和光照不良等因素可能对于测量过程产生负面的影响。

测试的使用者必须留意可能影响任何所选测量信度的各种因素。

效度

我们已经花了一些时间制定各种程序来估计一项测量的信度，因为信度在决定一项测量效度中发挥了重要作用。一项测量首先必须是可靠的，然后才可能是有效的，即真实地测量所要测量的内容。效度可以细分为几种不同的类型，我们将讨论其中 3 个类型：内容效度、标准效度和结构效度。我们在此对于这几个类型进行简述，美国精神病学协会针对教育和心理测试制定的标准（1999）对其进行了详细介绍。广义上来说，效度在本质上还可以分为逻辑效度和统计效度。不论涉及何种认证程序，总存在某个标准。我们可以将这个标准视作对于我们希望测量内容最真实的测量。例如，最大摄氧量的标准或最佳测量是通过跑步机测量的最大摄氧量。测量体脂的最佳方法是双能 X 线吸收法（DXA）或水下称重法。

内容效度

内容效度是根据逻辑决策和解释来证明真实性。我们通常使用表面效度和逻辑效度来描述内容效度。我们需要明确界定一项特定测试的关注范围或内容范围。举例来说，出现在一项认知单元测试中的题目应该反映本单元介绍的知识内容。篮球技能测试在理论上应该包括篮球比赛涉及的内容（如投球、运球、传球和跳跃）。即从表面来看，该测试应该测试已经介绍过的内容。

一项测试可以反映内容效度，然而并不一定因此而变得有效。例如，假设有人通过测量皮褶来估计体脂百分比。显然，事实证明皮褶的测量数据能够有效地测量体脂。但是如果进行该测量的人不具备测量的资质（这个人可能在使用卡尺方面没有接受过专业的培训）或测量的部位出现错误（例如，应该测量小腿内侧，结果却测量了小腿后侧），该测量看似有效，实则不然。内容效度的标准存在于解释者的心中。内容专家、专业裁判、同事以及教材作者可以充当证实内容有效的工具源。认知测试的出题老师所出的题目能够反映相关课程的内容（因此相关测试题目在内容上是有效的）。

标准效度

计算标准效度的前提是有一个真实的标准测量值。我们通过判断该标准与其他用于估计标准的测量之间的系统关系来计算效度。简而言之，标准效度就是证明一项测试与接受测量的特征之间存在统计关系的证据。标准效度的其他名称包括统计效度和相关效度；使用这些名称是因为标准相关证据是基于一项特定测试与一项标准之间的皮尔逊积矩相关系数（第4章对此进行了介绍）的。例如，我们回头再思考测量与评价的案例思考中 Kelly 遇到的情况。她希望测量多位年轻参与者的最大摄氧量。Kelly 知道最佳测量方法是让每个人通过使用跑台、功率自行车、游泳水槽或其他类型的测功仪来完成一项力竭性运动；然而，Kelly 并没有这些设备和资源来为每个参与者进行此类力竭性测试，她试图寻找其他测试方法（次最大测试、长跑和非运动模型），以此来估计最大摄氧量。首先，我们必须使用标准测量来证实其他替代测量方法的效度。为此，参与者有时必须既要完成标准测试，也要完成用于估计该标准的其他替代测试（通常称为场地测试）。如果该标准与其他替代测试之间存在密切的关系，后面的参与者不需要完成标准测量，但是却能通过其他测量（即场地测试）或代替测量来估计出他们依据该标准取得的数值。使用皮褶测量来估计体脂是说明标准效度的一个典型例子。

标准相关证据通常可以细分为同期效度和预测效度。二者均基于皮尔逊积矩相关系数。同期效度和预测效度之间的主要差异在于测量该标准的时间。对于同期效度，该标准的测量时间与其他现场测量或代替测量大致相同。使用长跑来预计最大摄氧量说明的就是同期效度。对于预测效度，我们可能在未来测量相关的标准。要确定预测效度，我们可能在第一次测试的数周、数月甚至数年之后来评价相关标准。针对未来出现心脏病的预测是基于预测效度，该标准（出现心脏病）要等到多年之后才能测量。然而，事实证明，缺乏运动、高体脂、吸烟、高胆固醇以及高血压都预示着未来可能出现心脏病。（当然，我们可以使用这些相同变量来预测一个人现在是否有心脏病。因此，测量标准的时间和对于相关系数的解释有助于分辨标准相关证据在本质上是同期效度还是预测效度。）下面列出了运动科学、人体运动学和教育中一些同期效度和预测信度的例子。每个标准后面都附上一列可能的预测因素。

同期效度

·最大摄氧量（标准：氧气摄入量）。
  ·长跑［例如1.0英里（约1.6千米）跑，1.5英里（约2.4千米）跑；9分钟跑，12分钟跑；20米往返跑］。
  ·次最大测试（例如骑行、跑台跑步和游泳）。
  ·非运动模型（例如自我报告的体力活动）。

· 体脂（标准：双能 X 线吸收法；水下称重法）。

　· 皮褶法。

　· 体重指数。

　· 人体测量数值（例如腰围）。

· 运动技能（标准：比赛表现；专家评分）。

　· 运动技能测试（例如对墙反复击球测试、准确性测试和全身运动测试）。

　· 专家裁判对于技能表现的评价。

预测效度

· 心脏病（标准：未来出现心脏病）。

　· 现在的饮食、运动行为、血压。

　· 心脏病或相关健康问题的家族病史。

· 成功完成研究生的学业（目标：平均积分点或毕业状态）。

　· 研究生入学考试成绩。

　· 本科平均积分点。

· 工作能力（标准：成功的工作表现）。

　· 身体能力。

　· 认知能力。

运动技能测试就是标准相关的效度认证程序的典型案例。Green 等人（1987）、Hensley 等人（1979）、Hensley（1989）、Hopkins 等人（1984）提供了用于验证运动技能测试程序的优秀范例。虽然这些测试都是 30 多年前发明的，但是它们作为有效的程序模型仍然具有价值。我们首先必须制定标准测量，然后再将各种技能测试（即系列测试）与该标准测量进行比较，以此来判断这些测试中哪个最有效，最有助于估计该标准。如果我们使用一系列测试来估计该标准，我们要使用多重相关程序（参阅第 4 章），而不仅仅依靠简单的皮尔逊积矩相关系数。然而，相关的逻辑是相同的：我们试图通过不止一次的测量来说明标准测量中出现的差异性［即增加决定系数（coefficient of determination）］。以高尔夫测试为例，相关标准可以是几轮高尔夫运动的平均分。因此，我们可以进行一项研究，其中每个参与者都完成几轮高尔夫运动，求得标准测量值。然后，每个参与者完成各种技能测试（例如挥杆击球、长杆、短杆、切球和推杆），然后将这些测试结果与标准测量值进行比较，以此判断哪一个测量或测量组合对于标准测量值的预测结果最佳。请注意所有的这些测量值都会存在一些误差。

标准效度系数的解释取决于它的绝对值。因为标准相关效度系数只是一个皮尔逊积矩相关系数，它的数值范围为 –1.00 到 +1.00。效度的绝对值越接近 1.00，效度越高。例如 Green 等人（1987）公布一组高尔夫球技的系列测试中，击高球的效度为 0.66，中距离击球的效度为 0.54。

让我们回顾一下第 4 章介绍的估计标准误差。估计标准误差通常与同期效度系数一起进行报告。例如，假设一项次最大测试通过 1 英里（约 1.6 千米）长跑计时来估算最大摄氧量，估算标准误差为 4 毫升 /（千克·分）。假设一个人的最大摄氧量为 50 毫升 /（千克·分）。我们可以对预测数值提出置信度：实际最大摄氧量介于 46 和 54 毫升 /（千克·分）（即 50±4）之间的置信度为 68%。Kline 等人（1987）对于估算最大摄氧量提出了同期效度的一个典型例子。他们报告的效度为 0.88，估计标准误差是 5 毫升 /（千克·分）。

请注意估计标准误差反映依据标准测量估计数值的准确性，换句话来说，它就是一个效度统计数据。

制定标准测量在效度的标准相关证据中极为重要。以下列举了可以获取标准测量的方法。

·**实际参与**。我们可以实际完成的标准任务（例如打高尔夫、射箭及进行工作相关的活动）。

·**已知的有效标准**。我们可以使用之前已经被证明是有效的一个标准（例如，在跑台上跑步或获取水下重量）。

·**专家评判**。专家判断标准表现的质量。这种方法通常用于团体运动（例如排球），在这些活动中难以或无法获取一个数值来反映在受测任务中的表现。

·**参与比赛**。当所有的参与者都参与时可以判断能力的排名（如果相关技能活动属于个人体育项目时使用效果最佳）。

·**已知的有效测试**。参与者可以完成一项之前已经被证明有效的测试。

结构效度

我们通常使用与结构相关的程序来证实无法观测但在理论上存在的测量。例如，一个人的智商（IQ）存在于理论中，但是 IQ 并不是轻易可以测量的东西。态度的测量也是如此。当然，每个人对于各种行为（例如运动、节食和体力活动）都有态度，但是我们很难直接测量这些态度。在这方面，结构效度就发挥了作用。结构相关效度证据实际上是逻辑（内容）和统计效度的结合。为某个特定的测量提供与结构相关的证据，我们需要收集各种统计信息，当我们正确理解这些信息，我们就能增加证据证明接受测量的理论结构的存在。支持结构的是理论，理论的效度是通过研究来证实的。Mahar 和 Rowe（2002）以及 Rowe Mahar（2006）对于提供与结构相关效度证据涉及的各个步骤进行了详细的说明并提供了案例。

当你收集结构相关的证据时，你的假说将会表述如下：如果在理论上结构是有效的，那么应该出现诸如此类的情况。然后，我们通过测试来检验这种情况是否真的出现了。结构效度的逻辑部分是应该出现什么。统计部分包括你收集的数据。持续收集信息支持该理论，这样增加了证明结构存在的证据。当我们认为应该发生的事情得不到收集数据的支撑，我们应该考虑两件事情：相关结构不存在，或者假设陈述不准确。结构效度的构建与第 5 章介绍的科学方法高度相关。我们提出假说、制定方法、收集和分析数据，并根据收集的证据来进行决策。

有时，你将会听到聚合或区分证据。一般来说，这些概念基于不同变量之间的相

关性。理论上应该相关的各个变量（正相关或负相关，取决于使用的等级体系）提供
了聚合证据，理论上应该不相关的各个变量提供了区分证据（即它们测量不同的东西）。

　　Kenyon（1968a，1968b）发明了一个多维工具，用来测量人们对体力活动的态度
（ATPA）。人们对体力活动的态度的确存在。有些人喜欢体力活动，而有些人则不喜欢。
但是我们怎样才能测量这些感知的态度呢？ Kenyon 提供了证据，证明人们喜欢或不
喜欢（或者说参与或不参与）体力活动（ATPA 是一个多维结构）的各种不同的原因。
Kenyon 提出的，观测不到但是理论上却存在的维度包括以下内容。

- 审美经验
- 精神发泄
- 健康和体适能
- 社会经验
- 追求眩晕（成功的刺激）
- 禁欲体验

　　以审美维度为例，这个维度表明有人喜欢体力活动是因为欣赏舞蹈、芭蕾、体操、
跳水和滑冰等活动中所展现的运动之美。为了提供结构相关证据证明这个维度存在，
我们可以对于多组进行不同类型行为的人群实施 ATPA 测试。我们的假说内容是如果
审美维度存在，观看舞蹈、芭蕾和体操的人应该在审美维度上的得分与那些不参加这
类活动的人相比存在巨大差异。我们正是通过这种方法获取与结构相关的证据，证明
这些无法通过观察获取的测量数据的存在。

　　我们可以使用与结构相关的证据来为标准相关认证证据提供额外证据。思考一下
前面描述的高尔夫测试。如果这是一项有效的高尔夫测试，应该出现以下情况：从未
打过高尔夫的学生在该项测试中得分应该较低，高尔夫初学者得分较好，有经验的高
尔夫球员得分应该更高，高尔夫专业球队的成员应该得分最高。我们将其称为结构效
度认证的已知组间差异方法。进行此类研究和测试，计算组平均值的差异（参照第 5
章的方差分析）可以为该高尔夫测试提供结构相关证据。

数据集应用

　　使用我们在第 4 章已经学过的内容来判断哪一个变量与水下称重法得出的体脂相
关度最高和最低。你是否还能为其中一些变量计算出估计标准误差？

　　图 6.1 说明我们已经介绍的效度各个方面之间的关系。效度由信度（左侧）和相
关度（右侧）组成。信度可以分为种类之间或种类内部的信度。种类之间的信度测试
方法分为重测信度、等值信度和分半信度。种类内部的信度基于方差分析，并得出阿
尔法系数和 KR_{20}。相关性可以是内容相关、标准相关或结构相关。标准相关的证据
可以是同期的，也可以是预测的。

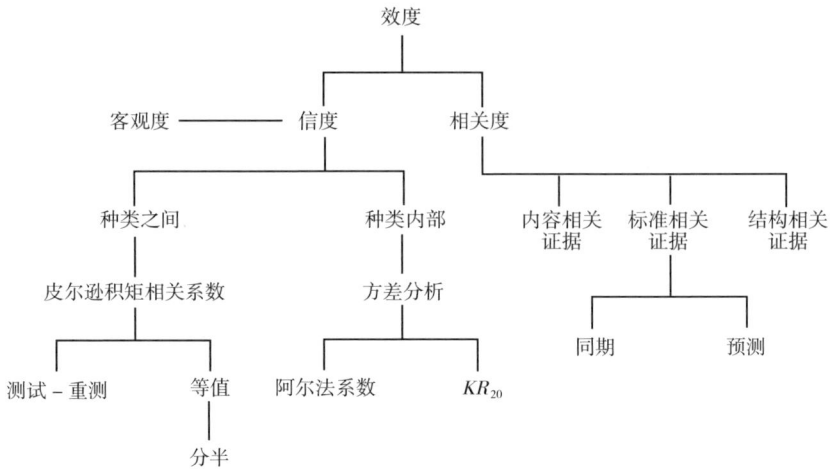

图 6.1 效度和信度词汇表图解

　　本章的很多内容都与第 4 章介绍的皮尔逊积矩相关系数有关。在有些情况下，我们将皮尔逊积矩相关系数解读成信度系数。在其他情况下，皮尔逊积矩相关系数可能是客观度系数或标准相关（同期或预测）效度系数。在各种情况下，我们计算皮尔逊积矩相关系数的方法都与第 4 章介绍的内容相同。对于皮尔逊积矩相关系数解释的差异取决于相关的两个东西是什么。图 6.2 对此进行了说明。基本上，如果相同内容的两次测试具有相关性，但是进行测量的时间不同，那么我们就可以将这个皮尔逊积矩相关系数解释为信度（稳定性）系数。如果两个评分者在为相同的测试进行评分时存在相关性，我们可以将该皮尔逊积矩相关系数解释为客观性系数，如果其中涉及一个以上的评分者，这个系数将是评分者之间的相关系数，如果一个评分者进行不止一次的评分，该系数就是评分者内部的相关系数。如果我们对于相同测试的两种形式进行比较，这就是等值估计。如果进行比较的一个测量数据是一个标准，那么我们计算的就是效度。计算的皮尔逊积矩相关系数是同期效度系数还是预测效度系数，这取决于测量标准的时间。这说明皮尔逊积矩相关系数的一般用途包括估计信度、客观性和效度。分清这些相关性很重要。参看 Odom 和 Morrow（2006）的研究深入学习这一概念以及如何解释相关系数。

相关		应用或解释
X	Y	
实验 1	实验 2	→ 信度估计
评分者 1	评分者 2	→ 客观性估计
形式 A	形式 B	→ 等值估计
测试	同期标准	→ 同期效度估计
测试	未来标准	→ 预测效度估计

图 6.2 皮尔逊积矩相关系数在信度和效度中的应用

效度证据的类型

这里，我们要说明前面提到的 3 种类型的效度（内容效度、标准效度和结构效度）。

基于内容的证据

基于内容的证据证明相关测试的特征代表了可能使用到的所有未出现的项目。例如，一个单元的书面测试题应该反映该单元所教的内容；就业所需的身体测试应该反映相关工作涉及的任务类型。

基于与其他变量关系的证据

基于与其他变量关系的证据证明测试数值与某个标准存在系统性的关系。我们求得一个标准测量值，并将测试数值与该标准进行比较（通常使用皮尔逊积矩相关系数）。例如，皮褶能有效地测量体脂百分比（标准），同时长跑能够有效地估计最大摄氧量（标准）。

基于反映过程的证据

基于反映过程的证据重点关注测试数值，以此来测量我们想要了解但却无法通过观察发现的相关特征。我们通常可以通过结构相关证据来证实态度、个性特征（一个人特有的心理特点的总和）以及一些观察不到的但是理论上存在的特征。例如，理论上，人们对于体力活动的态度是存在的；理论上，学生们可以对于课堂教学的效度进行评价。

信度和效度的测量应用

让我们来看一些来自运动、体育科学和人体运动学方面的信度和效度的例子。首先回顾一下，Green 等人（1987）使用相关系数制定了一个高尔夫球技测试，该测试提供了效度信息，但是他们的效度矩阵不包含信度结果。请不要忘记，要预计信度，我们必须对相同的内容进行至少两次测试。Green 等人通过使用多项技能测试预测高尔夫运动表现，以此进一步调查效度，同时发现中距离击球、击高球和长推杆结合在一起具有 0.76 的同期效度。加上第四项技能测试——近穴击球，高同期效度仅提高至 0.77（Green et al., 1987）。他们通过多重回归技巧来确定使用的高尔夫成套测试（参阅第 4 章）中哪些测试项目进行组合能够说明标准测量（高尔夫运动能力）中的差异。测试的组织者需要判断，与测量三项技能（效度 =0.76）相比，是否值得花时间和精力来测量四项技能（效度 =0.77）。表 6.7 展示了运动表现和各种体适能测试的信度估计。

表 6.8 提供了使用各种测量估计最大摄氧量的同期效度系数。有些研究者使用单一测量来估计最大摄氧量，而还有一些研究者使用多重回归的方法。看看表 6.8 显示的 Murray 等（1993）的研究结果。你能解释为什么增加测试项目相关系数会增加吗？还有，你能解释为什么测试项目增加时，估计标准误差却减小吗？

表 6.7 运动技能和体适能测试的信度测量

作者	测试项目	信度 ($r_{xx'}$)
Engelman & Morrow（1991）	传统俯卧撑（男孩） 传统俯卧撑（女孩） 简化俯卧撑（男孩） 简化俯卧撑（女孩）	0.83 ～ 0.92 0.91 ～ 0.92 0.68 ～ 0.83 0.77 ～ 0.83
Green, East, & Hensley（1987）	高尔夫近穴击球（男性） 高尔夫近穴击球（女性） 高尔夫长推杆（男性） 高尔夫长推杆（女性） 高尔夫短推杆（男性） 高尔夫短推杆（女性）	0.85 0.86 0.87 0.93 0.54 0.46
Hensley, East, & Stillwell（1979）	短网拍墙球—短截击（男性） 短网拍墙球—短截击（女性） 短网拍墙球—长截击（男性） 短网拍墙球—长截击（女性）	0.77 0.86 0.85 0.82
Hensley（1989）	网球—发球（男性） 网球—发球（女性） 网球—截击（男性） 网球—截击（女性）	0.86 ～ 0.95 0.79 ～ 0.88 0.70 ～ 0.72 0.69 ～ 0.79
Hopkins, Schick, & Plack（1984）	篮球—投球（男性） 篮球—投球（女性） 篮球—传球（男性） 篮球—传球（女性）	0.84 ～ 0.95 0.87 ～ 0.95 0.88 ～ 0.96 0.82 ～ 0.91
Nelson, Yoon, & Nelson（1991）	简化俯卧撑（男孩） 简化俯卧撑（女孩）	0.78 ～ 0.89 0.77 ～ 0.91
Rikli, Petray, & Baumgartner（1992）	1/2 英里（约 0.8 千米）（男孩） 1/2 英里（女孩） 3/4 英里（约 1.2 千米）（男孩） 3/4 英里（约 1.2 千米）（女孩） 1 英里（约 1.6 千米）（男孩） 1 英里（约 1.7 千米）（女孩）	0.65 ～ 0.82 0.32 ～ 0.77 0.48 ～ 0.94 0.58 ～ 0.83 0.44 ～ 0.87 0.34 ～ 0.90
Schick & Berg（1983）	高尔夫 5 号铁杆	0.90

备注：所有的信度都是种类内部的信度。

使用布兰德—奥特曼方法估计两种测量方法之间的一致性

布兰德与奥特曼（Bland and Altman，1986）提出了一种方法，用于估计针对相同特征进行的两种临床或实验测量之间的一致性。他们认为，在说明相同特征的两个测量之间的一致程度方面，使用相关和回归统计方法存在严重的缺陷。具体来说，两个测量可能存在较高的相关性，但是在二者之间差异的程度和分布方面却在临床上仍然存在重要区别。之前，在将要结束探讨种类之间的信度并开始学习种类内部的信度的测量方法时，我们就提到这方面的担忧（参阅表 6.5）。布兰德—奥特曼方法的前提是计算两种测量之间的绝对差异，并通过绘图将这些差异与两项测量的平均值进行对比。

为了理解他们的方法，请研究表 6.9 中显示的数据。该数据代表了两次收缩血压的临床测量数值。一次是由在测量血压方面训练有素的临床医师进行的测量，另一次是由自动测量仪器进行的测量。

表 6.8 最大摄氧量的同期效度测量

作者	标准	预测方法	效度（r）	估计标准误差毫升 /（千克·分）
Getchell, Kirkendall, & Robbins（1977）	最大摄氧量	1.5 英里（约 2.4 千米）跑	0.92	2.38
Kline et al.（1987）	最大摄氧量	1 英里（约 1.6 千米）走 性别 年龄 体重	0.88	5.00
Murray et al.（1993）	峰值摄氧量	20 分钟稳定状态跑 20 分钟稳定状态跑 性别 20 分钟稳定状态跑 性别 体重	0.68 0.73 0.79	5.32 4.96 4.45
Jurca et al.（2005）	最大心肺体能	性别 年龄 体重指数 静息心率 自己报告的体力活动	0.76 ～ 0.81	6.90 ～ 5.08
Wier et al.（2006）	最大摄氧量	性别 活动代码 年龄 体重指数	0.80	4.9

表 6.9 布兰德—奥特曼方法的案例

参与者	临床医师	自动测量仪器	差异	平均值
1	103	105	2	104
2	117	115	−2	116
3	116	120	4	118
4	123	125	2	124
5	127	125	−2	126
6	125	125	0	125
7	135	125	−10	130
8	126	130	4	128
9	133	135	2	134
10	145	145	0	145

我们通过用自动仪器测量值减去临床医生的测量值，计算出二者的差异。平均值代表了每位参与者在两次测量中测得的心脏收缩血压的平均值。为了表示两种测量之间一致性的标准误差，我们计算了二者差异的标准偏差。该例中，标准偏差等于 4.11。

下一步是绘制散点图，以 X 轴表示平均值，用 Y 轴来表示差异（图 6.3）。在该散点图中增加了 3 条水平参照线。

·第 1 条线表示两项测量值之间差异为零或没有差异。请注意表 6.3 的内容，有两位参与者的数值没有差异；这些点位于该线上，表明这两个测量值之间没有差异。

·第 2 条线略高于 +8 这个差值（0+2×4.11）。

·第 3 条线略低于 −8 这个差值（0−2×4.11）。

通过这些参照线来研究散点图，以此了解这些大误差是高于最高参照线或是低于最低参照线的各个点。然后研究这些误差在平均血压相关上下范围内的分布情况。你需要回答以下内容。

相对于零误差参照线来说，这些误差的分布是否始终处于上方、下方或上下相等？

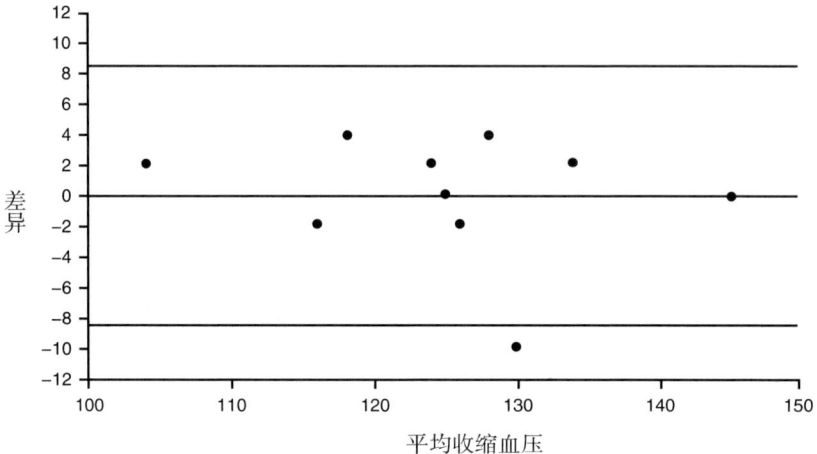

图6.3　收缩血压（临床医生测量和自动测量仪器测量）的布兰德—奥特曼散点图

测量与评价的案例思考

Kelly需要采取哪些步骤来选择和实施一项可靠且有效的场地测试，以此测量她要研究的年轻对象的有氧能力。对于这些步骤，你应该能够进行判断。首先，她必须判断她选择的这项测试是否可靠。即假设相关参与者的训练或运动水平实际没有改变，每次测试的结果是否一致？她必须注意测量标准误差。其次，她必须判断参与者在建议的场地测试中的表现和在实际跑步机测试中的表现之间的同期效度。她可以通过研究文献获取此类信息，或者她可能需要通过与一名研究人员合作来获取该项重要信息。她应该注意比较她测试的参与者类型与验证过程中使用的参与者类型。如果二者具有相似性，她应该可以放心场地测试的结果，并对参与者的有氧能力进行一个较为准确的估算。然而，场地测试却不能对参与者的有氧能力进行完全准确的测量。因此，她必须关注估计标准误差，从而可以通过代替测量（即场地测试）来估计实际的最大摄氧量。

·在血压测量范围内误差的大小是否保持一致？高血压值的误差是较大还是较小？低血压值的误差是较大还是较小？

布兰德和奥特曼（1986）强调的另一个需要考虑的事情是这些差异的临床相关性。举例来说，两次测量之间的差异（即不一致）是否很大，是否足以造成临床解释方面的问题？在我们的案例中，只有一位参与者的收缩血压误差低于最下方的参照线。因此，总体来说，这两个测量之间的临床解释是相似的。然而，你研究一下表6.10中的修改数据。该数据差异的标准偏差现在为 12.9，由于修改数据的差异幅度更大所以造成标准偏差大了很多。收缩血压 140 表明一个人患有高血压。这两种方法一致表明，只有 10 号参与者患有高血压。图 6.4 中的第二个布兰德—奥特曼散点图说明血压测量值越高误差越大。

表 6.10　修改后的收缩血压数据

参与者	临床医生	自动测量仪器	差异	平均值
1	103	105	2	104
2	117	115	−2	116
3	116	120	4	118
4	123	125	2	124
5	147	125	−22	136
6	125	125	0	125
7	151	125	−26	138
8	126	130	4	128
9	133	151	18	142
10	145	145	0	145

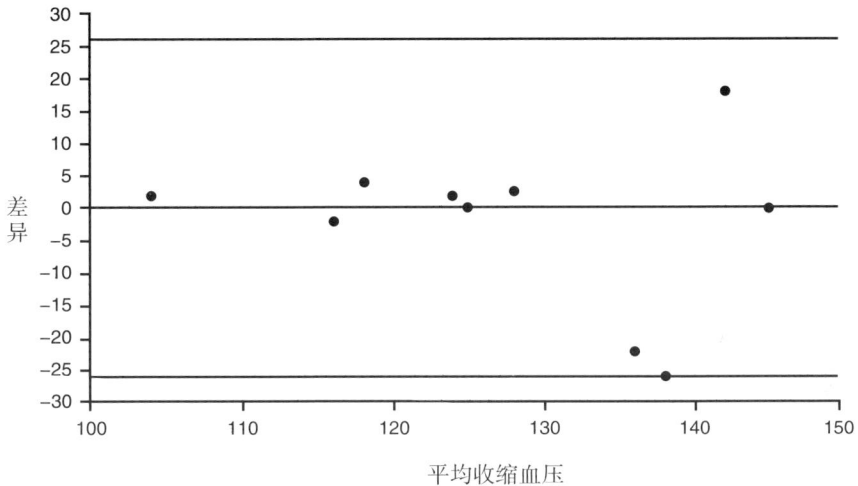

图 6.4　收缩血压布兰德—奥特曼散点图

小结

当我们在测试和评价人体表现的时候，不论该表现是涉及认知、情感还是精神性运动范畴，我们都会遇到信度、客观度和效度等最重要的问题。信度系数反映一致性，数值范围从 0（完全不可靠）到 1.00（完全可靠）。同样，客观度（评分者之间的信度）的数值范围从 0 到 1.00。测量标准误差（SEM）是一项信度统计数据，反映一个人的数值因为测量误差发生变化的程度。效度系数表示一项测量与某个标准之间的相关度。统计效度系数的范围从 –1.00 到 1.00。效度系数的绝对值具有重要意义。0 表明没有效度；1.00 表明与相关标准完全相关。估计标准误差（SEE）是一个效度统计数据，表明一个人的预测或估计数值偏离标准数值的程度。

最后，你应该认识到我们一般不能将信度和效度的计算结果进行推论。我们获取的信度或效度是针对特定的受测组、测试环境和测试程序的。你在使用获得的信度和效度结果推断另一个人群或环境之前，必须研究是否可以进行此类推断。

你已经熟悉了信度和效度测量的相关概念，因此你应该能够更好地评价人体表现测试中可能使用的相关工具。

第7章

标准参考的信度和效度

概要

学习目标

学完本章，你将能够掌握以下内容。

- 定义标准参考测试。
- 阐释制定标准参考标准的各种方法。
- 阐释标准参考测量的优缺点。
- 选择适宜的统计实验对标准参考测试进行分析。
- 阐释与标准参考测量相关的统计数据。
- 论述并阐释流行病学统计数据。
- 使用 SPSS 和 Excel 来计算标准参考的统计数据。

测量与评价的思考问题

    Christina 是一名运动防护师，她的工作重点是运动康复。最近，她所处理的腘绳肌拉伤的运动员越来越多。近期，运动康复界猜测这种损伤人员的增加可能与肌酸使用有关。Christina 想了解更多关于腘绳肌拉伤与肌酸使用二者关系的信息。然而，在之前接受的职业培训中，她学习的测量技术仅与常模参考测量相关。她很困惑，不知道如何处理这个问题。她想断定使用肌酸是否与腘绳肌拉伤发生率上升存在关联。Christina 决定去图书馆查阅相关文献，从而判断自己是否能够找到相关技术来研究该问题。

所 幸的是，在人体表现领域，很多变量可以通过持续的（定距或定比）尺度进行测量（参阅第 3 章）。一个人跑步的速度、跳远的距离以及计步器记录的步数都是常见的测量数据。有些变量可能无法依据该测量尺度进行测量，而是以排名、等级或通过 / 不通过，或者充分 / 不充分的形式进行报告的。我们可以依据总体的运动能力或具体的单项技能对运动员进行排名。其他变量，例如性别，我们只能对其进行分类测量；回顾一下第 3 章的内容就知道这些变量称为定类变量。有些变量，我们可以使用一个以上的方法对其进行测量。例如，我们通常使用比例尺度来测量身高，并以英尺、英寸或厘米为单位来报告其数值。然而，假设一位老师希望在篮球课上各队的身高相当，该老师可以将学生从高到矮排序，并根据球员的排名来分配队伍。同样，这位老师也可以根据身高将学生进行分组，让身高相似的球员比赛。

    还有一种分类方法是制定划界分数来进行强制分类。当我们主要的目标不是比较个人的表现而是希望了解是否达到某个（或最低）表现水平时，划界分数很重要。通过 / 不通过以及充分 / 不充分就是依据划界分数划分的两个类别。当我们以这种方式来测量各个变量时，常规的基本统计数据并不适用。例如，对于已经强制分类的数据，计算其平均值和标准偏差就不合适了。因此，我们必须使用适用于定类测量的具体技术（回顾第 5 章的内容）。标准参考测试适合这种情况。

    从技术上来说，学过的第 6 章与将要学习的第 7 章之间没有太大的不同。二者主要在用于描述表现的测量水平上有区别。第 6 章中，相关变量本质上是连续变量。第 7 章介绍的变量在本质上是定类变量。然而，除此之外，第 6 章介绍的信度和效度概念简单改变就能适用于第 7 章介绍的各个变量。我们将介绍标准参考的信度和效度。第 6 章的学习重点是每个人的具体数值。第 7 章的学习重点是每个人归属的类别。

    标准参考测试的目的在于得出各种测量数据，这些数据可以从具体的表现标准的角度进行直接解释。一般来说，我们通过界定每个参与者应该进行的任务所属的种类或领域来规定具体表现标准（Nitko，1984）。

@ 可观看视频 7.1。

    我们使用标准参考测试来进行分类决策有多种情况，例如通过或未通过，或者达标或未达标，或者将参与者分为掌握者或未掌握者。如果我们可以找到具体且定义明确的目标，那么标准参考测试可以对相关特定项目的信度和效度进行最佳测量。标准参考测试不局限于定类测量。通常，我们可以在标准参考测试方法中使用连续变量。例如，我们可以使用标准划界分数而不是用常模参考方法来评价俯卧撑或仰卧起坐的表现。围绕行为目标的编程指令——内容具体的目标，并且带有获取这些目标的说明曾经很适合使用这类测量方法。根据行为目标掌握工具，典型的例子就是涉及许可证的测试，例如驾照测试以及在人体表现领域中红十字会指定的心肺复苏、救生和游泳标准测试。通过这些例子，我们不难看出参与者必须获得一个最低的标准，然后才能宣布具备相关能力并发放许可证书。还有一个典型的例子，某消防部门使用身体能力测试作为筛选消防员的一个步骤。该部门选择 7 项身体表现测试，这些测试与工作相关，要求参加测试者具有平衡能力、协调能力、力量、耐力和较强的心肺功能。在这些测试中，我们参照划界分数制定一个标准——成为一名合格消防员在理论上应该具备的最低表现水平。达到该标准（或最低分数线）证明一个测试参与者在某些方面是合格的，通过测试或具备足够的能力。

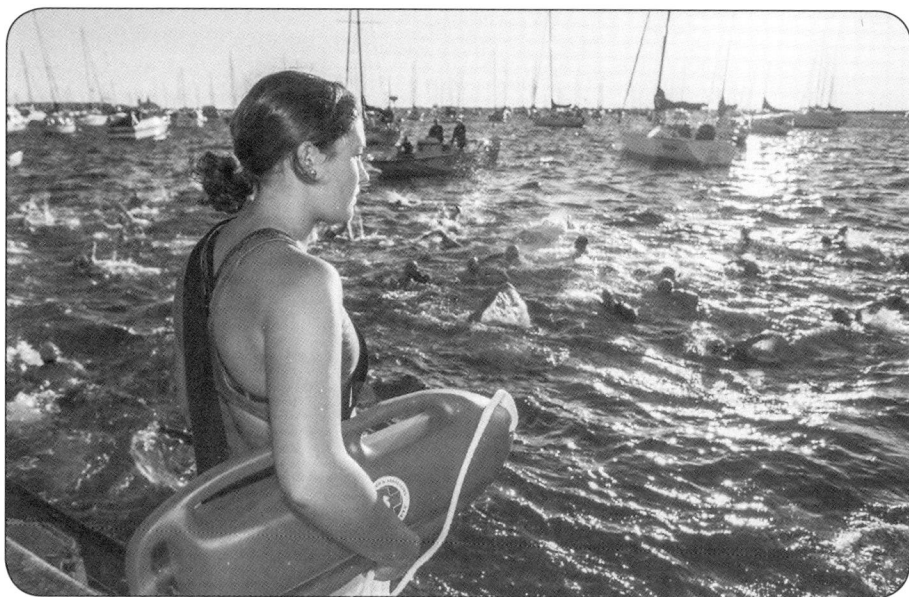

在救生员候选人成为救生员之前，她必须通过测试证明达到各种具体的表现标准。这些种类的测试称为标准参考测试。

制定标准参考测试的标准

我们使用 4 种基本的方法制定标准来测试人体表现（Safrit，Baumgartner，Jackson and Stammer，1980）。

·评判类的方法是基于专家们的经验或观点。它反映专家们凭借自己在人体表现的测试与评价领域中的学识和经验判断什么是合理的水平。例如，许多高中排球教练要求球员必须具备上手发球的能力才能参加校队。教练可能会设置一个划界分数，例如在球场上 10 次上手发球成功 8 次。

·规范性方法使用常模参考数据来设定标准，我们一般会选择一些理论上可以接受的标准。得克萨斯州达拉斯市库珀研究所的研究表明健康水平高于底层 20% 的人群健康风险较小，即根据年龄和性别排名的前 80% 的人出现健康问题的可能性较小。这个标准不仅是基于专家们的观点和研究，而且还有现成的标准。

·实证法依赖存在一个外部测量的标准特征。我们依据有关该外部特征的相关数据直接制定划界分数。这种方法是 4 种方法中主观性最低的方法。然而由于缺少一个可直接测量的外部标准，我们很少使用这种方法。例如，一名消防员必须翻越 5 英尺（约 1.5 米）的墙体才能完成自己的工作。这是一个具体的、基于实证的通过 / 不通过测试项目。这种方法还有一个典型的例子是 Cureton 和 Warren 针对心肺健康开展的工作，本章后面将对此进行介绍。我们似乎按照这种方式来制定美国青少年健康体能区的各项标准。

·综合法要求使用所有能够获得的资源：专家、前期的经验、实证数据和标准。通常，专家的观点和标准为人体表现领域的标准参考决策提供了基础。综合法可能是最佳的方法，因为它运用了多种方法来判断最合适的划界分数。

@　可观看视频 7.2 和视频 7.3。

制定标准参考测试方案

一般来说，标准参考测试一词的具体使用可以追溯到 Glaser 和 Klaus 在 1962 年发表的一篇文章。他们发明这个词的原因是他们认为常模参考测试本身存在一些限制；主要的不足是这类测试旨在对于一大批教学目标和理念具有内容效度。因此常模参考测试内容越具体，他们的适应性就越差。为此，常模参考测试不是非常适合评估具体目标。举例来说，如果我们使用常模参考的方法来判断谁可以拿到驾照，那么我们通过驾照测试的能力将取决于接受测试的一组人的能力，而不是我们驾驶汽车的绝对能力。常模参考测试的主要目标是建立一系列的行为以此区分不同等级的知识、能力或表现。如果必须达到某个表现水平，那么常模参考测试则不能以最有效的方式来提供相关信息。另一方面，标准参考测试通常测量的目标数量要远低于常规的常模参考测试，因此我们可以制定标准参考测试有关行为内容的具体数量的目标。例如，一个 10 岁的男孩应该做多少个仰卧起坐才算身体素质较好呢?

常模参考测试与标准参考测试之间的主要区别在于后者进行的是分类评价。第 6 章介绍了确定常模参考测试信度和效度的各种传统的统计方法。我们不能将这些方法用于标准参考测试。因此,我们必须选择具体的方法,对标准参考测量的信度和效度进行最佳估计。与标准参考测试相关的信度指数称为可靠性指数。通过该指数,我们不仅可以判断一致性比例(P)(指通过各种方法或试验对表现进行分类的一致性),而且还能判断进行相关决策的一致性。本章后面将介绍可靠性指数的具体案例。

Cureton 和 Warren(1990)对于标准参考测量的优缺点进行总结,内容如下。

优点

·标准参考测试的标准代表的是我们希望达到且与标准明显相关的具体表现水平。在人体表现中,该标准常常是某种健康结果。

·因为该标准是绝对的标准,它们不受达标人群比例的影响而独立存在。不论达标的普遍程度如何,该标准始终有效。例如,不论吸烟人群所占的百分比是多少,我们都希望减少吸烟人数。

·如果未达标,那么我们可以进行具体的诊断评价,从而帮助提高表现水平,实现目标。如果一个人没有达到每周进行 150 分钟中到高强度的体力活动这一标准,我们可以为其提供具体反馈建议。

·表现的程度不是重点,竞争的依据是达标与否,而不是提高他人的表现水平。例如,某人是否戒烟或每周中到高强度身体运动时间是否达到 150 分钟?

其他主要优点

·表现与具体的结果相关联。

·人们清楚地知道他们应该怎么做。

缺点

·划界分数总是涉及某些主观的判断。因为确切的标准不多,指导方针可能对表现标准的选择产生极大的影响。权威人士对具体的水准通常存在分歧,所以划界分数有时是人为确定的。

·分类错误可能产生严重的后果。假设一名医生依据标准来开药。对于病人的病情进行错误的分类,这可能造成严重后果。

·由于我们必须将划界分数设定在某个水平上,那些达到划界水平的人可能失去继续提高的动力。相反,那些始终不能达标的人可能心灰意冷并丧失兴趣。

美国青少年体适能健康测评系统(1987)和美国最佳体适能教育计划(AAHPERD,1988)都对 1 英里(约 1.6 千米)跑步 / 行走测验提出了标准。为了研究其中一些不足之处,Cureton 和 Warren(1990)也对 1 英里(约 1.6 千米)跑步 / 行走测验进行了研究。为了研究这些标准的效度,这些研究制定了一个外部标准。

我们将该标准定义为青少年需要的保持身体健康、减少疾病风险并具备日常生活所需的充足的功能性能力的最低水平的最大摄氧量。因为所有的经验数据没能说明该最低水平，制定这个最大摄氧量的标准主要依据有氧代谢能力与健康疾病 / 风险之间关系的间接证据。

　　实际上，Cureton 和 Warren 制定了与最大摄氧量的标准水平相对应的 1 英里（约 1.6 千米）跑步 / 行走的速度，并将这些速度转换成了跑步时间。这两位研究者分别依据美国青少年体适能健康测评系统标准和美国最佳体适能教育计划标准对 581 名年龄在 7 ～ 14 的男孩和女孩的数据进行了评价。表 7.1 显示了他们的评价结果。该表表明 581 人中美国青少年体适能健康测评系统标准对 496 人（85%）进行了正确的分类，美国最佳体适能教育计划标准仅对 357 人（61%）进行了正确的分类。美国青少年体适能健康测评系统标准对 15%（11%+4%）的人进行了错误的分类，美国最佳体适能教育计划标准对 39%（35%+4%）的人进行了错误的分类。这项分析凸显了正确设置划界分数的重要性。

表 7.1　比较美国青少年体适能健康测评系统和美国最佳体适能教育计划关于 1 英里跑步 / 行走时间的标准

美国青少年体适能健康测评系统		
跑步 / 行走测试结果	低于标准摄氧量	高于标准摄氧量
不达标	24（4%）	21（4%）
达标	61（11%）	472（81%）
美国最佳体适能教育计划		
跑步 / 行走测试结果	低于标准摄氧量	高于标准摄氧量
不达标	130（22%）	23（4%）
达标	201（35%）	227（39%）

　　标准参考的另一个例子是专业协会制定的胆固醇标准。美国心脏协会和美国国家心肺血液研究所制定了冠心病风险相关的血胆固醇的划界数值。划界数值如下。

· 低风险：<200 毫克 / 分升。

· 中等风险：≥ 200 毫克 / 分升且≤ 240 毫克 / 分升。

· 高风险：> 240 毫克 / 分升。

　　一名正在给一位患者提供冠心病的风险咨询的内科医生将会使用该患者的血液化验结果与上述标准进行对比。该医生可以提出如下建议。

· 不必担心（病人的血胆固醇 =180 毫克 / 分升）。

· 增加体力活动水平并进行低脂饮食（病人的血胆固醇 =215 毫克 / 分升）。

· 增加体力活动水平，进行低脂饮食并服用处方药物（病人的血胆固醇 =300 毫克 / 分升）。

　　《2008 年美国人体力活动指导方针》又为我们提供了一例标准参考测试。该指导方针呼吁所有的成年人为了健康每周应该进行 150 分钟的中到高强度的体力活动（MVPA）。高强度的活动在计量方面相当于中等强度活动的两倍，所以如果一个人进行了 75 分钟的高强度体力活动，这也达到该参照提出的目标（即 75 × 2 = 150 分钟）。

我们可以将中等强度和高强度的体力活动加在一起，高强度的活动时间相当于中等强度的两倍（例如，高强度活动 50 分钟 × 2 + 中等强度活动 50 分钟 =150 分钟中高强度活动）。重点是每周中到高强度的累计总时间达到 150 分钟。150 分钟是一个标准，如果某人没能达到这个目标，我们可以给他提供具体的建议和方法帮助他达到该建议提出的目标。另一方面，如果某人完成 150 分钟的活动，并将最低标准视为目标，那么从此可能完全不想再进行其他的体力活动。体力活动指导方针明确指出增加体力活动量可以获得额外的健康益处（基本上是剂量效应）。标准可以有助于实现一个好的目的（目标），但也有可能出现问题（造成人们不愿进行超过最低量的活动）。

标准参考测试的统计分析

不仅制定划界分数的程序至关重要，选择用于研究划界分数是否合适的统计测试也很重要。选择用于分析标准参考测试的统计测试的原则与选择常模参考测试使用的原则相同。要考虑的第一要素是相关变量的测量水平。对于标准参考测试，我们将数据分类成多个定类变量，因此，必须选择适合该测量水平的统计测试。你要记住，定类变量本质上是分类变量。对于依据连续尺度进行测量且使用标准参考工具进行评价的测试，首先我们必须将测试分数分成高于划界标准和低于划界标准两类。对于标准参考测试，主要的分析工具是（图 7.1）使用列联表指出哪些人的分数高于划界分数、哪些人的分数低于划界分数。图 7.1 显示了标准参考测试在两次测验的稳定性（可靠性）。两次测试中都被归为不达标或达标的人属于分类一致。一次测验达标另一次测验不达标的人属于分类不当。边际为列联表特定行（n_1+n_2 或 n_3+n_4）或列（n_1+n_3 或 n_2+n_4 ）的观察数值的总和（图 7.1）。

		第一天		
		不达标	达标	行边际
第二天	不达标	n_1	n_2	n_1+n_2
	达标	n_3	n_4	n_3+n_4
列边际		n_1+n_3	n_2+n_4	$n_{总}$

图 7.1　在两天中分别进行的一个标准参考测试的 2 × 2 列联表

在分析中我们要考虑的第二因素是具体的测量环境。测量环境与常模参考测试的相关环境相同。要确定标准参考测试的信度，我们首先必须判断我们关心的是测验的等值性还是稳定性。要测量效度，我们必须制定一个标准测量值。标准测量值反映我们正在研究的测验所处环境的真实状态。回顾一下本章开篇处介绍的 Christina 面临的问题。她想了解肌酸与肌肉拉伤之间的关系，这是一个效度研究。标准是相关人员是否出现肌肉拉伤，预测变量是此人是否服用肌酸。

用于标准参考测试的统计技术

我们使用多个统计方法来估计标准参考测试的信度和效度。本文介绍卡方（第 5章）、一致性比例（P）、Phi 系数（实际上是两个二分变量之间的皮尔逊积矩系数）和 Kappa（K）等技术。这些技术反映了相关性和一致性，可以用于依据定类尺度进行测量的数据。

如第 5 章介绍的那样，卡方测试的是两个定类变量之间的关系。从逻辑上来说，我们希望一个人在第一次和第二次的标准参考测试中的表现存在关联。这说明标准参考测试的稳定性信度。同样，对于一个人在受测特征方面的测量表现，我们希望实地测量结果与准确度更高的测量结果（即相关标准）之间存在关联。这说明标准参考测试的关联效度。回顾第 5 章的内容，我们知道这两项测试中的零假设都不存在关联（或关系），但是否定零假设就得出两个变量之间存在关联的结论。显然，我们希望一个人多次参加相同的标准参考测试从而获得分数之间存在的关系。

注意在这两次测量中相关变量的分数都是 0 或 1。我们可以计算两个二分变量之间的皮尔逊积矩相关系数（第 4 章）。我们将皮尔逊积矩相关系数的这个特例称为Phi 系数。Phi 系数的两个极限值分别是 -1.00 和 +1.00，绝对值越接近 1.00，表明相关性越大；绝对值接近 0 表明没有关联。

SPSS 在纵横列表常规操作中提供卡方和 Phi 系数作为统计数据的选项。本章后面将介绍如何进行此项操作。

一致性比例（P）是通过将各单元格分类一致的比例相加来确定的；因此 P 等于一致数量 "n_1+n_4" 除以 "$n_1+n_2+n_3+n_4$"。根据图 7.1，通过以下公式来估计 P 值。

$$P = \frac{(n_1 + n_4)}{(n_1 + n_2 + n_3 + n_4)} \qquad （公式 7.1）$$

P 值的范围是从 0 到 1.00，数值越高，数据分配至单元格的一致性（正确性）就越高。P 值存在的问题是 0 到 0.50 的数值都可能纯属偶然。

Kappa（K）值是一个广泛使用的工具，它考虑到了对偶然一致性进行检测。它与 Phi 系数密切相关，Phi 系数是依据定类数据计算出的皮尔逊积矩相关系数。K 最适合用于评价观察者之间的一致性，但是也可用于重测的各种情况，或者研究预测变量与定类测量标准之间的一致性。虽然一致性比例是对两个定类变量之间的一致性或关系的粗略估计，但是该统计数据的主要问题在于它没有考虑到有些一致性可能纯属偶然。K 考虑到了偶然一致性，因此对于两个定类变量之间的关系进行了更加保守的估计。K 值计算公式如下。

$$K = \frac{(P-P_c)}{(1-P_c)}$$
（公式 7.2）

其中 P 是观察一致性的比例，P_c 代表的是由于偶然出现的一致性比例。思考以下这个例子。四百名小学生两天内每天进行了 1 英里（约 1.6 千米）的跑步。他们的老师希望了解该测试在评估学生们达到美国青少年体适能健康测评系统中规定的划界分数的能力方面是否具有一致性。表 7.2 显示了这些数据。注意这是一个信度案例，因为不止一次地进行相同的测试。

表 7.2　标准参考测试重测信度案例

| 第一天 | 第二天 | | |
	不达标	达标	总计
不达标	80	20	100
达标	50	250	300
总计	130	270	400

x^2=137.13；df=1；P<0.001；Phi 系数 =0.586。

该例中，通过计算得出的 P 值如下。

（250 + 80）/ 400 = 330 / 400 = 0.825

K 值的计算纠正了偶然性。之前估计出 P 值（0.825），这里介绍如何判断并增加偶然因素的比例值（Pc）。

（130 × 100）/（400 × 400）= 0.081

（270 × 300）/（400 × 400）= 0.506

即将边际值相乘，并除以 n^2。这些属性之和为 0.587。因此，K =（0.825 − 0.587）/（1 − 0.587）= 0.238 / 0.413 = 0.576。该值远低于 P 值 0.825。因此，我们建议计算卡方、Phi 系数、一致性比例和 Kappa 值，从而全面了解相关关系的信息。

因此，对于一个 2 × 2 列联表，通过将该表对角的一致性数字相加并除以成对观察值数字以此判断观察一致性的比例（P）。判断偶然一致性的比例（Pc），可将各单元格的偶然性一致比例相加，这样就得到总的偶然一致性的比例。

然后，将一致性比例和偶然一致性比例代入 Kappa 公式中。K 值的理论范围是 −1.00 至 +1.00；然而，K 值为负数则表明偶然因素造成的一致性比例大于观察一致性的比例。为此，K 值的实际范围为 0.00 至 1.00。我们对 K 值的大小的解释与任何其他信度或效度系数完全相同，数值越高越好。然而，由于需要对偶然一致性进行调整，K 值很少超过 0.75。K 值等于或低于 0.20 表示一致性较低或较差。通常，我们认为处于 0.61 至 0.80 范围的数值较为显著，而 0.41 至 0.60 范围的数值则为一般

（Viera and Garrett，2005）。K 值是一个极为有用的统计数据，我们不仅可以使用 K 值来评价观察者之间的一致性，还能测量重测情况下的稳定性和等值性，以及测试的效度。

K 值存在一个严重缺陷，它对于小的列联表和边际的低值非常敏感，因为偶然值很高。它仅限于方形列联表。同时，SPSS 也能在交叉制表常规操作中提供 K 值作为一个统计数据的选项。

标准参考的信度

总体来说，标准参考测试与常模参考数据有着相同类型的信度和效度。我们可以估计等值信度和稳定性信度（第 6 章）。

等值信度

Mahar 等人（1997）研究了 1 英里（约 1.6 千米）跑步 / 行走测验和渐进式有氧心肺耐力跑（PACER）的标准参考和常模参考信度（上述两种测验都用于美国青少年体适能健康测评系统中）。该研究的样本包含 266 名四年级和五年级的学生，这些学生接受了两次渐进式有氧心肺耐力跑测试和一次 1 英里（约 1.6 千米）跑步 / 行走测试。同时，对于整个样本根据性别分别研究了 1 英里（约 1.6 千米）跑步 / 行走测试和每次渐进式有氧心肺耐力跑测试之间的等值信度。针对每种情况都计算了 P 值和 K 值。表 7.3 显示相关结果。

结果显示 K 值水平变化较大（0.30 ≤ K ≤ 0.65），与之相关的 P 值较高（0.65 ≤ P ≤ 0.83）。你不要忘记我们期望 K 值相对于 P 值更为保守。虽然相关的等值信度看似对于整个样本和男孩来说至少可以接受，但是女孩的相关数值则要低很多（P 值是 0.66 和 0.65，K 值是 0.33 和 0.30）。该结果不仅表明了标准参考测试的信度估计的本质，而且也说明了研究具体信度情况的重要性。

表 7.3　1 英里跑步 / 行走测试和渐进式有氧心肺耐力跑测试之间的标准参考等值信度

测试	总样本	男孩	女孩
测试 1			
P	0.76	0.83	0.66
K	0.51	0.65	0.33
测试 2			
P	0.71	0.76	0.65
K	0.43	0.52	0.30

备注：测试 1，男孩 n=126，女孩 n=95，即总数（包含男孩和女孩）N=221；测试 2，男孩 n=122，女孩 n=91，即总数（包含男孩和女孩）N=213。

稳定性信度

Rikli 等人（1992）研究了幼儿园到四年级学生的长跑测试的信度。他们使用常模参考（种类内部的信度）和标准参考两种技术计算了重测信度。他们分别在秋季和第二年的春季收集了学生们参加 1 英里（约 1.6 千米）和半英里（约 0.8 千米）的跑步 / 行走测试的数据（参加秋季测试的学生数为 1229 人，621 名男孩和 608 名女孩；参加春季测试的学生为 1050，543 名男孩和 507 名女孩）。以美国最佳体适能教育计划和美国青少年体适能健康测评系统的划界分数为参考，计算了这些数据的 P 值。表 7.4 显示了相关计算结果。

表 7.4　标准参考信度估计

		年龄								
		5		6		7		8		9	
		F	S	F	S	F	S	F	S	F	S
美国最佳体适能教育计划										
1/2 英里（约 0.8 千米）	M	0.79	0.86	0.98	0.95	0.92	0.86	0.97	0.83	0.89	0.90
	F	0.88	0.74	0.98	0.90	0.89	0.91	0.96	0.91	0.92	0.75
1 英里（约 1.6 千米）	M	0.70	0.70	0.94	0.89	0.95	0.92	0.90	0.94	0.95	0.93
	F	0.75	0.88	0.88	0.73	0.81	0.87	0.95	0.94	0.92	0.90
美国青少年体适能健康测评系统										
1 英里（约 1.6 千米）	M	0.75	0.70	0.76	0.66	0.85	0.77	0.91	0.85	0.86	0.83
	F	0.69	0.51	0.71	0.45	0.81	0.85	0.90	0.84	0.83	0.94

源 自: "Criterion–referenced equivalence reliability between the 1–mile run," R.E. Rikli, C. Petray, and T.A. Baumgartner, *Research Quarterly for Exercise and Sport,* Vol. 63. 270–276, 1992 Taylor & Francis, reprinted by permission of Taylor & Francis.

该结果显示除了 5 岁女孩组（秋季 P=0.69，春季 P=0.51）和春季的 6 岁男孩组（P=0.66）和 6 岁女孩组（P=0.45）之外，所有的信度估计数值都在可以接受的范围之内（P ≥ 0.70）。这些标准参考数值始终高于相关的常模参考数值。这是可以理解的，因为 P 值没有避免偶然因素造成的影响。Rikli 等人（1992）对此也进行了如下解释："美国最佳体适能教育计划的数值较高并不奇怪，因为当测试和重测中都达标或都不达标分数的百分比较大时 P 值往往更大"。

Morrow 等人（2010）对多位在校老师的测评工作使用刚刚介绍的标准参考信度程序进行了研究，以此判断相同的老师重复使用美国青少年体适能健康测评系统测试，对于学生们是否满足美国青少年体适能健康测评系统规定的健康要求得出一致的结果。我们使用美国青少年体适能健康测评系统中有氧体适能、体成分和肌肉强化项目得出一致性百分比介于 0.74 和 0.97（中位数为 0.84）；修改的 K 值介于 0.48 和 0.94（中位数为 0.68）；以及 Phi 系数值介于 0.40 和 0.92（中位数为 0.65）。所有的卡方结果都有显著差异（P < 0.001）。总体来说，这些结果都表明教师在使用美国青少年体适能健康测评系统时具有较高信度。

标准参考的效度

我们通常对于某个类型的标准相关的情况计算同期效度或预测效度。我们可以通过研究不同的组在某个连续尺度中重叠的部分来说明结构效度。

标准关联的效度

我们可以从 Cureton 和 Warren（1990）的研究中看到一例标准关联的效度的计算方法，本例中涉及的是同期效度。Cureton 和 Warren 当时研究的是 1 英里（约 1.6 千米）跑步 / 行走测试的标标准。他们使用了美国青少年体适能健康测评系统（1987）和美国最佳体适能教育计划（AAHPERD，1988）的测试。这两种测试都提供了标准。表 7.1 提供了相关数据。

表 7.5 显示了两个标准参考测试案例的结果。这些结果说明在解释标准参考测试结果方面存在一些问题。两个测试的卡方结果都很显著，美国最佳体适能教育计划测试的 Phi 系数值更高，而美国青少年体适能健康测评系统分析的一致性比例和卡帕 K 值则较高。

表 7.5　比较两个标准参考测试信度

	美国青少年体适能健康测评系统	美国最佳体适能教育计划
卡方结果	$\chi^2 = 55.35$，$df = 1$，$p < 0.001$	$\chi^2 = 66.41$，$df = 1$，$p < 0.001$
Phi 系数	0.309	0.338
一致性比例（P）	0.85	0.61
K 值	0.288	0.277

再看看表 7.1，该表显示参加美国青少年体适能健康测评系统测试的 85% 的参与者都得到了正确分类。11% 的参与者在跑步 / 行走测试中达标，但是最大摄氧量却低于标准。这类结果属于假负。即虽然某个参与者通过了实地测试（例如跑步 / 行走测试），但是实际上（即依据标准）该参与者未能达标。你还要注意 4%（n=21）的参与者在实地测试中未能达标，但是他们的最大摄氧量超过了相关标准。这些参与者被称为假正，因为实地测试的结果显示他们没有达标，但是实际上他们依据标准的表现值已经高出标准。你可以将表 7.1 中显示的美国青少年体适能健康测评系统和美国最佳体适能教育计划的假正和假负结果进行对比。决定使用哪个实地测试，对假正和假负可能产生重要的影响。为了帮助你区分假正和假负，我们思考一下测量胆固醇的实地测试，其中涉及简单的手指穿刺采血。估计胆固醇的标准方法是抽静脉血液。手指穿刺（即实地测试）的结果可能准确或者不准确（我们对于参与者的胆固醇水平健康与否做出了正确的判断）。如果实地测试报告显示胆固醇水平是健康的，而实际上并非如此，那么这样的结果就是假负。如果实地测试的结果显示胆固醇水平太高，而实际上处于健康范围之内，这样的结果就是假正。

结构相关的效度

制定划界分数是一件难事。我们可以使用不同组的方法来计算结构效度。如图 7.2 所示，这种方法要求找到其他明显不同的两组。要使用这个技术来确定划界分数，我们可以绘制这两个不同组的数值分布图。我们使用两条曲线中数值重叠的点作为标准划界分数。Plowman（1992）对这种方法进行了详细解释。这种方法的理论应用要求选择两组成人（或儿童）。一组体力活动量大，足以获得健康效果，而另一组体力活动量小，不足以获得健康效果。我们分别收集两组的体力活动量的相关数据并绘制数据图，这样将有助于制定获取健康益处所需的最低体力活动量的划界分数。

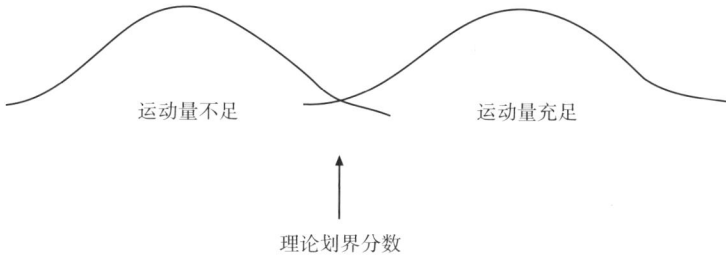

运动量不足　　　　　　　　运动量充足

理论划界分数

图 7.2　不同组的方法的理论案例

Tarter 等人（2009）使用名为 ROC 的结构相关的标准参考测试法介绍了一个结构效度的例子。研究者们当时研究使用名为综合体能指数（CPFI）的总表现测量来预测参加美国国家冰球联盟（NHL）比赛的潜力。他们将参加 NHL 比赛定为球员入选后 4 年内至少参加 5 场比赛。ROC 技术将达标者和不达标者之间的判别数量最大化。研究发现防守球员将划界分数设定为综合体能指数的 80 百分位，得到的成功概率为 70%，而前锋球员将标准设定为 80 百分位得到的 NHL 成功概率仅为 50%。如果我们将划界分数调整为综合体能指数的 90 百分位，那么防守球员和前锋的成功概率则分别提高至 72% 和 61%。这项研究也表明了正确制定划界分数的重要性。

Morrow 等人（2011）在《美国预防医学杂志》（*American Journal of Preventive Medicine*）的增刊中提供了 11 份原稿，其中使用相似的 ROC 程序来判断美国青少年体适能健康测评系统有氧能力和体成分测量的标准参考标准。他们通过有效使用上述程序的方法依据相关青少年是否患有代谢综合征来制定美国青少年体适能健康测评系统健康体能区的划界分数。因此代谢综合征充当了标准；他们对有氧能力和体成分制定了划界分数，从而区分是否患有代谢综合征。该例也是标准参考效度的研究。

标准参考的测试案例

使用和解释标准参考测试信度和效度程序背后的逻辑与第 6 章介绍的常模参考测量相似。如果我们对相同测量进行两次实验，那么我们评价的是稳定性信度。对于标准参考测试，这就是分类的信度或可靠性。如果我们认为进行对比的两次测试的测量内容是相同的，那么我们评价的就是等值性。对于标准参考测试，等值性指的是两次测试是否对受测参与者进行了相同的分类。标准参考测试与内部一致性信度（即阿尔法信度）不具可比性。如果其中一个测量值是标准，那么接受调查的内容就是效度。我们在本章多次指出，对于标准参考测试中确定标准是最难的内容。然而，如果分析的目的是判断测量与某个标准之间是否存在显著相关，那么效度就是调查的内容。

　　以下案例说明使用标准参考测试评价信度和效度的各种技术的具体应用。你尝试为下列要点内容计算 P 值和 K 值。

要点内容 7.1

　　假设我们设计了两个标准参考体能测试来制定仰卧起坐身体表现的划界分数。第一个测试，参与者双手置于胸前进行仰卧起坐。第二个测试，他们双手置于头后进行仰卧起坐。这两个测试等值吗？抽样参与者们接受了第一和第二个测试，我们制作了 2×2 列联表来判断这两个测试在分类方面是否等值。表 7.6 显示了相关数据。使用以下步骤来获取卡方、Phi 系数和 K 值。SPSS 不能计算 P 值，所以你必须利用获得的输出信息手动计算。

1. 录入 7.6 的数据。
2. 启动 SPSS。
3. 点击"分析"（Analyze）按钮。
4. 向下移动光标至"描述统计"（Descriptive Statistics），再横向移动至"交叉制表"（Crosstabs）并点击。
5. 通过点击箭头键将"双手置于胸前仰卧起坐"输入行中并把"抱头仰卧起坐"输入列中。
6. 点击"统计数据"（Statistics）。
7. 查看卡方、Phi 系数和 K 值方框。
8. 点击"继续"（Continue）。
9. 点击"确认"（OK）。

表 7.6　等值信度案例

参与者	双手置于胸前仰卧起坐	抱头仰卧起坐	参与者	双手置于胸前仰卧起坐	抱头仰卧起坐
1	1	1	21	0	0
2	1	1	22	0	0
3	1	1	23	0	0
4	1	1	24	0	0
5	1	1	25	0	0
6	1	1	26	0	0
7	1	1	27	0	0

续表

参与者	双手置于胸前仰卧起坐	抱头仰卧起坐	参与者	双手置于胸前仰卧起坐	抱头仰卧起坐
8	1	1	28	0	0
9	1	1	29	0	0
10	1	1	30	0	0
11	1	1	31	0	0
12	1	1	32	0	0
13	1	1	33	0	0
14	1	0	34	0	0
15	1	0	35	0	1
16	1	0	36	0	1
17	1	0	37	0	1
18	1	0	38	0	1
19	1	0	39	0	1
20	1	0	40	0	1

注意：0= 不达标，1= 达标。

要点内容 7.2

　　人体表现方面的专家们使用重测信度判断标准参考测试信度的频率高于等值信度，前者指的是某个测试在连续多次实施中的稳定性。假设，我们选择一项测试，并在周五对学生们进行了测试（第一天），然后对同一组学生在第二周的周一又进行了一次测试（第二天）。我们关心的内容是这两个测试之间在分类方面的一致性。表 7.7 显示了相关数据。使用前面的要点内容介绍的 SPSS 指令来计算统计数据。

表 7.7　稳定性信度的案例

参与者	双手置于胸前仰卧起坐	抱头仰卧起坐	参与者	双手置于胸前仰卧起坐	抱头仰卧起坐
1	1	1	21	0	0
2	1	1	22	0	0
3	1	1	23	0	0
4	1	1	24	0	0
5	1	1	25	0	0
6	1	0	26	0	0
7	1	0	27	0	0
8	1	0	28	0	0
9	1	0	29	0	0
10	1	0	30	0	0
11	1	1	31	0	1
12	1	1	32	0	1
13	1	1	33	0	0
14	1	1	34	0	0
15	1	1	35	0	0

续表

参与者	双手置于胸前仰卧起坐	抱头仰卧起坐	参与者	双手置于胸前仰卧起坐	抱头仰卧起坐
16	1	1	36	0	0
17	1	1	37	0	0
18	1	1	38	0	1
19	1	0	39	0	1
20	1	0	40	0	1

注意: 0= 不达标，1= 达标。

要点内容 7.3

从效度的角度来看（不论是预测效度、同期效度或结构效度），使用相关的 2 × 2 列联表都是合适的。例如，假设我们制定了一个体成分的标准，并且我们认为人们如果达到了美国青少年体适能健康测评系统对体成分规定的健康体能区标准，那么他们患代谢综合征的可能性较小。相反，如果他们处于有待改进区，那么他们患代谢综合征的可能性较大。因此，我们希望判断美国青少年体适能健康测评系统体成分划界分数是否能够正确区分代谢综合征的有无。表 7.8 显示了相关数据。使用与要点内容 7.1 中相同的 SPSS 指令，并解释体成分的划界分数的效度，以此预测代谢综合征。提示：将有待提高区放入行中，并将代谢综合征放入列中。注意这些数据只是以说明问题为目的。

表 7.8 统计效度案例

参与者	代谢综合征	有待改进区	参与者	代谢综合征	有待改进区
1	0	1	31	1	1
2	0	1	32	1	1
3	0	1	33	1	1
4	0	1	34	1	1
5	0	1	35	1	1
6	0	1	36	1	1
7	0	1	37	1	1
8	0	1	38	0	0
9	0	1	39	0	0
10	1	0	40	0	0
11	1	0	41	0	0
12	1	0	42	0	0
13	1	0	43	0	0
14	1	0	44	0	0
15	1	0	45	0	0
16	1	0	46	0	0
17	1	0	47	0	0
18	1	0	48	0	0

续表

参与者	代谢综合征	有待改进区	参与者	代谢综合征	有待改进区
19	1	0	49	0	0
20	1	0	50	0	0
21	1	1	51	0	0
22	1	1	52	0	0
23	1	1	53	0	0
24	1	1	54	0	0
25	1	1	55	0	0
26	1	1	56	0	0
27	1	1	57	0	0
28	1	1	58	0	0
29	1	1	59	0	0
30	1	1	60	0	0

注意：对于代谢综合征，0= 是、1= 否；对于有待改进区，0= 是、1= 否（处于健康体适能区）。

标准在流行病学的应用

流行病学研究作为一个工具在人体表现测量方面越来越受到青睐。它与标准参考测试存在密切的关系，因为相关变量在本质上都是定类变量，同时所用的统计数据有些是通过 2 ×2 列联表计算得来的。标准测量是分类测量，例如患病或没有患病。预测变量可以是定类变量（例如体力活动量充足或体力活动量不足）或连续变量（例如体重）。正是当预测变量和标准变量都是定类变量时，流行病学的统计数据才最像标准参考测试的统计数据（我们甚至可以通过 SPSS 交叉制表或 Excel 来计算这些数据）。

流行病学研究的是健康相关的状态和事件在各人群中的分布和相关的决定因素，并应用这种研究来控制健康问题（Last，1992）。流行病学是公共健康的基础科学，它使用假说测验、统计学和各种研究方法来理解死亡和病态（疾病或伤痛）的发生率和分布，更重要的是，了解造成死亡和病态的各种风险因素（Stone et al.，1996）。对于我们研究的领域来说，现代流行病学的研究已经明确发现各种慢性疾病的风险增加与缺乏体力活动的生活方式有关（Ainsworth and Matthews，2001；Caspersen，1989；USDHHS，1996，2008）。

描述性流行病学旨在依据时间、地点和人群来描述死亡与病态的发生率及分布情况。例如，20 世纪 90 年代美国成年女性中乳腺癌的发病率是多少？流行病学可能帮助我们找到造成病态和死亡的风险因素。分析流行病学研究的是死亡与病态的原因和预防办法。例如，肥胖是否增加女性患乳腺癌的风险？对于肥胖的妇女，体重降至健康范围是否能够降低患乳腺癌的风险？

流行病学兼用预期性的研究方法和回顾研究方法，前者追踪研究对象至未来，后者回顾之前收集的数据信息。流行病学家们使用各种研究设计，表 7.9 介绍了其中的一些研究设计。

表 7.9　流行病学中的研究设计

类型	描述
实验	
随机临床试验	随机分配参与者接受各种治疗或接触某些东西
社区试验	随机分配整个社区接受各种治疗或接触某些东西
观察	
系列案例	记录案例发生的特定时间和地点
横向研究	观察可辨认组在某个时间点的总体情况
比例死亡或病态研究	将研究组的结果与总体进行比较
病例对照	将已知的死亡和病态案例与相匹配的非案例进行对比
群组	纵观；一般长期追踪各人群

流行病学要求使用高级统计学和复杂的多变量模型来理解风险因素与死亡、病态之间的关系，同时还要控制混淆因素或无关变量。然而，它的逻辑却与第 5 章介绍的内容相似，并且对于零假说进行决策。即使统计数据可能存在不同，但是相关的逻辑却是完全相同的。我们使用逻辑回归等复杂的统计模型来测试疾病状态与其预测变量之间的关系。这些种类的分析超越了本书的范畴，现在我们不必知道。但是我们的确必须了解一些基本的程序和统计概念从而认识标准是如何在流行病学中发挥作用的。另外两个基本统计内容是计算发病率和患病率。

・发病率。新的死亡和病态案例的数量、比例、比率或百分比。我们可以在随机的临床试验或前瞻性纵向群组研究中计算发病率。

・患病率。总的死亡和病例的数量、比例、比率或百分比。我们在横断研究中计算患病率。

我们通常以比率的形式来表达发病率和患病率的数值，即总体中每单位的案例数量。例如总体中每 1000 人 10 例或总体中每 100 000 人中死亡 100 人。使用比率来表达发病率和患病率的意义在于我们可以对于两个大小不等的总体进行对比。例如，得克萨斯州达拉斯市的死亡率可以与纽约市的死亡率进行比较。

在分析流行病学中，我们将发病率和患病率的测量值转换为风险估计。

・绝对危险度。受到或没受到某个风险因素影响的人群中死亡或病态的风险（比例、百分比、比率）。

・相对危险度。暴露人群或非暴露人群之间的风险比例。发病率测量中计算这个统计数据。

・让步比。在患病研究中对于相对风险的一个估计。

・归因危险度。与某个危险因素直接相关的死亡和病态危险。我们可以这样理解归因危险度，即危险度降低与消除某个危险因素相关联。

让我们将标准与流行病学中的一例简单分析结合起来。美国心脏协会和美国国家心肺血液研究所将 240 毫克 / 分升及以上的值定义为高胆固醇。因此对于总胆固醇的标准就是 240 毫克 / 分升。让我们来研究一项关于胆固醇与心脏病致死率之间关系的流行病学理论研究的结果。请研究一下表 7.10，它是一个 2 × 2 的列联表。为了方便起见，我们将每个单元格分别用 A、B、C 和 D 来指代。这将大大简化所有描述性和分析性的计算。我们还要依据发病率和患病率进行分析。在该项研究中，56 名参与者患有高胆固醇，另外 44 名参与者的胆固醇水平低于标准，我们对这两组参与者进行比较。所有参与者都有早期冠心病的基因史。注意在本例中两个变量都是分类变量。

表 7.10　胆固醇和心脏病致死率之间关系的假设研究结果

暴露情况	结果	
	心脏病致死	无心脏病致死
高胆固醇	A 25	B 31
无高胆固醇	C 7	D 37

如果我们研究图 7.3 中显示的结果，就能发现以下内容。

·我们可以使用简单易学的公式进行所有的计算。这些公式使用 A、B、C 和 D 单元格标识符。

·所有参与者的心脏病致死的绝对危险度为 32%，高胆固醇的参与者的绝对危险度为 45%，无高胆固醇的参与者的绝对危险度为 16%。

·如果参与者胆固醇水平较高，相对危险度 2.81 则表明高胆固醇将心脏病致死危险提高了 2.81 倍。

·如果参与者胆固醇水平较高，让步比表明心脏病致死的概率增加 4.26 倍。

·归因危险度表明高胆固醇带来 64% 的心脏病致死概率。因此，如果该人群没有高胆固醇现象，心脏病致死情况可能降低 64%。

$$Total = \frac{A+C}{A+B+C+D} = \frac{25+7}{25+31+7+37} = \frac{32}{100} = 0.32 \text{ 或 } 32\%$$

$$High = \frac{A}{A+B} = \frac{25}{25+31} = \frac{25}{56} = 0.45 \text{ 或 } 45\%$$

$$Not\ high = \frac{C}{C+D} = \frac{7}{7+37} = \frac{7}{44} = 0.16 \text{ 或 } 16\%$$

绝对危险度

$$RR = \frac{A \div (A+B)}{C \div (C+D)} = \frac{0.45}{0.16} = 2.81$$

相对危险度

$$OR = \frac{AD}{BC} = \frac{25 \times 37}{7 \times 31} = \frac{925}{217} = 4.26$$

让步比

$$AR = \frac{[A \div (A+B)] - [C \div (C+D)]}{A \div (A+B)} = \frac{0.45 - 0.16}{0.45} = 0.64 \text{ 或 } 64\%$$

归因危险度

图 7.3　对表 7.10 中的流行病学数据的统计分析

表 7.10 和图 7.3 中使用的案例旨在简单说明一些流行病学中的基本概念和分析。然而，使用流行病学方法进行的多项研究表明体力活动和体能水平与慢性病导致的各种死亡和病态的结果之间存在密切关系。第 9 章将更加详细探讨其中一些具体的发现。

要点内容 7.4

1. 录入表 7.10 的数据。
2. 确认我们可以通过使用交叉列表的常规操作来计算让步比和相对危险度。
3. 操作方法如下，依次点击"分析"（Analyze）、"描述统计"（Descriptive Statistics）、"交叉制表"（Crosstabs）并分别将"胆固醇"和"心脏病"放入行与列中。
4. 然后选择"统计数据"（Statistics）并点击"危险"（Risk）。
5. 当我们回顾 SPSS 结果时，我们应该看到 SPSS 的输出内容显示了让步比和相对危险度的数值。

注意在表 7.10 中第一行列出了我们认为的负面暴露情况，之后列出了正面暴露情况。同样，对于结果，第一行列出了我们认为的负结果，之后列出了正结果。我们建议你以这种方式构建列联表。虽然你可以对于两个变量或其中之一重新排序，并得出相似的结论，但是总体来说我们建议的排列方法可以让你的解释更便于理解。

要点内容 7.5

表 7.11 是一个 2×2 列联表，其中显示了 Bungum 等人（2000）进行的一项研究结果。这项研究的内容是孕期体力活动分别与剖腹产风险和顺产之间关系的对比。你可以使用这些数据进行图 7.3 介绍的相关分析。

表 7.11　孕期体力活动与生育类型之间关系研究的结果

暴露情况	结果	
	剖腹产	顺产
缺乏运动	A 26	B 67
积极运动	C 7	D 37

要点内容 7.6

现在让我们将这些流行病学统计数据应用于表 7.8 的数据中。你要记住我们希望对于负暴露和正暴露以及负结果和正结果按照之前介绍的方法制作列联表。对于相关数据使用 SPSS 交叉制表功能。点击"统计数据"（Statistics）并勾选"危险"

（Risk）方框。确认如果一个人处于有待提升区域，那么此人患代谢综合征的风险会增加 294.9%（注意让步比 =3.949）。

数据集应用

假设某个大数据集包括有关学龄儿童的数据，这些儿童接受了两次美国青少年体适能健康测评系统测试，目的是分析与体成分相关的风险。美国青少年体适能健康测评系统允许我们通过体重指数和皮褶厚度（用于判断脂肪百分比）来判断健康体适能区。从理论上来说，这两个测试不论使用哪个测试，结果都不会有任何区别。每一个测试都能判断出一个人是否超重或存在健康危险。这是一个等值信度案例。测试的结果是否不受所选测试种类的影响而等值？使用 SPSS 来计算卡方、Phi 系数和 K 值等数值。你将需要通过使用 SPSS 创建的 2×2 列联表来计算一致性比例。你对于这两个测试的结果如何解释？二者是否等值？如果我们分别对男孩和女孩进行相关分析，结果是否相似？

测量与评价的思考题

当 Christina 来到图书馆时，她阅读了本书，发现她需要选择标准参考测量工具来评价腘绳肌拉伤与服用肌酸之间的关系。她决定询问接受她治疗的运动员们两个简单的问题。

1. 在过去的 12 个月中，你是否经历过腘绳肌拉伤？
2. 在过去的 12 个月中，你是否服用肌酸？

答案为是或否。标准测量是腘绳肌拉伸，预测变量为服用肌酸。注意这两个变量都是定类变量（答案分为两类：是或否）。

通过阅读，Christina 认为她可以通过研究一致性比例（P）和 K 值来研究服用肌酸对预测腘绳肌拉伤的效度。她会问她的所有病人两个问题（而不仅仅是那些腘绳肌受伤的病人）并创建一个 2×2 的列联表。她将使用每一个统计数据和流行病学统计数据来调查服用肌酸对于腘绳肌拉伤造成的风险。她希望通过这项研究能够获得一些信息，从而帮助她为运动员提供服用肌酸方面的咨询。

小结

人体表现领域中几个具体的测量环境非常适合使用标准参考测量，而且，对于标准参考测试我们必须使用一些针对性的统计技术。人体表现方面的标准参考测试存在的主要问题是确立一个标准或划界分数。因为人体表现方面的测量问题很少有与之相关的具体标准分数，因此我们必须依据专家的观点或常模数据。划界分数可能是武断的，因此影响经验效度。制定这些分数也可能影响测试的信度和统计效度。因此，我们必须非常谨慎地设定标准分数。

在青少年体适能测试方面，测试开发者（例如美国青少年体适能健康测评系统）已经设定了标准参考。在人体表现的其他领域，例如体育技能测试，一般都没有设定这样的标准。在流行病学的研究和实践中，制定出的许多划界分数与健康危险有着直接关系。你可以参阅 Morrow 等人（2013）的研究，他们简要介绍了标准参考测量在美国青少年体适能健康测评系统中的使用。

标准参考测量可以为我们提供一个研究人体表现领域测量的有用工具。当我们对相关变量进行分类，且参与者必须达到一个明显的水平才能进入下一个水平时（例如，一个人首先必须掌握漂浮和踩水的技巧才能进入游泳池的深水区），标准参考测试就是首选方法。

用于分析标准参考测试信度和效度的统计方法一般包括卡方、Phi 系数、一致性比例（P）和 K 值，其中 K 值调整了因偶然因素造成的一致性比例。

最后，本章还介绍了流行病学与标准参考测试程序是如何密切相关的。流行病学为分辨各种疾病的风险因素提供了有效方法。

第四部分

人体表现的应用

本书的第四部分是关于毕业之后将要做的事情。有些人将在学校从事教学，有些人从事竞技体育，还有些人从事各种各样的与健康相关的职业和人体表现方面的工作，例如物理治疗、健康俱乐部、公司健身和健康项目及医院等。你遇到的各种具体的测量与评价任务将因工作的不同而发生变化。然而，不论你从事何种职业，有关信度和效度问题的知识都将对你大有帮助。

第四部分开始，我们首先简要描述本书后面全部内容的各个范畴。这些范畴反映了你毕业后将会评价的认知、精神性运动和情感范畴的内容。每个范畴都通过一个分类法（回顾第1章的内容）来反映。该分类中的每一个等级都是建立于下面各个等级之上的。例如，在认知范畴，我们首先必须掌握知识然后才能展示所理解的。

同样，我们不能指望年龄较小的孩子参加一项较难（或较高一级）的任务取得好成绩，而我们期望所有大学生运动员在进行简单的运动任务时取得高分。我们进行的测量任务必须反映测量对象应该具备的适当的知识或表现水平。因此，我们必须认真考虑每个范畴的测量计划。测量中一个重要的概念是能够设计和使用测量方案来区分实际处于不同成绩水平的人。

在本书的第一部分中，我们介绍了测试和测量以及使用计算机来帮助你进行评价决策。在第二部分中，你学习了一些基本统计学概念，包括描述统计（第3章）、相关和预测（第4章）和推论统计（第5章）。这两个部分为你提供了相关的背景知识以及进行可靠和有效决策所必需的工具。在第三部分中，你学习了信度和效度理论。你使用了从第一部分和第二部分学到的基础知识来进行这些决策。

现在，你已经掌握了进行有效决策所需的背景知识、理论、工具和信息。在第四部分中，我们转而介绍进行这些决策所涉及的各个范畴。第8章将探讨认知范畴，介绍制定有效书面测试和调查的相关信息。第9、第10和第11

第四部分

章，将探讨精神性运动范畴，介绍了体适能的有效评价和体力活动评价。有关体适能和体力活动与疾病预防之间关系的医学和科学文献几乎每天都在增加。因此，运动科学专家们必须充分理解信度和效度的问题，因为它们与人体表现测量密切相关。第9章将探讨测量中的信度和效度，以及成年人的体适能和体力活动的评价，而第10章将介绍青少年体适能和体力活动的测量与评价。第11章将介绍多种技术对体育和人体表现方面进行可靠而有效的能力测量以及技能评价。第12章将探讨情感范畴，为你在进行体育和运动心理方面的心理测量时进行有效决策提供了指导方针。最后两章具体针对那些有志从事学校体育教学的人。第13章将介绍实现有效评价学生并报告成绩的决策方法。第14章将介绍其他测试策略的案例，提供了一些其他的方法来评价学生的成绩。

第 8 章

研发书面试题和调查

概要

学习目标

学完本章，你将能够掌握以下内容。

- 规划高质量的书面测试。
- 制定高质量的书面测试。
- 对于书面测试进行有效评分。
- 正确实施书面测试。
- 分析书面测试。
- 理解问卷策划和制定以及提高问卷回复等相关的问题。

测量与评价的案例思考

Kate 是一名教育学研究人员，她正在对于使用计算机教授基本统计概念的效果进行一项试验。她将学习基本统计课程的学生随机分为三组。第一组学生将接受传统课堂授课方法的教学。第二组将使用新开发的多媒体方法，全部通过在线的方式接受课程教学和各种练习活动，该组学生将不参加常规的课堂授课。第三组将通过混合方式来完成本课程的学习：他们参加一部分常规课堂教学，但是使用在线课程材料和练习活动，以此替另一部分课堂教学。该组学生 50% 的课程学习通过传统教学方法，还有 50% 是通过在线教学和练习来完成的。要测量每组学生学习基本统计概念的效果如何，Kate 必须思考哪些决策，以及遵循哪些步骤？

一个研究项目或一个体育课程设置的一个主要目标是增加参与者对于身体活动各个方面的知识和理解。要判断这个目标是否正在实现的过程中，我们必须在认知范畴进行测量。我们使用相关的书面测试来测量认知目标的实现水平。同时，有一个常见的研究目标是评价人们对某个具体话题的态度、观点或想法。我们通常使用问卷来实现这个目标。构建和实施一个准确的问卷调查要比我们想象的更复杂。虽然本章的重点是关于制定书面的纸笔测试和问卷，但是其中所介绍的所有概念同样适用在线测试，在线测试是近来测试方法的一种创新。

书面测试的来源有很多种。有些学科提供了全国规范的标准化试题。教材出版社通常提供了试题或题库，我们可以从中选择相关试题构建自己的测试。有些政府机构为该地区通用的测试项目提供书面测试，这让我们可以对不同的学校和地区进行比较。然而在人体表现领域，书面测试的外部资源较为罕见。在体育教学中，缺乏标准化测试的部分原因是体育课程设置中包括了各种各样的活动内容，同时，相比英语和数学等课堂教学科目，体育教育方面的教材数量较少。在我们这个学科中，书面测试和问卷最常见的来源无疑是有意测量认知目标的研究人员或教师。这并非都是坏事，因为进行评价的人应该能够构建最有效的测量工具（能够测量希望测量的内容）。然而，知道测量什么与知道如何进行测量是两回事。构建有效的书面测试需要满足 5 个要求。

· 你必须懂得构建书面测试的正确技巧。各种不同的问题在某些情况下有着不同的效果和用途。

· 你必须对所测试的科目必须具备充足的知识。不具备这些知识，则难以构建有意义的测试试题。

· 你必须擅长书面表达。书面表达技能欠缺的人所制定的测试问题通常会出现含糊不清的情况。这种含糊不清的情况将会降低一份书面测试的效度和信度，因为我们无法判断造成一个错误回答的原因是参与者缺乏知识还是对相关问题的理解错误。

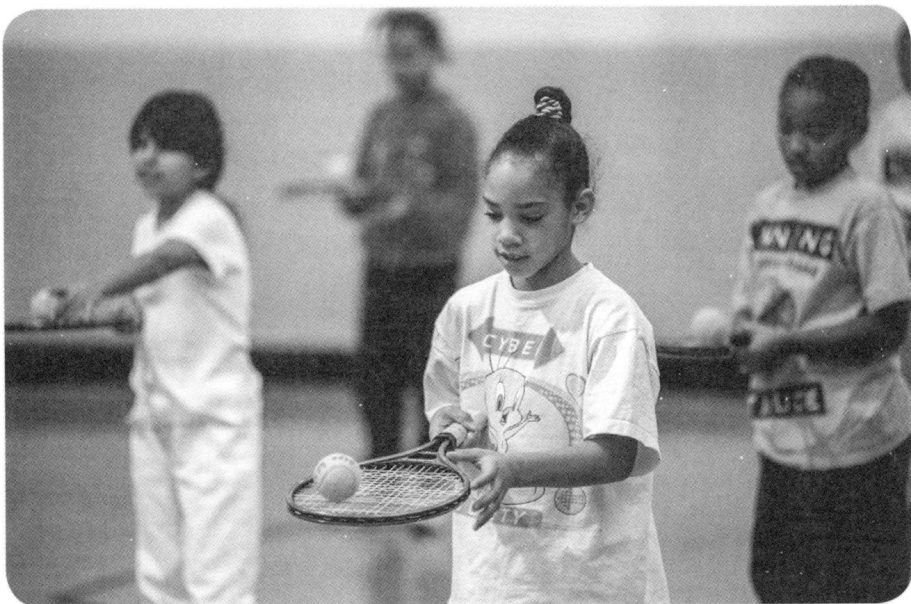

在精神性运动范畴，并不是每一个学生都能够掌握每项网球技巧；在认知范畴，并不是每个学生都能掌握每个认知目标。对于这两种情况，我们设计了成绩测试来探明每个学生的成绩水平。

· 我们必须了解受测人群的理解水平和范围才能构建难度合适的测试问题，没有这种意识可能影响到测试的有效性，后面我们将对此进行解释。

· 作为未来的测试构建者，你必须愿意花费大量的时间和精力来进行这项工作。有效的书面测试不是一日之功。

如果我们认真研究这 5 个要求，我们将会发现最后 4 个要求也是一名细心的研究员或敬业的老师应具备的品质。然而，在本章中，我们仅介绍第一个要求的内容，即构建一个书面测试所需的各种正确技巧。正确构建测试可以让我们对受测者的认知能力进行可靠而有效的判断。Kate 要判断教授统计概念的方式是否存在效果差异，她首先必须能够准确地测量学生们对于这些概念的理解水平。Kate 在思考如何构建这样的一个书面测试时可以使用以下各小节中介绍的内容。

测试计划

首先，你要考虑掌握程度测试（标准参考测验）和成绩测试（常模参考测验）之间的区别。我们使用掌握程度测试来确定一名学生是否掌握足够的知识从而达到测试制定者设定的某个最低要求。我们不是使用这种测试来确定学生们认知能力的相对排名，而是判断每个学生是否达到之前制定的各种标准。对于掌握程度测试，有一个你熟悉的例子，就是拼写测验，要求参与者取得满分或接近满分，即正确拼写出所有的词。其他例子包括驾照考试的笔试部分和其他健康专业资格考试，你必须答对最低数量的题目才能通过。

另一方面，成绩测试的目的是区分认知成绩的各个水平。因为期望每个学生都能100%实现拟定的每个认知目标，通常来说这是不现实的，所以判断每个学生在达标方面取得的进步具有很重要的意义。

在人体表现中，这两种测试都有重要用途。例如，在体操和游泳这样存在潜在危险的活动中，应谨慎使用掌握程度测试。本章大部分的内容都涉及构建和使用成绩测试，在人体表现评价中成绩测试比掌握程度测试更常用。

@ 可观看视频 8.1。

在计划书面测试时，我们需要进行两个重要的决策。其中第一个也是更重要的决策涉及决定测量的内容。有一个方法可以确保一个书面测试能测量想要测量的目标，并且对每个目标给予适当的关注，这个方法就是制定一个权重明细表。在计划书面测试过程中第二个基本的决策涉及回答多个固定问题，内容涉及如何测量这些目标、测试的频率和时间、题目的数量和类型，以及测试将要使用的形式和评分程序。

测量的内容

在开始教学之前我们首先应该回答相关测试的测量内容这一问题。如果一个单元要进行有效教学，那么我们之前必须确定课程的目标、达到这些目标所需的实践，以及这些实践的实施和顺序。随着教学活动的开展，我们可以对于这些因素进行修改，但是应该没必要进行大的改变。在任何情况下，通过测试我们可以测量实现该课程目标的程度，并且可以评价可能存在的问题。如果测试的目标属于认知领域，设计书面测试的第一步是制定一个权重明细表。

权重明细表对于测试制定者的意义相当于蓝图对于房屋建造者的意义。它提供了构建计划。权重明细表给测试中的每个部分的内容分配了一个百分比数值，指出每个部分的相对重要性。这是一个双向表，将教学单元的内容目标列于一轴上，并将教育目标列于另一轴上。内容目标是老师制定的具体目标，而教育目标是各个专家建议使用的通用标题。权重明细表有助于确保测试的内容效度（测试的选题对于测量的主题和各种能力进行充分取样的程度）。

让我们来看看一个例子，该例子展示了为一个60道题的羽毛球单元测试制定权重明细表的过程。以下为该教学单元的内容目标和教师关于这些内容的相对重要性的决定。

历史	5%
价值观	5%
器材	10%
礼仪	10%

安全知识	10%
规则	20%
战术	15%
比赛技巧	25%
总计	100%

教育目标（第 1 章）和测试制定者对于每一个目标的权重可能进行如下安排。

知识掌握	30%
理解能力	10%
运用能力	30%
分析能力	20%
整合能力	0%
评价能力	10%
总计	100%

当确定内容和教育目标以及它们之间的相对重要性时，即可构建权重明细表。

表 8.1 显示了该例的结果。我们将各内容目标及其相应权重置于行中，并将教育目标及其权重置于列中。该表中的每个单元格相关的权重是通过相应行与列交汇权重相乘得到的结果。例如，历史知识的权重是将 5%（历史的权重）乘以 30%（知识的权重）得出 1.5%。任何一个单元格的结果都表达了该单元格中交汇的两种目标相结合的题目应在测试中所占的百分比。每种结合产生的实际题目数量是将计算出的百分比乘以测试的总题量。本例中，我们希望构建一个 60 题的测试，所以要计算历史知识的题数，我们可以将 1.5% 乘以 60 得出 0.9 题。在表 8.1 中，每个单元格有 2 个数字，上面的数字代表结合相应的目标组合的题目所占测试的百分比，下面的数字表示在总题数为 60 题的测试中这类题目的题量。

显然，测试不可能包括 0.9 个关于羽毛球历史知识的问题；权重明细表中的数字被作为指导，通常需要对其进行一些凑整和调整。例如，从逻辑上来说，0.9 相当于 60 道测试题目中有一题针对羽毛球历史知识。如果我们严格遵循权重明细表，这样形成的测试包含的问题将与每一类题目权重的百分比成正比。

要点内容 8.1

根据表 8.1 显示的权重明细表内容，一份 100 题的测试将包括多少个涉及比赛技巧分析的问题呢？

许多教育家和测试构建专家已经提出了可用于权重明细表中的教育目标。表 8.1 中显示的教育目标选自《教育目标分类》（*Taxonomy of Educational Objectives*）中公布的一份清单（Bloom，1956）。回顾第 1 章介绍的内容，我们知道认知分类包括知识、理解、运用、分析、整合和评价。简单来说，知识被定义为记住并能回忆起各种事实；领悟是理解的最低水平；运用是将抽象的概念用于实际；分析是将内容分成多个部分，理清各个部分之间的关系以及它们的组织方式；整合是将各个元素和部分整合在一起形成一个整体；评价就是对于思想、作品、解决方案、方法和内容的价值进行判断。

表 8.1　60 题羽毛球运动书面测试的权重明细

			教育目标						
			知识掌握	理解能力	运用能力	分析能力	整合能力	评价能力	内容目标总计
		比重	30%	10%	30%	20%	0%	10%	100%
内容目标	历史	5%	1.5% 0.9	0.5% 0.3	1.5% 0.9	1.0% 0.06	0% 0	0.5% 0.3	3
	价值观	5%	1.5% 0.9	0.5% 0.3	1.5% 0.9	1.0% 0.6	0% 0	0.5% 0.3	3
	器材	10%	3.0% 1.8	1.0% 0.6	3.0% 1.8	2.0% 1.2	0% 0	1.0% 0.6	6
	礼仪	10%	3.0% 1.8	1.0% 0.6	3.0% 1.8	2.0% 1.2	0% 0	1.0% 0.6	6
	安全知识	10%	3.0% 1.8	1.0% 0.06	3.0% 1.8	2.0% 1.2	0% 0	1.0% 0.6	6
	规则	20%	6.0% 3.6	2.0% 1.2	6.0% 3.6	4.0% 2.4	0% 0	2.0% 1.2	12
	战术	15%	4.5% 2.7	1.5% 0.9	4.5% 2.7	3.0% 1.8	0% 0	1.5% 0.9	9
	比赛技巧	25%	7.5% 4.5	2.5% 1.5	7.5% 4.5	5.0% 3.0	0% 0	2.5% 1.5	15
	教育目标总计	100%	18	6	18	12	0	6	测试总题量 = 60

备注：该表的每个单元格中，上面的数字是该单元格内容目标和教育目标相结合的问题所占的百分比；下面的数字是该百分比代表的实际题目数量（题目总量为 60）。

下列问题和任务帮助我们了解 Bloom 分类学是如何应用于篮球的书面测试的。

- 知识掌握。规定的篮筐高度是多少？
- 理解能力。在区域防守中前锋负责哪块场地？
- 运用能力。当对方球队移动速度比自己的队伍快很多时应该进行怎样防守？
- 分析能力。请你为每个球员位置按照重要性从高到低排列以下篮球技巧：阻挡投球、运球、传球和投球。
- 整合能力。一支高中男子篮球队将在体育馆中进行 4 场篮球赛，请为该支球队设计一个本赛季前三周的训练时间表，每周训练 5 天，每次训练 90 分钟，并且有 35 名球员加入该支队伍。
- 评价能力。对于下列主张提出支持和反对的理由：在初中阶段，学校不应该分男子篮球队和女子篮球队，而应该组建男女混合球队。

2001 年，Anderson 和 Krathwohl（2001）对 Bloom 分类法进行扩充，将认知过程与知识的范围结合起来。前者将创造作为认知的最高水平，并对相关的分类进行了些许调整。然而，我们已经介绍的构建权重明细表的基本概念则仍然有效。

其他的教育目标列表包括各类词汇学、事实信息、概括、解释、计算、预测和推荐的活动（Ebel，1965）。Bloom 和 Ebel 的例子表明我们在构建权重明细表的过程中可以使用一些教育目标。同时，我们也可以制定自己的目标列表。

@ 可观看视频 8.2。

如何进行测量

像前面提到的那样，确定如何测量通常涉及回答几个固定问题。答案往往在一定程度上考虑截止日期或实际问题，但是多数情况下解答这些问题需要我们理解各种测试程序的结果。

何时进行测试

对于学校中的测试，学校的各项决策可能决定测试进行的时间。成绩报告的类型和频率、留出一定的课时进行测试的要求以及各种不同的教学时间安排惯例都可能影响进行测试的时间。最常见的是在每个学习单元结束或接近结束时的定期课程期间安排进行测试，这些单元的长度恰好与学校的评分周期相一致。这些惯例对本章探讨的成绩类型的测试是合理的。然而，在教学中的其他时间进行测试可能也有其合理性。

截止日期也通常决定了管理与学生正在完成的研究项目有关的测试时间，调查者根据相关研究所要测试的假说可能将认知测试安排在研究项目教学单元之前、之后、整个过程中或前后两端。

测试频率要足够高才能确保我们可以获得可靠的结果，同时也不能过高，以至于浪费宝贵的教学时间。显然，我们为测量预留的时间没有一个定量，但是测试时间太少造成的弊端可能多于测试时间太多造成的弊端。

题目数量

一般来说，成绩测试的信度随着测试长度的增加而增加。这是因为成绩测试的频率越高，偶然因素对于结果的总体影响越低。将一枚硬币抛两次，得到两次人头面不足以证明该枚硬币有两个人头面。然而，如果我们进行 50 次抛硬币测试，出现 50 次人头，那么上述说法就变得可靠了，因为对于一枚正常的硬币，出现这种情况的偶然概率极小。

决定测试长度的因素除了希望获得可靠结果外还有其他因素。决定一个测试题目数量的其他因素包括以下 3 种。

1. 用于测试的时间。
2. 使用问题的类型。
3. 学生注意力持续的时间。

在大部分的学校环境中，一节课的长度是成绩测试的限制因素。通常，一节课的时长只有 45～60 分钟。在这个时间里能够回答多少道题目基本取决于测试使用的试题种类，例如问答题、是非题或多选题。不同的题型答题所需的时间存在很大的差异，不仅如此，在同一类题型中，对于不同的题目，答题所需的时间也存在很大的差异。例如，需要长篇作答的问答题，很少能在一节课的时间内完成，但是在测试中我们却可以加入很多仅需一两句话作答的简答题。一个主要由事实性的多选题组成的测试而另一个要求受测者运用知识解决新问题的测试，前者实际可以容纳的题目数量要多于后者。事实性问题主要测试记忆能力，而应用题目则还需要深思熟虑。最后，受测者在注意力的持续时间方面的差异也影响我们对于一个测试应该包括多少题的决策。学校常常根据学生的年级水平来调整课时的长度，以此来解决注意力持续的时间差异的问题。在改变测试的长度方面，研究人员相比学校老师具有更多的灵活性，因此，通常对于所有的研究人员来说，注意力持续的时间这一因素就成了最重要的限制因素了。

在确定一个测试应该包括多少道题目时，我们还要考虑一个方面，即并不是所有学生的答题速度都是相同的。能够完成测试的学生百分比应该是多少？在大多数的情况下，所有或几乎所有的受测者都应该能够完成测试。存在少数例外情况，例如体育执裁课程或急救室诊断单元，它们的目标是培养学生进行快速而准确决策的能力。除此之外，测量正确回答问题的能力比测量正确作答的速度更为重要。一般来说，这种思路是合理的。而且，测试的题目太多，大多数或所有的受测者无法完成，这是浪费出题者的时间的，因为受测者很少完成测试结尾处的题目。

可用的时间、试题类型、注意力持续的时间以及答题速度等因素形成了无数种组合，我们在确定一个测试的题量时难免要进行不断摸索。然而，我们可以提供一些总的指导方针，你可以根据自己的具体情况进行相应的调整。大多数高中生和年龄更大的学生都应该能够在一分钟之内完成三个是非题、三个配对题、一至两个填空题、两个辨认型的多选题或一个应用型的多选题。对于年龄较小的学生，我们应该适当降低这些估计。我们无法提供有关问答题题量的指导方针；但是，你应该给学生充足的时间来组织答案并将答案写在纸上（或在线作答）。还有，总体来说，设置许多简答题比使用几个长篇问答题能够更有效地测量成绩。

要点内容 8.2

一个书面测试包括 25 道是非题、25 道辨识型的多选题还有 25 道应用型的多选题。要让一位大学生来完成这项测试，我们大约应该安排多长时间呢？

测试选用何种形式

虽然最常见的成绩测试是书面完成的，但是费用、便利性、降低作弊的可能性以及对于视力或听力有障碍的受测者的需求考虑，都会影响试题形式的选择。所选的测试形式应该为每位受测者提供最大的机会来理解和完成必须完成的某项或多项任务。

　　一般来说，口述回答测试问题不适用于大多数类型的试题，可能是非题除外。虽然这种形式测试所需的费用和准备时间极少，但是所有的受测者都必须按照相同的规定速度来答题，受测者检查答案的机会很少或者根本没有。利用投影仪通过幻灯片等方式投射测试与口述测试有着相同的缺点。此外，这种形式还增加了费用，且测试准备需要大量的时间。提供成绩测试最常见、最有效且最受喜爱的方法可能就是使用书面形式，每个受测者都拿到一份测试题。虽然这种方法要求事先准备（对于书面测试，需要打字、审校、复印，以及可能需要编制），但是它却为受测者提供了最大化的便利。每个受测者可以按照自己的速度来答题，如果时间允许可以对作答内容进行检查，同时可以使用任何顺序进行答题。你能够对测试进行监督。在计算机数量充足的情况下，涉及在线测试的一种测试形式正日益流行起来。虽然它可能稍稍增加了测试准备所需的时间，但是这种形式却能极为高效，尤其是在测试实施、评分和测试结果分析阶段。

　　关注测试的版面设计有助于你降低成本和测试准备时间，同时还能提高解答的准确性。如果受测者实际知道某个问题的正确答案，但是却因为试题字迹模糊而进行了错误的回答，就会降低测试的信度和效度。还有，你必须认真审校测试内容，然后再实施测试，这样可以避免因口头纠正测试题目中的错误从而浪费宝贵的测试时间。以下是我们应该考虑的一些其他的建议。

　　·提前通知学生测试的题量和性质。

　　·提供大量的指导帮助学生完成测试（如果可能，在考前一天复习这些指导内容）。

　　·如果一个测试使用多种类型的试题，将相同类型的问题集中在一起，减少受测者在不同类型的思维程序之间来回变换。

　　·在成绩测试中将相似内容（主题）的题目集中在一起。

　　·虽然我们一般不建议按照从易到难的顺序排列测试题目，但是在测试的开始部分设置一两道较简单的问题可能有利于学生缓解焦虑情绪。

　　典型的书面测试常存在两种有趣的变化形式，其开卷测试和回家作答测试。每种测试都有其优点和缺点，并在某些情况下可以得到有效使用。这两种测试的最大优点是降低了学生的焦虑情绪。此外，开卷测试一般要求你少出琐碎的问题，多出应用题目；这就推动你进行创新，而不是完全按照教材或是教材中介绍的情况来出题。而且，开卷测试可以减少作弊，因为学生允许使用教材、笔记以及其他材料。

　　开卷测试可能存在的一个缺点，学生超量学习的积极性可能会降低，并减少备考的时间。因为在考试中能够从笔记和教材中获取答案，学生往往对此出现依赖心理，因此可能减少了学习的时间。因为受测者可以查阅答案，所以我们必须对开卷测试设置时间限制，否则有些受测者（通常事先不准备，等到考试的时候实际上是边学边答题）将要使用过多的时间来完成测试。如果一个开卷测试是经过精心设计的，那么大多数的受测者都将会发现教材和笔记只能用于查阅公式和表单，此外别无用处。要回答开卷测试题目，受测者不可能通过将教材翻至某个特定页面就能找到答案。测试应在有监督的环境下进行，以免出现冒名顶考。

回家作答测试适用的情况包括完成测试所需的时间超过可控环境下所能提供的时间。这类测试的主要问题在于我们无法确保每个人都独立作答。因此，回家作答测试不应该用于测量成绩，但是可用于说明学生应该学习的内容以及用作家庭作业。

选用什么类型的问题

所有的问题可以分为三大类：半客观题、客观题和问答题。半客观题兼有其他两类题目的特征。半客观题有 3 种类型：简答题、填空题和数学题。对于这些问题，受测者必须写出正确答案；答案很短，基本或完全不需进行组织。评分过程中可能涉及一些主观性（例如，对于数学题的解答中步骤正确但答案错误或答案正确但是拼写错误的情况给予部分分数）。评分程序总体上类似客观题的评分程序。

受测者在回答客观题时的任务，从特征上来说，就是从提供的两个或多个选项中选择正确（或最佳）的答案。我们认为这类问题是客观题，因为评分要求将受测者的作答与事先制定好的正确答案进行比对，即这类评分相对不受任何主观或武断决策的影响。客观题的种类包括是非题、配对题、多选题和分类题。

在回答问答题时，受测者的任务是写出正确答案。相关问题或测试内容通常包括诸如"比较"或"解释"的字样，以此进行一些说明。或者相关题目可能使用"你的论述范围是……" 或"回答限于特定某年……"等短语对于回答的内容进行限制。我们认为问答题属于主观题，因为它的评分通常涉及判断性的决策。

各类试题之间除了主观与客观以及选择答案和书写答案等区别之外还有其他一些差异，这些差异对于老师和受测者都将产生影响。对于受测者来说，测试的很多时间都用于写作（问答题）、阅读（客观或半客观题）或计算答案（数学题）。因此，由于阅读的耗时低于写作和计算，所以一项测试可以涵盖的客观题较多，而其他两类问题的数量则较少。同时，如果受测者在某个方面（写作、阅读或计算）较弱，而测试的大部分题目需要使用他们不擅长的技能，那么参加这样的测试就对他们不利。例如，阅读水平较低的受测者客观题的测试成绩可能要低于相同内容的问答题的测试成绩。

从测试构建者的角度来说，问答题和半客观题相比客观题出题更为容易而批改则难度更大。客观题的水平几乎主要取决于你构建测试的能力，而不是评分的能力，而问答题或半客观题则恰恰相反。因此，你用于构建和批改测试的时间，或者你擅长构建测试或批改测试，这是影响你选择构建何种类型测试的一个因素。

针对不同类型的测试，学生的学习水平会出现不同。这种说法貌似合理（虽然没有足够的证据）。例如，有人认为客观测试有助于事实概念和总体概念的学习。然而，这种观点主要基于一个错误的假设，即客观题不能深入测量成绩。虽然构建客观题的难度更大，但是一个由客观题组成的测试与由问答题组成的测试相比，可以同样有效地对几乎任何目标的成绩进行测量。简而言之，一个测试促进的学习类型与其说是取决于该测试问题的类型，还不如说是取决于测试问题的质量。

不过，事实上在某个特定的环境下一种类型的题目会比另一种类型的题目更加有效。例如，我们很难想象一个客观测试如何能有效地测量一个人的笔迹的好坏，或者还有什么测试比包含数学问题的测试在测量解决数学问题的能力方面更加有效。事实上，客观题更适合测量事实性知识而问答题在测量知识的组织和整合能力方面更有效。然而，这个事实却造成了某些问题的使用方法的僵化。同时，还有些测试因素可能阻碍了使用看似最有效的问题类型。例如，如果参加测试的人数很多，批改这么多人的问答题测试往往是不现实的。因此，虽然测量内容不仅仅涉及事实性信息，但是可能还是使用了客观性的测试。例如，虽然许多全国性的标准化测试包括了一些问答类的题目，但是它们主要使用客观题。

要记住每个构建的测试都包含主观性。批改问答题时需要主观判断，批改半客观题也需要判断，只是判断的成分降低了。在构建各种题型的过程中都存在主观性：对于该问什么问题以及如何表述这些问题，相关的决定本质上都是主观的。要增加书面测试的信度，应尽量减少测试构建和评分过程中涉及的主观性内容。制定权重明细表等练习以及向同事请教可以确保你能够做到这一点。

要点内容 8.3

回顾第 6 章讨论的客观性一词。我们如何将客观性概念运用于书面测试的实施中？我们能列出 ACT 或 SAT 考试的实施做法中使用了哪些旨在提高客观性的程序吗？

不论一个测试使用的题目属于哪种或哪几种类型，测试得出的分数的有用性取决于它的稳定性（即信度）。我们设计和构建一个测试，目的是测量达到某些目标的情况，通过实施和批改该测试得出的分数应该能够表明达到目标的程度。如果你或他人对于该测试进行了不同的构建、实施或批改，结果得出了一组不同的分数，以及不同受测者的排名，那么该成绩的稳定性以及有用性就会降低。一个测试所包含的题目类型将在各个方面影响测试分数的稳定性。

例如，如果我们要求两个人对于同一单元的教学构建一个测试，如果我们要求这两个人构建一个问答题测试，则两份测试包含相似问题的可能性要大于构建一个客观题或半客观题的测试。另一方面，如果两个人每人给一个客观测试、半客观题测试以及一个问答题测试进行评分，客观题测试比半客观题和问答题测试在评分方面出现意见一致性的可能性要大很多。

要为某个特定的情况选择最有效的测试题型，我们必须理解各种类型试题之间的相似性和差异性，并认识到每种题型的优缺点（参见以下章节）。我们具备这方面的知识，加上熟练掌握构建测试的各种一般性要求，就能制定有效且可靠的书面成绩测试了。

本章的测量与评价的案例思考中提到的 Kate 已经决定制定一个权重明细表，以此确保她的测试所要测评的各种概念在重点和权重方面分配得当。同时，她很可能将会制定一个尽可能长的测试，并选用多选题或数学题，或者二者兼有。

测试构建和评分

　　教师或研究人员的大部分工作将是构建书面测试试题或对试题进行评分。我们已经讨论过，构建问答题相对较为容易，而批改问答题则较为费时，而多选题则恰恰相反。构建和批改各种类型的试题有很多方法可以增加它们的效率。

半客观题

　　半客观题有 3 种类型，分别是简答题、填空题和数学题。简答题和填空题之间仅在形式上存在差异：填空题呈现为不完整句子形式（填空），而简答题则以一个问题的形式出现。我们使用符号或文字说明解答一个数学问题所要完成的任务，类似于一个故事问题。因为这 3 种类型的题目存在相似性，因此我们对于它们同时介绍用途、优点和不足之处，并提供有关构建和评分方面的建议。

用途和优点

　　半客观题特别适用于测量事实性较强的内容，例如词汇、日期、姓名、概念名称和数学原理。同时，它们还适用于评价记忆力，但不适用与评价辨识能力，因为每位受测者需要自己提供答案。半客观题的优点包括构建相对简单，几乎完全排除受测者猜测正确答案的可能性，评分简单且速度快。

不足之处

　　由于一个问题或一个不完整的表述所能提供的信息量是有限的，所有通常我们有必要加入其他内容避免半客观题出现含糊不清的情况。即使我们相当详细地解释某种情况，但是还不能完全排除出现含糊不清的可能，填空题尤为如此。偶尔，我们可以在一句话的空白处填上一个字或一个短语，虽然并不完全是测试构建者期望的答案，但是我们却可以认为它们是正确的。举例来说，思考以下这个填空题：Basketball was invented by＿＿＿＿＿＿＿＿＿＿＿。一个名字 "James Naismith"、一个短语 "a male" 以及一个日期 "1900" 是完成该句的 3 个可能的答案。出现这种情况时，老师必须决定是否给分。对于数学问题，当受测者使用的步骤正确但是答案错了，老师们必须决定是否给分，给予部分分数还是全部分数。当受测者提供了正确的答案，但是没有说明是如何得到该答案的时候，老师们也要做出类似的决定。上述的这些情况造成了评分过程中会出现一些主观性，以及出现不一致的可能性。具体的构建技巧可以帮助我们减少（但不能够完全排除）这类问题。

构建建议

　　3 种半客观题中，填空题最有可能出现含糊不清的情况。对于不完整的句子进行重新表述，使其成为一个问题，即将其变成一个简答题，通常可以解决多个问题。然而，如果你更喜欢填空题，以下这些建议可以减少一些含糊不清的情况。

　　·避免使用或修改含义模糊的表述，这种表述可能存在多个正确和合理的答案。方法之一是在该不完整的表述中说明需要什么类型的答案。例如，"Basketball was invented by_____" 可 以 改 写 成 "The name of person who inventedbaskaball is_____"。消除含义模糊的一个类似方法是进行这样的表述："Basketball was invented by_____（person's name）"。

　　构建不完整的句子时尽量将填空位置设置在该句的结尾处。这种方法相较于将填空位置设置在句首的方法能够更好地说明要求使用的具体答案类型。例如，在 The_____ system of team play in doubles badminton is recommended for beginners"中，出题者期望的正确答案是 side-by-side，但是从逻辑上来说，我们可以在该空中填写 "least complex" 这个短语，因为我们不清楚出题者希望我们填写该系统的名字。我们对该句进行改写，将填空位置移至接近句末，这样可以解决这个问题："The type of team play recommended for begigmers in doubles badminton is called the_____system"。

　　·不要在一句话中设置太多的空白，以免造成该题的意思变得模糊不清。思考一下这个极端的例子："The name of_____who invented_____is_____"。如该例所示，该句中的空白太多，而提供的信息太少，回答该题变成了猜测游戏。我们可以解释需要填写的内容，或者将一题变为多题，以此提供更多的信息。

　　·避免泄露信息。偶尔，表述用词或使用不定冠词（a 或 an）或动词减少了完成某句填空所需的字、词数量。对于不定冠词请使用以下格式："Basketball was invented by a（n）_____（nationality）"。如果一句话中包含了一个以上的空白，每个空白的长度应相等，以免将正确答案的长度泄露给学生。

　　·如果需要填写的是数字答案，请注明单位和希望的精确度（例如保留小数点后一位）。这类信息可以简化评分者的工作，同时也消除受测者的一个困惑。

　　·在可能的情况下，你可以使用简答题来减少含义模糊的问题。例如使用简答题 "An athlete from what country won the gold medal in the pentathlon in the 2012 Olympics?" 代替简答题 "The gold medal in the pentathlon in the 2012 Olympics was won by_____"，从而增加答题者回答国家而不是其他信息的可能性。由于简答题比填空题更清晰地说明了受测者应该完成的任务，因此评分的一致性得以提高。你出简答题时措辞应该明确答案长度的限制。

评分建议

　　如果半客观题是经过精心设计的，可以避免各种问题（例如，一题有两个或多个合理的答案），评分过程简单、客观且可靠。除了测试制定者之外，其他人也能轻易进行评分。

　　如果测试包括填空题，你可以使用一份测试题，剪出每个空白位置的方形区域，制作一份标准答案。将正确答案直接写在该方形区域的下方或附近。将写出正确答案的试卷覆盖在已经作答的试卷上，这样我们就能快速将每个答案与标准答案进行对比。

为简答题单独准备答题纸可以加快评分过程。因为回答简答题仅需一个词或短语，所以你可以事先准备一份答题纸，其中空白处的题号应与每道测试题的题号相对应。通常，一张标准尺寸的纸单面可以容纳两列答案。为了有效批改简答题，我们可以在一份答题纸上写出正确答案，以此制作一份标准答案，然后将其与每一份答卷并排排列。这样做可以不用在所有的测试页面中搜索受测者所写的答案。

@ 可观看视频 8.3。

客观题

有些问题需要受测者从测试提供的两个或多个答案中选择一个，这些问题因在评分过程中所需的主观判断最小，所以被归类为客观题。虽然各种客观题之间存在很多相似性，但是鉴于它们之间的差异，我们对是非题、配对题和多选题分开介绍。

是非题

教师和其他人广泛使用是非题，很可能是因为这些问题构建和评分都相对容易，这可能并非是好事。虽然是非题有很多优点，且有些情况下适合使用这类题型，但是由于它们存在不少缺点，因此它们是最不合格的那一类客观题。

用途和优点 与各种半客观题相似，是非题特别适合测量事实性较强的内容，例如姓名、日期和词汇。使用是非题的优点包括构建、实施和评分都比较简单，而且事实上在规定的时间内，相比其他任何一种题型，我们能够回答的是非题更多。

不足之处 是非题的很多主要的缺点都源于这样一个实际情况，即一名毫无准备的受测者仅凭运气就可能正确回答一些题目。这使是非题难以评定一名受测者的成绩水平。一个正确的答案可能表示受测者完全理解相关概念，或者猜对了，或者具备了在这两个极端情况之间任何程度的理解。此外，偶然因素过多的影响，降低了对受测者成绩好坏的区分量，最终降低了测试的信度。

为了公平和避免含糊，是非题应该要么绝对正确，要么绝对错误。除非涉及事实性的知识，否则很难满足这项要求。是非题不太适合用于测量复杂的思维过程。因此，粗制滥造的是非题可能会包含一些细枝末节的问题。

构建建议 总的来说，制定高质量的是非题要求避免含糊。以下是一些具体建议。本节结尾处提供了合格的和不合格的是非题的例子。

·避免使用对错取决于一个不重要的字或词的题目。这样的题目测量的是受测者的警惕性而不是知识。

·在使用含义模糊的词或短语时要谨慎。需要依据对于"经常""很多"或"大多数情况下"等字词的理解才能答题的题目通常都是出题质量较低的题目。

·一个是非题中仅包含一个主要观点。一句话中结合了两个或多个观点往往导致意思模糊。如果这种结合导致了原本正确的表述中出现了极少量的错误，那么受测者就必须决定是否依据真实成分的量还是百分比的正确来判断正误。

·避免直接使用教材或讲义中的原话。这样的题目，脱离了原文，它的意思可能造成误解。在一个文本或者讲座中发表的言论几乎没有意义。此外，使用教材原话作为题目，导致学生更多地进行死记硬背。

·谨慎使用否定表述，并完全避免使用双重否定。插入否定词让原本正确的表述变得错误，这种做法接近故弄玄虚，可能导致测量的内容不是知识而是警惕性。包含双重否定的表述，尤其是在错误的情况下，通常过于复杂和令人费解。

·注意，使用一些特定的限定词或表述长度可能透露正确答案的信息。具体的限定词是无意间表明某个表述的对错性的字词。例如，包含"绝对""全部""始终""完全""每""不可能""不可避免""绝不"或"都不"等字样的是非题，错的可能性大于对的可能性，因为通常我们总能找到这类笼统概括的一个例外。相反，"总的来说""常常""有时"或"通常"等限定词大多出现在正确表述中。由于通常需要多个限定词才能让一个表述绝对正确，留意避免落入正确表述长，而错误表述短的俗套。在一个测试的是非题中，答案对错的数量应该大致相等。对、错二者中任何一种题量过多都可能造成答案偏向一方。有一定的证据表明答案是错的题目在区分受测者的水平方面更好一点，可能是因为准备不充分的受测者更倾向于判断是非题是对的。为此，稍稍提高错题的百分比可能是有益的。

·避免使用某个特定的模式来排列正确的答案。随机安排对题和错题的顺序，从而将受测者发现答案模式的可能性降到最低。

·请一位同事事先审阅一下是非题，然后再使用它们进行测试。这样做可能会帮助你消除问题中的模糊性。

修改　测试的制定者们尝试修改是非题，旨在减少受测者过多瞎猜的情况。一种方法是要求指出错误表述中错误的部分。另一种进一步的修改是对不准确的部分进行修改。我们将这些修改称为改错。虽然这两种修改消除了偶然因素对最终成绩的影响，但是它们同时也带来了其他问题。可能造成意思含糊不清，例如："James Naismith 发明了排球运动。"这个表述是错误的，但是改错的方法可以是使用 William Morgan 来代替 James Naismith，或者使用"篮球"一词来代替"排球"一词。这种是非题可能导致评分出现一些主观性。而且，失去了快速评分的优势。

修改是非题的另一种方法是改变回答和评分的程序，从而反映受测者对答题的信心水平。此举的目的在于区分因为不知道正确答案而答错的受测者与那些知道一些内容但却运气不佳选择错误的受测者。目前已有多个评分系统可以对于是非题的回答进行这种可信度加权。在表 8.2 显示的这种系统中，举个例子，如果受测者选择 A，并且正确答案为"对"，那么受测者得两分，但是如果正确答案是"错"，该受测者就会被扣两分。这种修改，虽然增加了对错测试的区分能力，却可能造成一些不必要的变数。例如，受测者之间个性特点的差异（有些人比其他人更愿意冒险），受测内容中知识的重要性，以及受测者认识到自己获得的知识的性质，这些都是影响最终测试结果的因素。因此，这些修改很可能增加是非题测试的信度和区分能力，但同时也降低了它的效度。

本例中，选择 C 给半分的原因是如果一名事先毫无准备的受测者参加是非题测试并猜测每一道题目的答案，如果通过传统方式进行评分，该受测者的得分将会是 50% 的正确率（从长远来看）。

表 8.2 是非题答案信心加权的系统：评分程序

判断	选择	得分或扣分	
		正确	不正确
肯定对	A	2.0	−2.0
可能对	B	1.0	0.0
忽略或不知道	C	0.5	0.5
可能错	D	1.0	0.0
肯定错	E	2.0	−2.0

评分建议 和大多数半客观题和客观题一样，使用一张单独的答题纸有助于进行评分。由于字母 T 和 F 字形相似，不建议要求受测者在作答是非题测试时在答题纸上使用字母 T 和 F。我们可以事先制作一份受测者可以在上面填涂、圈选或使用下画线来选择正确答案的答题纸，这样就可以消除此类评分问题。对于包括是非题在内的大部分客观题，我们都能使用特制的可用机器评分的答题纸。你（或甚至不了解测试内容的人）可以通过手动方式来高效地批改相关测试，只要使用之前准备好的填好正确答案的答题纸对照批改答题纸上的每个答案。

有关篮球的是非题

合格的问题

1. 踢球是一种团队犯规。（错）

2. 通常运球比传球好。（错）（之前提到，"通常"被定义为具体的限定词，不鼓励使用。然而，你要注意，在本题中，它用于错误的表述中，而不是我们正常期待的正确表述。）

3. 当某个球员同时两次犯规时出现双重违规。（错）

不合格的问题

1. 篮球最早出现于 1901 年。（错）（非常无关紧要的内容；篮球最早出现于 1891 年。）

2. 矮个子球员应该始终运用过顶传球。（错）（使用具体的限定词"始终"。）

3. 可以在双手持球的情况下进行抄球、低手传球和勾手传球。（错）（该表述，部分正确，部分错误。）

4. 在大多数的情况下，球队可以进行一对一或区域防守。（对）（使用不限定短语"在大多数的情况下"。）

5. 当球队没有陷入困境的情况下不应该浪费暂停。（对）（双重否定）

配对题

配对题通常包括一列问题和一列备选答案。受测者的任务是将正确的答案与相应的问题进行配对。有时，这类问题不使用问答的形式，要求受测者使用第二列中关系最密切的那一项与第一列中某一项进行配对。

用途与优点　同是非题一样，配对题最适合测量相对较为浅显的知识。我们可以通过配对题有效测量词汇、日期和简单关系，例如作者与书名配对。配对题用于测量谁、什么、哪里和何时等内容，但不适用于测量如何或为什么等方面的内容。配对题的优点包括构建较为容易、评分速度快及准确性和客观性高。配对题要求制定一批相似的问题和答案。区分功能最强的配对题往往结合各种图表或类似工具一起使用，这些工具的说明标签与备选答案的功能、名称或相似类别相配对。

不足之处　构建需要受测者使用较高等级思维程序的配对题并非不可能但难度较大。然而，配对题的最大缺点是两列内容，其中每列都有相似内容。如果偏离了这项要求，该配对题的区分能力通常也会减弱。

构建建议　由于测量相对浅显的知识要比测量应用、分析和评价等较高等级的认知过程在出题方面更加容易，所以我们应该经常参照测试权重明细表来构建配对题。这将确保各个方面的受测内容达到我们希望的平衡。如果我们不慎重，一个主要包括配对题的测试设置的事实性内容的权重就会超过相关权重明细表的规定。这里我们提供了一些关于构建配对题的建议。本节的结尾处将介绍一些合格和不合格的配对题案例。

- 提供明确而完整的指南。总体来说，在说明中包括 3 个细节。
  1. 对两列内容进行配对的依据。
  2. 记录相关答案的方法。
  3. 第二列的答案是否可以使用一次以上。
- 类似于"将第一列和第二列的表述进行匹配"的说明没有提及上述三点中的任何一点；将其与以下内容完整的说明进行对比：对于第一栏中列出的每一种身体活动，从第二栏中选择该种活动最有可能带来的身体好处。将你的选择写在相应题号之前的线上。第二栏中的选项有可能使用一次、一次以上，或者根本不使用。
- 避免透露信息。从逻辑和语法的角度来说，一栏中的每个词或短语必须是另一栏中每个问题的合理答案。使用相同动词时态、单复数形式，并在所有问题中使用相同的冠词。
- 在同一配对题中不要设置太多的问题。为了让配对题发挥效果，其中的问题一列和备选答案一列必须属于同类。随着问题或备选答案栏的题量增加，要满足同类要求的难度也在不断增大。在大多数的情况下，每个配对题有五六个问题是切合实际的上限。
- 确保配对题中问题和备选答案出现在同一测试页中。
- 备选答案的数量应该多于问题，或者重复使用其中一些备选答案。这样做可以消除受测者使用排除法来获得配对题中某个问题的答案。

·在不影响含义清楚的前提下，配对题各部分尽量保持简短。因为受测者在回答每一题时都必须重新通读整列备选答案，备选答案内容过长浪费了宝贵的测试时间。

·随机排列包含问题和备选答案的两列。正确的答案排序不应该存在某种特定模式。

·如果可以的话，请将备选答案按照某种逻辑顺序进行排列（例如，按字母表或时间顺序）。这样，知道答案的受测者可以快速找到答案。

评分建议 因为配对题通常都是在试题本身而不是单独的答题纸上进行作答，所以测试题目的排列应该恰当，以便可以通过将标准答案放在页边处进行快速评分。不熟悉测试内容的人也可以给配对题评分。

多选题

多选题包括两个部分：题干，这个部分可能以问题或不完整的句子的形式出现；至少两个备选答案，其中一个是相关问题的最佳答案或不完整句子的最佳补充。受测者的任务是对题干提出的问题选择正确或最佳答案。

用途和优点 几乎所有的国家级书面测试都包含了大量的多选题，原因如下。

·试题的评分和分析效率高、速度快且信度好。

·这类试题相较于其他种类的试题产生的模糊性意思较少。

·具有两个以上备选答案的多选题受瞎猜造成的误差的影响较小。

·我们可以使用多选题来测量较高等级的认知过程，例如运用、分析、整合和评价。

·多选可以测量几乎任何一个教育目标。

·我们可以对多选题进行分析，以此确定它们对于测试信度和效度的贡献。

配对题

合格的问题

请你为第一栏中列出的每个人在第二栏中找出与之匹配的最擅长的体育运动。将答案写在题号之前的线上。第二栏列出的运动项目可使用一次、多次或不使用。

____1.汉克·亚伦   a.棒球

____2.约翰·卡利帕里   b.篮球

____3.塞雷娜·威廉姆斯   c.自行车

____4.菲尔·迈克尔森   d.橄榄球

____5.贝拉·卡罗伊   e.高尔夫

____6.贝比·鲁斯   f.体操

____7.米娅·哈姆   g.足球

_____ 8. 罗杰·班尼斯特　　　　　h. 游泳
　　　　　　　　　　　　　　　　i. 网球
　　　　　　　　　　　　　　　　j. 田径

不合格的问题

　　对第一列和第二列进行匹配。

_____ 1. 坐位体前屈　　　　　c. 肌纤维
_____ 2. 50 码冲刺　　　　　 h. 高尔夫
_____ 3. 引体向上　　　　　　f. 网球
_____ 4. 往返跑　　　　　　　a. 最大摄氧量
_____ 5. Balke 跑台测试　　　e. 敏捷性
_____ 6. Dyer 背板截击　　　 g. 手臂力量
_____ 7. Disch 推杆入洞　　　d. 速度
_____ 8. 活组织检查　　　　　b. 柔韧性

　　这是一个不合格的配对题，原因如下。

　　·题目的说明没有指明配对的依据、如何记录答案或者第二栏中选项可以使用多少次。

　　·每一栏中项目的差异性很大，使答案过于明显。

　　·两栏包含的题量相等，所以我们可以使用排除法来回答最后一题。

　　·有些匹配过于明显（例如，Dyer 背板截击和网球，Disch 推杆入洞和高尔夫）。

　　因为多选题能够测量各个水平的认知行为，适用于几乎任何主题或水平等级，并可用于测量几乎任何一个教育目标，所以我们几乎可以在任何一种情况下使用多选题。如果我们正在给一大批受测者进行测试，或者正计划重用某项测试，那么多选题测试从出题、实施测试、评分和分析所需的时间来看是最有效的测试。如果较快反馈是重点，我们应该使用多选题测试，因为它们具有快速和准确的评分特点。总体来说，因为每个多选题答题所需的时间较短，所以我们可以在一个测试中设置较多的多选题。因为这个原因，并且因为我们可以构建多选题来测量大多数的教育目标，所以，在构建符合权重明细表要求的测试方面，使用多选题比其他任何类型问题的难度都更小。最后，评分速度快，评分者甚至都可以不熟悉测试的主题。

　　不足之处　多选题因为实用性强本身并没有太多的缺点。然而，如果受测者人数较少，那么出多选题所需花费的时间效率较低。对于有些目标的测量，多选题的效率不及其他种类的问题。例如，测量组织能力、句子语法构建能力和其他写作能力的最佳方法很可能是问答题（虽然我们很可能也能设计出适当的多选题）。

　　构建建议　制定合格的多选题要求注意很多方面，例如构建题干和备选答案并避免透露信息。本节结尾处介绍了几例合格和不合格的多选题。总体考虑包括以下内容。

·你在写初稿时，要记住每个问题都可能需要修改。

·建立一个计算机文档，以便进行信息的修改和补充。记录每一题所要测量的课程目标和教育目标，从而方便我们快速找到它在权重明细表中的位置。同时记录每个问题主要思想的出处，因为随着时间推移，该信息常常会丢失。

·每个问题重点测试一个重要且有用的概念。通常，最成功的多选题测试的内容都是归纳和原理而不是事实和细节。例如，一个需要受测者使用 Bloom 的《教育目标分类》中介绍的总体组织知识的多选题，比要求受测者知道该分类学的第三类是应用的题目更有价值。

·在可能的情况下使用新的场景。总体来说，当我们避免使用教材或教学中使用的具体的说明性的材料，而改用要求受测者运用相关知识的新情况时，我们才能制定出有效的问题。

·出题时注意措辞，确保每一个备选答案都有可能成为所有选项中的最佳答案。定为正确答案的备选答案并非总要是相关问题所有可能的答案中的最佳答案，但是必须能够证明它是列出的多个选项中的最佳答案。同样在这方面，避免制定要求受测者发表某个观点的问题，因为这样就会造成没有最佳答案的情况。例如，思考以下题干：你认为应对篮球中的快速突破的最佳防守是什么？因为该题要求表达一种观点，任何一个选项，不论与篮球权威人士或测试构建者的观点是否相同，都必须认为正确。

·每一题的用词必须清晰、明确且简明扼要。最理想的情况是，题干包含的信息充足，足以让受测者明白问题的内容，同时又非常简洁，受测者不会因阅读不必要的内容而浪费测试时间。偶尔，有必要加入一两句内容说明个别情况和避免含义模糊。然而，我们应该避免在测试中教学这样的做法，这些做法包括插入不必要的信息（有些测试构建专家将其称为装饰门面）或使用华丽的辞藻和花哨的语言。华丽的辞藻可能使我们对问题产生不同的理解，从而导致含义不清。

·尽量不要使用带有否定词的问题。如果我们使用否定词，请将否定词大写或在其下方画线标出。出题的目的在于确定受测者是否知道问题的答案，而不是为了了解谁读题不仔细，也不是弄清楚谁能解开带有否定词的问题有时带来的困惑。

·不要设置所有受测者都能答对的问题，除非你能确定必须加入该问题才能增加测试的效度。所有的受测者都能正确（或不能正确）回答的问题对于成绩测试来说没有价值，因为这样的题目没有区分效果。事实上，从数学上我们可以证明，只有一个问题的难度处于中等水平，即大约一半的受测者正确回答该问题，而另一半回答错误，这时的区分效果最大。虽然，我们难以估计第一次使用某个问题时能够正确回答该问题的受测者的比例是多少，但是我们应该尝试构建难度适中的多选题（你应该记住制定合格的测试题目的要求之一是注意受测团体的理解水平和范围）。改变多选题难度的最有效的方法是改变备选答案的相似性；备选答案越相似，相关问题难度越大。

· 请某个对相同主题具有渊博知识的人检查相关测试问题。一位独立的审查者常常可以发现表达不清的地方、语法错误、不合常理的内容和暗示，所有这些内容都能对一个测试产生不良的影响。如果请他人检查测试题不可行，那么我们可以在出题之后等上几天再自己重读试题。（该建议暗含的意思是我们不应该等到实施测试的前一天晚上再开始出题。制定合格测试题的要求之一是出题者愿意为测试题花费大量的时间。）

· 在设置测试的格式和打印测试题的时候，我们应该考虑排版问题。将每个备选答案置于新的一行上，不要一个紧挨着一个。同时，除非每个备选答案都很长（可能性较小），将题目打印成两栏，而不是横跨整个页面。使用字母代替数字来区分备选答案（这样可以避免问题和备选答案之间的混乱）。将一个问题的所有备选答案与题干都放在同一页面中。使用空格或虚线将各组相关的问题与其他问题分开。

· 题目和备选答案构建完成后立即进行检查，确保任何一个正确的选项在一系列问题中出现的频率合适，在所有的问题中正确的选项得到较为均匀的分配。如果连续两三个 B（或任何一个选项）看似都是正确答案，学生们将会开始怀疑自己的直觉。有时，学生们不会答的就选 C。由于上述这些原因，我们应该将正确答案均匀分配于所有备选的选项之中。

编写题干 如果一个多选题要有意义且有重要作用，你要记住该题应该重点测试一个特定的概念。在表达这个概念方面，该多选题中最重要的部分是题干，并且这也是我们构建的第一部分。

题干有两种形式：一个直接疑问句或一个不完整的句子。通常使用疑问句比不完整句更好（尤其是出题新手），以便受测者明确任务。不论采用哪种形式，等到受测者完成题干阅读时，受测者应该已经能够明白问题的具体内容，从而可以开始搜索正确的备选答案。类似“羽毛球专家认为……”等题干并未提出一个特定的问题或任务，因为羽毛球专家在很多问题上都达成共识。受测者必须通读所有的备选答案才能确定该题的问题到底是什么。如果我们将其改成“羽毛球专家在什么方面达成了共识？”，这也不能大大改善这个题干。如果我们将题干改为“对于羽毛球初学者学习身体旋转战略，羽毛球专家在哪些方面达成共识？”，受测者就可以开始阅读备选答案从而找到正确答案，而不是判断问题的内容。使用不完整句子做题干比使用直接疑问句更可能导致任务的具体内容不完整。之前在构建建议提到的相关建议尤其适合构建多选题的题干。

编写备选答案 多选题的题干之后通常有 3、4 或 5 个我们称为备选答案的单词、短语或句子。事先确定其中一个备选答案是正确的答案（通常称为标准答案）。其余的备选答案称为陪衬或干扰答案。我们在构建一个多选题的时候，编写完题干之后立即编写出标准答案。遵循这个编写程序有助于确保相关问题围绕着一个重要的概念。当然，在相关测试中，标准答案在所有的备选答案中的位置应该遵循某种随机的程序进行确定。

一个多选题中包含的备选答案数量没有一个固定标准，或者一个测试中包含所有多选题不必都设置相同数量的备选答案。我们通常使用 3、4 或 5 个备选答案，因为这样的数量是一种折中，一方面找到多个合格、合理的备选答案有难度，另一方面又要设置足够的备选答案，以免像是非题那样，让偶然性增大。正如是非题中的情况一样，侥幸不会成为重要因素。

有一些证据（Rodriguez，2005）表明，对于构建准确性最佳的测试，3 个备选答案的有效性可能是最高的。这是因为阅读时间较少（相对于 4 或 5 个备选答案）从而可以增加题量。之前提到过测试题量越大，测试的信度通常就会越高。然而，仅设置 3 个备选答案的确增加了正确答题的偶然性。关于备选答案的最佳数量，其中最重要的考量是所有的备选答案对于回答相关问题是否合理。受测者都不选择的干扰选项是没有价值的，同时减少了测试的区分能力。

干扰选项是多选题出题过程中的最后一部分。构建干扰选项的目的不是让知道答案的受测者误选其中一个干扰选项，干扰选项应该对于准备不足的受测者具有迷惑性。所有的备选答案都应该是相关多选题貌似合理的答案，你应该选用，内容正确但却没能回答相关问题的表述或使用包含常规的词语作为干扰选项。刻板的词语指的是所有测试内容经常使用的词语。准备不足的受测者可能只是因为这些词语看起来比较熟悉所以受到了迷惑选择包含这些词语的干扰选项。如上文所述，选用一个所有受测者都不可能选择的荒诞的干扰选项，这是浪费测试时间。

要注意，标准答案的表述用词不一定比干扰选项更正确。要记住标准答案仅需成为列出的选项中的最佳答案，而不是在任何情况都绝对正确的答案。确保所有的备选答案在表面、长度和语法结构上尽可能地相似，从而避免受测者因正确性之外的原因而选择某个选项。对于备选答案的编写要求与题干相同，保持简单、明了和简洁，避免出现含义模糊，同时始终将读题时间降到最低。如果相关的备选答案之间存在一种自然的顺序（例如日期），请你就按照这种顺序将其列出，消除造成困惑的一个原因。

在不熟悉题目内容的受测者的眼中，各干扰选项看起来必须同样正确。然而，充分理解相关概念的受测者应该能够判断正确的答案。我们希望一道多选题在准备不足的学生眼中是模糊不清（即题目具有外在的含糊性）的。如果准备充分的受测者也觉得一道多选题意思模糊不清，那么这一题就存在内在的模糊性。外在的模糊性是我们所希望的，而内在的模糊性则不是。图 8.1 说明了这两类模糊性之间的区别。

当我们难以编制足够合理的干扰选项时，我们可能会想使用"这些答案都不对"作为最终答案。但是，为了避免困惑，除非设定的标准答案不仅是最佳答案，而且是百分之百正确（如同数学题一样），我们不应该使用这种答案。当所有的备选答案都是部分正确（即使其中一个正确的成分多于其他选项），我们都能将"这些答案都不对"

这个选项当作正确答案，因为所有部分正确的备选答案都不是百分之百正确的。在这种情况下，如果没有"这些答案都不对"的选项，正确成分最多的备选答案就能成为最佳答案，即正确答案。内容为"所有答案都对"的选项存在类似的问题。当不存在百分之百对的选项，并且所有的备选答案都包括一些正确的成分时，我们都可以将"所有答案都对"的选项视为正确答案，但是如果其中一个备选答案的正确成分比其他选项稍多时，受测者就陷入了困境。如果我们使用这类备选答案，请确保我们只是偶然将其作为标准答案（尤其是在测试的开头部分），这样受测者才能认识到这些备选答案可能是正确答案并需要认真思考。

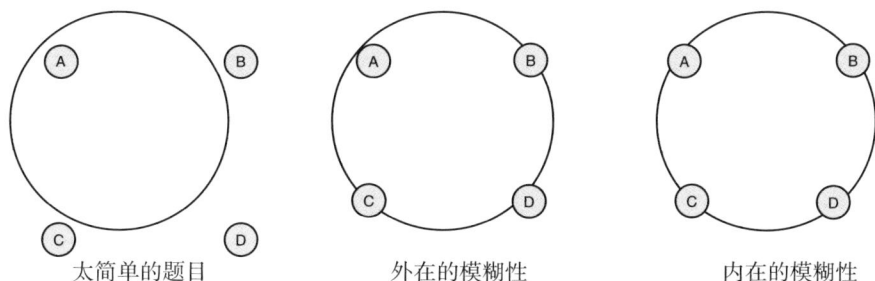

太简单的题目　　　　　　　外在的模糊性　　　　　　　内在的模糊性

太简单的题目	外在的模糊性	内在的模糊性
备选答案 A（正确答案）在一个较大的圆圈范围内，明显可以看出是正确的，而其他备选答案则在该圆圈之外，明显是错误的。几乎所有的受测者都能正确回答这个问题，因此对于受测者没有区分效果。	备选答案 A 是最佳选项，而其他备选答案也是合理的（具有一定的可接受性），同时准备不足的学生将会发现从各选项中进行选择是一件困难的事。准备充分的学生很可能会选择 A，认为它比其他备选答案更佳。	虽然备选答案 A 稍稍优于其他备选答案，但是我们可以认为所有的备选答案都是正确的。对于准备充分和准备不足的学生来说，这类问题的意思都是模糊不清的，因此对于学生很可能没有区分效果。

图 8.1　外在的模糊性和内在的模糊性之间的区别（上述每一例的标准答案都是 A）

　　提示　最理想的情况下，受测者回答多选题时只有知道答案才能正确回答，不知道答案则答错。然而，两个因素可能对这种情况产生负面影响。受测者可能通过瞎猜写对答案，我们没有办法来判断正确作答反映的是受测者具备较高的知识水平还是运气好。然而，从长远来看，每个人走运的机会是相等的，我们可以通过数学方法来说明偶然性因素产生的影响。第二个同时也是更重要的因素是多选题或测试本身包含的提示信息。因为并非所有的受测者都同样擅长发现提示信息，所以它们造成的影响并不像偶然性因素造成的影响那样具有可预测性。消除这种问题的唯一方法就是消除各种暗示。

　　有些暗示是非常明显的，有些则不太明显。举例来说，通常我们能够轻易地发现题干和正确的备选答案中都使用了某个关键字，或者标准答案是唯一一个在语法上与题干一致的选项（例如，题干要求复数形式的答案，而除了一个备选答案是复数形式之外，其他选项都是单数形式）。测试构建者常常较难发现谐音字，即发音很配的多个字，但是受测者能够从中迅速获得线索。我们建议使用常用的字或短语，以此让干扰选项发挥迷惑作用。然而，不要在正确答案中使用这些常规的字或短语，因为准备不足的学生可能选对标准答案，不是因为自己知道它是正确，而是因为该选项让人感觉是对的。

在提问的过程中，测试构建者可能不小心透露了信息，为测试中的其他题目提供了答案。这样的连锁问题为善于应付考试的受测者提供了线索。尤其是在你从题库中选择多个问题，或者在后续的一个测试中增加新问题或修改老问题时，很可能出现这种情况。要避免出现这种连锁问题，测试编写完成之后，立即通读整个测试题目。

变化形式　多选题有多种变化形式，可以满足多种特定情况的需求。例如，如果一套相同的备选答案适用于多个问题，分类题就是一种有效的多选模式。下面是一个分类题的例。

请你分别指出 89 至 92 题中使用的一句话或一个短语所描述的测试最像哪种类型？每一题的备选答案如下。

a. 如果我们描述问答题测试。

b. 如果我们描述是非题测试。

c. 如果我们描述配对题测试。

d. 如果我们描述分类题测试。

e. 如果我们描述多选题测试。

89. 出题的难度在于找到足够相似的字词。（c）

90. 备选答案几乎涵盖了所有可能的种类。（d）

91. 质量的高低取决于受测者阅读答案的技巧。（a）

92. 学生每分钟的答题数量最多。（b）

多选题的另一种形式涉及使用图片或图表。图 8.2 对此进行了说明。

如果涂黑的圆圈代表俯视图中一名网球球员，该球员正在进行正手斜线击球，当网球拍接触网球时，该球应该处于什么位置：A，B，C 或 D？（B）

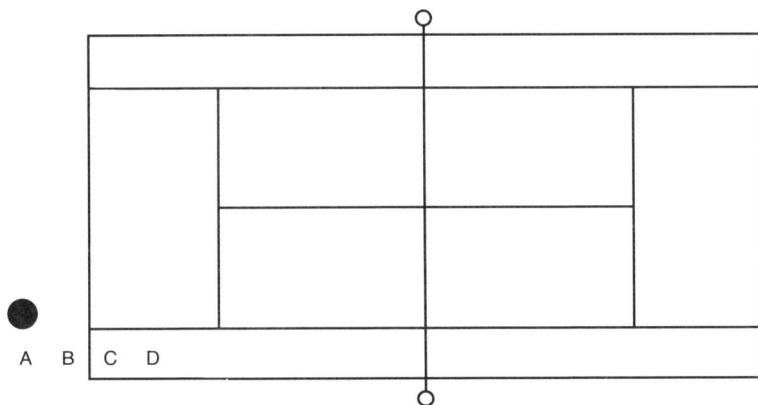

图 8.2 书面测试中使用图表的范例

你可以创造其他各种变化形式来发挥特定的功能，前提是受测者能够明白他们的答题任务。前面介绍的大部分建议将适用于这些不同的变化形式。

评分建议 一般情况下，受测者将多选题的答案写在试卷中，或者写在单独的答题纸上。让学生直接将答案写在试卷中可以稍稍减少误选的概率，同时也方便考试之后的试题讲解。如果出题时选择在试卷上答题，我们可以以将记录答案的地方设置在试卷的边页上，并通过将标准答案覆盖在相对应的每一页面之上，从而加快评分过程。

虽然将答案写在单独的答题纸上对于受测者来说不太方便，但是这样对于评分者却有很多好处。我们使用一份答题纸制作标准答案，可以快速而准确地评分。我们在答题纸的标准答案位置进行相应的打孔。当我们将标准答案覆盖在受测者答题纸上时，我们可以数出正确答题的数量。我们还可以使用可用机器评分的答题纸，让机器和计算机程序来评分和分析。

要点内容 8.4

使用刚刚介绍的这些建议，选择一个话题，编写 5 个多选题。对同学编写的题目提出意见。

关于美式壁球和手球的多选题

★代表问题的正确答案。

合格的问题

注意这些问题都打印成两栏，每一题都完整地出现在同一栏或同一页中。同时还要注意备选答案按照字母顺序排列，并用字母来指代。

1. 如果发球击中站位正确的接球方时，该球被称为什么？

a. 短球

b. 发球失误

c. 失发球权

d. ★死球

2. 双打比赛中第一局有多少个出局？

a. 1

b. 2

c. ★3

d. 4

3. 我们使用下列哪种击球来迫使对手向后场移动？

a. 扣杀

b. 超身球

c. ★高远球

d. 前壁角击球

4. 如果发球方阻止了一个已经击中前壁并且在发球线前弹跳两次的发球，我们将其称为什么？

a. 失发球权

b. 妨碍

c. 发球失误

d. ★短球

5. 如果发球在从前壁反弹的过程中击中发球方，我们将其称为什么？

a. 短球

b. 发球失误

c. ★失发球权

d. 死球

不合格的问题

1. 手球中

a. 发球方出现一次短球和一次妨碍就出局了。★b. 我们可以使用拳头来击球。c. 接球方可以得分。d. 该比赛仅可供两人或四人参与。

题干部分没有提出一个问题，因此受测者必须阅读所有内容才能确定问题的内容。而且，备选答案都混在一起，并且横跨页面打印。

2. 如果发球击中前壁、侧壁、地面和背壁，而且接球方没有将球击中另一侧壁，我们将其称为什么？

1. 好运气 ★2. 得分 3. 911 4. 三击未中出局

所有的干扰选项都不是貌似合理的答案。同时问题部分横跨页面打印，备选答案使用数字来指代，且所有的备选答案都混在一起，并且横跨页面打印。

3. 如果球员阻挡了对手的接球，我们将其称为什么？

a. 得分

b. 短球

c. 扣杀

d. ★妨碍

"阻挡"和"妨碍"代表近义词。大多数的受测者都能在对比赛了解较少或根本不了解的情况下做出正确回答。

4. 如果接发球方在接球的过程中导致球在触碰前壁或地面之前撞击搭档，我们将其称为什么？

a. 妨碍

b. 失误

c. 失发球权

d. ★得分，因为击球撞击搭档是你自己的错

标准答案的用词比其他干扰项更加准确以确保其正确性，这导致受测者在即使不确定该题答案的情况下选择该项。

5. 在美式壁球中什么是最佳击球?

a. 超身球

b. ★顶射

c. 扣杀

d. 上述都不是

"上述都不是"可能妨碍标准答案的准确度,因为在所有的情况中没有绝对的"最佳"。

问答题

要完成一道问答题,受测者必须读题、构思并写出答案。问答题的用途很广,例如要求受测者给出定义,提供解释,做出评价或比较,对比和比较某些概念或其他话题,以及说明各种关系。对于问答题的回答进行准确评分,评价者必须深入了解测试的相关话题。

用途和优势

虽然几乎任何一种类型的问题都能有效地测量受测者组织、分析、整合和进行信息评价的能力,但是,要实现这种目标,问答题相较其他任何一种类型的题目都容易构建。有人说问答题提倡学习归纳方法而不是检验事实,这种说法看似合理,但是还未经或许永远也得不到充分的证明。问答题可以有效测量观点和态度,虽然我们在某个教学单元中很少关心这些方面的测量,但是在研究中可能很重要。我们也常常使用问卷来测量观点和态度。问卷中的问答称为开放式问题。本章的结尾处将介绍有关以问卷作为测量工具的信息。在有些情况下,不论涉及何种思维程序或主题内容,使用问答题目都更有效或更方便。举例来说,构建和批改问答题试卷所需的总时间往往要少于其他类型的问题。

你还应该考虑到自己的个人喜好。如果你对自己构建和批改问答题的能力有信心,而对于使用其他类型的问题信心不足,那么也许更应该使用问答测试。然而,你应该注意问答题的不足之处,以及我们可以使用哪些方法可以消除这些不足或使不足最小化。最后,如果构建测试的时间安排较紧,而用于批改的时间则很充沛,那么选用问答测试较合适。

不足之处

如果我们使用问答题来测量成绩,即使经过精心准备和使用有效的评分方法,至少会出现 3 个问题。

无法获得范围较大的成绩样本　由于组织和书写答案需要时间,因此我们并非总能在一个测试中设置足够多的问答题来测量每项内容和教育目标的完成情况。因此,缺乏了一些内容效度。我们可以构建权重明细表,摒弃几个需要大篇幅作答的问题而选用多个需要简单回答的问答题,同时提高测试频率从而减少每次测试的测试量。

评分过程中的不一致性 问答题最严重的问题在于评分过程的不可靠性。不仅正确批改问答题目耗费大量的时间，而且多个因素导致评分结果的不一致性。因为受测者在回答问答题时具有自由性，我们常常必须做出判断，有时是通过主观判断相关受测者是否达到某个目标。如果我们精通测试主题，并且明确表达每个问题要求受测者完成什么任务，我们可以降低（虽然不能完全消除）主观性。同时，在批改问答题之前，构建一个评分规则（参见第 14 章）作为评分指南，这样可以有助于消除不一致的评分。

另一个问题是光环效应，或者以偏概全，受测者的得分中的一部分反映我们对该受测者的总体看法。如果一名受测者对某个测试的其他大部分问题都答得很好，或者过去给我们留下了较好的印象，那么我们在批改一题时会给出较高的分数，这就是一例光环效应。我们可以设计一套加密系统，确保受测者的名字不出现在答题纸上，并在批改试卷时逐题地批改所有试卷而不是逐份批改，这样我们就能减少这个问题带来的影响。

例如，字迹、拼写和语法等内容可能对于问答题的评分产生正面或负面的影响。除非这些内容是相关测试的具体目标，否则考试分数不应该反映这些因素，影响分数的因素只应该是受测领域的成绩。

分析测试有效性存在困难 构建、实施和批改一个测试之后，我们会想分析该测试在希望测量内容方面的表现如何，尤其是我们今后再次使用该测试。分析一个测试通常要求获得相关信息，例如总体的信度、效度、测试的客观性以及测试单个题目的优缺点。虽然我们可以而且应该能够对问答测试就以上特征进行调查，但是问答题并不像客观题那样可以方便地进行这种调查。

构建建议

以下关于构建问答的 8 个建议将帮助你克服问答题评分相关的一些不足和问题。

· 编写问题应该明确表明回答该问题所必需的思维过程。一个问题的目标可能是判断受测者是否已经掌握事实性的材料（例如规定的网球场的外围尺寸是多少），弄清楚一名学生将所学知识应用于新情况的能力水平［例如如果我们改变规则，将推铅球圈升高 2 英尺（约 61 厘米），在所有其他因素保持不变的情况下，这种做法将增加还是减少铅球的飞行距离］，或者评估受测者以合乎逻辑的方式组织答案的能力（例如探究公立学校体适能测试从克劳斯和韦伯腰部测试（Kraus and Weber Low Back Test）向美国青少年体适能健康测评系统（Fitnessgram）发展的历程。受测者应该能够通过问题的表述方式来分辨所需答案的种类。

· 不要使用需要长篇作答的几个问题，改而选用多个需要简答的问答题。这种做法通常会产生两个积极的结果：知识的取样范围更宽，同时测试包括相对较为具体的问题，通常能够提高评分信度。

· 编写问答题时明确指出受测者需要完成的任务。在测量教育成绩时，避免询问观点。编写问答题时使用解释如何、比较、对比和提出支持和反对的理由等词语来开始提问。问答题的开篇不要使用讨论、你如何看待或写出你所知道的一切有关等词语。同时，除非提问的目的是测量相对事实性较强内容的掌握情况，否则问答题的开篇不要使用列出、人物、地点或时间等词语。

· 制定准则指出所需答案的范围。在问题中设置限定性的因素："通过文字和图表来说明，健康相关的体适能与在校的学习成绩如何发生联系"或者"作答范围仅限团体比赛项目，比较……"。我们还可以通过其他方法来表明作答的深浅程度，其中包括指定作答的时间、最佳答案所需的字数，或者在相关问题旁边的空白处注明该题的分值，或者限定作答的空间大小。然而，为了让每位答题者都有足够的空间作答，为每一题设置不同的答题空间，可以为写字大的受测者提供足够的空间。

· 为自己准备好问题的最佳答案。因为这样要求我们清楚地认识我们希望通过问题来测量的内容，常常可以发现问题中存在的模糊不清的内容。如前所述，这种做法还可以提高评分过程的可信度。

· 避免使用选答问答题。如果一个问答测试旨在测量一组接受相同教学的学生的达标情况，每个学生都应该必须回答相同的问题。如果学生可以选答，测量的共同基础就不存在了。选答题增添了另一个变量，并且增加了成绩评价的不准确性。

· 避免要求学生们表达他们的观点。虽然这种做法的目的是依据学生作答提供的实质性的论据来对每个回答进行评分，但是我们却难以将观点与事实分开（并且谁来判定哪种观点最好？就像你所想象的那样，一般来说老师的观点被认为是最好的）。

· 说明答题的大致字数要求（例如 50 个字或 150 个字）或者每题的答题时间（例如 5 分钟或 10 分钟）。

评分建议

有些做法可以降低问答题评分过程中固有的一些不可靠性。其中几个程序与前面的构建建议相关或源于后者。

· 提前确定我们希望通过问答题来测量的内容。如果一个问答题旨在测量知识的运用，就以知识的运用来评判该题的回答，而不以答案的组织、拼写、语法、卷面的整洁或其他标准作为评判依据，忽略与问题目标不相关的因素。

· 提前准备的最佳答案作为评分参考。如果我们需要对回答进行独立评分，这一点尤为重要。

· 确定评分方法。使用以下 3 种系统之一。

　　· 分析式评分要求找出答案中提供的具体事实、要点或观点，并逐项给分。获得满分的回答必须包括最佳答案中出现的所有具体内容。如果相关问题的目的是测量学生是否掌握了事实性的内容时，这种评分特别有效。

　　· 全局性评分要求阅读答案并将获得的总体印象转化为一个分数。从理论上来说，总体印象取决于回答内容相对最佳答案的完整度。在 3 种评分方法中，这种方法的主观性最强，同时也是最有可能受到外部因素影响的。

·相对评分要求阅读所有学生对同一个问题的回答，并将所有试卷按照回答的优劣进行排序。为此，我们可以建立几大类（例如好、中和差；或者优秀、中上、中等和中下）并将每个回答归入其中一类。我们可能必须进行第二次、第三次以及更多次的阅读将同一类的试卷进行排序，偶尔我们可能将一份试卷从一类转为另一类。最终结果是将所有的试卷依据回答的正确程度进行排序。经过分类之后，我们可以给每个回答评分。我们不必将最佳回答评为 A 或将最差的试卷评为 F；每个回答与最佳答案的对比结果也应该影响我们的评分。将回答进行这样的排序提高了评分程序中的一致性，如果问题的目的在于测量较为复杂的思维过程，那么这种做法尤为有效。对于其余的每一题都如法炮制。

·制定一套体系，使我们不知道所批改的试卷是哪个学生的。受测者可以在一张纸上某个编号旁边签名，该编号与他们试题册的编号相对应，或者他们可以使用只有他们才会认识的独特的设计图案或图形来标记他们的试卷。将每个答案记录在一张单独的纸上也能消除因看到前一个回答获得的分数而形成的偏见。如果多个回答的确出现在同一张答题纸上（如果要求简答时将会出现这种情况），在单独的一张纸上记录每一个回答获得的分数，这样有助于消除光环效应。如果我们对测试进行重新评分以检查可靠性，该程序也能发挥作用。第二个阅卷者，可以是也可以不是我们本人，不会受到此前得分的影响。

·一次仅批改一题的所有回答，而不是批改一份完整的答卷。如果我们使用全局性或对比评分方法，这种步骤是必需的。虽然分析型评分没有此项要求，但是这种做法通常可以实现一致性最高的评分，因为如果没有其他问题回答的干扰，我们可以更容易地将一题的所有答案进行比较。

·安排进行相关问题的第二次评分。要确保问答题测试的有效性和客观性，这要求我们对于每个回答进行两次评分，并对两个分数进行比较。最理想的情况是，要评价相关测试的信度，这两个分数应由两名评分者评出，从而确保评分的独立性。关于客观性为何是信度的一部分以及客观性实际上为何是对不同评分者之间信度的测量，你可以回顾第 6 章的内容。如果可能安排另一个精通测试所包含的相关领域的人来对回答进行评分，请为该评分者提供相关问题的最佳答案，以便所得的分数有一个共同的评分标准。然而，如果找独立评分者不可行，那么你可以进行两次评分，其间可以相隔一周，以此提供一些证据来证明所用评分程序的一致性。至此我们应该明白，构建一个可靠的问答题测试并对其进行评分可能枯燥乏味且耗费时间。然而，为了对受测者公平起见，如果我们使用问答题测试目的是测量认知目标，那么我们应该遵循本章介绍的相关程序。

实施测试

　　我们已经注意到，测试中涉及一些潜在的问题。在考试前和考试中，有些受测者的焦虑水平可以超过合理的水平，在考试过程中可能出现作弊，同时在考后，受测者知道自己成绩的时候，他们可能感到耻辱或骄傲。然而，这些不好的情况并非是不可避免的。这里我们给你提供一些建议，这些建议将帮助我们消除或减少考试常常出现的不良现象。虽然书面测试和所用的评分程序对于这些现象会有一些影响，但是实施测试本身对于这些问题在测试期间和测试前后是否会出现，产生的影响最大。

测试前

　　·帮助受测者准备相关测试。总体来说，提前通知的测试相对于突袭式的测试给受测者造成的焦虑较小，同时与学生们一起讨论即将开始的某项测试的内容可以有助于减少他们的担忧和恐惧。在成绩测试中设置事先没有教过或学过内容的试题，这是不符合逻辑的（或者说是不道德的）。受测者担心的问题包括总的测量范围、每一个方面大致的测试时间、问题的种类（例如问答题和多选题）以及测试的题量。一个书面测试，如果编写得当，应该能够准确反映相关教学单元的目标。我们难以想象不告知受测者这些目标这样一种情况。

　　·消除有些善于应付考试的受测者可以利用的有利因素。本章前面介绍了多种测试构建技巧，我们可以选择正确的测试构建技巧（避免透露语法信息、具体的限定词、相互关联的内容等），并且为受测者提供答卷建议。例如，我们可以向受测者提供如下建议。

　　　　·你要明白一份合格测试测量的所有内容不可能通过考前一夜全都学会。你考前应该复习，而不是学习。

　　　　·在开始答题前认真阅读题目说明。了解测试的评分方法。注意（a）所有的问题是否都有相同的分值；（b）分数中是否考虑卷面整洁、语法和文字组织；（c）是否应用猜测纠正方法。

　　　　·把握答题速度。

　　　　·问答题下笔答题前应该先构思。

　　　　·做到经常检查自己的答题是否在答卷的正确位置。

　　　　·如果时间许可，应该检查一遍回答内容。

　　·请在答卷技巧要点方框中参见答卷技巧综合一览表。

　　·考试说明的内容如果不同寻常或所需时间较长，那么应该在测试开始之前进行。这样做不仅可以节省考试当天的时间，而且可以让受测者尽快开始答题。事先进行说明可以减少焦虑情绪堆积的时间，尤其是对于那些感到时间紧迫的人。

　　·复印试卷之前审校测试内容。审校有助于确保每个受测者都将拿到一份没有印刷、拼写和其他错误的内容清晰可辨的试卷。同时，审校还能消除或减少在测试中因清理这些错误所耗费的时间。

·进行模拟测试减少受测者的焦虑情绪。

测试中

·安排一种有效的方法来收、发试卷。如果参加测试人数不多，通常不是问题。然而，如果60个左右的受测者分坐于一个大考场中，我们有必要使用一个高效的发卷程序，确保所有的受测者都有大致相同的时间来完成相关测试，同时一个高效的收卷程序对于测试内容的保密至关重要。

·帮助受测者把握答题节奏。为此，我们可以在黑板上写出考试所剩时间，以及对于受测者此时应该正在解答的进度进行粗略估计。

·私下认真解答单个受测者提出的问题。为了避免打扰其他受测者，在相关受测者的桌前或在监考老师的桌前回答个人提出的问题。然而，你应该注意你的回答不能给任何一个受测者提供多于其他受测者的答题帮助。

·控制作弊情况。显然，作弊降低了一套测试分数的效度。但是，更让人担心的是，受测者们对作弊者、对不控制作弊的监考者，以及对整个考试都会产生负面的态度。

·控制测试环境。阻碍受测者在书面测试中充分发挥的任何因素都会降低测试产生的一套分数的信度、效度和有用性。虽然我们可以对于其中一些因素（受测者的主动性和阅读习惯）产生影响，但是出题者却不能直接控制它们。然而，我们可以为受测者答题提供充足的照明，消除噪声干扰，保持一个舒适的温度，并提供足够的空间。

测试后

·批改测试并尽快公布分数。当然，这项工作的快慢取决于测试的类型和长度。然而，受测者一般都希望尽快知道测试结果。

·匿名公布测试分数。让每位受测者自行决定是否将其考试分数告知他人。如果我们张贴分数，应该使用一个保密的身份号码系统。

·避免滥用和曲解测试分数。通过遵循本节中提供的各种建议，我们将能够提高我们设计的书面测试的信度和效度。然而，你应该记住没有测试是完全可靠和可信的。因此，我们不要依据单个书面测试的结果来进行重要的决策。例如，我们不应该将两个受测者一分的分差理解成二者之间存在显著的差异。（要认识我们对于某个测试分数的准确性能够抱有的信心水平，我们应该回顾第6章介绍的有关测量标准误差方面的信息。）这种解释是对测试分数的误用。当我们对他人进行评价时，我们应该结合其他形式的测量来考虑书面测试的结果，但是这些结果对于相关评价的影响水平应该完全取决于这些结果的准确性。

答卷技巧

测试准备

· 提前安排时间——安排好学习时间。

· 了解测试时间、地点和方式。询问老师。

· 当在学习中遇到困难或问题时应该请教老师。

· 确保身心处于最佳状态。

· 对待测试，态度应该积极主动。

· 准备好备考学习工具，如铅笔、教材和笔记。

· 通过模拟测试来不断练习。一般来说，对于答卷越熟悉，答卷成绩越高。通常，限定测试的时间可以提高练习的效果。练习与测试之间间隔的时间越短，练习效果越佳。

· 仔细阅读每章的小结内容。关注重点文字和图表。

· 和同学一起学习。

· 避免临时抱佛脚。

· 如果备考问答题测试，我们应该提前设置并解答练习题。

· 如果备考配对题，我们应该弄清楚我们是否可以不止一次地使用某个答案。

· 如果备考开卷测试，使用标签标识特别重要的页面或章节，以便在测试时轻易地找到它们。

· 如果备考回家作答测试，我们应该了解我们可以使用哪些资源来获得帮助。

· 复习所有与课程相关的资料。（但是不要通宵熬夜。）

· 晚上睡个好觉。

· 临近测试前不要饮用大量液体或吃得过饱。

· 提前到达测试区域，同时熟悉周围环境。

· 考前最后一刻不要谈论让人恐慌的问题。即将考试前不要和朋友们交谈。

· 放松。

开始答卷

· 在你觉得舒服的地方坐下。这个地方可以是靠近窗口、接近出口或你在教室中常坐的地方。

· 认真阅读和聆听答题说明。其中包括了重要信息，例如口头指导或更正。

· 了解测试的评分方法，有些题目是否比其他题目分值更高，猜测是否会倒扣分，以及是否考虑卷面整洁。

· 了解考试的时长，同时在考试中注意剩余的时间。

· 在答题之前快速浏览试题，这样我们可以提前安排和判断时间。

· 在答题之前检查试卷，确保我们试卷的页数和题目完整。

· 把握答题节奏，规划好时间，不要为某一题而花费太多时间。

· 专心答题，不要关注考试中的其他人。

· 积极思考。

· 如果不知道答案，我们应该保持冷静，进行合理的猜测。

· 如果遇到不懂的内容，应该请教老师。

· 如果某个问题把你难住了，继续下一道题，回头再来解答难度较大的题目。活动可以减小焦虑。

· 注意考试时间何时结束，以便我们可以检查试卷。

· 不要受其他学生的干扰（例如，他们比自己更早地离开考场或他们提出的问题）。

· 在我们使用一张单独的答题纸答题时，经常检查我们是否在正确区域作答。检查我们是否回答了所有的题目。如果有时间，应该重读问题和我们所写的答案。

· 即将交答卷前，清点我们答题的数量。确保答题的数量与测试题目的数量保持一致。

测试之后

· 写下测试中我们所记得的内容。

· 如果我们认为自己答题情况不理想，应该去找老师一起回顾测试内容。

· 如果你觉得自己的答案是正确的，但却被判为错的时候，应该提出申诉。

分析测试

对于从某个测试中获得的一组分数，要确定我们对其可以抱有多大程度的信心，我们要研究测试的信度和效度。该研究的前提是测试与实际测量相关内容的准确性（效度）和一致性（信度）。一个测试的信度和效度既有总体证据（总的测试成绩）又有具体证据（单个题目的质量）。

信度

如果一个测试完全可靠，那么每个受测者的观察数值将完全代表该受测者在该测试中所取得的真实水平。每个观察值都将是一个真实的数值，没有受到误差的影响。当然，事实上，一个观察数值包括两个部分：真实数值和误差数值（回顾第6章的内容就能想起这个概念）。误差数值可以是正数也可以是负数，即既可以增加也可以降低观察数值。随着观察数值中误差部分的增加，测试的信度将降低。不幸的是，书面测试中存在多个导致误差的因素。

· **取样不充分** 一个试题中出现的问题仅代表可供选择包含无限相关问题总体的一部分。如果所选的样本不能充分代表相关问题的总体，那么就会出现误差。例如，受测者理解某个特定的概念，然而由于测试没有设置相关问题，因此未能得分；或者受测者不理解某个特定的概念，然而由于测试却没有设置相关问题，因此没有失分。该例说明取样的错误可能会降低测试的信度和效度。

· **受测者的身心状况**。疾病、严重焦虑、自负或疲惫等因素都能影响受测者的分数，从而降低测试的信度。

· **环境情况**。照明不佳、温度控制较差、噪声过大或其他任何类似的不定因素干扰了注意力的集中，这些因素可能导致观察数值不能代表真实数值。

· **猜测**。因为每位受测者至少从理论上来说在某个客观测试中进行瞎猜时好运（和坏运）的概率都是相同的，从长远来看，猜测产生的总的效果都将相互抵消，因此不会产生误差。然而，一次测试并不能代表长远的情况，同时因为在一次测试中有些受测者比其他受测者在猜题方面运气更好，从而导致测试的信度可能会出现降低。

· **相关领域中出现的多种变化**。有时导致出现误差的原因不是测量工具，而是受测的相关变量存在可变性。缺乏一个一致的定义（例如，权威人士对于体能的概念存在不同的看法）和受测对象的特征在量上发生上下波动（例如，人们对于身体活动产生的态度可能随着时间的变化而变化）。这些因素导致在一些方面很难构建一个可信的测试。

因此，很多因素可能导致误差的出现，从而降低书面测试的信度。其中的一些因素，我们可以对其进行部分控制。如第6章介绍的那样，我们有多种方法计算出一个系数来表达一个测试的信度，其中每种方法都反映出造成误差的一个或多个因素。如果在测试试题的评分中，1和0分别代表回答正确和错误，那么阿尔法系数（与库德－

理查森公式 20, 即 KR_{20} 完全相同）可用于估计测试的信度。KR_{20} 实际上是所有分半信度系数的平均值，同时也是对测试信度的相对保守估计。使用保守程序来计算出一个满意的信度系数是一个不错的选择，因为使用其他不够保守的程序只能得出一个较高的估计值。我们对 KR_{20} 的定义如下。

$$KR_{20} = \frac{K}{K-1}\left[1 - \frac{\Sigma pq}{s_{total}^2}\right]$$ （公式 8.1）

其中 K 是测试题目的数量，s_{total}^2 是测试分数的方差，同时 Σpq 是难度系数 p 乘以 q 的综合，其中我们将 q 定义为（$1-p$）。我们将在接下来的章节中深入学习 p（难度指数）。

如果我们可以合理地假设相关测试中所有题目都具有相等的难度系数和区分效果，我们可以使用另一种方法来估计书面测试的信度，这种方法就是 KR_{21}。公式如下。

$$KR_{21} = \frac{K}{K-1}\left[1 - \frac{M\left(1-\bar{p}\right)}{s_{total}^2}\right]$$ （公式 8.2）

其中 K 是测试中题目的数量，s_{total}^2 是测试分数的方差，M 是测试分数的平均值，$\bar{p}$ 是平均难度系数，我们将其定义为 M/K。请注意 KR_{20}、KR_{21} 和阿尔法系数之间的相似之处（见等式 6.3）。阿尔法系数实际上等于 KR_{20}。KR_{21} 的信度估计相对较容易计算，但是假设所有题目具有相等的难度指数和区分效果，这种情况实际上极少出现。如果这种假设不成立，那么该公式则低估了相关测试的信度，因此 KR_{21} 公式对于测试信度的估计更加保守。因此，KR_{20} 将始终大于或等于 KR_{21}。使用一个保守的程序求得一个满意的信度系数，这是一个不错的主意，因为使用其他不够保守的程序将只能得到较高的估计值。

要点内容 8.5

一个 60 道题的测试，分数平均值为 45，且标准偏差为 6。使用 KR_{21} 公式来估计该测试的信度。

效度

如果一个书面测试没有测量其应该测量的内容（即使它可能对于测量某个内容具有稳定性），那么所得出的测试分数则没有价值。我们在第 6 章曾说明，信度存在各种不同的类型，同时我们有多种方法可以对于信度进行评估。

对于一个书面测试来说，最重要的一类信度是内容信度。通常，我们可以主观判断单个测试包含的各个题目在多大程度上代表了教学课程所包括的教育和内容目标。通过研究一份测试，我们可以判断该测试对于某个特定情况的内容效度水平。我们应该遵循正确的书面测试构建程序，尤其是使用一个细目表。这将有助于确保我们制定的测试将具有内容效度。另请一名精通测试内容的专家来审阅我们制定的测试题目，这将增加测试内容的效度。

前面关于测试信度和效度的介绍指的是总体测试，但是总体测试的质量是由每一个单个题目的质量所决定的。现在，我开始进行题目分析，这将有助于判断单个题目的质量，以及它如何才能提高总体测试的信度和效度。

题目分析

分析测试试题的回答很重要，有多个原因，这对于不断提高试题以及整个测试的质量尤为重要。每一题的难度水平和区分能力（问题对于区分受测者成绩好坏的能力）是提高试题质量的关键。试题分析也可以通过发现一组受测者、教学方法或课程设置的不足之处，从而改善我们的教学工作。同时，试题分析还能提高我们构建书面试题的技巧。我们进行的大部分举例说明都涉及多选，因为我们有多个有效的方法可以分析多选。如果我们使用可以扫描的答题卡，我们还有多个软件程序可以帮我们计算这些数值。然而，我们可以对于以下将要介绍的题目分析的步骤进行修改使其适用于其他各种类型的客观题，同时我们可以将其涉及的原理应用于大多数类型的问题。下面，我们将介绍进行题目分析的相关程序。

· 第一步：批改测试。

· 第二步：将答卷按照分数从高到低的顺序进行排列。

· 第三步：将答卷分为 3 个小组：（a）高分组，其中包括大约分数较高的 27% 的答卷；（b）中分组，其中包括大约 46% 的答卷；（c）低分组，其中包括的答卷数量与高分组相同。在题目分析中，我们将仅使用高分和低分两个极端分数组的答卷。测试权威人士们建议分析中应该加入尽可能多的回答，同时将回答类型的差异最大化，高分组和低分组每组应该包含 27% 的答卷。总体来说，只要确保高、低分组的数量相同，我们可以选用占比在 25% 和 33% 之间最方便处理的答卷数量。举例来说，如果可供分析的答卷总量为 60，我们可以使用 15 ～ 20 份高分和低分答卷。

· 第四步：清点并记录高分组每一题每个备选项的选择频率。

· 第五步：清点并记录低分组每一题每个备选项的选择频率。

第四步和第五步是试题分析中最耗时间的部分。多个程序可以降低这项工作的单调乏味性。

· 对于每一题使用事先准备好的记分卡。

· 使用计算机来加快记录答案的过程。

· 和其他评分者合作，其中一人读，另一个人记录，或者使用扫描仪让计算机来完成这些步骤。

图 8.3 显示了一例将所得数据进行组织的方法（这些数据源于针对大学体育专业大四学生的一项全国性的标准化考试中的一个题目）。

完成了第五步，我们就获得了必要的相关数据，从而可以计算出每一题的难度指数和区分能力指数。图 8.3 中的数据说明了如何计算这两个指数，以及答题模式所提的修改建议如何能提高一个题目的质量。在本例中，图的左侧包括了问题的初稿以及对大约 185 名受测者进行初稿测试后所得到的数据（此前已进行了介绍）。右侧包含了修改之后的问题以及对 1000 多名受测者进行测试之后获得的数据。

·第六步：计算并记录每一题的难度指数，这是答对该题受测者的百分比的估计值。计算公式如下。

资料来源：体适能手册								主题：体适能								
第一稿：依据大多数权威人士的看法，下列因素中有 3 个因素导致了全国体适能水平的下降。下列哪个因素没有产生这种影响？ A. 寿命的增加 B. 日常生活中必要的体力活动的减少 C. 活动量较少的职业数量的增加 *D. 学校合并情况增多								修改：依据大多数权威人士的看法，下列因素中有 3 个因素导致了全国体能水平的下降。下列哪个因素没有产生这种影响？ A. 老年人数量的增加 B. 日常生活中必要的体力活动的减少 C. 活动量较少的职业数量的增加 *D. 学校合并情况增多							
题号 5	测试：试用 D 版		日期：6/98			*n*=185		题号 25	测试：定稿 A 版		日期：9/00			*n*=1112	
选项	A	B	C	D*	E	省略	难度指数	区分指数	选项	A	B	C	D*	E	省略	难度指数	区分指数
高分组 27%=50	28	2	1	19		0	36%	4%	高分组 27%=300	69	10	5	216		0	53%	37%
低分组 27%=50	24	8	1	17		0			低分组 27%=300	89	52	54	104		1		

图 8.3 以分析题目为目的的一种数据组织方法

$$\text{Diff} = \frac{U_c + L_c}{U_n + L_n} \times 100 \qquad （公式 8.3）$$

其中 Diff 是难度指数，U_c 是高分组中答对该题的受测者的数量，L_c 是低分组中答对该题的受测者的数量，U_n 是高分组的受测者数量，以及 L_n 是低分组的受测者数量（你要记住 $U_n=L_n$）。

研究这个计算公式我们会发现难度指数是受测者答对该题的百分比，因此，指数越高，相关问题越简单。以下这些例子说明如何使用难度指数公式（图 8.3）。我们可以将题目的难度指数与课程的教学目标和学生的学习目标进行对比，以此帮助判断学生们达到了哪些内容目标，以及哪些在还需要进一步加强或可以通过改变授课方法加以提高。

初稿结果：$n = 185$；因此 $U_n = L_n = 185 \times 0.27 = 50$。

修改之后的结果：$n = 1112$；因此 $U_n = L_n = 1112 \times 0.27 = 300$。

只有当一题的难度指数完全等于 50% 时，才能实现区分效果的最大化。如果某个测试中每一题都满足这个标准，那么该测试的平均分数将等于该测试总题量的一半。举例来说，一个 80 题的测试的平均分数将为 40。然而，这种理想状况假设不会出现偶然因素。一个 80 题的多选题测试，每一题都有 4 个选项，随机选择将可能选对 20 题（即 1/4×80 = 20）。考虑到偶然性因素，这个测试的平均分应该为 50。我们通过判断偶然性得分与总分二者的中间分来获得该数值（80 题 – 偶然因素答对 20 题 =60 题；如果一个受测者答对 60 题中的 50%，则该受测者答对 30 题，加上偶然因素答对的 20 题，结果得分为 50）。如果这 80 题中每一题的难度指数为 62.5%，那么该测试的平均分将是 50（80 × 0.625 = 50）。

我们不可能，尤其是在第一次初稿中，编写出的题目的难度指数完全等同于某个既定指数。关键在于让题目具有最大的区分能力，出题中我们应该努力确保半数或稍稍超过半数的受测者能够正确答题。我们还要注意一点：一个题目只有具有中等的难度才能产生最大的区分效果，但是满足这个难度要求却并不一定能够确保会出现最大的区分效果。图 8.4 描述了区分能力和难度指数之间的关系，同时表明随着难度指数在 0 到 0.50 范围内增加，潜在的区分能力也在增加。然而，当难度指数继续从 0.50 增加至 1.0 时，潜在的区分能力将降低。

·第七步：计算并记录每一题的区分指数，这是估计一个题目对于已经按照某个标准进行分类的受测者进行区分的能力。

$$\text{Net D} = \frac{U_c - L_c}{U_n} \times 100 \qquad （公式 8.4）$$

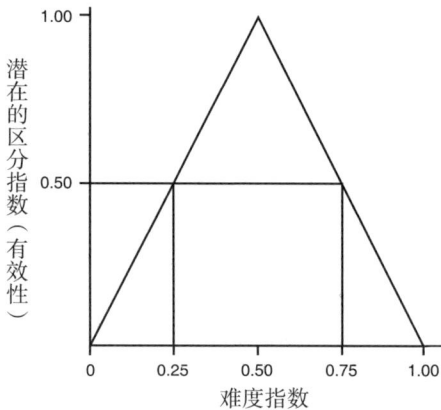

图 8.4　区分指数和难度指数之间的关系

其中 NetD 是区分指数。（注意在分母中我们可以选择 U_n 或 L_n。）人们设计出来的区分指数有将近 100 种，这里介绍的区分指数，又称为 Net D，只是其中一种。最常用的区分指数是相关性技术，目的是量化某个特定题目的得分与标准分数（通常是总的测试分数）之间的关系。然而，我们使用 Net D 因为它计算起来相对较为简单，同时使用的数据与确定难度指数所需的数据相同，解释起来较为简单。以下介绍的几个例子同样也是使用图 8.3 中显示的数据，说明了如何使用 Net D 的计算公式。

初稿结果：n=185；因此 $U_n=L_n$=50。

修改后的结果：n=1112；因此 $U_n=L_n$=300。

通常用于研究某个题目的区分能力的标准是包含该题的相关测试的各个总分。总体来说，受测者如果在整个测试中表现好，那么在相关单个题目中也会表现不错，如果在整个测试中表现不佳，那么在相关单个题目中也会表现不好，我们认为这种题目具有不错的区分能力。如果大约相同数量高分和低分受测者答对了某题，那么我们就称这个题目具备较弱的区分能力或没有区分能力。如果答对某题的低分受测者的数量多于高分受测者，我们将这种题目称为负区分题。区分能力是一个题目的最重要的特征。一个测试只有在其单个试题能够区分受测者的时候才能是可靠的或有效的。

你应该注意，NetD 的数值越高，相关题目的区分能力也就越强，同时还要注意 Net D 的计算公式可能得出一个负数，这个负数说明试题产生了负区分效果。事实上，该公式计算出的数值实际上是一题取得的正区分效果的净百分比，因此得名 Net D。图 8.5 说明了这个概念。

Bill、Kelly、Pete、Alicia、Judy 和 Greg 之间没有出现区分结果，因为他们都答对了相关问题。同样，Fred、Michelle、Dave 和 Stephanie 之间也没有出现区分结果，因为他们都答错了相关题目。

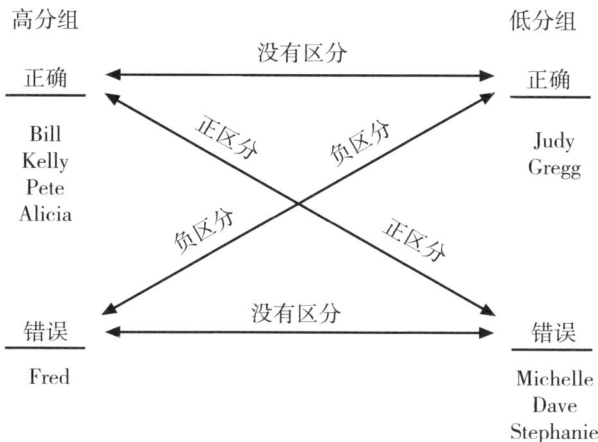

图 8.5　正区分和负区分

因为我们已经根据这些受测者的测试总分将其分成不同的组，我们认为 Bill（Kelly、Pete 或 Alicia）与 Michelle（Dave 或 Stephanie）之间出现的区分效果是正确或是积极的区分。虽然一共出现了 12 个（4×3）正区分。相反，我们认为 Fred 和 Judy 之间出现的区分是错误的或是负区分，因为 Fred 属于高分组，而 Judy 和 Gregg 属于低分组。一共出现 2 个（2×1）负区分。每组中的 5 个受测者最多可以出现 25 个（5×5）区分。在这个 25 个区分中，有 12 个正区分，2 个负区分，以及 11 个零区分。从 12 个正区分中减去 2 个负区分，得出 10 个净正区分。净正区分相对总区分的比例为 40%（10/25）。使用计算 Net D 的公式 8.4，得出相同的数值。

$$\text{Net D} = \frac{4-2}{5} \times 100 = 40\%$$

我们应该将成绩测试题目的区分指数尽量保持在一个较高水平。大部分的测试构建权威人士都认同区分指数不低于 40% 的题目是合格题目。虽然我们可以接受介于 20% 和 40% 之间的区分指数，但是该指数表明我们有必要对其进行修改，尤其是数值接近 20% 的题目。区分指数低于 20%，尤其是区分指数为负的不合格题目应该在今后的测试中去除。

· 第八步：研究答题的模式，从而判读如何才能提高试题的质量。

根据之前基于区分指数来确定保留和去除相关问题的建议，图 8.3 中显示的这个题目的初稿很可能已经遭到了剔除。然而，受测者的答题模式会显示一种可能的解决方法。虽然，通常我们很难弄明白受测者选或不选某些选项的原因，而且判断如何修改相关的选项或题干才能提高题目的质量很难，但是研究受测者答题的模式往往有可能为我们提供一些建议。例如，图 8.3 中显示的这一题的初稿，虽然其中选项 A 是错误的，但是高分组和低分组的所有受测者中有超过 50% 的人选择了该选项。我们对该干扰题进行了修改，改变措辞，结果让标准答案比 A 选项更具吸引力，尤其是对于高分组的受测者来说。这种难度指数和区分指数的积极变化表明改变这个选项可以极大地提高相关题目的质量。

要点内容 8.6

对于一个由 250 名受测者参加的书面测试，要对其进行题目分析，我们需要使用多少份答卷？

要点内容 8.7

高分组 60 名受测者中有 40 人和低分组 60 名受测者中有 10 人都答对某道选择题，请你计算该题的难度指数和 Net D 区分指数。

要点内容 8.8

为了说明一个题目的难度水平与潜在的区分能力之间的关系，请你计算以下 5 题的难度指数和区分指数。

题号	高分组 n=10	低分组 n=10
1	2 人答对	0 人答对
2	5 人答对	5 人答对
3	10 人答对	5 人答对
4	10 人答对	0 人答对
5	5 人答对	10 人答对

表 8.3 显示了难度指数和区分指数的最低值、最高值和期望值。

区分指数为正时，增加测试信度；区分指数为负时，降低测试信度；区分指数为零时，对测试信度没有影响。图 8.6 说明了题目的得分（0 表示错误，1 表示正确）与测试总分之间的关系如何估计该题的区分指数。注意，图 8.6 显示三道题目与总分之间的关系分别产生正区分（a）、负区分（b）和无区分（c）。这些分别造成信度的增加（a）、降低（b）和没有影响（c）。

表 8.3　难度指数和区分指数

	难度指数	区分指数
最低值	0.00（0%）	−1.00（−100%）
最高值	1.00（100%）	1.00（100%）
期望值	0.50（50%）	1.00（100%）*

* 本文中指出，我们认为区分指数数值大约 0.40（40%）是非常合格的且区分效果好。

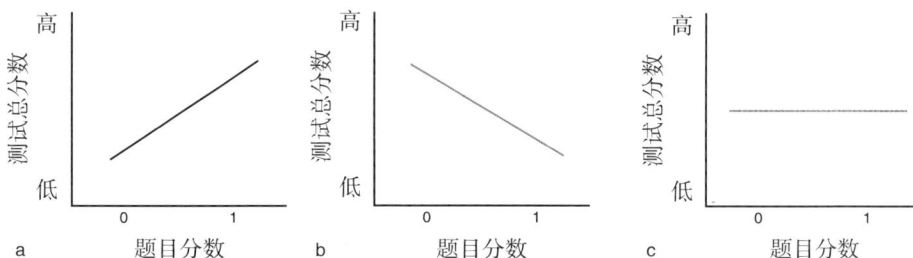

图 8.6　如何使用相关性来估计测试题目的区分能力

书面测试的来源

如果一个书面测试涉及人体表现领域，我们很可能必须创建适合本地使用的测试。一般来说，我们这个学科的书面测试的来源数量相对有限。除了少数例外，一般没有可供使用的全国标准书面测试。

当我们在构建书面试题时，我们可以研究类似测试来获得出题的想法，这种做法通常有助于我们出题。类似试题的来源可能包括专家构建的测试，撰写的教材、期刊、论文。Zhu、Safrit 和 Cohen（1999）出版了一个有关体能知识的测试，该测试在开发过程中使用了本章介绍的很多概念。

问卷和调查

　　问卷是书面测试的近亲。这两种数据收集工具都要求我们对其进行精心设计并认真分析它们所提供的数据。书面测试主要旨在评价学生获取的知识量，以及根据他们的认知行为来对他们进行区分，而答卷一般用于测量主观领域的问题，例如态度、观点和行为。举例来说，我们可能通过调查来判断人们每周进行中高强度体力活动的时间，从而判断他们是否达到了公共健康推荐的运动时间，或者我们可能希望评价人们在接受某套特定的课程学习前后对身体活动的态度。

　　问卷的回答为调查研究提供了自变量和因变量。Cox 等人对于问卷的开发进行了全面说明。Thomas 等人（2015）列出了进行调查研究的 8 个步骤：

1. 确定调查目标。
2. 划定样本界限。
3. 构建问卷。
4. 进行试点研究。
5. 撰写附信。
6. 发送问卷。
7. 后续跟踪。
8. 分析结果并撰写报告。

　　使用问卷收集信息既有优点也有缺点。优点是问卷在费用和时间方面相对高效。因为我们可以同一时间将问卷发送给所有的受访者，所以几周的时间就能完成数据的收集工作。除了邮寄问卷之外，现在人们越来越普遍地使用网络来收集信息。对于书面和网络调查，受访者在地理位置上的跨度可以较大，同时他们可以在自己方便的时候进行回答。每个受访者都拿到完全相同的调查内容。为了让书面或电子问卷取得最佳回答，请你尽量保持调查内容简短而具体。

　　缺点是回复率低，因未能清楚地说明某个问题造成受访者不确定问题的内容，受访者没有回答问题，以及不能确定实际完成问卷的受访者的身份。这些因素降低了通过问卷收集的数据的价值。我们可以通过精心的策划来解决其中一些问题，但是我们永远也不可能完全消除这些问题。

策划问卷

　　现在网络上有无数家在线调查公司。其中许多公司对于客户满意度、教师满意度和教育成果等我们共同关心的问题都有现成的调查方法。这些公司也能帮助我们设计我们自己的问卷，并收集和分析这些问卷所提供的数据。

　　在策划问卷上花费的时间是非常有价值的。在构建问卷之前，我们应该通过研究和制定相关假说来明确该问卷的目的，从而可以具体明确问卷中的相关题目应该获取哪些信息。遗憾的是，我们并非总能认真思考问卷的题目与它们出的题目之间的这种直接关系，从而导致收集了不必要的信息，或者无法对一些假说进行解答，或者二者兼有。为了避免出现这种情况，我们应该问问自己问卷中的每一题到底该如何分析。如果我们对于某个特定的题目回答不了这个问题，我们就应该将其删除。

如同书面测试问题一样，我们难以知道问卷题目在第一次使用时的效果如何。因此我们在问卷定稿之前必须进行几次试点研究。最佳的方法可能是在设计问卷的过程中进行问卷的试点工作。在第一次试运行中，请一些同事研究为受访者提供的说明中可能存在含义模糊、个人特质和问题的题目。解决了这些问题之后，从潜在的受访者群体中抽取一些人作为小样本（一个焦点小组），请他们对问卷的第二稿提出反馈意见。他们的任务不仅要回答问卷，而且还要说明他们遇到的任何问题。然后，我们要解决这些问题，并试图录入并分析所得的数据，以此判断我们是否可以通过问卷获得解答相关假说的正确信息，以及是否存在任何数据录入问题（例如，问题有多个选项，选项内容不合适）。

构建问卷

在构建问卷中我们首先要做的一个决策是选择使用开放式问题还是封闭式问题。开放式问题指的是没有说明回答种类的问题。例如，"孩子们通过参加有组织的体育课程能够获得什么好处？"封闭式的问题指的是那些要求受访者从列出的多个选项中选择一个或多个题目。例如，"小学生们每周应该上几天体育课？答案选项为：1、2、3、4、5。"这两种问题各有优缺点。

开放式问题

开放式问题的优点在于：

· 允许有创意的回答，并且让受访者可以自由表达；
· 让受访者可以自行选择回答的详细程度；
· 可以用于难以确定所有回答类别的情况；
· 如果涉及复杂的问题，很可能比封闭式问题更高效。

开放式问题的缺点在于：

· 不能让每个受访者提供标准化的信息，增加了分析所得数据的难度；
· 需要受访者花费较多的时间，最终可能降低问卷的回复率；
· 有时意思模糊，因为它们试图征集一般性的回答，这可能导致受访者不能确定问题的内容；
· 可能提供不相关的数据。

封闭性问题

封闭性问题的优点在于：

· 便于编码进行计算机分析；
· 产生标准答案，在对受访者进行比较时极易分析和使用；

·受访者通常更加明确问题的意思；

·受访者的任务简单，增加了问卷的回复率。

封闭性问题的缺点在于：

·如果忽略了一个相关的类别，受访者可能会感到懊恼；

·即使受访者不知道答案或没有一个观点，他们也能选择一个类别；

·可能需要太多的类别来囊括所有备选项；

·可能会出现记录错误（例如，受访者想选 C 结果选了 B）。

决定使用何种题型取决于多个因素，例如涉及问题的复杂性、问卷的长度、所需信息的敏感性，以及可供问卷构建和分析的时间。总体来说，如果答案的本质是不连续的定类变量且数量较少时，使用封闭性问题效果最好。我们最常使用封闭性问题来测量性别、教育年限和婚姻状况等描述性信息。在收集敏感性信息时封闭性问题可能有一些优势。例如，涉及年收入问题时，如果问卷要求选择适当的范围（例如 80 000 ～ 100 000 美元）而不是列出工资的具体数额，受访者可能愿意提供相关信息。如果我们构建问卷的时间多而分析问卷的时间短，我们应该使用封闭性问题。开放性问题的构建相对简单，但是当受访者反馈答卷后要进行必要的编码和解释却绝非易事。

有关题目的其他问题

问卷题目必须简洁且避免包含一个以上的内容。不要在一个问题中设置两个问题。例如，"你认为我们是否应该在课程设置中保留或去除体育或音乐课程？"这个问题我们应该如何进行肯定或否定的回答呢？我们应该避免使用意思含糊不清的问题。你想想下面这道题的答案："你认为这样的惩罚合适吗，是或不是？"如果有人回答不是，我们不知道他们认为这样的成分是太轻了还是太重了。为了避免受访者产生误解，我们应该避免使用含义模糊的词语、俚语、口语化的表达以及过长的问题。你务必确保问卷选用的词汇水平适合相关的受访者。你应该避免使用引导性的问题。例如，我们怎样回答下面这个问题："大多数的专家认为定期的中等强度的锻炼有利于健康，你同意这种观点吗？"

影响问卷回答的多个因素

除了问卷本身外，许多辅助材料和技术可能影响我们是否能够通过问卷来收集数据。计算机广泛应用于收集调查数据。然而，这些数据可能仍然存在问题，原因是选择回答问卷的样本可能不能代表我们希望概括的总体，同时因为人们担忧计算机的安全性、身份窃取和隐私等问题，并不是每个人都愿意通过计算机来回答个人问题。

附信

发给受访者的一份材料是附信、说明文字或在线调查，其重要性仅次于问卷本身。这份内容简短的材料承担着描述问卷性质和目标并征求受访者配合的重要任务。如果可能的话，附信或在线调查邀请尽量写的亲切一点（对受访者采用具体的称呼，不要使用"尊敬的先生或女士"），使用一些稍加赞美的表述形式（例如，"鉴于您渊博的知识……"），同时加入受访者认识的相关人士的称赞。此外，我们要确保附信或在线调查内容简短、整洁且具有吸引力。这些出题策略可以提高受访者回复答卷的可能性。

使用计算机发送问卷，其中有一种越来越普遍的做法，即在发送问卷前几天通过电子邮件来提醒相关的受访者，并在该电子邮件中说明他们回答问卷的重要性。这样的介绍性的电子邮件可以代替邮寄问卷中的附信。

问卷回复的便捷性

对于邮寄问卷，我们应该明确说明受访者如何以及何时应该回复问卷。事实证明附上邮资已付且带有回信地址的信封可以提高问卷回复率。如果需要回复的问卷数量较大，我们应该与邮局制定一个欠付邮资的约定，这样做可能对我们有利。根据这个约定，我们只需支付回复答卷的邮资，而不需要支付可能永远都不会回复的回信信封上的邮资。这两种情况下，受访者邮寄的便捷性是相同的。如果我们通过网络来收集信息，我们务必要解答这样的问题，即受访者是否可以中途停下来，晚些时候再完成答卷。

受访者必须能够代表我们取样的总体。我们应该获取相关数据证明样本能够反映总体，同时在某些方面不存在系统性的偏见，这一点很重要。例如，我们选择的受访者，他们的年龄或性别特征看上去是否与最初的问卷发送对象团体一致？

简洁性和长度

从逻辑上来说，在制作问卷和附信的时候，如果我们花些时间使其便于阅读，没有语法错误，并保持干净，那么受访者可能更愿意花时间来进行回答。我们制作的问卷越短，受访者回复的可能性就越大。如果我们是通过网络来收集信息，那么我们必须考虑增加一些方法来表明受访者已经完成了多少，以及还有多少没有完成。

鼓励手段

为了鼓励受访者回复邮寄问卷，人们使用了各种激励手段，例如附上一根铅笔或水笔（这样你们不必找笔）、一分钱（感谢你进行思考）、一美元（买一杯咖啡，一边回答问卷一边喝）或一张彩票（将从回复的答卷中抽取幸运者）。在科罗拉多大学，每年都会选取一些学生，向他们邮寄学生满意度调查问卷，邮件中内附 2 美元的纸币。这种做法是为了增强受访者的责任感。对于有些人来说，他们可能很难做到将钱揣入兜里而把问卷丢进垃圾桶。与邮寄问卷一样，网络问卷常常包含奖励，奖励规定返回调查问卷即可参与相关奖品的抽奖。

时间把握以及截止时间

问卷送达的时间最好不要紧邻重大节日或其他重要活动（例如学年的开始或结束）。上述的科罗拉多大学学生满意度调查，如果送达学生手中的时间为期末考试周，那么它的回复率可能较低。设置一个合理的截止日期应该可以增加回复率。如果受访者在截止日期前一天收到问卷，他们可以轻易地以此为借口选择不完成问卷。如果我们给受访者太多时间返回问卷，这可能导致问卷被放到一边从此销声匿迹。

后续追踪

我们一般认为至少应该完成一个后续追踪程序，这样可以提高问卷的回复率。经过一两次提醒之后，后续追踪程序的有效性一般将会大幅下降。一般程序是发送原始的问卷和附信，等到回复数量寥寥无几时，然后再发出一封信或电子邮件进行提醒。这种提醒可能会增加回复率。如果似乎还有必要采取其他的后续行动，我们通常再发一份问卷和附信；如果仍然没有回复，接下来可以通过电话进行提醒。此外，进一步的后续追踪工作基本上不会产生效果。

分析问卷的回答

我们应该如何分析从回复的问卷中获取的数据，这将取决于问卷所问问题的种类（开放式或封闭式）。开放式的回答要求阅卷者仔细解读每个回答并对于这些回答进行主观判断。阅卷者可能需要列出其中表达的各种观点，并附上它们出现的频率。我们通常可以通过百分比和／或图表等描述性的方式用来将封闭式问题的回答进行制表呈现。对于邮寄的问卷，制作图表要求我们将数据转移至一个电子表格中，该电子表格应与计算此类描述性统计数据的计算机程序相兼容。对于计算机发送的问卷，数据通常可以轻易地转化为相关的电子表格形式。

如果问卷的构建者遵循了前面介绍的问卷规划建议，分析相关数据的方法应该简明易懂。检查相关问题是否有助于获取数据用于评价策划阶段提出的每个目标和假说，这将为我们分析相关的回答指明方向。

问卷信度

我们经常使用第 6 章和第 7 章介绍的程序来证实和估计问卷回答的信度。要估计单个题目的信度，我们必须就同一具体问题至少进行两次提问。然而，对于通过问卷完成的情感和认知领域的分量表，我们可以使用阿尔法系数来估计他们的信度。一个重要问题是相关回答的稳定性。要估计稳定性信度，我们必须对相同的人进行两次或多次问卷调查。确保稳定性信度进行的相邻两次测试之间的时间间隔为 2 ～ 4 周。更长的时间可能导致受访者的观点实际上发生了变化。如果回答中出现的变化反映了观点的真实变化，估计信度将降低。具体使用哪种信度估计取决于所问问题的性质。例如，题目是定类变量（例如你的性别）或定距变量（例如一系列有关态度的问题）。参阅第 6 章和第 7 章学习估计所获答案信度的具体方法。

数据集应用

　　使用某个中、高强度身体活动案例的大数据集，来判断一个要求受访者自述为期 3 周，每周进行的中、高强度身体活动时间的问卷调查得出的结果的阿尔法系数（第 6 章）。这些数据的信度有多高？如果我们获取 4 周而不是 3 周的数据，估计信度将是多少？（回忆一下第 6 章介绍的斯皮尔曼 – 布朗校正公式）我们应该采取什么步骤来估计这些自述报告的信度？

问卷效度

　　一个问卷，与其他任何一种测量工具一样，最重要的问题是回答的效度。受访者真实地回答问题，而不是依据他们认为的社会可接受回答来进行答题。制定高质量的问卷题目，要求专家们对题目进行审阅，进行试点测试，同时确保问卷的保密性和不记名性，这些方法可以提高受访者回答的信度。对于大多数问卷，我们是通过内容相关的程序（第 6 章对此进行了介绍）对其进行验证。然而，我们可以利用其他数据通过多种方法来对受访者的回答进行再确认，从而判断受访者进行了真实的回答。例如，如果某个受访者表明自己在某个选举中支持某个候选人，我们没有办法判断该受访者实际的投票对象。但是，我们可以通过公共档案来确认该受访者是否真的进行了选举登记并在具体相关的选举中进行了投票。最后，受访者的选样对于我们希望概括的总体是否具有代表性，这一点是我们需要考虑的一个重要的验证问题。

　　Booth、Okely、Chey 和 Bauman（2002）在研究青少年身体活动回忆问卷中举例说明了如何估计一个问卷的信度和效度。

测量与评价的挑战

　　为了测量三组学生在每组接受了不同的教学方法的教学之后对基本的统计概念的掌握情况，Kate 在开始研究之前首先制定了一个细目表，然后再依据该细目表来构建一个 60 题的多选题测试。该细目表反映了相关内容的重要性。一开始，她制定了一个 100 题的测试，然后进行了试点测试，接着分析了题目并对每一题和总测试进行了评价。通过使用试题分析，她选择了难度指数和区分指数均较好且总测试的信度较好的 60 个试题。她还请两位在统计学概念方面有着近 20 年教龄的专家对试题进行评价。这些专家提出的建议帮助确保这些题目具有较好的内容效度。

　　我们对于接受不同教学方法的三组中的每一组的学生进行测试。我们将该测试的平均分用作方差分析（第 5 章）中的因变量，以此判断各组掌握的统计学知识是否存在差异。

小结

  如果一个研究项目或人体表现课程设置要求对于认知范畴的目标进行测评，首选的工具通常是书面测试。如果要对态度或观点等情感范畴方面的内容进行测评，我们一般会使用问卷。本章已经介绍了这些工具的策划、构建、评分、实施以及应用结果分析的相关步骤。本章介绍的上述所有步骤重点在于尽可能地提高书面测试或问卷的客观性、信度和效度。

第9章

对成年人的体适能和体力活动测量

艾伦·W. 杰克逊 (Allen W. Jackson)，北得克萨斯大学

概要

学习目标

学完本章，你将能够掌握以下内容。

- 确认并定义与健康相关的体适能包含的要素。
- 确认并定义体适能测试面临的各种风险。
- 使用可靠且有效的方法来测量有氧能力、体成分和肌肉健康状况。
- 确认并使用针对老年人群开发的测试项目。
- 理解对各类人群的体力活动进行可靠而有效的测试存在的相关问题。

测量与评价的案例思考

Jim 刚刚毕业，大学期间主修人体运动学。之前，他一直希望获得教师资格证成为一名教师，但是后来他对健康和健身行业产生了兴趣。他参加基督教青年会的一个分支机构的面试，应聘健身指导员一职。基督教青年会行政主管当时正想开设高质量的体力活动和健身项目，同时还想为所有的会员提供一个有效的体适能测评方案。Jim 认为他的面试进行的不错。他在校的成绩良好，而且在过去两年一直在健身机构从事兼职。主管问他是否具有专业机构颁发的体适能教学证书。Jim 当时只能说自己还没有相关证书，但是非常想获取相关的资格证书。主管让他了解一下他想获得的证书情况，并提供一个成人体适能测量项目的概要。他们将在一周之后再碰面，到时 Jim 应该向主管汇报这两件事的结果。主管最后说："Jim，如果到时谈得顺利，我想我将会邀请你加入我们的团队。" Jim 既兴奋又紧张。因为他能否被录取可能就取决于他给主管提供的回答，所以他必须进行一些研究和思考。

体育和运动科学最重要的目标无外乎提升体适能。体适能这个目标包含多个方面，不同的人对其有不同的理解。心脏病医生对于体适能的定义可能不同于体操教练。不论如何定义和理解体适能，在职业生涯中它对我们的重要性与两个主要因素相关。

1. 许多工业化国家的公民和政府都已经接受这样的观点，即大众应该进行足量的体力活动和健身，因为这样有益健康并让公民可以应对他们可能会遇到的身体挑战。美国政府制定了公共健康目标，主要通过一个名为"Healthy People 2000"的计划来提高体力活动和体适能水平。

美国卫生与公众服务部 1996 年发布的《体力活动与健康：卫生总署报告》是关于体力活动和体适能有益于健康的一个标志性的科学表述。该报告总结了各个年龄段人群通过积极参加体力活动的生活方式获得的生理和心理方面的益处。

为了继续推动"Healthy People 2000"计划的工作，美国疾病控制与预防中心和美国卫生与公众服务部将体力活动和体适能纳入了"Healthy People 2010"计划和"Healthy People 2020"计划。在 2008 年 10 月，美国卫生与公众服务部（USDHSS，2008）公布了《2008 年美国人体力活动指导方针》，为所有美国人提供身体活动建议。这些建议与研究体力活动和健康之间关系的已知证据是一致的。世界卫生组织对于体力活动和健康的立场促使其他国家、政府和机构来推广体力活动和健身。图 9.1 显示了"Healthy People 2020"计划提出的体力活动目标。在 2010 年（基线）和 2020 年（目标），希望将中、高强度的体力活动和力量活动提高 10%，从而改善美国的公共健康。

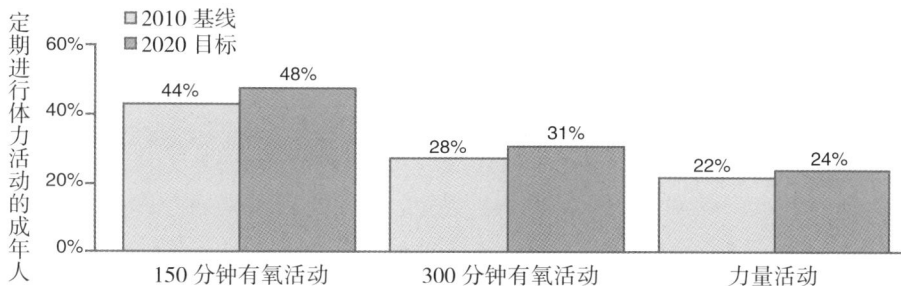

图 9.1　"Healthy People 2020"计划提出的体力活动目标

2. 体育和运动科学领域各职业的根本目的是保持与提高体力活动和体适能，这是培养健康生活方式行为的重要步骤。

2007 年，美国国家运动医学学会和美国医学会启动一个名为"运动是良医"的全国性计划，旨在鼓励健康护理从业人员在为病人设计治疗方案时将锻炼纳入其中。该计划的基本假设是运动和体力活动对于各种疾病的预防与治疗很重要，应该将其视作医疗内容的一部分。"运动是良医"计划的目标是，不论病人来访的目的是什么，医护人员每次接待病人时都应该讨论体力活动行为。

我们这样的专业人士必须知道并理解这些因素以及它们对我们职业的影响。我们可以找到很多有关体适能测试方面的资料。实际上，很多书整篇专门介绍有关体适能训练和测评方面的内容［例如戈尔丁的作品（Golding, 2000）］。本章举例说明了成年人体适能测试以及体力活动水平评估的方法，以及这些方法的可靠性与有效性。

因为体适能涉及多个方面，因此一个有效的定义必须面广而内宽。对于任何人来说，测试的目的和人群这两个因素对于定义体适能都提供了一个框架。我们从表 9.1 中看到，不同的人群可能有很多不同的目标（不同的体适能测试）。不同的体适能定义产生不同的能力或功能水平。举例来说，参加高水平竞技体育运动的人将需要高水平的体适能。体能测评的目标与具体的受测人群相关联。因此，我们可以基于测量对象和测量内容来定义体适能。本章中我们研究的对象主要是身体健康的成年人。因此，

表 9.1　不同人群的体适能活动测试目的汇总

人群	健康相关	运动能力	诊断	军事准备	功能能力
青少年	*	*		*	*
成年人	*				*
老年人	*				*
特殊人群					
精神或身体残疾	*		*		*
运动员		*	*		
病人或伤员			*		

我们将与身体健康相关的体适能定义为改善或获得与改善或提高身体健康相关的身体能力，这些身体能力对于从事日常活动以及应对预期或非预期的各种身体挑战都是必要的。该定义与 Pate（1988）提出的身体健康相关的体适能定义是一致的，该定义得到了美国国家运动医学学会的支持。在本章中，我们将研究与身体健康相关的体适能的各种测试以及基本的功能性能力。

Pettee-Gabriel 等人（2012）提供了一个测评体力活动的框架，并通过体适能（一个特征）测评来区分体力活动（一种行为）测评。该框架包括能量消耗、体适能、体力活动和缺乏运动的行为（表 9.2，该表最先出现在第 1 章）。

要点内容 9.1

思考表 9.1 的内容。一位 30 岁的母亲和一个 17 岁的越野跑者为什么都参加同一项测试来判断他们的心肺耐力水平？

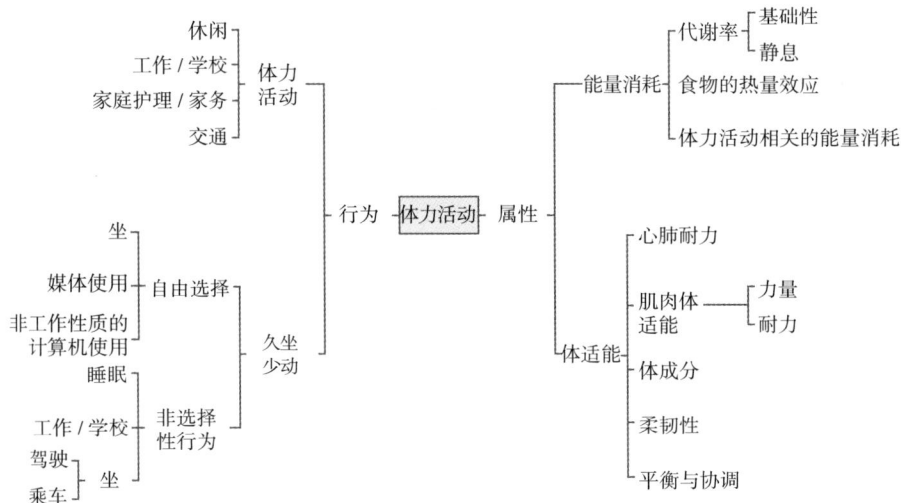

图 9.2 体力活动的框架
源自：Adapted from Pettee-Gabriel, Morrow, and Woolsey 2012.

与健康相关的体适能

美国国家运动医学学会已经指出 3 个体适能因素与身体健康相关，表 9.2 中列出了这些因素，同时本章后面的章节对其进行了定义。支持这些因素与身体健康相关的证据来自于一个名为流行病学的医学分支。流行病学研究的是疾病的发病率、患病率和分布。例如，大多数的流行病学研究都表明积极参加体力活动的人群比缺乏运动的人群患致命的心血管疾病的相对风险要低（Caspersen，1989）。相对风险指的是一个人群相对另一个人群出现死亡或疾病的风险。运动人群，从逻辑上来讲，应该具有较高水平的心肺耐力，即身体摄取和利用氧气进行持续锻炼、身体做功或体力活动的能力。多项研究已经表明死亡率与心血管耐力之间存在负相关的关系（Blair et al.，1989; Blair et al.，1996; Ekelund et al.，1988）。图 9.3 显示了 Ekelund 和同事们的研究成果。

表 9.2　与健康相关的体适能要素和益处

要素	益处
心肺耐力	降低心血管疾病风险以及各种因素造成的死亡风险
	降低一些类型的癌症的发病和死亡风险
体成分	降低心血管疾病、Ⅱ型糖尿病和代谢综合征的风险
肌肉体适能包括肌肉力量、肌肉耐力和柔韧性	降低各种因素造成的死亡风险
	降低腰痛和伤痛的风险
	降低肥胖的患病率和发病率
	降低Ⅱ型糖尿病与代谢综合征的患病率和发病率
	保持或增加骨量
	改善身体姿势和功能性能力
	改善血糖的耐受性
	保持进行日常活动的能力
	增加瘦体重和静息代谢率

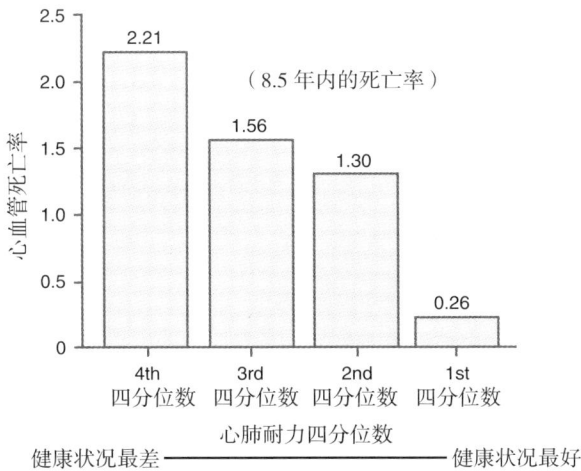

图 9.3　心肺耐力和心血管死亡率之间的关系

@ **可观看视频 9.1。**

心肺耐力表现最差的四分位数人群的死亡率是表现最佳的四分位数人群的 8.5 倍。肥胖人群患有心血管疾病、癌症和糖尿病的比例较高。因此与健康相关的体适能测试中

加入了体成分来对体脂百分比和肥胖率进行判断（ACSM，2010）。肌肉体适能包括
肌肉力量、肌肉耐力和柔韧性，这些都与良好的身体健康状况相关；保持最低的肌肉
适应水平对完成日常活动以及准备应对预期或非预期的身体挑战至关重要（表 9.2）。
研究已经表明在对心肺耐力进行控制的情况下，肌肉力量、肥胖和全因死亡率之间存
在相反的关系（FitzGerald et al.，2004；Ruiz et al.，2008；Jackson et al.，2010）。

确定体适能测评的风险

在成年人体适能测评中，一个重要的问题就是制定不需要医学许可或医生监督的
测试标准。美国国家运动医学学会制定了标准的体适能测评相关的风险规定（ACSM，
2014a）。表 9.3 列出了心血管疾病的主要风险因素。低风险人群最多只有其中一种因素。
加拿大运动生理学会开发了一个体力活动准备情况问卷（PAR–Q）并得到了加拿大公共
卫生署的支持（ACSM，2014a；表 9.4）。个人可以使用该问卷来进行体力活动和体适
能风险的自我筛查。表 9.5 为成年人群体锻炼测试中提供了多项医疗监督建议（ACSM，
2014a）。

在本章的下面章节中，我们将研究可用于测评成年人健康和体适能的一些测试方
法。虽然我们无法介绍每一种测试，但是我们重点介绍了一些较为重要的。首先我们
举例说明了实验室（标准）方法，然后又举例介绍了场地或替代测量方法。由于后者
更便于实施，因此使用频率更高。场地测试，从本质上来说，效度低于实验室方法。
我们应该注意这种效度的下降，同时在使用场地测试时应该加以注明。

表 9.3　心血管疾病的主要风险要素及其分类

风险要素	指标情况
家族史	父亲或兄弟：心血管疾病 <55 岁 母亲或姐妹：心血管疾病 <65 岁
年龄	男性 ≥ 45 岁；女性 ≥ 55 岁
吸烟	仍在吸烟或最近刚戒烟
高血压	收缩血压 ≥ 140 或舒张血压 ≥ 90
血脂异常	总胆固醇 ≥ 200 毫克 / 分升 或 HDL<40 毫克 / 分升 或 LDL ≥ 130 毫克 / 分升
前驱糖尿病	空腹血糖 ≥ 100 毫克 / 分升
肥胖	BMI ≥ 30；或男性腰围 >102 厘米，女性腰围 >88 厘米
久坐的生活方式	3 个月来的中等强度的体力活动，每周运动次数低于 3 天，每天不足 30 分钟
风险分类	**状况**
低风险	无症状的男性或女性，且存在的风险要素不超过一个
中风险	无症状的男性或女性，且存在不少于两个风险要素
高风险	有症状，或是已知患有心血管、肺部或新陈代谢疾病的患者

注意：HDL= 高密度脂蛋白；BMI= 体重指数；LDL= 低密度脂蛋白。
源自：Data from American College of Sports Medicine 2014, *ACSM's guidelines for exercise testing and prescription*, 8th ed (Philadelphia: Lea & Febiger).

表 9.4　体力活动准备情况问卷

大家将在加拿大运动生理学会制定的 PAR–Q 中发现此类问题		
是	否	问题
		当你进行体力活动时是否感到胸部疼痛？
		在过去的这个月中，当你没有进行体力活动时是否出现过胸痛？
		你是否因为头晕而失去平衡或是曾经失去意识？
		目前你的医生是否给你开药，例如控制你的血压或是治疗心脏问题？

源自：Data from Canadian Society for Exercise Physiology and Health Canada.

表 9.5　需要运动压力测试、医学检查和医疗监督的症状

风险分类（表 9.3）		低风险 <2 个风险要素	中风险 ≥ 2 个风险要素	高风险 存在疾病症状或 已知患有疾病
运动前体检	中等强度运动	否	否	是
	高强度运动	否	是	是
运动前运动测试	中等强度运动	否	否	是
	高强度运动	否	是	是
如果进行运动测试，对其进行医疗监督	次最大强度测试	否	否	是
	最大强度测试	否	否	是

源自：Data from American College of Sports Medicine 2014, *ACSM' s guidelines for exercise testing and prescription*, 8th ed. (Philadelphia: Lea & Febiger).

体力活动或体适能？

　　"Health People 2020" 计划和《2008 美国人体力活动指导方针》分别制定了与体力活动过程或行为增加相关的远期和近期目标，但是这些目标却并未明确指出体力活动、体适能（与健康相关的体适能）的结果。在本章中，我们将要研究如何可靠而有效地测量体力活动和体适能。图 9.4 说明了体力活动和体适能与疾病和死亡之间的关系。体力活动和体适能水平增加都会降低患病和死亡风险，然而，体适能水平的增加影响更大。

　　出现这种差异的原因可能有两种。

　　·体适能可能与慢性疾病以及这些疾病造成的死亡之间存在更大的负相关。

　　·体适能的测量比体力活动行为的测量更加可靠和有效。测量体力活动会存在较大的误差。因此，在研究中准确测评体力活动和健康结果之间关系的难度大于体适能与相同的健康结果之间的关系。

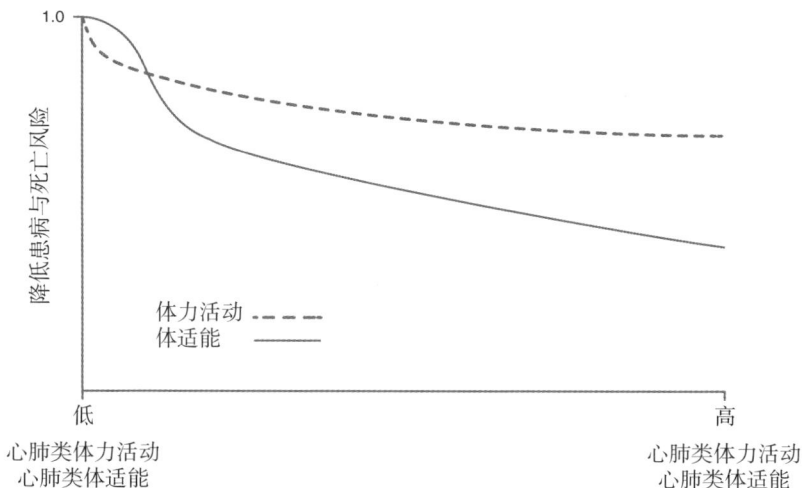

图9.4 体力活动和体适能对于降低患病与死亡风险的影响

测量有氧能力

前面提到，体力活动和心肺耐力与心血管疾病的风险有关系。运动生理学家认为，心肺耐力这个概念指的是一个人的有氧能力或有氧功率，即在体力活动中为运动的肌肉提供氧气的能力。

实验室方法

实验室和临床环境下的体适能测评需要昂贵且先进的设备以及严格的测试方法。从测量的角度来说，这些测试通常是标准参考测试。

测量最大摄氧量

测量有氧能力唯一的最可靠且有效的方法就是最大摄氧量（ACSM，2010；Safrit et al.，1988）。最大摄氧量测量的是一个人在力竭性运动中能够消耗的最大氧气量。

在最大摄氧量的实验室测试中，参与者通过跑台、功率自行车、台阶凳、游泳水槽或手摇装置（图9.5）等来进行最大运动测试。每个参与者都必须按照某个具体的流程进行运动直至力竭。我们将使用一个气体分析系统来监测参与者在运动中呼出的气体。大多数的现代化的运动生理实验室都会使用一个自动计算机化的系统程序。

许多研究为我们提供了各种各样的用于判断最大摄氧量的运动方案，所有这些方案都关注参与者运动到力竭水平的功率增量（ACSM，2014a）。当功率的增加没有带来耗氧量的增加（即摄氧量达到稳定状态）时，参与者达到了最大摄氧量。出现最大摄氧量的其他迹象包括呼吸换气率（PER）大于1.1以及心率接近依据年龄预测的最大值。当这些生理指标没有出现时，在测试中测出的最大摄氧量被称为峰值耗氧量。

峰值耗氧量与最大摄氧量存在密切的关系，它是测量参与者有氧能力的一个有效指标。Blair 等人（1989）的研究表明，对于多个年龄阶段的成年女性和男性来说，降低患病和死亡风险所需的最低水平的最大摄氧值分别为 31.5 毫升 /（千克·分）和 35 毫升 /（千克·分）。表 9.6（Sui et al., 2007）提供了降低各具体年龄段人群患心血管疾病风险所需的最低水平的最大摄氧量值。图 9.6 显示了确定最大摄氧量的鲍克跑台测试方案。表 9.7 提供了最大摄氧量常模参考。

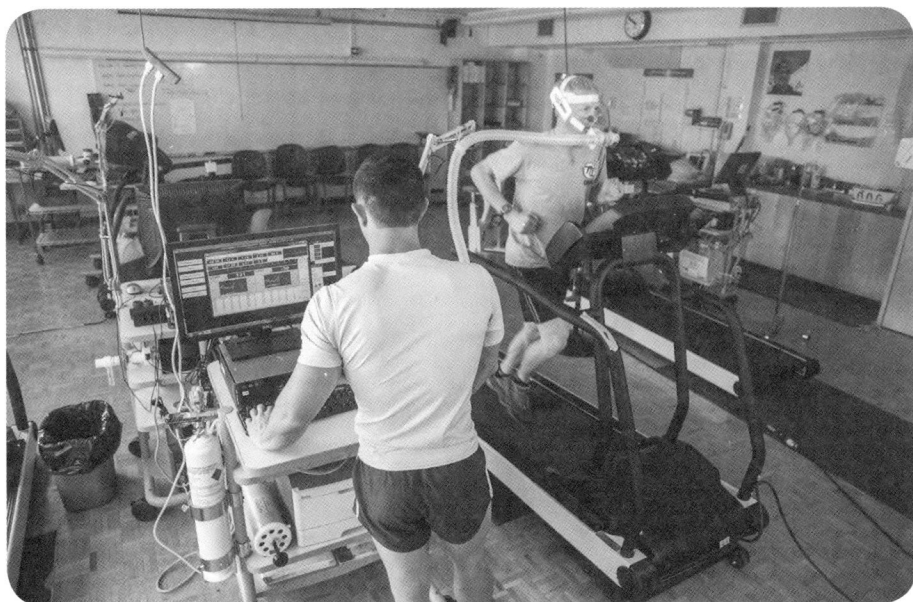

图 9.5　最大强度运动中气体交换的分析

表 9.6　降低患病和死亡风险所需的最低水平的最大摄氧量值

性别	年龄组			
	20 ～ 39 岁	40 ～ 49 岁	50 ～ 59 岁	60 岁以上
男	36.4	34.7	29.8	25.2
女	28.7	26.6	23.5	20.3

注：单位为毫升 /（千克·分）。

要点内容 9.2

根据表 9.7 提供的测评规范我们希望达到何种水平的最大摄氧量呢？

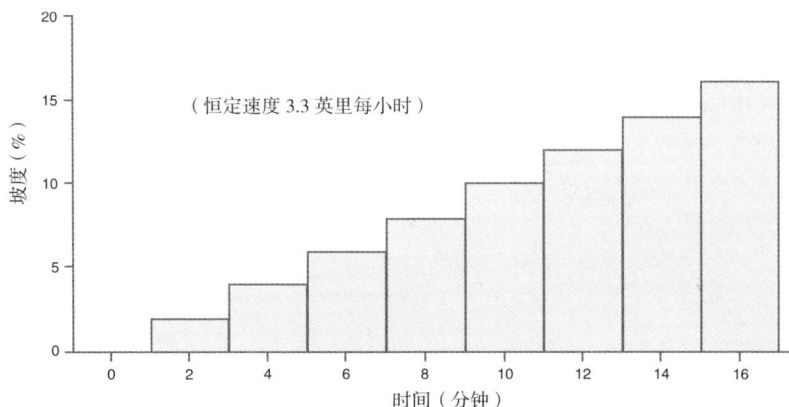

图 9.6 鲍克跑台测试方案

表 9.7 男性和女性最大摄氧量常模参考

	年龄（岁）					
男性评分	**18 ～ 25**	**26 ～ 35**	**36 ～ 45**	**46 ～ 55**	**56 ～ 65**	**66+**
优	65 ～ 100	60 ～ 95	55 ～ 90	49 ～ 83	43 ～ 65	38 ～ 53
良	53 ～ 60	50 ～ 55	45 ～ 49	40 ～ 45	37 ～ 40	32 ～ 34
高于平均水平	48 ～ 50	44 ～ 48	40 ～ 43	36 ～ 39	33 ～ 35	29 ～ 31
平均水平	43 ～ 45	39 ～ 42	36 ～ 38	32 ～ 35	30 ～ 32	26 ～ 28
低于平均水平	38 ～ 42	34 ～ 38	31 ～ 35	29 ～ 31	26 ～ 28	23 ～ 25
差	32 ～ 36	30 ～ 33	27 ～ 30	25 ～ 27	22 ～ 25	20 ～ 22
很差	20 ～ 30	15 ～ 27	14 ～ 24	13 ～ 24	12 ～ 21	10 ～ 18
女性评分						
优	59 ～ 95	58 ～ 95	50 ～ 75	45 ～ 72	40 ～ 58	34 ～ 55
良	50 ～ 56	48 ～ 53	42 ～ 46	36 ～ 41	33 ～ 36	29 ～ 31
高于平均水平	44 ～ 47	43 ～ 45	37 ～ 41	32 ～ 35	30 ～ 32	26 ～ 28
平均水平	39 ～ 42	37 ～ 41	33 ～ 36	29 ～ 31	26 ～ 28	23 ～ 25
低于平均水平	35 ～ 38	34 ～ 36	29 ～ 32	26 ～ 28	23 ～ 25	20 ～ 22
差	30 ～ 33	28 ～ 32	25 ～ 28	22 ～ 25	19 ～ 22	17 ～ 19
很差	15 ～ 27	14 ～ 25	12 ～ 24	11 ～ 20	10 ～ 18	10 ～ 16

注：单位为毫升 / （千克·分）。
源自：Data based on Golding 2000.

预估最大摄氧量

虽然最大摄氧量是测量有氧能力的标准方法，但是由于该方法需要昂贵的测量设备、力竭性运动以及消耗大量的时间，测量难度较大。因此，运动科学领域的研究人员已经开发出了可靠且有效地估计或预测最大摄氧量的多种方法。这些估计数值是从最大或次最大运动表现或次最大心率的测量值计算而来；使用的运动方案和设备与之前讨论的内容相同或相似。

最大运动表现　我们可以通过跑台最大强度运动测试的最长运动时间来准确估算最大摄氧量（Pollock et al.，1976）。虽然该方法需要进行力竭性运动，但是它不需要对呼出的气体进行测量。因此，测试内容得到极大的简化，同时也不必使用气体测量设备。文献报道的最大摄氧量和最长运动时间之间的相关系数超过了 0.90。Baumgartner 等人（2016）为多个跑台测试方案提供了最长跑步时间所对应的最大摄氧量的估计值。

次最大强度运动测试　通过次最大强度运动估计最大摄氧量的依据是心率、运动量和最大摄氧量之间存在线性关系。这类估计是基于次最大强度运动测试对于运动的要求低于最大强度。如图 9.7 所示，有氧能力好的参与者相较有氧能力较差的参与者有着更高的最大摄氧量（二者的最大心率都是每分钟 200 次）。在图 9.8 中，我们看到每个参与者在固定的次最大心率（每分钟 160 次）水平上可以完成的运动量存在差异。

我们可以使用多个运动测试方案来估计最大摄氧量（ACSM，2014a）。这些估算值都是基于运动量、心率和耗氧量之间的线性关系。一个经典的方案名为 Åstrand - Rhyming 列线图（Åstrand and Rhyming，1954）。该方案最初是一个功率自行车测试，它通过调整运动量和心率反应来预测最大摄氧量。Baumgartner 等人（2016）将列线图转化成了一个方程式，我们可以在功率自行车或跑台测试（Jackson et al.，1990）中使用该公式来估算最大摄氧量，这样我们就可以使用计算机来计算预测的有氧能力。美国国家运动医学学会（ACSM，2014a，2010）和基督教青年会（Golding，2000）对用于预测最大摄氧量的跑台和功率自行车测试方案进行了详细描述。

@　可观看视频 9.2。

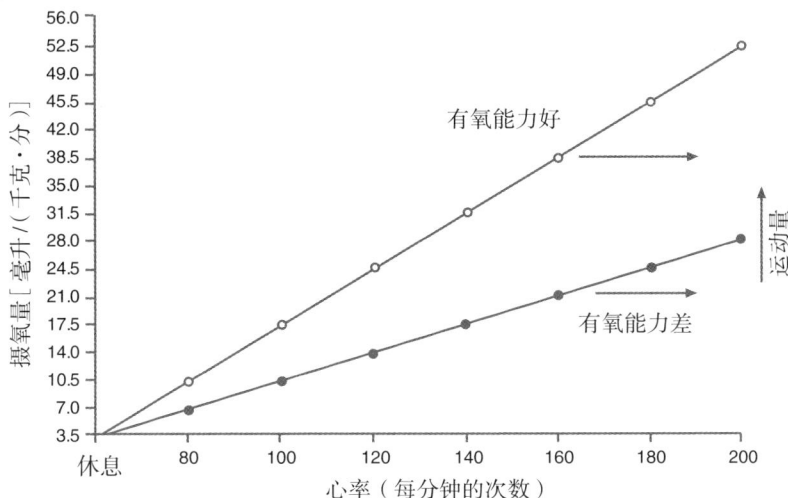

图 9.7　摄氧量、心率和运动量之间的线性关系

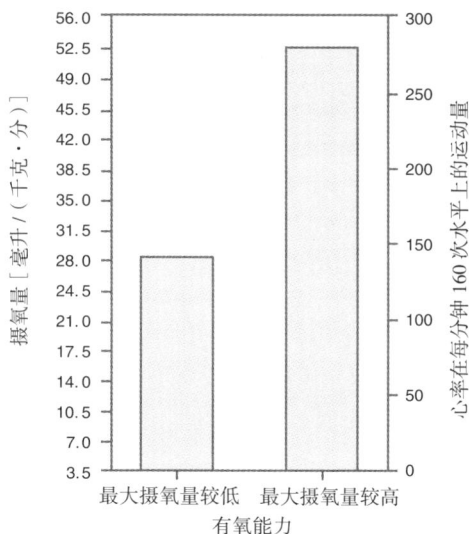

图 9.8 最大摄氧量如何影响次最大强度运动的运动量

要点内容 9.3

在图 9.7 中，哪一个参与者在各个次最大强度运动中主观疲劳程度和心率更高？

在运动测试中的主观疲劳程度

　　Borg（1962）开创了对运动中的主观努力或主观疲劳的测量。主观疲劳是对体力活动强度的心理感知。这种对于感知努力或疲劳的测量称为主观疲劳程度（RPE）测量。1998 年 Borg 提出了主观疲劳程度等级量表，用于测评运动测试中的主观努力程度。我们能够找到多个主观疲劳程度等级量表的版本，适合不同目标的应用。主观疲劳程度等级量表与心率、呼吸、乳酸产生、最大摄氧量的百分比以及运动量等运动变量相关（ACSM，2014b）。在运动测试中随着运动量的增加或时间的推移，参与者仅需依据该等级量表通过语言或文字给出一个分数即可。我们一般是在运动测试中监测主观疲劳程度并在运动处方中使用它来控制运动强度。《2008 年美国人体力活动指导方针》提出了一个简单的相对强度表（图 9.9），以帮助参与者设定体力活动的强度或运动时间（USDHHS，2008）。相对强度是一个人相对于自身体适能水平的努力水平。

　　·在一个 0 ～ 10 的等级表中，0 是坐姿对应的强度水平而 10 则是最大强度水平，中等强度活动的努力水平为 5 或 6。

　　·该等级量表中较大强度活动的努力水平为 7 或 8。

　　测量有氧能力时，实验室测试往往更加可靠且有效。即使实验室的环境也和其他任何一种的测试环境一样，其中也存在造成测量误差的因素。参与者、测试本身或测试的实施者都可能成为造成测量误差的因素。下面列出了一些我们应该知道的关于实验室测量的注意事项。

0	1	2	3	4	5	6	7	8	9	10
坐立					中等强度		高强度			最大强度

图 9.9　相对强度表

源自：Data from U.S. Department of Health and Human Services 2008.

· 我们应该定期校准和检查设备，如跑台、功率自行车和气体分析系统。

· 测试的实施者应该受过相关培训并具备相应的资质。

· 必须进行模拟测试，以便测试参与者和实施者熟悉测试流程与设备。

· 制定并遵循标准化的测试流程。

· 对于大多数的参与者来说，通过跑台测得的最大摄氧量数值都大于通过功率自行车测得的数值。

· 许多美国人很少骑自行车，因此骑行运动测试可能因为腿部局部疲劳致使测试中断从而人为造成最大摄氧量的数值偏低。

· 一般来说，通过次最大强度运动得出的最大摄氧量的估计值包含的估计标准误差大于 5.0 毫升 /（千克·分）。

场地方法

场地方法适合群体测试。一般来说，场地方法与实验室方法相比所需的器材较少、时间更短且成本更低。

长跑

固定距离最短用时或固定时间最长距离的长跑都是较为流行的有氧能力的场地测试方法。对成年人来说，通常选用的距离不低于 1 英里（约 1.6 千米）。Safrit 等人（1998）研究发现，长跑测试信度较高（$r_{xx} > 0.78$）且对应的效度系数一般为 0.741 ±0.14。Cooper（1968）开发的 12 分钟测试就是一种长跑测试。AAHPERD 已经公布了针对大学生的 1 英里跑步的标准（AAHPERD，1985；表 9.8）。

表 9.8　大学生 1 英里跑步的百分位标准（分：秒）

百分位	男性	女性
90	5:44	7:26
75	6:12	8:15
50	6:49	9:22
25	7:32	10:41
10	8:30	12:00

源自：Data based on American Association of Health, Physical Education, Recreation and Dance 1985.

　　在教学环境下需要在较短的时间内对整个班级进行测试时，长跑测试是非常合适的。然而，为了确保测试的信度、效度和安全性（即能够正确把握节奏并进行适当的身体调节），参与者应该接受有氧训练并进行模拟测试。重要的是，测试距离、计时工具及测试流程都应该尽可能地标准。65 岁以上的老人或有氧能力较弱的人，应该进行接下来将要介绍的其他场地测试。

台阶测试

　　我们可以通过多个台阶测试方法来估计有氧能力。这些测试都是基于前面介绍的运动量、心率和最大摄氧量之间的线性关系。一般来说，每位参与者按照一定的节奏上下台阶，直至达到某个具体的运动量、心率或时间。然后，我们根据心率反应或心率恢复来估计有氧能力。有氧能力较好的参与者能够更快地恢复到初始的心率。基督教青年会 3 分钟台阶测试是一种最简单的台阶测试，适用于体适能可能不太好的参与者进行初次测试。

基督教青年会 3 分钟台阶测试

目的

在群体测试情况下测评成年人的有氧体适能。

目标

按照固定的节奏上下台阶 3 分钟，然后记录心率。

设备

12 英寸（约 30.5 厘米）高的凳子。

频率设置为每分钟 96 拍的节拍器。

手表或计时器

听诊器（可选用颈动脉进行脉搏测量）。

操作说明

　　参与者聆听节拍器熟悉它的节奏，准备好后开始测试，同时开始计时。参与者跟着节拍器每分钟 96 拍的节奏进行上下的运动，每分钟可以完成 24 步，持续运动 3 分钟。最后，参与者从台阶上下来之后，记录 1 分钟心跳的次数。

评分

　　运动结束后 1 分钟恢复心跳是该测试的分数。表 9.9 为测试结果提供了测评标准。

表 9.9　男性和女性完成 3 分钟台阶测试之后心率恢复标准（次 / 分）

男性评分	年龄（岁）					
	18 ～ 25	26 ～ 35	36 ～ 45	46 ～ 55	56 ～ 65	66+
优	50 ～ 76	51 ～ 76	49 ～ 76	56 ～ 82	60 ～ 77	59 ～ 81
良	79 ～ 84	79 ～ 85	80 ～ 88	87 ～ 93	86 ～ 94	87 ～ 92
中上	88 ～ 93	88 ～ 94	92 ～ 98	95 ～ 101	97 ～ 100	94 ～ 102
中等	95 ～ 100	96 ～ 102	100 ～ 105	103 ～ 111	103 ～ 109	104 ～ 110

续表

男性评分	年龄（岁）					
	18～25	26～35	36～45	46～55	56～65	66+
中下	102～107	104～110	108～113	113～119	111～117	114～118
差	111～119	114～121	116～124	121～126	119～128	121～126
很差	124～157	126～161	130～163	131～159	131～154	130～151
女性评分						
优	52～81	58～80	51～84	63～91	60～92	70～92
良	85～93	85～92	89～96	95～101	97～103	96～101
中上	96～102	95～101	100～104	104～110	106～111	104～111
中等	104～110	104～110	107～112	113～118	113～118	116～121
中下	113～120	113～119	115～120	120～124	119～127	123～126
差	122～131	122～129	124～132	126～132	129～135	128～133
很差	135～169	134～171	137～169	137～171	141～174	135～155

源自：Data based on Golding 2000.

罗克波特（Rockport）一英里步行测试

Kline 等人（1987）提出了一个估计最大摄氧量的场地测试方法，这个方法被称为罗克波特一英里步行测试。该测试需要花时间完成一英里步行，并使用性别、年龄、体重以及步行结束时的心率等信息来估计最大摄氧量。这种一英里步行测试要求参与者以最快的速度行走；完成步行之后立即记录心率。研究表明一英里步行测试结果是可靠的（$r_{xx'}$ =0.98；Kline et al.，1987）。预测公式（公式9.1）的同时效度系数为0.88，估计标准误差为5.0毫升/（千克·分）：

最大摄氧量 =132.853–0.0769 × wt–0.3877 × 年龄 +6.315 × gv–3.2469 × 1 英里步行时间 –0.1565 × 心率 　　　　　　　　　　　　　　　　　　　　（公式9.1）

其中 wt 代表以磅为单位的体重，gv 代表性别数值（0代表女性，1代表男性），一英里步行所需的分钟数（精确到百分之一分钟）， 心率指的是步行结束时的每分钟心跳次数，最大摄氧量的单位是毫升/（千克·分）。注意，这属于第4章介绍的多元回归公式。

这项研究最初选用的样本年龄段为30～69岁。Coleman 等人（1987）进一步的研究证明了该公式对于20～29岁年龄段的成年人同样具有效度［（r_{xy} =0.79；s_e = 5.68毫升/（千克·分）］。如同任何一项身体表现测试一样，如果进行模拟测试，我们可以提高一英里测试的信度和效度（Jackson et al.，1992）。表9.10和表9.11分别提供了30～69岁人群的一英里步行测试的评价标准以及18～30岁人群的百分位标准。

不通过运动来预测最大摄氧量

Jackson 等人（1990）研发出了一个公式，不需借助任何形式的运动测试来估计最大摄氧量。该公式具有合理的效度系数（r_{xy} > 0.79）以及估计标准误差 ［s_e < 5.7 毫升/（千克·分）］；后者相当于次大强度测试和场地测试的估计标准误差。这个

公式也是第 4 章介绍的一种多元回归公式。当我们必须对数量较多的参与者进行测评时，例如在流行病学研究中，这项技术将帮助我们对于有氧能力进行准确的估计。该公式（公式 9.2）内容如下。

表 9.10　一英里步行测试标准（参与者年龄范围为 30 ~ 69 岁；分：秒）

等级	男性（N = 151）	女性（N = 150）
优	<10:12	<11:40
良	10:13 ~ 11:42	11:41 ~ 13:08
中高	11:43 ~ 13:13	13:09 ~ 14:36
中低	13:14 ~ 14:44	14:37 ~ 16:04
一般	14:45 ~ 16:23	16:05 ~ 17:31
差	>16:24	>17:32

源自：Based on Kline et al. 1987.

表 9.11　一英里步行测试标准（参与者年龄范围为 18 ~ 30 岁；分：秒）

百分位	男性（N = 400）	女性（N = 426）
90	11:08	11:45
75	11:42	12:49
50	12:38	13:15
25	13:38	14:12
10	14:37	15:03

源自：Adapted from Jackson and Soloman 1994.

最大摄氧量 = 50.513 + 1.589 × 体力活动量 −0.0289 × 年龄 −0.522 × 体脂百分比 +5.863 × 性别（女性 = 0，男性 = 1）　　　　　　　　　　　　　　　（公式 9.2）

Wier 等人（2006）证明，体重指数、体脂百分比或腰围在估计最大摄氧量方面，估计的准确水平基本相同。Jurca 等人（2005）使用了三大国际数据集提供的数据，证实我们可以通过包括性别、年龄、体重指数、静息心率和体力活动量等非运动的测试模型来对心肺体适能水平进行有效的估算（效度 >0.75）。

测量体成分

肥胖是诱发心血管疾病、癌症和糖尿病的一个风险因素。同时因为美国成年人肥胖率较高（>35%），因此，准确测量肥胖是一个重要的测量目标。肥胖指的是脂肪过多，而不是体重过重。一个肌肉发达的运动员，身体极为健康，但是我们根据身高和体重参考标准可能会认为该运动员体重超重，但是实际上他的脂肪含量可能很低。在健康体适能方面，测量体成分估计一个人的体脂百分比，要求我们判断测量对象的身体密度。为了更好地理解体成分，可以将人体分为两部分：肌肉、骨骼和器官等密度较高的无脂肪部分；密度较低的脂肪部分。体重不变的情况下，体脂百分比较低的人身体密度高于相同重量但是脂肪含量较高的人。在估计身体密度的过程中，我们认为无脂肪组织的平均密度为 1.10 克 / 立方厘米，而脂肪组织的平均密度为 0.90 克 / 立方厘米。这种假定会导致体成分测量中出现一个误差：无脂肪组织和脂肪组织密度不同，各种类型的无脂肪组织（例如骨头和肌肉）密度也不同。接下来我们将对各种方法的测量误差的来源进行介绍。

体躯组成的测量方法多种多样，其中包括：

- 水下静态称重法；
- 双能 x 线吸收法（DXA）；
- 空气置换法；
- CT 扫描和磁共振成像法；
- 同位素稀释法；
- 超声波法；
- 人体测量法（皮褶厚度和身体各部位的围度）；
- 生物电阻抗法；
- 全身导电法；
- 近红外线分析法。

美国国家运动医学学会（ACSM，2014b）对各种体成分测量技术的优缺点进行了总结。这些方法以及它们的信度和效度都是新技术发展的结果。

实验室方法

前文提到，我们可以通过各种实验室方法来测量体成分。

水下静态称重法和双能 x 线吸收法目前使用广泛。

水下静态称重法

水下静态称重法（水下称重法）依据的是阿基米德原理，是对身体密度进行实验室测量的一种流行方法（图 9.10）。这种方法为皮褶厚度和身体围度等场地测量方法提供了标准测量。水下称重法通过判断该过程中排出的水量来判断一个人身体的体积。对于身体重量相同但是体脂百分

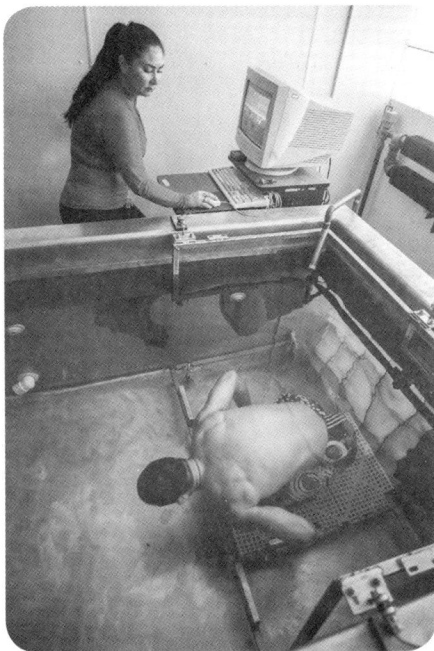

图 9.10　水下静态称重法

比不同的两个人来说，脂肪含量较低的人的身体密度高于脂肪含量较高的人。公式9.3可以帮助我们通过水下称重来计算身体密度。

$$BD = \frac{Wt_d}{\dfrac{(Wt_d - Wt_w)}{D_w} - (RV + 100ml)}$$ （公式9.3）

BD = 以克/立方厘米为单位的身体密度数值，Wt_d = 以千克为单位的空气中的体重数值，Wt_w = 以千克为单位的水下重量数值，D_w = 在测量温度下以克/立方厘米为单位的水的密度数值，RV = 以升为单位的剩余水体积。

为了确保该方法测得的身体密度具有信度和效度，水下称重应重复10次，或者直至获得一个稳定的重量值，同时我们应该测量而不是预估通气余量，即最大程度呼气之后肺部剩余的气体。测量通气余量是一个复杂的实验室过程，且需要先进的设备；然而，如果使用估计的通气余量，对于身体密度测量的误差将会非常大（Morrow et al., 1986）。Nieman（1995）对于水下称重法提供了详细的分步说明。

使用身体密度

确定身体密度后，可以通过Siri（1956）公式来估计体脂百分比。

体脂百分比 = $\left[(495 \div BD) - 450\right] \times 100\%$ （公式9.4）

估计体脂百分比后可以对其他有用的指标进行计算，例如脂肪重量、非脂肪重量和目标重量。目标重量是一个人为了达到目标体脂百分比而应该实现的身体重量。这为减肥计划确立了一个容易测量的目标。我们使用以下公式来判断这些重量。

脂肪重量 = 体脂百分比 × 身体重量 （公式9.5）
非脂肪重量 = 身体重量 – 脂肪重量 （公式9.6）
目标重量 = 非脂肪重量 ÷ ［1 – 目标体脂百分比］ （公式9.7）

表9.12举了一个例子来说明这些计算方法。

表 9.12　脂肪、非脂肪和目标重量的计算示例

例子: 男性 = 150 磅（约 68 千克）；体脂百分比 = 30%；目标体脂百分比 = 25%		
成分	计算	结果
脂肪重量	30% × 150	45 磅（约 20.4 千克）
非脂肪重量	150 – 45	105 磅（约 47.6 千克）
目标重量	105/（1 – 25%）	140 磅（约 63.5 千克）

要点内容 9.4

一名男性体重 200 磅（约 90.7 千克，目前体脂百分比为 30%。他的目标体脂百分比为 15%。他的目标体重是多少？

双能 x 线吸收法（DXA）

随着设备变得越来越便宜，双能 x 线吸收法（之前称为 DEXA）在临床和研究应用中使用得越来越多。这种技术基于一种三成分模型，即身体矿物储存、无脂肪部分和脂肪部分。双能 x 线吸收法是一种 X 光技术，它能将两个能量水平的射线穿过身体，这些射线在穿过骨、器官、肌肉和脂肪时逐渐减弱或变化，并以此对骨头质量、无脂肪质量和脂肪质量进行估算，从而估算出骨骼矿物密度以及体脂百分比。双能 x 线吸收法提供的数据可以用于有关骨质疏松症和了解体成分变化的减肥或体重控制干预研究。我们可以收集如腹部体脂等身体具体部位的数据。据报道，这种方法得出的总体体脂百分比的估算值具有低于 2% 的标准误差（ACSM，2014b）。导致测量误差的因素包括设备制造商之间缺乏标准化、同一制造商生产的仪器之间测出数值之间存在差异，以及相同的仪器使用不同的计算软件等。因此，为了使测量数值具有较高的信度，我们强烈建议使用相同的测量工具进行双能 x 线吸收法扫描，对同一对象进行多次测量（ACSM，2014b）。

场地方法

体成分测量的场地方法包括皮褶测量、体重指数和腰臀比。

皮褶法

在科学研究中我们有必要通过水下静态称重法或双能 x 线吸收法来确定体成分，但是对体成分进行场地测量时，这些方法却并不可行。对于体成分进行场地估测的最合理、可靠、有效且流行的方法之一是皮褶法，即测量身体具体部位的皮褶厚度（实际上是脂肪褶）。进行这类测量，我们使用的是皮褶测定计，例如兰格和哈彭顿公司（Lange and Harpenden）生产的皮褶测定计（图 9.11）。

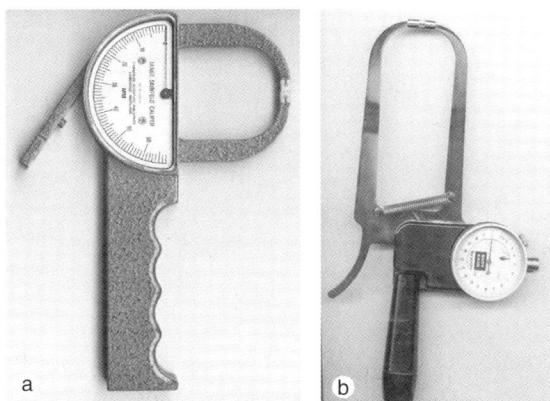

图 9.11　皮褶测定计：a. 兰格（Lange）；b. 哈彭顿（Harpenden）
© 詹姆斯·莫罗（James Morrow）

两项研究（Jackson and Pollock，1978；Jackson，Pollock and Ward，1980）开发了有效、通用的公式，通过测量皮褶厚度来预测 18 ～ 61 岁年龄段的男性和女性的身体密度。为了适应基督教青年会（Golding，2000）的要求，人们曾对这些方程式进行了修改，并对体脂百分比进行了估算。测量皮褶厚度选用的 7 个身体部位分别是胸部、腋窝、肱三头肌、肩胛下部、腹部、髂前上棘和大腿。图 9.12 显示了用于身体 3 个和 4 个部位预测公式的测量方法。每个部位皮褶厚度与水下静态称重法测定的身体密度的相关系数较高（$r>0.76$）。在分析皮褶厚度的过程中，研究人员发现皮褶厚度与身体密度之间存在非线性的二次方程关系；年龄也是一个有用的预测因素。表 9.13 提供了相关的公式。使用皮褶厚度、性别和年龄，公式对男性的同时效度超过了 0.90，对女性的同时效度大约为 0.85。

皮褶厚度测量能够有效地预测身体密度和体脂百分比。然而，为了确保我们的皮褶厚度测量具有可靠性，我们应该进行大量的实践。训练有素的测试员应该能够提供高信度的测量（$r_{xx'} > 0.90$）。以下是我们推荐的皮褶厚度的测量步骤。

1. 上提皮褶 2 ～ 3 次，然后再使用皮褶测定计进行测量。

2. 将皮褶测定计置于拇指和其他手指下方，并与皮皱垂直，这样可以轻松读取刻度盘读数；完全松开皮肤褶测定计；1 ～ 2 秒之后读取刻度盘读数。

3. 重复上述过程不少于 3 次；测量值的变化不应该超过 1 毫米。我们应该取中位数作为测量值。两次测量之间间歇时间不低于 15 秒，以便测量部位恢复正常状态。如果我们获得的数值不一致，应该先测量其他部位，然后再测量难度较大的部位。我们可能需要对参与者进行 50 ～ 100 次测量练习才能获得可靠的皮肤褶测量技术；通过适当的准备，我们可以使用各种皮褶测定计（Morrow，Fridye and Monaghen，1986）。尼曼（Nieman）（1995）对皮褶测量制定了具体的规则。

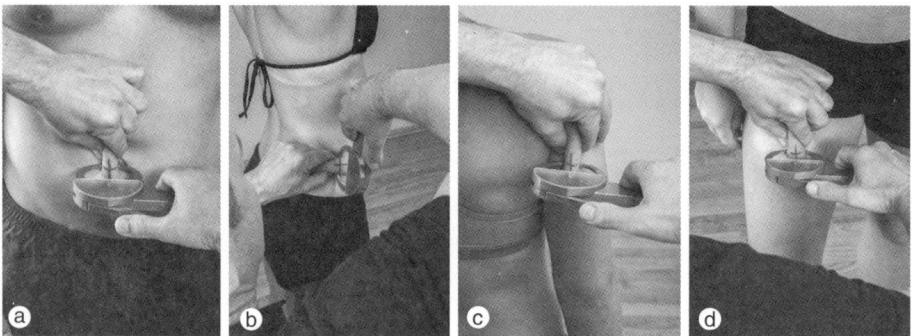

图 9.12 测量皮褶的部位：a. 腹部；b. 髂前上棘；c. 肱三头肌；d. 大腿

使用正确方法测得的皮褶数值有助于我们对体成分进行场地估计。我们应该记住，如表 9.13 中数据所示，脂肪百分比标准估算误差可以高达 3.98%。当我们报告一个参与者的体脂百分比时，我们应该告知该参与者这是一个估算值，同时说明该估算值可能存在的误差，例如"你的体脂百分比为 15，上下浮动范围为 11 ～ 19"。对于非常肥胖的参与者，我们可能没办法测量皮褶厚度，需要使用其他的测量技术。

表 9.13　基督教青年会用于估算体脂百分比的公式

测量皮褶厚度的 4 个部位；a. 腹部；b. 髂前上棘；c. 肱三头肌；d. 大腿
男性
体脂百分比 = 0.29288 ×（4 个部位测量值之和）–0.0005 ×（4 个部位测量值之和）^{2} +0.15845 ×（年龄）– 5.76377 r =0.901　s_e = 3.49%
女性
体脂百分比 = 0.29669 ×（4 个部位测量值之和）–0.00043 ×（4 个部位测量值之和）^{2} +0.02963 ×（年龄）+ 1.4072 r =0.846　s_e = 3.89%
测量皮褶厚度的 3 个部位：a. 腹部；b. 髂前上棘；c. 肱三头肌
男性
体脂百分比 =0.39287 ×（3 个部位测量值之和）– 0.00105 ×（3 个部位测量值之和）^{2} +0.15772 ×（年龄）– 5.18845
r =0.893　s_e = 3.63%
女性
体脂百分比 =0.41563 ×（3 个部位测量值之和）–0.00112 ×（3 个部位测量值之和）^{2} +0.03661 ×（年龄）+ 4.03653
r =0.825　s_e = 3.98%

源自：Data based on Golding 2000.

基督教青年会皮褶测试

目的
估计一个人的体脂百分比。
目标
对于准确估计身体成分的特点提供了一个实地方法。
设备
皮褶测定计。
操作说明
使用前文介绍的程序步骤对腹部、髂前上棘、肱三头肌和大腿部位的皮褶进行测量。
评分
使用表 9.13 提供的公式来将皮褶测量值转换为体脂百分比。将得出的体脂百分比数值与推荐的体脂百分比水平及表 9.14 和表 9.15 中提供的测评标准进行对比。

表 9.14　美国国家运动医学学会推荐的体脂百分比水平

性别	年龄					
	必要	最低	专业运动员	≤ 34 岁	35 ~ 55 岁	≥ 56 岁
男性	3% ~ 5%	5%	5% ~ 13%	8% ~ 22%	10% ~ 25%	10% ~ 25%
女性	8% ~ 12%	10% ~ 12%	12% ~ 22%	20% ~ 35%	23% ~ 38%	25% ~ 38%

源自：Data based on American College of Sports Medicine 2014, *ACSM's guidelines for exercise testing and prescription*, 8th ed. (Philadelphia: Lea & Febiger).

表 9.15　男性和女性体脂百分比的标准

	年龄					
男性等级	18 ~ 25 岁	26 ~ 35 岁	36 ~ 45 岁	46 ~ 55 岁	56 ~ 65 岁	≥ 66 岁
优	3% ~ 7%	4% ~ 10%	5% ~ 13%	8% ~ 16%	11% ~ 17%	12% ~ 18%
良	8% ~ 10%	11% ~ 13%	15% ~ 17%	17% ~ 19%	19% ~ 21%	19% ~ 20%
中上	11% ~ 12%	14% ~ 16%	18% ~ 20%	20% ~ 22%	22% ~ 23%	21% ~ 22%
中等	13% ~ 15%	17% ~ 19%	21% ~ 22%	23% ~ 24%	24% ~ 25%	23% ~ 24%
中下	16% ~ 18%	20% ~ 22%	23% ~ 25%	25% ~ 27%	26% ~ 27%	25% ~ 26%
差	19% ~ 21%	23% ~ 26%	26% ~ 28%	28% ~ 30%	28% ~ 29%	27% ~ 29%
很差	23% ~ 35%	27% ~ 38%	29% ~ 39%	31% ~ 40%	31% ~ 40%	30% ~ 39%
女性等级						
优	9% ~ 17%	7% ~ 16%	9% ~ 18%	12% ~ 21%	12% ~ 22%	11% ~ 20%
良	18% ~ 19%	18% ~ 20%	19% ~ 22%	23% ~ 25%	24% ~ 26%	22% ~ 25%
中上	20% ~ 21%	21% ~ 22%	23% ~ 25%	26% ~ 28%	27% ~ 29%	26% ~ 28%
中等	22% ~ 23%	23% ~ 25%	26% ~ 28%	29% ~ 30%	30% ~ 32%	29% ~ 31%
中下	24% ~ 26%	26% ~ 28%	29% ~ 31%	31% ~ 33%	33% ~ 35%	32% ~ 34%
差	27% ~ 30%	29% ~ 32%	32% ~ 35%	34% ~ 37%	36% ~ 38%	35% ~ 37%
很差	32% ~ 43%	34% ~ 46%	37% ~ 47%	39% ~ 50%	39% ~ 49%	38% ~ 45%

源自：Data based on Golding 2000.

体重指数（BMI）

体重指数法是一种简单的测量方法，它反映了体重和身高之间的关系与肥胖相关。它用于流行病学研究之中，与身体密度之间有着较高的相关系数（$r_{xy} = 0.69$）。我们可以通过下列公式轻易计算出体重指数：

$$BMI = \frac{体重}{身高^2}$$
（公式 9.8）

其中体重的测量单位为千克，身高的测量单位为米。

美国国立卫生研究院已经将体重指数进行了以下等级的划分（表 9.16）。

在场地测试中，对于非常肥胖的参与者，体重指数法可以代替皮褶法。然而，对于身体较瘦或体重正常的参与者，不推荐使用体重指数，因为对于这类测量对象，皮褶测量准确度更高。表 9.17 提供了固定身高和体重的体重指数。

可观看视频 9.3 和视频 9.4。

表 9.16　相对于正常体重和腰围的疾病风险

	体重指数 （千克 / 米²）	肥胖等级	男性 102 厘米或以下 女性 88 厘米或以下	男性 >102 厘米 女性 >88 厘米
体重偏轻	<18.5		—	—
体重正常	18.5 ～ 24.9		—	—
超重	25.0 ～ 29.9		增加	高
肥胖	30.0 ～ 34.9	I	高	非常高
	35.0 ～ 39.9	II	非常高	非常高
极度肥胖	≥ 40.0	III	极高	极高

源自：Data based on National Heart, Lung, and Blood Institute of the National Institutes of Health.

体脂分布

众所周知，体脂超标是一种健康风险，但如何合理分配体内的脂肪，也是影响健康的一个重要因素。上半身体脂过多（男性型肥胖）的人相比下半身体脂过多（女性型肥胖）的人患冠心病的风险更高。冠心病是心血管疾病的一种（中风也是）。如表 9.16 所示，美国国立卫生研究院认为腰围大于 102 厘米的男性和腰围大于 88 厘米的女性患 II 型糖尿病、高血压和心血管疾病的风险增加。测量这种体成分风险因素的一种简单方法是腰臀比，即腰围除以臀围。该比例大于 1.0 的男性和比例大于 0.8 的女性患冠心病的风险会大幅增加（AHA，1994）。

测量肌肉力量和耐力

很多人，即使是运动科学方面的专业人士几乎都是互换地使用力量、力、爆发力、功、力矩和耐力等术语。然而，作为一名测量专业人士，我们应该明白这些名词都有不同的含义。功是进行身体活动后的结果。功的定义可以使用以下公式来表示。

$$功（W）= 力（F）\times 距离（D）\qquad（公式 9.9）$$

例如，公式"150 英尺·磅（约 203.3 牛·米）= 150 磅 × 1 英尺（约 0.3 米）"指的是一个重 150 磅（约 68 千克）的物体被移动了 1 英尺（约 0.3 米）的距离。功率是特定时间内完成功的量。我们可以通过以下公式来对其进行定义。

$$功率（P）= 功（F \times D）\div 时间（T）= W \div T\qquad（公式 9.10）$$

150 英尺·磅/秒（约 203.3 牛·米/秒）的功率数值指的是一个重 150 磅（约 68 千克）的物体在一秒的时间里被移动了 1 英尺（约 0.3 米）。肌肉力量是肌肉组织收缩产生的力。力矩是一个力产生围绕某个轴旋转的效果。许多计算机化的测力计能够得到肌肉收缩过程中产生的力矩以及力或力量。

表 9.17　体重指数

体重(磅)	身高(英寸)																体重(千克)
	48	49	50	51	52	53	54	55	56	57	58	59	60	61	62	63	
100	30.6	29.3	28.2	27.1	26.1	25.1	24.2	23.3	22.5	21.7	21.6	20.2	19.6	18.9	18.3	17.8	45.5
105	32.1	30.8	29.6	28.4	27.4	26.3	25.4	24.5	23.6	22.8	22.0	21.3	20.5	19.9	19.2	18.6	47.7
110	33.6	32.3	31.0	29.8	28.7	27.6	26.6	25.6	24.7	23.9	23.0	22.3	21.5	20.8	20.2	19.5	50.0
115	35.2	33.7	32.4	31.2	30.0	28.8	27.8	26.8	25.8	24.9	24.1	23.2	22.5	21.8	21.1	20.4	52.3
120	36.7	35.2	33.8	32.5	31.3	30.1	29.0	27.9	27.0	26.0	25.1	24.3	23.5	22.7	22.0	21.3	54.5
125	38.2	36.7	35.2	33.9	32.6	31.4	30.2	29.1	28.1	27.1	26.2	25.3	24.5	23.7	22.9	22.2	56.8
130	39.8	38.1	36.6	35.2	33.9	32.6	31.4	30.3	29.2	28.2	27.2	26.3	25.4	24.6	23.8	23.1	59.1
135	41.3	39.6	38.0	36.6	35.2	33.9	32.6	31.4	30.3	29.3	28.3	27.3	26.4	25.6	24.7	24.0	61.4
140	42.8	41.1	39.5	37.9	36.5	35.1	33.8	32.6	31.5	30.4	29.3	28.3	27.4	26.5	25.7	24.9	63.6
145	44.3	42.5	40.9	39.3	37.8	36.4	35.0	33.8	32.6	31.4	30.4	29.3	28.4	27.5	26.6	25.7	65.9
150	45.9	44.0	42.3	40.6	39.1	37.6	36.2	34.9	33.7	32.5	31.4	30.4	29.4	28.4	27.5	26.6	68.2
155	47.4	45.5	43.7	42.0	40.4	38.9	37.5	36.1	34.8	33.6	32.5	31.4	30.3	29.3	28.4	27.5	70.5
160	48.9	47.0	45.1	43.3	41.7	40.1	38.7	37.3	35.9	34.7	33.5	32.4	31.3	30.3	29.3	28.4	72.7
165	50.5	48.4	46.5	44.7	43.0	41.4	39.9	38.4	37.1	35.8	34.6	33.4	32.3	31.2	30.2	29.3	75.0
170	52.0	49.9	47.9	46.6	44.3	42.6	41.1	39.6	38.2	36.9	35.6	34.4	33.3	32.3	31.2	30.2	77.3
175	53.5	51.4	49.3	47.4	45.6	43.9	42.3	40.8	39.3	37.9	36.7	35.4	34.2	33.1	32.1	31.1	79.5
180	55.0	52.8	50.7	48.8	46.9	45.1	43.5	41.9	40.4	39.0	37.7	36.4	35.2	34.1	33.0	32.0	81.8
185	56.6	54.3	52.1	50.1	48.2	46.4	44.7	43.1	41.6	40.1	38.7	37.4	36.2	35.0	33.9	32.8	84.1
190	58.1	55.8	53.5	51.5	49.5	47.7	45.9	44.3	42.7	41.2	39.8	38.5	37.2	36.0	34.8	33.7	86.4
195	59.6	57.2	55.0	52.8	50.8	48.9	47.1	45.4	43.8	42.3	40.8	39.5	38.2	36.9	35.7	34.6	88.6
200	61.2	58.7	56.4	54.2	52.1	50.2	48.3	46.6	44.9	43.4	41.9	40.5	39.1	37.9	36.7	35.5	90.9
205	62.7	60.2	57.8	55.5	53.4	51.4	49.5	47.7	46.1	44.5	42.9	41.5	40.1	38.8	37.6	36.4	93.2
210	64.2	61.6	59.2	56.9	54.7	52.7	50.7	48.9	47.2	45.5	44.0	42.5	41.1	39.8	38.5	37.3	95.5
215	65.7	63.1	60.6	58.2	56.0	53.9	51.9	50.1	48.3	46.6	45.0	43.5	42.1	40.7	39.4	38.2	97.7
220	67.3	64.6	62.0	59.6	57.3	55.2	53.2	51.2	49.4	47.7	46.1	44.5	43.1	41.7	40.3	39.1	100.0
225	68.8	66.0	63.4	60.9	58.6	56.4	54.4	52.4	50.5	48.8	47.1	45.5	44.0	42.6	41.2	39.9	102.3
230	70.3	67.5	64.8	62.3	59.9	57.7	55.6	53.6	51.7	49.9	48.2	46.6	45.0	43.5	42.2	40.8	104.5
235	71.9	69.0	66.2	63.7	61.2	58.9	56.8	54.7	52.8	51.0	49.2	47.6	46.0	44.5	43.1	41.7	106.8
240	73.4	70.4	67.6	65.0	62.5	60.2	58.0	55.9	53.9	52.0	50.3	48.6	47.0	45.4	44.0	42.6	109.1
245	74.9	71.9	69.0	66.4	63.8	61.5	59.2	57.1	55.0	53.1	51.3	49.6	47.9	46.4	44.9	43.5	111.4
250	76.4	73.4	70.5	67.7	65.1	62.7	60.4	58.2	56.2	54.2	52.4	50.6	48.9	47.3	45.8	44.4	113.6
	1.22	1.24	1.27	1.30	1.32	1.35	1.37	1.40	1.42	1.45	1.47	1.50	1.52	1.55	1.57	1.60	
身高(米)																	

续表

体重 （磅）	64	65	66	67	68	69	70	71	72	73	74	75	76	77	78	体重 （千克）
100	17.2	16.7	16.2	15.7	15.2	14.8	14.4	14.0	13.6	13.2	12.9	12.5	12.2	11.9	11.6	45.5
105	18.1	17.5	17.0	16.5	16.0	15.5	15.1	14.7	14.3	13.9	13.5	13.2	12.8	12.5	12.2	47.7
110	18.9	18.3	17.8	17.3	16.8	16.3	15.8	15.4	14.9	14.5	14.2	13.8	13.4	13.1	12.7	50.0
115	19.8	19.2	18.6	18.0	17.5	17.0	16.5	16.1	15.6	15.2	14.8	14.4	14.0	13.7	13.3	52.3
120	20.6	20.0	19.4	18.8	18.3	17.8	17.3	16.8	16.3	15.9	15.4	15.0	14.6	14.3	13.9	54.5
125	21.5	20.8	20.2	19.6	19.0	18.5	18.0	17.5	17.0	16.5	16.1	15.7	15.2	14.9	14.5	56.8
130	22.4	21.7	21.0	20.4	19.8	19.2	18.7	18.2	17.7	17.2	16.7	16.3	15.9	15.4	15.1	59.1
135	23.2	22.5	21.8	21.2	20.6	20.0	19.4	18.9	18.3	17.8	17.4	16.9	16.5	16.0	15.6	61.4
140	24.1	23.3	22.6	22.0	21.3	20.7	20.1	19.6	19.0	18.5	18.0	17.5	17.1	16.6	16.2	63.6
145	24.9	24.2	23.5	22.8	22.1	21.5	20.8	20.3	19.7	19.2	18.7	18.2	17.7	17.2	16.8	65.9
150	25.8	25.0	24.3	23.5	22.9	22.2	21.6	21.0	20.4	19.8	19.3	18.8	18.3	17.8	17.4	68.2
155	26.7	25.8	25.1	24.3	23.6	22.9	22.3	21.7	21.1	20.5	19.9	19.4	18.9	18.4	17.9	70.5
160	27.5	26.7	25.9	25.1	24.4	23.7	23.0	22.4	21.7	21.2	20.6	20.0	19.5	19.0	18.5	72.7
165	28.4	27.5	26.7	25.9	25.1	24.4	23.7	23.1	22.4	21.8	21.2	20.7	20.1	19.6	19.1	75.0
170	29.2	28.3	27.5	26.7	25.9	25.2	24.4	23.8	23.1	22.5	21.9	21.3	20.7	20.2	19.7	77.3
175	30.1	29.2	28.3	27.5	26.7	25.9	25.2	24.5	23.8	23.1	22.5	21.9	21.3	20.8	20.3	79.5
180	31.0	30.0	29.1	28.3	27.4	26.6	25.9	25.2	24.5	23.8	23.2	22.5	22.0	21.4	20.8	81.8
185	31.8	30.8	29.9	29.0	28.2	27.4	26.6	25.9	25.1	24.5	23.8	23.2	22.6	22.0	21.4	84.1
190	32.7	31.7	30.7	29.8	28.9	28.1	27.3	26.6	25.8	25.1	24.4	23.8	23.2	22.6	22.0	86.4
195	33.5	32.5	31.5	30.6	29.7	28.9	28.0	27.3	26.5	25.8	25.1	24.4	23.8	23.2	22.6	88.6
200	34.4	33.4	32.3	31.4	30.5	29.6	28.8	28.0	27.2	26.4	25.7	25.1	24.4	23.8	23.2	90.9
205	35.3	34.2	33.2	32.2	31.2	30.3	29.5	28.7	27.9	27.1	26.4	25.7	25.0	24.4	23.7	93.2
210	36.1	35.0	34.0	33.0	32.0	31.1	30.2	29.4	28.5	27.8	27.0	26.3	25.6	25.0	24.3	95.5
215	37.0	35.9	34.8	33.7	32.8	31.8	30.9	30.0	29.2	28.4	27.7	26.9	26.2	25.5	24.9	97.7
220	37.8	36.7	35.6	34.5	33.5	32.6	31.6	30.7	29.9	29.1	28.3	27.6	26.8	26.1	25.5	100.0
225	38.7	37.5	36.4	35.3	34.3	33.3	32.4	31.4	30.6	29.7	28.9	28.2	27.4	26.7	26.1	102.3
230	39.6	38.4	37.2	36.1	35.0	34.0	33.1	32.1	31.3	30.4	29.6	28.8	28.1	27.3	26.6	104.5
235	40.4	39.2	38.0	36.9	35.8	34.8	33.8	32.8	31.9	31.1	30.2	29.4	28.7	27.9	27.2	106.8
240	41.3	40.0	38.8	37.7	36.6	35.5	34.5	33.5	32.6	31.7	30.9	30.1	29.3	28.5	27.8	109.1
245	42.1	40.9	39.6	38.5	37.3	36.3	35.2	34.2	33.3	32.4	31.5	30.7	29.9	29.1	28.4	111.4
250	43.0	41.7	40.4	39.2	38.1	37.0	35.9	34.9	34.0	33.1	32.2	31.3	30.5	29.7	29.0	113.6
	1.63	1.65	1.68	1.7	1.73	1.75	1.78	1.80	1.83	1.85	1.88	1.91	1.93	1.96	1.98	

身高（米）

　　肌肉耐力是完成功所需的身体能力。我们通常将引体向上测试称为手臂和肩部力量的测试，但是实际上如果我们能做一个以上的引体向上，该测试测量的是肌肉耐力。我们数一数完成引体向上的最大次数，即测量完成功的量。肌肉耐力可以分为相对耐力和绝对耐力。相对耐力测量的是相对最大力量完成的重复运动的次数。绝对耐力测量的是固定阻力的情况下重复运动的次数。例如，通过卧推来测量一个参与者的最大力量，然后让该参与者使用 75% 的最大力量进行最多次数的重复运动，这就是一个相对耐力测试。使用 100 磅（约 45.4 千克）的固定重量进行最大次数的重复运动，这测试的是绝对耐力。绝对耐力与最大力量的相关性较高，而相对耐力与最大力量的相关性较低。

我们使用具体专业名词来对肌肉运动进行定义和分类。其中最常见的名词有向心、离心、等长、等张和等动。这些词的定义如下。

· 向心收缩：肌肉缩短产生力。

· 离心收缩：肌肉拉长产生力。

· 等长收缩：肌肉产生力，但是长度不变也不运动。

· 等张收缩：肌肉产生足够的力使得一个恒定的负重在整个移动范围内进行变速移动。

· 等动收缩：肌肉产生力且在整个移动范围内进行匀速运动。

在实验室测试中，研究人员一般通过测量肌肉在向心、离心、等动、等长、等张收缩中产生的力、力矩、功和功率（爆发力）来测评肌肉的表现。在场地环境中，肌肉表现是通过肌肉的向心、等张收缩来测评肌肉的表现。我们使用最大重复次数（RM）一词来表示一个人能够重复运动的次数。例如 10RM 表示受测者可以举起 10 次的最大负重。

实验室方法

与实验室测量有氧能力类似，在实验室中测量肌肉力量和耐力需要昂贵和先进的设备以及准确的测试程序。实验室测量是有效性最高的测评，但是不便于实施操作。

计算机化的测力计

肌肉体适能测量技术需要使用整合了机械测力计、电子传感器、计算机以及先进软件的计算机化的测力计。计算机化的测力计允许我们详细测量肌肉产出的力、功、力矩和功率，不仅可以测量出最大值，而且可以测量出在整个移动范围内的各个值。等动测力计让我们可以对于测试中的移动速度进行控制。矫形诊所的外科医生、理疗师和专业运动教练员在帮助骨伤或矫形手术的病人进行恢复的过程中会使用这些设备；运动科学领域的研究人员常使用这些设备进行力量和耐力的研究。通过一组重复运动产生的力，我们使用峰值力来测量力量，使用疲惫率来测量耐力。这些设备每一种都有其自身的优缺点。因为这些设备可能价格昂贵，选择一种设备需要分析效益成本率。

Biodex，一种计算机化的等动测力计（Biodex 系统 2 和 Advantage 软件 4.0，由 Biodex 医疗系统股份有限公司研发），是临床中广泛使用的设备。图 9.13 显示了该系统能够生成的有关力或力矩的图像输出。

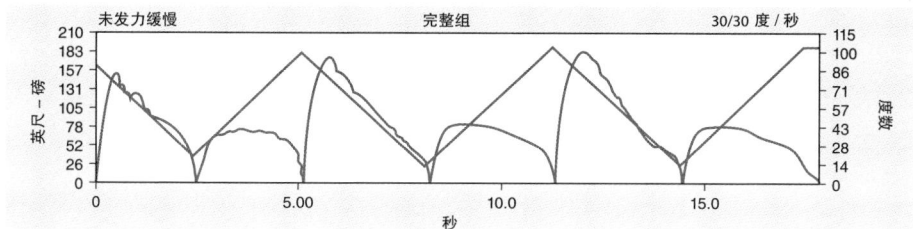

图 9.13　Biodex 测力计生产的力或力矩的图像输出

　　Biodex 能够提供可靠的力的测量值（ $r_{xx'}$ > 0.90 ）。然而，和任何一种身体表现测试一样，测试员和测试参与者都需要进行预测试来减少测量误差。Mayhew 和 Rothstein（1985）对于使用测力计测评肌肉表现相关的测量问题进行了深入的探讨。为了确保使用这些设备测量结果的可靠和有效性，我们必须对设备进行定期校准。我们应该使用计算机化的动力测定法对肌肉力量和耐力进行测评，为可行性更高的肌肉体适能场地测试的同时效度研究提供标准测量值。计算机化的动力测定法的运用具有很高的价值，因为大多数的肌肉体适能场地测评仅有内容效度支持其使用。

背部伸展力量测试

　　在成年人人群中，腰背部疼痛是一种严重且普遍的健康问题。背伸肌由于缺乏力量和耐力造成腰背部疼痛（Suzuki and Endo，1983）。Graves 和同事们（1990）研究了背伸肌等长力量相关的测量问题。他们进行的测试要求参与者从 72 度弯腰开始，每次减少 12 度，直至减至零度。在每个弯腰角度，参与进行背伸肌的最大等长收缩。测力计的自动化系统测量可以对最大等长力矩进行测量。该方法可以得到高信度的力矩测量结果（ $r_{xx'}$ > 0.78 ）。表 9.18 提供了该测试的平均力量值。

非计算机化的测力计

　　手持式测力计也常常用于测量肌肉力量。虽然手持式测力计提供的信息没有等动测力计那么丰富，但是前者相较后者的优势在于价格便宜且便于携带。这些设备可以客观地测量一个肌肉或一个肌肉群产生的等长力，同时可以轻松用于诊所、家庭或办公室中。手持式测力计有多种形状和大小。测试员指导每位参与者进行希望的动作，然后一只手拿着手持测力计，另一只手负责保持测力计稳定，防止出现不必要的动作，在参与者对测力计进行推拉的过程中保持手持测力计的稳定。在参与者使用最大的力对测力计进行推或拉的运动时，测试员必须保持手持测力计的稳定。这种测试称为等长测试。手持测力计将记录并保存测试中产生的以千克或磅为单位的最大力的数字读数，以便测试员在完成测试后可以轻易地读取该读数。手持测力计的一大缺点在于测试员的身体必须足够强壮，可以在进行测试的过程中有效保持设备的稳定，在进行下肢较大肌肉的力量测试中这个问题尤为重要。为此，许多临床医师和科学家在测试下肢肌肉时尽量使用固定带来稳定手持测力计。使用固定带可以有效地减少对于测试员力量的要求，且通过研究表明，它可以极大地提高手持测力计对下肢肌肉测试的信度。研究表明，手持测力计的测试结果可以做到可靠且有效，但是相同品牌和型号的手持测力计之间，以及不同品牌和型号之间测得的力或力矩的结果可能出现不一致（Trudelle-Jackson et al.，1994）。因此，为了获得可靠且有效的测量结果，从业人员在对任何一种测量的重复测量结果进行对比时应该使用同一个手持测力计。

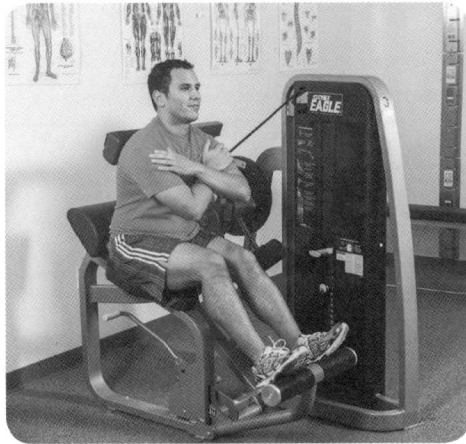

图 9.14 背部伸展

表 9.18 腰部伸展产生的平均等长力矩数值（牛·米 / 千克体重）

性别	腰部弯曲度数						
	0 度	12 度	24 度	36 度	48 度	60 度	72 度
男性	3.0	3.8	4.4	4.8	5.2	5.5	6.0
女性	2.2	2.7	3.0	3.1	3.3	3.5	3.9

源自：Data based on Graves et al. 1990.

人工肌肉测试法

手持测力计的前身是人工肌肉测试（MMT）技术，如今这种方法仍广泛用于临床环境下肌肉力量的测评。人工肌肉测试技术起源于 20 世纪 40 年代，虽然相关技术经过多年的不断完善，但是最初的基本测试原理仍然保持不变。这些技术之所以广泛应用于临床中的原因是无须任何设备，而且实施操作速度快。在使用人工肌肉测试时，测试员要求病人在相关关节可以移动范围内对抗重力进行移动。如果该病人可以在整个移动范围内移动，测试员在移动范围的末端施加阻力。测试员不断增加阻力，并注意病人应对不断增加的阻力保持肌肉收缩的能力。在施加阻力 4 ~ 5 秒之后，测试员停止阻挡，并对施加的阻力的大小进行评级。测试员依据一个从 0 ~ 5 的等级对于病人的用力进行评级。

- 5 级：肌肉在对抗极限阻力下能够正常收缩。
- 4 级：肌肉力量减小，但是肌肉收缩仍然可以抵抗阻力并移动关节。

·3 级：肌肉力量进一步减小，在完全没有测试员阻挡的情况下仅能对抗重力移动相关关节（例如，手臂在体侧自然下垂时，肌肉可以将肘关节从完全伸展状态移动至完全弯曲状态）。

·2 级：肌肉仅在没有重力阻碍的情况下进行移动（例如，只有当手臂始终处于水平平面时才能将肘部完全弯曲）。

·1 级：只能看见或感受到肌肉出现微量移动或颤动，或者观测到肌肉的肌束颤动。

·0 级：没有观察到任何移动。

我们通常使用一套加减系统来进一步提升评级系统的灵敏性。如果一个病人不能完成对抗重力的移动，在不施加阻力的情况下，调整病人身体的位置从而将重力的影响降到最低。在这种情况下，测试员测评该病人是否在重力不阻碍移动的情况下完成相关关节在整个移动范围内的移动。例如，当我们测评股四头肌时，病人处于坐姿，我们要求该病人充分伸展膝关节（这个移动需要对抗重力）。如果这个病人能够完成这个移动，我们则对其施加阻力，并进行相应的评分。如果该病人不能在重力的阻碍下充分伸展膝关节，那么我们调整病人的姿势，让其屈膝侧卧，并要求病人从这个姿势开始伸展膝关节。如果使用人工肌肉测试技术来测评肌肉力量，测试员的经验和测试员的力量都会对测试产生影响。

场地方法

肌肉力量和耐力的场地测评包括举起外部负重或进行重复的身体移动。最大力量测量的是单次重复的最大重量（1RM），指的是一次性能够举起的最大重量。测评肌肉耐力的方法包括使用次最大重量进行最大次数的举重练习，或者通过仰卧起坐等身体移动练习进行最大次数的重复运动。

上肢与下肢的力量和耐力

美国国家运动医学学会（ACSM，2014a）推荐使用卧推的单次重复的最大重量（1RM）数值和腿举力量测试作为测量上肢与下肢力量的有效方法。美国国家运动医学学会进一步指出将 1RM 数值除以体重得出一个相对力量测量值，该值在各个重量等级中提供了一个公平的力量测量标准。

以下步骤是一种测评任何特定运动 1RM 的方法。我们可以使用这些步骤来对上肢与下肢的力量进行可靠（$r_{xx'}$ >0.92）和有效的测量（Jackson et al.，1980）。

1. 参与者进行拉伸和低负重举重的热身。

2. 参与者选择低于其最大负重估值的重量进行举重。对于新手来说，进行一段时间的练习是极为有用的。

3. 为了避免出现疲劳，参与者在两次举重之间休息时间不低于 2 分钟。

4. 负重每次进行少量增加，如 5 磅或 10 磅（约 2.3 千克或 4.5 千克），具体根据运动类型和可供选择的器械重量片的大小。

5. 持续这个过程，直至参与者举不动为止。

6. 最后一次成功举起的重量就是单次重复的最大重量（1RM）。

7. 将 1RM 除以参与者的体重。

如果判断 1RM 需要进行 5 次以上的举重，参与者休息一天之后从较重的负重开始重测。

表 9.19 和表 9.20 为我们提供了卧推和腿举测试的参考标准，这些数据是使用 Universal Gym 举重机（一种装有支架的负重训练机器）测得的。如果我们使用自由负重或其他类型的负重训练器械，这些标准则无效。力量测量的一个难点在于每个力量测试工具——自由负重、计算机化的测力计或装有支架的设备——测得的结果各不相同。我们应使用适合我们测量情况的标准或者也可能必须制定自己的标准。

表 9.19 卧推力量

等级	年龄（岁）				
	20 ~ 29	30 ~ 39	40 ~ 49	50 ~ 59	60+
	男性				
优	> 1.26	> 1.08	> 0.97	> 0.86	> 0.78
良	1.17 ~ 1.25	1.01 ~ 1.07	0.91 ~ 0.96	0.81 ~ 0.85	0.74 ~ 0.77
中等	0.97 ~ 1.16	0.86 ~ 1.00	0.78 ~ 0.90	0.70 ~ 0.80	0.64 ~ 0.73
一般	0.88 ~ 0.96	0.79 ~ 0.85	0.72 ~ 0.77	0.65 ~ 0.69	0.60 ~ 0.63
差	< 0.87	< 0.78	< 0.71	< 0.64	< 0.59
	女性				
优	> 0.78	> 0.66	> 0.61	> 0.54	> 0.55
良	0.72 ~ 0.77	0.62 ~ 0.65	0.57 ~ 0.60	0.51 ~ 0.53	0.51 ~ 0.54
中等	0.59 ~ 0.71	0.53 ~ 0.61	0.48 ~ 0.56	0.43 ~ 0.50	0.41 ~ 0.50
一般	0.53 ~ 0.58	0.49 ~ 0.52	0.44 ~ 0.47	0.40 ~ 0.42	0.37 ~ 0.40
差	< 0.52	< 0.48	< 0.43	< 0.39	< 0.36

源自：Data based on+ The Cooper Institute 2002.

表 9.20 腿推力量

等级	年龄（岁）				
	20 ~ 29	30 ~ 39	40 ~ 49	50 ~ 59	60+
	男性				
优	> 2.08	> 1.88	> 1.76	> 1.66	> 1.56
良	2.00 ~ 2.07	1.80 ~ 1.87	1.70 ~ 1.75	1.60 ~ 1.65	1.50 ~ 1.55
中等	1.83 ~ 1.99	1.63 ~ 1.79	1.56 ~ 1.69	1.46 ~ 1.59	1.37 ~ 1.49
一般	1.65 ~ 1.82	1.55 ~ 1.62	1.50 ~ 1.55	1.40 ~ 1.45	1.31 ~ 1.36
差	< 1.64	< 1.54	< 1.49	< 1.39	< 1.30
	女性				

续表

等级	年龄（岁）				
	20 ～ 29	30 ～ 39	40 ～ 49	50 ～ 59	60+
优	> 1.63	> 1.42	> 1.32	> 1.26	> 1.15
良	1.54 ～ 1.62	1.35 ～ 1.41	1.26 ～ 1.31	1.13 ～ 1.25	1.08 ～ 1.14
中等	1.35 ～ 1.53	1.20 ～ 1.34	1.12 ～ 1.25	0.99 ～ 1.12	0.92 ～ 1.07
一般	1.26 ～ 1.34	1.13 ～ 1.19	1.06 ～ 1.11	0.86 ～ 0.98	0.85 ～ 0.91
差	< 1.25	< 1.12	< 1.05	< 0.85	< 0.84

源自：Based on The Cooper Institute 2002.

　　基督教青年会卧推测试（Golding，2000）用于测评上肢的耐力。加拿大标准体适能测试使用力竭式俯卧撑测试来测量上肢的耐力。下面对这些测试进行了描述。

　　Johnson 和 Nelson（1979）表明，如果我们遵循这些标准化测试的流程，就可以取得较高的测量信度（$r_{xx'}$ =0.93）。这项测试结果与受测者的体重负相关。

基督教青年会卧推测试

目的
测评上肢的绝对耐力。

目标
进行一组卧推运动直至力竭。

设备
杠铃 [35 磅和 80 磅（约 15.9 千克和 36.4 千克）]。
节拍器（节奏设为 60 次 / 分）。
举重凳。

操作说明
女性选择 35 磅（约 15.9 千克）的负重，男性选择 80 磅（约 36.4 千克）的负重。按照 60 次 / 分的节奏进行重复运动，每拍表示一次向上运动或一次向下运动。

评分
测试持续至测试者力竭或无法保持要求的节奏。表 9.21 为这项测试提供了标准。因为这是一项绝对耐力的测试，因此测试结果与最大力量、体重或身体的大小正相关。

表 9.21 基督教青年会卧推测试（完成数量）男性和女性的标准

	年龄（岁）					
男性等级	18 ～ 25	26 ～ 35	36 ～ 45	46 ～ 55	56 ～ 65	66+
优	44 ～ 64	41 ～ 61	36 ～ 55	28 ～ 47	24 ～ 41	20 ～ 36
良	34 ～ 41	30 ～ 37	26 ～ 32	21 ～ 25	17 ～ 21	12 ～ 16
中上	29 ～ 33	26 ～ 29	22 ～ 25	16 ～ 20	12 ～ 14	10
中等	24 ～ 28	21 ～ 24	18 ～ 21	12 ～ 14	9 ～ 11	7 ～ 8
中下	20 ～ 22	17 ～ 20	14 ～ 17	9 ～ 11	5 ～ 8	4 ～ 6
差	13 ～ 17	12 ～ 16	9 ～ 12	5 ～ 8	2 ～ 4	2 ～ 3
很差	0 ～ 10	0 ～ 9	0 ～ 6	0 ～ 2	0 ～ 1	0 ～ 1
女性等级						
优	42 ～ 66	40 ～ 62	33 ～ 57	29 ～ 50	24 ～ 42	18 ～ 30
良	30 ～ 38	29 ～ 34	26 ～ 30	20 ～ 24	17 ～ 21	12 ～ 16
中上	25 ～ 28	24 ～ 28	21 ～ 24	14 ～ 18	12 ～ 14	8 ～ 10
中等	20 ～ 22	18 ～ 22	16 ～ 20	10 ～ 13	8 ～ 10	5 ～ 7
中下	16 ～ 18	14 ～ 17	12 ～ 14	7 ～ 9	5 ～ 6	3 ～ 4
差	9 ～ 13	9 ～ 13	6 ～ 10	2 ～ 6	2 ～ 4	0 ～ 2
很差	0 ～ 6	0 ～ 6	0 ～ 4	0 ～ 1	0 ～ 1	0

源自：Data based on Golding 2000.

加拿大标准体适能测试——俯卧撑测试

目的
测评上肢耐力。

目标
进行俯卧撑运动直至力竭。

设备
垫子。

操作说明
女性双膝弯曲触地进行该项测试，男性脚趾触地完成该项测试（图9.15）。

评分
重复次数与表9.22中提供的标准进行比较。

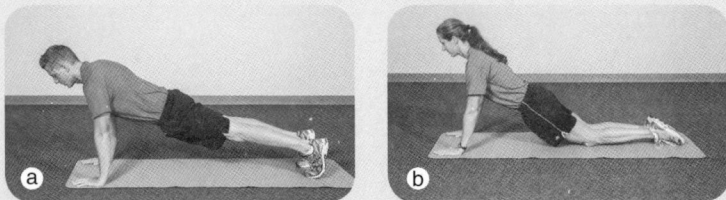

图9.15 a.传统俯卧撑；b.简化俯卧撑

表 9.22　男性和女性俯卧撑测试（完成数量）的标准

	年龄（岁）					
男性等级	15 ～ 19	20 ～ 29	30 ～ 39	40 ～ 49	50 ～ 59	60 ～ 69
优	39+	36+	30+	22+	21+	18+
中上	29 ～ 38	29 ～ 35	22 ～ 29	17 ～ 21	13 ～ 20	11 ～ 17
中等	23 ～ 28	22 ～ 28	17 ～ 21	13 ～ 16	10 ～ 12	8 ～ 10
中下	18 ～ 22	17 ～ 21	12 ～ 16	10 ～ 12	7 ～ 9	5 ～ 7
差	0 ～ 17	0 ～ 16	0 ～ 11	0 ～ 9	0 ～ 6	0 ～ 4
女性等级						
优	33+	30+	27+	24+	21+	17+
中上	25 ～ 32	21 ～ 29	20 ～ 26	15 ～ 23	11 ～ 20	12 ～ 16
中等	18 ～ 24	15 ～ 20	13 ～ 19	11 ～ 14	7 ～ 10	5 ～ 11
中下	12 ～ 17	10 ～ 14	8 ～ 12	5 ～ 10	2 ～ 6	1 ～ 4
差	0 ～ 9	0 ～ 9	0 ～ 7	0 ～ 4	0 ～ 1	0 ～ 1

源自：Data based on *Canadian standardized test of fitness operations manual,* 3rd ed. 1986.

躯干耐力

最常用的腹部耐力测试是一种仰卧起坐测试。这里介绍的是基督教青年会的半仰卧起坐测试方法。

仰卧起坐测试的信度一般 ≥ 0.68。可接受的信度要求我们使用标准化的流程以及模拟测试。参与者的体重与该测试结果负相关。

Robertson 和 Magnusdottir（1987）提出了另一种类似于基督教青年会半仰卧起坐测试的腹部耐力测试。他们研发的腹部上卷测试要求参与者将头和上背部抬离地面，让伸直的双臂和手指与地面保持平行移动 3 英寸（约 7.6 厘米），而不是完全坐起。这种测试相比标准的仰卧起坐测试对髋屈肌使用较少，同时更多地使用了腹肌。参与者在 60 秒之内尽可能多地完成这项测试。该测试的研发者公布其测试信度为 0.93。

@ 可观看视频 9.5、视频 9.6 和视频 9.7。

基督教青年会半仰卧起坐测试

目的
测评腹部耐力。
目标
在一分钟之内进行最大次数的半仰卧起坐。
设备
秒表。
垫子。
胶带。
操作说明
参与者仰卧于垫子或地毯之上，双膝弯曲呈直角，双脚平放于地上。双脚不需他人按压。参与者将双手置于垫子或地毯上，掌心向下，手指触碰第一条胶带［两条胶带之间的距离为 3.5 英寸（约 8.9 厘米）］（图 9.16a）。参与者保持下腰贴于垫子或地毯上，然后半坐起，让手指从第一条胶带向第二条胶带移动（图 9.16b）。然后，参与者将肩部回放至垫子或地毯上，并重复上述移动。头部不必触碰地面。在移动中应该保持下背部平放于垫子或地毯上；弓起背部可能导致身体受伤。计算一分钟之内完成的半仰卧起坐的次数。我们应该指导参与者把握好运动的节奏，以便可以完成一分钟的半仰卧起坐运动。

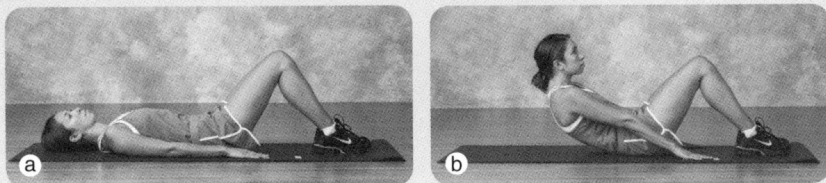

图 9.16 仰卧起坐测试：a. 起始姿势；b. 坐起姿势

评分

参见表 9.23 显示的标准。

表 9.23 基督教青年会半仰卧起坐测试（完成数量）男性和女性的标准

男性	年龄（岁）					
	18 ～ 25	26 ～ 35	36 ～ 45	46 ～ 55	56 ～ 65	66+
优	77 ～ 99	62 ～ 80	60 ～ 79	61 ～ 78	56 ～ 77	50 ～ 66
良	61 ～ 72	53 ～ 58	48 ～ 57	52 ～ 57	48 ～ 53	38 ～ 44
中上	52 ～ 57	44 ～ 52	43 ～ 45	44 ～ 51	41 ～ 46	25 ～ 31
中等	43 ～ 49	37 ～ 41	33 ～ 39	36 ～ 41	33 ～ 39	26 ～ 30
中下	37 ～ 41	33 ～ 36	29 ～ 32	29 ～ 33	28 ～ 32	22 ～ 24
差	29 ～ 35	26 ～ 32	24 ～ 28	21 ～ 25	21 ～ 25	15 ～ 21
很差	14 ～ 27	7 ～ 21	6 ～ 21	6 ～ 16	5 ～ 20	5 ～ 12
女性						
优	68 ～ 91	54 ～ 70	54 ～ 74	48 ～ 73	44 ～ 63	34 ～ 54
良	58 ～ 64	44 ～ 50	42 ～ 48	37 ～ 44	35 ～ 42	31 ～ 33
中上	51 ～ 57	37 ～ 41	35 ～ 38	33 ～ 36	27 ～ 32	26 ～ 29
中等	41 ～ 48	33 ～ 36	30 ～ 32	30 ～ 32	23 ～ 25	21 ～ 25
中下	34 ～ 38	28 ～ 32	23 ～ 28	25 ～ 28	18 ～ 22	16 ～ 20
差	28 ～ 33	22 ～ 26	19 ～ 22	19 ～ 23	11 ～ 15	10 ～ 13
很差	11 ～ 25	7 ～ 20	4 ～ 16	2 ～ 13	1 ～ 8	0 ～ 9

源自：Data based on YMCA of the USA.

测量身体柔韧性

测量身体柔韧性或某个关节或某一组关节的活动范围，是测评病人从矫形手术或骨伤中恢复情况的一个重要方面。因为身体柔韧性是针对某个关节及其周边组织的，对整个身体的柔韧性没有有效的测试方法。例如，我们具有灵活的踝关节，但是我们的肩关节不一定灵活。

实验室方法

Miller（1985）总结了关节活动范围测评相关的测量问题。他介绍了多种临床测量技术，其中包括如下技术。

- 角度测定法——手工、电动和钟摆角度计。
- 视觉估算。
- X 光线照相术。
- 摄影术。
- 线性测量。
- 三角法。

Miller 断定 X 光线照相术是最可靠和最有效的方法，但是因为辐射等问题可行性较低。角度测定法是临床测评身体柔韧性可行性最高的方法，如果我们遵循正确的测试流程，它的结果可以既可靠又有效。在过去的研究中（Jackson and Baker，1986；Jackson and Langford，1989），角度测定法对于腘绳肌柔韧性测量的信度估计超过了0.90。身体柔韧性的临床测试应该成为健康体适能的身体柔韧性场地测试的效度研究的标准测量。这种同时效度研究提高了场地身体柔韧性测量的效度。

场地方法

此前有报道，美国国家运动医学学会（ACSM，2014a）表明腰背部疼痛在美国是一种突出的健康问题。从理论上来说，腰部灵活性不足应该与腰背部疼痛相关，但是有效的研究还没有证实二者之间存在某种关系（ACSM，2014a）。我们通过躯干的弯曲和伸展测试来测量腰部柔韧性。大多数成年人的体适能测试都包括一个躯干弯曲测试。

躯干弯曲

坐位体前屈测试是一种广泛使用的躯干弯曲测试。具体来说，它旨在测量腰和腘绳肌的柔韧性。接下来介绍基督教青年会成人体适能测试版本的坐位体前屈测试。

大家应该记住，腰部的柔韧性与腰痛不存在实证性关系。研究已经表明，坐位体前屈测试是一种测量腘绳肌柔韧性的有效方法，且信度很高（$r_{xx'}$ >0.90），但是与腰部柔韧性临床测量相关性较差，因此很可能不是一种场地测量腰部柔韧性的有效方法（Jackson and Baker，1986；Jackson and Langford，1989）。进一步的研究（Jackson et al.，1998）证明出现的腰背部疼痛与坐位体前屈测试或仰卧起坐测试的表现之间没有任何关系。这些研究结果没能提供证据支持在健康体适能测评中应加入坐位体前屈测试，但是这项测试经常出现在成年人和青少年的体适能测试中。

基督教青年会成年人躯干弯曲（坐位体前屈）测试

目的

测评躯干柔韧性。

目标

躯干尽量弯曲。

设备

码尺。

遮护胶带。

操作说明

将码尺置于地上，在码尺15英寸（约38.1厘米）刻度处横向粘贴一段18英寸（约45.7厘米）的胶带。胶带应将码尺固定在地上。参与者坐下，码尺的0端应位于两腿之间。参与者的脚后跟应

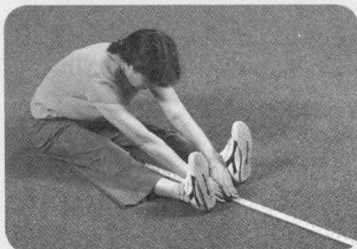

图9.17　坐位体前屈测试

该几乎触碰到位于码尺15英寸刻度处胶带，两个脚跟相距12英寸（约30.5厘米）。双腿伸直，参与者身体缓慢前倾，双手并排尽量前伸并触碰码尺。参与者应该保持这个前伸姿势足够长时间，以便测试员记录测试距离（图9.17）。

评分

测试3次。取最佳分数，并与表9.24中提供的标准进行比较。

表9.24　基督教青年会躯干弯曲测试（英寸）男性和女性的标准

	年龄（岁）					
男性等级	18～25	26～35	36～45	46～55	56～65	66+
优	22～28	21～28	21～28	19～26	17～24	17～24
良	20～21	19	18～19	16～18	15～16	14～16
中上	18～19	17	16～17	14～15	13	12～13
中等	16～17	15～16	15	12～13	11	10～11
中下	14～15	13～14	13	10～11	9	8～9
差	12～13	11～12	9～11	8～9	6～8	6～7
很差	2～11	2～9	1～7	1～6	1～5	0～4
女性等级						
优	24～29	23～28	22～28	21～27	20～26	20～26
良	22	21～22	20～21	19～20	18～19	18～19
中上	20～21	20	18～19	17～18	16～17	17
中等	19	18～19	17	16	15	15～16
中下	17～18	16～17	15～16	14	13～14	13～14
差	16	14～15	13～14	12～13	10～12	10～12
很差	7～14	5～13	4～12	3～10	2～9	1～9

源自：Data based on Golding 2000.

躯干伸展

使用坐位体前屈测试测量躯干弯曲在健康体适能测试中非常普遍，然而，健康体适能测试中一般不包括躯干伸展测评，同时关于开发测试躯干伸展能力的有效场地测试，我们进行的研究很少。美国青少年体适能健康测评系统（参见第 10 章）加入了躯干伸展测量。Jensen 和 Hirst（1980）介绍了一种场地测试，该测试要求参与者俯卧，双手紧握于腰背部附近，辅助人员下压参与者的双腿，然后参与者尽量将上半身抬离地面。测试的分数是胸骨上切迹距离地面的距离乘以 100 再除以躯干的长度。Safrit（1986）建议测量参与者坐着时的躯干长度，躯干的长度就是胸骨上切迹至座位的距离。目前，我们没有这项测试的任何信度和效度信息。此外，体重和背伸肌力量与该测试的分数相关，这样就会影响其作为柔韧性测试的测量效度。制定一个可靠且有效的下腰伸展测量方法需要进一步的研究。

与健康相关的体适能测试

有些机构将与健康相关的体适能测试项目整合在一起形成成套测试。这些成套测试以及相关的操作说明资料让我们可以实施可靠且有效的体适能测试，解释测试结果，并将体适能信息提供给项目的参与者。

基督教青年会体适能测试

在本章中我们一直重点介绍基督教青年会（Golding，2000）使用的体适能成套测试。基督教青年会对其会员进行体适能测评时使用该测试。该测试适应能力很强，我们可以将其用于很多成年人。整个成套测试包括以下这些测量内容。

- 身高。
- 体重。
- 静息心率。
- 静息血压。
- 体成分。
- 心血管评价。
- 柔韧性。
- 肌肉力量和耐力。

在前文中我们已经介绍了 3 分钟台阶测试（心肺耐力）、皮褶厚度测试（估计体成分）、坐位体前屈测试（柔韧性）、卧推测试（肌肉力量）和半仰卧起坐测试（肌肉耐力），并提供了相关的标准。

加拿大标准化体适能测试

加拿大标准化体适能测试是 1981 年加拿大体适能调查产生的一套测试。该调查的参与者有数千人，其目的是了解加拿大人总体的体适能水平。这套测试包括以下内容。

- 静息心率。
- 静息血压。
- 体成分（皮褶厚度测试）。
- 心肺耐力（可以使用各种测试结果，例如跑步机上跑步时间、踏车测力计的测试结果以及长跑的用时）。
- 柔韧性（坐位体前屈测试）。
- 腹部耐力（一分钟仰卧起坐测试）。
- 上肢力量和耐力（俯卧撑测试）。

总统的挑战——成年人体适能测试

2008 年 5 月，美国体适能与体育科学总统委员会发起了一个在线成人体适能测试。该套测试旨在进行自我测试。然而，要完成整套测试需要一个搭档。该测试旨在测量健康体适能，其中包括有氧耐力、肌肉力量和耐力、身体柔韧性和体成分。该套测试包括以下测试。

- **有氧耐力**
- 1 英里（约 1.6 千米）步行测试。
- 1.5 英里（约 2.4 千米）跑测试。
- **体成分**
- 体重指数。
- 腰围。
- **肌肉力量和耐力**
- 标准或简化俯卧撑测试。
- 半仰卧起坐测试。
- **柔韧性**
- 坐位体前屈测试。

@ 可观看视频 9.8。

老年人的体适能测评 |

我们将老年人定义为 65 岁及以上的人。在 2011 年，美国大约有 4 140 万老年人，占总人口的 13% 左右，预计到 2040 年该数字将增长到 8 000 万。美国的老年人口数量的增加情况与其他工业化国家相似。心血管疾病、癌症、糖尿病、骨质疏松症和关节炎等慢性疾病，在老年人中的患病率最高。老年人的医疗保健费用支出很高。作为人体运动表现方面的专业人员，我们对于提高青少年、中年和老年人的体力活动和体适能水平肩负着重要的使命。通过增加体力活动和体适能水平来提高所有人的健康，这将有助于缓解美国面临的医疗保健资金不足的问题。老龄化关系到：

- 味觉、嗅觉、视觉和听觉减弱；
- 思维能力下降（例如记忆、判断和语言）；
- 消化系统、泌尿系统、肝和肾等器官的功能下降；
- 骨矿物质成分和肌肉体积下降导致身体中非脂肪质重量下降；
- 体适能水平下降（例如心肺耐力、力量、柔韧性、肌肉耐力、反应和移动时间以及平衡能力）。

最后这个因素是有志从事健康和体适能相关职业者主要关心的内容。多项研究表明老年人对于适当的耐力和力量训练计划的反应方式与年轻人类似。Hagberg 和同事们（1989）证明，70 ～ 79 岁的男性和女性进行耐力训练后最大摄氧量增加了 22%。Fiatarone 和同事们（1994）对于平均年龄为 87 岁的老年男性和女性进行了一个高强度的力量训练研究。据报道，这些参与者之前都是居住在养老院的身体虚弱的老人。他们的研究表明，参与者的力量增加了 113%，身体非脂肪质量增加了 3%。更重要的是，这些参与者极大地提高了步行速度和爬楼梯的爆发力，这些都是身体功能性能力的临床测试手段。如果老人们要保持独立的生活状态并享受高质量的生活（USDHHS，1996），身体功能性能力，即进行日常生活的正常活动的能力，对他们最为重要。体力活动、体适能水平和功能性能力之间存在关系，这使我们有必要对老人的体力活动和体适能进行水平可靠且有效的测量。

我们对于成年人的健康体适能进行了定义，包括心肺耐力、体成分和肌肉骨骼体适能。老年人的健康体适能的决定因素是否相同？虽然相同的因素对于老年人同样重要，但是老年人的健康和体适能还应该包括动作能力因素，例如平衡力、反应时间和移动时间，并关注功能性能力、日常生活的各项活动以及总的生活质量。例如，摔跤是老年人的主要健康问题。许多老人摔跤导致骨折，摔跤后死亡的风险增加。实际上，很多老人害怕再次摔跤，因为这种害怕限制他们的活动和生活方式。老人进行力量和平衡力的训练可以提高体适能相关指标，从而增加了身体非脂肪部分和骨头的质量，降低了摔跤的风险以及摔跤导致骨折的风险（USDHHS，1996）。

依据这个对老年人健康体适能的广义定义，加利福尼亚大学老年病学研究中心的 Rikli 和 Jones（1999a，1999b）开发出了一套针对老年人的体适能测试。该套测试的测量内容包括力量、身体柔韧性、心肺耐力、动作体适能和体成分（表 9.25）。美国当地和全国的健康体适能专家顾问组协助选择和验证了这些测试内容。测试内容选择的主题是体适能对于延缓老年人的衰弱和保持他们灵活性的重要作用。测试内容的选择依据以下标准：测试内容是否

- 代表主要的功能性能力要素（例如，与独立生活所需功能相关的重点生理参数）；
- 具有可接受的重测信度（>0.80）；
- 具有可接受的效度，至少支持 2 ～ 3 种验证：内容相关、标准相关或结构相关；
- 反映受年龄影响的身体表现的变化；

・对于设备和空间要求是否最低？

表 9.25 体适能参数和老年人体适能测试的内容

体适能参数	测试项目
下半身力量	30 秒坐立测试
上半身力量	哑铃弯举测试
下半身身体柔韧性	坐在椅子上体前屈测试
上半身身体柔韧性	背后拉手测试
心肺耐力	6 分钟步行或 2 分钟原地踏步测试
动作体适能 爆发力、速度、灵敏性和平衡力的综合测量	8 英尺（约 2.4 米）起身行走测试
体成分	体重指数

此外，测试项目是否满足以下内容：

・能够检测训练或运动带来的身体变化；

・能够在范围较广的测量功能性能力的连续量表中进行测评；

・方便测试和评分；

・能够在家自测或由搭档协助完成；

・安全且大多数社区老人无须医疗信息授权书即可进行；

・社会可接受且有意义；

・实施速度既快又合理，每次测试时间不超过 30 ～ 45 分钟。

该套测试的可靠性与有效性都是可接受的。针对老年男性和女性的所有测试，重测信度估计超过 0.80。针对男性和女性的 7 项表现测试中 5 项的标准相关效度系数超过了 0.70，且这 7 项表现测试均有结构效度。因此，我们以内容效度和可行性作为指导纲领来制定这套测试。进一步的研究已经证明该套测试具有足够的信度和效度。

@ 可观看视频 9.9。

老年人的体适能测试 II

根据定义，老年人不能算作严格意义上的健康群。Rikli 和 Jones（1999a）发现社区居住的非卧床老人，如果不存在不宜进行次最大测试的医学情况，即医生没有建议其不要进行运动，我们都可以大胆地对他们进行测试。Rikli 和 Jones（1999b）指出下列人士未经医生批准不宜进行相关测试。

・由于存在某种医学情况，医生已经建议不宜进行运动；

・在运动中出现胸痛、发晕、运动型心绞痛（胸紧、压力、疼痛、身体感觉沉重）；

・出现充血性心力衰竭；

・出现不可控的高血压（大于 160/100 毫米汞柱）。

因此，经过认真筛选和谨慎实施，该套测试是老年人体适能测评的一个有效且可行的工具。接下来，我们将介绍各测试项目。表 9.26 和表 9.27 对于该老年人成套测试（Rikli and Jones，1999b）的 8 项测试分别提供了女性和男性的百分位标准。

　　Rikli 和 Jones（2013a）制定了标准参照的体适能标准（回顾第 7 章的内容；表 9.28），从而扩展了他们对老年人的研究工作。他们为每一项测试制定了一个划界分数，该分数与 60 ～ 94 岁的老年人的独立生活能力相关。这些标准参照的信度和效度分别为 0.79 和 0.97，表明这些标准具有较高的稳定性（信度）和可预测性（效度）。

30 秒坐立测试

目的

测评下肢力量。

目标

在 30 秒内完成尽可能多地坐下和站立。

设备

秒表。

座位高度大约为 17 英寸（约 13.2 厘米）的直背椅或折叠椅（无扶手）。

操作说明

为了安全起见，椅子靠墙放置或通过其他方法将其固定，以免在测试中出现移动。参与者在开始测试时坐于椅子上，背部挺直，双脚平放于地上，双臂于腕关节处交叉抱于胸前（图 9.18）。收到开始信号，参与者立即起身完全直立，然后再恢复坐姿。鼓励参与者在 30 秒内尽可能多地完成完全直立。测试员先进行示范，然后参与者应该练习 1 ～ 2 次，检查姿势是否正确，再接着进行 30 秒的测试。

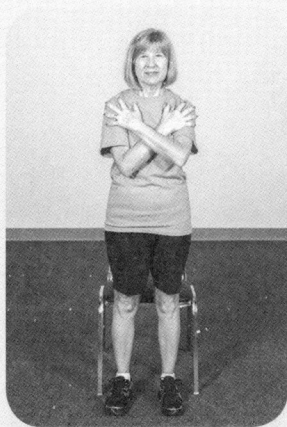

图 9.18　30 秒坐立测试

评分

该测试的分数为 30 秒内正确完成起立的总次数。如果 30 秒结束时参与者起立动作已经完成过半，则算作完整的一次。

源自：Adapted, by permission, from R.E. Rikli and C.J. Jones, 1999, "Development and validation of a functional fitness test for community-residing older adults," *Journal of Aging and Physical Activity* 7(2): 129-161.

哑铃弯举测试

目的

测评上肢力量。

目标

在 30 秒之内完成尽可能多的姿势正确的哑铃弯举。

设备

带有秒针的手表。

直背椅或折叠椅。

手握负重（哑铃）：女性选用 5 磅（约 2.3 千克），男性选用 8 磅（约 3.6 千克）。

操作说明

参与者坐在椅子上，背部挺直，双脚平放于地上，身体的优势侧靠近椅子的边沿。参与者使用优势手抓住哑铃置于相应的身体的侧面。测试开始时，参与者抓握哑铃的手臂处于放下姿势并置于椅子一侧，并与地面垂直。收

图 9.19 哑铃弯举测试

到开始信号，参与者立即在整个移动范围内屈臂移动，同时向上反转掌心，然后再完全伸展手臂。哑铃处于放下位置时，恢复握手姿势。

测试员跪于（或坐在椅子上）参与者优势手臂一侧，将手指放在参与者的肱二头肌的中部，保持上臂的稳定，同时也确保参与者进行充分的弯举（参与者的前臂应该能够挤压测试员的手指；图 9.19）。参与者的上臂在整个测试中必须始终保持静止。

测试员可能还需要将另一只手置于参与者肘部的后方帮助判断该参与者是否做到了充分的伸展，同时避免手臂向后摇动。

鼓励参与者在 30 秒之内进行尽可能多地弯举。测试员先进行示范，然后让参与者模拟一两次以检查动作是否正确，接着进行 30 秒钟的测试。

评分

分数为 30 秒之内动作正确的弯举总次数。如果在 30 秒结束的时候手臂已经弯曲一半以上，这可以算作一次弯举。

源自：Adapted, by permission, from R.E. Rikli and C.J. Jones, 1999, "Development and validation of a functional fitness test for community-residing older adults," *Journal of Aging and Physical Activity* 7(2): 129-161.

6 分钟步行测试

目的

测评有氧耐力。

目标

测评参与者沿着 50 码（约 45.7 米）的跑道在 6 分钟之内行走的最长距离。

设备

秒表。

长卷尺［超过 20 码（约 18.3 米）］4 个。

粘胶名牌（每个参与者一个）。

笔。

锥形路标。

20 ～ 25 个冰棒棍（每个参与者一个）。

用于标识跑道的粉笔或遮护胶带。

设置

设置一条 50 码（约 45.7 米）的跑道，使用粉笔或胶带进行标记将其分成若干个 5 码（约 4.6 米）的小段（图 9.20）。行走的区域必须具有良好的照明和防滑水平的地面。安全起见，沿着走道外侧在多个点上放置座椅。

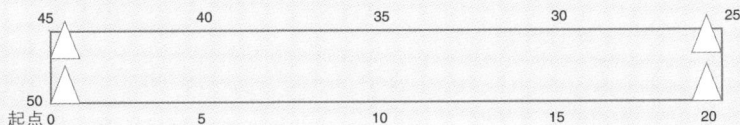

图 9.20　6 分钟步行测试使用分成若干个 5 码（约 4.6 米）小段的 50 码（约 45.7 米）跑道

操作说明

收到开始信号，参与者以最快的速度围绕跑道开始行走（但不要跑动），在规定时间内进行最大圈数的运动。测试员在参与者每完成一圈时给参与者一个冰棒棍（或其他类似物体），或者有人来统计圈数。如果同时测试两名或多名参与者时，各参与者的开始时间相隔 10 秒，避免他们扎堆或成对行走。每个参与者拿一个号码，用于表示开始和停止的顺序（我们可以使用自粘贴名牌给每个参与者进行编号）。在测试中，如果有必要的话，参与者可以停下休息（在提供的椅子上休息），然后再继续行走。在所有参与者开始之后，测试员应该移动至跑道的中心位置，同时应该在时间大约过半的时候以及在还剩 2 分钟和 1 分钟的时候，分别大声告诉参与者测试剩下的时间。在每位参与者完成各自的 6 分钟测试时，测试员应指导参与者停下来，并去右侧，在那里测试助理将记录测试的分数。在测试日之前应该进行一次模拟测试，帮助测试参与者把握测试节奏并提高分数的准确性。如果某个参与者在测试的任何时间出现发晕、疼痛、恶心或过于疲劳等症状，应该暂停测试。在测试结束时，参与者应该在周围缓慢行走大约一分钟让身体进行恢复。

评分

分数是参与者在 6 分钟内行走的总距离。

源自：Adapted, by permission, from R.E. Rikli and C.J. Jones, 1999, "Development and validation of a functional fitness test for community–residing older adults," Journal of Aging and Physical Activity 7(2): 129–161.

2分钟原地踏步测试

目的

测量有氧耐力的一种替代测试。

目标

测评参与者在2分钟之内进行原地踏步完成的最多步数。

设备

秒表。

卷尺或30英寸（约76.2厘米）长的绳子。

遮护胶带。

机械计数器（如果可能的话）确保准确地计算步数。

操作说明

每个参与者踏步时膝盖抬起的正确（最低的）高度应该相当于髌骨（膝盖中点）与髂嵴（髋骨的顶端）之间的中点位置。我们可以使

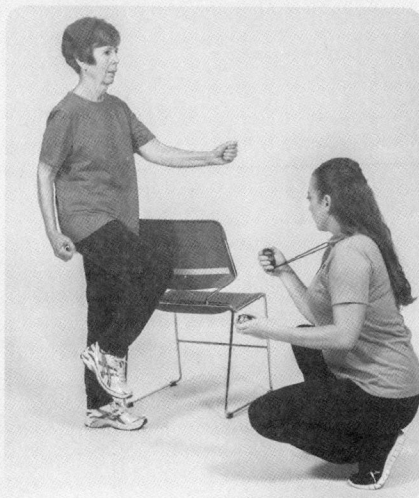

图9.21 2分钟原地踏步测试

用卷尺来确定该点的位置，或者使用一种简单的方法，从髌骨到髂嵴拉一根绳子，然后将该段绳子进行对折，从而判断二者之间的中点。为了监督踏步过程中膝盖高度正确，我们可以在旁边的桌子上堆起几本书，或将一根尺子附在一把椅子上，或在墙上使用遮护胶带来标记出正确的膝盖高度。

收到开始信号，参与者开始原地踏步（不是跑步），努力在2分钟之内完成尽可能多的踏步次数（图9.21）。测试员记录完成的步数，并在参与者失去平衡的时候充当保护者，同时确保参与者膝盖保持正确的抬起高度。一旦参与者无法保持正确的膝盖高度，测试员应该要求参与者终止测试，或停下来休息直至回复正确的姿势。如果2分钟的时间没有用完，可以继续进行原地踏步。必要的情况下，参与者可以用一只手扶着桌子或椅子帮助保持身体平衡。为了帮助参与者把握测试节奏，测试者应该在时间过去1分钟的时候，以及还剩30秒的时候提醒参与者。测试结束后，每个参与者应该在周围缓慢行走大约1分钟帮助身体进行恢复。在测试日前进行模拟测试可以有助于参与者把握正确的测试节奏并提高评估的准确性。在测试当天，测试员应先做示范，并让参与者进行简短的练习。

评分

分数为参与者在2分钟之内完成的总步数。仅计算完整的踏步（即每次膝盖达到正确高度）。

源自：Adapted, by permission, from R.E. Rikli and C.J. Jones, 1999, "Development and validation of a functional fitness test for community-residing older adults," *Journal of Aging and Physical Activity* 7(2): 129-161.

坐在椅子上的体前屈测试

目的

测评下半身（主要是腘绳肌）的柔韧性。

目标

坐在一张椅子上并使用手指来触碰脚趾。

设备

直背或折叠椅［座位高度大约为 17 英寸（约 43.2 厘米）］。

操作说明

安全起见，将椅子靠墙放置，检查一下当一个人坐于椅子前沿时椅子是否稳定。参与者坐在椅子上，身体向

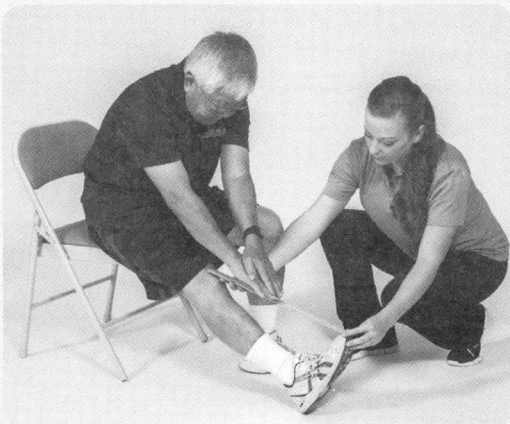

图 9.22　坐在椅子上的体前屈测试

前移动直至坐于椅子的前沿。大腿和臀部之间的折痕应与椅座的边缘平行。参与者将一条腿保持弯曲姿势，并将该脚平放于地面上，将另一条腿伸直，脚跟置于地面，并将脚弯曲大约 90 度（图 9.22）。参与者将该腿尽量伸直（但不要过度伸展），髋关节缓慢前屈，同时尽量保持脊椎挺直，且头与脊椎呈一条直线。参与者叠放双手，双手中指之间对齐，沿着伸直的那条腿向下滑动试图触碰脚趾。该伸展动作必须保持 2 秒。如果在评分之前伸直的那条腿开始弯曲，测试员应该要求参与者缓慢恢复坐姿，直至膝关节伸直。测试员应该提醒参与者在向前弯曲的过程中呼气，避免身体上下弹跳或快速而剧烈地运动，同时在拉伸过程中绝对不要使身体出现疼痛。

测试员先进行示范，然后要求参与者决定使用哪一条腿（即得分更高的那条腿）。然后，每个参与者使用该腿接受两次练习（拉伸），接着再进行两次正式测试。

评分

测试员使用一把 18 英寸（约 45.7 厘米）的尺子，记录参与者手指指尖未触及脚趾时相差的英寸数（负分）或超越脚趾时超出的英寸数（正分）。鞋尖脚趾中间位置代表零分。测试员记录的两次测试分数都精确到 0.5 英寸（约 1.3 厘米）并选取最佳分数。同时在得分卡上表明分数的正负。

源自：Adapted, by permission, from R.E. Rikli and C.J. Jones, 1999, "Development and validation of a functional fitness test for community-residing older adults," *Journal of Aging and Physical Activity* 7(2): 129-161.

背后拉手测试

目的
测评上肢（肩关节）的柔韧性。

目标
双手在背后上下努力触碰或尽可能地重叠双手手指。

设备
18英寸（约45.7厘米）尺子（半截码尺）。

操作说明
参与者处于站立姿势，选择一只手将其越过同侧的肩膀，掌心朝下且手指伸直，沿着背部中间的位置尽力向下伸展（肘关节指向上方）。另一只手置于背后，掌心朝上尽力向上伸展，试图让双手伸直的中指相互触碰或重叠。测试员在不移动参与者双手的情况下，帮助确保参与者的每只手的中指彼此相对（图9.23）。不允许参与者进行双手手指互抓和互拉。

测试员先进行演示，然后参与者决定使用哪只手，先进行两次练习，然后再进行两次测试。

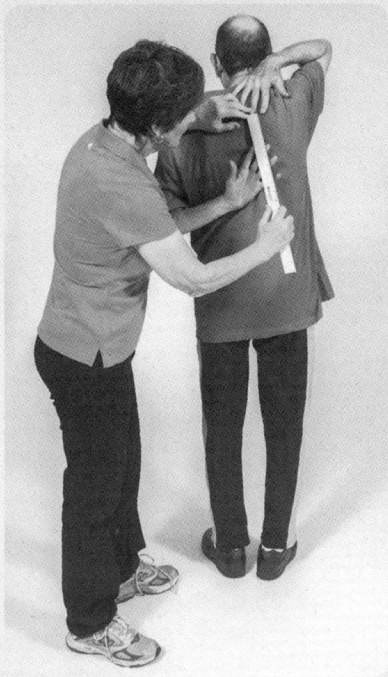

图9.23 背后拉手测试

评分
测试员测量两手中指之间重叠的距离或相距的距离，精确到0.5英寸（约1.3厘米）。负分代表双手中指未能触碰短缺的距离；正分代表双手中指重叠的程度。测试员记录两次测试的分数并选取最佳分数。最佳分数用于评价表现。分数卡上还应该显示分数的正负。（训练身体两侧的柔韧性，这一点很重要，但是在制定标准时仅使用柔韧性更好的一侧数据。）

源自：Adapted, by permission, from R.E. Rikli and C.J. Jones, 1999, "Development and validation of a functional fitness test for community-residing older adults," *Journal of Aging and Physical Activity* 7(2): 129-161.

8英尺（约2.4米）起身行走测试

目的

测评动作体适能水平（包括爆发力、速度、灵敏性和动态平衡能力）。

目标

用最短的时间从座位上起身站立，行走16英尺（约4.5米），再回到座位上坐下。

设备

秒表。

卷尺。

锥形路标（或类似的标识物）。

直背或折叠椅［座位高度大约为17英寸（约43.2厘米）］。

操作说明

将椅子靠墙放置或通过其他某种方法确保它在测试中固定不动。椅子必须放在空旷没有阻挡的区域，面对着一个锥形路标，二者相距8英尺（约2.4米）。锥形路标的另一侧应该有至少4英尺（约1.2米）的空地以便参与者有足够的转身空间。

测试员应该提醒参与者这是一个计时测试，测试的目标是以最快的速度行走（不要跑步）绕过锥形路标再回到椅子处坐下。

图9.24　8英尺（约2.4米）起身行走测试

参与者开始时处于坐姿，双手分别放于左右大腿之上，同时双脚平放于地面上，其中一只脚稍稍位于另一只脚的前面。收到开始信号，参与者立即从椅子上起身（可以借用大腿或椅子撑起身体），以最快的速度行走，绕过锥形路标，然后回到椅子位置坐下（图9.24）。测试员应该充当保护者，站在椅子和锥形路标的中间位置，万一参与者出现身体失衡时，随时进行搀扶。为了获得可靠的评分，测试员必须在发出开始信号时立即启动秒表，不论参与者是否已经开始移动，并在测试者坐回椅子上的那一瞬间停止秒表。

测试员先进行示范，然后参与者应该完整地练习一遍测试，再进行两次测试。测试员应该提醒参与者只有完全坐回椅子上时秒表才会停。

评分

测试分数是从开始信号起到参与者坐回椅子上为止所用的时间。测试员记录两次测试的成绩，精确到0.1秒。我们选择最佳成绩（最低用时）来评价表现。

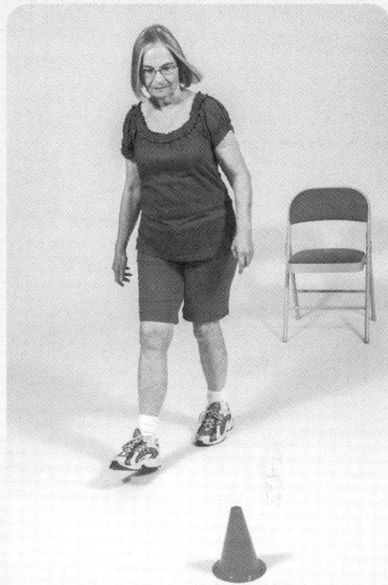

源自：Adapted, by permission, from R.E. Rikli and C.J. Jones, 1999, "Development and validation of a functional fitness test for community–residing older adults," *Journal of Aging and Physical Activity* 7(2): 129–161.

表 9.26　老年人体适能测试年龄段百分位标准（女性）

	30 秒坐立测试		60 ～ 64 (n = 595)	65 ～ 69 (n = 1027)	70 ～ 74 (n = 1240)	75 ～ 79 (n = 937)	80 ～ 84 (n = 502)	85 ～ 89 (n = 305)	90 ～ 94 (n = 141)
百分位	10th	次	9	9	8	7	6	5	2
	25th		12	11	10	10	9	8	4
	50th		15	14	13	12	11	10	8
	75th		17	16	15	15	14	13	11
	90th		20	18	18	17	16	15	14
	哑铃弯举测试		60 ～ 64 (n = 598)	65 ～ 69 (n = 1034)	70 ～ 74 (n = 1258)	75 ～ 79 (n = 953)	80 ～ 84 (n = 519)	85 ～ 89 (n = 329)	90 ～ 94 (n = 146)
百分位	10th	次	10	10	9	8	8	7	6
	25th		13	12	12	11	10	10	8
	50th		16	15	15	14	13	12	11
	75th		19	18	17	17	16	15	13
	90th		22	21	20	20	18	17	16
	6 分钟步行测试		60 ～ 64 (n = 356)	65 ～ 69 (n = 617)	70 ～ 74 (n = 728)	75 ～ 79 (n = 513)	80 ～ 84 (n = 276)	85 ～ 89 (n = 152)	90 ～ 94 (n = 79)
百分位	10th	码	495	440	420	365	310	260	195
	25th		545	500	480	430	385	340	275
	50th		605	570	550	510	460	425	350
	75th		660	635	615	585	540	510	440
	90th		710	695	675	655	610	595	520
	2 分钟原地踏步测试		60 ～ 64 (n = 264)	65 ～ 69 (n = 491)	70 ～ 74 (n = 597)	75 ～ 79 (n = 489)	80 ～ 84 (n = 279)	85 ～ 89 (n = 167)	90 ～ 94 (n = 61)
百分位	10th	次	60	57	53	52	46	42	31
	25th		75	73	68	68	60	55	44
	50th		91	90	84	84	75	70	58
	75th		107	107	101	100	91	85	72
	90th		122	123	116	115	104	98	85
	坐在椅子上的体前屈测试		60 ～ 64 (n = 591)	65 ～ 69 (n = 1037)	70 ～ 74 (n = 1250)	75 ～ 79 (n = 954)	80 ～ 84 (n = 514)	85 ～ 89 (n = 332)	90 ～ 94 (n = 151)
百分位	10th	英寸	-3.0	-3.0	-3.5	-4.0	-4.5	-4.5	-7.0
	25th		-0.5	-0.5	-1.0	-1.5	-2.0	-2.5	-4.5
	50th		2.0	2.0	1.5	1.0	0.5	-0.5	-2.0
	75th		5.0	4.5	4.0	3.5	3.0	2.5	1.0
	90th		7.0	6.5	6.0	5.5	5.0	4.5	3.5
	背后拉手测试		60 ～ 64 (n = 592)	65 ～ 69 (n = 1030)	70 ～ 74 (n = 1246)	75 ～ 79 (n = 946)	80 ～ 84 (n = 517)	85 ～ 89 (n = 323)	90 ～ 94 (n = 148)
百分位	10th	英寸	-5.5	-6.0	-6.5	-7.5	-8.0	-10.0	-11.5
	25th		-3.0	-3.5	-4.0	-5.0	-5.5	-7.0	-8.0
	50th		-0.5	-1.0	-1.5	-2.0	-2.5	-4.0	-4.5
	75th		1.5	1.5	1.0	0.5	0.0	-1.0	-1.0
	90th		4.0	3.5	3.0	3.0	2.5	2.0	2.0
	8 英尺（约 2.4 米）起身行走测试		60 ～ 64 (n = 594)	65 ～ 69 (n = 1033)	70 ～ 74 (n = 1244)	75 ～ 79 (n = 938)	80 ～ 84 (n = 497)	85 ～ 89 (n = 306)	90 ～ 94 (n = 142)
百分位	10th	秒	6.7	7.1	8.0	8.3	10.0	11.1	13.5
	25th		6.0	6.4	7.1	7.4	8.7	9.6	11.5
	50th		5.2	5.6	6.0	6.3	7.2	7.9	9.4
	75th		4.4	4.8	4.9	5.2	5.7	6.2	7.3
	90th		3.7	4.1	4.0	4.3	4.4	5.1	5.3
	体重指数		60 ～ 64 (n = 572)	65 ～ 69 (n = 1016)	70 ～ 74 (n = 1213)	75 ～ 79 (n = 916)	80 ～ 84 (n = 504)	85 ～ 89 (n = 337)	90 ～ 94 (n = 149)
百分位	10th	千克/米^2	19.6	19.8	20.3	19.8	19.6	19.5	18.3
	25th		22.8	23.0	23.1	22.5	22.0	21.8	21.1
	50th		26.3	26.5	26.1	25.4	24.7	24.3	24.1
	75th		29.8	30.0	29.1	28.3	27.4	26.8	27.1
	90th		33.0	33.2	31.9	31.0	30.0	29.0	29.5

源自：Adapted, by permission, from R.E. Rikli and C.J. Jones, 1999a, "Functional fitness normative scores for community-residing older adults, ages 60-94," *Journal of Aging and Physical Activity* 7(2): 162-181.

表 9.27　老年人体适能测试年龄段百分位标准（男性）

			60～64 (n=230)	65～69 (n=460)	70～74 (n=498)	75～79 (n=434)	80～84 (n=226)	85～89 (n=108)	90～94 (n=71)
	30 秒坐立测试								
百分位	10th	次	11	9	9	8	7	6	5
	25th		14	12	12	11	10	8	7
	50th		16	15	15	14	12	11	10
	75th		19	18	17	17	15	14	12
	90th		22	21	20	19	18	17	15
	哑铃弯举测试		60～64 (n=229)	65～69 (n=458)	70～74 (n=498)	75～79 (n=440)	80～84 (n=232)	85～89 (n=113)	90～94 (n=71)
百分位	10th	次	13	12	11	10	10	8	7
	25th		16	15	14	13	13	11	10
	50th		19	18	17	16	16	14	12
	75th		22	21	21	19	19	17	14
	90th		25	24	24	22	21	19	17
	6 分钟步行测试		60～64 (n=144)	65～69 (n=281)	70～74 (n=294)	75～79 (n=230)	80～84 (n=130)	85～89 (n=60)	90～94 (n=48)
百分位	10th	码	555	500	480	395	370	295	215
	25th		610	560	545	470	445	380	305
	50th		675	630	610	555	525	475	405
	75th		735	700	680	640	605	570	500
	90th		790	765	745	715	680	660	590
	2 分钟原地踏步测试		60～64 (n=92)	65～69 (n=211)	70～74 (n=225)	75～79 (n=226)	80～84 (n=119)	85～89 (n=50)	90～94 (n=38)
百分位	10th	次	74	72	66	56	56	44	36
	25th		87	88	80	73	71	59	52
	50th		101	101	95	91	87	75	69
	75th		115	116	110	109	103	91	86
	90th		128	130	125	125	118	106	102
	坐在椅子上的体前屈测试		60～64 (n=228)	65～69 (n=461)	70～74 (n=494)	75～79 (n=434)	80～84 (n=231)	85～89 (n=113)	90～94 (n=74)
百分位	10th	英寸	−6.0	−6.0	−6.5	−7.0	−6.0	−8.0	−9.0
	25th		−2.5	−3.0	−3.5	−4.0	−5.5	−5.5	−6.5
	50th		0.5	0.0	−0.5	−1.0	−2.0	−2.5	−3.5
	75th		4.0	3.0	2.5	2.0	1.5	0.5	0.5
	90th		6.5	6.0	5.5	5.0	4.5	3.0	2.0
	背后拉手测试		60～64 (n=228)	65～69 (n=457)	70～74 (n=489)	75～79 (n=430)	80～84 (n=226)	85～89 (n=113)	90～94 (n=73)
百分位	10th	英寸	−10.0	−10.5	−11.0	−12.0	−12.5	−12.5	−13.5
	25th		−6.5	−7.5	−8.0	−9.0	−9.5	−10.0	−10.5
	50th		−3.5	−4.0	−4.5	−5.5	−5.5	−6.0	−7.0
	75th		0.0	−1.0	−1.0	−2.0	−2.0	−3.0	−4.0
	90th		2.5	2.0	2.0	1.0	1.0	0.0	−1.0
	8 英尺（约 2.4 米）起身行走		60～64 (n=229)	65～69 (n=461)	70～74 (n=492)	75～79 (n=436)	80～84 (n=227)	85～89 (n=106)	90～94 (n=72)
百分位	10th	秒	6.4	6.5	6.8	8.3	8.7	10.5	11.8
	25th		5.6	5.7	6.0	7.2	7.6	8.9	10.0
	50th		4.7	5.1	5.3	5.9	6.4	7.2	8.1
	75th		3.8	4.3	4.2	4.6	5.2	5.3	6.2
	90th		3.0	3.8	3.6	3.5	4.1	3.9	4.4
	体重指数		60～64 (n=228)	65～69 (n=460)	70～74 (n=491)	75～79 (n=429)	80～84 (n=230)	85～89 (n=114)	90～94 (n=69)
百分位	10th	千克/米²	22.0	22.1	21.6	21.4	21.7	21.8	20.2
	25th		24.6	24.7	24.0	23.8	23.8	23.3	22.4
	50th		27.4	27.5	26.6	26.4	26.1	24.9	24.9
	75th		30.2	30.3	29.2	29.0	28.4	26.5	27.4
	90th		32.8	32.9	31.6	31.4	30.5	28.0	29.6

源自：Adapted, by permission, from R.E. Rikli and C.J. Jones, 1999a, "Functional fitness normative scores for community-residing older adults, ages 60–94," *Journal of Aging and Physical Activity* 7(2): 162–181.

表 9.28　老年人保持身体独立的体适能标准参照

	年龄段（岁）							30 年下降百分比
	60 ～ 64	65 ～ 69	70 ～ 74	75 ～ 79	80 ～ 84	85 ～ 89	90 ～ 94	
下肢力量（30 秒内坐立次数） 女性 男性	15 17	15 16	14 15	13 14	12 13	11 11	9 9	40.0 47.1
上肢力量（30 秒内哑铃弯举次数） 女性 男性	17 19	17 18	16 17	15 16	14 15	13 13	11 11	35.3 42.1
有氧耐力［6 分钟内步行的码（米）数］ 女性 男性	625 680	605 650	580 620	550 580	510 530	460 470	400 400	36.0 41.2
有氧耐力替代测试（2 分钟内原地踏步的次数） 女性 男性	97 106	93 101	89 95	84 88	78 80	70 71	60 60	38.1 43.4
灵敏性 / 动态平衡能力［8 英尺（约 2.4 米）起身行走的时间］ 女性 男性	5.0 4.8	5.3 5.1	5.6 5.5	6.0 5.9	6.5 6.4	7.1 7.1	8.0 8.0	37.5 40.0

注意：制定的推荐体适能标准用于老年人体适能成套测试（Rikli & Jones，2013a，2013b）。这些标准基于实际的老年人体适能测试的分数，这些分数来自此前出版的横向数据库（Rikli and Jones，1991b）包含的身体功能一般的老人所获得的分数，我们对于这些分数进行了适当调整从而反映其他相关文献中的信息，其中包括当我们纵向和横向追踪参与者表现时，发现随着年龄的增加出现身体衰老速度的增加。

　　贯穿整本书的多个概念对于测评老年人的体适能和体力活动水平具有重要意义。事实上，Vingren 等人（2014）表明对于测评老年人的体适能和体力活动水平的重要的基本概念包括信度、客观性、相关性、效度、普遍性、误差、常模参考、标准参考、形成性评价和总结性评价。很多这些术语是人体表现测量与评价的关键，并在本文中重复使用。

特殊人群

　　特殊人群包括身体残疾、心智残疾以及身体和心智均残疾的人。知识的贫乏与理解的肤浅，让很多人一叶障目，看不到社会对弱势群体的关爱历史，以及对残障人士的关注。相关的法律和态度的转变为我们提供了更加明智的方法与残疾人进行互动。然而，对于成年残疾人的可靠且有效的体适能测试相比其他成人相关工作存在研究不足或理解不深的情况。Shephard（1990）在其撰写的《特殊人群体适能》（*Fitness in Special Populations*）一书中，对于残疾人的运动和体适能问题进行了全面而详细的介绍。他认为对于残疾人的体适能测评应该包括以下内容。

　　·无氧能力和爆发力。

- 有氧能力。
- 运动产生的心电图反应。
- 肌肉体适能，包括力量、耐力和柔韧性。
- 体成分。

　　正确的体适能测评要求对于受测对象的残疾情况进行准确分类，并选择正确的测试和方法。例如，如果我们想要对于一个高位截瘫的人进行有氧能力的测试，我们可以选择轮椅测力计测试或手臂测力计测试。适用于耳聋人士的测试方法可能不适用于失明人士。特殊人群的体适能测试需要针对性的训练和教育。Shephard（1990）提供了残疾人和坐轮椅的人（例如高位截瘫和截肢的人）、盲人、聋人或者患有智障、自闭症、脑瘫、肌肉营养不良及各种硬化病的病人的体适能信息。

　　满足残疾人士的体适能需求是未来面临的一项挑战，同时也是一个充满职业机遇的领域。从测量和评价的角度来说，我们必须研究针对特定残疾人群的可靠且可信的测试方法。我们必须通过研究来深入了解各类残疾人群的实际体适能水平，以及增强他们的健康所必备的体适能水平。

测量体力活动

　　体适能的测量与评价一直以来都是运动科学中一个研究和实践领域。鉴于相关流行病学证据证明体力活动对于促进健康和防止慢性疾病方面的作用，即身体活动的行为要求肌肉收缩并消耗能量，可靠且有效的测量对于测定以下内容至关重要。

- 人们获得的体力活动量。
- 久坐行为的量。
- 体力活动对健康状态的影响。
- 与体力活动行为相关的因素。
- 干预措施对于促进体力活动的效果。

　　当然，体适能和体力活动是相互关联的，因为遗传因素和体力活动行为决定了一个人的体适能。我们可以制定教育和健康促进干预手段，直接提高体力活动的质量和数量，从而提高身体的体适能。有关于体力活动和健康的报告得出结论，许多美国人的体力活动量不足以促进健康和降低各种慢性疾病的风险（USDHHS，1996）。促进健康是体适能的特征，还是体力活动的行为？这个问题可能永远也无法解答。但是，我们必须能够通过可靠且有效的方式来测量体适能和体力活动的各种行为。

　　图 9.25 显示的体力活动金字塔是体力活动的指导纲领。其基本的想法是让人培养积极参与身体活动的生活方式，从而让健康体适能达到足够的水平，同时促进身心健康并减少不运动的行为。美国国家运动医学学会建议一个人每天必须消耗 150 千卡热量（或每周 1000 千卡热量）才能通过体力活动促进健康。在《2008 美国人体力活动指导方针》（USDHHS，2008）中，以下内容是一个关键性的指导：为了获得切实

的健康益处，成人每周至少进行 150 分钟（2 小时 30 分钟）中等强度的有氧活动，或者 75 分钟（1 小时 15 分钟）的高强度有氧活动，或者同等的中、高强度组合有氧运动。每次进行有氧活动的时间应该不低于 10 分钟，最好在一周内平均分配。我们可以通过使用各种方法来实现一种体力活动量有助健康的生活方式。从健康的角度来说，该金字塔给我们传达的最重要的信息可能是限制一个人不运动的时间，因为如图所示，身体不运动与健康体适能的所有要素都是负相关的。

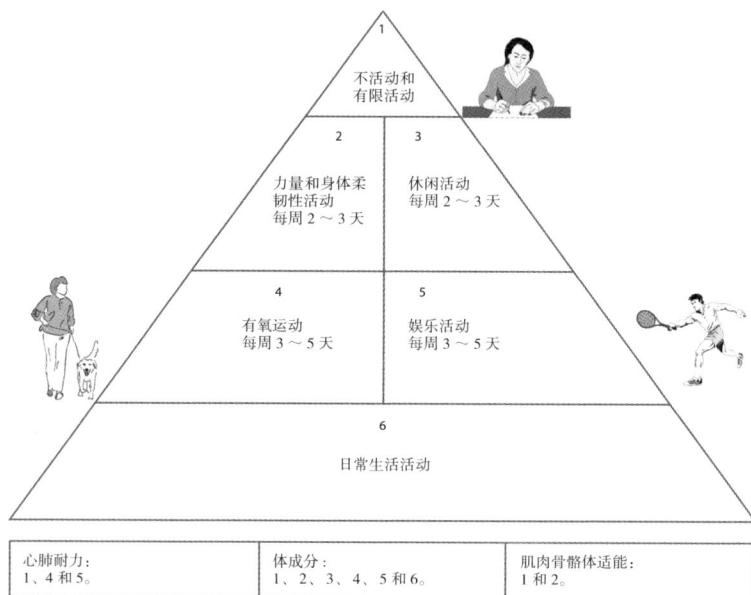

心肺耐力： 1、4 和 5。	体成分： 1、2、3、4、5 和 6。	肌肉骨骼体适能： 1 和 2。

图 9.25 健康体适能与体力活动金字塔之间的关系

　　体力活动，如同其他健康行为一样，是一种难以进行高信度和高效度测评的行为。一般测量体力活动的方法是自我报告（例如日记、日志、回忆调查、回顾性定量历史、整体自述）或直接监测（例如，训练有素的观察员进行行为观察，对心率或身体移动进行电子监测，在代谢室中使用直接热量测定进行生理监测，使用便携式气体分析系统来进行间接热量测定，水分子同位素标定法监测；USDHHS，1996）。在确定体力活动测量方法的信度和效度方面，进行的研究和取得的成果非常有限。然而，有报告则表明测量体适能的方法具有良到优的准确度和信度（USDHHS，1996）。参见 Montoye 和同事们（1996）的研究成果以此回顾各种身体活动的测评工具。确定一个体力活动测量方法的效度，其中一个主要难点在于缺少一个合适的用于比较的"黄金标准"的标准测量（USDHHS，1996）。因为这个问题，很多验证研究使用心肺耐力这个特征作为估计同时效度的标准。

　　在使用两种常用体力活动调查工具的 12 项研究中，心肺耐力与自述调查测量之间的中位相关系数或同时效度系数为 0.41（USDHHS，1996）。虽然该效度系数的数值看似很低，但是不要忘了基因在心肺耐力中所占比重至少为 30%，因此，体力活动仍然是心肺耐力中最重要的预测因素（Blair et al., 1989；Perusse et al., 1989）。并非所有的体力活动测量方法都适合各个人群。表 9.29 是一份自述和直接监测测评程序清单以及它们适应的年龄段。当我们使用自述的方法来测量体力活动时，我们必须谨慎。Troiano 等人（2008）表明大约有 50% 的成人的自述符合国家体力活动指导纲领。然而，当我们使用加速度测量术来获取目标测量值时，实际上不到 5% 的人达到中、高强度体力活动（MVPA）指导纲领的最低标准。

显而易见，体力活动测量的信度是一个重要的问题。在一项综合研究中，Jacobs 等（1993）研究了 10 个常用的体力活动问卷调查的信度和效度，同时估计了体力活动总量及各子集（例如轻度、重度、高度、休闲和工作）的自述测量效度。他们公布了所有问卷调查相隔 12 个月的以及两份问卷调查相隔 1 个月的重测信度估计。正如预期的那样，相隔 12 个月的信度估计变化性极大，最低的是 0.12，而最高的是 0.93。相隔 1 个月的信度估计则高很多，范围在 0.63 ～ 0.95。

对体力活动进行准确测评不仅需要测量相关活动的频率和持续时间，还要测量该活动的强度和环境。准确测定能量消耗需要对所有这 3 个内容进行测量。Ainsworth 和同事们（1993，2000）制定了身体活动手册帮助测评体力活动的能量消耗特征。该手册是一种编码方案，将各种各样的体力活动分类成各个能量消耗等级。该编码方案使用五位数来对体力活动按照目的、具体类型和强度进行分类。该手册对于身体活动测量进行了标准化的处理，让我们可以对研究发现进行更好的对比和评估。

表 9.29　各年龄段人群的体力活动测评

类型	工具	儿童	成年人	老年人
自述调查	针对任务的日记	否	是	是
	回忆问卷调查	否	是	是
	定量历史	否	是	是
	整体自述	否	是	是
直接监测	行为观察	否	是	是
	工作分类	否	是	否
	心率监测器和移动传感器	是	是	是
	心率监测器	是	是	是
	电子移动传感器	否	是	是
	计步器	否	是	是
	步态测评	是	是	是
	加速表	是	是	是
	水平时间监控	是	是	是
	稳定性量测仪	否	否	否
	直接热量测定	是	是	是
	间接热量测定	否	是	是
	水分子同位素标定法	是	是	是

源自：Data based on Laporte, Montoye, and Caspersen 1985.

　　一个简单的测评体力活动的自述法与那些更复杂的测评技术相比，具有很高的信度和结构效度（Jackson et al.，2007）。这种方法使用单个回答的等级表来测评体力活动行为。图 9.26 描述了单一回答测试法的一个版本——五等分级法。该测评等级是基于体力活动行为中的各个变化阶段。该尺度的重测信度估计超过了 0.90，同时选择的等级与跑台对有氧能力测评之间的相关系数（r=0.57），与其他自述技术的相关系数是一致的。

　　人们对于使用移动传感器（例如计步器和加速表）来测量体力活动产生了很大的兴趣。计步器价格便宜，且便于携带以测量步数。使用计步器测量体力活动的一个不足是计步器不能测出步伐的强度。因此，计步器不区分缓慢移动的一步和跑动的一步。加速表则不仅可以计算步数而且还能更准确地区分体力活动中移动速度的慢、中、快，就像是汽车上的加速表，可以区分移动的速度。加速表可以提供中、高强度身体活动的时间信息并对热量消耗进行估计。不幸的是，加速表价格较为昂贵，一般不用于非研究场所。

　　现在我们可以购买混合计步器。它结合了传统计步器和加速表的一些功能，我们可以通过一些设置，设定每分钟的步数的功能，以此区分行走和中、高强度运动步数。这样，超过用户规定的每分钟的步数则记录为中、高强度身体活动。这些介于计步器和加速表之间的设备价格相对低廉，既能记录步数、身体活动分钟数，也能记录中、高强度身体活动分钟数。Tudor-Locke 和 Bassett（2004）建议使用以下计步器记录的每天步数作为成人公共健康的指数。

<5 000	缺乏运动的生活方式指数
5 000 ～ 7 499	活动量较低
7 500 ～ 9 999	活动量一般
≥ 10 000	活动量较大
≥ 12 000	活动量很大

现在我没有定期运动或行走，同时近期也不打算开始这样做。
现在我没有定期运动或行走，但是一直打算开始这样做。
我正在进行每周不足 5 次的中等强度的体力活动，或者不到 3 次的高强度的体力活动。
在过去的 1 ～ 6 个月中，我一直进行每周不低于 5 次的中等强度的体力活动，或者不低于 3 次的高强度的体力活动。
在过去的 7 个月或更长的时间里，我一直进行每周不低于 5 次的中等强度的体力活动，或者不低于 3 次的高强度的体力活动。

图 9.26 单一选择的身体活动等级表（5 个等级）

　　对体力活动进行可靠且有效的测量是一件困难但不是不可能完成的任务。选择适当的工具、使用标准化的程序并进行试点研究都是取得可靠且有效测量的必要步骤。根据流行病学研究，积极参加身体活动的人出现因慢性疾病导致的疾病和死亡的概率低于那些缺乏运动的人（USDHHS，1996）。研究文献中始终一致的发现证明，体力活动进行可靠且有效的测评这一目标是能够做到的。Welk（2002）对于体力活动测评中使用的各种测量技术进行了详细介绍和编辑。这为我们全面了解这个富有挑战性的测量领域提供了丰富的资源。

由于久坐行为的增加，很多研究人员希望制定相关机制从而测评选择性（例如坐着或使用媒体）以及非选择性久坐行为（例如职业和学习需要）。参见本章开篇处提到的 Pettee-Gabriel 等人（2012）制定的框架（图 9.2），了解久坐行为属于该移动框架的哪一部分。Clark 等人（2013）调查了成年人对前一天的久坐行为回忆测试的信度和效度。他们公布了与加速表测量的坐卧时间相比的种类内部信度（第 6 章）为 0.5，同时效度为 0.57。Hales 等人（2013）公布使用家庭自测工具进行的活动和饮食的环境测评（HomeSTEAD）具有相似的信度，但是效度较低。在该测评中，父母们为 3 ～ 12 岁的孩子们分别填写了 3 次表格，每两次之间相隔 12 ～ 18 天。

数据集应用

使用第 9 章的大数据组。假设该数据代表了两天里每天完成的步数，我们希望了解这些人每天的步数是否达到最低的 7 500 步（这个数值说明相关人员活动量达到一般水平，前文对此已有介绍）。计算每天的描述性统计数据（第 3 章）。男性和女性在完成的步数上是否存在差异（第 5 章）？将两天的结果进行对比（第 4 章）。这说明的是种类之间的信度（第 6 章）。计算这两天的阿尔法系数（第 6 章）。这样我们已经创建了各种变量来表明人们是否达到每天的标准。使用第 7 章介绍的程序来测定这两天之间达标的百分比一致性、Phi 系数、卡方和 Kappa。对于得出的标准参照信度进行评论。

认证项目

美国国家运动医学学会是在运动科学各领域的研究和推广方面处于领导地位的机构。任何专业人士，如果有志从事成年人体适能项目的相关工作，包括进行可靠且可信的体适能测试，都应该成为该组织的积极会员。

该学会提供包括以下内容的认证项目。

- 健康体适能证书
  - ACSM 团体运动指导员认证。
  - ACSM 私人教练认证。
  - ACSM 运动生理学家认证。

- 临床认证证书
  - ACSM 临床运动专家认证。
  - ACSM 注册临床运动生理学家。
- Specialty Certifications 认证证书
  - ACSM/ACS 癌症运动教练认证。
  - ACSM/NCHPAD 全面体适能教练认证。
  - ACSM/NPAS 公共健康体力活动专家。

测量增强肌肉的身体活动

《"Healthy People 2020"和 2008 美国人体力活动指导方针》都包含增强肌肉活动的目标。表 9.2 中列出了肌肉力量和耐力的各种健康益处。《2008 美国人体力活动指导方针》制定的增强肌肉活动的具体目标如下。

因为中、高强度的肌肉增强活动可以带来额外的健康益处，成年人也应该进行肌肉增强活动，且每周所有主要肌肉群至少运动两次。

一般来说，增强肌肉的活动是通过自述问题进行测评。例如，美国疾病控制与预防中心的行为风险因素监督系统的电话调查提出了下面这个问题。

"上个月，每周或每月进行增强肌肉的体力活动或运动的次数？不算步行、跑步或骑自行车等有氧活动。计算瑜伽、仰卧起坐或俯卧撑等利用身体自重进行的活动，以及那些使用负重训练器、自由负重或弹力带的活动。"

每周次数＿＿＿＿＿

每月次数＿＿＿＿＿

从不＿＿＿＿＿

不知道 / 不确定＿＿＿＿＿

拒绝回答＿＿＿＿＿

关于受访者实际增强肌肉的行为，这些自述问题所提供的信息很少。进行什么类型的活动？涉及哪些以及多少肌群？进行了多少组和次运动？北得克萨斯大学和库珀研究所的研究人员开发出了一个名为追踪抗阻运动和力量训练（TREST）的在线系统，其中包括问题和视频介绍。该系统可以对人们参与增强肌肉活动情况收集更详细和具体的信息。初步研究已经证明该系统是可靠且可信的。

@ 可观看视频 9.10 和视频 9.11。

美国国家体能协会（NSCA）提供的认证证书项目包括以下这些。
- 体能训练专家认证（CSCS）。
- 特殊人群训练专家认证（CSPS）。
- 私人教练认证（NSCA-CPT）。
- 战术体能训练师认证（TSAC-F）。

库珀研究所也提供了私人教练的在线认证证书（CI-CPT）。

在为了获取这些证书而努力学习和准备时，我们也可以从测量与评价的视角来对自己进行可靠且有效的体适能测评的能力进行验证。Howley 和 Franks（2007）以及美国国家运动医学学会（ACSM，2010）为成年人体能和测评项目方面的专业人士提供了优质而全面的资料。

测量与评价的案例思考

Jim 在与基督教青年会行政总监再次会面前要完成两个主要任务：提出一个成年人体适能测评的总体方案，以及调查一下他希望获取的证书。其中一个任务可以轻易解决，因为基督教青年会已经提供了相关的资源，他可以建议实施基督教青年会的体适能测试项目。另一个任务，决定自己应该获取哪种证书，这也相当简单。因为他服务的对象显然是非运动员的健康人士，因此他很可能会选择 ACSM 的健康体适能专家证书。他可能聘用从事体适能相关工作的员工应该具有或打算获取 ACSM 或库珀研究所等颁发的私人教练认证证书。此外，Jim 通过研究认识到他可能进行的具体测试应该依据测试的目的、参与者的年龄和性别。他正在构建一个有效的由合格员工参与的体适能促进和评估方案。

小结

本章介绍的内容应该可以帮助我们打下一个坚实的基础来理解可靠且有效的成年人体适能和体力活动测评涉及的方方面面。掌握这些内容并不能让我们拥有在各种情况下进行成人体适能测试的资格，但是它却可以让我们在取得这些资质方面迈出重要的一步。如果成年人体适能项目将成为我们职业生涯中的一个重要组成部分，我们应该寻求相关的教育和培训，从而获得专业资格证书。成年人体适能测试和其他所有的测试情况一样，都需要选择正确的测试方法，进行准备和模拟测试，并关注细节，以便实现对人体表现进行正确的测量和评价。

第 10 章

青少年体适能和体力活动测量

艾伦·W. 杰克逊（Allen W. Jackson），北得克萨斯大学

概要

学习目标

学完本章的内容，你将能够掌握以下内容。

- 讨论美国青少年体适能的现状。
- 区分青少年的运动和相关的体适能以及健康相关的体适能。
- 描述各种青少年体适能测试之间的异同。
- 对青少年进行可靠且有效的体适能测试。
- 解决特殊人群体适能测试中存在的问题。
- 测评青少年的体力活动。

测量与评价的案例思考

Jo 是一名小学体育老师。多年来，她所在的校区一直都在使用一种当地开发的体适能测试，以此表彰体适能突出的孩子们。该区执行的测试内容包括 600 码（约 548.6 米）走跑混合、往返跑、50 码（约 45.7 米）冲刺跳、立定跳远和仰卧起坐。该区新上任的体育协调员已经制定了一项政策，要求全区都要使用美国青少年体适能健康测评系统，因为它是一项与健康相关的体适能测试，同时也是美国体适能与体育科学总统委员会制定的总统青少年体适能项目的官方测试。Jo 不熟悉美国青少年体适能健康测评系统的理念、内容和实施办法。此外，她还听说美国青少年体适能健康测评系统除了测评体适能之外还测评体力活动水平。据说，美国青少年体适能健康测试系统的成绩系统也不同于她所熟悉的成绩系统。此前，学生体适能奖的评比依据的是表现成绩的百分位，但是美国青少年体适能健康测评系统使用的是健康相关的标准参考。Jo 意识到在新学年到来之前自己需要准备很多东西。

美国青少年的体力活动和体适能水平在人体表现界是一个具有争议的问题。许许多多的体育工作者和体能专家都宣称美国的青少年缺乏运动和体适能水平不足的情况已经到达了危险的地步。从历史上来看，对于青少年体适能水平不足的关注和担忧可以追溯至 19 世纪。在 20 世纪 50 年代初期，体适能测试表明欧洲儿童的体能水平高于美国儿童。这项发现促使时任美国总统艾森·豪威尔组建美国体适能与体育科学总统委员会。该委员会与美国健康、体育、娱乐和舞蹈联盟（AAHPERD）一起制定了一个全国青少年体能测试项目。这个测试是结合了多个体适能测试项目，对于体能进行全面测评。从测量和评价的角度来说，测试的重点从体适能测评（结果）大幅度地转向了提升和测评体力活动（行为）。参阅 Mood 等人（2007）对于体适能和体力活动变化的总结，以及 Morrow 等人（2009）对于青少年体适能测试 50 多年历史的回顾。

要点内容 10.1

你在青少年时期是否接受过体适能测试呢？你参加了什么测试？你完成了哪些项目？测试结果对于你体适能的估计是否可靠和有效？

美国体适能与体育科学总统委员会（Reiff et al., 1985）进行了美国全国在校学生体适能调查并公布了调查结果，发现在某些方面 1985 年青少年的体适能表现与 1975 年的青少年没有太大的区别。如果我们以此推测整个总体的情况，该研究数据则表明数以百万计的美国青少年在体适能的多项重要因素中表现仍然很低。

同一个调查表明大批的男孩和女孩在心肺耐力测试中的表现水平较低。美国疾病预防与健康促进办公室——美国卫生与公众服务部的下属机构，进行了美国全国青少年体适能研究（NCYFS）（Pate et al., 1985），评价青少年的体适能水平。1985 年进行的皮肤褶测量结果显著大于 20 世纪 60 年代儿童的测量结果（Pate et al., 1985）。因此，较晚出生的青少年似乎身体体脂含量较高。这个信息表明美国很多青少年体适能水平不足并且可能正在不断下降。得克萨斯州于 2007 通过立法，要求得克萨斯州所有公立学校注册学生都要进行健康相关的体适能的测评。得克萨斯州选择了一套美国青少年体适能测试项目，在 2007 ～ 2008 学年对大约 260 万学生进行了 6 项体适能测试。据报道，全部 6 项体适能测试都达到健康水平的学生中，三年级学生中的比例最高为 32%，而十二年级学生中的比例最低仅为 8%。加利福尼亚和纽约市每年也对几十万学龄儿童进行测试。你可以参阅《运动与体育研究季刊》（*Research Quarterly for Exercise and Sport*）2010 年 9 月的增刊，了解得克萨斯州近三百万青少年体适能测试的总体情况。也可以参阅 Morrow 和 Ede（2009）的研究成果了解学校大规模体适能测试的相关问题。

　　然而，有信息表明青少年的体适能水平不一定是低的，同时可能并非正在下降。Looney 和 Plowman（1990）进行了一项研究，他们将美国青少年体适能健康测评系统（Fitnessgram）成套测试的标准参考值应用于 NCYFSI（1985）和 NCYFS II（1987）的测试结果。他们发现 80% ～ 90% 的青少年可以达到体成分标准，具体的比例取决于相关青少年的年龄。在有些年龄段中男孩和女孩在 1 英里（约 1.6 千米）的跑步测试中的通过率较高（图 10.1）。Corbin 和 Pangrazi（1992）也得出结论，大多数的美国青少年能够达到单个美国青少年体适能健康测评系统的标准参考值。Morrow（2005）也对美国的体适能水平现状进行了评论。Powell 等人（2009）报告，基于美国青少年体适能健康测评系统，佐治亚州很多五年级和七年级学生的体适能处于不健康的水平。

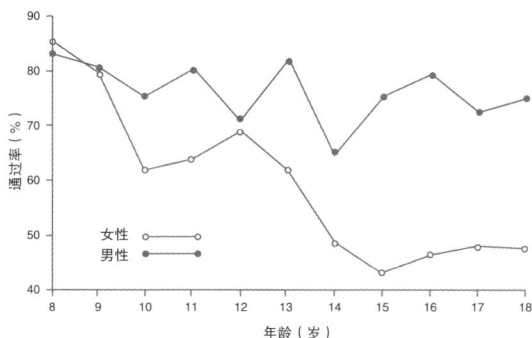

图 10.1　美国青少年体适能健康测评系统 1 英里（约 1.6 千米）跑步测试通过率

　　Rowland 是一位儿童运动科学领域受人尊敬的研究员，她认为上述问题存在不一致的信息（1990）。相关的研究文献未能明确证明青少年体适能水平较低且正在不断下降这一结论。1992 年，《运动与体育研究季刊》中公布了一个青少年体适能论坛的讨论结果，其中包括 7 篇知名专家撰写的论文。这些论文对于青少年的体适能水平及其趋势达成共识。Blair（1992）估计 20% 的美国青少年，即八百万到九百万的青少年，体适能水平存在健康风险。美国国家健康统计中心（NCHS）公布了美国体重超重的青少年数量存在一个惊人的增长趋势（NCHS，2013）。这个趋势表明体重超重的青少年比重从 20 世纪 70 年代的 4% ～ 6% 增长到了 2007 ～ 2010 年期间的 18% 以上（HCHS，2013）。美国疾病控制与预防中心通过青少年风险行为监督系统提供了部分与体力活动相关的数据。该监督系统通过全美进行的学校调查监测九年级到十二年级学生的健康行为。图 10.2 显示 2011 年较大比例的学生没有达到推荐的体力活动水平，没有参加日常的体育课，同时在缺乏运动的行为上花费了大量时间。在《2008 年美国人体力活动指导方针》中，针对青少年的主要指导内容如下。

· 青少年每天应该进行不低于 60 分钟的体力活动。

有氧运动：每天进行的不低于 60 分钟的活动中，大部分应该是中、高强度的有氧体力活动，并且每周至少进行 3 次高强度的身体活动。

增强肌肉：青少年在每天进行的不低于 60 分钟的体力活动中应该包括增强肌肉的体力活动且每周不低于 3 次。

增强骨骼：青少年在每天进行的不低于 60 分钟的体力活动中应该包括增强骨骼的身体活动且每周不低于 3 次。

· 我们应该鼓励青少年参加适合他们年龄的、愉快且内容丰富的体力活动（USDHHS，2008）。

　　作为人体表现方面的专业人士，你应该知道很多青少年体适能水平和活动水平都比较低。很多国家领导和国际组织的领导以及公共健康专业人士都在呼吁缺乏运动且体适能水平较差的青少年应该增加体力活动和增加体适能。"Healthy People 2020"计划制定了增加美国青少年体力活动和体育教育体验的目标（图 10.3）。

要点内容 10.2

如何描述美国青少年体适能水平的现状？

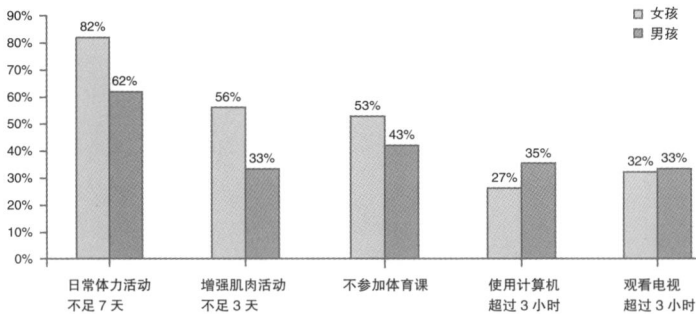

图 **10.2**　2011 年青少年风险行为调查结果

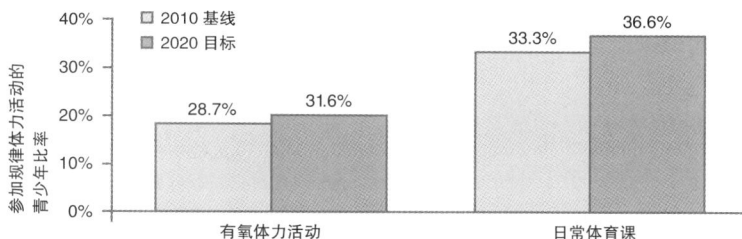

图 10.3 "Healthy People 2020" 计划体力活动目标：青少年增加体力活动的基线（2010）和目标（2020）

健康相关的体适能与运动相关的体适能

最早开发于 20 世纪 50 年代的 AAHPERD 青少年体适能测试，在六七十年代进行了修改，内容不仅包括第 9 章介绍的健康相关的体适能测试，而且还包括了运动相关的体适能测试，即与运动表现相关的体适能。该测试包括以下项目。

- 引体向上（男），屈臂悬挂（女）
- 1 分钟仰卧起坐测试
- 600 码（约 548.6 米）跑
- 往返跑
- 立定跳远
- 50 码（约 45.7 米）冲刺跑

正如我们看到的那样，根据第 9 章介绍的美国国家运动医学学会（2014a）的定义，只有前三项可以视为与健康相关。然而，600 码（约 548.6 米）跑也不是测量有氧能力的好办法。其他项目涉及参与体育运动的能力。

20 世纪 70 年代，又开发出了一套青少年体适能测试，该测试的名称是 AAHPERD 健康体适能测试，其中包含以下内容的测量。

- 心肺耐力（长跑）
- 体成分（皮褶）
- 肌肉骨骼功能

该套测试的测试项目内容与目前对于健康体适能的定义一致。未来，青少年体适能评价将重点关注实施健康相关测试。美国使用的主要测试项目是美国青少年体适能健康测评系统（Cooper Institute for Aerobics Research，1987，1992，1999，2004）以及总统的挑战（PCPFS，1999）。我们将在本章后面的内容中讨论这两种测试项目。

常模参考与标准参考

青少年体适能测试出现的另一大重要变化是测定体能成绩的标准已经从参考常模变为了参考标准，前者参考某个特定组来测定成绩水平，而后者则参考具体的、既定的成绩水平。AAHPERD 健康相关的体适能测试结果是使用百分位常模进行公布的（1980）。建议分数低于测试第 50 百分位的青少年通过训练来达到第 50 百分位的水平。美国青少年体适能健康测评系统是第一个美国公认的使用健康相关的标准参考的成套体适能测试（Cooper Institue for Aerobics Research，1987，1992，1999，2007）。过去，PCFSN（1999）曾使用标准参考标准来评价总统挑战项目中青少年的体能分数。Safrit 和 Looney（1992）等人认为标准参考标准 CRS 是有用且合适的，但是青少年体能分数的常模数据也是有用的，适用于评价某个项目，发现优秀成绩，以及发现当地或全国人群的当前状态。

数据

前文提到过 NCYFS I 和 II，它们的结果分为两个部分（NCYFS I：Ross，Dotson，Gilbert and Katz，1985；NCYFS II：Ross et al.，1987）出版在《体育、娱乐和舞蹈杂志》（*Journal of Physical Education Recreation and Donce*）上。在美国卫生与公众服务部的支持下，NCYFS 大力开发有关青少年体适能的最佳常模数据。该研究涉及的青少年是在全美国范围内随机抽取的，目的是形成一个能够代表美国青少年的样本。我们认为之前的数据库是存在问题的，因为他们属于大的方便样本，可能造成估计产生了偏差，或是没有充分代表美国青少年的总体。NCYFS I 得出了 10 ～ 18 岁青少年的常模；NCYFS II 则形成了 6 ～ 9 岁儿童的常模。

Pate 和同事们（2006）使用美国国家健康与营养研究调查（NHANES）1999 ～ 2002 年提供的结果来对美国 12 ～ 19 岁的青少年的心肺体能水平进行估计。美国国家健康与营养研究调查使用一个移动研究中心，测量全美范围内的各种与健康相关的变量。相关的测试程序包括次最大运动量的跑步机运动测试，用于估计最大摄氧量。男孩的平均最大摄氧量 [46.4 毫升 /（千克·分）] 显著高于女生的平均最大摄氧量 [38.7 毫升 /（千克·分）]。但是不同的种族之间的平均最大摄氧量并无差别。对于男孩，最大摄氧量从 12 ～ 13 岁时的 44.6 显著增加至 47.6（18 ～ 19 岁）。对于女孩，最大摄氧量从 12 ～ 13 岁时的 39.7 显著下降至 37.5（18 ～ 19 岁）（p < 0.02）。大约三分之二的男性和女性达到美国青少年体适能健康测评系统健康体适能区推荐的健康相关体适能标准。

虽然青少年体能评价已经使用标准参考标准代替常模参考标准，但是我们同意 Safrit 和 Looney（1992）的观点，获取常模数据对于青少年体能测评是有价值的。表 10.1 一直到表 10.5 为你提供了通过 NCYFS I 和 II 收集的各种测试和测量的百分位常模。如果我们将这些表结合在一起来看，我们就能对美国青少年的最佳常模数据有充分的了解。不幸的是，上次美国青少年体能测试距今已经超过 25 年。参阅 Morrow（2005）对于全美国青少年体能测试的评论。

表 10.1　男性和女性长跑百分位常模（分：秒）

男性百分位	年龄（岁）												
	6	7	8	9	10	11	12	13	14	15	16	17	18
90	4:27	4:11	8:46	8:10	8:13	7:25	7:13	6:48	6:27	6:23	6:13	6:08	6:10
75	4:52	4:33	9:29	9:00	8:48	8:02	7:53	7:14	7:08	6:52	6:39	6:40	6:42
50	5:23	5:00	10:39	10:10	9:52	9:03	8:48	8:04	7:51	7:30	7:27	7:31	7:35
25	5:58	5:35	12:14	11:44	11:00	10:32	10:13	9:06	9:10	8:30	8:18	8:37	8:34
10	6:40	6:20	14:05	13:37	12:27	12:07	11:48	10:38	10:34	10:13	9:36	10:43	10:50
女性百分位													
90	4:46	4:32	9:39	9:08	9:09	8:45	8:34	8:27	8:11	8:23	8:28	8:20	8:22
75	5:13	4:54	10:23	9:50	10:09	9:56	9:52	9:30	9:16	9:28	9:25	9:26	9:31
50	5:44	5:25	11:32	11:13	11:14	11:15	10:58	10:52	10:32	10:46	10:34	10:34	10:51
25	6:14	6:01	12:59	12:45	12:52	12:54	12:33	12:17	11:49	12:18	12:10	12:03	12:14
10	6:51	6:38	14:48	14:31	14:20	14:35	14:07	13:45	13:13	14:07	13:42	13:46	15:18

注意：6～7 岁的参与者跑 1/2 英里（约 0.8 千米）；其他人跑 1 英里（约 1.6 千米）。
源自：Data from Ross et al.1985; NCYFS II; Ross et al.1987.

表 10.2　男性和女性皮褶测量值（毫米）总和百分位常模

男性百分位	年龄（岁）												
	6	7	8	9	10	11	12	13	14	15	16	17	18
90	12	12	12	12	12	12	12	11	12	12	12	13	13
75	14	14	14	15	14	14	14	13	13	14	14	14	15
50	16	17	18	21	17	18	17	17	17	17	17	17	18
25	20	22	24	29	24	25	24	23	22	22	22	22	24
10	27	32	37	40	35	36	38	34	33	32	30	30	30
女性百分位													
90	15	15	15	16	13	14	15	15	17	19	19	20	19
75	18	18	19	20	16	17	18	19	20	23	22	23	22
50	21	22	24	26	20	21	22	24	26	28	26	28	27
25	27	28	33	35	27	30	29	31	33	34	33	36	34
10	33	37	43	45	36	40	40	43	40	43	42	42	42

注意：对于 6～9 岁的参与者，数值代表肱三头肌和小腿皮褶测量值的总和；对于其他参与者，数值代表肱三头肌和肩胛下皮褶测量值的总和。
源自：Data from Ross et al.1985; NCYFS II; Ross et al.1987.

表 10.3　男性和女性一分钟屈膝仰卧起坐测试的百分位常模（完成数量）

男性百分位	6	7	8	9	10	11	12	13	14	15	16	17	18
90	28	32	35	39	47	48	50	52	52	53	55	56	54
75	24	28	30	33	40	41	44	46	47	48	49	50	50
50	19	23	26	28	34	36	38	40	41	42	43	43	43
25	14	18	20	23	28	30	32	32	35	36	38	37	36
10	9	12	15	16	22	22	25	28	30	31	32	31	31
女性百分位													
90	28	33	34	36	43	42	46	46	47	45	49	47	47
75	23	27	29	31	37	37	40	40	41	40	40	40	40
50	18	21	25	26	31	32	33	33	35	35	35	36	35
25	14	16	19	21	25	26	28	27	29	30	30	30	30
10	6	11	13	15	20	20	21	21	23	24	23	24	24

源自：Data from Ross et al.1985; NCYFS II; Ross et al.1987.

表 10.4　男性和女性引体向上测试的百分位常模（完成数量）

男性百分位	年龄（岁）												
	6	7	8	9	10	11	12	13	14	15	16	17	18
90	15	19	20	20	8	8	8	10	12	14	14	15	16
75	10	13	14	15	4	5	5	7	8	10	12	12	13
50	6	8	10	10	1	2	3	4	5	7	9	9	10
25	3	4	6	6	0	0	0	1	2	4	6	5	6
10	1	1	3	3	0	0	0	0	0	1	2	2	3
女性百分位													
90	2	13	16	17	17	3	3	2	2	2	2	2	2
75	1	9	11	11	12	1	1	1	1	1	1	1	1
50	0	6	7	8	9	0	0	0	0	0	0	0	0
25	0	3	4	4	4	0	0	0	0	0	0	0	0
10	0	0	1	1	1	0	0	0	0	0	0	0	0

注意：6 ~ 9 岁参与者进行了简化引体向上。

源自：Data from Ross et al.1985; NCYFS II; Ross et al.1987.

表 10.5　男性和女性坐位体前屈测试的百分位常模（英寸）

男性百分位	年龄（岁）												
	6	7	8	9	10	11	12	13	14	15	16	17	18
90	16.0	16.0	16.0	15.5	16.0	16.5	16.0	16.5	17.5	18.0	19.0	19.5	19.5
75	15.0	15.0	14.5	14.5	14.5	15.0	15.0	15.0	15.5	16.5	17.0	17.5	17.5
50	13.5	13.5	13.5	13.5	13.5	13.0	13.0	13.0	13.5	14.0	15.0	15.5	15.0
25	12.0	11.5	11.5	11.0	11.5	11.5	11.0	11.0	11.0	12.0	13.0	13.0	13.0
10	10.5	10.0	9.5	9.5	10.0	9.5	8.5	9.0	9.0	9.5	10.0	10.5	10.0
女性百分位													
90	16.5	17.0	17.0	17.0	17.5	18.0	19.0	20.0	19.5	20.0	20.5	20.5	20.5
75	15.5	16.0	16.0	16.0	16.5	16.5	17.0	18.0	18.5	19.0	19.0	19.0	19.0
50	14.0	14.5	14.0	14.0	14.5	15.0	15.5	16.0	17.0	17.0	17.5	18.0	17.5
25	12.5	13.0	12.5	12.5	13.0	13.0	14.0	14.0	15.0	15.5	16.0	15.5	15.5
10	11.5	11.5	11.0	11.0	10.5	11.5	12.0	12.0	12.5	13.5	14.0	13.5	13.0

源自：Data from Ross et al.1985; NCYFS II; Ross et al.1987.

青少年体适能测试

　　前面我们已经讨论过，美国和其他国家的青少年体适能测评的重点已从运动体能变为与健康相关的体适能。青少年体适能测试用于测量和评价体适能。历史上曾出现多套全美国范围内使用的青少年体适能测试。表 10.6 列出了两套青少年体能测试、每套测试包含的测试项目以及提供该套测试的机构。这些成套测试中存在 3 个要素。

　　1. 与健康相关的体适能测试项目。

　　2. 每项测试的标准参考标准。

　　3. 激励奖励。

　　青少年体适能测试使用标准参考来判断是否通过测试以及是否获得相关体能奖。

Safrit 和 Pemberton（1995）提供了一个完整的青少年体能测试指南。

　　2013 年美国青少年体能项目设计和测试出现一个重大变化。美国体适能与体育科学总统委员会启动青少年体适能总统项目（PYFP）。该项目是一个综合性依托学校的项目，目的是促进美国青少年的健康以及常规的身体活动。青少年体适能总统项目的合作伙伴有美国疾病控制与预防中心；库珀研究院；美国国家体适能与体育科学基金会；美国体适能与体育科学总统委员会；美国健康与体育教育者学会。该项目包括以下基本要素。

　　·采用库珀研究院开发的体能测评项目——美国青少年体适能健康测评系统。

　　·首屈一指的体育教育专业人士组织——美国健康与体育教育者学会（领导每月一次的网上讨论会等形式的职业技能培训）。

　　·美国疾病控制与预防中心在领导开发跟踪和评价青少年体适能总统项目方面的专业经验。

表 10.6　多套青少年体适能测试

	美国青少年体适能健康测评系统	欧洲体适能测试项目
有氧能力	渐进式有氧心肺耐力跑（PACER）（r） 英里跑 步行测试	耐力往返跑 功率自行车测试
体成分	皮褶（r） 体重指数	身高 体重 皮褶
腹部力量和耐力	卷腹（r）	仰卧起坐
上肢力量和耐力	俯卧撑（r） 简化版引体向上 引体向上 屈臂悬挂	手握力测试 屈臂悬挂
躯干伸肌力量和耐力	俯卧背伸（r）	
柔韧性	单侧坐位体前屈 肩部拉伸	坐位体前屈
跑步速度和敏捷性		往返跑
四肢移动速度		快速踏板测试
爆发力		立定跳远
平衡能力		单腿平衡能力

注意：r = 推荐。

　　关键特点在于美国采用了美国青少年体适能健康测评系统（Fitnessgram）测评青少年体适能。因此，现在有了一套全美国公认的青少年体适能测试。

青少年体适能测试资源

美国青少年体适能健康测评系统
Human Kinetics
美国伊利诺伊州尚佩恩市市场北路 1607 号 邮编 61820

欧洲体适能测试
阿姆斯特丹梅伯格德鲁大学 15-1105
阿姆斯特丹市

欧洲体适能测试结合了健康体适能和运动体适能的内容。这套测试也出现在表10.6 中。欧洲使用这套体适能测试。欧洲体适能测试将健康相关和表现相关的测试项目与其他的运动能力测试项目（例如，反应敲击测试、爆发力和平衡能力）结合在了一起。

前面测量挑战中提到的那位老师 Jo 必须和她的同事们一起探讨使用美国青少年体适能健康测评系统将对测试和评价产生的影响。

@ 可观看视频 10.1 和 视频 10.2。

美国青少年体适能健康测评系统

我们重点介绍美国青少年体适能健康测评系统这套体能测试，因为它已经得到了验证，已被数以百万的青少年使用过，且现在还是 PYFP 承认的一套全国性的青少年体能测试。美国青少年体适能健康测评系统是一套包含了健康相关标准参考标准的体适能测试。这些根据标准参考所选的测试最多能够指出 3 个体能区域 – 健康体适能区、需要提高区以及健康风险区。这套测试包含了自选测试、计算机软件和辅助。下面列出了这套测试中的 5 项测试。表 10.7 和表 10.8 提供了每项测试的标准参考。

表 10.7　美国青少年体适能测试项目健康相关标准参考标准：男孩

年龄	有氧能力 最大摄氧量〔毫升/（千克·分）〕 渐进式有氧心肺耐力跑（PACER）、一英里（约 1.6 千米）跑和步行测试			体脂百分比				体重指数			
	健康风险	NI	HFZ	脂肪含量很低	HFZ	NI	健康风险	脂肪含量很低	HFZ	NI	健康风险
5				≤ 8.8	8.9～18.8	18.9	≥ 27.0	≤ 13.8	13.9～16.8	16.9	≥ 18.1
6	完成测试圈数或时间没有推荐的标准			≤ 8.4	8.5～18.8	18.9	≥ 27.0	≤ 13.7	13.8～17.1	17.2	≥ 18.8
7				≤ 8.2	8.3～18.8	18.9	≥ 27.0	≤ 13.7	13.8～17.6	17.7	≥ 19.6
8				≤ 8.3	8.4～18.8	18.9	≥ 27.0	≤ 13.9	14.0～18.2	18.3	≥ 20.6
9				≤ 8.6	8.7～20.6	20.7	≥ 30.1	≤ 14.1	14.2～18.9	19.0	≥ 21.6
10	≤ 37.3	37.4～40.1	≥ 40.2	≤ 8.8	8.9～22.4	22.5	≥ 33.2	≤ 14.4	14.5～19.7	19.8	≥ 22.7
11	≤ 37.3	37.4～40.1	≥ 40.2	≤ 8.7	8.8～23.6	23.7	≥ 35.4	≤ 14.8	14.9～20.5	20.6	≥ 23.7
12	≤ 37.6	37.4～40.2	≥ 40.3	≤ 8.3	8.4～23.6	23.7	≥ 35.9	≤ 15.2	15.3～21.3	21.4	≥ 24.7
13	≤ 38.6	38.7～41.0	≥ 41.1	≤ 7.7	7.8～22.8	22.9	≥ 35.0	≤ 15.7	15.8～22.2	22.3	≥ 25.6
14	≤ 39.6	39.7～42.4	≥ 42.5	≤ 7.0	7.1～21.3	21.4	≥ 33.2	≤ 16.3	16.4～23.0	23.1	≥ 26.5
15	≤ 40.6	40.7～43.5	≥ 43.6	≤ 6.5	6.6～20.1	20.2	≥ 31.5	≤ 16.8	16.9～23.7	23.8	≥ 27.2
16	≤ 41.0	41.1～44.0	≥ 44.1	≤ 6.4	6.5～20.1	20.2	≥ 31.6	≤ 17.4	17.5～24.5	24.4	≥ 27.9
17	≤ 41.2	41.3～44.1	≥ 44.2	≤ 6.6	6.7～20.9	21.0	≥ 33.0	≤ 18.0	18.1～24.9	25.0	≥ 28.6
>17	≤ 41.2	41.3～44.2	≥ 44.3	≤ 6.9	7.0～22.2	22.3	≥ 35.1	≤ 18.5	18.6～24.9	25.0	≥ 29.3

年龄	卷腹（完成的次数）	俯卧背伸（英寸）	90 度俯卧撑（完成的次数）	简化引体向上（完成的次数）	屈臂悬挂	单腿坐位体前屈（英寸）	肩部拉伸
5	≥ 2	6～12	≥ 3	≥ 2	≥ 2	8	
6	≥ 2	6～12	≥ 3	≥ 2	≥ 2	8	
7	≥ 4	6～12	≥ 4	≥ 3	≥ 3	8	
8	≥ 6	6～12	≥ 5	≥ 4	≥ 3	8	
9	≥ 9	6～12	≥ 6	≥ 5	≥ 4	8	
10	≥ 12	9～12	≥ 7	≥ 5	≥ 4	8	健康体适能区 = 左右侧双手背后上下互碰指尖
11	≥ 15	9～12	≥ 8	≥ 6	≥ 6	8	
12	≥ 18	9～12	≥ 10	≥ 7	≥ 10	8	
13	≥ 21	9～12	≥ 12	≥ 8	≥ 12	8	
14	≥ 24	9～12	≥ 14	≥ 9	≥ 15	8	
15	≥ 24	9～12	≥ 16	≥ 10	≥ 15	8	
16	≥ 24	9～12	≥ 18	≥ 12	≥ 15	8	
17	≥ 24	9～12	≥ 18	≥ 14	≥ 15	8	
>17	≥ 24	9～12	≥ 18	≥ 14	≥ 15	8	

源自：Adapted, by permission, from The Cooper Institute, 2010, *FITNESSGRAM/ACTIVITYGRAM test administration manual*, updated 4th ed. (Champaign, IL: Human Kinetics), 65.

表 10.8　美国青少年体适适能测试项目健康相关标准参考：女孩

年龄	有氧能力 最大摄氧量[毫升/(千克·分)] 渐进式有氧心肺耐力跑（PACER）、一英里（约 1.6 千米）跑和步行测试			体脂百分比				体重指数			
	健康风险	NI	HFZ	脂肪含量很低	HFZ	NI	健康风险	脂肪含量很低	HFZ	NI	健康风险
5	完成测试圈数或时间没有推荐的标准			≤ 9.7	9.8 ～ 20.8	20.9	≥ 28.4	≤ 13.5	13.6 ～ 16.8	16.9	≥ 18.5
6				≤ 9.8	9.9 ～ 20.8	20.9	≥ 28.4	≤ 13.4	13.5 ～ 17.2	17.3	≥ 19.2
7				≤ 10.0	10.1 ～ 20.8	20.9	≥ 28.4	≤ 13.5	13.6 ～ 17.9	18.0	≥ 20.2
8				≤ 10.4	10.5 ～ 20.8	20.9	≥ 28.4	≤ 13.6	13.7 ～ 18.6	18.7	≥ 21.2
9				≤ 10.9	11.0 ～ 22.6	22.7	≥ 30.8	≤ 13.9	14.0 ～ 19.4	19.5	≥ 22.4
10	≤ 37.3	37.4 ～ 40.1	≥ 40.2	≤ 115.5	11.6 ～ 24.3	24.4	≥ 33.0	≤ 14.2	14.3 ～ 20.3	20.4	≥ 23.6
11	≤ 37.3	37.4 ～ 40.1	≥ 40.2	≤ 12.1	12.2 ～ 25.7	25.8	≥ 34.5	≤ 14.6	14.7 ～ 21.2	21.3	≥ 24.7
12	≤ 37.0	37.1 ～ 40.0	≥ 40.1	≤ 12.6	12.7 ～ 26.7	26.8	≥ 335.5	≤ 15.1	15.2 ～ 22.1	22.2	≥ 25.8
13	≤ 36.6	36.7 ～ 39.6	≥ 39.7	≤ 13.3	13.4 ～ 27.7	27.8	≥ 36.3	≤ 15.6	15.7 ～ 22.9	23.0	≥ 26.8
14	≤ 36.3	36.4 ～ 39.3	≥ 39.4	≤ 13.9	14.0 ～ 28.5	28.6	≥ 36.8	≤ 16.1	16.2 ～ 23.6	23.7	≥ 27.7
15	≤ 36.0	36.1 ～ 39.0	≥ 39.1	≤ 14.5	14.6 ～ 29.1	29.2	≥ 37.1	≤ 16.6	16.7 ～ 24.3	24.4	≥ 28.5
16	≤ 35.8	35.9 ～ 38.8	≥ 38.9	≤ 15.2	15.3 ～ 29.7	29.8	≥ 37.4	≤ 17.0	17.1 ～ 24.8	24.9	≥ 29.3
17	≤ 35.7	35.8 ～ 38.7	≥ 38.8	≤ 15.8	15.9 ～ 30.4	30.5	≥ 37.9	≤ 17.4	17.5 ～ 24.9	25.0	≥ 30.0
>17	≤ 35.3	35.4 ～ 38.5	≥ 38.6	≤ 16.4	16.5 ～ 31.3	31.4	≥ 38.6	≤ 17.7	17.8 ～ 24.9	25.0	≥ 30.0

年龄	卷腹（完成的次数）	俯卧背伸（英寸）	90 度俯卧撑（完成的次数）	简化引体向上（完成的次数）	屈臂悬挂	单腿坐位体前屈（英寸）	肩部拉伸
5	≥ 2	6 ～ 12	≥ 3	≥ 2	≥ 2	9	健康体能区 = 左右侧双手背后上下互碰指尖
6	≥ 2	6 ～ 12	≥ 3	≥ 2	≥ 2	9	
7	≥ 4	6 ～ 12	≥ 4	≥ 3	≥ 3	9	
8	≥ 6	6 ～ 12	≥ 5	≥ 4	≥ 3	9	
9	≥ 9	6 ～ 12	≥ 6	≥ 4	≥ 4	9	
10	≥ 12	9 ～ 12	≥ 7	≥ 4	≥ 4	9	
11	≥ 15	9 ～ 12	≥ 7	≥ 4	≥ 6	10	
12	≥ 18	9 ～ 12	≥ 7	≥ 4	≥ 7	10	
13	≥ 18	9 ～ 12	≥ 7	≥ 4	≥ 8	10	
14	≥ 18	9 ～ 12	≥ 7	≥ 4	≥ 8	10	
15	≥ 18	9 ～ 12	≥ 7	≥ 4	≥ 8	10	
16	≥ 18	9 ～ 12	≥ 7	≥ 4	≥ 8	10	
17	≥ 18	9 ～ 12	≥ 7	≥ 4	≥ 8	10	
>17	≥ 18	9 ～ 12	≥ 7	≥ 4	≥ 8	10	

源自：Adapted, by permission, from The Cooper Institute, 2010, *FITNESSGRAM/ACTIVITYGRAM test administration manual*, updated 4th ed. (Champaign, IL: Human Kinetics), 66.

渐进式有氧心肺耐力跑（PACER）

目的

测量有氧代谢能力。

目标

在一个 20 米长的空间里按照规定的速度往返跑，且每过 1 分钟就要加快速度。

测量设备

一个不低于 20 米长的平坦且防滑的地面，宽度应该达到每个学生 1.02～1.52 米。

音量足够大的 CD 或磁带播放机。

渐进式有氧心肺耐力跑定速 CD 或磁带。

卷尺。

不少于 8 个锥形路标。

铅笔。

多份评分表 A 或 B。

备注：学生应该穿防滑底鞋子。

测试说明

使用锥形路标对这个 20 米的赛道进行分道，并使用胶带或粉笔线对赛道两端进行标识。如果使用磁带，在磁带开始的地方进行校准，设定每段测试时间为 1 分钟。如果磁带出现了拖拉，时间设定偏差大约 0.5 秒，请更换另一盘磁带。为每组受测学生制作多份评分表 A 或 B。

在测试日之前，让学生们听几分钟磁带，以便他们熟悉测试的情况。然后，至少应该让学生们进行两次模拟训练。

让学生们自行选择搭档。即将参加测试的学生在起始线后排成一行。

渐进式有氧心肺耐力跑 CD 有一个音乐版和一个单一"哔哔"提示音版。渐进式有氧心肺耐力跑磁带有两个音乐版和一个单一"哔哔"提示音版。该测试的每个版本都会发出 5 秒倒计时，提醒学生何时开始测试。

学生们应该在发出"哔哔"提示音之前跑完 20 米的距离且脚要踩线。听到"哔哔"声音的时候，他们立即掉头向回跑。如果有些学生在发出"哔哔"声之前已经到达终点线，他们必须等听到"哔哔"提示音之后再进行反向跑。学生们延续这种方式直至他们第二次在发出"哔哔"提示音时未能到达终点线为止。

每圈结束时都会发出单个"哔哔"提示音。每一分钟结束时都会发出 3 个"哔哔"提示音。3 个"哔哔"提示音的功能与单个"哔哔"提示音相同，同时也提醒跑者设定的跑步速度将会加快。

同时，渐进式有氧心肺耐力跑测试也为那些活动面积有限无法进行 20 米测试的人们提供了一个 15 米的选择。配套的 CD 也根据测试跑道距离的减少而进行相应的调整。

何时停止

一名学生在听到"哔哔"提示音时首次未能达线，该学生立即掉头。让学生努力赶上设定的速度。当学生第二次在发出"哔哔"提示音时未能达线，测试结束。刚刚结束测试的学生们应该在放松区继续行走和进行身体拉伸活动。图 10.4 为我们提供了测试程序图解。

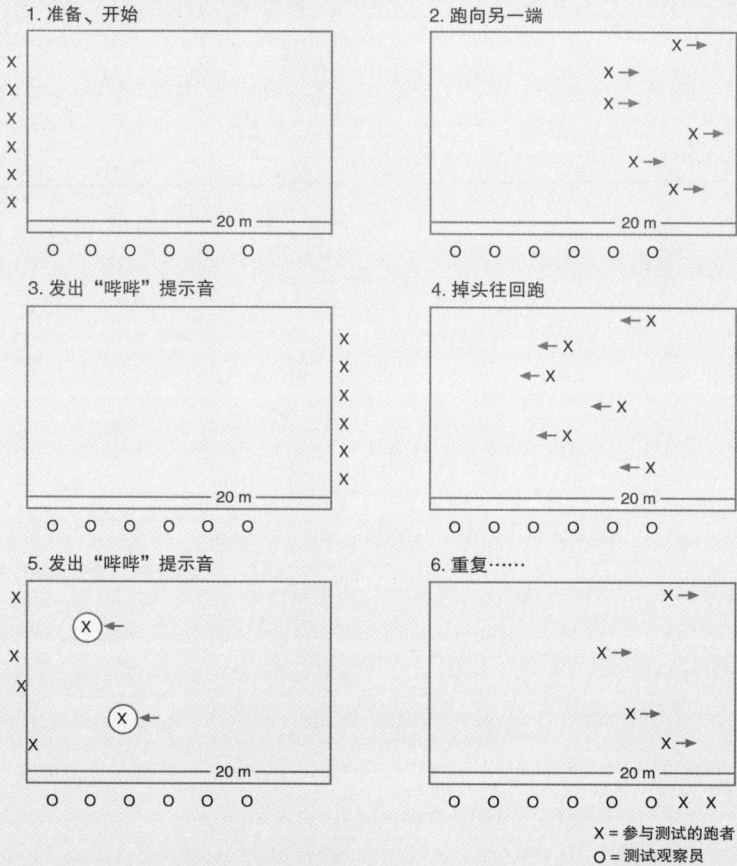

1. 准备、开始

2. 跑向另一端

3. 发出"哔哔"提示音

4. 掉头往回跑

5. 发出"哔哔"提示音

6. 重复……

X = 参与测试的跑者
O = 测试观察员

图 10.4　渐进式有氧心肺耐力跑测试图解

源自：Reprinted, by permission, from The Cooper Institute, 2010, *FITNESSGRAM/ACTIVITYG–RAM test administration manual*, updated 4th ed. (Champaign, IL: Human Kinetics), 31.

评分

在渐进式有氧心肺耐力跑测试中，一圈为 20 米长（赛道两端之间的距离）。让一个学生记录受测者跑步的圈数（在渐进式有氧心肺耐力跑评分表上划掉每一圈的编号）。记录的分数是学生完成圈数的总数。为了方便评分，将学生在发出"哔哔"提示音时首次未能达线的那一圈计算在内。对于所有学生和各个班级都使用相同的评分标准。

皮肤褶测量

目的

测量百分比体脂。

目标

测量肱三头肌和小腿内侧部位的皮褶厚度，并以此来估计百分比体脂。

测量设备

皮褶卡尺（实验证明昂贵和便宜的卡尺均能提供可靠且有效的测量值）。

测试说明

肱三头肌皮褶的测量位置为右臂肱三头肌上方。皮褶呈纵向并位于肩胛骨肩峰和肘关节中间位置（图 9.12）。小腿内侧皮褶呈纵向，测量位置为右腿小腿围度最大的位置（图 10.5）。脚置于凳子或其他工具上，让膝关节呈 90 度角。

评分

每个部位的皮褶测量 3 次，并记录中位值。记录皮褶的厚度，精确到 0.5 毫米。

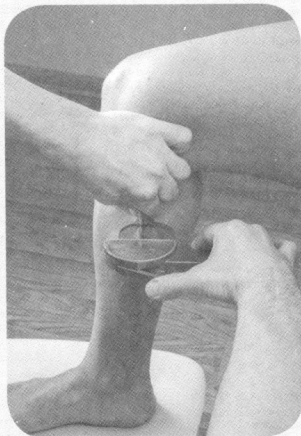

图 10.5 美国青少年体适能测试项目小腿皮褶测量

要点内容 10.3

复习第 9 章介绍的内容，完成可靠且有效的皮褶测量。

卷腹

目的

测量腹部的力量和耐力。

目标

学生们完成尽可能多的卷腹运动，最大值为 75。

测量设备

体操垫。

纸板条（幼儿园至四年级的学生使用窄条 76.2 厘米 ×7.6 厘米；年龄较大的青少年使用宽条 76.2 厘米 ×11.4 厘米。

录音机和录音带（用于控制节奏）。

测试说明

学生们三人一组进行这项测试。一个学生进行卷腹运动，第二个学生负责支撑受测者的头部，第三个学生固定纸板条确保其不发生移动。每个受测学生都仰卧在体操垫上，双膝弯曲140度左右、两腿分开，双臂伸直并与躯干平行，双掌放在体操垫上。受测者手指伸直，头放在同伴的手中置于体操垫上。纸板条置于膝关节下方，且双手手指触碰纸板条较近一侧。第三个学生站在纸板条上从而确保它在测试中不会发生移动。进行测试的学生做卷腹运动，让双手手指滑向纸板条的另一侧（图10.6）。受测学生尽可能多地完成卷腹运动，同时保持每三秒一次卷腹的节奏，最多完成75次就停止。

图10.6　美国青少年体适能测试项目卷腹测试

评分
记录卷腹的次数，最多不超过75次。

俯卧背伸

目的
测量躯干伸肌的力量和灵活性。

目标
进行测试的学生使用背部肌肉将上半身抬离地面，同时保持这个姿势以便准确测量下巴与地面的距离。

测量设备
体操垫和码尺或直尺。

测试说明
进行测试的学生面朝下躺在体操垫上。脚尖绷直，同时双手置于大腿的下方。受测者抬起上半身，速度缓慢且可控，最高不超过12英寸（约30.5

厘米）。受测者保持这个姿势直至测试员将直尺放在受测者的面前测量出下巴与地面的距离（图 10.7）。

图 10.7　美国青少年体适能测试项目俯卧背伸测试

评分

进行两次测试并记录最大的数值精确到英寸（或厘米），最大值为 12 英寸（约 30.5 厘米）。

90 度俯卧撑

目的

测量上肢的力量和耐力。

目标

学生们完成最多次数的 90 度俯卧撑。

测量设备

录音机。

录音带用于控制节奏，每 3 秒完成一次俯卧撑。

测试说明

学生两两合作，一人接受测试，另一人计数。进行测试的学生面朝下躺在地上，双手置于肩部下方；手指伸直；双腿伸直，微微分开且平行；同时脚趾内收于脚下。听到开始指令后，受测学生立即使用双臂撑起身体直至双臂伸直（图 10.8）。在测试中双腿和背部始终保持伸直状态。受测学生使用双臂降低身体直至双臂弯曲形成 90 度的角，同时上半身与地面平行。受测者遵循每 3 秒一次俯卧撑的节奏进行最大次数的运动。测试持续到受测者不能保持这个速度或身体姿势出现不标准的情况。

图 10.8 美国青少年体适能测试项目俯卧撑测试

评分
记录完成俯卧撑的数量。

@ 可观看视频 10.3。

提高儿童体适能测试结果的信度和效度

　　表 10.6 中多个体适能测试包含了多项测试。证明这些测试效度的证据处于不同的水平。研究证明了长跑和皮褶测量具有标准相关的效度（Lohman 1989；Safrit et al.，1988）。肌肉体适能、引体向上、俯卧撑、简化俯卧撑、屈臂悬垂、仰卧起坐、卷腹和坐位体前屈等测试都只有有限的标准相关的效度支持，但是因其具有内容或逻辑效度而运用广泛。研究已经对于一些测试存在内容效度的假设提出了质疑，包括坐位体前屈、引体向上和仰卧起坐测试（Engelman and Morrow，1991；Hall et al.，1992；Jackson and Baker，1986）。然而，如果你正在使用本章介绍的一套体适能测试，你可以假设你选择的测试具有足够的效度。

　　我们面临一个实际问题，在实施体适能测试的过程中采取正确的步骤来实现测试结果的可靠性。这个问题是青少年体适能测试中的一个重要问题，因为研究已经表明青少年实地体适能测试可能出现较低的信度，尤其是年龄较小的儿童（Rikli et al.，1992）。为了提高测试信度（$r_{xx'}$ >0.80），我们可以采取各种切实的步骤来减少测量误差，方法包括以下这些。

1. 充分理解测试内容的描述。

2. 提供正确的演示和测试说明。

3. 通过充分的模拟测试让师生们进行有效的准备。

4. 进行信度研究。

在这些步骤中，提供充分的模拟测试是最重要的步骤。青少年，尤其是年龄较小的儿童，需要进行多次体适能测试才能了解参加测试的方法以及达到一致的测试结果。例如，儿童必须多次练习渐进式有氧心肺耐力跑测试才能学会如何把握测试节奏，并得出一致的时间，能够可靠且可信地代表他们的心肺耐力。如果我们要进行皮肤褶测试，我们必须练习第 9 章介绍的相关测量技巧。

特殊儿童

作为人体表现方面的专业人士，我们可能遇到的最大的挑战是测评身体或智力残疾儿童的体适能。你应该记住，身体残疾的儿童（例如包括脑瘫等身体或器官受限的儿童）和智力残疾的儿童（例如包括自闭症等智力或心理受限的儿童）由于存在各自具体的残疾，所以本章讨论的各套体适能测试的对象不包括或者说不适合许多这类儿童。在我们实施体适能测试或评价体适能测试结果之前，我们必须考虑到参与者的身体限制情况，神经和情感能力，干扰反射，以及是否具备测试必备的功能、反应和能力（Seaman and DePauw，1989）。照顾身体或智力受限制的儿童而进行调整的体育课称为改编体育课（adapted PE）。我们可以从自己在改编体育课方面的教学经验来培养测评残疾儿童的体适能和活动所需的基础知识与能力。我们应该根据受测学生自身的残疾情况以及测量的体适能能力来正确选择体适能测试。Seaman 和 DePauw（1989）以及 Winnick 和 Short（1999）为我们详细了解特殊儿童体适能测试提供了优质的资源。

美国教育部资助了一个名为"项目目标"的研究项目。该项目制定了一个针对 10 ～ 17 岁患有不同残疾的青少年的健康体适能测试——布洛克波特（Brockport）体适能测试（Winnick and Short，1999）。这套测试包括 25 项测试的标准参考。相关的测试手册帮助专业人士考虑每个学生的残疾情况并选择最合适的测试项目和测试程序。这套测试有一个配套的体适能挑战软件，帮助专业人员实施测试并制作一个数据库。表 10.9 显示了可供选择的体适能测评项目、相关测试适用的残疾人群以及每项测试信度和效度的评价。一套完整的测试包括手册、软件、示范视频和一份体适能训练指南。

表 10.9　布洛克波特体适能测试项目

测试项目	智力迟钝	生活不能自理的盲人	脑瘫	脊髓损伤	先天畸形/截肢	信度	效度
渐进式有氧心肺耐力跑	R	R			O	符合要求	内容效度 同时效度
一英里跑步或行走		O			R	符合要求	同时效度
目标有氧运动测试	R		R	R	R	符合要求	内容效度
皮褶	R	R	R	R	R	符合要求	同时效度
BMI	O	O	O			符合要求	同时效度
反向卷腹				R		没有报告	内容效度
坐姿上推			R	R	R	没有报告	内容效度
40米手推或行走			R			没有报告	内容效度
轮椅坡道测试			R/O			没有报告	内容效度
卧推	O			O	R	符合要求	内容效度
哑铃上推			R/O	O	R/O	符合要求	内容效度 同时效度
直臂悬挂	R					符合要求	内容效度
优势手握力	O		O	R	O	符合要求	结构效度
等长性俯卧撑	O					符合要求	内容效度
俯卧撑		O				符合要求	内容效度
引体向上		O				符合要求	
简化引体向上		O				符合要求	内容效度
卷腹		R			R	符合要求	内容效度
简化卷腹		R				符合要求	内容效度
俯卧背伸	R	R			R	符合要求	内容效度
简化阿普利试验			R	R	R	没有报告	内容效度
肩部拉伸	O	O				符合要求	内容效度
简化托马斯柔韧性测试			R	R		没有报告	内容效度
单腿坐位体前屈	R	R			R	符合要求	内容效度
目标柔韧性测试			R/O	R	R	符合要求	内容效度 同时效度

注意：O = Option，自由选择；R = Recommended，推荐选择。

医学研究所对于青少年体适能测评的建议

　　2012 年 9 月医学研究所在罗伯特·伍德·约翰逊基金会的请求下，组建了青少年体适能测量和健康成果委员会，目的是测评青少年体适能测试项目和健康成果之间的关系，并推荐最佳体适能测试项目用于国家青少年体适能调查和学校的体适能测试。下文总结了该委员会对于体适能测试的建议。

体适能测试

用于全国青少年体适能调查的体适能测试

·要测量体成分，调查应该包括以下内容：体重指数估计身体重量与身高的关系，测量肱三头肌和肩胛骨下方部位的皮褶厚度表明内部脂肪含量，以及腰围表明腹部脂肪含量。

·要测量心肺耐力，调查应该包括速度渐进式往返跑，如 20 米往返跑。如果空间有限，踏车测力计或跑步机测试也是有效且可靠的替代测试。

·要测量肌肉体适能，调查应该包括握力和立定跳远测试。

用于学校的体适能测试

·要测量体成分，学校应该测量体重指数。

·要测量心肺耐力，学校应该使用速度渐进式往返跑。

·要测量肌肉体适能，学校应该使用握力和立定跳远测试。

其他一些测试项目虽然还未经证明与健康有关，但确实是有效、可靠且可行的。学校测试可以考虑将其作为补充的教育工具（例如，测量心肺耐力的长跑或计时跑，测量上肢肌肉骨骼力量的俯卧撑，以及测量身体核心力量的卷腹）。同时还可以测量身体柔韧性，例如坐位体前屈测试。

从测量与评价的角度来说，我们需要注意一些重要的事情。

1. 上述推荐内容与测量健康体适能的重要性是一致的。

a. 心肺体适能。

b. 体成分。

c. 肌肉体适能。

2. 全国青少年体适能调查和学校体适能测试对于体躯组成的测评存在差异。

a. 全国调查应该包括体重指数、肱三头肌和肩胛部位的皮肤褶测量，以及腰围的测量。

b. 学校的体适能测试应该仅限于体重指数。

3. 对于实施握力和立定跳远测试的建议与美国体适能与体育科学总统委员会美国青少年体适能测试项目内容不一致。Fitnessgram 测评系统目前不包括这两项测试项目。而 Eurofit 成套测试却包含握力和立定跳远测试。

虽然 Fitnessgram 测评系统并不包括握力测试，但是它的确包括上肢力量和耐力、俯卧撑（推荐项目）、简化引体向上和屈臂悬挂等内容的测量。然而，立定跳远并不包含在其中。

本章前文提到，AAHPERD 青少年体适能测试最早出现于 20 世纪 50 年代，后来到了 60 和 70 年代分别进行了修改。它是美国体适能与体育科学总统委员会用于青少年体适能测评的一套带有相关百分位常模的测试。最早的 AAHPERD 青少年体适能测试包括立定跳远。人们认为这项测试的测评内容为运动体适能，而非健康体适能。因此，全国青少年体适能测试删除了立定跳远项目。然而，根据医学研究所的建议，因为立定跳远测评的是腿部的爆发力，现在我们应该将其加入青少年体适能测试程序中。图 10.9 提供了 AAHPERD 青少年体适能测试程序，同时表 10.10 为我们提供了 6 ～ 17 岁男孩和女孩对比百分位测试数值（本书的作者们推荐你使用该数值）。第 75 和第 25 百分位是由美国健康与体育教育者学会（SHAPE America）［此前名为美国健康、体育、娱乐和舞蹈联盟（AAHPERD）］和美国体适能与体育科学总统委员会收集的常模数据。第 80 和第 45 百分位数据来自克莱斯勒基金（Chrysler Fund）AU体适能测试项目。这些百分位分别表示体适能达标（第 45 百分位）和体适能优秀（第80 百分位）。推荐的数值为本书作者们提出的腿部爆发力处于健康水平时应该具有的最低表现水平的专家判断数值。

测量青少年的身体活动

本章前面已经探讨了人们对于青少年体适能水平的担忧，人们同时还担忧青少年身体活动水平。公共健康官员和身体活动研究人员需要对青少年的身体活动进行可靠且有效的测量来开展有效的研究，从而提高青少年的身体活动和体适能水平（Sallis et al.，1993）。关于青少年身体活动水平的问题包括：

· 身体活动提升青少年的全面健康。

· 身体活动不活跃的青少年长大后很可能成为因缺乏运动而增加慢性疾病风险的成人。

· 身体活动活跃的青少年长大后很可能成为因积极参加运动而降低慢性疾病风险的成人。

测量设备：垫子和卷尺。
描述：受测学生双腿分开几厘米站立，脚趾位于起跳线之后。在跳远之前，这名学生向后挥动双臂并屈膝。在进行跳远的同时伸直膝关节并向前挥动双臂。
规则：
1. 允许受测者进行 3 次跳远。
2. 测量跳远距离，从起跳线至脚跟或是距离起跳线最近的其他身体触地部位。
3. 评分者站在测试者的一侧。
评分：记录 3 次跳远中的最佳成绩，记录单位为米和厘米，精确到厘米。

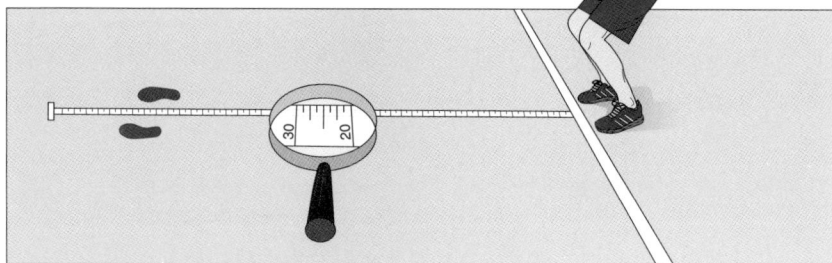

图 10.9 AAHPERD 青少年体适能测试（1976）：立定跳远
源自：*AAHPERD Youth Fitness Test Manual, Revised* by Paul Alfred Hunsicker & guy G. Feiff. ©1976. American Alliance for Health, Physical Education, Recreation and Dance. Used with permission.

例如，Dennison 等人（1988）发现长跑表现最差的青少年长大成年后身体缺乏运动的风险最高。Telama 等人（1997）也表明身体活动活跃的青少年长大成年后身体活动可能更活跃。这些研究青少年身体活动和成人身体活动之间关系的纵向研究要求我们必须对研究参与者青少年时期的身体活动进行准确的测评。

表 10.10　来自各种测试的立定跳远成绩以及推荐的健康标准

	年龄（数值单位）											
	6	7	8	9	10	11	12	13	14	15	16	17+
男孩												
美国健康、体育、娱乐和舞蹈联盟第 75 百分位				64	64	67	71	75	80	86	90	93
美国体适能与体育科学总统委员会第 75 百分位	49	53	57	61	66	69	72	78	84	88	91	94
莱斯勒基金（Chrysler Fund）AU 体适能测试第 80 百分位	50	54	58	63	66	69	73	79	87	89	92	96
美国体适能与体育科学总统委员会第 25 百分位				54	54	56	60	62	66	73	78	78
美国健康、体育、娱乐和舞蹈联盟第 25 百分位	39	42	47	50	53	57	60	64	69	73	78	82
莱斯勒基金 AU 体适能测试第 45 百分位	43	48	51	55	59	61	64	70	76	79	83	87
建议数值	42	46	50	53	56	60	64	68	73	77	81	85
女孩												
美国健康、体育、娱乐和舞蹈联盟第 75 百分位				62	62	64	66	69	71	70	69	72
美国体适能与体育科学总统委员会第 75 百分位	45	48	52	55	60	64	67	69	70	71	71	72
莱斯勒基金 AU 体适能测试第 80 百分位	48	51	54	59	61	64	69	71	72	73	73	74
美国体适能、运动与营养总统委员会第 25 百分位				49	49	52	54	57	58	59	57	59
美国健康、体育、娱乐和舞蹈联盟第 25 百分位	36	38	42	44	49	52	55	56	57	57	57	58
莱斯勒基金 AU 体适能测试第 45 百分位	40	44	47	50	53	57	61	63	65	64	65	66
建议数值	39	42	45	48	52	55	59	60	62	61	62	63

正如第 9 章我们对于成人的探讨那样，测评青少年的身体活动水平最可靠且最有效的方法是直接监测（例如通过加速度计、计步器、直接观察）。但是缺乏可行性限制我们在大规模的研究中使用相关程序。Sallis 等人（1993）研究了 3 种自述工具——7 天回忆访谈录、自我实施的调查和一个简单的活动评级——的重测信度和效度。所有参与者的全部 3 种自述的信度范围为 0.77 ~ 0.89。然而，正如我们预测的那样，受测者的年龄越大信度越高。7 天回忆访谈录与监测心率标准进行比较，同时效度一般（r 范围为 0.44 ~ 0.53）。同样，受测者的年龄越大，测试效度越高。Sallis 和同事们得出结论，自述技巧可以用于高中年龄的青少年，但是如果用于测试年龄较小的儿童时须谨慎。

美国体适能与体育科学总统委员会已经认识到身体活动的重要性。该委员会颁发总统积极生活方式奖（PALA+）。该奖颁发标准要求记录的身体活动达到下列要求。

· 每天运动 60 分钟或 12 000 步。

· 每周运动 5 天。

· 每 8 周运动 6 周。

　　为了进一步激励青少年积极进行身体活动，美国体适能与体育科学总统委员会设立了总统冠军项目，为活动量更大、时间更长的身体活动提供了一个奖励方案。

· 铜奖—40 000 身体活动点数。

· 银奖—90 000 身体活动点数。

· 金奖—160 000 身体活动点数。

　　美国体适能总统委员会还建立了一个网站，各个年龄段的人们可以追踪自己的身体活动行为。我们可以使用该网站来追踪我们的全部身体活动，包括使用计步器。人们可以根据前面介绍的身体活动水平获得总统积极生活方式奖或是总统冠军奖。

　　要获得美国体适能总统委员会颁发的总统积极生活方式奖每天必须完成 12 000 步，多少青少年满足这一要求？图 10.10 显示了青少年每天完成 12 000 步的百分比，该数据来自一项使用计步器的加拿大大规模研究（Craig et al., 2013）。各个年龄中，男孩的百分比始终高于女孩的百分比。从 11 ～ 16 岁，男孩和女孩的百分比都出现了大幅下降。

@ 可观看视频 10.4。

数据集应用

　　为了准备将数据录入总统的挑战网站，一批小学生佩戴了计步器一周，用于测量他们身体活动的水平。计算出每个学生每天的步数。这一周测量的阿尔法系数是多少（如有必要请复习第 6 章的内容）？判断男孩与女孩之间在整个一周中完成的步数平均数是否存在显著差异（使用第 5 章介绍的独立样本 t 检验）。同时还要判断完成的步数与学生的体重之间的相关系数（第 4 章介绍的内容）。最后，判断每周完成的步数与达到的 Fitnessgram 测评系统健康体适能区的数字之间是否存在关系。

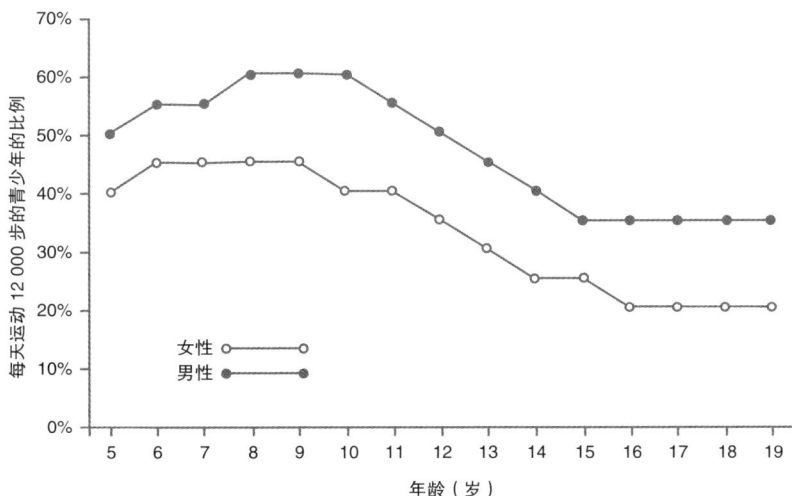

图 10.10　每天完成 12 000 步的加拿大青少年的大致百分比

库珀研究院已经开发了一个与美国青少年体适能健康测评系统相配套的身体活动测评系统（Activitygram）。Activitygram 测评项目包含两种测评方法。第一种是美国青少年体适能测试项目身体活动调查问卷，它是基于 2008 青少年身体活动指导方针制定的。

1. 在过去 7 天里，你每天进行任何形式的有氧身体活动且合计运动时间不低于 60 分钟的天数？这里所指的活动包括中、高强度的活动。跑步、单腿跳、蹦跳、跳绳、游泳、跳舞和骑自行车都属于有氧运动。（0、1、2、3、4、5、6、7 天）

2. 在过去 7 天里，你有几天进行了增强肌肉力量的身体活动？例如在操场运动器材上运动、攀爬、举重或是使用阻力带训练。（0、1、2、3、4、5、6、7 天）

3. 在过去 7 天里，你有几天进行了增强骨骼的身体活动？例如跳远、跑步、单腿跳或蹦跳。（0、1、2、3、4、5、6、7 天）

Fitnessgram 测评系统和 Activitygram 测评系统的测试软件根据学生们对于上述问题的回答，参见图 10.11 显示的标准的美国青少年体适能测试项目和身体活动测试项目测评为每个学生提供个性化的反馈。Morrow 等人（2013）已经证明身体活动天数的增加与达到 Fitnessgram 测评系统健康体适能区相关。

Activitygram 测评系统的第二个测评身体活动的方法是基于前一天身体活动的回忆（Weston et al., 1997）。这种将一天分成多段的方法要求每个青少年报告从早 7 点至晚 11 点之间每 30 分钟段内的活动。学生们报告身体活动的频率、强度、时间和类型。这些为这种活动回忆法提供了内容效度，因为运动描述和参与情况的相关因素得以进行测评。图 10.12 显示了每个学生需要完成的记录表。将表中的数据录入 Fitnessgram 测评系统计算机软件中，就能生成身体活动测试项目报告并发给每位学生。图 10.13 就是此类报告的一例。

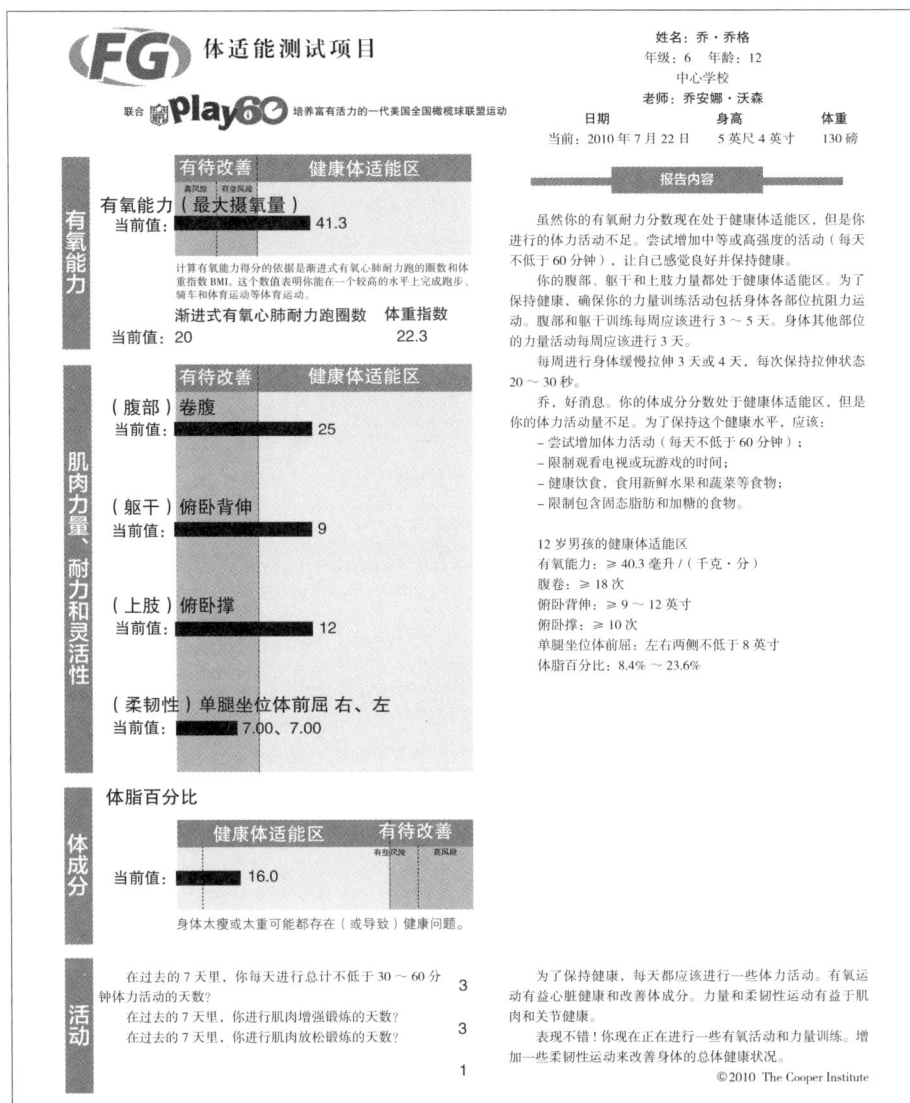

图 10.11 美国青少年体适能健康测评系统体适能报告

源自：Reprinted with permission from The Cooper Institute, 2010, *FITNESSGRAM/ACTIVITYGRAM test administration manual*, updated 4th Ed. (Champaign, IL: Human Kinetics), 106.

姓名＿＿＿＿＿＿＿＿　老师＿＿＿＿＿＿＿＿　分数＿＿＿＿＿＿　日期＿＿＿＿＿＿

记录每个 30 分钟时间段里你进行的主要活动，在相应的空格中写下活动类型和活动编号（可以在本页的底部的方框中找到活动的类型和编号）。在每个 30 分钟的时间段里你可能做了很多事情，但是尝试选择用时最多的活动。然后，勾选描述活动感受的方框［轻度 / 容易（L）、中度 / 一般（M）、高强度 / 困难（V）］。备注，对于其他休息活动，选择休息方框，可以忽略 L、M 或 V 栏的内容。在时间一栏中，写下相关活动感觉如此困难或容易的时间：S（有时）、M（大部分时间）或 A（一直）。

时间	类型	编号	休息	轻度	中度	高强度	时间	时间	类型	编号	休息	轻度	中度	高强度	时间
7:00								3:00							
7:30								3:30							
8:00								4:00							
8:30								4:30							
9:00								5:00							
9:30								5:30							
10:00								6:00							
10:30								6:30							
11:00								7:00							
11:30								7:30							
12:00								8:00							
12:30								8:30							
1:00								9:00							
1:30								9:30							
2:00								10:00							
2:30								10:30							

活动类型和编号

生活方式活动（LA）	有氧运动（AE）	增强身体柔韧性活动（FA）
1. 步行、骑自行车和轮滑	11. 田赛	21. 武术
2. 家务 / 庭院劳动	12. 场地运动	22. 拉伸运动
3. 进行体育运动 / 比赛	13. 持拍类体育运动	23. 瑜伽
4. 进行工作	14. 体育课上的有氧运动	24. 芭蕾舞蹈
5. 其他生活方式活动	15. 其他有氧运动	25. 其他增强身体柔韧性活动
有氧活动（AA）	**锻炼肌肉活动（MA）**	**休息（R）**
6. 有氧运动课 / 舞蹈	16. 体操	26. 学校作业
7. 有氧健身	17. 肌肉型运动	27. 玩计算机 / 看电视
8. 有氧活动	18. 举重	28. 吃东西 / 休息
9. 体育课上的有氧活动	19. 摔跤	29. 睡觉
10. 其他有氧活动	20. 其他肌肉运动	30. 其他休息

图 10.12　身体活动测试项目身体活动记录表

源自：Reprinted with permission from The Cooper Institute, 2010, *FITNESSGRAM/ACTIVITYGRAM test administration manual*, updated 4th Ed. (Champaign, IL: Human Kinetics), 107.

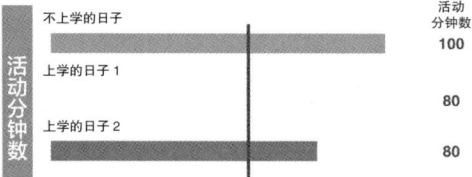

（AG）体力活动测评系统
（Activitygram）

雷丽·麦迪逊

三月份作业：2010 年 9 月 3 日
韦斯特赛德中学
二区测试

报告内容 • 报告内容 • 报告内容

该表显示你报告的每天进行的中、高强度活动的分钟数。恭喜你，你的记录表明你每天的活动时间不低于 60 分钟。这将有助于提高健康。为了增加乐趣和多样性，你可以尝试一些你之前从未做过的一些活动。

图例
◆ 大部分时间（20 分钟）　■ 所有的时间（30 分钟）
▲ 有时（10 分钟）　□ 看电视 / 玩计算机的时间

时间数据表表明一天之中每个 30 分钟时间段的活动水平。你的结果显示上学的日子里身体缺乏运动，但是在放学之后并在周末的时候积极参加体力活动。如果在上学的日子里体育课上或休息期间的运动量不足，那么应该在放学后增加身体活动量。表现不错，请继续保持。

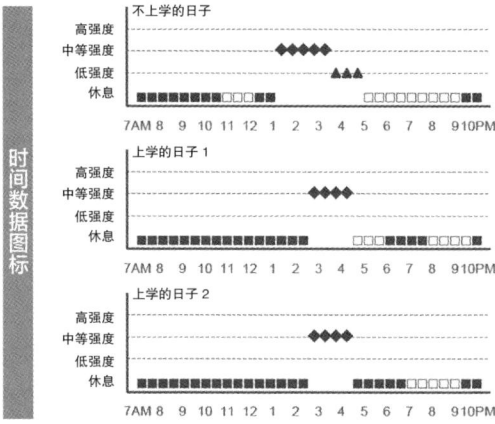

活动金字塔显示你报告的在过去几天里进行的不同类型的活动。你的结果显示你参加了常规的生活方式的活动，以及一些其他水平的活动。你的表现很好！请继续积极参加各种不同的活动吧。

图例
■ 参与这些类型的活动
□ 没有参与这些类型的活动

你的结果表明每天平均观看电视或是使用计算机学习的时间为 4 小时。虽然可以用一些时间进行这些活动，但是你应该尝试将总时间限制在 2 小时之内。

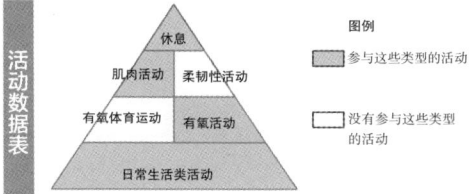

Activitygram 测评系统提供有关你的正常体力活动水平的信息。测试报告显示你所进行的活动类型以及他们的运动频率。该报告包括你之前录入的在一周内 2 ～ 3 天的活动信息。

图 10.13　体力活动测评系统（Activitygram）测试报告

源自：Reprinted with permission from The Cooper Institute, 2010, *FITNESSGRAM/ACTIVITYGRAM test administration manual*, updated 4th Ed. (Champaign, IL: Human Kinetics), 82.

@ 可观看视频 10.5 和视频 10.6。

　　美国疾病控制与预防中心进行了 2013 年全美国青少年危险行为调查，并将其纳入青少年危险行为监测系统之中。图 10.14 为我们提供了该调查中使用的身体活动问题。这 5 个问题包括 3 个关于身体活动的行为和 2 个关于缺乏运动的行为。对于身体活动和身体缺乏运动的研究越来越关注一个人正常每天不活动的时间量。研究人员和公共健康专业人员希望了解青少年的活动和不活动的模式。看电视和使用计算机都是久坐行为，它们可能导致青少年中出现的身体超重情况增加的现象。

在过去 7 天里，你每天进行不低于 60 分钟身体活动的天数？（将增加心率并且有时会造成呼吸困难的各种类型的身体活动时间加起来。）

A.0 天 E.4 天
B.1 天 F.5 天
C.2 天 G.6 天
D.3 天 H.7 天

上学的日子里，平均每天看几个小时的电视？

A. 上学的日子里一般不看电视 E. 每天 3 小时
B. 每天不到 1 小时 F. 每天 4 小时
C. 每天 1 小时 G. 每天 5 小时
D. 每天 2 小时

上学的日子里，平均每天用于打视频游戏或计算机游戏或使用计算机从事与学业无关的事情所花费的时间？（包括 Game Boy 游戏机、PlayStation 家用电视游戏机、计算机游戏和上网。）

A. 我不玩视频或计算机游戏或是使 E. 每天 3 小时
用计算机从事与课业不相关的事情
B. 每天不到 1 小时 F. 每天 4 小时
C. 每天 1 小时 G. 每天不低于 5 小时
D. 每天 2 小时

在校期间，你平均每周上几天体育课？

A.0 天 D.3 天
B.1 天 E.4 天
C.2 天 F.5 天

在过去的 12 月中，你参加了多少个体育运动队？（包括你所在的学校或社区团体组织的任何运动队。）

A.0 个 C.2 个
B.1 个 D. 不低于 3 个

图 10.14　美国疾病控制与预防中心提供的 2013 年青少年危险行为监测系统询问的问题
源自：CDC 2015.

青少年身体活动行为自述测量结果可能会出现误导。LeBlanc 和 Janssen（2010）报道 12～19 岁的男孩和女孩中分别有 46% 和 30% 的人自述达到身体活动指导纲领的要求——每天进行 60 分钟。然而，使用加速表获取客观测量值时，男孩和女孩的达标比例分别降至 4% 和 1%。对于身体活动行为进行直接观测，时间和劳动力成本都很高。然而，计算机等新技术以及 BEACHES、SOFIT 和 SOPLAY 等新的测量系统实现了通过直接观察身体活动进行可靠、有效且可行的测量。McKenzie 等人（1991）设计出了 BEACHES，可以记录身体活动、饮食行为以及相关的环境因素。McKenzie 等人（1991）开发出了 SOFIT，可以记录体育课中的身体活动、教学环境和教师行为。McKenzie 等人（2000）设计出了 SOPLAY，可以像 BEACHES 和 SOFIT 一样，测量各人群的身体活动。SOPLAY 可以记录可能影响研究对象群体受观测身体行为的环境信息。

表 10.11 对 SOFIT、BEACHES、SOPLAY 和 SOPARC 用于测评在学校、家、公园和休闲场所中身体活动的直接观察工具。这些观察工具是由圣地亚哥州立大学的身体活动研究人员创建的。你注意相关的信度和效度支持是基于第 6、第 7 两章介绍的内容。请参阅本书后面提供的 McKenzie 等人（2006）和 Ridgers 等人（2010）等人所撰写的参考资料。

表 10.11 用于观察身体活动行为的工具

工具	目的	信度	效度
SOFIT（观察体适能教学时间系统）	获取与身体活动相关的学生活动水平、课程内容和教师互动方面的数据	观察者之间的一致性的范围为 82%～99%	与各种外部标注之间的相关系数范围为 0.42～0.99
BEACHES（青少年健康的饮食和活动行为测评系统）	可以综合测评饮食和身体活动，其中包括各种可能修改的环境和社会因素	观察者之间的一致性的范围为 90%～99%。观察者不断进行训练直至一致性超过 80%～85%	BEACHES 测评项目与外部标准相关（例如，心率随着每个活动编码的增加而增加）
SOPLAY（观察青少年运动和休闲活动的系统）	评价和测量青少年身体活动与其运动环境之间的关系（例如是否可获取、可用、有组织、有监督和有设备）	观察者之间的一致性的范围为 90%～99%。种类内部相关系数范围为 0.75～0.98	内容效度验证基于 SOFIT 和 BEACHES 系统
SOPARC（观察各社区中的运动和娱乐活动的系统）	获取参与者的特征及其在公园和休闲场所的身体活动水平以及公园特点等方面的数据	观察者之间的信度范围为 88%～99.8%	内容效度验证基于 OFIT 和 BEACHES 系统

测量与评价的挑战

　　Jo 已经学到了很多有关青少年体适能和身体活动测评的知识。现在，她熟悉了各种因素之间的差异。他认识到健康体适能和运动体适能之间的差异。她明白了相比她们校区之前使用的常模参考，标准参考带来的好处。同时，她也意识到除了测量体适能，测量身体活动也是很重要的。她看到美国青少年体适能测试项目和身体活动测试项目身体活动测试可以为她提供很多他们校区之前采用的体适能测评所提供不了的测评体适能和身体活动的机会。

小结

对于青少年身体活动和体适能进行可靠且有效的测评是人体表现测评的一项主要目标。这对于公立学习或私立学校的体育教育工作者们尤为重要。虽然对于青少年体适能水平没有一个公认的看法，但是很多青少年的体适能和身体活动水平不利于实现身体健康（Blair et al.，2013），这一点是显而易见的。对青少年进行可靠且有效的体适能测试要求选择与项目目标相关的测试、接受适当的培训并且进行充分的模拟测试确保测试结果的稳定性。《儿童运动科学中的测量》（*Measurement in Pediatric Exercise Scinece*）（Docherty，1996）是一个不错的资料，有助于专业人员详细了解体适能和身体活动测评方面的信息。对于有特殊需求的儿童进行测试，必须特别关注测试的选择和实施。专业的体育教育工作者必须接受适当的教育才能培训和测试有特殊需要的儿童。

虽然我们不能将一项测试及其通过标准之间的效度与降低某个特定疾病的风险联系起来，但是实施的相关测试却能传达一个重要信息。当我们进行心血管耐力的测试时，我们告诉青少年这是一项重要特征。其他健康体适能测试也是如此。总体来说，科学已经表明身体活动和体适能的水平越高，患某些疾病的风险就越低。有效测量和评价美国青少年的体适能和身体活动水平将有助于我们培养身体健康且受过良好体育教育的人群。

第11章

运动技能和运动能力测评

学习目标

学完本章，你将能够掌握以下内容。

- 区分技能和能力。
- 在能力和技能测评中使用正确的测试程序。
- 制定具有足够信度和效度的精神性运动测试。
- 区分并运用各种体育项目的运动技能测试。
- 定义并描述基本的运动能力。
- 根据精神性运动测试制定用于运动员选择、分类和诊断的测试与成套测试。

测量与评价的案例思考

Scott 是一支男子排球队的研究生助教。目前，他正在学习一门测量方面的研究生课程。这门课要求他完成一个项目，他想将这个项目与他在男子排球队的工作联系起来。他所在的球队中有一些个子不是特别高的优秀球员，以及一些个子很高但是速度不是特别快的球员。队员们已经接受了一系列与排球竞技潜能相关的运动表现测试。Scott 希望通过使用这一套测试来设计出针对球员们的个性化体能训练方案。他不确定如何着手来做。因此，他决定和他的测量与评价这门课程的老师谈谈。

运动技能和运动能力的测量是人体表现测量中的一个基础内容。Fleishman（1964）为这个领域的工作提供了基础，其中就包括描述技能和能力之间的异同。依据 Fleishman 的观点，技能是一个人根据自身具备的能力所习得的特征；能力相比技能更多来自先天；技能更多针对具体运动，而能力则更具普遍性。Battinelli（1984）曾写过一篇文章追溯了人们对于移动能力的广泛性与具体性的辩论史。在这篇文章中，他概括了能力和技能二者之间的关系，内容如下。

相关文献中出现了一种明显的趋势……多年来似乎证明是否能够通过运动学习过程获得运动能力和运动技能取决于普遍因素和具体因素。移动能力的普遍因素（肌肉力量、肌肉耐力、爆发力、速度、平衡力、柔韧性、敏捷性以及心肺耐力）已经成为运动学习的实际身体基础，而研究也证明具体的技能则代表了这类学习所特有的神经生理过程。

对于所要测量特征的定义对判断使用何种测量的方式具有重要意义。在第 9 和第 10 章中，我们已经注意到体适能的定义不仅发生了变化，测量体适能的方式也发生了很大变化。在运动技能和运动表现测试中，Fleishman 所强调的技能与能力之间的差异随着计算机和先进统计技术的出现也产生了一些变化。在本章中，我们将介绍上述这些变化以及运动技能和运动能力测量的一些惯例。

运动技能和运动表现测试的指导方针

在选择或设计测量运动技能或运动能力的测试时，我们应该遵循一些公认的测试程序。使用标准化测试还是我们自己的测试，这取决于我们的专业知识和相关测试的具体用途。如果测试结果将会和其他组进行比较，那么可以使用某种标准化测试。如果相关信息仅供我们自己使用，那么我们可以修改标准测试或制定新的测试来满足自己的目的。

美国健康、体育、娱乐和舞蹈联盟（AAHPERD），现名为美国健康与体育教育者学会（SHAPE America），已经为开发技能测试提供了指导方针（Hensley，1989）；这些指导方针是开发 AAHPERD 健康体适能测试的基础，同时也适用于运动能力的开发。指导方针指出技能测试应该：

· 至少具备最基本的信度和效度；

· 实施和参与都很简单；

· 提供易于理解的操作说明；

· 无须昂贵或大量的设备；

· 准备和实施所需的时间都比较合理；

· 鼓励使用规范姿势，同时又类似实战比赛，但是仅涉及一名参与者；

· 难度适中（既不会让人灰心，也不因为过于简单而缺乏挑战性）；

· 让参与者感兴趣同时也觉得有意义；

· 尽量排除无关变量；

· 通过使用最精准和最有意义的测量来确保进行准确的评分；

· 如果某个目标是评分的基础，那么遵循具体的指导方针；

· 要求进行足够数量的测试从而获取表现的正确测量（以准确性作为主要内容的测试相比测量其他特征的测试需要进行更多次的测试）；

· 尽可能地计算出分数以便进行诊断性的解释。

这个指导方针同时也指出如果一个目标是评分的基础，这个目标应该能够包含90% 的尝试；我们可能需要对于接近正确的表现给予一定的分数。确定目标的设置应该基于两个主要因素：（a）每个学生的身体发育水平（例如某个特定的目标高度可能适合 17 岁的学生，但却不适合 10 岁的学生）；（b）对于表现的各个主要方面进行分数分配（例如，羽毛球发球发至对方反手位置的得分应该高于将球同样准确地发至对方正手位的位置）。

因为大部分的运动技能或运动能力测试可以通过客观的方法进行测量，我们可以认为信度和效度系数高于书面测试。美国健康、体育、娱乐和舞蹈联盟指导方针建议信度和效度系数应该大于 0.70。然而，虽然许多信度系数超过这个下线值，但是要制定出效度系数达到该要求的测试比较困难。效度系数（r）达到 0.70，按照这个标准意味着测试的方差接近 50%（$r^2=0.49$；复习第 4 章介绍的测定系数）。当我们研究一项测试的效度时，不仅要考虑效度与相关标准之间的统计关系，还要考虑效度的实际相关性。同时当我们选择使用工具时，也要考虑测试的可行性。

@ 可观看视频 11.1。

有效的测试程序

精神性运动测试的程序与书面测试相同。我们可以将测试程序分为测试前、测试中和测试后的工作。详细全面思考测试程序的方方面面是必要的，这样我们可以收集一致、准确的结果。在教学环境中进行测试时，我们通常进行预备测试或在一个单元结束时进行总结性的评价。在测试运动员时，我们应该记住"根据想要测试的内容我们可以在竞技项目培训中随时进行有效的测试。"（Goldsmith，2005，p.15）。

测试前的工作

测试前策划是准备实施测试首先需要考虑的一个因素。测试员必须完全熟悉相关测试、测试中涉及的测试项目、可用的设施以及必要的设备和标识。要进行身体表现测试，受测者必须准确地了解测试内容并有时间进行练习，以便他们可以学会如何把握自己的节奏，以及如何以最有效的方式来进行测试。这样，在最终完成测试时，相关的测量数值能够准确地估计实际所学的内容，而不是测试对象在不熟悉的情况下的发挥能力。

对于成套的表现测试，还需要考虑其他因素。首先是实施的顺序。如果一套测试中存在多个体能消耗较大的测试项目，在时间安排上应分数天来进行，这样测试参与者在参与时或进行测试时不至于过度劳累。同时，将耗时长的项目与耗时不太长的项目搭配起来。

测试员应该思考是否需要助手来帮助记录数据。当我们决定使用何种评分表时，这一点很重要。如果测试涉及多个测试员和多个测试站时，我们可以使用两类记录表。使用单张表格时，一个测试参与者的所有数据都被记录在参与者的评分表上（图11.1），参与者将这些评分表从一个测试站点带至另一个站点。如果我们将一组受测者的所有表格都放在单个纸夹笔记板上，同时该纸夹笔记板在各站点之间流转，这种方法的弊端是这些表格在站点之间移动的过程中可能出现丢失或损坏。第二种方法是为每位测试员提供一份所有参加测试的受测者的总名单；当参与者在各测试站之间接受循环测试时，测试员只是将相关数据记录在总表上（图11.2）。第二种方法的问题在于测试之后的记录阶段需要进行长时间的转录。如果只有一个测试员，我们推荐使用第二种方法。

必须制定和撰写标准化的操作说明，这样每个测试员清楚地了解要做些什么。测试员自己应该熟悉相关测试。测试员应该将操作说明告知受测者以便每个参与者获取的测试相关信息完全一样。应该考虑在测试前给每一位受测者发一份书面测试说明。受测者应该熟悉测试程序，同时在进行实际测试之前甚至应该进行实测练习。

测试中的工作

第二阶段是进行实际测试。尽量提早准备测试场地。确保测试场地地面干净，以便受测者能够发挥最佳状态。要不留安全隐患，例如测试区域附近有杂物，地面或设备不安全。应该让受测者有机会进行热身运动为身体表现测试做准备，让他们发挥他们的潜能。测试员为受测者讲解测试说明，确保给予所有受测者相同的暗示或鼓励。

测试后的工作

测试程序的最后一个阶段包括转录测试结果和分析相关分数。转录的方法取决于实际收集相关数据的方法，同时每次将数据在不同的媒体之间进行转移时我们都必须对数据进行核对。每次转录数据时，我们都要请他人进行数据校对。最佳的校对方法是请另一名测试员帮忙，或是受测者可以帮忙报分数。

足球技能测试成绩表

姓名：_____

班级：_____

高速运球（括号中显示触球犯规的次数）
T1 _____ （　　）
T2 _____ （　　）

控制性运球
T1 _____
T2 _____

传球		左脚	右脚	射球	
10 码 （约 9.14 米）	1			左侧目标	1 _____
	2 _____				2 _____
15 码 （约 13.72 米）	1				3 _____
	2 _____			右侧目标	1 _____
					2 _____
					3 _____

图 11.1 个人分数表样本

守备、扔球和跑动

分数 _____

姓名	性别	守备测试					扔球测试			跑动测试		
		1	2	3	4	总计	1	2	总计	1	2	总计
1.												
2.												
3.												
4.												
5.												
6.												
7.												
等												

图 11.2 测试员总表范例

我们依据测试的目的选择相关的分析方法。如果团体中个人的表现很重要，我们应该使用常模参考分析程序。然而，如果测试的目的是将一个人的表现与某个标准进行对比，我们应该使用标准参考分析。

此外，要尽可能地对于所有测试参与者的得分进行保密。如果受测者帮忙记录数据，让他们紧挨着测试员。这样可以缓解测试中必须大声报分的问题。

@ **可观看视频 11.2。**

精神性运动测试的研制

通常，教练和研究人员希望针对某种体育运动或运动表现实施成套测试。在分析运动表现时，我们通常将运动技能测试和运动表现测试结合起来给教师或教练提供有关受测对象体育潜能的额外信息。Strand 和 Wilson（1993）提出了构建此类性质的成套测试的 10 步流程图；图 11.3 显示了一个修订版的流程图。虽然制定该流程图的目的主要是用于测试运动技能，但是它也同样适用于运动能力的测试。测试步骤如下。

·**第 1 步**。研究相关标准制定一个有效测试。基本上，这些标准涉及信度、效度和客观性等统计学方面的内容。测试员必须熟悉可以用于测试的设备、人员、空间和时间。一项测试必须适合相关年龄和性别的学生，同时还必须与测试技能密切相关。此时还必须考虑涉及安全的各方面因素。

·**第 2 步**。对相关体育运动进行分析来确定所要测量的技能或能力。如果我们要评价当前的技能，那么技能测试是最合适的，但是如果我们试图判断学生的运动潜能，那么进行运动能力测试可能会更有用。根据实施相关成套测试的具体目标，组合成套测试也能发挥作用。

·**第 3 步**。研究相关文献。了解了相关体育运动的主要内容后，我们应该研究之前的成套测试，以及与具体技能或运动表现领域相关的文献。这时，我们可以咨询专家（例如同事、专业人员、教师和研究人员）。

·**第 4 步**。选择或构建测试项目。我们应该确保相关的测试项目（a）能够代表所要分析的相关表现，操作较为简单，尽可能与实际表现密切相关，同时具有实际意义。每项测试或测试项目都应该测量一个独立的方面。使用多个测试测量一个相同的基本技能或能力，这种做法不能有效利用时间。

·**第 5 步**。确定准确的测试程序。这包括选择每个测试项目必要的测试次数，用于制定相关标准分数的测试，以及测试项目的排序。

·**第 6 步**。加入同行审查。让熟悉相关活动的其他老师或教练等专家来研究相关的成套测试。

·**第 7 步**。进行试点测试。如果我们依据专家们的观点和相关文献研究来选择测试项目，试点研究分析将帮助我们判断相关测试项目是否合适。试点测试是确定相关测试项目之前的一个重要步骤。试点测试有助于确定测试实施的总时间，测试说明是否清楚，同时还能发现测试中可能存在的瑕疵。

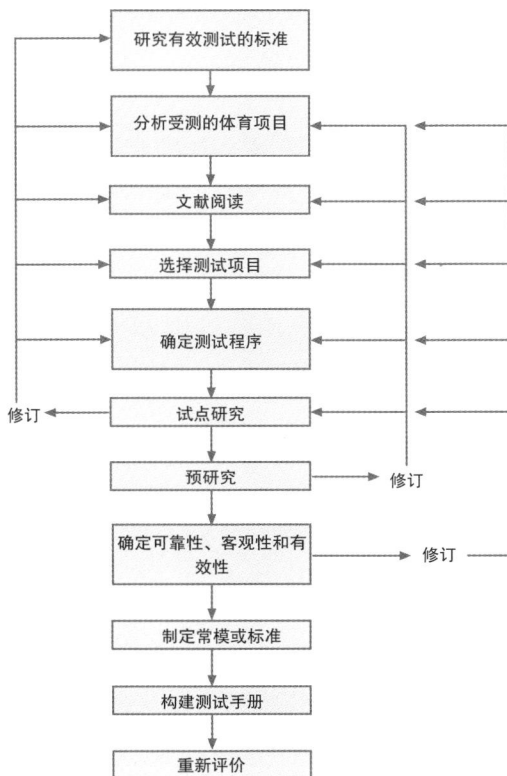

图 11.3　构建运动表现测试的流程图

　　· **第 8 步**。确定每个测试项目在统计学方面的质量即信度、效度和客观性。信度系数属于估计值，同时仅对相关受测组具有准确性。信度系数可能针对特定的组，尤其是青少年相关的组，因此在常模取样中包括男女两个性别，并且各个不同的年龄和技能水平都必须进行测试，这一点很重要。验证技能或运动能力测试的相关方法已在第 6 章和第 7 章中进行了介绍。在对测试进行统计学评价之前内容效度是很重要的。这时，我们可以通过实施适当的程序来判断同时效度或结构效度。你应该记住效度系数是估计值，且仅适合与受测对象相当的各组。运动表现测试的稳定性通常是通过信度系数来确定的，而信度系数需要进行多次重复测量。这是运动表现测试的一个阶段，这个阶段不同于许多心理或教育测试的准备阶段。这时，我们应该删除或修改信度或效度较低的备选测试项目。

　　· **第 9 步**。为常模参考测试制定常模，或是为标准参考测试确定标准。

　　· **第 10 步**。构建测试手册，全面描述测试内容、评分程序及其统计学方面的质量（信度和效度）。在制定测试手册时，请遵循美国精神病学协会（APA，1999）提出的指导方针。

·**第 11 步**。有时需要对测试工具进行重新评价。经过一段时间，有受测者可能达到了不同的准备水平，因此曾经某个时间合适的常模和标准可能到了另一个时间就不合适了。

技能测试中存在的问题

通常的信度和效度的测量问题对于技能测试至关重要。然而，在本章中我们重点介绍其他两个问题。第一个问题是可行性。技能测试一般需要时间来实施。我们必须问自己，教授相关技能并让学生们掌握技能，与花费时间评价相关技能相比，哪个更重要？第二个问题是确定评价技能的最佳方法。我们是否需要选择客观性很高但是与比赛运动相似度不高的测试呢？或者是否有可能使用与比赛运动相似度较高但是信度可能较低的主观测试呢？如果你倾向使用后一种方法，请参阅第 14 章，了解基于表现的测评的其他信息。

对于技能测试，是选择一项极为客观和可靠却与比赛运动相似度不高的测试，还是选择效度高但客观性低同时更加耗时的测试，通常我不得不进行一个折中的选择。例如，你思考一下在本章开篇处 Scott 遇到的挑战。他可能选择测量几项主要与排球表现相关的技能，同时进行几项运动表现测试。其中的一项技能是前臂传球。假设他一开始选择了 3 项测试来测量前臂传球：自我传球、墙壁传球和场地传球。自我传球和墙面传球都是简单测试，可以对较大的团体进行测试，同时需要的空间极少。它们都能稳定地得出较高的信度。这些测试的问题在于它们与比赛运动相似度不高。对于自传测试，参与者能够将球重复多次传给自己，最低的标准是每次传球离地距离不低于 10 英尺（约 3.0 米）。对于墙壁传球测试，参与者传球必须高于目标线，离地距离同样不低于 10 英尺（约 3.0 米），同时测试参与者应该位于距离墙体 6 英尺（约 1.8 米）的限制线之后。这两种情况下，测试参与者可以自己练习相关测试，同时可以实施自我测试。这些测试旨在用于团体测试和同伴评分，可行性较高，所需的场地标识和占用的教学时间都最少。然而，大多数的排球专家都认同这些测试所测的能力可能无法轻易地转换为体育运动技能即接发球或大力扣球。另一方面，场地传球测试将测试参与者安排在后场的位置，在这个位置他们接发球的可能性最大。要求测试参与者将教练或测试员发的球或抛的球传递至某个目标区域。使用一个分值系统来确定 10 个传球的准确度和相关技能。这项测试具有较高的信度，且在内容效度方面是有效的。然而，实施这项测试所需的时间较长。实施这种类似体育运动的场地传球测试所需的时间大大超过自我传球或墙壁传球测试。同时，测试员提供的发球或抛球必须具有一定的稳定度。Scott 选择使用场地传球来测量他的队员，因为参与者人数较少且具有良好的技能水平。如果 Scott 想要测试初学者，自我传球测试或墙壁传球测试将会和场地传球一样有效。

过去的 30 年里，美国健康、体育、娱乐和舞蹈联盟篮球测试（Hopkins et al.，1984）和垒球测试（Rikli，1991）逐渐被修订，同时网球测试（Hensley，1989）也被制定出来。AAHPERD 制定的全面测试项目为体育教师和教练们提供了一整套可靠且可信的测试，可以在极少的时间内使用极少量的场地标识加以完成。AAHPERD 的测试选择指南表明技能测试应该包括进行某些体育运动所需的主要技能，通常不超过 4 项技能。一套测试应该具有可接受的信度和效度，同时其中包含的测试之间的相关性并不高。总体来说，这套测试应该能够有效区分不同的表现水平，因此体现结构相关效度。AAHPERD 测试主要为初学者水平的参与者而设计。

表 11.1　美国健康、体育、娱乐和舞蹈联盟技能成套测试

篮球	网球	垒球
快速定点投篮	击触地球	击球
传球	正手和反手	防守地面球
控制性运球	发球	举手过肩投掷
防守移动	截击球	跑垒

垒球和网球技能测试手册都包含了技能的评分说明，可以代替客观性测试，或者与客观性测试同时使用。

@ 可观看视频 11.3。

技能测试的分类

当我们构建技能测试时，我们必须思考，选择客观测试程序还是主观测试程序。必须确保每次仅测量一个特征。美国健康、体育、娱乐和舞蹈联盟技能成套测试仅包括客观测试；然而，我们应该加入主观评级作为网球和垒球成套测试的替代形式。我们在决定采用某种具体的技能测试方法时必须考虑多个因素，其中包括所要使用的时间、设施、测试员的数量以及测试的数量和种类。

客观测试

客观测试有 4 大类。
- 以准确性为基础的技能测试。
- 重复性表现测试。
- 全身移动测试。
- 距离或爆发力表现测试。

有些测试可能结合了上述两类测试。每一类测试都涉及具体的测量问题。

以准确性为基础的技能测试

以准确性为基础的技能测试通常包括投掷或击打排球、网球或羽毛球等物体的技能。他们可能还涉及某种其他准确性测试：橄榄球或棒球中的投掷、篮球中的罚球或投篮，或者足球中的射门。准确性测试相关的主要问题是制定一个评分系统，这个系统将提供可靠且有效的结果。思考以下足球射门得分测试。该测试要求参与者必须在12码（约11米）之外的地方踢球进门。参与者要获得最高分值，足球必须从两个门柱之间进入，在球门内行进3英尺（约0.9米）触碰绳网。参与者有6次射门机会：3次射向球门左侧，3次射向球门右侧。如果球射入球门的目标区域得两分，如果只是射入球门得一分。这项测试的问题是优秀的射门球员通常试图将球射入目标区域，结果却就差了一点没有射入，得0分，而能力较差的参与者可能每次射门只瞄准球门中间位置，确保至少的1分。这样，好的射门球员的得分可能低于技能差很多的射门球员。这就减少了这项测试的信度和效度。

要点内容 11.1

你能发现这项足球射门测试中存在的其他可能影响其效度的不足之处吗？

在排球测试中，场地通常经过标识表明发球难度最大的目标位置。上面刚刚提到的足球射门测试的问题，同样也存在于本测试中，因为落在场外的发球得0分。为了纠正这个问题，对于落在稍稍偏离目标之外但在某个区域之内的发球，可以给予稍稍低于目标区域的分值。然而，这样做可能导致可行性的问题，即如何标注这个区域。

对于准确性测试需要考虑的另一个因素是要进行多少次重复测试才能得出可信的分数。最初制定 AAHPERD 网球技能测试时，发球内容没有达到纳入该套测试所需的信度值。斯皮尔曼 – 布朗校正公式（第6章）在应用于网球发球数据时表明要显著提高发球测试的信度，测试的次数必须在原有基础上翻一倍以上。这项要求将影响该测试的可行性。因此，AAHPERD 制定了一个简化评分系统，使该测试的信度提高到可接受的水平。测试发球能力选用多次测试的方法时，测试员必须最大限度地提高信度，同时还要将测试次数降到最低。

以准确性为基础的技能测试，其中一例是北卡罗来纳州立大学排球发球测试（Bartlett et al., 1991）。因为发球是排球的一项基本技能，因此说明了该测试具有内容效度。据报道，大学生的组内信度系数为0.65。下面显示了该测试的实施程序。

北卡罗来纳州立大学排球发球测试

目的

评估发球技能。

器材设备

排球。

标志带。

绳子。

评分卡或记录表。

铅笔。

操作说明

这项发球测试使用的是标准尺寸的排球场，场地的布置如图 11.4 所示。测试员标识场地上的分值。测试参与者站在发球区，进行 10 次下手发球或上手发球。

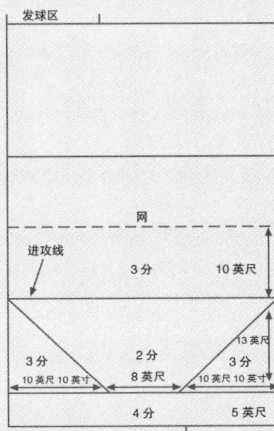

图 11.4 北卡罗来纳州立大学排球发球测试的平面图

评分

评分员对于接触标志杆的发球给 0 分，对于落在线上的发球给予较高的分值。

源自: Reprinted, by permission, from J. Bartlett, L. Smith, K. Davis and J. Peel, 1991, "Development of a valid volleyball skills test battery," *Journal of Physical Education, Recreation and Dance* 62(2): 19–21.

重复性表现测试

重复性表现测试要求参与者在规定的时间内不断进行某个活动（例如连续击打）。我们通常将其称为对墙连续击打或是自我连击，可用于测量持拍类运动的击球，如网球的正手或反手击球，以及排球中的对打和传球。重复性表现测试通常具有较高的可信度，但是如果未经精心构建，这些测试的动作类型可能不同于比赛，这样测试的效度就会降低。而且，因为测试的动作与体育比赛不吻合，因此这些测试可能不像其他一些场地测试那样能够很好地转换为实际的比赛表现。因此，在使用重复性表现测试时，测试员必须确保测试参与者动作规范，这一点极为重要。

关于重复性测试这里列举的一个例子是短网拍墙球近距离对墙连击测试（Hensley et al.，1979）。这项测试最初的实施对象是大学生，但是人们认为它同样适用于初中生和高中生。这项测试的男性和女性的重测信度系数分别是 0.76 和 0.86。通过使用老师对学生的评分作为标准测量值得出的效度系数为 0.86。下面介绍了这项测试的实施程序。

短网拍墙球近距离对墙连击测试

目的

评价近距离对墙连击技能。

器材设备

球拍。

护眼装备。

每个测试站提供 4 个短网拍墙球。

卷尺。

标志带。

秒表。

记分卡或记录表。

铅笔。

操作说明

测试参与者站在内开球线之后，手持两个短网拍墙球。一名助手，站在场地之内，但是靠近后墙，也拿两个球。首先，参与者放下球，对着前墙进行 30 秒的连续击打，次数越多越好。所有的有效击球的击打位置都必须位于内开球线之后。参与者可以选择在球从前墙反弹后未落地时击球，或是在球从地上反弹起来之后再击球。如果球回弹未能越过内开球线时，受测的参与者可以走入前场捡球，但是回到内开球线之后进行再次击球。如果参与者未击中球，可以按照与前一个球相同的方法使用第二个球继续击打。（未接住的球可以重新使用，或者从助手那里拿一个新球。）每次连续击打出现中断，必须将新球弹至内开球线之后继续击打。为了保持持续击球，参与者可以选用任何击球方法。测试员的位置可以在场内也可以在附近的观看区域。

评分

30 秒计时应该从受测学生放下第一个球的那一刻开始。第一次测试结束后应该立即开始第二次测试。记录的分数是两次测试中在遵守规则的情况下球击中前墙的次数之和。

要点内容 11.2

为了提高近距离对墙连击测试的信度，我们还能做些什么？

全身移动测试

　　全身移动测试常常又被称为速度测试，因为这些测试测评参与者完成一项任务的速度，这项任务要求参与者在某个限定的区域内进行全身移动。篮球或足球的运球测试测量的就是这种技能，棒球和垒球的跑垒测试也是这类测试。这些测试通常都具有较高的信度，因为大量的人际间的差异性都与定时表现有关。这些测试可以进行快速实施，但是他们本身也有两个问题。第一个问题，测试内容必须接近比赛表现，同时比赛中在很多情况下并非总要进行最高速度的移动。例如，在篮球中，即使是快攻的时候，也必须对速度进行一定程度的控制，以便进行控球。因此，为了测量篮球打球技能，AAHPERD 选择了一个控制性运球测试，要求参与者绕着锥形路标组成的某个路线进行运球（Hopkins et al.，1984；图 11.5）。当我们使用这类测试时，我们设置的路线必须能够有效估计比赛中使用的相关技能。其次，使用这类测试进行评价时，表现时间是一个有效标准，但是如果我们想了解表现的效率，这些测试与参与者的速度具有很高的相关性。显然，即使速度较慢的参与者具有较高的实际控球技能，一名速度较快的参与者却能在更少的时间内完成测试。

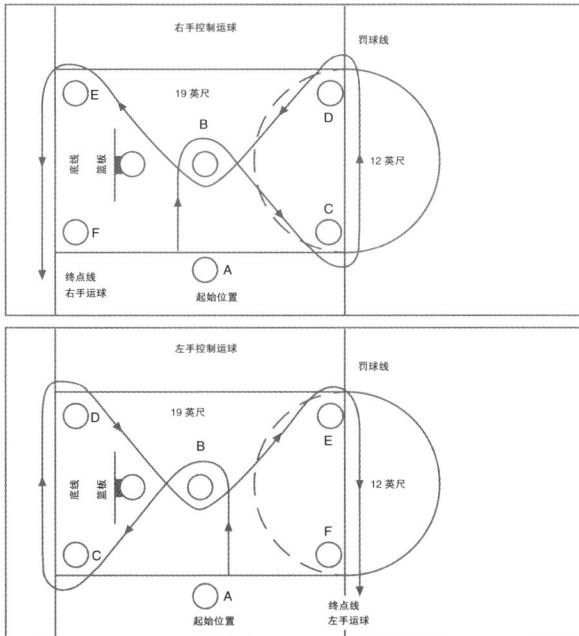

图 11.5　AAHPERD 控制性运球测试

源自：Reprinted, by permission, from D.R. Hopkins, J. Schick, and J.J. Plack, 1984, *Basketball for boys and girls: Skills test manual* (Reston, VA: AAHPERD).

根除全身移动测试后固有的速度问题的一个方法是创建表现比。我们将同一个参与者的表现时间除以移动时间，以此计算表现比。例如，我们可以将一个学生在相同路线上的运动时间与其移动时间进行对比。即运球效率（一种表现比）等于运球时间除以移动时间。表现比对于高水平和水平较差的参与者来说都是具有极大激励作用的工具，因为他们是和自己进行比赛，尽可能地将该比值降到1。从理论上来说，数值为1的比值将是这类测试的最低值，代表着最佳表现。相反，因为这类比值测量的是移动时间，所以移动速度较快的参与者可能受到不公正的对待。同样，如果受测者知道这些比值的计算方法，他们可能会在移动时间测试中不使出全力。这样做可以让他们获得比正常发挥更好的比值分数。这些比值不适合运动队使用，因为绝对表现是主要的测量内容。然而，这些比值在教学环境下却是测量技能水平的一个有效方法。

全身移动测试的另一个例子是美国健康、体育、娱乐和舞蹈联盟篮球技能测试中的防守移动测试（Hopkins et al., 1984）。据报道，这项测试的组内信度系数大于0.90，整套测试的同时效度范围是0.65～0.95。下面介绍这项测试的实施程序。

篮球防守移动测试

目的

测量基本的防守移动表现。

器材设备

秒表。

标准篮球三秒区。

用于标识改变方向地点的胶带。

操作说明

测试员标识出篮筐后面到罚球边线的测试界限，同时使用一个方形和两条线标识出篮板路线（图11.6）。只有中线－篮板线路标识（图11.6中的C）才是这项测试的目标点位。测试员使用胶带标识出这个区域四个角落之外的其他点A、B、D和E。这项测试包含3次测试。第一次是练习测试，对于后面两次测试进行评分和记录。每一位参与者从A开始，背对篮筐。参与者一听到"准备、开始"的信号，立即向左侧滑步，双腿不能交叉，并一直移动至B点，用左手触摸线外地面，进行低位转身，滑步移动至C点，使用右手触摸线外的地面。参与者继续移动，路线如图所示。参与者双脚越过终点线时测试结束。违规行为包括脚下犯规（在滑步、转身和跑动的过程中双脚交叉）、手未能触碰到线外的地面，以及在手还没有触碰到地面之前进行低位转身。如果参与者违反该操作说明，测试停止，必须回到起始处重新计时。

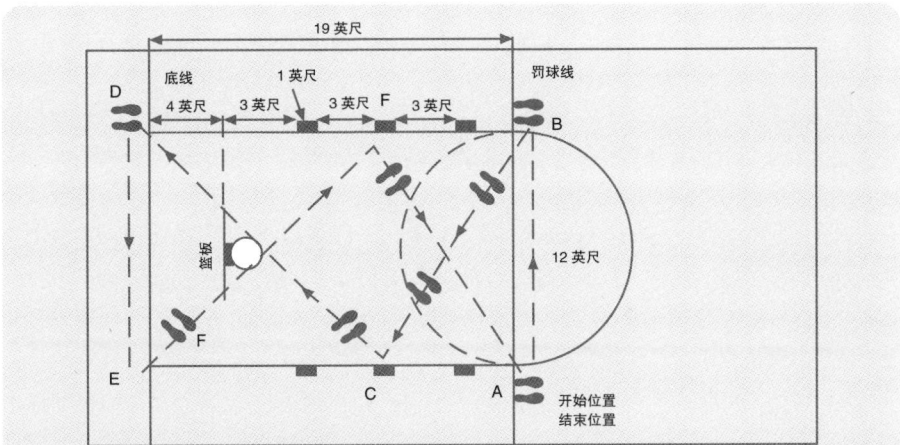

图 11.6　AAHPERD 篮球防守移动测试的界限设置

评分

　　每次测试的分数是在遵守规则的前提下完成测试所需的时间。每次测试，记录分数精确到十分之一秒。标准分数是后两次测试分数之和。

源自：Reprinted, by permission, from D.R. Hopkins, J. Schick, and J.J. Plack, 1984, *Basketball for boys and girls: Skills test manual* (Reston, VA: AAHPERD).

距离或爆发力表现测试

　　客观性技能测试的最后一类是距离或爆发力表现测试，这类测试测评的是参与者投掷物体的能力，测量最大位移或最大爆发力。羽毛球平抽距离测试、短网拍墙球爆发力发球测试、垒球和棒球中的长距离扔球以及凌空抽球、传球以及踢球比赛等都是这类测试（Strand and Wilson，1993）。这些测试存在的一个问题是要确保按照比赛的方式来进行这些测试。距离测试的另一个问题在于是否考虑准确性因素。例如，在凌空抽球、传球和踢球比赛中，偏离投射线的距离从投射距离中减去。因为这个原因，参与者可能在测试中有所保留，因为担心失去准确性而没有使用最大的爆发力。相反，在铁饼和标枪等田径项目中只要将铁饼或标枪投射在某个规定区域就不会进行上述的那些更正计算。因此，在使用某个测试之前，我们应该考虑测试是否要求准确性或考虑进行准确性的更正，这一点很重要。排球手臂爆发力测试使用扔球的方法（Disch，1978），在这项测试中，我们认为准确性不是一个重要因素，因为测量的是与排球扣球能力相关的手臂爆发力，因此，绝对扔球距离是测试标准。然而，在其他运动技能测试中，如扔足球或棒球，准确性可能是一个重要方面，所以必须使用某种更正方法。最简单的更正方法就是从总距离中减去偏离投射线的距离。

　　距离或爆发力表现测试的一个例子是 AAHPERD 垒球技能测试（Rikli，1991）中

的举手过肩 / 高手投球测试。研究表明这项测试所有样本的组内信度系数超过 0.90，并且同时效度系数位于 0.64 和 0.94 之间。下面介绍这项测试的实施程序。

垒球高手投球测试

目的

测量以距离和准确性为目标的垒球投球所涉及的相关技能。

器材设备

一块平坦的草地，可以选择使用英尺或米为单位进行画线分隔。

2 个卷尺。

垒球若干。

2 个锥形小路标或标识桩。

操作说明

沿着一大块空旷的户外区域的中间位置测试员使用英尺或米作为单位标识出一条投掷线（或固定卷尺作为投掷线），在该投掷线的一端垂直画出一条禁线。在禁线后方 10 英尺（约 3 米）处画出一条边界线。受测人员站在禁线和后方边界线之间，靠后留出足够的距离以便投掷前可以进行不少于一步的移动。参与者首先进行 3 ～ 4 分钟的短距离投掷热身运动，然后有两次机会投掷垒球，投掷越远越好，越靠近投掷线越好，同时不要越过禁线。将助理人员或其他等待测试的参与者安排在场地上的合适位置，使用锥形路标或标识桩标明每个球第一次触地的位置。如果某个参与者在将球扔出之前踩到了或越过了禁线，该参与者必须重新进行测试。

评分

净投掷分等于球落地位置在投掷线上的垂直对应点的距离减去误差距离，即球落地偏离投掷线的距离。参与者的分数是两次投掷中较高的得分。测试员在测量距离和误差距离时都精确到英尺或米。

要点内容 11.3

可能降低垒球高手投球测试信度的因素有哪些？

主观评分

客观测试的优点在于他们通常都具有较高的信度，可以通过设置产生较高的效度，同时测量技能表现中的一些具体内容。然而，主观评分，即评分者依据个人观察对于某个技能或表现给出的分值，为体育教师、教练以及其他对于人体表现分析感兴趣的人士提供了有益的选择。我们可以对于通常注重过程的单项技能制定主观评分，使这样的评分从教学的角度来说具有吸引力。注重过程的技能要求对于相关技能的姿势进行评价（例如跳水和体操）。参与者在起始姿势、发力阶段和后续动作方面接受评价。参与者可以就表现中可能降低效率的地方获得具体的提示。Ellenbrand（1973）

提出了一个关于通用评分等级体系或评分规则的经典案例。他制定了一个针对体操特技表现的通用等级体系（表 11.2）。该体系通过简单调整就能用于评价其他注重过程的表现。第 14 章将会介绍表现评价程序，它与主观评分具有高度一致性。第 14 章描述的信度、效度、公平和可行性问题在本章也有相同的重要性。

表 11.2　艾伦布兰德（Ellenbrand）等级体系

3 分	表现正确。技巧得当，动作规范。参与者在移动中表现出了平衡、控制和幅度
2 分	表现一般。技巧或动作上出现明显错误。在移动中可能缺少一些平衡、控制和幅度
1 分	表现较差。技巧和动作上都出现明显错误。参与者在移动中严重缺少平衡、控制和幅度
0 分	表现不当或没有表现。技巧错误或动作完全不规范。在移动中没有平衡、控制和幅度

每个项目（活动）的分数都取决于该项目的难度值和执行得分。每个活动中所有测试项目的总分就是该活动的分数。最终测试分数是所有活动或所有测试项目的总分。

对于摔倒或重复技能不扣分。但是经辅助完成的某项特技得 0 分。

源自：Data from Ellenbrand 1973.

　　主观评分的另一个应用是观察进行相关活动的参与者，并根据他们在竞技性的环境下的总体表现进行整体评分。这让测试员可以同时评价多个参与者，同时还可能评价一些与比赛表现相关的无形的内容，而这些内容是在非比赛环境下进行的单项技能所发现不了的。这种方法的一个问题在于能够观察到的次数。例如在一场比赛中，一个学生可能有机会多次触球，但是在另一场比赛中触球次数较少，甚至没有触球。主观评分的其他问题包括界定评分标准以及确保不同评分者之间评分的一致性。在大多数体育课上，只有老师一人进行评分，所以评价可能因为老师对于相关表现或特定的参与者事先已有的看法而受到影响。在教练指导的很多情况下也会出现类似的情况。如果可以获得多次评分，这样可以提高测试的信度。然而，这种做法同时因为要求多个评分者或是增加必要的观察次数而降低了测试的可行性。

评分等级体系的类型

　　Verducci（1980）描述了两种基本类型的等级体系：相对等级体系和绝对等级体系。相对等级体系的评分是将参与者的表现与同一组中其他人的表现进行对比。这种常模方法的优点是可以在同一组内有效区分组员的能力，但是如果参与者与其他组成员进行对比时就会出现问题。相对等级体系可以分为以下几类：等级排序、等距间隔和成对比较。广泛使用的方法是等级排序法。根据这种方法，一组中所有参与者都按照某个特定的技能进行排名。如果我们评价一个以上的技能，那么首先针对一项技能对所有参与者进行评价，然后再进行下一项技能评价。等级排序法要求对所有的参与者进行区分，但是它并没有考虑参与者之间的差异度。回顾一下，排名产生定序数字（参阅第 3 章）。

　　等距间隔法通常用于对参与者人数不低于 20 的团体进行内部排名。使用这种方法，假设多个类别之间存在等距关系，同时评分者将表现相似的参与者放入同一类中。例如，可能会使用优秀、良好、中等、较差或极差等类别。评分者可能会决定将相关团体的成员分成上述5类。一般来说，归为中间类的参与者所占比例要大于两个极端类。

在成对比较法中，评分者将每个参与者都与其他所有参与者进行对比，并判断出在所测评的特征上那一对参与者优于其他对参与者。当我们对比完每一对参与者时，我们就可以使用相关的结果来确定该组中所有参与者的相对排名。这种方法适合参与者人数不足10人的组。

对于绝对评分，我们根据某个固定等级体系对参与者进行评价，参与者的表现与某个既定的标准进行对比。这种方法不受受测者所在组的影响，同时多个人可能得到相同的评分。绝对等级体系可以分为4类：数字等级、描述等级、图形等级和清单。其中使用范围最广的是数字等级和清单，后面我们将进行详细讨论。要了解不太流行的其他相对和绝对等级体系，请参阅 Verducci 的著作（1980，第13章）。

数字等级体系很常见。表11.2和表11.3显示的数字等级体系描述了获取相应分数所需的表现水平。艾伦布兰德等级体系（表11.2）包含0～3等级，而汉斯莱（Hensley）等级体系（表11.3以网球运动为例）则包括1～5等级。总体来说，数字等级体系包含的范围是1～9分。一般情况下很难准确区分9个以上的表现水平。当参与者可以分为有限数量的等级类别，且每个类别的特征具有一致性时，使用数字等级体系最好。

如果同时对过程和结果进行评价时清单就能发挥作用。清单通常标注某个特征的存在与否。表11.4显示了摘自《美国红十字会水上安全教师手册》的父母和子女水上救生技能二级清单（American Red Cross，2009）。

表 11.3　网球评分等级体系：正手和反手

5= 优秀	正确握拍、具备良好的平衡力和脚下移动能力、近乎完美的身体动作。表现出稳定的击球技巧。能够预判对手的击球。能够针对对手的弱点或位置选择合适的击球落点
4= 良好	正确握拍、具备良好的平衡力、脚下进行充分的移动，身体动作达标但并非完美。表现出中、上水平稳定性的击球技巧。能够预判对手的击球。在场地中的击球落点稳定
3= 中等	正确握拍、平衡力达标、但是脚下动作不足。身体动作有些不稳定且效率低，导致击球落点不稳定。打球风格可能趋于防守。很少能够预判对手的击球。不能持续对打
2= 一般	有时握拍方法不正确、脚下移动较差，同时身体动作基本不正确。击球技巧不稳定。防守型打球风格，只是试图击球过网。很少能够预判对手击球。不能持续对打
1= 较差	握拍方法错误、缺乏平衡力、脚下移动较差。身体动作很差且不稳定。击球落点不准确。无法预判对手击球。击球过网很困难

源自：Reprinted, by permission, from L.D. Hensley (ed.), 1989, *Tennis for boys and girls: Skills test manual* (Reston, VA: AAHPERD).

表 11.4　父母和子女水上救生技能二级清单

技能	完成目标
搂抱和支撑技巧	
面对面姿势	
·胯部前侧支撑	演示
背对胸姿势	
·胯部后侧支撑	演示
·背部支撑	演示
·手臂划水	演示
并排姿势	演示
肩部支撑	演示
水上调节、入水和出水	
入水	
·坐姿	在别人的辅助下演示
·坐姿 – 翻滚和滑入	在别人的辅助下演示
·迈步进入或跳入	在别人的辅助下演示
·使用梯子	演示
·使用台阶	
·熟悉水池	独自在浅水处熟悉水池
出水	
·使用水池的侧边	在别人的帮助下演示
·使用梯子	演示
控制呼吸	
水下探索	
·睁眼在水面之下取物	在辅助下探索浅水
·睁眼取回浸入水中的物体	在辅助下探索浅水
上下浮动	演示
依靠身体前侧漂浮	
依靠身体前侧漂浮	在别人的辅助下演示
依靠身体前侧划动	在别人的帮助或辅助下演示
依靠身体前侧划动至墙体	在别人的辅助下演示
依靠背部在别人的辅助下演示漂浮	
背部漂浮	在别人的帮助或辅助下演示
背部划动	在别人的帮助或辅助下演示
改变方向	
从前向后翻滚	在别人的辅助下演示
从后向前翻滚	在别人的辅助下演示
依靠身体前侧游泳	
在成人之间通过	在别人的辅助下演示
配合呼吸游动	在别人的辅助下演示
腿部动作 – 交替或同步移动	在别人的辅助下演示
手臂动作 – 交替或同步移动	在别人的辅助下演示
体前手腿动作与呼吸结合	在别人的辅助下探索
依靠背部游泳	
腿部动作 – 交替或同时运动	在别人的辅助下演示
手臂动作 – 交替或同时动作	在别人的帮助或辅助下演示
体后结合手臂和腿的动作	在别人的帮助或辅助下探索
水上安全	
在水中穿救生衣	讨论（父母）并演示（孩子）
寻求帮助	讨论或演示（父母）
基本水上安全准则回顾	讨论（父母）
沙滩和水上公园的安全	讨论（父母）
水上玩具及其限制	讨论（父母）

源自：Data from American Red Cross 2009.

只有当每项任务都被正确地演示时，该技能才算是验证通过。这种标准参考方法对于特定的表现水平提供了具体的评价，同时为每位参与者提供了具体的反馈。它便于教师判断哪些能力欠缺并增加这些能力。

评分等级体系中常见的错误

评分等级体系中存在几种常见的错误。其中最常见的错误被称为光环效应，指的是评分者由于偏爱而倾向于提高一个人的分数。这种效应存在两种情况。第一种，评分者可能对于某个参与者有着根深蒂固的看法，以至于对该参与者的评价偏向于这种看法。第二种，评分者可能认为所要评价的表现不能反映参与者的正常水平，因而依据参与者之前的表现进行评分。光环效应有可能产生相反的结果；评分者因负面的偏见而降低某人的分数。

当一位评分者采用的标准不同于其他评分者时，就会出现另一种常见的错误，称为标准误差。你看看表 11.5 中显示的 3 位裁判的评分。通过研究这些评分，我们会发现 3 位裁判对于表现都进行了相似的排序；然而，C 裁判给出的数字评分明显低于 A 和 B 裁判，表明 C 裁判执行的标准与 A 和 B 裁判使用的标准之间存在很大差异。如果所有参与者不是由所有裁判进行评分，这种情况可能造成一个严重的问题。

表 11.5　以 3 位裁判的评分为例说明标准误差

参与者	裁判		
	A	B	C
1	9	8	4
2	8	9	4
3	7	7	3
4	5	6	1
5	5	5	1

第三种错误称为趋中性错误，反映了评分者不愿给出极端的高分或低分。假设我们按照 1～5 的等级体系对人进行评分。通常我们倾向于不使用极端的等级，这样将有效的等级降至 3 类（即 2、3 和 4）。这不仅造成分数集中在平均值附近，同时还会减少相关数据的差异性，从而可能降低评分的信度。

改进评分等级体系的建议

我们可以采取多项措施来缓解与评分等级体系相关的许多问题。

1. 制定精心设计的等级体系。为此我们提供了以下建议。
   a. 通过可观察的行为来进行表述。
   b. 选择与成功密切相关的特征进行测量。
   c. 使用可观察的行为对选择的特征进行定义。
   d. 确定每个特征相对成功的分值。
   e. 选择和制定适合用作评分工具的等级体系。
   f. 选择每个特征的成功或获取程度，并使用可观察的行为来对这些程度进行定义。

　　g. 试用并修改评分等级体系。

　　h. 在实际测试环境中使用相关评分等级体系。

2. 对于评分者进行充分培训。评分者应该对于所要测量的特征有一个明确的认识，同时能够充分区分各表现水平之间的差异。

3. 向评分者解释常见的评分错误。如果他们认识到这些易犯的错误，就可能避免这些错误。

4. 让评分者具有足够的时间来观察这些行为。这将关系到取样的数量。

5. 尽可能使用多个评分者。如果做不到这一点，那么让多个评分者对同一组进行评分，以此检查这些评分者的评分客观性。最后，测试者每次应该仅对一个特征进行评分，然后再进行下一个特征的评分。遵循这种方法将提高评分的一致性。

其他测试

对于测量人体表现，除了客观测试和主观评分之外，还有其他种类的测试。下面几段内容将简要介绍基于表现的测试和达标测试。基于表现的测试要求实际进行所要测评的活动。达标测试则为教师们提供了一种减少测试耗时的方法。

基于表现的测试

基于表现的测试根据实际表现产生的相应分数将技能水平进行分类。在这种情况下，存在一个具体的标准。这种测试出现在射箭、保龄球、高尔夫和游泳等体育项目中。在射箭运动中，一轮射箭的分数表明射箭者的射箭水平。我们可以通过评价分数来研究射箭者在某个距离上射箭表现的稳定性，或者通过评价射箭者在不同距离上的表现，来判断它们之间的同时效度。

基于表现的测试可以用于射箭运动，其中测试总分能够说明射箭者的射箭能力。

保龄球和高尔夫运动的情况比较特殊：虽然我们可以将一局保龄球或一场高尔夫的总分用于测评目的，但是这样做却并不能评价比赛中的具体因素。在保龄球运动中选择特定的瓶子进行第二球补全，或者在高尔夫运动中包含的发球、短击和推杆入洞，都是可以进行单独评价的。这些表现通常注重过程而不是结果，同时评分等级体系往往在这些方法具有较高的效度。在这些方面制定评分等级体系的好处是我们具有一个具体的标准可以对相关表现进行验证。另一方面，将一个评分等级体系与一个客观技能测试联系起来，我们无法确定有效性。我们也许只能找到两种表现之间存在一致性，但是这两种表现可能都是无效的。

达标测试

测量技能的一种替代方法要求使用达标测试（Shifflett and Shuman，1982），受测者进行某个技能直至达到某个标准。例如，思考一下要求进行 20 次投篮的常规罚球测试。一个有着 30 名学生的班级将需要完成 600 次的投篮。使用达标测试，规定学生成功完成一定数量的投篮。例如，老师可能要求学生投球直至投进 8 个罚球为止，而不是投 20 个罚球，计算投进几球。当学生们投进 8 球时，他们应该立即报告投了多少球才投进 8 球；最好的成绩是 8 投 8 中（有些学生就是投不进 8 个罚球，对于这些学生测试进行到某个时间必须停止，但是对于一个班级来说，大部分学生很可能做到 20 投 8 中）。如果一个 30 人的班级罚球 8 中所需投篮的平均数为 12，那么一共仅需 360 次投篮（而不是常规投篮所需的 600 次），这样节省了大量的时间。如果达标测试的分数与常规罚球测试（要求投篮 20 次）的分数之间的相关性很高，我们就有了减少测试时间的好方法。而且，在教学环境下，这让教师有更多的时间来帮助投篮技能较差的学生，同时，投篮技能较好的学生可以继续学习其他技能。

运动能力测试

人体表现和体育领域的预测长期以来一直是具有争议的话题。是否存在天生的运动员？什么样的身体特征对于高水平的运动表现最重要？是否能够测量运动潜能并预测未来的运动成就？

随着计算机的发明以及将多变量统计技术应用于人体表现分析，研究人员现在能够以 40 年前不可能做到的方式来探索这些问题。虽然涉及的相关统计学知识相对较为复杂，但是原理却很简单：努力制定成套测试区分不同的表现水平。

历史回顾

早期的研究人员在开展研究时遵循一个理论，即正如有测试能够测评认知范畴的先天智力，一定也有办法测量精神性运动范畴的先天运动能力。这些早期的研究人员 Rogers、Brace、Cozens、McCloy 及 Scott 等人从 20 世纪 20 年代初一直到 40 年代初重点研究成功的人体表现必备的基本身体因素。

最初的努力包括制定分类指数，将学生按照能力进行分类。这样做可以将同类的学生组织在一起上体育课，从而提高老师对其教学的效率。最早的分类指数重点依据年龄、身高和体重信息来预测能力。McCloy（1932）在其早期的研究中制定了 3 个分类指数，可以对学生们进行适当分类。

小学：（10 × 年龄）+ 体重

初中 / 高中：（20 × 年龄）+（6 × 身高）+ 体重

大学：（6 × 身高）+ 体重

其中年龄的单位是岁，身高的单位是英寸，体重的单位是磅。McCloy 通过研究这些公式发现，在大学阶段年龄不再是分类中的一个重要因素，同时在小学阶段，身高对分类影响较小。虽然这种分类是预测表现的最早的一种尝试，但是当时人们实际上还未使用任何一种移动表现测试。

接着 Neilson 和 Cozens（1934）基于相同的原理制定了一个分类指数。然而，他们使用以英寸为单位的身高、岁为单位的年龄和磅为单位的体重的幂（指数）。McCloy 的分类系统与 Neilson 和 Cozens 的分类系统非常相似，以至于二者之间的相关系数达到了 0.98。

大约在相同的时间，研究人员开始依据运动能力测试进行分类。一般运动能力（GMA）一词出现了，它指的是进行各种体育运动相关任务的总体能力。Rogers 和 McCloy 制定了力量指数，其中包括一些爆发力测试、立定跳远和垂直跳，研究发现这些测试与各种活动的能力之间存在一定的相关性（Clarke and Bonesteel，1935）。为了增加预测的准确性，研究人员设计出了多套测试，设计依据的假设是一些运动能力是身体表现的基础，这些运动能力包括身体敏捷性、平衡力、协调性、耐力、爆发力、移动速度和力量。

早期对于运动能力的测试包括巴罗（Barrow）运动能力测试（Barrow，1954）。这个测试最早是针对男性大学生设计的，后来研究人员开发出了适合初中和高中男生的常模。这项测试最初包含了 29 个测试项目，测量 8 个理论上相关的因素：身体灵敏性、臂肩协调性、平衡力、柔韧性、手眼协调性、爆发力、移动速度和力量。Barrow 构建了一套包含 8 个项目的测试，用于研究这些因素的效度，并得出 8 项测试的综合分数与 29 项测试的综合分数之间多重相关关系为 0.92。重测信度系数范围是 0.79 ~ 0.89。从测量的角度来说，这个验证程序存在的问题是这个综合标准因为这 2 个预测性的测试（简化成套测试和全套测试）包含了相同的测试项目，Barrow 只是通过部分来预测整体，得出貌似很高的相关系数 0.92。从统计学的角度来说，使用这种方法是无效的。这种早期的运动能力成套测试的意义在于 Barrow 已经开始研究进行各种必备运动能力包含的各种因素的理论结构。

Larson（1941）对于研究运动能力提供了另一个测量方法。他分析了 27 个测试项目和 6 套测试背后的相关要素，并收集了关于其他涉及测试运动能力的成套测试的统计证据。这是努力通过使用名为要素分析的统计技术来研究运动能力测试的结构效度。然而，他也是使用综合标准来制定这些成套测试，这种方法降低了他的研究发现的效度。他的确得出了超过 0.86 的信度系数。

在使用运动能力测试中，下一步是制定测试来测量运动能力的可教育性——即学习各种运动技能的能力。这些测试包括田径项目，以及一些新颖的特技类的测试。其中一项特技要求学生用手抓住对侧的脚，然后跳起努力将另一条腿穿过手抓脚形成的空隙。另一项测试要求学生跳起、旋转，并努力让自己落地时与起跳时面朝同一个方向。Brace（1927）制定了爱荷华布雷斯（IowaBrace）测试，其中包括 20 个特技项目，每个特技都按照通过 / 不通过的标准来评分。McCloy 后来使用爱荷华布雷斯测试作为基础制定了一个移动能力可教育性测试。McCloy 的修订研究了 40 项特技项目并选择了其中 21 项。最终选择了 10 项特技的 6 种组合，用于测量下列各类参与者的移动能力可教育性：小学高年级男生、小学高年级女生、初中男生、初中女生、高中男生和高中女生。移动能力可教育性测试的一个问题是测量的可靠性。因为所有测试项目都是通过 / 不通过项目，因此这是一种非此即彼的评价，可能降低信度。而且，这些测试可能与大多数的体育运动表现的测量之间的相关性较差，因此让人对于他们在真实情况下的效度产生了怀疑。

萨金特式跳是用于研究一个人运动潜能的最早的一项运动表现测试（Sargent，1921）。该测试以达德利·萨金特（Dudley Sargent）的名字命名，是一种垂直上跳，据说可以测量腿部的爆发力。这项测试运用广泛，并且的确能够测量一个对于很多依靠爆发力的运动来说很重要的特征。虽然这是一个可靠的测试，且与许多运动中某些方面的表现存在实际相关性，但是显然仅通过这一个测量我们不能完全认识受测人员的总体运动能力。

在其后的数年间，Henry 提出了特殊性、针对性这一概念，即专属某一个精神性运动任务的运动能力。Henry 通过使用相关性分析表明共同方差超过 50%（换句话说，相关系数超过 0.70 的多个特征在本质上具有相同性（r^2>0.50；再次复习第 4 章的内容）。任何相关系数不超过 0.70 的两个测试都可以说具有特异性。因为 Henry 选择的这个相关系数，大多数运动能力测试在本质上是具有特异性的。由此产生的因果含义是各特征应该接受具体训练（和测量）。同时，运动能力强的人在许多这些具体特征上都达到较高的水平。

从 20 年代 40 年代至 70 年代，其他的研究人员，例如 Seashore、Fleishman、Cumbee、Meyer、Peterson 和 Guilford 提出了一种理念——运动能力在本质上是具体的而不是笼统的。这些研究人员最常援引的要素包括肌肉力量和耐力、速度、爆发力、心肺耐力、柔韧性、灵敏性和平衡力。总体来说，他们的理论都是基于不同身体要素之间的相关性。相关性高表明这些测试项目具有很多相同之处，相关性低表明这些测试项目测量不同的特征。因此，我们可以将各任务的具体性视作一种同时效度的方法。

在这个时期，Fleishman（1964）正在逐步形成称为基本能力的理论。这个理论成了这个领域其后进行的大多数科学研究的基础。Fleishman 对于技能和能力进行了以下区分：技能是一个人依据其本身具有的能力习得的特征，而能力在本质上相比技能更加笼统且更多地取决于先天。例如，网球的发球、羽毛球的发球和排球的扣球都是具体的技能，但是却都有着相似举手过肩投球的动作。我们认为举手过肩投球动作是一种能力。Fleishman 也是最早使用要素分析研究该理论的一个人。

人体表现范畴测量方面的内容

很多运动表现因素影响一个人发挥具体运动技能的能力。这些因素是实现人体表现最大化的根本基础。你刚刚了解了这个领域相关研究的发展历史。Fleishman 和 Quaintance（1984）从结构相关效度的角度进一步研究这些要素（范畴）（回顾第 6 章对结构效度的介绍）。他们通过扩展人体表现的分类法从而对早期的研究成果进行了完善。

多名其他的研究人员使用 Fleishman 的研究成果作为他们的研究基础，已经着手研究人体表现各领域的结构相关效度。广域的人体表现指的是总的人体表现的范畴。在这个广域的范畴中各个领域的子域一直以来都是相关领域中学者的研究课题。通过研究人体表现的各个子域，我们认识到了完成各种任务所必备的各种素质。我们应该从各种不同的角度来研究这些子域，这一点很重要，因为年龄和能力水平的因素可能改变这些子域的结构。以下是主要的人体表现的子域。

- 肌肉力量。
- 速度。
- 灵敏性。
- 无氧爆发力。
- 柔韧性。
- 平衡力。
- 动觉感知。

研究人员已经研究了大部分的子域的结构相关效度。肌肉力量可以根据单独的身体部位或是测量方法进行分类。Jackson 和 Frankiewicz（1975）通过研究肌肉力量的要素结构得出的结论表现在两大方面：上半身力量和腿部力量。要综合测量力量，我们应该从每个方面至少选择一个测试。测量力量的方法也会影响测量的情况。Clarke 用了多年的时间研究等长性（静态）力量的各个方面的内容（Clarke and Munroe，1970）。等张（Isotonic）（现在通常称为动态）力量是多位研究人员的调查主题，其中最著名的研究者是 Berger（1966）。随着测力器的使用，等动（isokinetic）力量的研究已经成为研究人员感兴趣的另一个领域。Brown（2000）编写了一本书，详细介绍了等动（isokinetic）力量和各种运动表现与人体移动之间的关系。所有这些类型的力量对于测量力量的最佳办法提出了不同的标准。在测量力量的时候，我们应该直接基于接受评价的任务选择相应的测量方法和身体部位。

速度这个子域对于多项体育竞技项目都是很重要的，最常见的测量方法是短跑。Disch（1979）发现速度这个子域包括 4 个方面的内容：短跑速度、控制性速度（通常称为敏捷性）、手臂速度和腿部速度。因为这些都是明显不同的因素，所以如果要对速度进行综合测量，必须对于上述所有这些方面的内容进行测量。

从力学的角度来说，爆发力（功率）等于身体做的功除以时间，其中功是物体的重量乘以物体移动的距离。Barlow（1970）和 Considine（1970）使用这个定义研究了无氧功率这个子域，发现某些身体部位有着独特的无氧功率，具体来说就是手臂和腿部。以下列出测量这个子域的精选测试。

手臂爆发力

- 单手推铅球。
- 双手过头推铅球。
- 投掷药球。
- 投篮。

腿部爆发力

- 玛格里亚—卡耳曼腿部爆发力测试。
- 斜坡跑。

研究表明身体柔韧性因部位而异。Harris（1969）研究了柔韧性深层因素的结构，发现存在两类灵活性：仅需单关节运动的肢体移动，以及需要多个关节运动的移动。她发现了 13 个不同的因素，认为人体内存在多种类型的柔韧性。

Fleishman（1964）发现一个他称为动态柔韧性的因素，这个因素涉及一个人快速有效改变身体相关部位移动方向的能力。我们可以将其视作一种不涉及跑动的灵敏性。这项基本能力也针对相关的体育运动。

平衡力是一个多维子域。Bass（1939）对于平衡能力进行了广泛的研究。平衡能力分为静态和动态平衡力。静态平衡力是站在某个位置保持整个身体平衡的能力，而动态平衡力则指身体从一个位置移动至另一个位置时保持平衡的能力。影响静态平衡力类型的因素包括相关平衡任务的限制以及保持平衡时睁眼还是闭眼。动态平衡依据相关的平衡表面可以分为简单的动态平衡和复杂的动态平衡。简单的动态平衡的一例是在平台稳定性量测仪上保持平衡。一个人仅需在一个移动平面上保持平衡。如果使用球窝式稳定性量测仪，要求参与者在一个以上的平面上保持复杂的动态平衡。

动觉感知是感知身体在空间中位置的能力（Singer，1968）。虽然对于动觉感知的测试是人体表现各子域测试中客观性最低的，但是人们已经广泛接受动觉感知是一个必须加以考虑的领域。从可靠性和有效性的角度来说，目前测量动觉感知难度最大。

在进行人体表现子域方面的测试时，我们要记住的最重要的一点也许是测试任务的针对性。这个针对性与特定测量的信度和效度有着直接的关系。你要记住，一项测试仅在某些特定的情况下是可靠且有效的（例如，针对某个特定性别、年龄或测试环境），同时不具有普遍的可靠性或有效性。

人体表现分析的目的

人体表现分析可用于多个研究问题。人体表现分析的主要目标是挑选、分类、诊断和预测。注意，其中一些概念在第 1 章中已经进行了介绍。分析的问题不仅要适用于运动技能的测评，而且还要能用于工作表现评价。挑选指的是一项测试具有区分不同水平能力进而便于测试者进行决策的功能。从体育运动的角度来说，这可能涉及对于运动队伍进行裁员或增员。在工作表现方面，我们在招聘中进行挑选。消防员和警察常常要完成与他们将要履行的职责任务相关的身体表现测试。分类要求将参与者集中归入他们最适合的团体中。在各种体育运动的情况下，给运动员安排位置或是比赛；工作分类涉及分配工作任务。诊断涉及根据相关测试判断一个人的缺点，这些测试与某个特定领域的表现存在有效的相关性。在体育运动中，诊断用于设计个性化的培训方案，帮助提升表现。在职场上，诊断性测试可用于研究工作表现。预测是第四个领域。虽然，这个领域与挑选以及分类可能存在一定程度的重叠，但是它为研究参与者的未来潜力提供了一种稍有不同方法。Disch 等人（2005）报告、总结并提供了多个挑选、分类、诊断和预测的例子。

MacDougall 和 Wenger（1991）讨论了一名运动通过参加运动表现测试能够获得哪些好处。他们曾为加拿大运动科学协会进行相关研究，并指出表现测试具有以下有益功能。

- 表明运动员在相关体育运动中的强弱项，并为个性化的训练提供基线数据。
- 为运动员和教练提供训练效果的反馈。
- 提供有关运动员当前表现状态的信息。
- 是一个教育性的过程，帮助运动员和教练更好地监控表现。

他们进一步说明，为了让测试有效，评价人员必须遵循以下这些程序。

- 加入与体育运动相关的变量。
- 选择可靠且有效的测试。
- 制定针对体育运动的测试方法。
- 严格控制测试的实施。
- 维护运动员受到尊重的权利。
- 定期进行重复测试。
- 直接向教练和运动员解释测试结果。

人体表现各子域的分析存在两个主要的统计方法。第一种是研究各组之间的各种关系的相关性方法。如果仅涉及两组，我们可以使用这种方法的多重回归。第 4 章对于相关和回归进行了介绍。第二种方法是差异组使用差异分析。差异组方法使用与某个技能表现存在逻辑相关的各种变量来研究我们已知存在差异的组（组数可以超过两组）。研究证明有些测试可以区分差异组中不同的表现水平，那么从结构相关效度的角度来说，这些测试具有预测功能。第5章介绍的推论统计也可用于这个验证过程。

以下内容将举例说明以选择、分类、诊断和预测为目的的人体表现分析。

"选择"案例

Grove（2001）开展了一项有趣的研究，使用预测性效度进行挑选。他研究了74名男性棒球球员，这些球员当时正在进行大学水平的比赛：专科院校（JUCO）或第 I 分区（D1）。第三组球员包括16名球员，他们是职业联盟在24个月相关测试内招募的。这些球员进行了跑步时间［30～60码（约27.4～54.9米）］、投球速度、垂直跳跃和扔药球等方面的测量。我们通过对于年龄的差异进行调整从而分析相关数据。研究发现垂直跳跃、扔药球和投球速度之间存在显著的差异。其他分析表明 JUCO 组在垂直跳跃和扔药球方面的得分低于 D1 组和专业组。专业组在投球速度测试中的表现优于其他两组。表 11.6 显示了所有测试的平均值和标准偏差。这套测试实施起来较为简单，且除了垂直跳跃和扔药球之外，各个级别的棒球教练和星探广泛使用其他测试。Grove 认为所用的这套测试作为一个棒球中发现人才的筛选测试具有节约成本的优点。他还指出，当我们根据比赛位置和比赛水平将球员们进行分组后，可能会发现更加明显的差异。

表 11.6　格罗夫（Grove）制定的多项相关表现测试的描述统计数据和子组比较

测量	JUCO 球员		第 I 分区（D1）球员		职业球员	
	平均值	标准偏差	平均值	标准偏差	平均值	标准偏差
30 码（约 27.4 米）跑的时间（秒）	4.04	0.025	4.02	0.17	3.97	0.16
60 码（约 54.9 米）跑的时间（秒）	7.39	0.045	7.34	0.28	7.27	0.24
雷达枪（英里/时）**	78.14	3.45	80.61	4.63	84.40	3.49
纵跳（厘米）*	54.96	7.53	56.04	8.32	57.33	10.70
药球（千克·米）*	14.50	1.61	16.47	1.37	16.18	1.80

注意：JUCO= 专科院校。JUCO、第 I 分区（D1）和职业球员的 3 组人数分别是 32、26 和 16。
**$p < 0.0005$；*$p < 0.001$。
源自：Grove 2001.

另一个例子是 Tarter 等人（2009）对未来的美国曲棍球联盟（NHL）球员开展的预测信度研究。研究者使用球员体适能的总指数来预测球员参加美国曲棍球联盟取得的成就。他们选用的样本是受邀参加 NHL 选秀之前举行的一年一度的新秀测试营的345 名球员。选用的测试由测量上肢力量、下肢爆发力、有氧体适能、无氧体适能和体成分构成。

Tarter 和同事们使用了探索性因素分析和被测试者操作曲线分析来求得一个总的综合指数。他们研究的目的是判断这种指数对于发现具有进入 NHL 能力的球员的准确性。Tarter 和同事们同时也希望能够确定他们所使用的那套测试的结构相关效度。研究人员对于成功的界定标准是在 4 年内参加 NHL 比赛次数不少于 5 场的那些球员。

Tarter 和同事们发现，在综合体能指数（CPFI）上的得分位于第 80 百分位的防守球员达到上述测量标准的概率接近 70%。而得分位于第 80 百分位的前锋则有 50% 的机会。在研究第 90 百分位的成功概率时，他们发现防守球员的成功概率为 72%，而前锋成功概率为 61%。

研究人员依据这些研究结果制定了一个简化的测评方法，其中包括左右手握力、俯卧撑、跳远、体成分和体重。研究表明这套简化测试虽然不如整套测试那么准确，但是却可以用于各种实地测试情况。在研究人员的讨论中，他们进一步指出体适能只是判断球员在 NHL 水平上取得成功所需的一个要素。选秀报告、比赛统计数据以及智力效能测量等途径提供的其他信息应该可以增加预测的效度。本章后面关于体育运动分析的章节将更加详细介绍这些额外信息的使用。

Tarter 和同事们也提供了一个模型，将他们认为对于预测成功重要的各个方面整合在一起。他们得出结论，结合使用历史表现、技能观察、体适能、性格和神经认知测量提高了成功预测的准确性。

"分类"案例

Leone 等人（2002）提供了一个精彩的例子，根据人体测量和生物运动（biomotor）变量来对运动员进行分类。他们研究的参与者是女子青少年精英运动员，平均年龄 14.3（标准偏差为 1.3 年）。这些运动的竞赛项目分别是网球（$n=15$）、花样滑冰（$n=46$）、游泳（$n=23$）和排球（$n=16$）。表 11.7 显示了人体测量和生物运动变量的描述值。

这些测试的判别分析揭示出 3 个显著的函数（$p < 0.05$）。函数实际上是测试所测量的根本内容。可能出现的最大的显著函数是 $K-1$，其中 K 是组数，因此这套测试最大可以判别 4 个组。我们通过研究函数发现，第一个函数区分的是花样滑冰组和其他各项运动结合在一起形成的组。负责进行这项区分的变量包括体重、肱二头肌围度、小腿围度和身高。第二个函数反映的是排球运动员和游泳运动员之间的区别。负责这项区分的变量包括体重、肱二头肌围度、小腿围度和身高。第三个函数区分的是游泳运动员和网球运动员。负责进行这项区分的变量包括体重、肱二头肌围度、小腿围度、皮褶总和以及身高。这些显著的判别函数能够将 88% 的运动员与其从事的运动项目正确分类配对。表 11.8 是一个分类总结表。这项研究的结果表明我们可以根据所选的成套测试将女子青少年精英运动员正确归类于她们所从事的体育项目。人类测量变量主要负责最显著的分类。当然，仅仅依靠身体和人类测量测试，我们不能对于参与者进行完美的分类。激励和渴望等其他因素也能影响最终的体育运动表现。第 12 章将对这些因素进行讨论。

表 11.7　不同体育项目运动员的身体特征（平均值 ± 标准偏差）

	网球（n = 15）	滑冰（n = 46）	游泳（n = 23）	排球（n = 16）
年龄（岁）	13.9 ± 1.3	14.7 ± 1.5	14.3 ± 1.3	13.8 ± 1.3
体重（千克）	50.6 ± 8.3	46.6 ± 8.0	54.3 ± 6.9	57.7 ± 8.3
身高（米）	1.61 ± 0.06	1.54 ± 0.07	1.62 ± 0.06	1.63 ± 0.05
肘关节（厘米）	6.12 ± 0.30	5.87 ± 0.35	6.29 ± 0.26	6.40 ± 0.33
膝关节（厘米）	8.81 ± 0.43	8.63 ± 0.76	8.77 ± 0.34	9.31 ± 0.50
肱二头肌（厘米）	25.5 ± 2.8	24.4 ± 2.3	27.8 ± 1.8	26.6 ± 2.2
小腿（厘米）	34.0 ± 2.8	33.0 ± 2.7	34.4 ± 1.6	34.4 ± 2.2
皮褶（毫米）	57.4 ± 17.8	47.7 ± 12.3	56.0 ± 15.0	63.1 ± 15.5
俯卧撑（个）	57.8 ± 14.4	36.7 ± 13.5	62.1 ± 16.0	50.2 ± 13.5
立卧撑（个）	46.1 ± 23.8	64.6 ± 33.2	52.5 ± 32.7	56.0 ± 28.4
柔韧性（厘米）	37.3 ± 5.0	42.6 ± 5.1	41.0 ± 6.0	39.1 ± 6.9
最大摄氧量［毫升 /（千克·分）］	49.5 ± 4.4	48.3 ± 4.0	47.6 ± 3.1	48.9 ± 3.6

源自：Leone, Lariviere, and Comtois 2002.

表 11.8　经过验证之后所有显著判别函数的分类

组类	N	N（%）预测所属组类			
		网球	滑冰	游泳	排球
网球	15	11（73.3）	0（0.0）	3（20.0）	1（6.7）
滑冰	46	0（0.0）	46（100）	0（0.0）	0（0.0）
游泳	23	3（13.0）	0（0.0）	18（78.3）	2（8.7）
排球	16	1（6.3）	0（0.0）	2（12.6）	13（81.3）

"诊断"案例

　　Doyle 和 Parfitt（1996）基于个人结构理论（Kelly，1955）的各种原则研究了制作运动员表现数据图表的可能性。这项研究的意义在于它提出了一种独特的制作表现数据图表技巧，其中不仅涉及运动表现因素，而且还涉及多种心理参数。图 11.7 介绍了这种制作表现数据图表的技巧。这项研究的参与者包括 39 名田径运动员，其中男性 22 名，女性 17 名，平均年龄为 20.9 岁（标准偏差 =2.26）。这项研究的独特之处在于它使用了制作数据图表技巧来研究每位运动员赛前对于自己准备工作的感觉。这项研究并非要求运动员们实际完成表现测试，而是让他们回答一些问题，依据该表中显示的各种参数进行自我评分。这项研究要求运动员们依据 1 ~ 10 的等级体系来回答问题，其中 1 表示毫不重要，而 10 则表示至关重要。他们提供的分数与他们在接下来三场竞赛中的表现关联起来。为了制定一个成功的标准，研究人员通过将运动员的个人最快的时间除以他们的比赛用时得出的百分比记录为运动员的表现。通过这种方法，研究人员可以对于参加各种体育项目的所有运动员进行比较。计算出表现与竞赛成绩的多重相关系数。相关分析的结果表明制作数据图表技巧可以有效预测出竞赛得分。研究表明数据图表分数与第一次到第三次的表现测量值之间的关系不断增强。这种情况说明其中可能涉及一个学习的过程，让运动员们能够更加准确地评级当前状态的能力。

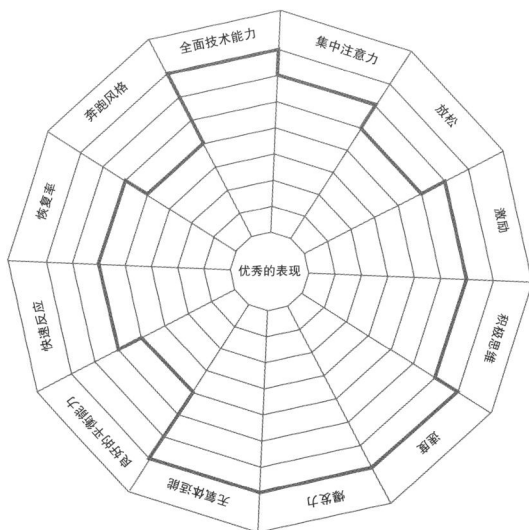

图 11.7　样本表现图表

@　可观看视频 11.4。

"预测"案例

　　Mihalik、Shields 和 Tomasini（2008）提出了一个有趣的关于结构效度的例子。他们研究了参加 2004 年和 2005 年 NFL 新秀测试营的大学生橄榄球球员。他们研究的目的是判断测试营选用的测试是否能够区分入选球员和未入选球员。为了实现他们的研究目的，他们将球员分为 3 组：娴熟（skilled）、精湛（big skilled）和线锋（linemen）。娴熟球员是进攻后卫、防守后卫和边接球员。精湛球员是中后卫、后卫和边锋。线锋包括进攻和防守线锋。这项研究不包括四分卫、弃踢员和踢定位球的队员。分析使用的变量包括身高、体重和 40 码（约 36.6 米）短跑时间、225 磅（约102 千克）的卧推次数、垂直跳跃、立定跳远、测试身体灵敏性的跑步测试以及 3个锥形路标训练的结果。参与这项研究，球员必须完成所有相关测试。共计 321 名球员满足这个标准。

　　研究人员使用独立样本 + 检验分组分析了相关数据。选择的阿尔法水平为 0.05，但是为了帮助控制出现 I 型错误的可能性，将该水平值除以 3。如果入选球员表现好于未入选球员，则认为这些测试具有结构相关效度。研究发现，对于娴熟组，40 码（约36.6 米）短跑时间、垂直跳跃高度、测试灵敏性的往返跑以及 3 个锥形路标训练都能显著区入选球员和未入选球员。对于精湛组，只有 40 码（约 36.6 米）短跑和 3 项身体基础训练具有显著区分效果。对于线锋组，40 码（约 36.6 米）短跑、225 磅（约 102 千克）卧推以及 3 项身体基础训练都具有统计显著意义。

虽然研究表明几项测试不能显著区分入选和未入选球员，但是具有显著意义的所有测试都指向入选球员。研究发现不同的测试对于差异组具有显著意义。这一情况表明各组特殊的任务需要针对性的身体能力才能完成。如果使用更加先进的统计技术来同时分析各组和入选及未入选球员，这样可能会很有意义。研究人员如果使用 3 × 2 列联表进行方差分析，将能够研究这两个自变量之间的互动关系。

结论

运动员的运动表现测试是有益的，但是我们必须考虑很多因素。Goldsmith（2005）对于测试竞技性运动员列出了 10 条建议。测试人员应该记住如下规则。

1. 测试内容应该有意义。

2. 测试的原因是我们认为测试有积极意义。

3. 测试的目标应重点关注表现。

4. 使用成套测试，使用数据图表来报告结果。如果没有绝佳的理由，不要将测试结果合并为单一的分数。

5. 尽快提供测试结果。这对于测试员和参与的运动员都是有好处的。

6. 虽然测试应该测量单个特征，注意测试可能对于其他方面表现的影响。（例如，一个测试测量的疲惫因素是否影响技巧发挥？）

7. 不必一定要依赖此前开发的测试。制定自己的测试！

8. 保留记录，这些记录以后可能有用。有时，我们的记忆可能无法还原当时的实际情况。

9. 记住最大 - 最小 - 控制的测试原则：选用最大限度地扩大实验方差、最大限度地减小误差方差，同时最大限度地控制其他因素的测试。

10. 帮助运动员们了解测试。让他们认识到付出最大努力取得最佳成绩对测试的重要性。

体育数据分析学

体育数据分析学是一个新名词，主要用于专业运动领域的研究，但是也可以应用于各个水平的体育项目。这个词源自 Michael Lewis（2003）写的 *The Art of Winning an Vnfar Game* 一书。Lewis 回顾了奥克兰运动家大联盟棒球队的总经理 Billy Beane 所做的工作。Billy Beane 聘请了一位统计顾问 Paul De Podesta 作为他的助理来研究球员的表现。虽然 Bill James 此前一直在这个领域进行了多年的研究，并且他本人也是公认的棒球数据统计分析法之父，但是奥克兰运动家联盟棒球队却是第一支将统计分析应用于球员招募和引进的球队。

你在本书的前面章节读到过，应用于运动员测试的大部分的统计分析都与身体或运动表现测量相关。体育数据分析学研究比赛表现的各种测量方法，并提出帮助评价球员的其他测量方法。最早的时候，Beane 能够发现包括击球平均数，本垒跑和击球员击球的跑垒得分等传统棒球统计法所低估的球员。他和 De Podesta 开始使用比较冷门的测量方法，他们认为这些方法能够发现受到低估的球员。具体来说，通过使用上垒率和多垒安打率，奥克兰运动家棒球队能够发现他们能够用得起同时表现又能达到大联盟比赛水平的球员。

由于奥克兰运动家联盟棒球队使用了统计分析帮助招募球员，体育数据分析学才在美国各项专业运动领域受到广泛关注，同时其他运动和全世界其他组织也开始运用体育数据分析学。

然而，希望使用体育数据分析方法的球员面临几个问题，其中第一个问题是如何找到同时具备计算机和统计学背景的人来收集和使用相关数据。Alamar（2013）表明体育数据分析包含了双重目标。第一个目标是通过高效的方式提供评价球员所必需的相关信息，从而为球队决策者节省时间。第二个目标是为这些决策者提供新颖的见解来判断适合球队体系的最佳球员。提供这种结果要求各级球队人事部门同时采用定量和定性的测量方法进行决策。

Alamar 认为一个运动分析项目包含了 3 个基本要素：（1）数据管理；（2）预测模型；（3）信息系统。有效使用这些要素将让球队具有竞争优势。Alamar 提出有些专业球队率先利用了分析学，例如费城老鹰队（Philadelphia Eagles）和新英格兰爱国者队（New England Patriots）等橄榄球队；圣路易斯红雀队（theSt. Louis Cardinals）和圣地亚哥教士队（San Diego Padres）以及奥克兰运动家等棒球队。Alamar 指出 2006 年凯尔特人队（the Boston Celtics）在美国职业篮球联赛选秀中挑选了 Rajon Rondo 就是一例使用体育数据分析学来发现遭到低估的球员。凯尔特人队发现了 Rondo 抢篮板球的能力对于本队具有重要贡献。

有效使用数据分析学的关键在于制定一个对于某支特定球队有用的系统。由于从比赛统计数据、比赛视频、表现测试、心理评价和医学测试等方面收集而来的数据数量庞大，因此我们必须制定一个全面计划来获取和分析这些信息。报告中必须融合了定量和定性内容，以便为决策者提供有用信息。分析学仅提供信息，而不进行决策。

在运动分析领域已经进行了一些研究，但是大部分的相关信息都是专属于进行研究的球队。一个成功分析模型的标准通常是一分为二的，因此一些统计方法得出了成功的结果。运动分析领域的大部分统计分析要求使用某种类型的多重回归模型。研究球队的整体表现时，标准可能是比赛的输赢；而在球员招募或交易中，标准可能是球员取得成功的概率。成功制定一个有效的分析模型的关键前提是具体的球队制定相关的方法。Alamar（2013）表明，在进行任何分析之前必须回答 5 个基本问题。

1. 实现这种分析需要什么样的思维过程？
2. 相关结果的背景是什么？
3. 分析中存在多大程度的不确定性？

4. 分析结果如何为决策过程提供信息？

5. 我们怎样才能进一步降低分析中的不确定性？

休斯敦火箭队和休斯敦太空人队分别是美国职业男子篮球队和棒球队。他们已经坚定不移地在体育和财务两个方面使用数据分析学。Daryl Morey 之所以当选休斯敦火箭队的总经理，不一定是因为他有篮球运动背景，而是凭借精通对于数据分析很重要的知识。Morey 获得了美国西北大学颁发的计算机科学专业统计主修方向的本科学位以及麻省理工学院管理方面的 MBA 证书。Morey 凭借这些知识得以将体育数据分析所必备的所有定量技能运用于他在休斯敦火箭队的工作中。担任休斯敦太空人队总经理的 Jeff Luhnow 有着相似的定量分析的背景，获有美国宾夕法尼亚大学颁发的经济与工程专业的学士学位，以及美国西北大学颁发的 MBA 证书。Luhnow 为太空人队招聘的第一批人中包括前 NASA 工程师 Sig Mejdal。后者此前曾在圣路易斯红雀队工作多年。现在，梅代尔担任太空人队的决策科学部主任，带领手下员工负责收集、处理和分析大量的信息，这些信息将有助于太空人队培养出一支冠军级别的棒球队。

有一本名为 *Winston's Mathletics*（2009）的有关运动分析的书。该书介绍了几项有关棒球、橄榄球、篮球和其他运动的分析研究。它举例说明如何从统计学的角度来解决各种问题，即使用常见的变量，创建多种测量方法，为分析运动成功提供新颖深入的见解。可以通过使用数据分析学来研究的课题包括预测球队下一年的成绩、对各个球员进行对比确定他们的价值用于交易或薪资谈判，以及分析各种比赛阵容以判断各种不同的情况下成功的概率。

我们才刚刚看到似乎所有的职业运动队对于数据分析学的广泛使用。虽然我们可以在各个水平上运用分析学，但是由于数据分析需要收集、处理、管理和分析极其庞大的数据组，因此分析人员必须具备丰富的计算机和统计学方面的技能。仅凭通过表现测试获取的定性建议和定量数据来进行运动决策的年代已经一去不复返了！

测量与评价的案例思考

Scott 认识到应该选择测量排球运动相关基本能力的测试。他可以使用通过测试收集的信息和诊断技巧来帮助他为运动员们制定个性化的训练方案。他计算出这些数据的百分位，并为所有球员制作了一个表现图表。表 11.99（Disch and Disch, 1979）展示了一个此类图表的例子。通过研究这些图表的例子，他能够看出每位球员在哪些运动表现方面需要加强。

在表 11.9 中，3 名运动员受到了研究。1 号运动员在所有的运动表现测试以及人体测量方面都取得了较高的百分位分数。这名球员在美国排球协会大学生冠军赛中入选全美最佳排球二传手。2 号运动员在运动表现特征方面取得了高分，但是在人体测量特征方面分数较低。这个运动员是一个优秀的二传手，但是与 1 号运动员的表现水平相比还差不少。分析发现 3 号运动员在人体特征方面条件较好，但是他的运动表现情况则远低于前面两个运动员。这些数据表明 3 号运动员必须重点提高他的运动表现特征，这将提高他在排球场上的表现。

表 11.9　男子排球表现图表

百分位	体重（磅）	身高（英寸）	直臂身高（英寸）	身体体脂百分比	纵跳（英寸）	三连跳（英寸）	灵敏跑（秒）	20 码短跑（秒）
99	200	78		5.70		344	7.7	2.5
95	189	77	100	5.94	29	341		2.7
90	188		99	6.15	27	333	7.8	
85	185	76	94.5	6.58	26	330		2.8
80	183	75.5	97	6.86	25	319	7.9	
75	182		96	6.99		313		
70	181	75		7.30	24	303	8.1	
65	180		95.5	7.41		302		2.9
60	179	74	95	7.55		297		
55	174		94.5	7.6	23	296	8.3	
50	172		94	7.74		295	8.5	
45	169	73		8.09		292		
40	162		93.5	8.21		287		
35	161		93	8.47		285		3.0
30	158	72	92.5	9.68		279	8.8	
25	157	71		9.88	22	276		
20	156	70.5		10.15				
15	154		90	10.88	21	272	8.9	3.1
10	151	70	89	11.63		266	9.4	3.3
5	136	69	88	11.63	20	254	9.5	3.4

注意：1 号球员：实线；2 号球员：点线；3 号球员：虚线。

数据集应用

选择一个包括位置、人体测量、力量、耐力和速度变量的高中橄榄球运动员的样本数据。其中。使用 SPSS 进行如下操作。

1. 计算各变量的描述统计数据（第 3 章）。

2. 计算各变量之间的相关系数（第 4 章）。

3. 判断各个位置的球员在所测量的变量上是否存在差异（第 5 章）。

4. 使用 SPSS 根据运动员的位置绘制柱状图来表示运动员的身高和体重（第 3 章）。

5. 使用第 1 步操作生成的描述统计数据和频率（第 3 章介绍的内容）来制作跑步、力量和速度变量的表现图表。注意对于 30 码（约 27.4 米）短跑，时间值越低越好。

小结

对于运动技能和基本身体能力进行可靠且有效的测量在人体表现测试中占有重要地位。如果你是物理治疗师、私人教练、生理学家、体育教师、运动员教练或是其他人体表现方面的专业人士，你可能会面对一项基本任务即测评精神性运动能力。如果你是体育教师、运动员教练、物理治疗师、运动科学家或其他人体表现方面的专业人士，那么运动技能的测试将对你有重要意义。一个可靠且有效的测试方案将帮助你成为人体表现方面受人尊敬的专业人士。

技能测试包括各种测试方法，其中包括客观测试、主观评分和直接表现测评。对于各种当前采用的运动技能测试进行全面的介绍超出了本书的范畴。Strand 和 Wilson（1993）以及 Collins 和 Hodges（2001）对于运动技能测试进行了详尽的汇编，对此感兴趣的读者可以从中进行深入学习。你从上文已经了解，在人体表现领域运动能力测试有着漫长的历史，且在体育运动和招聘测试中承担越来越重要的作用。你要考虑的最重要的一项内容是选择适合你们测试目标同时在时间和工作量方面具有可行性的有效测试。Kirby（1991）的作品是描述和评论运动表现测试的经典资料。体育数据分析学，及其大量的变量和快速分析大数据组的能力，具有影响队伍和运动员挑选、训练和表现的潜力。

体育运动中的心理测量

罗伯特·S. 温伯格 (Robert S. Weinberg)，迈阿密大学
约瑟夫·F. 克恩 (Joseph F. Kerns)，迈阿密大学

学习目标

学完本章，你将能够掌握以下内容。

- 界定和发现体育心理领域的范围。
- 了解体育心理中表现提升和心理健康之间的区别。
- 区分心理状态和心理特征。
- 了解一般心理测试和体育类的心理测试之间的差异。
- 探讨在对运动员进行心理测试的过程中涉及的伦理问题和注意事项。
- 描述使用和解读心理测试所必备的资质。
- 阐释运动员心理测试涉及的反馈程序。
- 讨论用于选拔队伍的心理测试的使用和滥用问题。
- 对于通常用于体育和运动环境下的一般心理感觉测试和针对运动的心理感觉测试，指出影响它们信度和效度的因素。
- 区分用于体育和运动中的心理感觉测试研究与应用之间的差异。

测量与评价的案例思考

Bill 刚刚受聘担任一支美国国家橄榄球联盟（NFL）球队的教练。Bill 在大学期间曾是一名橄榄球运动员，但是因为他的天赋并不及很多对手或队友，他始终认为自己之所以取得了较高的水平实际上得益于他的心理技能和拼搏精神。例如，他认为自己是一个积极主动的运动员，通常能够控制自己的情绪，能够在整个比赛中始终保持注意力集中，总体上对自己的能力有自信，不会让一系列的失败把自己打垮。这是他平生第一次担任主教练，因此当他准备接受这个任命时，他认为不仅要测评球员们的身体能力，还要评价他们的心理技能。然而，他缺乏测评球员的个性和心理技能方面的背景知识，所以他面临着很多问题。例如，他应该使用哪些心理测试来评价他指导的球员？他是否应该自己实施和解读这些测试，或聘请一名有资质的体育心理学家来做此事？这些心理感觉测试应该何时在赛季中实施？他是否应该使用访谈的方式来了解他的球员们的心理技能情况？这些问题都不容易回答，但是他相信如果他能找到答案，那么通过这些心理测评中获得的相关信息将极大帮助他理解与提高球员们的心理技能。

本章的写作目的是向你介绍体育和运动心理学这个不断演化的领域，同时重点介绍普遍用于测评心理态度、状态和特征的相关测量技术与工具。此外，我们还将讨论有关心理测试的测量和解释的各种问题，以及对运动员和体育参与者进行心理测试时应该考虑的伦理问题。

体育心理学：表现提升和心理健康

体育心理学领域的发展速度如此之快，以至于很多人对于该领域包含的内容没有一个清楚的认识。对于体育心理学的大多数定义明确强调两个主要方面：表现提升和心理健康。很多人都认为体育心理学领域研究范围很窄，实际上它的范围很广，而且可以应用于我们生活的很多方面。

体育和运动心理学中表现提升方面的内容指的是心理因素对于人体表现的影响。这些心理因素包括焦虑、集中注意力、信心、积极性、心理准备和个性（一个人全部的独特心理特征）。体育和运动心理学中表现提升的内容并不仅限用于精英运动员。它的应用范围囊括了从参加青少年体育活动的青少年运动员直到参加娱乐或竞技联盟比赛的年龄较大的成年人。重点是心理影响身体。因此，思考和感觉的方式对于我们的身体表现产生了较大的影响。在竞技体育中，参与者的身体技能通常是相当的，输赢之间的差异往往在于他们的心理技能。

体育和运动心理学中其他的主要研究内容是通过参与体育运动和体力活动来改善心理健康与幸福感，即增强心理因素对体育运动和体力活动的影响。我们的心理可以对于身体产生重要影响。例如，研究表明，高强度运动有助于缓解焦虑情绪（忧惧造成的忧虑和紧张）和抑郁（一种忧郁、悲伤和沮丧的心理状态）。同样，参与体育锻炼可以增强自尊和自信。从本质上来看，研究表明体育、运动和体力活动能够增加心理幸福感，从而对于我们的心理健康产生积极的影响。

参与竞技性体育输了比赛或表现不尽如人意时，我们可能会感到沮丧和心烦意乱，这种情况可能导致焦虑、抑郁和攻击性的增长。体育和运动心理学家们试图强化参与体育和运动带来的积极影响，使参与者能在心理上获益。

@ 可观看视频 12.1。

从事表现提升方面研究的研究人员与那些研究体育和运动心理学的心理健康的研究人员有着不同的目标，因此他们的测量目标和使用的心理测试类型存在显著差异就不足为奇了（虽然二者之间会有些重叠之处）。例如，在研究表现提升方面，研究人员一般重视测量影响表现的心理因素。他们选用的测试可能会测量注意力的集中、自信、赛前焦虑情绪、自我动机和想象。对于那些想要研究心理健康的研究人员来说，适合的测试应该测量焦虑、抑郁、自尊、自我看法、情绪和愤怒。

体育和运动心理学家们在测量影响体育和运动参与者表现及心理结果的心理因素时，将会面对体育和运动的相关问题。下面对其中的一些问题进行讨论。

特征指标和状态指标

在测评体育心理学中的个性和心理变量时，我们应该区分特征指标和状态指标，这一点很重要。特征心理学曾是第一个演变成个性研究的科学途径。特征心理学基于这样一个假设，即个性特征（个性的根本内容）是相对稳定和一致的特征，能够影响一个人的行为。从本质上来说，特征研究方法研究的是造成个体差异性的内在根源，这种方法将情境或环境因素的影响降到最低。这意味着攻击性特征测试测得的水平较高的一个人在大多数的情况下要比相同特征测试测得的水平较低的人在行为上更具攻击性。

特征或心理倾向，可以习得或是天生（基因）特有的。一种众所周知的特征类型学是外向 - 内向研究。这些特征关系到一个人以外向或是内向的方式进行反应的一般趋势，而与情境无关。例如，一个外向型的人在一个完全陌生的新环境下很可能尝试结识他人并表现外向。在体育心理学中，已经研究过的特征包括焦虑、攻击性、自我动机、信心和成就动机。

特征研究的另一种方法是关注情境。在情境或状态研究中，我们认为人的行为在不同的情境中将发生变化，在行为解释和预计中各种特征则处于次要位置。我们认为人的心理状态根据所处的特定情境或环境而发生变化。因此，当情境变化时，心理状态也发生了改变。从本质上来看，心理状态是转瞬即逝的，可能随着情境的改变在短时间内迅速发生改变。

例如，假设你是一支篮球队的替补球员，通常只是坐在候补球员凳上。你所在的球队正在进行一场冠军赛的比赛，但是因为教练不要求你长时间在场上比赛，所以你在赛前的焦虑程度较低。然而，你的教练走到你身边，告诉你首发球员生病不能参加比赛，所以你将作为首发球员。在短短的几秒之内，你内心的焦虑状态大幅提升，因为你现在开始焦虑你将在这场重要的比赛中的发挥。作为该队首发球员这种情况造成了你的焦虑水平发生了戏剧性的变化。这个结果与你的焦虑特征没有太大的关系。

虽然体育心理学家们对于特征和状态进行了明确区分，但是在试图理解和预测体育及运动环境下的行为时我们必须二者兼顾。有一种观点认为，特征和状态共同决定了人的行为。这种看法称为互动式方法，这也是接受范围最广的方法。这种研究个性和行为的方法表明，一个人的个性、需求、兴趣和目标（即各种特征）以及情境的特定限制（例如胜败记录、场地好坏和观众的支持）相互作用决定行为。因此，从测量的角度来说，当我们试图理解与预测体育和运动环境下的行为时，对于特征和状态都必须加以考虑。

Sorrentino 和 Sheppard（1978）进行的一项研究表明了使用互动式方法的同时考虑特征和状态变量的作用。他们的研究要求男性和女性游泳运动员进行 200 码（约182.8 米）自由泳计时测试，其中一次是单独游泳，另一次是参加团队接力。测评的情境因素是每个游泳运动员在单独游泳和参加团队接力时哪种情况下个人游速更快。此外，还要测评亲和动机的个性特征。这种个性特征表示相关的游泳运动员更倾向于获得认可（积极面对与他人的竞争），或者更倾向于害怕遭到否定（感觉受到威胁因为他们可能在接力情况下让队友们失望）。如同研究人员预测的那样，以获得认可为目标的游泳运动员在接力情况下比个人测试游速更快。相反，害怕遭到否定的游泳运动员个人测试比接力测试游速更快。因此，游泳者的比赛用时涉及他们的个性（亲和动机）和相关情境（个人对比接力）之间的一个互动。

了解特征测量和状态测量将帮助教练与运动员进行更好的准备，从而满足竞赛的各项要求。

然而，我们应该注意状态和特征之间的关系可能并非总是那么清楚。事实上，Brose 等人（2013）发现，当前的情感状态影响了特征自评的分数。例如，在接受测量时心情较好的受试者对于自身特征做出高于平均值自评的可能性更大，同时还认为状态相关性要高于一般特征。一个人在某个特定时刻的感觉可能影响他们在一般情况下的心情。这些发现揭示了单次测量特征存在的一个普遍的方法上的（效度）担忧，我们可以通过进行多次测量来解决这个问题。

一般性指标和体育测量指标

多年来，在体育心理学中对于个性及其他心理特征的特征和状态测量几乎都来自一般心理感觉测试。这些测试测量一般或总体的个性特征和状态，没有针对具体的体育项目或身体活动。这类测试包括焦虑状态 – 特征测试（Spielberger et al., 1970）注意力和人际行为风格测试（Nideffer, 1976）、情绪状态测试量表（McNair et al., 1971; Morgan, 1980）、自我动机测试（Dishman and Ickes, 1981）、艾森克个性测试（Eysenck and Eysenck, 1968）和心理控制源量表（Rotter, 1966）。

心理学家们已经发现，针对具体情景的测量能更准确且更可靠地预测人在具体情境下的行为。例如 Sarason（1975）观察发现，有些学生在考试中表现不佳，并非因为他们不聪明或没有认真学习，而只是因为他们过于焦虑而影响发挥。这些学生在其他情况下并没有特别焦虑，但是参加考试却让他们感到极为焦虑。Sarason 将这些人称为测试焦虑者，并设计了一个针对情景的焦虑测试，以此来测量一个人在参加考试之前感到焦虑的程度。这个针对情景的测试比一般的焦虑特征测试能够更好地预测即将考试时的焦虑情况。显然，当我们掌握更多相关具体情境以及人们的反应方式时，我们就能更好地预测人们的行为。

按照这种方法，体育心理学家们已经着手制定针对体育的测试，为体育、运动和体力活动环境下的个性特征与状态提供更加可靠且有效的测量依据。例如，你的教练可能不关心你在发表演讲或参加考试之前有多么焦虑，但是你的教练一定关注你在比赛之前有多么焦虑（尤其是当过多的焦虑影响你发挥的时候）。针对体育的焦虑测试比一般焦虑测试能够对运动员的竞赛前焦虑状态提供一个更加可靠且有效的测评。研究人员开发出了一些心理感觉测试，专门用于体育和体力活动环境，其中包括体育焦虑量表（Smith et al., 1990）、任务和自我为导向的体育调查问卷（Duda, 1989）、体育动机量表（Briere et al., 1995）、身体自我知觉剖析量表（Fox and Corbin, 1989）、体育想象调查问卷（Hall et al., Hausenblas, 1998）、竞技性焦虑状态测试 –2（Martens et al., 1990）、团体环境调查问卷（Widmeyer et al., 1985）和体育信心特征测试（Vealey, 1986）。有些体育心理学家甚至更进一步地制定了针对具体运动项目的测试，而不是一般的运动测试，例如网球关注和人际交往方式测试（Van Schoyck and Grasha, 1981）、摔跤运动员焦虑测评（Gould et al., 1984）、篮球的团

体凝聚力 （Yukelson et al.，1984）和澳大利亚橄榄球心理承受力调查问卷（Gucciardi et al.，2008）。

　　为了更好地预测行为，研究人员已经开发出了一些针对体育的多维测试方法，用于测量人们认为对于成功表现具有重要意义的各种心理技能。受到关注的第一个量表是体育心理技能测试量表（Mahoney et al.，1987）。虽然这个量表被开发出来之后得到了广泛使用，但是后来的研究证明，相关的心理测量属性不达标。因此，研究人员又开发出了其他的测量方法，例如表现战略测试（TOPS；Thomas et al.，1999）测量竞赛和练习中的 8 项心理技能（表 12.1）；渥太华心理技能测评工具 –3 （Durand et al.，2001）测评 3 大类下面的 12 项心理技能，这 3 大类分别是认知技能（例如想象、竞赛策划、注意力再集中）、基本技能（例如设定目标、自信、坚持）和身心技能（例如放松、激发活力、控制恐惧）；运动应对技能测试 –28 （ACSI-28；Smith et al.，1995），其中包括 7 个子量表（例如集中注意力、在压力下取得最佳表现、排除担忧）。一直以来，人们认为 ACSI-28 测量的是应对技能而非心理技能，但是针对本章的内容，它的目的是测量与表现相关的心理方面的内容。这些量表越来越受到人们的欢迎，因为研究人员常常试图通过展示一个心理技能培训项目能够提高一些生理技能手段来判断该项目的有效性。这些类型的量表同时也用于研究精英运动员的心理特征。例如，Taylor 等（2008）使用表现战略测试（TOPS）帮助区分参加 2000 年悉尼奥运会成功和不太成功的美国奥林匹克运动员。

表 12.1　表现战略测试的样本项目

竞赛策略
我使用积极的语言来获得最佳竞赛表现。
我竞赛时没有刻意对其进行思考。
我想象竞赛完全按照我希望的方式进行。
当出现压力时我知道如何放松。
我评价自己是否已经实现我的竞赛目标。
练习策略
我用练习时间来练习放松技巧。
在训练中我的注意力出现分散。
在训练中我在提高自己的能量水平方面遇到困难。
我使用积极的语言来获得最佳练习效果。
我制定目标帮助自己有效利用练习时间。

各项测试内容依据以下等级体系进行评分：1= 从不；2= 很少；3= 有时；4= 经常；5= 一直。
源自：Thomas, Murphy, and Hardy 1999.

　　随着时间的推移，完美主义结构已经从总体的测量演化为针对体育的测量。具体来说，随着人们对于体育环境下的完美主义产生更大的兴趣，Dunn 等（2002）创建了体育多维完美主义量表（Sport-MPS），为评价体育范畴的特殊完美主义提供了必要条件。体育多维完美主义量表的第二版（Sport-MPS-2；Gotwals and Dunn，2009）对第一版的量表进行了更新和扩展，加入了其他的子量表。之后的研究已经证明了该测量工具的心理测量属性并证明了该量表能够区分一般的完美主义和体育完美主义，并能区分健康和不健康的完美主义倾向（Gotwals et al., 2010）。针对体育的多维测量方法可能有助于研究人员和从业人员更好地理解与测量体育状态及特征（例如完美主义、焦虑情绪），因此可以更加准确地预测行为。

@　可观看视频 12.2。

使用心理测试的注意事项

从理论和应用这两个角度来说，心理测试对于体育心理学家们都是至关重要的。这种测试有助于评价不同的心理学理论的准确性，同时也为从业人员提供了一个将理论应用于实践的工具。我们重点关注心理测试在应用环境下的实践情况，因为在这个方面更容易出现滥用测试结果以及在分析中出现错误概念。谁有资格对运动员进行心理测试？美国精神病学协会建议测试的提供者应该具备以下知识，同时在进行心理测试时提出了一些注意事项。

1. 理解测试原理和测量误差的概念。测试的提供者必须明确理解相关性、集中趋势测量（平均值、中位值和众数）、方差和标准偏差等统计概念。任何一项测试都不是绝对可信或可靠的。测试仅适用于某些具体的环境。

2. 具有相关的能力和知识来评价一项测试相对其目的（决定）的效度。一位合格的测试实施者将会认识到测试结果并非绝对的或是不可反驳的，同时存在潜在因素可能导致测量误差。测试实施者将会尽一切可能消除这些误差或将其降到最小。例如，测试员必须注意情境因素以及人际因素可能造成的影响，这些影响可能改变我们解释测试结果的方式。此外，文化、社会、教育和种族因素都可能对一个运动员的测试结果产生巨大影响。最后，一个运动员可能选择给出社会所接受的回答。例如在危急情况下实际感到紧张，而在测试中却说自己平静、冷静和镇定。下文将会提到，这种信息扭曲能够造成一项测试毫无用处。

一项测试不仅必须可靠且可信，同时还必须根据具体的样本以及实施情境进行验证。例如，你可能选择一个为成年人开发出来的测试，将其用于 13 ～ 15 岁的运动员。然而，测试的用词可能较难，使这些年龄较小的运动员不能充分理解问题的含义。这样，测试结果就失去了意义。类似的情况是，一项测试可能主要依据非拉美裔白人的情况开发出来，而你要测试的运动员却主要是非洲裔美国人。文化差异可能也会造成对不同人群解释相关结果时出现问题。

3. 对于自身的资历和不足之处有一个自我认识。不幸的是，在体育心理学中一直有这样的案例，测试人员没有认识到自身的不足之处，从而在使用测试和解释测试结果方面出现了不道德的情况，并且事实上可能会伤害参与测试的运动员。例如，许多心理学测试的设计目标是测量精神机能障碍或变态情况。要解释相关测试结果，测试提供者需要心理测评方面的特殊训练，可能还需要临床心理学的特殊培训。某人如果没有这种背景却对运动员进行此类测试，这是不合理的。因此，测试的提供者应该确保自己接受过相关的培训才能实施和解释他们使用的测试。

4. 有些心理测试被错误地用于判断一个运动员是否应该入选某支队伍，或者决定一个运动员是否具备某个比赛位置应有的心理特征（例如美式橄榄球中的中线卫）。这种做法在20世纪六七十年特别普遍，但是现在似乎已经减少了。这些不道德地使用心理测试的做法可能仅仅因为一个运动员表面看起来心理不坚强而草率地将其从某支队伍开除或不予录用。然而事实上，我们很难凭借这些测试的结果来预测运动员的成就。一个运动员或一个团队的表现（常常使用输赢来衡量）是一个复杂的问题，影响这个问题的因素包括身体能力、经验、教练和球员之间和谐共处的情况、对手的能力以及队友之间的互动。有人认为只要了解运动员的一些个性就能获得足够的信息来预测这个运动员是否将取得成功。这是一种不合理的想法。

5. 我们应该为运动员提供什么类型的心理测试，以及为实施测试和提供反馈建立什么条件？在体育环境下进行的心理测试以及在实施测试或为相关运动员提供反馈时，都曾出现滥用的情况。在几个案例中，运动员们接受了心理测试，却没被告知他们为何接受这项测试，此外，这些运动员没有得到关于这些测试的结果和解释的反馈意见。同样，这种做法也有违道德且侵害了参加测试的运动员应该获得的权利。在实际参加测试前，应该告知运动员们测试的目的、测试测量的内容以及测试使用的方法。在大多数情况下，这些测试应该用于帮助教练和运动员更好地了解运动员们的心理强项与弱项，从而在重点巩固运动员们的强项的同时提高他们的弱项。此外，测试人员应该向运动员们提供有关测试结果的具体反馈意见。提供的反馈应该让运动员们能够更加深入地认识自我并理解测试的内容。这样，测试结果和反馈可以促进运动员们加速进行积极的改变。

6. 如果不告知运动员们测试的原因，他们一般都会对于测试的用途产生怀疑。在这种情况下，运动员们自然就会想到教练将会使用这项测试来挑选首发运动员或是剔除表现不佳的运动员。鉴于这些考虑，运动员们试图夸大自身的优点而尽量缩小缺点的可能性将更大。这种虚假的回答风格可能会扭曲测试的真实结果并造成对测试的解释毫无用处。因此，我们应该向运动员们保证对于他们参加的测试进行保密，这一点很重要，因为这样做将增加他们真实回答测试内容的可能性。教练们在一般情况下应该不要参与心理测试的实施和解释工作，除非他们在这个方面有针对性的训练。在心理测评和测量方面，接受正式培训的体育心理顾问是实施和解释心理测试的最佳人选。

多年前常模被用来招募美式橄榄球球员，正如前文阐释的那样，将一个运动员的心理测试结果与常模进行比较，这种做法往往是一个错误。更为重要的一点是该运动员关于自身的感受，这是一种内在方法。实质上，通过使用心理测试获取的信息应该用于帮助运动员们参考自身的标准提升技能，而不是将他们自己与其他运动员进行对比。

定量测量和定性测量

既然已经了解了一些体育和运动心理学方面的内容，以及一些测量问题和使用心理测试时的注意事项，我们现在来讨论一下心理学家们使用的两种研究方法，从而深入了解参与体育运动和体力活动涉及的各种心理因素。这两种研究方法是定量法和定性法。

定量研究本质上是数字研究，是两种方法中较为传统的方法，涉及试验和相关性设计，一般使用精确的测量对变量进行严格的控制（通常是在实验室环境中）和统计分析。相关的自变量和因变量通常是通过客观手段进行测量的，同时心理状态和特征是经可靠且有效的心理测试进行测评的。在定量研究中，研究人员通过使用实验室测量、调查问卷和其他客观工具试图不干预数据收集过程。定量数据通过使用计算机计算从统计学的角度加以分析。所得分数通常是定段或定比的等级数据（第 2 章）。

虽然定性研究通常被描绘成更为传统的与定量研究相反的方法，但是我们应该将定性研究视作一种补充方法。定性研究法一般包括实地观察、人种研究和访谈，试图理解相关经历在特定的场景下对于参与者的意义，以及各要素如何融合成一个整体。为此，定性研究关注现象的本质，主要依靠人们对于其所处环境的感知。因此，定性研究的目标主要是描述、理解和意义。定性数据内容丰富，因为它们提供了深度和细节，让研究人员在研究对象的自然环境中理解他们自己的观点（Patton，1990）。研究人员不是通过使用实验来操控各种变量，而是更关心过程而非结果。通过观察和访谈，使各种关系和理论得以从相关数据中自然出现，而非强加于数据。因此，定性研究强调归纳。这种方法与定量研究形成了鲜明对比，后者以推理演绎为主。最后，在定性研究中，研究人员与研究对象进行互动，研究人员敏锐的感知能力在获取和处理信息时发挥了至关重要的作用。

Holt 和 Sparkes（2001）曾研究一支球队在一个赛季的时间内的团队凝聚力。研究人员（其中一名是作者）以球员兼教练的身份在一支橄榄球队待了一个赛季，其间通过观察参与者、正式或非正式的访谈、实地日记和反思日记等方式收集数据。安排研究人员深入一个团体长达整个赛季，这种方法可以获得丰富的数据和理解，而单独使用定量数据收集技术则无法做到这一点。

此外，通过定性研究方法收集的数据通常为开发或完善定量工具和操作定义提供了一个基础。例如，"心理坚强"这个概念就存在概念和定义上的模糊，因而成为很多争议的主题。为了解决这个问题，Jones 等（2002）采访了参加国际比赛的运动员，以此搜集有关运动员对于心理坚强包含的特征以及如何定义的想法。这项研究不仅提供了实用信息，让我们了解了关于心理坚强不断变化的辩论，而且它还介绍了常常受到忽视的运动员们自己的看法。而且，这项研究为后来以理解心理坚强为目标的针对运动的研究提供了启发和指导，研究的运动包括橄榄球（Thelwell et al.，2005）、澳大利亚橄榄球（Gucciardi et al.，2008）和板球（Bull et al.，2005）。

使用混合方法的做法（包括定性和定量研究）可以让我们一方面通过定量研究获得准确的测量和统计分析，另一方面可以使用附加的定性数据以更加全面和综合的方式帮助解释和进一步阐释相关数字。这种方法可以让研究者研究每个人回答的特质，而其他方法可能不会对此进行研究。Gould 等（2002）开展的一项研究使用的就是一种混合方法。该研究中，奥运冠军们接受了采访并完成了一套心理感觉测试。研究人员能够根据定量和定性数据来评价一系列不同的心理特征。毫不奇怪，研究结果为研究人员提供了大量的信息，这些信息帮助心理学家们更好地理解影响这些精英运动员的根本因素。例如，定量方法（调查问卷）发现这些运动员在信心方面得分很高。研究人员通过采访得出结论，一个帮助运动员培养积极的态度和技能的体育项目或组织有助于增强运动员的自信心。与此类似，研究还发现影响运动员信心的因素包括成长过程中有一个乐观、追求卓越的环境，以及教练表达出对于运动员成长的信心。

我们应该注意到定性研究已经开始流行（Bloom et al.，2003；Culver et al.，2003；Sparkes，1998；Strean，1998；Stuart，2003）。当研究定性研究在体育和运动心理学中的作用时，可以参看 Brewer 等人的著作（2011）。大部分对于体育心理学中的心理特征和状态进行的测评都是通过测试和调查问卷，这些测试和调查问卷都经过精心制定且具有很高的信度和效度，属于定量方法。我们将认真研究其中一些量表，包括这些量表的心理测量发展以及在研究和应用环境中的使用情况。

定量方法

前文提到，在体育和运动心理学领域中，大多数的心理测评都使用调查问卷这个较为传统的定量方法（参看 Tenenbaum 等人 2012 年的研究，其中对于体育和运动心理学测量方面的进步进行了总结）。有一些定量调查问卷可供选择，其中最常见的调查问卷使用的是利克特（Likert）量表和语义分化量表。这些量表都有助于界定受测结构的多维属性。

利克特量表

利克特量表是一个包含 5、7、9 三种分值的量表（1～5 分、1～7 分和 1～9 分），它假定各相邻回答之间具有相等的间隔。在这里提供的例子中，我们认为"非常同意"和"同意"之间的差距等于"不同意"和"非常不同意"之间的差距。这类量表用于通过陈述来测评同意或不同意的程度，同时广泛用于态度测试。以下是一例使用利克特量表的测试项目。

所有高中学生必须学习 2 年的体育课。

非常同意	同意	没有意见	不同意	非常不同意
5	4	3	2	1

分等级回答的一个主要优点是让参与者在回答表述方面拥有更多的选择，而不是一般非此即彼的回答，即仅提供是与否或对与错的选择。5、7 或更多的等级也能增加测试工具的信度。此外，分等级的回答可以使用不同的回答用词（图 12.1）：优秀、良好、一般、较差和非常差，或者非常重要、重要、有些重要、不是非常重要和毫不重要。

语义分化量表

另一种常见的测量技术涉及使用语义分化量表，其要求参与者从两个极端的形容词（具有相反的含义的成对形容词）中进行选择回答，例如弱—强、松—紧、快—慢和好—坏，等级设定在两个极端之内。要求受访者使用双极形容词来选择两极之间连续区间内的某一点，该点能够最恰当地描述他们对于某个具体概念的感受，参见表 12.2。注意，我们可以从 7 个分值中选择任何一个最能反映我们对于这个概念感受的分值。

制定语义分化量表的过程要求我们对于想要评价的概念进行定义，然后选择最能描述受访者对这个概念的感觉和认知的针对性的两极成对形容词。研究已经表明，语义分化量表测量 3 个主要因素。到目前为止，最常用的因素是评价——我们认为受测概念或物体的好坏程度。效果涉及受评概念的强弱，同时活动因素使用描述动作的形容词。下列清单显示测量评价内容的一些双极形容词的例子，这是一个分化量表的例子，用于测量青少年对于竞技体育的态度。

1	2	3	4	5					
从不	有时	经常	频繁	一直					
1	2	3	4	5					
非常同意	同意	没有想法	不同意	非常不同意					
1	2	3	4	5					
根本不重要				极为重要					
1	2	3	4	5	6	7			
始终						从不			
1	2	3	4	5	6	7	8	9	10
同意									不同意

图 12.1　分等级回答的例子

评价

・愉快—不愉快
・公平—不公平

- 诚实—不诚实
- 好—坏
- 成功—不成功
- 有用—没用

表 12.2　测量针对体力活动的语意分化量表

体力活动							
好							坏
满意							不满意
轻松							紧张
热							冷
健康							不健康
良好							糟糕
精致							粗糙
积极							被动

效果

- 强—弱
- 硬—软
- 重—轻
- 主导—服从
- 粗糙—精致
- 脏—干净

活动

- 镇定—紧张
- 开心—难过
- 积极—被动
- 动态—静态
- 静止—移动
- 快—慢

定性方法

在体育心理学研究中定性研究方法方兴未艾，因为这些方法提供了丰富的信息，而使用传统调查问卷则通常无法获得这么丰富的信息。

访谈

访谈无疑是定性研究中最常见的数据源。访谈的形式很多，从访谈前就定下问题的高度结构化形式到允许自由发挥的开放式访谈。在体育心理学研究中最受欢迎的访谈模式是半结构化的访谈。每个参与者都回答一套通用的问题，但是测试实施者根据参与者回答的性质使用不同的调查和后续问题。一个优秀的采访者必须首先与参与者建立融洽的关系，打开他们的话匣子并使他们描述真实的想法和情感。不论参与者回答的内容是什么，采访者应该始终保持中立态度，这一点也很重要。最重要的是，采访者必须是一个出色的倾听者。

使用录音机很可能是最常见的记录访谈的方法，因为它保留完整的访谈内容以便后面进行数据分析。虽然有一小部分参与者对于录音一开始会感到不舒服，但是这种不自在一般很快就会消失。在访谈中记笔记是另一个记录数据的常用方法，有时当采访者希望突出某些要点，会将笔记与录音结合使用。不录音的情况下记笔记有一个缺点，即采访者在访谈中始终处于忙碌状态，因此干扰了采访者的思路以及对受访参与者的观察。

在体育心理学中使用访谈来收集定性数据的一个典型的例子是上文提到的 Gould（2002）等人所做的研究工作。为了更好地了解奥运会运动员的心理特征以及这些特征的发展情况，这些研究人员采用了定性研究方法（结合一些定量心理测试）和一个归纳研究分析法。他们研究了 10 位前奥运冠军（32 枚奖牌得主）、10 位奥运教练和 10 位父母、监护人或其他相关者（对运动员产生重大影响的相关人士）。访谈重点关注成为精英运动员所需的心理技能，以及这些心理技能在运动员的职业生涯的早、中、晚期是如何培养的。通过录音，对这些访谈进行逐字逐句转录，然后进行内容分析，这种方法将访谈组织成越来越复杂的主题和类别，这些类别代表心理特征以及它们的发展。众多的研究发现表明，这些奥运运动员具有如下特征：能够集中注意力并屏蔽干扰，保持竞争状态，制定并实现目标，内心强大，能够控制焦虑情绪并有信心。此外，教练和父母在这些运动员成长的过程中提供的帮助也尤为重要（虽然其他相关人员也发挥了或大或小的作用）。具体来说，教练、父母和其他相关人士提供了支持与鼓励，创建了一个有利于取得成就的环境，担当了行为典范，强调志存高远，提供动机，教授身体和心理技能，同时通过建设性的反馈增强他们的信心。刻板地使用调查问卷和其他心理测试是不可能获得如此深入的信息的。

观察

观察作为一种收集定性数据的手段，仅次于访谈。大多数早期的研究依靠直接观察，同时记笔记并对有些类别的行为进行编码，目前流行的做法是拍摄视频。正如使用录音机进行访谈可以让研究者回顾参与者所说的全部内容一样，拍摄视频同样可以获取参与者的行为信息，以便今后进行分析。在实地观察中，观察者应该不干扰接受研究的参与者，这一点很重要。知道自己受到观察和摄录的参与者可能会改变自己的行为方式。在实际开始摄录参与者之前，观察者可以事先与参与者互相沟通和了解，这样似乎可以减少观察者对参与者的干扰。对于观察者的存在，参与者没有了新鲜感，行为能够变得自然，这一点很重要。

Smith 等（1979）对于教练的行为和青年运动员对此的反应之间的关系进行了影响深远的研究，我们可以在其中看到一个在体育心理学中使用观察的经典案例。这项调查的第一部分是观察教练们实际所做的工作。观察者接受培训，学习如何观察并认真记录小联盟棒球教练在练习和比赛中所做的工作。观察者对于这些行为进行了长达数月的记录。研究人员在逐个编辑了数千个数据要点之后，试图将相关行为归纳为多个大类。这个过程的最终结果是将教练指导行为分为教练主动发起的行为（即兴）和针对球员的行为所做的反应（反应式）。

例如，球员犯错后教练训斥球员属于反应式行为。然而，教练指导球员如何进行滑动，则被认为是即兴行为。在这些反应式和即兴行为大类中包含了多个小类，例如正面加强、负面加强、一般的技术指导、一般性的鼓励和依据错误的技术指导。研究人员依据这些教练指导行为小类制定了一个名为"教练行为测评体系"的工具，使用该工具可以进行多项研究，研究的内容是具体的教练指导行为与球员们对于这些行为的评价性反应之间的关系。例如，在一项研究中，以正面强化为主要方法（相对于负面强化方法）的教练们指导的队员，比那些不喜欢正面强化方法的教练们指导的队员更喜欢他们的队友，希望继续参加下一年的比赛，同时认为他们的教练是更博学和更好的老师。然而，这种研究方法的基石是通过利用观察收集定性数据并使用这些数据来开发教练指导行为测评系统。

体育心理学中使用的量表

到目前为止，我们已经从总体上介绍了体育心理学、体育环境中的心理测试的用途和滥用，以及有关量表程序类型的一些基本信息。本节中，我们将重点介绍体育和体力活动环境中最常用和最流行的心理测试。我们主要介绍经过系统开发并具有较高信度和效度水平的测试，同时举例说明如何将这些测试应用于研究和应用环境。如果要学习体育心理学研究中使用的量表，可以参看 Anshel（1987）、Ostrow（1996）和Duda（1998）的成果。

竞技性焦虑

体育心理学中一个最受关注的研究话题是关于焦虑和表现之间的关系。运动员、教练和研究人员总体上都认为存在一个与高水平表现相关的最佳焦虑水平。找到这种最佳焦虑水平不一定是件容易的事情，但是第一步是要能够测量运动员的焦虑水平。如前文所述，在一般的心理学文献中存在焦虑特征和焦虑状态之间的区别。我们使用这个差异来制定针对体育的测量方法，用于测量竞技性焦虑特征和竞技性焦虑状态。

体育比赛焦虑测试

在体育心理学中，一个使用最广泛的测试是 Martens（1977）开发的体育比赛焦虑测试（SCAT）。体育比赛焦虑测试当初的开发目的是对比赛焦虑特征进行可靠且有效的测量。人体在比赛中的焦虑特征是一个建构体系，描述个人对于威胁感知的差异，对感知的威胁产生的焦虑状态，或者二者兼有。体育比赛焦虑测试最初的开发目的是测量运动员在比赛前总体感到的焦虑水平。事实上，体育比赛焦虑测试能够有效预测赛前的焦虑状态。这一点从实用的角度来说很重要。在比赛即将开始时对运动员进行测试从而测评他们当时的焦虑水平（即他们的比赛焦虑状态），这种做法并非总是可行。最初开发的体育比赛焦虑测试适用于测试 10 ～ 15 岁的青少年，不久后又制定了一个成年人版本的测试。

信度和效度 青少年和成年人的体育比赛焦虑测试的内部结构、信度和效度，都已根据 2 500 多名运动员的回答分别进行了断定。体育比赛焦虑测试的信度已经通过重测进行测评，得出的种类间信度系数范围是 0.73 ～ 0.88，平均信度系数为 0.81。过去的研究成果表明，体育比赛焦虑测试的成年人版本和青少年版本的内部一致性（种类内部）信度系数范围是 0.95 ～ 0.97（具备高信度）。体育比赛焦虑测试的结构效度证据是根据理论预测（回顾第 6 章介绍的相关内容）证明体育比赛焦虑测试和其他个性建构之间存在显著的关系。例如，体育比赛焦虑测试与其他一般的焦虑等级存在一定的相关性，但是与其他的一般个性等级之间没有相关性。最终，一些实验室和场地研究通过提供与理论预测一致的结果，证明体育比赛焦虑测试的结构效度是对比赛焦虑特征的一种有效测量。例如，在体育比赛焦虑测试中得分较高的参与者相对于得分较低的参与者，表现出的赛前焦虑状态水平更高。研究还发现，体育比赛焦虑测试与焦虑状态之间的相关程度在比赛情况下要高于非比赛情况下。

常模和评分 图 12.2 和表 12.3 分别显示了成年人版本的体育比赛焦虑测试和高中及大学运动员的常模。每一题有 3 种可能的答案：（a）从不；（b）有时；（c）经常。其中 8 题（分别是第 2、第 3、第 5、第 8、第 9、第 12、第 14 和第 15）按照以下分值进行评分。

从不 = 1

有时 = 2

经常 = 3

注意第 6 题和第 11 题的评分则相反。

从不 = 3

有时 = 2

经常 = 1

伊利诺伊州比赛调查问卷

说明：以下这些表述描述的是人们在体育和比赛竞技时的感受。阅读每一句话并选择当你在体育和比赛时出现这种感觉的频率是"从不""有时"还是"经常"。如果你的选择是"从不"，涂黑 A 方框；如果你的选择是"有时"，涂黑 B 方框；如果你的选择是"经常"，涂黑 C 方框。答案不分对错。每一题的答题时间不要太长。记住所选的词应该能够描述你在体育和比赛时通常的感受。

	从不	有时	经常
1. 与他人比赛是社交上的一种享受。	A ❏	B ❏	C ❏
2. 在比赛前我感到不自然。	A ❏	B ❏	C ❏
3. 在比赛前我担心自己表现不好。	A ❏	B ❏	C ❏
4. 我在比赛时是一个有风度的人。	A ❏	B ❏	C ❏
5. 我在比赛的时候担心犯错。	A ❏	B ❏	C ❏
6. 在比赛前我内心平静。	A ❏	B ❏	C ❏
7. 比赛时制定目标很重要。	A ❏	B ❏	C ❏
8. 比赛前我有一种反胃的感觉。	A ❏	B ❏	C ❏
9. 比赛即将开始时我注意到我的心跳速度比平时快。	A ❏	B ❏	C ❏
10. 我喜欢参加需要较大身体能量的比赛。	A ❏	B ❏	C ❏
11. 赛前我感到放松。	A ❏	B ❏	C ❏
12. 赛前我感到紧张。	A ❏	B ❏	C ❏
13. 团队体育比个人体育更刺激。	A ❏	B ❏	C ❏
14. 我变得紧张，想要开始比赛。	A ❏	B ❏	C ❏
15. 在比赛前我通常感到紧张。	A ❏	B ❏	C ❏

图 12.2　体育比赛焦虑测试（SCAT）

源自：Reprinted, by permission, from R. Martens, 1977, *Sport competition anxiety test* (Champaign, IL: Human Kinetics).

表 12.3　体育比赛焦虑测试：高中和大学男女运动员的常模

	高中（百分位）		大学（百分位）	
原始分数	男性	女性	男性	女性
30	98	98	97	99
29	96	95	93	98
28	93	89	93	96
27	88	83	88	93
26	78	77	82	90
25	65	70	77	86
24	53	60	70	82
23	43	51	63	77
22	33	43	56	69
21	24	34	51	62
20	17	26	43	53
19	12	19	34	43
18	9	14	27	34
17	7	11	21	25

续表

原始分数	高中（百分位）		大学（百分位）	
	男性	女性	男性	女性
16	6	9	16	18
15	5	6	8	14
14	5	5	4	10
13	4	4	2	6
12	2	2	1	3
11	1	1	0	1
10	0	0	0	0

源自：Reprinted, by permission, from R. Martens, 1977, *Sport competition anxiety test* (Champaign, IL: Human Kinetics).

第 1、第 4、第 7、第 10 和第 13 题没有进行评分；将它们放入测试中作为填充符项，目的是让参与者关注比赛内容而非焦虑。

研究和实例　让我们来看一个使用体育比赛焦虑测试的体育心理学中的一个研究。研究人员一直以来都想研究竞技性焦虑特征水平高的人和水平低的人之间在感知威胁方面的差异。使用青少年男性橄榄球运动员作为参与者，Passer（1983）发现竞技性焦虑特征水平高的球员相比竞技性焦虑特征水平低的球员，预计自己在即将到来的赛季中表现更差，同时对于犯错、表现不好和输掉比赛等的担忧更加频繁。此外，竞技性焦虑特征水平高的球员相比竞技性焦虑特征水平低的球员，预计失败后将经历更严重的情绪失常、更大的耻辱感以及受到父母和教练的更严厉的批评。

这些研究结果表明，竞技性焦虑特征水平高、低不同的运动员之间对威胁的感知和反应都有显著的差异，同时也为教练和父母提供了重要的暗示。具体来说，因为竞技性焦虑特征水平较高的青少年运动员对于批评、失败和犯错更加敏感，因此，当这些青少年运动员们表现不好的时候教练和父母不要过度反应，这一点很重要。正面强化、鼓励和支持对于帮助这些青少年运动员应对他们所犯的错误并继续参加体育比赛发挥了至关重要的作用。

Bebetsos 和 Antoniou（2012）进行了一项研究，作为研究样本抽选的 56 名参加全国冠军赛的羽毛球运动员在即将比赛时完成了体育比赛焦虑测试。总体来说，研究结果表明运动员们都很镇定。这可能是预料之中的事情，因为羽毛球这项运动对于运动员们专注和镇定水平要求很高。然而，因为女性运动员报告的比赛性焦虑水平低于男性运动员，所以出现了性别间的差异。研究人员认为造成这些差异的部分原因是基于性别的文化预期和竞争性的差异。

许多调查问卷的一个不足之处在于缺少针对具体人群的常模数据。Potgieter（2009）公布了体育比赛焦虑测试的常模数据，这些数据采自许多不同类型的传统研究较少的运动项目的运动员（例如水球、壁球和无挡板篮球）。历时约 15 年，共计 1799 名代表 17 个体育项目的运动员完成了体育比赛焦虑测试。Potgieter 报告，焦虑分数的中位数值最高的单项体育项目包括田径、越野跑和游泳，而焦虑分数值最高的团体体育项目包括橄榄球、无挡板篮球和曲棍球。

体育焦虑等级 –2

　　继体育比赛焦虑测试出现之后，焦虑研究断定建构是多维的，其中包括认知和身体因素。为了适应这一理论进步，研究人员开发出了体育焦虑等级（SAS）以便跟上当代理论的步伐，对竞技性焦虑特征进行多维的测评。研究人员通过确证分析获得了三个分量表，其中包括两个与认知焦虑相关的因素，分别名为专注干扰和担忧，以及一个名为身体焦虑的因素。

　　不幸的是，体育焦虑等级具有的较强的心理测量属性在测试青少年人群时并未得到支持。从青少年中收集的数据并没有再现体育焦虑等级的三要素结构，迫使研究人员使用总分数并因此放弃该工具的多维测量功能。此外，虽然早期的研究似乎支持体育焦虑等级的因素效度，之后的研究揭示的有关专注干扰等级让人担忧的各种原因表明担忧等级的交叉负荷的问题。最早的体育焦虑等级的这些不足之处促使开发出体育焦虑等级 –2（SAS-2；Smith et al.，2006）从而正确测评青少年并将其应用扩展至年龄较大的样本。

　　研究证明，体育焦虑等级对于青少年无效，有人假设对于等级测试题目的理解可能是一个限制因素。因此，研究人员降低了题目的阅读难度水平以便年龄较小的人群能够更好地理解题目。使用弗莱士 – 金凯德（Flesch‐Kincaid）阅读难度水平分析，研究人员将题目的难度设定在不高于 4 年级的水平，总的量表的阅读难度水平设定在 2 ～ 4 年级。

　　信度和效度　研究证明，最早的体育焦虑等级的心理测量属性是其主要的一个优点，因此在体育焦虑等级 –2 中再现或超越该品质是开发者主要关心的一个问题。为了确定针对青少年和成年人的信度、效度和常模，研究人员使用了两个不同的样本。第一个样本研究人员选择了 1 038 个年龄在 9 ～ 14 岁的青少年运动员（571 个男运动员和 467 个女运动员）。第二个样本包含了 593 个大学生（237 个男生和 356 个女生），这些学生当时正参加体育比赛或近期刚参加过体育比赛。

　　焦点总分和三个分量表的身体和担忧以及专注干扰的克朗巴哈系数分别为 0.91、0.84、0.89 和 0.8。这些很高的系数均证明量表内部的一致性。各个年龄组的分量表的系数全部满足要求。分量表各系数均介于 0.76 ～ 0.90，这些系数的重测信度（相隔一周）均满足要求。该体育焦虑等级的三要素结构也得到了要素分析的支持（结构相关效度）。

　　研究人员通过分析与相似建构体系（例如目标导向和自尊）和不相关建构体系（自我感知的能力）的相关性来测评结构效度。体育焦虑等级 –2 如预期的那样与体育焦虑等级具有高度相关性（$r=0.90$）。与其他建构体系之间的相关性具有预期的方向且显著。例如，体育焦虑等级 –2 与自尊的测量值之间具有显著的负相关，而与自我感知的能力之间的相关性较低。而且，体育焦虑等级 –2 和青少年社会赞许性量表以及马洛·克罗恩（Marlowe Crowne）社会赞许性量表之间存在较低的负相关（$r<-0.20$），

从而证明了区分效度。

这种相关性的强度类似于其他焦虑量表，这表明希望展现自我积极的一面的倾向与体育焦虑等级的分数存在负相关。概括起来，体育焦虑等级 -2 不仅保持了第一代体育焦虑等级所具有的强大的心理测量属性，而且实际上还在其基础上进行了提高和拓展。

常模与评分　体育焦虑等级 -2 共包括 15 个题目，3 个子量表测评身体的焦虑、担忧和专注干扰情况，每个子量表 5 个题目。每个分量表的分数值范围为 5 ～ 20，而焦虑总分范围为 15 ～ 60。所有题目的分值量表包括 1（一点也不）、2（有点）、3（相似度一般）和 4（相似度很高），没有反向评分。这些问题的题干开始为"在我进行体育比赛之前或之中……"。每个子量表的题目样本包括以下内容：针对身体焦虑，"我的胃部感到不适"；针对担忧，"我担心我会让其他人失望"；对于专注干扰，"我在比赛中无法做到思维清晰"。表 12.4 中显示了各年龄组的平均值。

表 12.4　青少年和大学生年龄组在体育焦虑等级 -2 中得分的平均值和标准偏差

体育焦虑等级 -2	年龄组			
	9 ～ 10 岁	11 ～ 12 岁	13 ～ 14 岁	大学
身体焦虑	8.29 （3.14）	7.70 （2.80）	8.34 （3.36）	9.78 （3.61）
担忧	9.05 （3.53）	9.37 （3.54）	10.50 （3.75）	12.12 （3.85）
专注干扰	7.54 （2.71）	6.82 （2.28）	7.29 （2.88）	6.93 （2.37）
总分	24.88 （8.14）	23.88 （7.14）	26.14 （8.40）	28.83 （8.05）

源自：Adapted from R.E. Smith et al., 2006, "Measurement of multidimensional sport performance anxiety in children and adults: The Sport Anxiety Scale-2," *Journal of Sport & Exercise Psychology* 28(4): 479-501.

研究和实例　让我们来看体育焦虑等级的几个应用。例如，Smith 等（1995）进行了一项研究，其中设计了一项干预手段，旨在培训教练通过减少对获胜的强调并提供较高水平的社会支持来降低运动环境的压力感，结果显示显著降低了参与者在体育焦虑等级中所得的总分。因此，体育焦虑等级似乎对于旨在降低焦虑情绪的干预手段较为有效。研究人员使用体育焦虑等级 -2（Smith et al., 2007）重复上述研究，得出了相同的结果。在另一项研究中（Patterson et al., 1998），体育焦虑等级中的得分与在较高水平的生活压力下出现受伤的概率之间具有相关性。这些研究发现表明，焦虑、担忧和专注干扰都有可能增加承受高压人士的焦虑风险。最终，Grossbard 和同事们（2007）使用体育焦虑等级 -2 来研究目标导向和表现焦虑之间的关系。研究发现，对于男性，任务导向（专注提升竞技水平）与专注干扰、身体焦虑和体育焦虑等级 -2 的总分之间存在负相关；对于女性，任务导向与专注干扰之间均存在负相关。不论男性或女性，自我导向（关注输赢）与所有的分量表和焦虑总分之间均存在正相关。因此，自我导向运动员似乎比任务导向的运动员承受着更大的表现焦虑，从而促进了关注自我提升而非输赢的任务和掌握环境的发展。

对焦虑的理解与经历的焦虑程度同等重要。Hanton 等（2002）使用体育焦虑等级和体育比赛焦虑测试 -2（CSAI-2）发现，在专注干扰特征上获得的低分与对身体和认知焦虑状态各种症状进行积极理解有关。即运动员们认为他们的焦虑感有助于提高他们的表现。研究人员推测，这可能是由于焦虑特征水平较低的人士能够选择性地只关注任务相关信息，而对于干扰或威胁性信息的关注降到最低水平。

体育比赛焦虑测试 -2

研究人员开发出了体育比赛焦虑测试 -2 是一种针对体育的焦虑状态测试，同时对于早期的体育比赛焦虑测试进行了修改（Martens et al., 1990）。事实上，有40 多项公布的研究使用了 CSAI-2 来研究焦虑状态和表现之间的关系（Craft et al., 2003）。CSAI-2 测量比赛前的焦虑状态，即运动员在某个特定的时间的焦虑程度，在本例中，这个时间点是即将比赛的时候。CSAI-2 有 3 个分量表：身体焦虑、认知焦虑和信心。关于 SAS 前文提到，身体焦虑指的是焦虑的生理要素，认知焦虑指的是担忧要素。这些分量表反映了焦虑的多维性。

信度和效度 重测信度对于状态的等级不适用，因为根据定义，分数每时每刻都可以发生变化。因此信度主要源自等级内部的稳定性，即相同的分量表中的内容之间的同质程度。阿尔法信度系数，内部一致性的估计（第 6 章）的范围是 0.79 ～ 0.90，表明内部一致性水平较高。

研究人员通过调查每个分量表与 8 个精选的状态和特征个性测试之间的关系来研究 CSAI-2 的同时效度。研究结果充分支持 CSAI-2 的同时效度，因为上述相关性与 CSAI-2 和其他的个性建构之间假设的关系具有高度一致性。例如，CSAI-2 认知分量表与担忧 - 情绪测试（Morris et al., 1981）之间存在高度相关性。担忧分量表和CSAI-2 身体分量表与担忧 - 情绪测试的情绪分量表之间具有较高的相关性。研究人员通过一系列的研究，证明理论预测的 3 个分量表与其他建构体系（例如表现、情境变量、个人差异）之间的关系，以此来断定 CSAI-2 的结构相关效度。

后来 Cox 等（2003）发现了 CSAI-2 要素结构的潜在局限性，并对其进行了修改，制定了修订版（CSAI-2R）。这些研究人员试图通过改善调查方法（例如，选用更大的样本，验证性因素分析）来提高该量表心理测量的有效性。通过对抽样的 506 名运动员的研究，研究人员得出以下结论，经过验证性因素分析，应从之前的量表测试中包含的 36 项测试项目删除 10 项测试项目，这样可以显著提高该模型的适应性。到目前看来，新删减后的量表相对 CSAI-2 似乎是一个进步。然而，还需进行进一步的研究不断测试和验证该工具的心理测量属性。

常模和评分 图 12.3 和表 12.5 分别提供了高中和大学生运动员的 CSAI-2 及其常模数据。

CSAI-2 的评分方法是计算 3 个分量表中每个等级的总分，得分范围从最低分 9 到最高分 36 分。分数越高，认知或身体焦虑或自信水平越高。

·认知焦虑分量表的评分方法是将第 1、第 4、第 7、第 10、第 13、第 16、第 19、第 22 和第 25 题的得分相加。

·身体焦虑状态分量表的评分是将第 2、第 5、第 8、第 11、第 14、第 17、第 20、第 23 和第 26 题的得分相加。（第 14 题必须进行反向评分，即 4-3-2-1。）

·自信分量表的评分方法是将第 3、第 6、第 9、第 12、第 15、第 18、第 21、第 24 和第 27 题的得分相加。

研究与实例　Mesagno 和 Mullan-Grant（2010）使用 CSAI-2R 调查了赛前缓解焦虑的常规做法产生的影响与压力导致发挥失常之间的关系。一组澳大利亚橄榄球运动员完成了一个踢球任务以此测评表现结果。首先，运动员们在低压力的环境下完成踢球，以此制定一个基准数据。完成踢球后，一半球员接受赛前缓解焦虑的常规干预。然后，通过邀请观众观看并提供经济动机来构建一个高压力环境。CSAI-2R 的得分证实在高压情况下焦虑水平上升。不出所料，研究结果显示接受干预那一组球员在高压环境下焦虑水平下降且表现水平提高。这些结果鼓舞人心，因为焦虑导致水平降低在体育中非常普遍，类似该研究中使用的这种简单的干预可能有助于提高运动员们在比赛情况下的表现。

Burton（1988）对于大学生游泳运动员赛前焦虑状态与其表现之间的关系进行了一项研究。这项研究充分说明了 CSAI-2 的作用。游泳运动员们在即将进行赛季中 3 场不同的比赛时完成了 CSAI-2。结果表明每个分量表与表现之间存在不同的关系，这些关系与理论预测的关系一致。

具体来说，认知焦虑与表现负相关，信心与表现正相关，同时身体焦虑与表现之间呈现曲线形关系，形如倒 U 形（即，存在一个身体焦虑的最佳水平，水平过低和过高都会降低表现）。

伊利诺伊州自评问卷调查

说明：下面提供了一些运动员们用来描述自己赛前感觉的陈述。阅读每条陈述，然后圈选陈述右侧相应的数字，用以表示你当时的感受。回答没有对错之分。不要在一条陈述上花费太长时间，但是选择能描述你当时感受的相关陈述。

	一点也不	偶尔	一般	经常
1. 我对于这场比赛心存担忧。	1	2	3	4
2. 我感到紧张。	1	2	3	4
3. 我感到放松。	1	2	3	4
4. 我缺少自信。	1	2	3	4
5. 我感到极度紧张。	1	2	3	4
6. 我感觉舒适。	1	2	3	4
7. 我担心自己在这场比赛中不能发挥我的水平。	1	2	3	4
8. 我的身体感到紧张。	1	2	3	4
9. 我感觉自信。	1	2	3	4
10. 我担心会输。	1	2	3	4
11. 我的胃部感到紧张。	1	2	3	4
12. 我感到有把握。	1	2	3	4
13. 我担心压力导致发挥失常。	1	2	3	4
14. 我的身体放松。	1	2	3	4
15. 我自信我能够应对挑战。	1	2	3	4
16. 我担心表现不佳。	1	2	3	4
17. 我的心跳加速。	1	2	3	4
18. 我有信心能够表现出色。	1	2	3	4
19. 我担心不能实现自己的目标。	1	2	3	4
20. 我感到胃部下沉。	1	2	3	4
21. 我感到心理放松。	1	2	3	4
22. 我担心别人将会对我的表现感到失望。	1	2	3	4
23. 我的双手湿冷。	1	2	3	4
24. 我有信心，因为我心里想象实现自己的目标。	1	2	3	4
25. 我担心自己可能会无法集中注意力。	1	2	3	4
26. 我的身体感到紧张。	1	2	3	4
27. 我有信心能够承受压力。	1	2	3	4

图 12.3 体育比赛焦虑测试 –2

源自：Reprinted, by permission, from R. Martens, R. Vealey, and D. Burton, 1990, *Competitive anxiety in sport* (Champaign, IL: Human Kinetics).

表 12.5 体育比赛焦虑测试 –2：高中和大学运动员男性和女性常模

原始分数	男性百分位			女性百分位		
	认知焦虑	身体焦虑	自信	认知焦虑	身体焦虑	自信
36	99	99	99	99	99	99
35	99	99	96	98	99	98
34	99	99	94	96	99	97
33	99	98	91	94	99	96
32	99	98	87	92	98	94
31	98	97	83	89	98	92
30	98	96	79	87	97	89
29	96	95	76	84	94	86

续表

原始分数	男性百分位			女性百分位		
	认知焦虑	身体焦虑	自信	认知焦虑	身体焦虑	自信
28	95	94	71	80	91	83
27	93	93	66	76	89	78
26	89	92	60	73	86	73
25	86	89	52	70	83	67
24	83	85	46	65	79	61
23	80	82	39	60	73	55
22	75	79	34	55	67	48
21	68	75	28	49	61	41
20	61	71	22	44	57	35
19	55	63	17	39	51	28
18	48	55	12	33	46	21
17	40	49	7	26	41	14
16	34	42	3	20	35	11
15	28	35	2	16	30	8
14	23	27	1	11	24	5
13	18	21	0	8	18	3
12	12	16	0	5	14	2
11	7	10	0	3	10	1
10	4	5	0	1	6	0
9	1	1	0	0	1	0

源自：Reprinted, by permission, from R. Martens, R. Vealey, and D. Burton, 1990, *Competitive anxiety in sport* (Champaign, IL: Human Kinetics).

　　对于试图帮助运动员为比赛做好情绪上准备的教练来说，这提供了有用的信息。在尽可能地增强信心的同时减少赛前担忧和恐惧，这似乎尤为重要。而且，似乎调动情绪和激活生理到某个点之前是有益的，但是过于兴奋反而会降低表现。最终，结果显示运动员们在焦虑—表现关系方面有着不同的反应。因此，团体鼓励性的谈话对于每一位运动的个别需求（最佳表现区）的价值或敏感度不高。

　　有关焦虑测量，最后还有一点似乎是合理的。过去的十年来，研究人员除了测量前面讨论过的焦虑强度外还一直在测量焦虑的方向。即，焦虑程度的高低将代表焦虑的强度水平，以及这种焦虑对于表现来说是有益的还是有害的。这代表了焦虑的方向。因此，焦虑水平高并非一定有损表现，因为表现可能更多地取决于人们如何解释他们的焦虑水平。事实上，研究表明，在判断焦虑对于表现的影响方面，焦虑的方向可能比焦虑的强度更重要。因此，测量焦虑强度的同时，还应该进行方向的测量，一般测量焦虑是有益的或有害的。

心理技能

　　体育中的心理技能训练的好处怎么夸张也不为过。事实上，许多运动员和教练都认为有效实施心理技能决定 50% 以上的表现（有些情况下，超过 90%）。所以心理技能训练（PST）变得越来越流行且知名度不断提升。事实上，Murphy 和 Jowdy（1992）的研究表明超过 90% 的美国和加拿大运动员都使用了某种形式的心理训练（一般是想象）作为赛前准备。然而，对于心理技能训练的支持不仅来自奇闻轶事，Greenspan 和 Feltz（1989）对于体育中的心理干预措施的效用提供了早期的证据。通过研究 19 个研究项目中包括的 23 个干预手段，总体来说，教育性的放松训练和补救性的认知结构重组干预手段能够提高表现。Weinberg 和 Comar（1994）以相似的方法研究了 38 个研究项目，结果显示 85% 的心理干预措施都具有积极作用（Fournier et al.，2005；Brown and Fletcher，2013）。使用更加先进的分析方法进行的其他研究已经进一步证实了心理技能训练项目的效用。

心理技能训练（PST）旨在提高表现，并提升运动员在其体育项目中获得的乐趣和满足感。Sheard 和 Golby（2006）举了一个例子来说明一个精心设计的心理技能训练项目能够促进运动员的心理健康，同时还能提高他们的表现。研究发现心理技能训练不仅促进运动表现的不断提升，而且还能促进积极心理的全面发展。相关参与者培养了更高水平的自信、关注控制力，提高了制定目标的能力以及对于成功的认识，甚至还改善了心情和积极的情感。令人鼓舞的是，这些积极的心理发展还深入影响这些运动员的个人生活。

大多数的心理技能训练项目都包括想象、自言自语、集中注意力、设定目标和各种其他技能。心理问卷为我们提供了一个方法来测量这些技能发展和使用的当前水平。这样，我们可以发现一名运动员的优点和缺点，最终为相关运动员或运动队制定一个个性化的心理技能训练项目。虽然不同的心理技能训练项目中包含各种不同的技能，但是我们重点关注 5 个最常用的技能：想象、自言自语、集中注意力、自信和设定目标。

想象

几乎所有人有时都曾使用想象（又称为形象化、心理演练或是思想练习）来回忆某个特殊的场景或是想象一个虚构的事件。例如，在实际走上讲台前，你可能想在心里面演练一下你的演讲。你甚至能回忆你假期中的某一天，在心理重新感受这样的经历：那天阳光照在皮肤上给你的温暖感觉、沙子的颜色、大海的味道、海浪滚滚而来发出的声音，甚至还有你当时的心情。我们的大脑天生就能非常准确地记住这些信息。这种能力不仅在我们的日常生活中，而且在体育运动中也是很珍贵的。

运动员们通过使用想象和使用各种感官可以在心里非常详细地模拟各种技能。如同运动员练习身体技能提高能力，想象帮助大脑准备成功实施这些技能。一个运动员可以学习流畅地进行必要的移动（有时几乎毫不费力），甚至使用最优的方法来管控情绪反映。许多顶级运动员都赞同并强调想象的作用，同时由于科学对想象的有效性提供了强烈的支持，几乎所有的奥运会运动员都表示定期练习想象技能。Driskell 等（1994）在研究心里练习（想象）效用的分析中发现，虽然心里练习并不如身体练习有效，但是它是提高表现的一个有效工具。然而其有效性取决于任务。尤其是在对认知要求较高的任务中（例如射箭），心里练习的作用更佳。

由于各种奇闻轶事和科学研究不断证明想象的功效，每个人天生具备进行想象的能力以及想象带来的明显好处，这使想象广为流传并被实际运用。对于想象这个概念的科学研究有着很多复杂性，因此研究人员制定了各种各样的问卷来测评想象的各个不同的内容。始终与表现提升和神经激活相关的一个因素是想象的生动性。我们将思考一个问卷，一直用于成功评价想象的生动性。

动作想象生动性调查问卷 –2

想象的一个重要内容涉及产生的图像的生动性或清晰性。旨在测量这个方面内容的一个工具是动作想象生动性调查问卷（VMIQ；Isaac et al.，1986），后来 Roberts 和同事们对其进行了修改，形成了动作想象生动性调查问卷 –2（VMIQ–2；2008）。原版的工具存在的几个问题促使了对其进行修改：（1）关于视觉和动觉想象感觉的概念化问题；（2）研究人员通过让参与者想象其他人进行相关任务来测评外部视觉想象，虽然后来的研究已经表明以第三者的角度想象自己进行相关任务，想象的有效性出现了显著的提升；（3）原版的动作想象生动性调查问卷缺乏详细的心理测量测试；（4）对答案进行评分的程序造成了很多参与者的困惑，可能导致报告不准确。同时，在长度上，动作想象生动性调查问卷 –2 相比原版调查问卷更短，这可能增强了运动员完成问卷的意愿。

研究人员使用动作想象生动性调查问卷 –2 来测量某个具体的动作任务的动觉和视觉想象。动作想象生动性调查问卷 –2 不同于其他的想象调查问卷（例如动作想象调查问卷），它不需要参与者进行任何身体动作。这一特征不一定是一个优点或缺点，而只是该测量工具的一个特点，这使其更适合或更不适合一些具体应用。研究人员通过使用动作想象生动性调查问卷的多项研究发现，生动的想象能够提高表现，增加神经激活程度，并区分表现水平高和表现水平低的运动员。因为想象的生动性关系到运动员在自己的工作记忆中创建和再建详细的图像并促进神经生理的激活，所以想象的生动性尤为重要。

信度和效度

研究已经支持动作想象生动性调查问卷 –2 的心理测量的稳健性。在 3 项系列研究中，因素效度、同时效度和结构效度都得到了证明。参与者们完成了动作想象调查问卷 – 修订版（MIQ-R；一种类似的想象测量）和动作想象生动性调查问卷 –2。研究人员选取了 777 名从事不同体育项目且具有不同经验水平的参与者作为研究样本，以此测评与体育类型相对应的结构效度。与之前的研究一样，所有的分析都区分了高水平发挥和低水平发挥的运动员，高水平发挥的运动员使用了更加生动的想象。

研究人员通过对来自各种不同的体育项目且具有不同经验水平的 63 名样本运动员进行了独立样本检验，从而对同时效度进行测评。结果显示动作想象生动性调查问卷 –2 和动作想象调查问卷 – 修订版的相当等级水平之间存在显著的相关性，从而证明了同时效度的存在。同时，测试结果显示每个分量表具有较高的克朗巴哈系数值，数值范围为 0.93 ～ 0.95，证明了测试的信度。之后的各项研究也证明了该测试工具的信度（Parker and Lovell，2011）。

常模和评分

动作想象生动性调查问卷 –2 包含 3 个用于测评想象的生动性分量表：内部视觉想象（IVI）、外部视觉想象（EVI）和动觉想象（KI）。该测试工具包含视觉想象 12 个不同的运动（例如侧向跳跃、在绳子上摆动和下坡奔跑）。测试要求参与者想象某个具体动作并根据总分 5 分的利克特量表报告图像的生动性，该量表的分值范围从 1（非常清楚和生动）到 5（毫无图像），总分值越低，图像越生动。研究人员从 3 个方面对每个动作进行测评，评分项目总计为 36 个。

测量公布的高水平发挥的运动员们的平均分分别是 23.48（IVI）、26.53（EVI）和 23.95（KI）。如同预测的那样，低水平发挥的运动员们的得分反映的想象生动性显著较低，报告的平均值分别是 27.14（IVI）、30.22（EVI）和 28.10（KI）。同时还有针对 12 ～ 21 岁具体年龄段的青少年团体和按照总的练习量来分类的常模（参看 Parker 和 Lovell 在 2012 的研究）。

研究和实例

研究表明想象对于动作学习和工作记忆有着重要的影响，因此，在青少年中使用想象是许多研究人员特别感兴趣的一个话题就不足为奇了。Parker 和 Lovell（2011；2012）已经使用动作想象生动性调查问卷 –2 对儿童和青少年进行了多项研究，这些研究结果表明青少年运动员能够从每个测量角度（IVI、EVI 和 KI）生成较为生动的图像。这些研究还发现 IVI 和 KI 分量表的分数随着年龄的增长会出现小幅提升。研究人员认为出现这种情况的原因之一可能是青少年运动员在各自的运动项目中练习想象机会的增多。然而，研究人员提示应该谨慎解释对青少年运动员实施的想象调查问卷得出的结果，因为青少年在区分每个分量表的概念差异方面可能存在较大的个体差异。

许多研究已经表明精英运动员比非精英运动员使用更加生动的想象。因此，动作想象生动性调查问卷 –2 可能有助于教练判断每个运动员当前的想象能力，以及哪个测量角度对每个运动员最有效。这样，教练们就可能为运动员们提供量身定制的反馈并创建有效的想象训练方式以帮助提升每个运动员的表现。

自言自语

自言自语作为心里技能这个观点乍一看似乎很奇怪，因为这是经常做的甚至毫不费力的一件事情。单单进行自言自语不是一项技能，然而，学习和练习有效的自言自语战略则是一个可以习得和培养的技能。每个人都曾经历过在某个重大比赛或失败之后出现的内心负面的对话：只是因为我不是非常优秀，所以才错失进球。我从来都不擅长进行测试。负面的自言自语往往导致心理状态和运动表现都显著下滑。体育提供了一个快节奏的评价性环境，这种环境往往可能受到运动员自言自语的极大影响。幸运的是，学会如何进行积极和指导性的自言自语可以增强信心、专注力、表现和心理健康。

针对体育的自动性自言自语的调查问卷

Zourbanos 和同事们（2009）开发的针对体育的自动性自言自语的调查问卷是一个量表。针对体育的自动性自言自语的调查问卷（ASTQS）最初的开发目的帮助运动员和教练更好地理解和发现不合理和不适应的自言自语模式。最初开发的量表产生了8 个测量积极和消极自言自语的分量表（积极和消极各 4 个分量表）。分量表的例子包括担忧、自信和指导。

信度和效度

研究人员曾对参加各种团体和个人体育项目的 766 名运动员使用这个量表进行测试。结果，8 个分量表克朗巴哈系数范围为 0.79 ～ 0.94，证明存在内部一致性。之后的多项研究证明它们之间存在可以相提并论的信度系数。研究人员通过研究多个相关量表之间的相关性确定同时效度，相关量表包括表现战略测试（TOPS；一种与运动表现相关的心理技能测试）的自言自语分量表、体育焦虑等级（竞技性焦虑特征）和体育比赛焦虑测试 –2R（CSAI–2 的修订版）。如同预测的那样，针对体育的自动性自言自语的调查问卷的积极和消极自言自语分量表与表现战略测试相应分量表和体育比赛焦虑测试 –2R 的信心分量表之间呈正相关。针对体育的自动性自言自语的调查问卷的消极自言自语分量表也与体育焦虑等级的焦虑分量表之间存在正相关，表明消极自言自语越多，焦虑水平越高。

常模和评分

表 12.6 提供了 8 个分量表的每个分量表的平均值（源自抽样的 766 名运动员）。共计 40 个问题代表了 4 个积极的分量表和 4 个消极的分量表。各分量表之间的总分不同。参与者依据一个从 0（从不）到 4（频率很高）5 个分值的利克特量表来回答问题。

表 12.6　针对体育的自动性自言自语的调查问卷 8 个分量表的平均值和标准偏差

分量表	心理准备	焦虑控制	信心	指导	担忧	脱离	身体疲劳	不相关的想法
平均值	3.05	2.39	2.83	2.97	1.05	0.65	1.04	0.97
标准偏差	0.89	0.94	0.92	0.87	0.83	0.79	0.84	0.89

源自：Data from Zourbanos et al. 2009.

研究和实例

自从针对体育的自动性自言自语的调查问卷出现以来，Zourbanos 和同事们（2009；2011；2014）已经进行了一系列的研究，这些研究表明了测量体育中自言自语的实用性。首先，运动员感知到来自教练的支持越多，会预示着运动员积极的自言自语的增加和消极自言自语的减少。此外，其他的研究已经表明消极的自言自语甚至更容易受到教练行为的影响。例如，Conroy 和 Coatsworth（2007）发现感知教练指责他们犯错的运动员内化这种想法的可能性更大，自责的频率更高。最后，任务导向（一种关注自我提升的动机形式）与 4 种积极的自言自语分量表之间呈正相关，与消极的自言自语分量表之间呈负相关。因此，积极的自言自语与关注提升之间相关，而消极的自言自语与个体关注输赢相关。

这些结果可能对于教练来说尤为重要，因为他们基本上负责判断一支队伍的积极性和每个运动员追求的目标类型。因此，教练可能希望通过为其指导的团队培养积极的、鼓励和支持型的以任务为导向的氛围来促进积极的自言自语，并将消极的自言自语降到最低。

集中注意力

一直以来广泛使用的一种测量注意力集中情况的通用方法是 Nideffer（1976）开发出来的注意力和人际行为风格测试（TAIS）。然而，注意力和人际行为风格测试在体育环境下的实用性由于方法和力量方面的担忧而受到批评。如上文所述，针对具体应用和情况（例如体育、学术和商务）而进行改编的量表，能够更准确地预测行为。因此，多名研究人员着手针对具体的体育项目改编注意力和人际行为风格测试，从而提升该等级的心理测量属性及其在体育环境下测量注意力集中的有效性。

Van Schoyck 和 Grasha（1981）对注意力和人际行为风格测试进行了第一次修改，他们针对网球运动对该测试工具进行了修改，制定出网球注意力和人际行为风格测试（T–TAIS）。不出所料，注意力和人际行为风格测试这个针对体育运动的版本比原版表现出更高的信度和效度。这种改编的成功激发了研究人员之后对于注意力和人际行为风格测试进行针对其他运动的改编，其中包括针对棒球的改编版本（B–TAIS）和篮球的改编版本（BB–TAIS），这两个改编版本在心理测量方面都表现出相似的提升。每个具体版本都有信度和效度统计数据以及常模数据。我们将深入研究针对棒球运动的改编版。

棒球注意力和人际行为风格测试

测量与解释注意力和人际行为风格很重要，因为这些特征能够影响运动表现。例如，Albrecht 和 Feltz（1987）开发出的棒球注意力和人际行为风格测试不仅是一个针对体育的成功改编，而且还针对技能（击球），进一步缩小注意力焦点，并进一步提升了测量的准确性。棒球注意力和人际行为风格测试在测量信度和效度方面比原版注意力和人际行为风格测试具有显著的提升。

信度和效度　重测系数和内部一致性（克朗巴哈系数）系数范围分别是 0.72～0.95 和 0.50～0.85。注意力和人际行为风格测试与棒球注意力和人际行为风格测试之间的聚合效度合格，相关系数水平一般，介于 0.40～0.60，表明这两个测试工具总体测量的是相同的现象。研究还表明棒球注意力和人际行为风格测试比注意力和人际行为风格测试具有更高的结构效度，因为表现水平的下降相当于无效关注焦点分量表上的相关系数。

研究人员对于注意力和人际行风格测试的问题进行了改编，从而提高了测量的结构相关效度和准确性。例如，为了测量狭窄注意，注意力和人际行为风格测试的问题的内容是"阅读时，我能够轻易屏蔽书以外的一切杂念"；棒球注意力和人际行为风格测试将其用词修改成了"击球时，我能轻易屏蔽棒球之外的一切杂念"。虽然这两个测量等级都是用于测量相同的概念（狭窄注意），但是显然一个人集中注意力的能力根据相关场景可能出现大幅波动。一名棒球球员可能在阅读一本书时能够轻易地集中注意力，但是在球场上或是将要击球时可能难以做到这一点。因此，注意力和人际行为风格测试的结果表明一名运动员可能报告具有较高水平的狭窄注意，然而却未能发现该运动员在针对特定情况下的注意力缺失，例如在击球的情况下。然而，棒球注意力和人际行为风格测试则更可能监测到一个运动员在进行击球这个具体任务时是否具备集中注意力的能力，因此为教练和运动员提供更加有用的信息。

常模和评分 研究人员针对棒球运动将注意力和人际行为风格测试的 6 个关注和认知控制分量表中共计 59 个测试项目进行了改编，制定了棒球注意力和人际行为风格测试。测试项目依据一个从 1（从不）到 5（一直如此）的 5 分量表评判它们出现的频率。参见表 12.7，了解每个分量表的平均值和标准偏差。

表 12.7 **棒球注意力和人际行为风格测试的平均值和标准偏差**

棒球注意力和人际行为风格测试的分量表	平均值	标准偏差
分散—外部（BET）	13.77	2.88
过载—外部（OET）	13.48	5.01
分散—内部（BIT）	16.74	3.77
过载—内部（OIT）	11.52	3.40
集中注意力（NAR）	31.35	6.82
注意力降低（RED）	23.00	5.83

源自：Adapted, by permission, from R.R. Albrecht and D.L. Feltz, 1987, "Generality and specificity of attention related to competitive anxiety and sport performance," *Journal of Sport Psychology* 9: 231–248.

研究和实例 更好地理解棒球注意力和人际行为风格测试的分量表如何对棒球中集中注意力提供独特的见解，你可以参考 Albrecht 和 Felts（1987）进行的一项研究。他们选取的 29 名大学棒球运动员完成了注意力和人际行为风格测试以及棒球注意力和人际行为风格测试，以及体育比赛焦虑测试和体育比赛焦虑测试 –2（二者都是焦虑测量）。研究结果表明注意分量表的所有无效设计都与表现存在负相关（根据 seasonal contact percentage 的计算）。而且，注意力下降（RED）和过载 – 内部（OIT）的无效注意力分量表都与 SCAT 测量的竞技性焦虑特征相关。总而言之，提高注意资源使用的有效性与提高表现和降低焦虑相关。

设定目标

一个众所周知但往往受到忽视的心理技能是设定目标。我们通过理解什么能够提高一个人的动机以及一个人为自己制定了什么类型的目标可以获得大量的信息。有效的目标设定可以提高表现和乐趣，增加参与度和兴趣，同时有助于为实现某个目标而保持方向并不断努力。例如，Duda（1989）发现设定自我参照和基于技能掌握的目标有助于更高的能力水平和更大的主观成功。

虽然没有具体的量表可以直接测量目标设定，但是研究人员已经开发出了各种目标设定战略。最流行的就是 SMARTS 目标方法。使用这种方法要求制定具体、可测量、可实现、现实的、及时的且自我判断的目标。研究人员除了研究人们如何使用具体的目标原则（如 SMARTS），还试图从人们如何界定成功和失败，以及这个定义对于人们的目标产生什么影响的角度来试图测量人们的目标导向。根据这种方法，研究人员开发出了在体育中的任务和自我导向调查问卷（TEOSQ）以此来测评这些种类的目标看法。

体育中任务和自我导向调查问卷

体育中的任务和自我导向调查问卷改编自 Nicholls（1989）的学术任务和自我导向调查问卷。研究人员最初开发体育中的任务和自我导向调查问卷的目的是测量体育中的成就导向。任务和自我导向解释了人们如何设定目标并界定成功与失败。任务掌握涉及通过动机来提升自我并追求主观成功（例如打破个人纪录）。相反，自我导向强调外部奖励和追求客观成功（例如赢得比赛或奖杯）。

虽然研究通常建议使用任务导向，但是很多学者现在指出，要让任务导向发挥最大有效性，运动员必须在任务和自我导向方面都取得高分。出现这种观点是因为，一个较高水平的任务导向可能实际上对于较高的自我导向的负面结果形成了缓冲，同保持两种角度各自独特的优点。因此，很多研究设计调查的是任务和自我导向各种高、低组合的互动性质。

信度和效度

体育中的任务和自我导向调查问卷往往成为测量成就导向的首选测量工具。Hanrahan 和 Biddle（2002）测试了 4 种流行的成就测量工具并断定体育中的任务和自我导向调查问卷具有更高的心理测量属性，使其成为测量体育中目标导向的出色选择。

在研发任务和自我导向调查问卷的过程中，Duda（1989）报告针对任务和自我的克朗巴哈系数信度系数分别是 0.62 和 0.85，都达到可接受的水平。后期的研究已经证明该问卷的信度，报告了相同或更高的信度系数。验证性因素分析证明该问卷是两要素结构。为了证明问卷的信度，任务和自我导向调查问卷最初与体育目标调查问卷（PSQ）相关联，其中存在明确的关系，且相关方向与预期一致。例如，在任务导向方面得分高的运动员也认为，运动的目的应该是提高技能掌握，增加合作和自尊。

常模和评分

任务和自我导向调查问卷包括 13 个项目（针对任务的是 7 个，针对自我的是 6 个），依据从 1（强烈反对）到 5（强烈赞同）的 5 分利克特量表进行评分。分值越高表明导向越强。第 2、第 5、第 7、第 8、第 10、第 12 和第 13 题测量的是任务导向，而第 1、第 3、第 4、第 6、第 9 和第 11 题则评价自我导向。

研究人员通过抽样的 322 名 11 和 12 年级的校队运动员来判断研究结果。男性的任务和自我导向的平均值分别是 4.28 和 2.89，女性的任务和自我导向的平均值分别是 4.45 和 2.59。首次研究证明在任务和自我导向方面的性别差异是显著的，然而，之后的多项研究报告的结果并不一致。图 12.4 显示了任务和自我导向调查问卷。

研究和实例

一名运动员如何界定成功和失败可以极大地影响该运动员在体育运动中的表现和参与。教练们必须认识到什么能够调动他们指导的运动员的积极性，同时还要理解不同的成就导向的影响。

例如，在任务和自我导向调查问卷的最初研发过程中，Duda（1989）发现任务导向目标角度与亲社会（prosocial）特征和价值观相关，例如合作、遵循相关规则、诚实和参与体育运动增加自尊。相反，自我导向看法与不适应性和反社会特点增加有关，这些特点包括重视个人得失、提高社会地位以及赚更多钱。

在体育运动中我感到最成功的时刻是……

任务导向	自我导向
我学会了一项新技能，它让我想进行更多的练习。	我是唯一一个能够进行某个动作或完成这项技能的人。
我学会了一些有趣的事。	我能比我的朋友做得更好。
我非常努力学会了一项新技能。	其他人不能做得像我一样好。
我非常努力地练习。	其他人会把事情搞砸，而我却不会。
我学会的某个东西让我想要进行更多的练习。	我得分或进球最多。
我学会的一项技能让我感觉非常好。	我是最棒的。
我会尽我最大的努力。	

图 12.4　体育中任务和自我导向调查问卷的问题风格

源自：Reprinted, by permission, from J.L. Duda, 1992, Motivation in sport settings. In *Motivation in sport and exercise*, edited by Glyn C. Roberts (Champaign, IL: Human Kinetics), 62.

具有自我导向，并且与较高水平的任务导向配对，并不一定带来负面的心理和行为结果。Xiang 和同事们（2007）使用任务和自我导向调查问卷举例说明了这种缓冲效果。研究人员认识到当儿童快长成青少年时，就要到能够分辨能力和努力的发育阶段，他们针对这个年龄团体抽选了 533 名五年级的学生进行测试，测评成就导向对于参加体育课程跑步项目的学生的重要性。研究人员通过使用任务和自我导向的分数应用聚类分析将样本分为 4 组：低任务—低自我、低任务—高自我、高任务—低自我和高任务—高自我。研究表明，大部分的样本都具有适应性动机模式（高任务—低自我、高任务—高自我），仅有 20% 的学生属于低任务—低自我类型。

研究同时表明，恰当的定位分组会带来更高的期望值；发现跑步更加重要、有趣和有用；表现得更好；继续进行跑步的意愿更强烈。这些结果再次表明，我们通常认为的高自我导向所带来的负面影响，在同时具有高任务导向的情况下，将会得到极大的缓解。

信心

在体育中最重要的心理因素可莫过于信心（又称为自信或自我效能）了。自信的效果之强，以至于它事实上可以让一名能力较差的运动员战胜一名能力较强但是自信水平较低的竞争对手。Nelson 和 Furst（1972）开展的一项研究说明了这种效果，其中参与者在进行掰手腕任务之前对其信心水平进行了控制。研究表明信心水平能够更好地预测成败，以至于客观上能力较弱但是信心更高的参与者几乎总能战胜能力更强但是自信不足的竞争对手。同样，Weinberg、Gould 和 Jackson（1979）以及 Weinberg、Gould、Yukelson 和 Jackson（1981）通过使用一项肌肉耐力测试表明更加自信的参与者总能非常出色地战胜不够自信的竞争对手。

研究已经表明，拥有自信具有一定的积极效果，同时往往被认为是其他建构体系中至关重要的因素。例如，有些研究人员认为信心是心理稳定中一个必不可少的组成部分（Clough and Strycharczyk，2012；Weinberg et al.，2011）。

信心（和其他特征一样）在体育中的表现可能有别于其他环境。即，一个对于从事相关工作的能力非常自信的人可能在参与某项体育运动时缺乏信心。因此，研究人员已经开发出了多个量表用于测评针对体育运动的信心。

体育信心特征测试和状态测试

Vealey（1986）开发出了体育信心特征测试（TSCI）和体育信心状态测试（SSCI）用于测量人们对于自己在体育中获得成功能力所具有的优势或把握。体育信心特征测试测量一名运动员通常具有的信念，而体育信心状态测试则测量运动员在某个特定的时刻对于自己在运动中获得成功能力的把握程度。体育信心特征测试和体育信心状态测试与 SCAT 和 CSAI-2 的相似之处在于它们分别测量焦虑特征和状态。研究人员依据一个互动式模型开发出了两个上述信心量表，在这个模型中自信特征的个体差异建构体系与客观体育情景相互作用产生了自信状态。即，根据预测，在自信特征中的个体差异影响运动员如何感知客观体育情景中的因素，使他们面对体育情景会产生一定水平的体育信心状态。

信度和效度　Vealey（1986）在一系列研究中确定了信度和效度。高中和大学运动员们分别参加两次体育信心状态测试和体育信心特征测试，相隔时间为一天、一周或一月。测试结果表示重测信度范围从相隔一月重测信度的 0.63 到相隔一天的重测信度 0.89。内部一致性很高，体育信心特征测试和体育信心状态测试的阿尔法系数分别是 0.93 和 0.95。研究人员通过分析体育信心状态测试和体育信心特征测试与其他个性建构体系之间的关系来确定结构效度。所有的这些相关性在预计的方向上都是显著的。例如，体育信心特征测试和体育信心状态测试与身体感知能力和自尊的其他相关测量都呈正相关，但是与身体和认知焦虑状态呈负相关。证明体育信心状态测试和体育信心特征测试与理论模式中的其他建构之间关系的证据确定了结构效度。例如，研究证明自信特征可以充分预测竞技前和竞技后的自信状态。图 12.5 说明了体育信心特征测试的样本题目。只要将所有题目的回答分数相加即可获得总分。

研究和实例 作为对体育信心特征测试和体育信心状态测试进行验证的一部分，Vealey（1986）请精英体操运动员在一场全国性的比赛之前的 24 小时完成体育信心特征测试并在比赛前大约 1 小时完成体育信心状态测试。此外，这些体操运动员完成了竞技性导向测试，该测试测量体操运动员是更关注表现（专注提升自身的表现）还是更关注结果（专注赢得比赛）。信心特征水平高且关注表现的体操运动员们在比赛即将开始时展现出最高水平的信心状态。这说明运动员的自信和他们的竞技导向之间互动的重要性。从本质上来说，似乎总体自信且专注发挥自身最佳水平而非专注赢得比赛的运动员到了比赛时将会是最自信的。因为体育心理学中大量的研究已经表明信心水平越高，则表现水平越高，所以教练和父母们必须培养运动员们专注自我提升而非仅仅赢得比赛的导向。

当你在竞技的时候，总体感觉的自信水平？（圈选对应的数字）	低		中		高	
1. 你对于自己实施成功必备技能的信心与你认识的最自信的运动员进行对比。	1 2 3		4 5 6		7 8 9	
2. 将你对自己竞技中进行关键决策能力的信心与你认识的最自信的运动员对比。	1 2 3		4 5 6		7 8 9	
3. 将你对自己在压力下竞技能力的信心与你认识的最自信的运动员进行对比。	1 2 3		4 5 6		7 8 9	
4. 将你对自己执行成功战略能力的信心与你认识的最自信的运动员进行对比。	1 2 3		4 5 6		7 8 9	
5. 将你对自己为了取得成功而充分集中注意力能力的信心与你认识的最自信的运动员进行对比。	1 2 3		4 5 6		7 8 9	

图 12.5 体育信心特征测试的样本题目

源自：Reprinted, by permission, from R.S. Vealey, 1986, "Conceptualization of sport confidence and competitive orientation: preliminary investigation and instrument development," *Journal of Sport Psychology* 8: 221–246.

在试图调查使用想象和信心之间差异的过程中，Abma 和同事们（2002）对一个田径运动员样本进行了体育信心特征测试和两个想象测量。虽然信心与体育体验结果没有显著性关系，但是信心水平较高的运动员使用更丰富的想象且频率显著更高。然而，虽然研究表明信心水平高的运动员使用想象的频率更高，但是他们使用想象的技能却与其他信心水平较低的运动员相比并没有差别。这表明想象和信心之间的关系可能更多地与使用想象的频率而非想象能力相关。

运动心理学中使用的各种量表

运动心理学主要研究运动对心理和情感方面以及促进身体活动和健康行为的影响。和体育心理学一样，运动心理学是一个跨学科的领域，它结合了各种不同体系的知识。许多学科包括生物和社会科学、健康心理学、神经科学和运动科学都对运动心理学这个学科做出过重要贡献。因此，我们能够理解，在一个如此多样性的学科中进行测量可能是一件富有挑战性且涉及多个方面的事情。然而，理解心理决定因素和结果从来没有像现在这样重要，因为肥胖、不能坚持实施运动项目等公共卫生健康方面的担忧在全球范围内不断升级。

运动心理学中使用的调查问卷针对一系列因素，包括有关运动的自我感知、情绪（如抑郁）、动机、态度和情感。因为运动心理学是一个多维且跨学科的领域，结合多个调查问卷可以让我们更加全面地了解相关的参与者。接下来我们将简单了解一下运动心理学中常用的一些调查问卷。

运动动机

随着社会上肥胖或超重人数的增加，人们对于参与体力活动和运动的原因产生了浓厚的兴趣。1989 年的个人运动鼓励调查问卷和1993 年的运动动机测试（Markl and Hardy，1993）等多个量表，虽然从心理测量的角度来说都有一些局限性，但是最初研发的目的都是测评运动积极性。

运动动机量表

运动动机量表（EMS）（Li，1999）的研发目的是测评自我决定理论的连续区中的 4 个外部调节子类型——外部调节、认同调节、整合调节和内投调节。此外，Li 还加入了 Valler（1997）对于内在动机的三维观点。Valler 认为内在动机包括认知、取得成就和体验刺激的内在动机。最后，研究人员还开发出了缺乏动机分量表用于测评动机缺乏程度。

信度和效度　研究人员对 571 名大学生实施了运动动机量表的测评（图 12.6）；参与者同时还完成了感知运动能力、运动自主性、社会相关性、兴趣和努力程度的测量。内部一致性的信度预测范围从 0.75 ～ 0.90。验证性因素分析的模型拟合统计量对于大多数的指数来说都低于可接受的水平。然而，Li 认为由于内化程序，单形体模型分析对于研究运动动机量表的可维持性更适用。

单形体模型的分析涉及研究有望形成一个有序模型的多个分量表之间的相互关系。Li（1999）指出这些关系的顺序提供了证据证明因素效度。Li 报告称"对于精选的运动动机的前因和后果进行的测试也为法则效度提供了证据……"与相关数据有着一定的拟合性。Li 得出结论，运动动机量表是"一个在理论上正确且在方法上有效且可靠的测量方法"。

回答评分依据的是一个从 1（强烈反对）到 6（强烈赞同）的量表。我支持运动或不运动的理由包括：（圈选数字）

	强烈反对			强烈赞同	

1. 因为我认为运动对我的健康有益。（认同调节）　　　　　1　2　3　　4　5　6
2. 因为它与我的价值观一致。（整合调节）　　　　　　　　1　2　3　　4　5　6
3. 因为我参与时感到其他人给我的压力。（外部调节）　　　1　2　3　　4　5　6
4. 我对此不清楚。（缺乏动机）　　　　　　　　　　　　　1　2　3　　4　5　6
5. 为了获得它给我增长这项活动知识的满足感。（学习的内在动机）　1　2　3　　4　5　6
6. 为了享受这项活动带来的愉悦感。（体验刺激的内在动机）　1　2　3　　4　5　6
7. 如果不抽出时间来运动我会感到内疚。（内投调节）　　　1　2　3　　4　5　6

图 12.6　来自运动动机量表的样本题目（运动或不运动的原因）及其相应的分量表
源自：Based on Markl and Hardy 1993.

虽然 Li 的研究对于运动动机量表的信度和两种形式的效度（因素结构与相关建构体系的关系）提供了初步证明，但是 Wininger（2007）进行了进一步的测试。通过使用 143 名参与者得出的 8 个分量表的内部一致性信度预测值范围是 0.75～0.90。

研究和实例　Wininger（2007）调查了运动动机量表和从跨理论模型（我们将在本章后面的内容中对此进行讨论）衍生的各个相关变化阶段之间的关系，因为根据预计人们参与运动的原因与他们支持运动的原因是相关的。结果表明，正如预测的那样，人们的缺乏动机等级水平在前预期阶段是最高的，这个阶段人们倾向于关注运动的负面内容。随着我们获得较高的运动水平，缺乏动机的分数也会逐渐降低。同时，根据预测，随着变化阶段模型的各个阶段显示越来越高的运动水平，运动动机量表的本身的分量表的分数变得更高。相反，当运动水平根据变化的各个相关阶段出现降低时，运动动机量表的外部分量表的分数变得越来越高。因此，从实际的角度来说，练习者应该试图让练习尽可能地有趣而愉快，因为这样做一般从长远来看都会增加运动的水平（频率和强度更高）。

在运动调查问卷中的行为改变

另一个源自自我决定理论的针对运动的动机测量是由 Mullan（1997）等人开发的运动中行为改变的调查问卷（BREQ）。要测量多维动机因素，该问卷包括外部调节、认同调节、内投调节和内在动机分量表。基于自我决定理论，运动中行为改变的调查问卷提出，运动动机是一个从内在到外在的连续测试的过程。因此，这些分量表应该是截然不同的，但却并不相互排斥。

信度和效度　总体来说，运动中行为改变的调查问卷有着很强的心理测量属性，其分量表的信度系数始终大于 0.70。而且，大量的研究通过验证性因素分析证明了四因素结构。研究人员通过对比概念相似的量表证明了聚合效度，同时也证明了因素效度和结构相关效度。而且由于阿尔法系数范围是 0.76～0.90，因此运动中行为调节的调查问卷表现出较好的内部一致性。

由于运动中行为改变的调查问卷被视为一种可靠且有效的测量工具，所以研究人员试图在保留该测量工具的最初结构的同时创建补充缺乏动机和综合调控分量表。Markl 和 Tobin（2004）修改了运动中行为改变的调查问卷，加入了缺乏动机，即没有重视运动。此次修改中保留了运动中行为改变调查问卷最初的 4 个分量表。为了判断新增的分量表的心理测量属性，以及确认保留了原有的各种属性，研究人员抽选了580 位运动参与者并向其发放了调查问卷，共有 201 人完成并返回问卷。调查结果令人鼓舞，新增的缺乏动机等级的因素效度得到证明，且相关的心理测量属性也得以保留。后来的多项研究显示所有分量表克朗巴哈系数均超过 0.75，从而证实了修改版的信度。

后来，为了弥补缺少综合调控分量表，Wilson 和同事们（2006）进行了一系列的研究来研发和测试一套补充题目。同样，加入的新题目没有降低原等级的心理测量属性，同时扩展了实用性。分量表的信度也得到了支持，因为估计值通常超过 0.70，相隔 2 周的重测信度范围为 0.70 ~ 0.88。新的综合调控的分量表与运动动机量表（前文已经讨论过）的综合调控的分量表存在显著相关性，从而证实了聚合效度。

常模和评分 运动中行为改变的调查问卷包含 15 个题目，其中外部调节 4 题、内投调节 3 题、认同调节 4 题和内在动机 4 题。

运动中行为改变的调查问卷 –2（BREQ–2）新增了 4 道缺乏动机题目，测试题目总数增至 19 题。同样，Wilson 等人（2006）研发出来的综合调控分量表包含 4 道题。

运动中行为改变的调查问卷不论其版本，评分依据的量表范围都是从 0（在我看来不是真的）到 4（在我看来非常真实）。问题都遵循"你为什么运动？"这个问题。表 12.8 显示的是 BREQ–2 的平均值和标准偏差。

表 12.8 运动中行为改变的调查问卷 –2 的平均值和标准偏差

分量表	平均值	标准偏差
内在动机	2.80	1.02
认同调节	3.24	0.87
内投调节	1.74	1.25
外部调节	0.59	0.90
缺乏动机	0.30	0.68

源自：Adapted, by permission, from D. Markland and V. Tobin, 2004, "A modification to the Behavioural Regulation in Exercise Questionnaire to include an assessment of motivation," *Journal of Sport & Exercise Psychology* 26(2): 191–196.

研究和实例 实践中，运动中行为改变的调查问卷始终能够区分积极参加运动和不积极参加运动的团体，同时还能区分参与者之间有关运动所处的不同阶段。Edmunds（2007）曾使用运动中行为改变的调查问卷 –2 来测评一个身体超重或肥胖的参与者坚持一个规定练习所产生的各种影响。共有 49 名年龄为 16 ~ 73 岁的参与者完成了运动中行为改变的调查问卷 –2，以及心理需求满足、运动行为和各种其他因素的测量。在参与者进行规定的运动之前，研究人员采集了他们的基准测量数据，然后在参加项目 1 个月和 3 个月时再次采集测量数据。这项研究的成果表明，行为改变和坚持、承诺、功效以及许多其他的测量之间存在各种各样的关系。例如，随着时间的推移，认同调节（例如评价一个目标）和承诺降低了，而内投调节（例如取悦他人的愿望）增加了。这些研究结果表明，虽然很多人可能在开始某项运动项目时具有自动动机和决心，但是坚持这个项目的种种困难可能会导致参与水平的降低，或者出于责任或愧疚感进行相关项目的参与者仅坚持了较短的时间。然而，那些保持（或培养了）较高水平的自动动机的人却表现出较高水平的运动、承诺和自我效能，这有助于克服运动的种种障碍。

运动和体力活动变化的各个阶段

Marcus（1992）研发出了运动和体力活动变化阶段的量表用于测量参与者在某个特定的时间点所处的具体运动阶段。这些阶段大致介于状态和特征之间，虽然这些阶段可能持续较长的时间，但是也可能会出现变化。这是大部分高风险行为的本质特征：长时间稳定，但却能够发生变化。研究人员研发出这些变化阶段，或者说跨阶段理论模型，将其用作一个框架，用以描述某个行为的习得和保持所涉及的各个阶段（Prochaska and DiClemente，1983；Velicer and Prochaska，1997）。具体来说，Marcus 和同事们（1994）认为开始一种新的生活方式行为的人会依次经历以下几个阶段。

- ·无准备阶段：没有改变行为的意愿。
- ·犹豫不决阶段：有意改变行为。
- ·准备阶段：准备行动。
- ·行动阶段：进行行为改变。
- ·维持阶段：保持行为改变。

有人认为，当人们接受生活方式的各种行为时，他们将以不同的速度依次经历上述这些阶段。有些人可能依次完成每个阶段，有些人可能在某个阶段停滞不前，还有些人可能会返回到之前的阶段中。

信度和效度

Marcus 和同事们（1992）进行了 3 项研究，目的是提高和完善变化阶段工具的效度和信度。研究人员通过修改之前为戒烟而研发的当时已经存在的一个工具，开发出了最早的变化阶段工具（SCI）。研究人员通过研究得出这个新的量表的重测信度估计值为 0.78。此外，通过变化阶段工具与 7 日身体活动回忆调查问卷（Marcus and Simkin，1993），结果发现二者存在显著相关，研究人员证明了该量表的同时效度。

变化阶段工具一直用于将参与者分成多个运动变化阶段，从而制定具体的干预措施帮助处于各个阶段的人们。一个 5 分利克特量表用于每一题的评级，等级范围从 1（非常同意）到 5（强烈不同意）。参与者被纳入他们支持最强烈（即同意或非常同意）

的题目所对应的阶段。如果没有通过选择（同意或非常同意）来回答任何一题的参与者将不纳入任何一个阶段。图 12.7 显示了各个具体的阶段和对应的等级题目。

研究和实例

上文提到，变化阶段模型的一个主要优点是它通过指出一个人在某个特定的时间点所处的相对准确阶段来帮助运动参与者制定个性化的行为干预方法来增加运动。Marcus 和同事们（1994）使用这种方法对 610 名年龄在 18 ～ 82 岁的成年人进行了测试，同时使用变化阶段工具将他们归类为该模型包含的 5 个变化阶段之一。研究人员设计了一个为期 6 周的干预措施，使用书面资料和具体的运动机会，针对每个参与者具体的准备阶段。研究结果表明，65% 的参与者在思考阶段变得积极，61% 的参与者在准备阶段变得更加积极。从使用的角度来说，运动参与者可以通过根据参与者所处的具体的运动变化阶段来制定针对性的干预措施从而实现更高水平的参与。从本质上来说，实践者们可以设计具体的运动项目和教育材料，使其对处于运动变化的某个阶段的人具有特别的激励作用和相关性。因此，可以使用具体的程序来促进一个阶段项向下一个阶段转换。这样做，反过来应该可以提高运动的参与度和持续性。

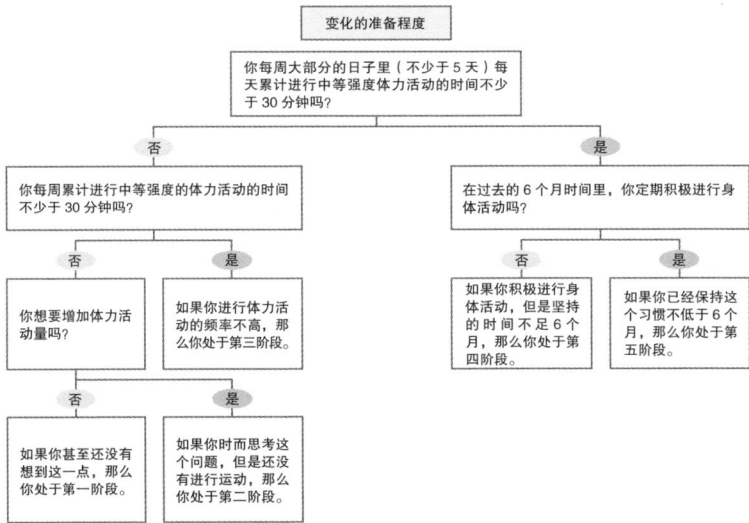

图 12.7 变化的准备程度流程图

源自：Reprinted, by permission, from S.N. Blair et al., 2001, *Active living every day* (Champaign, IL: Human Kinetics), 9.

体育运动中使用的一般心理量表

虽然体育心理学的趋势一直以来都是研发针对体育的心理测试版本，但是在体力活动和竞技性体育中经常使用几个常规的心理测试。这些测量从表现提升和心理健康两个方面极大地丰富了体育心理文献。

自我动机测试

自我动机测试的设计目的是测量一个人的毅力，最初开发时主要用于运动坚持研究（Dishman and Ickes，1981）。因为开始运动项目的所有人中大约有 50% 的人会在前 6 个月中半途而废，弄清楚什么类型的人坚持或退出某项运动项目的可能性更大，这一点很重要。

信度和效度

研究人员通过对一个包含 400 名男、女本科生的样本进行研究确定了内部一致性的信度，同时研究表明相关题目的信度很高（$r=0.91$）。研究还表明重测信度（相隔 1 个月的时间）很高（$r=0.92$），因此说明了自我动机（采取行动的愿望）建构的稳定性。研究表明结构相关效度很高：自我动机测试始终能稳定地区分在体育和成年人健身环境下能否坚持运动项目的人。此外，自我动机与社会期望、成就动机、控制点和自我力量之间的相互关系为自我动机测试的结构效度提供了区分和聚合效度证据。

自我动机测试包括 40 道利克特形式的问题，要求参与者描述相关陈述内容与自己认知的相似程度。回答的范围从 1（极其不像我）到 5（极其像我）。为了减少反应偏差，其中包括 21 道正面陈述的问题和 19 道负面陈述的问题。图 12.8 提供了来自自我动机测试的样本题目。

	极其 不像我	有些 不像我	既不像我 也没有不像我	有些 像我	极其 像我
1. 我不太擅长坚持做一些事情。	1	2	3	4	5
2. 每当我厌倦了开始的项目，我就放弃它们转而做其他事情。	1	2	3	4	5
3. 遇到有压力的任务时我可以坚持，即使这些任务让身体疲惫或疼痛。	1	2	3	4	5
4. 如果有些事情需要花费很大力气去做时，我可能会彻底置之不理。	1	2	3	4	5
5. 我非常注重培养和保持自律。	1	2	3	4	5
6. 我擅长遵守承诺，尤其是遵守对自己许下的诺言。	1	2	3	4	5
7. 我的努力水平不会超过必要水平。	1	2	3	4	5
8. 我很少将自己的能力发挥到极致。	1	2	3	4	5

图 12.8　来自自我动机测试的样本题目

源自：With kind permission from Springer Science+Business Media: *Journal of Behavioral Medicine*, "Self-motivation and adherence to therapeutic exercise," 1981, 4: 421–436, R.K. Dishman and W. Ickes.

研究和实例

上文提到，研究人员最早设计自我动机测试的目的是将其用作判断一个人坚持从事运动项目的潜在性情测试。按照这些方法，Dishman 和 Ickes（1981）在一组人进行某个运动项目之前对其进行自我动机测试以及一系列其他心理和生理的测评。对于定期安排的运动项目的坚持比率进行为期 20 周的测评。研究发现仅自我动机和体脂百分比能够预测哪些人将坚持或退出上述运动项目。事实上，自我动机和体脂百分比（如果结合在一起）能够将参与者分成坚持运动项目和退出运动项目两组的准确率达到约80%。

这一结果对于作为健康和健身领域从业者的你来说有着重要意义。具体来说，如果一个人的自我动机水平较低，这个人退出相关运动项目的可能性就越大。了解这一点，我们必须为这类人提供额外的强化和鼓励。

情绪状态测试量表

McNair 等（1971）最初开发心理状态量表的目的是提供一种情绪状态即一个人心理情绪状态、情感、倾向或性情的测量方法。该情绪状态测试量表有 6 个分量表，每一个分量表代表一种情绪：活力、慌乱、焦虑、紧张、愤怒和疲劳。使用情绪状态测试量表时可以指导参与者表达他们当时的感受或近一周或近一个月的感受。因此，它既可用作一种状态测量，也可用作一种特征测量。

在体育和运动环境下心理状态量表的使用如此广泛以至于《应用体育心理学杂志》（*Journal of Applied Sport Psychology*）（Terry，2000）就此出版了一期特刊。心理状态量表一直以来都是测量情绪的主要方法，根据 Morgan（1980）的部分独创研究将身体活动和心理健康联系起来。虽然这种测量手段在预测成功和不太成功的运动员的表现时并非没有争议，但是它仍然是体育和运动环境下一个最稳定的情绪测量方法。

信度和效度

McNair（1971）发现心理状态量表的信度和效度在 3 个时间段里没有变化。虽然这种心理量表预计随着时间的推移将会发生变化，但是研究表明 6 个分量表的重测信度系数从代表活力的 0.65 到代表抑郁的 0.74。研究表明每个分量表的内部一致性信度始终处于较高水平，信度预测值大约为 0.90。研究人员通过将 6 个心理状态量表的分量表与其他个性测量联系起来确定了结构相关效度；每个分量表的结果始终处于预测方向上。这个量表包括依据一个从"根本没有"到"极度"的 5 分利克特量表进行评分的 65 道题。

研究和实例

心理状态量表一直广泛用于研究精英运动员在某个赛季的情绪。一系列研究调查了精英摔跤运动员、长跑运动员、游泳运动员和赛艇运动员的心理状态，运动员们在某个赛季的不同时间完成了心理状态量表。得出的一个稳定发现是成功和不太成功的运动员在心理状态方面存在差异。运动员越成功，在活力等级（一个积极的特征）中的得分就越高，但是在所有其他等级（消极特征）中的得分就越低；不太成功的运动员则在所有消极心理状态方面的得分较高，而在积极活力等级中的得分较低。研究人员通过对于心理状态量表的深入研究发现，在调查情绪（通过心理状态量表进行测量）和运动表现之间的关系时实际上必须考虑个体的差异。具体来说，每个运动员距离其最佳情绪状态的差距量与表现相关。从本质上来说，运动员的情绪与其最佳状态（不论积极或消极）偏离的越多，表现越差。因此，从教练指导的角度来说，个性化调整运动员的情绪状态使其产生最佳表现，这一点很重要。这可能涉及对与情绪状态和表现进行多次测评从而确定与巅峰表现相关的情绪状态的类型和水平。

	一点也不	一点点	正常	有点多	非常
1. 活跃热情的	0	1	2	3	4
2. 积极的	0	1	2	3	4
3. 精力充沛的	0	1	2	3	4
4. 警觉的	0	1	2	3	4
5. 劲头十足的	0	1	2	3	4
6. 无忧无虑的	0	1	2	3	4
7. 充满活力的	0	1	2	3	4

图 12.9　情绪状态剖面的活力分量表。
源自：Reprinted, by permission, from D.M. McNair, M. Lorr, and L.F. Droppleman, 1971, *EdITS manual for POMS* (San Diego: Educational and Industrial Testing Service).

注意力和人际行为风格测试

Nideffer（1976）开发出了注意力和人际行为风格测试用于测量一个人的注意力和人际特征、注意焦点的适合程度，以及是否具备从一个注意焦点向另一个注意焦点转换的能力。注意力和人际行为风格测试依据一个试图根据人际行为和注意力与生理的激发之间的互动来预测行为的理论。根据假设注意力随着两个围度进行变化：宽度（宽—窄）和方向（向内—向外）。根据假定，注意力和人际行为二者都有状态和特征内容，同时可以与控制激发来研究这些量表。这项测试包括 6 个注意力分量表、2 个反映行为和认知控制的分量表以及 9 个人际分量表。在体育心理学中，大多数的研究者和实践者都重点关注注意力分量表。

信度和效度

虽然 Nideffer（1976）最初是通过使用大学生为样本研发出的注意力和人际行为风格测试，但是研究人员通过使用不同的样本进行各种不同的研究证明了注意力和人际行为风格测试的信度和效度。相隔两周的重测信度范围是从 0.60 ～ 0.93，中位数为 0.83。研究人员通过将注意力和人际行为风格测试量表的分数与其他心理测量工具的分数关联起来研究了前者的结构相关效度。研究结果的总体模式表明，注意力和人际行为风格测试的分量表与概念相似的量表存在相关性，但是与测量其他建构体系的量表没有相关性。注意力和人际行为风格测试的相关分量表与未来行为之间的相关性证明了该测试的预测效度。例如，在测量犯涵盖不足各种错误的趋势的分量表中得分较高的游泳运动员，他们的教练对他们进行的评价是压力导致发挥失常，当他们初期出现表现失误时会崩溃，并担心某个事情且无法思考其他事情。研究发现，注意力和控制能力差以及犯涵盖不足错误的倾向与表现不足有关。表 12.9 描述了 6 种注意分量表。虽然 Nideffer（2007）提出了积极证据证明了注意力和人际行为风格测试的心理测量属性，但是其他研究人员对于其信度和效度提出了重大担忧，尤其是分量表独立性的假设 （Dewey et al., 1989; Ford and Summers, 1992; Abernethy et al., 1998）。

总体来说，人们似乎在一定程度上支持将注意力和人际行为风格测试用作一种诊断工具来帮助运动员们发现可能影响表现的各种注意力问题（Bond and Sargent, 1995）。然而，对于将其用作一种研究注意力和运动表现之间关系的工具，没有足够的经验证据（Abernethy et al., 1998）。

表 12.9　注意力和人际行为风格测试的注意力分量表

等级	描述
宽广—外向	高分表示同时有效整合很多外部刺激的能力
外部刺激超量	高分表示面对外部刺激时出现困惑和过载的趋势
宽广—内向	高分表示同时有效整合多个想法的能力
内向—过载	高分表示面对内部刺激出现过载的倾向
聚焦范围集中	高分表示适当的时候能够有效缩小注意范围的能力
聚焦范围缩小	高分表示注意力长期较窄

源自: Data from R.M. Nideffer, 1976, "Test of attentional and interpersonal style," *Journal of Personality and Social Psychology* 34: 394–404. Copyright © 1976 by the American Psychological Association.

研究和实例

上文提到，注意力和人际行为风格测试一直用于多项体育运动和多名运动员的实际环境中，这为研究人员提供了大量的有关注意力与表现之间关系的信息。在 Martin（1983）进行的一项研究中，高中篮球球员在赛季之前完成了注意力和人际行为风格测试的窄焦点和外部刺激超量分量表测试。在窄焦点分量表中得分较高的球员的罚球准确率远高于那些在外部刺激超量分量表中得分较高的球员。这项发现可以帮助教练分辨罚球潜力高和低的球员。一个球员在外部刺激超量分量表中得分较高，这表明该球员在提高应对投罚球时众多潜在干扰的有效性方面需要帮助。注意力控制训练旨在将注意力集中在相关的信号（篮筐）上同时排除其他不相关的信号（观众发出的噪声或所做的手势）。在赛季开始时使用这种训练可以帮助球员在投罚球时培养更好的注意力技能。

数据集应用

第 12 章的大数据组包含了 200 名 12 岁男孩和女孩的数据。这些变量包括 Fitnessgram 测评系统渐进式有氧心肺耐力跑（PACER）的测试结果、健康体适能区（HFZ）成绩、体重指数（BMI）、学生对于 12 个身体满意度方面问题的回答、6 个耐力自我效能问题以及身体满意度和耐力自我效能量表的总分。判断以下内容。

1. 12 个身体满意度变量的阿尔法系数是多少（第 6 章）？

2. 6 个耐力自我效能变量的阿尔法系数是多少（第 6 章）？

3. 身体满意度量表和耐力自我效能量表之间的皮尔逊积矩相关系数是多少（第 4 章和第 12 章）？

4. 处于 Fitnessgram 测评系统渐进式有氧心肺耐力跑健康体适能区的学生所占的百分比为多少（第 3、第 7 和 10 章）？

5. 体重指数与渐进式有氧心肺耐力跑圈数之间的皮尔逊积矩相关系数是多少（第 4 章）？

6. 达到和没有达到 Fitnessgram 测评系统健康体适能区的人之间在身体满意度、耐力自我效能、体重指数与 PACER 圈数方面是否存在差异（第 3 章和第 5 章）？

7. 回答你对该数据组可能提出的其他的一些感兴趣的问题。

测量与评价的案例思考

Bill 教练在读完本章之后对于他所能使用的一些类型的心理测试有了更深的认识。他了解对运动员进行心理测试的指导原则，同时他知道如果使用针对体育的测试可以获得最佳的预测结果。了解这些信息，他决定采取以下方法。

1. 他将聘请一名合格的体育心理学家来协调处理心理评价并对所有的心理测试进行解释。

2. 他和测试的实施者将告诉他指导的运动员相关测试的具体用途并对他们的测试结果提供反馈。

3. 他将在赛季开始之前使用几个特征测试，例如体育比赛焦虑测试（SCAT）和体育信心特征测试（TSCI）以及较新的一个多维等级测试（ACSI-28）从而深入了解运动员们总体的心理状况。

4. 他将在比赛即将开始时使用体育比赛焦虑测试 -2（CSAI-2）和体育信心状态测试（SSCI）等测量工具来对运动员进行测评，从而判断他们在比赛即将开始时的感受。

5. 获取这些信息后，他和相关体育心理学家一起共同制定一个心理训练项目帮助运动员练习和提升他们的心理技能。

通过将这种心理测试和训练与各身体方面训练的指导和练习结合起来，他希望他指导的橄榄球队员将做出最充分的准备从而发挥最佳水平。

小结

一直以来，体育和运动心理学这个领域都在快速发展，主要包括两个方面，即表现提升和心理健康。这种发展的内容之一涉及发展和完善心理特征和状态的测量。这些进步突出了有关体育和运动环境下心理测试使用和滥用的各种问题。美国精神病学协会提供了使用心理测试的指导原则，确保运动员们受到的待遇符合道德标准且测试实施和反馈的方法是负责任的。

虽然许多早期的运动心理学的研究都使用了标准化的心理量表来测评个性和其他心理建构体系，但是研究人员已经研发出了更多的定性的方法，其中包括深入的面谈和观察。随着人们对于定性方法越来越重视，通过研发各种针对体育的心理测试实现了对体育和运动环境下的行为进行更加准确和可靠的预测。虽然有很多人使用的量表的信度和效度还没有得到证实，但是研究人员正从心理测量的角度精心研发更多针对体育的心理测试。其中较为值得关注的一些量表是体育比赛焦虑测试、体育比赛焦虑测试 –2 和体育信心特征测试和体育信心状态测试。此外，研究人员已经研发出了针对运动和身体活动变化阶段的量表，用于分辨参与者运动行为所处的具体阶段，从而可以针对这个特定的阶段制定相应的干预措施。

心理技能培训也得到了快速发展，与此同时，人们需要准确的测量工具。研究人员已经开发出了各种调查问卷来评价想象、自言自语、集中注意力、设定目标以及其他技能。动作想象生动性调查问卷 –2、针对体育的自动性自言自语调查问卷、棒球注意力和人际行为风格测试和体育中的任务和自我导向调查问卷等各量表已经表现出令人满意的心理测量属性，同时提高了测量实践者测量心理技能和心理技能培训项目有效性的能力。虽然开发针对体育的测试已经成为一种趋势，但是在体育和运动环境中有几个通用的心理测试也得到了广泛使用，这些测试丰富了我们对于体育相关行为的理解。这类量表包括自我动机测试、注意力和人际行为风格测试和心理状态量表。

要记住大多数的测量工具都包括多个等级。这是因为心理测量需要反映个性、感知和其他心理因素的多维性。个性和其他相关的建构体系本质上包含多个因素。各分量表有助于研究人员了解这些不同的因素。事实上，体育和运动心理学界一直有一个趋势，即开发测评各种心理特征或技能且本质上是多维的量表。然而，多个因素得到了测评；每个因素的测试一般只有几个题目组成，因此其可靠性可能不及关注一项心理技能的量表（例如焦虑和信心）。

课堂教学评分：总结性评价

概要

学习目标

学完本章，你将能够掌握以下内容。

· 列出定级的正确标准。

· 说明测试或表现定级的方法。

· 使用相关的方法来确定最终等级。

你们还将理解等级成绩的多种用途，包括以下几个方面。

· 激励和指导学生的学习、教育和职业规划以及他们的自我发展。

· 将学生取得的进步告知学生及其父母。

· 压缩信息用于判断大学录取、研究生录取以及奖学金的得主。

· 让相关用人单位了解学生的优点和不足。

· 帮助学校根据学生的需求和兴趣爱好提供针对性的教育，并对各种教学方法的有效性进行评价。

测量与评价的案例思考

　　Tom 是一名高中体育老师，他正准备教一个单元的网球课。他希望对这个单元的认知和精神性运动方面的内容分配相同的比重。他凭借经验计划在这个单元中进行两个书面测试来测量认知方面的学习目标：第一次考试占总分的 20%，最后一次考试占总分的 30%。他计划使用两个技能测试，即发球和击触地球，以此来测量本单元的精神性运动目标的完成情况。发球测试将占总分的 35%，而击触地球测试将占总分的 15%。他应采取什么步骤来确保每个学生的最终综合分数能够反应这些比重呢？

　　虽然本章主要是针对那些计划成为体育教师的学生所写的，但是其中很多概念对于涉及从多项测量获取综合分数的各种情况都是有关联的。公立和私立学校对学生表现的测评一般最终都会出具成绩报告。定级是一个具有挑战性的过程，许多刚刚从事教学的教师，甚至是经验丰富的教师都不太喜欢经历这个过程。教师们喜欢给高分而不喜欢给低分；学生们喜欢拿高分却不喜欢拿低分。然而，有志成为教师的学生们必须认识到评分定级是体育教学的一项专业职责和重要内容。

　　多年来，研究人员一直试图为许多公立学校的教学制定课程标准。其中大部分的尝试是在地方或州一级的层面上进行的，但是偶尔有些也出现在国家层面上。虽然大部分这些努力都是关于课堂学科如数学、英语、科学和社会研究，但是也有一些试图制定一个全国性的体育课程。有关体育的尝试较少，这很可能是因为对于教学内容的观点、教学设备和设施的有无情况以及当地风俗都存在很大的差异。

　　一个综合的例子是美国健康、体育、娱乐和舞蹈联盟（现更名为美国健康与体育教育者学会）下属的国家体育运动和体育教学协会（NASPE, 2008）制定的体育教学测量项目（P.E. Metrics）。根据广告宣传的内容，该项目依托多种标准对认知和运动技能进行综合测评。该项目试图帮助体育教育工作者找到可靠且有效的测量工具用于定级涉及的测评过程。在本章中，这些方面测量的重要性就不言而喻了。随着人们开始需要准确测量工具，在给每个学生进行最终定级的过程中还要考虑许多其他细节问题。本章后面的内容也会对这些问题进行探讨。

　　除了要应对定级过程中出现的许多小困难之外，你还要认识到，分数等级作为一个人对另一个人的测评，是基于主观测评的。有时一组成绩等级中包含的主观性比重较大。此类情况的例子包括通过评判学生在作文考试中所写的文章进行定级以及根据学生参与课堂讨论的情况进行评分定级。甚至有时通过准确且客观的方法所定的等级往往包含的主观性超出你的想象。客观测试（对错题、多选题等）要求一定的主观决策，例如决定测试中加入哪些题目以及每个题目怎样的回答才是最正确的。教师们常常会设计一个精确的公式用于将学生的某些成绩结合在一起，但是这种公式通常基于教师对于各学习目标赋予的主观权重，类似于本章开篇处描述的测量与评价的案例思考中 Tom 所选的那些权重设置。因此，虽然有些成绩等级涉及的主观性相比其他成绩等级更多属于实际情况，但是所有成绩等级都涉及一定程度的主观性，这也是实际情况。

教师们必须努力确保测评的可靠性以及话题的相关性，从而使成绩等级能够真实反映成绩。

　　一般来说，评分定级体系中涉及的主观程度越高，可靠性越差。换句话说，一个主观体系，如果进行重复使用，同一学生很可能得到不同的成绩等级。这种缺乏客观性以及随之而来的可靠性的下降导致了第二个更为严重的有关分数等级的担忧：对于某个特定的分数等级所代表的含义缺乏一个统一的理解。影响分数等级的因素包括使用的评分系统类型、定级的特定教师、班级的组成、评分定级的机构以及许多其他因素。例如，E 在一个评分定级体系中可能代表优秀，而在另一个评分定级体系中则代表不及格；一位极少给出 B 的教师给出等级 B 与一个很少给出 B 以下等级的教师所给出的 B 有着不同的含义；在优生班获得 A 要比在成绩较差的班获得的 A 可能代表一个更高的成绩；相同水平的表现在一个机构中可能得 A，而在另一个机构中的得分则较低。

　　使用客观性不足的证据会导致成绩等级信度降低。同样，缺少一个对于某个特定分数等级含义的明确和普遍接受的定义，这会影响分数等级的效度。分数等级应该能够反映一个人完成相关课程学习目标的程度，但却常常受到很多其他因素的干扰。

　　我们没办法明确规定具体的评分定级规则，因为评分定级的各种环境之间在某些方面都存在差异。这些差异存在于教学技巧、课程学习目标、可用的设备和设施以及班级中学生的类型。然而，一个有效且一致的评分定级程序可以让教师和相关学生对于所给的分数等级抱有信心。如果一个学生理解并接受教师的评分等级体系，他可能对于较差的得分等级会不开心，但是却可以承认评分的公平性。你是否曾因得到了一个与你预想的不同的分数等级而不开心？如果你觉得教师的评分定级方法对所有学生是公平的，接受一个不理想的成绩等级是否更容易些？本章的重点在于为你提供必要的技能和知识，以便在你的专业教学中研发和采用良好的评分定级做法。你们可以将这些做法应用于教学环境或其他任何需要对于完成目标程度进行最终测评的类似的环境。

评估和标准

在第 1 章中我们定义了几个对于测量与评价过程中很重要的词汇。我们区分了形成性评价和总结性评价，前者是在教学或培训项目之中进行的，而后者则是在教学或培训项目将要结束时进行的最终的综合判断。评价源于一个对测量进行质量判断的决策过程。在体力活动教学中，教师们在教学过程之初和过程中进行形成性评价，并用其发现学生成绩中的薄弱环节并指导（或纠正）后面的学习活动。形成性评价可以是一项正式的测量活动（例如教学开始之前的预备考试），也可以是教师所给出的非正式的主观评价（例如网球练习中的口头反馈）。本章重点介绍正式的总结性评价，其中包括进行这类评价所需的正确步骤，以此来判断一个学生在整个相关教学单元中总体表现的最终分数等级或完成学习目标的最终成绩。

为了判断表现的质量，相关表现必须与某个标准进行对比。在第 1、第 6、第 7、第 9 和第 10 章中我们已经探讨了用于评价的常模参考标准和标准参考标准。简单回顾一下，常模参考标准是通过将一个人的表现与性别和年龄相同的其他人或其他明确定义的组进行对比而制定的。制定这种标准通常要求进行某些类型的数据分析。另一方面，标准参考标准是根据过去的数据库或专家的观点制定的，在参与者开始表现之前事先确定的具体的一个表现水平。在标准参考的评价中，评判一个参与者达标（通过）或不达标（不通过）。而在常模参考评价中，通过对参与者的得分进行对比，根据对比结果的排位将参与者按照从优到差的顺序进行排列。在继续学习本章的内容之前，你应该回顾第 1、第 6 和第 7 章的内容并复习形成性评价和总结性评价，以及常模参考标准和标准参考标准。

@ 可观看视频 13.1。

评分过程

应该在哪些方面对学生或科目进行成绩定级？第 1 章已经解释了，在体育教育和人体表现领域，存在 3 个潜在目标领域。

· 精神性运动领域。关于身体表现或成绩。

· 认知领域。关于心智表现或成绩。

· 情感领域。关于态度和心理特征（又称为心理范畴）。

教授数学、科学、英语和历史等科目的教师，他们的教学目标主要限于认知领域。因此，从某种意义上来说，他们的评价过程相对于体育课老师的评价过程更为简单。为了有效评价学生，教师必须对于他们计划教授的相关单元的教学目标有一个明确的认识。一名教师必须选择和实施多个与这些教学目标相关的测试，然后将得出的测试分数与相关的标准进行对比，最后判定等级。图 13.1 说明了这个连贯的过程。

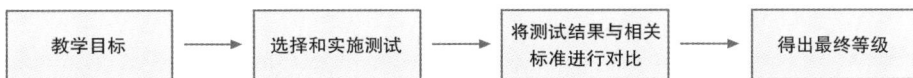

图 13.1 评分定级过程

一个有效且成功的评分程序要求学生们理解课程的教学目标，知道评分定级所使用的测试方式，并且知道教师使用何种方法将各种测试成绩结合在一起来判定最终等级。教师在教学之初就应该告诉学生们这些因素，并使用形成性评价技术来让学生们不断了解他们在整个课程学习过程中所取得的进步。学生们还应该始终清楚教学中进行的各种评价的性质，因为如果他们明白评分定级过程、他们的得分以及各个测试和项目的相对比重，那么他们对所得的等级就不应该感到吃惊。

判断教学目标

要判断一个潜在的目标是否应该成为你教学单元的一部分，从而也成为你评分过程的一部分，你应该思考 3 个问题。

1. 将这个目标作为一个重要的教育成果是否合乎情理？
2. 每个学生是否有相等的机会来展示他们在这个目标方面的能力？
3. 这个目标的测量是否能够做到相对客观、可靠、相关和有效？

什么内容不需要进行考核评分

体育课老师通常根据出勤、着装得体与否、领导能力、态度、公平竞争、参与情况、团队排名或进步等目标对学生进行评级。图 13.2 总结了评分定级所使用的报告特征，显示了评分定级使用频率最高的特征。在询问前 3 个问题时，你将会发现这些问题基本上不适合作为对学生定级的依据，因此应该删除。依据这些因素中的一个或多个进行定级，这种做法适用的情况非常罕见。研究表明很多这些参数已经广泛滥用为体育课的目标（Hensley and East，1989）。让我们简单来分析一下为什么这些参数是不合适的。

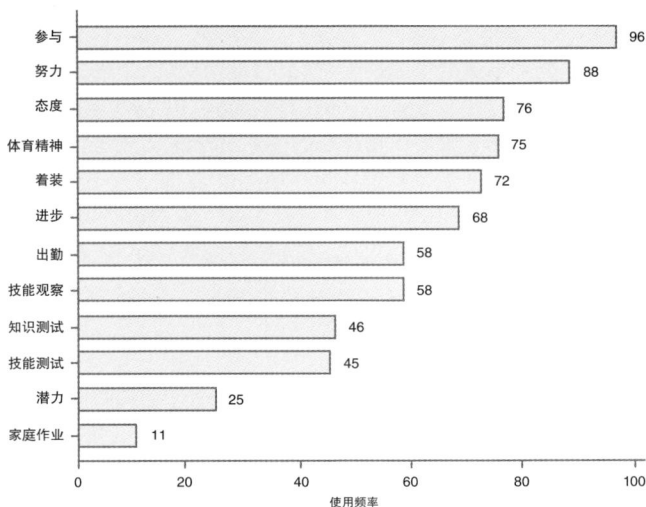

图 13.2 用于体育课定级的各项特征

　　虽然出勤和正确着装显然是有意义的，同时对于进行正确的体育教学也是必要的，但是他们没有满足第一个标准：产生重要的教育成果。没有满足这些要求的学生应该承担后果，但是这个后果不应该是直接降低他们的分数等级。学习数学课的学生可能必须去上课并带上他们的教材，但是教师很少根据这些必要因素对其进行评分定级，也不应该这样做。

　　领导能力、态度、公平竞争和参与都是任何体育教学或运动项目所必须实现的目标。然而，要对这些因素进行可靠且有效的评分定级，教师需要进行一个正式且系统的测评（第三个问题）。实施这种测评项目需要时间和专业技能。一般来说，体育老师根本没有进行这项任务所需的时间和相关专业技能。当使用这些因素来进行评分定级时（除非使用第 14 章介绍的一些技能），这些因素通常是基于教师随机的观察，而这些观察偏于主观，且可能存在偏见。结果，成绩等级缺乏客观性、信度和效度，因此对学生不公平。

　　根据集体体育课中团队的排名进行评分定级，这种做法不能满足第二个标准，即提供一个展示能力的平等机会。表现较差的学生可能分到了一支优秀的队伍中，因而获得了 A，而一个表现较好的学生可能分到了较差的队伍中却得了一个较低的等级。这种战略对于全体学生是不公平的，因为他们获得的等级取决于其他学生的表现，而他们对其他学生的表现很难或无法控制。从测量和评价的角度来说，对于学习集体体育课的学生进行评分定级可能是教师面对的最棘手的一项任务。教师们常常使用体育技能测试来解决这一问题。然而，单项体育技能测试与团体运动比赛分离，可能缺乏相关性和效度。第 11 章对于体育技能测试进行了研究。教师们还会使用依据表现的测评（在学生参加比赛的情况下对其进行评价，第 14 章的内容），但是这类测评需要精心开发的评级体系和 / 或评分标准。

　　进步是体育课程评分定级中使用的最具吸引力的一个目标。作为一名教师，你希望学生取得进步，但是根据学生的进步情况进行评分定级带来了一些难题。图 13.3 说明了其中一个难题。一个水平较低的初学者（James）进步的速度大大高于一个高水平的初学者（Robert）。这是一个自然现象。水平较低的初学者相比水平较高的初学者有着更大的进步空间。第二次参加马拉松的跑步运动员的时间成绩相比第一次取得的进步，一般远大于一个经验丰富的马拉松运动员第 20 次的时间成绩相对第 19 次所取得的进步。教师们通过预先测试或事后测试计算出提高的分数，另一个问题是后者的可靠性相对前者趋于下降。第三个问题是有些学生知道教师将会根据进步情况进行评分定级，可能在第一次测试中提供虚假的表现成绩，这将提高他们的进步分数。有些教师建议将一个学生最终表现的进步与其潜能进行对比，以此支持依据进步评分定级的做法。然而，有效判断潜能的平均值往往不可靠或根本不存在。

　　设想一下，教育工作者，尤其是体育教育工作者，为什么喜欢根据学生的进步情况进行评分定级？很可能是因为这种做法让更多的学生有机会获得高分等级，因为获得高分的学生和表现出很大进步的学生都能得到高分等级。许多教育工作者不愿给低分，因为他们认为低分阻碍学生的努力，增加他们获得低分等级的概率，导致一种恶性循环，直至学生讨厌体育课。体育教育工作者的担忧是当学生们对体育课失去兴趣时，他们在生活中继续进行体力活动的可能性会降低。

　　然而，证明这种观点的证据即使存在，数量也不多。在实际表现水平低于大部分同龄人的情况下，因进步获得高分能够让学生有成就感，这种说法也是可疑的。例如，知道自己游泳技术差的游泳运动员不需别人提醒也知道这一点；一个诚实的学生知道从长远来看，重要的是实际的表现水平而不是进步速度。假设这是真的，即低分等级导致某个学生不喜欢上学，或者更具体地说，体育成绩等级较低彻底打消了学生进行体力活动的积极性并降低了他们进行体力活动的可能性。不给低分这种解决方法就如同医生对待疾病，只治标不治本。正确的解决方法是，教师必须判断一个学生为什么会表现不好，从而为学生取得成功提供机会。这种办法可能也适用于其他试验或社区环境中的健身情况，例如你不希望打击客户的积极性而造成客户不参加健身课程或项目。

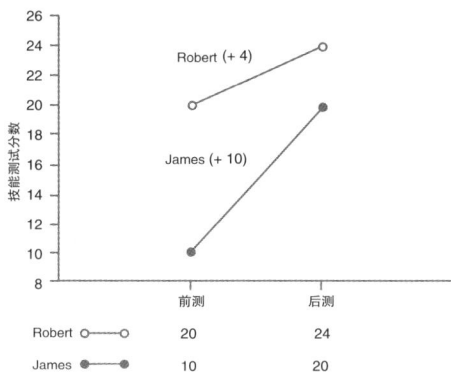

	前测	后测
Robert	20	24
James	10	20

图 13.3　根据进步情况进行定级存在的问题

@　可观看视频 13.2。

　　首先，教师可能希望通过扩充课程的内容，例如在足球、篮球和垒球的基础上加入更加多样的活动，从而增加学生们取得成功的机会。因为在体育中取得成功所需的相关技能相对于其他科目所需的技能而言包含的内容较为不同，所以体育科目相比其他科目，丰富教学内容更能增加学生取得成功的比例。例如，学习求平方根的前提是要知道如何进行除法运算，而学习某种泳姿则不需事先知道如何进行前滚翻。

　　第二种鼓励学生取得成功的方法在于根据学生的能力进行分组并安排学生学习适合他们技能水平的课程。如果学生们最初的能力差异较小，根据进步情况进行定级就不重要了（因为这几乎等同于依据成绩进行的评分定级）。数学、英语和科学等科目常常使用按照能力分组的做法。要采用这种方法，体育教育工作者必须研发出有效且可靠的测量工具对学生按照能力进行分类。

　　第三种方法是让学生明白一个分数等级只是表明一个学生完成相关课程学习目标的水平；分数等级不是奖励也不是惩罚。而且，并不是每个学生都能在所有课程中取得优秀。为了确保分数等级仍然能够明确表明一个学生的成绩，一种方法是将分数等级视为测量结果而非评价。在评分定级中，一个测量结果是对一个学生的成绩进行定量描述，而评价则是对学生的成绩进行定性判断。换句话说，分数等级作为一个测量结果代表了一个学生完成相关课程目标的程度。如果我们将一个分数等级视作一种评价，那么它就应该在一定程度上表明某个学生的成绩水平如何满足好坏要求。

　　将成绩视作测量结果而非评价这种做法有几个优点。判断一个学生的成绩是否达标不仅取决于这个学生的成绩，而且还取决于取得成绩的机会和付出的努力。这使我们难以在标准的定级体系中准确地报告评价。此外，对于今后的教师或用人单位来说，了解这个学生在某个特定课程中的成绩是优秀、一般还是较差，相比知道这个学生表现水平符合预期或未能达到教师的期望，前者很可能更具价值。今后的教师或用人单位，如果能获得学生在各个方面的有效且可靠的测量结果，就可以根据当时的情况进行自己的评价，这比别人在完全不同的情况下对这个学生做出的评价很可能会更有效。体育教师必须向学生传达体育的价值，传递的方式是通过教学程序、以身作则和课程安排，而不是通过不论学生的能力水平一律给予高分等级的

向学生们介绍非典型的体育活动，这种方法可以帮助他们发现新的活动并且可能取得成功。

方式。

你应该还记得本章的开篇处描述的测量与评价的案例思考，其中 Tom 已经决定将总分的一半用于测试这个网球单元的认知方面的内容。因此，他增加了学生取得成功的机会，同时他的评分定级方法没有包括考勤、进步等较为不合理的学习目标。

什么内容应该进行考核评分

你应该把反映重要教学目标的可靠且有效测试作为评分定级的依据。在个人或团体体育教学中，体育技能测试、专家观察、评分等级和循环赛表现可以作为评分定级的有效标准。在保龄球、高尔夫和射箭等个人体育项目中，我们可以通过表现来评价一个学生完成目标的情况。在体适能课中，体适能的场地测试为评价提供了可靠且有效的数据。认知范畴在体育中有着重要作用，知识测试也应该成为总分中的一部分。第 8～12 章为你提供了一系列可靠且有效的测试，可以用于人体表现领域。总而言之，你应该使用下列程序来实现评分等级的公平、可靠和有效。

· 每门课程在开始教学之前应该认真制定合理的教学目标。

· 在条件允许的情况下，应该根据学生在相关课程必备的身体技能方面的能力进行分组。

· 告知学生有关评分定级方式和预期方面的信息。

· 在认识到所有的测试都具有一定程度的主观性的同时，应该尽可能客观地制定测试和测量方法。

· 不要忘记一项测试不论制定得有多好，都不可能做到完全可靠。

· 应该认识到一个班的成绩分布不一定适合某个特定的曲线，但是从长远来看，身体技能的成绩很可能呈正态分布。

· 评定的分数等级仅反映学生达到相关课程学习目标的成绩水平，而不反映其他因素。

· 依据成绩而非进步情况进行评分定级。

· 不要使用分数等级来奖励一个非常努力但是成绩差的学生，或者惩罚一个不太努力的但成绩好的学生。

· 将分数视作测量结果而非评价。

评分中的一致性

任何评分定级体系的目标都应该与实现评分定级具有一致性。从理论上来说，一个学生的成绩等级不应该依据以下任何一项内容。

· 某个课程的特定授课时段。如果学生们正在学习网球入门课程，不论他们上的是上午 9：00 点的课还是下午 2：00 的课，他们的分数等级不应该因此受到影响。

· 相关课程所在的特定学期。不论相关课程开设时间是在秋季学期还是春季学期，一个学生的表现水平应该保证获得相同的分数等级。

·班上的其他学生。一个学生的分数等级仅取决于该学生的表现，而不应该受到班上其他学生表现的影响。这个目标表明根据正态曲线评分是不合适的。

·某个特定的教师。教师甲和乙应该对相同水平的表现给出相同的分数等级。

·课程的实施方法。不论课程采用在线、面授或混合的方式加以实施（假设每种方法都是同样有效的教学方法），都不应该影响学生的分数等级。

因为学生和教师的差异性是任何教学环境中的自然现象，所以实现一致性这一目标极为困难。随着深入学习本章的内容，你将会发现评分定级缺乏一致性是多个评分定级方案中的不足之处。

评分机制

计算分数等级来表明每个学生完成课程学习目标的水平，这个过程包含 4 个步骤。

1. 确定课程的各项教学目标以及它们相对的比重。

2. 测量课程目标的完成程度。

3. 获取一个综合分数。

4. 将综合分数转换为等级。

完成每一步的方法可以是多种多样的，取决于不同的情况和理念。

第一步：确定课程的各项教学目标以及它们相对的比重

确定课程的各项教学目标及其重要性是上述 4 个步骤中最重要的一步，其需要大量的思考。事实上，这一步不仅是评分定级的一项基本内容，也是课程教学各个方面中的一项基本内容。首先应该确定课程教学目标，然后再计划教学材料讲解的先后顺序、必要的设备、教学方式、作业和评分方式。确定教学目标的依据应该包括：尽可能多地了解学生们的能力，体育课程的总体教学目标，学生人数、设施限制因素、课程或单元的时长，以及授课的次数、频率和时长等实际需要考虑的因素。

一门体育课程的最终教学目标可以分为精神性运动、认知和情感（或心理）3 个范畴（第 1 章）。通过行为的方式来说明教学目标将有助于简化第二步骤（测量成绩）。换句话说，列出预期学生达到的实际表现水平、获得的具体知识和做到的社会行为。以下是一个羽毛球教学的目标案例。

羽毛球教学的目标案例

·认知目标：知道比赛在某个分数上打成平局时的比赛规则。

·精神性运动目标：至少能够将 5 个低、短发球中的 4 球发至场地的正确区域。

·情感目标：在连续对打结束时将羽毛球打给对手时的正确礼仪。

如何分配各项教学目标的比重，这取决于你的教学理念和学生们的年龄与能力，不同情况之间可能差异很大。例如，对于十年级的男孩或女孩（单一性别），一个体适能教学单元可能会较少地关注情感范畴的目标，而对于相同年级的男女同校的学生，一个排球教学单元可能会更加重视情感范畴的目标。你为每个课程目标设置的比重应该得出一份均衡且合理的目标清单，从而让班级的每个学生努力实现这些目标。

在教学之初就告知学生他们应该做什么，这有助于学生规划学习过程、教学方法以及评分定级方式，还可以降低学生的焦虑情绪。

第二步：测量课程目标的完成程度

你应该还记得测量是根据某个特征为一个组的每个成员确定一个数值的过程。在这里，涉及的特征是完成每个课程目标的程度。与第一步不同，第二步至第四步均出现在教学之后，同时假定学生们已经进行了相关学习。这并非意味着所有的测量都应该是总结性的测量。相反，在整个单元学习过程中获取测量结果是有好处的，因为这样做有助于每个学生和相关教师更好地了解完成课程目标时取得的进步。然而，学生完成水平的评分定级的测试或测量显然应该出现在完成教学之后。第 8 章和第 11 章介绍了各种用于构建、评价、选择和实施测试的方法以及其他工具，用于计算每个学生所得的数值。这些数值能够准确地反映学生完成所测课程目标的水平。

第三步：获取一个综合分数

一门课程很少只有一个目标。常常要进行不止一次的测量来判断每个目标的成绩。因为这些原因，通常有必要将多个成绩结合起来得出一个单个数值代表一个学生的完成相关课程学习目标的总体水平。通常再将这个综合分数转化为当时正在使用的任何一种分数等级的形式（例如 A–B–C–D–F，或通过 / 不通过）。获取综合分数的正确方法取决于多个因素，其中最重要的一个因素是整合各分数的准确性。

关于表现分数，显然我们不能通过将各种原始分数简单相加而得出一个综合分数。测量单位往往不同。英尺不能和秒相加，运动次数不能和以英寸为单位的距离相加。第 3 章在讨论标准分数时提到，具有不同变异性的各部分成绩，即使使用相同的测量单位，也不能进行简单相加，因为这种变化性影响每个分数在综合分数中的比重。以下这一例说明了为什么实际使用相同测量单位的测试得出的原始分数相加可能也不能得出想要的综合分数。想象一下，表 13.1 显示的是一个班 25 名学生参加分值分别是 9 分、9 分和 27 分的 3 项测试所得分数的分布情况。选择这个较为极端的例子的目的是突出说明一点，即一组变化性较大的分数中的一个分数相比一组变化性较小的分数中一个分数，不论这些分数的绝对值是多少，前者在相关综合分数中的比重要大于后者。前两项测试分数的变异性大于第三项测试。因为第三项测试的总分是前两项测试的 3 倍，所以一个学生在第三项测试中的得分似乎对其综合分数的影响最大。然而，你要注意以下存在的一些可能性。

　　第三项测试中 7 名学生拿到了最高分，学生甲是其中之一。学生甲在前面两项测试中的得分处于一般水平。学生甲得到的综合原始分数为 34 分。学生乙前面两项测试的成绩处于中上等，但是在第三项测试中得分最低，综合原始分数为 37 分。学生丙和学生甲一样，两项测试成绩处于一般水平，另一项测试得了中上成绩。然而，因为学生丙在第一项测试中得了中上成绩（第一项测试中成绩的变化性大于学生甲取得中上成绩的第三项测试），所以学生丙的综合原始成绩为 37 分，也高于学生甲。最后，虽然学生丁在第三项测试中拿到了一个最高分，但是前面两项测试的得分较低，从而拉低了综合原始成绩，仅得 30 分，低于其他学生。

　　除非两套（或多套）分数在变异性方面存在相似性，否则通过将学生的原始成绩相加得出综合分数这种做法可能导致一些错误的结论。

　　假设表 13.1 显示的数值不是代表 3 项书面测试的成绩分布，而是描述学生完成认知、情感和精神性运动目标程度的测量值分布。再进一步假设你已经决定把认知、情感和精神性运动 3 个方面的成绩分别占总分的 20%、20% 和 60%。要实现这种比重安排，你只要根据各个目标测试占 3 项目标测试总分的百分比来设置 3 个目标测试中的分数（即 9、9 和 27）。根据上文得出的结论，除非 3 套分数的变化性非常相似，否则实际比重将与预想不同。

　　解决方法是，如果你不能判断各组成绩之间是否存在相等或相似的变化时，在得出每个目标的得分之后再进行比重设置，而不是试图将相关的比重因素植入点数系统中。

表 13.1　一个班 25 名学生的测试分数分布

测试 1（9 分）		测试 2（9 分）		测试 3（27 分）	
分数	频率	分数	频率	分数	频率
9	1	9	1	27	
8	2	8	2	26	
7	3	7	3	25	
6	4	6	4	24	7
5	5	5	5	23	11
4	4	4	4	22	7
3	3	3	3	21	
2	2	2	2	20	
1	1	1	1	19	
学生	测试 1 的分数	测试 2 的分数	测试 3 的分数	原始总分	
甲	5	5	24	34	
乙	8	7	22	37	
丙	9	5	23	37	
丁	3	3	24	30	

如果因为测量单位不同或各组分数中间缺少一个相等变异性而使通过原始分数相加的方式计算综合分数的做法行不通，那么你如何才能得出综合分数呢？如第 3 章介绍的那样，你可以将每组分数转换为相同的标准分布，这样就制定了一个共同的基础，从而实现对多组分数的比较、对比、设置比重和求和。转换的方法有多种（下文简单介绍其中 3 种），最佳方法的选择取决于相关测量的准确性以及常态的假定。

关于分数的准确性，你首先应该判断相关分数属于定序、定段或定比性质中的哪种。第 3 章已经介绍，如果你使用定序测量量表（例如巡回比赛的排名），那么只能说 A 比 B 大。然而，使用定段和定比量表（例如罚球的数量），你可以说明 A 比 B 大多少，因为这些量表有着相同大小的单位。

第二个考虑因素要求判断分数的分布是否接近一个正态分布。如果不是，是否因为接受测量的特征本身并非正态分布，抑或是因为，即使相关特征是正态分布，但是手头的样本由于某些原因并不能反映这种正态分布？

关于这两个考虑因素存在 5 种可能的情况（表 13.2）。没有 6 种可能情况的原因是如果相关分数是定序测量结果，分数的分布（学生的简单排名）不能接近正态分布。每一种情况都涉及使用序列、正态化和标准分三个方法之一来将分数转化为一个标准分布。虽然可以使用统计测试来判断定段或定比分数的分布是否与正态分布存在显著不同，但是此类测试超出了本书的研究范畴。然而，样本的频率分布，一般通过视觉的观察就足以发现其是否接近正态分布。如果你仍然不确定分数的分布是否足够接近正态分布，你可以使用正态化的方法。

排序方法的最终结果只是将学生进行排序，而其他两个方法的最终结果是一组标准分。如果多组分数中一些组被转换成序列，而其他一些被转换为了标准分数，那么就没有办法得出一个综合分数。因此，如果用于计算一个综合分数的多个分数中的一个分数必须以序列的形式进行表达，那么所有的分数都必须以序列的形式进行表达。为此，你应该事先计划在教学中使用的测量类型。

表 13.2　根据分布的形状和测量量表来获取综合分数的各种方法

测量量表		
样本的分布形状	定序	定段或定比
非正态	排序方法	排序方法
非正常但是特征是正态分布的	正态化方法	正态化方法
大致呈正态	（不可能）	标准分方法

排序方法

最简单且对测量的准确性要求最低的方法是根据学生在每次考试中的成绩进行数字排序。然而，这种方法缺乏准确性使其可靠性低于其他方法，因此在条件许可的情况下避免使用这种方法。在排序方法中，第一最佳表现的排序为 1，第二最佳表现的排序是 2，以此类推，直至最差表现的排序数字等于接受测量的学生数量。要在数字排序体系中获得每个学生的综合分数，只要简单将每个学生的各个排名相加。最低的总分代表了总体最佳的成绩。如果一个学生一个或多个排序信息缺失，你可以使用该生的平均排名，即将各项排名之和除以构成这个总数的各项数值的数量。如果你希望对各项排名加权，将最重要的排名进行一次以上的运算从而计算出总分。例如，假设获得了三项排名，第一项占总分的 10%，第二项占 40%，第三项占 50%。对于每个学生来说，综合分数的计算方法是第一项排名加上第二项排名的 4 倍再加上第三项排名的 5 倍。和前面一样，最低的总分代表最佳总成绩。这似乎可能与你在第 3 章学习的内容相互矛盾。然而，排名在这种情况下非常稳定，因此即使排名代表定序数据，但是仍然可以对其进行数学运算。

数字排序体系的一种变化形式是将每个学生的排序归于一类。例如，最好的 5 个成绩排序为 1，接下来的 5 个成绩排序为 2，以此类推。另一种变化形式则更进一步，使用字母等级代替数字来表示各个相关类别。这种排序过程不需要将特定数量的学生归类到每个等级之中。它有一个优点是，它为学生提供的信息量大于纯粹的数字排序，但是用于计算一个综合分数的相关原理保持不变。事实上，你可以通过将字母等级变成数字，进而按照类似于上文介绍针对数字排序体系的方法进行运算从而获得一个综合分数。例如，A+、A、A−、B+、B、B−、C+、C、C−、D+、D、D−和 F 的对应分值分别为 12、11、10、9、8、7、6、5、4、3、2、1 和 0。（注意，根据这种方法，数字高比数字低好。）一个学生在情感目标测试中得了 A+（10%）；在认知目标测试中得了 B−（40%）；在精神性运动测试中得了 C−（50%）。要计算一个学生的综合分数，将字母等级转换为相应的数字，再乘以相应目标的比重，然后再将其相加。

$$（12 \times 1）+（7 \times 4）+（4 \times 5）= 12 + 28 + 20 = 60$$

将这个总数除以 10（比重总数为：1 + 4 + 5 = 10）同时将所得数值与相应的分类进行对比，这样就将这名学生的成绩转换成 C+（60 / 10 = 6 = C+）。

要点内容 13.1

使用刚刚介绍的这个体系和加权方法，一个学生在上述 3 项测试中的成绩分别是 B+、C 和 A−，你应该给他什么等级的成绩？

正态化方法

当测量一个已知或认为呈正态分布的某个特征，但获得的多个分数看似不能得出一个正态曲线时，你应该使用正态化方法。例如，你认为十年级的男生在规定时间内完成篮球罚球的数量分布随着数据点数量的增加而应该接近常态。如果测量采用排序的形式，那么结果不会接近正态曲线。即使受测特征应该呈正态分布，但是由于没能获取一个具有代表性的样本等其他原因，可能会造成出现非正态分布的情况。正态化方法很像将一组原始分数转换为某种类似 T 值的标准分数的分布。然而不同之处在于，在目前的例子中，原始分数首先转换为百分位，百分位再转换为标准分数量表（大多数情况下使用的是 T 值）。第 3 章介绍了将一组原始分数转换为百分位，所得的百分位可以通过使用表 13.3 转换为 T 值。为了说明如何将非正态性分布转换为正态分布，你应该注意，一个分数，不论其原始分数与平均数之间的标准偏差为多少，如果位于平均值以上 34.13%，它相当于 T 值 60 分，即在 T 值量表中位于平均分一个标准偏差以上的位置。表 13.4 是一个例子，说明如何使用正态化方法得出每个原始分对应的 T 值。每组分数一旦转换为了 T 值，这些 T 值可以根据需要进行加权，然后进行相加得出每个学生的综合分。这些综合分可以再转换为特定格式的相应等级。

表 13.3　将百分位转换为 T 值

百分位	T 值	百分位	T 值	百分位	T 值
0.02	15	13.57	39	90.32	63
0.03	16	15.87	40	91.92	64
0.05	17	18.41	41	93.32	65
0.07	18	21.19	42	94.52	66
0.10	19	24.20	43	95.54	67
0.13	20	27.43	44	96.41	68
0.19	21	30.85	45	97.13	69
0.26	22	34.46	46	97.72	70
0.35	23	38.21	47	98.21	71
0.47	24	42.07	48	98.61	72
0.60	25	46.02	49	98.93	73
0.82	26	50.00	50	99.18	74
1.07	27	53.98	51	99.38	75
1.39	28	57.93	52	99.53	76
1.79	29	61.79	53	99.65	77
2.28	30	65.54	54	99.74	78
2.87	31	69.15	55	99.81	79
3.59	32	72.57	56	99.87	80
4.46	33	75.80	57	99.90	81
5.48	34	78.81	58	99.93	82
6.68	35	81.59	59	99.95	83
8.08	36	84.13	60	99.97	84
9.68	37	86.43	61	99.98	85
11.51	38	88.49	62		

注意：虽然 T 值量表的理论范围为 0 ~ 100，实际上 T 值低于 15 或高于 85 都是少见的，因此未纳入该表中。

表 13.4 正态化方法的例子

原始分	F	cf	cfm	百分位	来自表13.3的t值
85	1	6	5.5	91.7	64
74	1	5	4.5	75.0	57
63	1	4	3.5	58.4	52
59	1	3	2.5	41.7	48
53	1	2	1.5	25.0	43
47	1	1	0.5	8.4	36
	6				

注意：在该表中，f 栏只是每个分数出现的频率。Cf 列是与每个分数相关的累计频率（从最低分开始）。为了求得 cfm 栏中各数值（中点的累计频率），将每个区间的 F 值的一半加上下一个低分的 cf 值。例如，名为 63 的这个区间 cfm 栏中的 3.5 这个数值，是将 0.5（该区间频率 1 的 1/2）加上 3.0（63 这个区间的下一个区间的 cf 值）而计算出来的。最终，为了以百分位的形式来表达这些数值，将 100 除以 n（本例中为 6），并将该除法运算的商乘以每个 cfm 值。

标准分方法

如果你认为可以假设原始分数的分布接近正态分布，那么请将原始分数转换为一个标准分数，例如第 3 章介绍的 T 值。与正态化方法相同，这个方式得出的最终结果是每个原始分数对应的 T 值。如果你将各组分数都转换为 T 值（或其他某个标准分数），由于所有的 T 值都有着相同的标准偏差（你应该还记得 T 值的标准偏差始终都是 10），这样就存在一个共同的基础，可以用于两项测试的得分比较，即使两项测试所得的原始分表述单位不同或存在差异性。此外，你现在可以将代表各个成绩的 T 值相加得出有意义的综合分数，我们可以使用这些综合分数来判断最终成绩等级。与排序法相同，你还可以通过将 T 值乘以你之前确定的相应比重从而对各项测试进行加权（即这些测试所依据的各项目标）。

当你计算出每个学生的综合分数之后，最后一步就是将各个分数转换为所使用的特定形式的相应等级。与其他三步的情况相同，多种不同的因素也会影响你完成这一步。决定采用何种步骤，这取决于综合分数的形式、相关学校的体制和部门的政策以及你个人的理念。

第四步：将综合分数转换为等级

在第三步结束的时候，综合分数将以两种形式中的一种出现：每个学生将有一个总的或平均排名，或者总的或平均标准分数。事实上，这两种形式都是对学生进行一种排序，虽然在排序的方法中最低的总分（或最低的平均分）通常代表了最佳成绩，而在正态化和标准分这两种方法中最高的总分（或最高的平均分）代表了最佳成绩。将一组综合分数转换为一组分数等级的程序不论综合分数的形式如何都是相同的，同时要求回答两个相关问题。

1. 相关班级的学生相比于类似班级的学生在完成课程目标方面的成绩等级低于、等于或是高于平均成绩？

2. 每个成绩等级的学生比例是多少？

如果测试和测量工具绝对可靠且可信，同时如果课程学习目标随着时间推移而保持不变，教师们在将综合分数转换为分数等级之前不必回答这些问题。然而，测量并非完美，例如，学习目标会有变化，出乎意料或计划之外的事件出现，设施和设备随着时间而变化，以及其他因素，因而我们无法依据一个严格意义上的客观基础来将当前这个班级的学生成绩与之前各个班级的学生成绩进行对比。评分定级对于没有经验的教师来说尤为困难，因为他们缺乏经验来帮助他们回答这些问题。在得出某些主观的答案之后，你可以使用多个方法将这些综合分数转换为成绩等级。

观察

观察是判断分数等级的一个最简单的方法。按照从优至差的顺序列出相应的综合分数。观察这份列表中相关分数存在的自然间断或断裂。表 13.5 列出了 15 所高中男生的分数。你看到，这份数据中存在两个间断。这些观察到的间断用于确定 A、B 和 C 字母等级的划界分数。

表 13.5　通过观察方法定级的分数

分数	频率	等级
150	1	A
140	2	
110	3	B
100	2	
90	2	
80	1	
70	1	
40	1	C
30	1	
20	1	

这种方法通常适用于数量较少的分数，因为在相关的数据中常常会出现间断。然而，对于数量较多的分数，观察则没有用处，因为可观察到的间断通常不存在。而且，这种方法不能保证一致性。两个班级学生的自然间断可能存在较大的不同。一个秋季学期班中的 A 等可能属于春季学期班中的 B 等。

事先制定百分比

事先制定百分比的方法可用于排名或标准分形式的综合分数，因为重要的不是分数的数值而是其分布的位置。确定了每个等级学生的百分比之后，只要将该百分比数值乘以相关班级的学生人数即可，计算方法如下。

$$K = N \times (P / 100)$$　　　　　　（公式 13.1）

其中 K 是得到某个特定分数等级的学生数，N 是学生的总数，P 是特定等级的百分比。经计算就得出每个字母等级的学生数。表 13.6 显示了对一班 45 名学生进行这种计算的结果，根据测试分数和其他证据表明这个班学生的成绩显著高于其他类似班级的平均值。注意，这个判断实际上回答了第四步的第一个问题。教师决定了 A、B、C、D 和 F 的百分比分别是 15%、25%、45%、10% 和 5%。如果相关综合分数的形式为标准分或多个排名之和（或平均值），你可以使用综合分数分布中的自然空缺断裂来稍微修改事先制定百分比的方法。（但是这种方法不适合综合分数是单个排名的情况，即最好学生的排名是 1，其次是 2，以此类推）。如表 13.6 的最后一列显示的那样，一个等级包含的实际分数的数量可能与计算出来的 K 之间稍有不同，但是你可以选择划界分数使学生数量接近事先制定的数量。

表 13.6　通过事先制定的百分比来确定等级

要给的等级	教师事先制定的百分比	得到相关等级的学生数（K）	分数	频率	获得相关等级的实际总学生数
A	15%	$45 \times 0.15 = 6.75 \rightarrow 7$	120 110 100	2 2 2	6
B	25%	$45 \times 0.25 = 11.25 \rightarrow 11$	90 80 70	3 4 5	12
C	45%	$45 \times 0.45 = 20.25 \rightarrow 20$	60 50 40 30	8 5 5 3	21
D	10%	$45 \times 0.10 = 4.5 \rightarrow 5$	20	4	4
F	5%	$45 \times 0.05 = 2.25 \rightarrow 2$	10	2	2

如同观察方法一样，事先制定百分数的定级方法也不能确保班级之间和学期之间定级的一致性。即使事先制定的百分比保持不变，因为各班之间以及各学期之间的分数不同，所以实际的划界点（从分数的角度来说）将会发生变化。因此，秋季学期 A 等对应的分数在春季学期可能属于 B 等。然而，你可以通过改变每个所给等级的百分比来对此进行调节。

根据正态曲线评分

虽然在教育界很多人都知道可以根据曲线定级，但是人们对于相关过程并非能够充分理解。实际上，根据正态曲线定级是事先制定百分比方法的一个变化形式，其中假定一个班中学生之间能力的差异呈正态分布或至少是接近正态分布，此时可以通过使用正态曲线来确定每个等级的百分比。

事实上，使用正态分布有两种方法，由此造成了有关根据正态曲线评分的一些困惑。正态曲线的实际界限（±3 个单位的标准偏差）可以等分成相应数量的等级类别，或者可以简单地选择距离平均值一定的标准偏差作为给出每个等级符号的界限。参看表 13.7 获取用于说明每种方法的数据。在这个例子中，已经编辑好了 65 名学生的综合分数，同时你希望使用正态曲线来判断将等级划为 A、B、C、D 和 F 共 5 类的划界分数。综合分数的平均值和标准偏差分别是 63.4 和 15.09。

第一种方法 为了实现实际目标，我们可以认为相关的正态曲线在平均值以上和以下延伸 3 个单位的标准偏差。（你应该还记得正态曲线下方 99.74% 的面积位于这两个点之间。）6 个单位标准偏差的总宽度被均分为与所要给出的等级类别数量相等的部分，在本例中，为 5 个等级（A、B、C、D、F）。每个等级包含了 1.2 个单位的标准偏差（6/5 = 1.2）（图 13.4）。因为本例中使用的分级格式包含的等级为奇数，所以中间等级的一半分别位于平均值的两边。综合分数位于平均值上、下 0.6 个单位的标准偏差范围内那些学生将得到 C 等。综合分数位于平均值以上 0.6 个单位至 1.8 个单位的标准偏差范围内那些学生将得到 B 等。综合分数位于平均值以下 0.6 个单位至 1.8 个单位的标准偏差范围内那些学生将得到 D 等。以此类推，A 等的区间界限为平均值以上 1.8 个单位至 3.0 个单位的标准偏差，而 F 等的区间界限为平均值以下 1.8 个单位至 3.0 个单位的标准偏差。还要考虑极端分数，可以规定位于平均值以上 3.0 个单位标准偏差之外的综合分数也对应 A 等，同时位于平均值以下 3.0 个单位标准偏差之外的综合分数也对应 F 等。

表 13.7 65 名学生的综合分数

98	78	71	64	60	52	40
93	78	70	64	59	51	38
91	77	69	63	57	50	37
88	76	68	63	57	48	36
86	75	67	63	56	47	26
85	74	67	63	56	47	
83	73	66	62	55	46	
81	73	65	62	55	45	
81	72	65	61	54	44	
79	71	65	61	53	41	

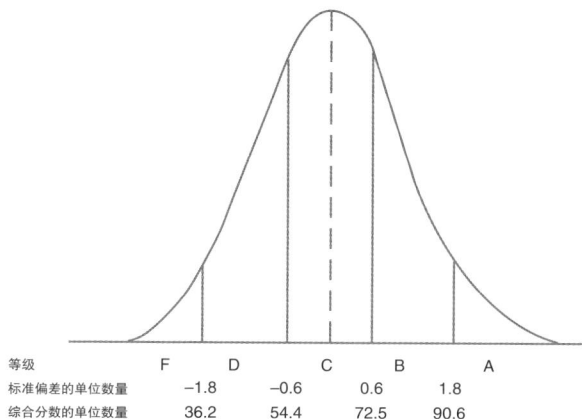

等级	F	D	C	B	A
标准偏差的单位数量		-1.8	-0.6	0.6	1.8
综合分数的单位数量		36.2	54.4	72.5	90.6

图 13.4 等级、标准偏差的单位数量与综合分数的单位数量之间的关系

最后一步要求根据综合分数值来表达标准偏差单位数量。因为在这个例子中，1个标准偏差等于15.09个单位的综合分数，C等和B等之间以及C等和D等之间的各自划界点一定位于平均分之上和之下9.05个单位的综合分数。（通过将15.9乘以0.6得出数值9.05。）因此这两个划界点分别为72.5和54.4（63.4 ± 9.05）。B等和A等之间以及D等和F等之间的划界点的计算方法分别是平均分加上和减去15.09与1.8的乘积（结果是27.16），因此这两个划界点分别为90.56和36.24（图13.4）。为了简化程序，你很可能会对化解分数进行圆整。你也可以制定一个将综合分数转换为等级的转换表（表13.8）。

表13.8 将综合分数转换为等级：第一种方法的例子

综合分数	等级
（91分及以上）	A
73～90分	B
54～72分	C
36～53分	D
35分及以下	F

如果一个包含五等的定级格式结合相关正态分布曲线一起使用，那么使用这个等级格式的教师实际上就是决定相关班级的学生中得A、B、C、D和F的比例分别是3.5%、24%、45%、24%和3.5%。（要证实这一点，可以回顾表3.4的使用方法。）通过将表13.8中显示的转换表应用于65个综合分数，结果得出3个A（班级总人数的4.6%）、15个B（23.1%）、30个C（46.1%）、14个D（21.6%）和3个F（4.6%）。相关的正态曲线百分比和实际百分比之间存在细微的差别，原因是在使用转换表时进行了圆整，以及事实上这组65个分值并非是严格意义上的正态分布。

第二种方法 通过相关曲线定级的第二种方法要求选择距离平均值一定标准偏差的距离作为每个等级的界限。按照这种方法，不是将6的标准偏差（正态曲线的实际界限）进行等分划定每个等级类别，而是根据你对于每个等级的百分比的想法选择相应的各个距离。表13.9显示了根据表13.7提供的数据可能得出的一种等级。

表13.9 依据曲线评分：第二种方法的例子

等级	每个等级以标准偏差为单位的距离（由相关教师事先制定）	获得相应等级的学生百分比（使用表3.4）	获得相关等级的学生数（N=65）	与相关等级对应的综合分数
A	+1.48以上	7%	$0.07 \times 65 \approx 5$	≥ 86
B	+0.47～+1.47	25%	$0.25 \times 65 \approx 16$	71～85
C	−0.47～+0.46	36%	$0.36 \times 65 \approx 23$	57～70
D	−1.47～−0.46	25%	$0.25 \times 65 \approx 16$	41～56
F	−1.48以下	7%	$0.07 \times 65 \approx 5$	≤ 40

注意：第一栏和最后一栏包含了一个简单的换算表。

选择这些特定的标准偏差距离，根据一套正态分布应该给出的 A、B、C、D 和 F 各个等级的百分比分别是 7%、25%、36%、25% 和 7%。与第一种方法一样，必须将综合分数的标准偏差乘以选定的常数，从而将这些以标准偏差为单位的数量转换为以综合分数为单位数量。对于表 13.7 提供的相关数据（平均分 =63.4、标准偏差 =15.9），表 13.9 显示了得出的划界分数。（和前面一样，由于圆整以及事实上 65 个分数并非完全正态分布，所以正态曲线百分比和实际百分比之间存在细微差异。）

虽然你可以选择任何一组标准偏差距离，但是如果有关正态性的假定基本正确，所选的数值必须得出各个相关等级的对称分布。如果希望得出等级非对称的分布，那么根据曲线定级的第二种方法实际上就变成了前面介绍的事先制定百分比的方法。正态曲线这个方法不能确保各个班级之间在定级中的一致性，因为各个班级之间的平均分和标准偏差可能存在不同。

要点内容 13.2

一组综合分数的平均值和标准偏差分别是 38.5 和 6.6。如果你希望获得的等级分布为 10% 的学生得 A，20% 得 B，40% 得 C，20% 得 D，还有 10% 得 F，请计算相应的正态曲线定级量表。

定义性定级

上文已经提到，制定相关的课程目标以及它们的所占比重应该是任何一门课程教学准备中的首要任务。你在制定各目标比重时应该特别注意，确保参与者在某项目标上的优异表现不会完全抵消其在另一项目标上的拙劣表现。举一个极端的例子，一个学生在有关规则和策略的书面测试中得了一个 A，而在身体必备表现测评中差点不及格，如果这两项目标比重相对各占成绩等级的 50%，那么这个学生可能获得一个 C 等的成绩。

为了确保上述情况不会发生，我们可以使用通常称为定义性定级的方法。简单来说，依据这个定级体系，教师设定每个目标必须达到的最低成绩。每个目标的成绩等级决定每个目标的等级，同时最终的等级等于各个目标中获得的最低等级。

表 13.10 显示了在一个网球教学单元的 3 个相关范畴中制定的一套简化的最低目标等级。在这个班中，教师计划通过一个包含 50 道题的关于网球规则和战略的书面测试来测量认知目标，通过数出 10 次发球中好球的数量来测量精神性运动目标，并通过观察学生们在网球比赛过程中的礼仪使用 5 分评级量表来测量相关的情感目标。

表 13.10　定义性定级体系说明

	认知	精神性运动	情感
A	45+ ↑	8+ ↑	5
B	40 ~ 44	7	4
C	35 ~ 39	6	3
D	30 ~ 34	5	2
F	25 ~ 29	4	1

　　在这个班中要得 A 等，学生必须至少正确回答书面测试中的 45 个题目，发球测试中要发不少于 8 个好球，同时在遵守礼仪方面获得等级 5。虽然我们可以制定多个表以各个目标的各项比重来确定最终等级，但是有一个方法是用学生在三项目标中任何一个最低水平的成绩来确定这名学生的最终等级。例如，一名学生在书面测试中的得分为 37，发球测试中的得分为 9，且在遵守礼仪方面得 4 分，这名学生则评为 C 等。Looney（2003）探讨了这个体系并研究了如何构建这些表以及使用这个定级体系的其他细节问题。

常模

　　通过对于某个具体人群的定义并进行测试和测量中得到了大量的分数，从而得出常模。这些分数进行统计分析得出描述性统计分析，从而能够获得百分位常模或标准分数常模。许多体适能和体育技能测试都有常模。美国政府对于胆固醇和血压等各种健康相关的变量进行了大规模的调查。这些常模数据用于开发国家健康数据图表，同时研究相关变量与发病率和死亡率的关系。美国国家青少年儿童体适能研究 I 和 II 提供了各种针对美国青少年体适能测试的百分位常模（Pate et al., 1985；Ross et al., 1987）。虽然不建议你根据这些特征进行评分定级，但是这些常模和数据图表是大规模常模数据的例子。例如，如果你正在教授有关排球的一个单元，如果你有针对各种排球技能的常模数据，这将对你的教学有帮助。拥有这样的数据将帮助你解释学生的表现，对表现进行定级，同时可以为学生们提供有助于制定目标的信息。

　　常模既可以用于对单个测试项目进行定级，也可以用于制定你自己的综合分数的常模从而得出最终等级。例如，表 13.11 提供了年龄在 18 ~ 30 岁之间的 400 名男性和 426 名女性的一英里（约 1.6 千米）步行测试成绩的第 75 和第 25 百分位常模。你可以将第一四分位数（即第 75 百分位以上）定为 A 等，将两个中间的四分位数（第 25 百分位至第 75 百分位）定为 B 等，并将最后一个四分位数（低于第 25 百分位）定为 C 等。你可以使用全国性的以及其他的常模来制定定级量表。然而，对于确定等级的最公平的常模却是当地的常模。要用于定级，常模必须能够代表学生的性别、年龄、接受的培训和教学情况。在教学场所，依据类似于将要接受定级那些学生的研究对象所开发出来的常模将确保其代表性。

表 13.11　一英里（约 1.6 千米）步行测试的百分位常模（分：秒）

百分位	男性	女性
75	11:42	12:49
25	13:38	14:12

源自：Data from Jackson, Solomon, and Stusek 1992.

你可以通过遵循下列步骤在自己的教学场所研发当地的综合分数的常模。

1. 确定你的教学和培训项目的目标。

2. 选择最准确的测试方式来测量和测评这些目标。

3. 使用标准化的程序进行多年相同的测试。

4. 收集足够的数据，对于你所要评价的各个性别和年级获取不少于 200 个分数。

5. 对于相关数据进行统计分析，并制定百分位或标准分常模。

如果你遵循这些步骤，你将能制定出能够代表你的学生和他们学习情况的常模。如果所有的教师都参与了相关常模的开发和使用，那么这些定级标准将实现不同班级、学期和教师之间在定级方面的一致性。然而，在你具有足够的数据制定常模之前，你必须使用一些其他定级技巧。重要的是，你应该努力制定当地的常模，因为这种方法将降低定级中出现的大部分的不一致性。

数据集应用

使用第 13 章大数据组来完成与定级相关的 3 件事情。假定其中的 500 个分数是一个班学生几个学期获得的总分数，同时你希望确定这些分数的分布情况。完成以下步骤。

1. 对于这些总分创建一个柱状图，以此观察这些分数是否呈正态分布（第 2 和第 3 章）。

2. 通过创建男、女两个柱状图（第 3 章）对比班级中男生和女生各自的分布情况，依次点击"图表"（Graphs）、"旧对话框"（Legacy Dialogs）、"柱状图"（Histogram），然后在"变量"（variable）方框中输入总分，并在"逐行排列"（Panel by Rows）区域输入性别。男生和女生的分数分布是否相似？

3. 对比男女两个性别的平均值以此判断二者之间是否存在显著差异（第 5 章）。参看第 5 章用于进行独立样本 t 检验的相关流程。请你确认女生的平均值为 496.83，男生的平均值为 503.46。二者之间是否存在显著差异？

4. 使用 SPSS 软件计算平均值和标准偏差。使用第 3 章介绍的 z 表来判断各个等级的划界分数，根据字母等级的百分比来定级。

任选标准

前文介绍的各种将分数转换为等级的技能都涉及对观察到的测量值进行数据分析。使用任选标准进行定级不必对测试分数进行数据分析。通过这个程序，我们可以为每个等级制定标准参考。表13.12通过一项总分为100分的知识测试举例说明了这类标准。

表13.12　为了对总分为100分的一项知识测试进行评分定级而制定的任选标准

分数范围	等级
90～100	A
80～89	B
70～79	C
60～69	D
0～59	F

这类定级体系的最大优点在于，它确保了定级的一致性。一个学生，不论在哪个班或在哪个学期进行相关测试，在该项知识测试中得90分都将获得A等。这套体系简单易懂。然而，在身体表现测试中如果不了解学生应有的表现水平而制定相关标准，结果会得出一个最佳猜测程序，这可能导致不理想的等级分布。如果你使用的相关标准能够准确反映学生的成绩水平，那么使用这种任选体系可以发挥良好的效果，但是，这套系统与常模方法相同，也依赖相对较长时间的数据积累。

使用任选标准进行评价的一个具体版本是"通过/不通过"的判断。将学生的表现与某个具体的标准参考进行对比，这个标准代表了可接受的表现和能力的最低水平。然而，制定这些最低"通过/不通过"标准并非易事，往往需要经过多年的实验和数据收集。

要点内容 13.3

思考一门你可能会教授的课程。制定各项定级标准。

测量与评价的案例思考

Tom对于他希望学生们达到的目标进行了深入的思考，之后他决定对两项认知测试和两项精神性运动技能测试进行加权，使它们在学生最终获得的网球教学单元的等级中占有一定的百分比。要完成这项任务，他必须将所有测试的得分转换为一个标准分格式（例如T值）并根据他所选的百分比来调节这些转换过的分数。然后将这四项调节过的标准分进行相加得出代表每个学生成绩的综合总分。然后他可以选择本章最后一节介绍的一种方法来将这些综合分数转换为最终等级。

小结

判断学生的成绩并给出等级是件难事。然而，因为等级对于大量的重要决定发挥着至关重要的作用，必须慎重对待分数并以公平且有意义的方式来对其进行评判。本章指出了定级过程中涉及的许多问题，同时提供了多种方法以便在面对定级任务时加以考虑。你可以自行回答关于测评他人表现涉及的一些问题，同时使用本章介绍的相关工具用于测量、加权和整合各个分数，同时确定最终的等级。

第 14 章

基于表现的测评：测评学生学习的其他方法

杰克琳·L. 伦德（Jacalyn L. Lund），佐治亚州立大学

本章及本书的各位作者感谢拉里·汉斯莱（Larry D. Hensley）博士（北爱荷华州大学）为本章早期各版本的文本所做出的相关贡献

概要

学习目标

学完本章，你将能够掌握以下内容。
- 对基于表现的测评进行定义，并能将其与传统的标准化测评进行区分。
- 讨论教育界测评做法的当前趋势。
- 分辨各种基于表现的测评的不同种类。
- 在使用基于表现的测评时，能够指出评判表现质量的标准。
- 创建一个依据表现的测评，配以评分标准。
- 解释基于表现的测评的优缺点。
- 指出开发和使用基于表现的测评的指导原则。

测量与评价的案例思考

　　Mariko 是一名中学体育教师。她正计划教一个单元的足球课。完成这个单元的学习后，她的学生们将具备进行小型足球比赛（对阵双方各 4 名球员）的知识和技能。在评价比赛表现时，她还希望测评学生的情感范畴的行为。在这个单元的教学中，Mariko 将使用多种测评方法。她的目标是让她的学生们通过踢足球来展示他们在国家 K-12 基础教育阶段体育课标准包含的几项标准中的能力（SHAPE America，2014）。Mariko 知道基于表现的测评的一个特点是学生们在教学开始之前就必须了解对其进行测评的标准。因此，在开始这个单元的教学之前，Mariko 计划制定她的测评方法。Mariko 应该使用什么测评方法来测评每个学生对于踢足球所需的各种技能、知识和态度的理解以及相关表现呢？

　　测评和责任性是教育界两个讨论频率最高的话题。自从 20 世纪 80 年代中期以来，人们对于使用测评作为一种提高学生学习成绩的方法产生了越来越浓的兴趣。这种兴趣恰好遇上教育改革运动，后者催生了标准的制定和基于标准的教学。对测评兴趣的增加以及让学生们使用更高水平的思考技能使得人们关注基于表现的测评技能，这些技能与基于结果的内容标准相一致。

　　在过去的 20 年中，教育工作者们已经在广泛使用测评一词，如今在教育界该词的使用频率已经超过了测量或评价。评价是对于一个产品的质量所进行的判断。测评是"收集有关学生成绩水平的证据并依据该证据推断学生所取得的进步"（SHAPE America，2014）。

　　但是新型的测评是什么，它对体育的测评有什么影响？如何才能用它来测评各范畴的学习，进而判断一名学生是否接受了良好的体育教育？接下来的章节将解决这些以及其他相关问题。

促使开发一种新型测评手段的动力

　　自 20 世纪 80 年代中期以来，家长、商界领袖、政府官员以及教育工作者们都普遍关心学校教育的有效性。20 世纪 80 年代中期开始的教育改革运动呼吁极大改变学校进行教育的方法。这项改革运动推动制定了多项标准，这些标准从学生应该知道以及能够做到的角度进行制定。

　　各项内容标准具体明确了各科目应该学习的内容。多个学科（如数学、科学、语言艺术和社会科学）都出台了国家标准，明确指出各科目的必备技能和知识。美国体育运动和体育教育协会（NASPE）于 1995 年在 *Moving into the Future-National Standards for Physical Education: A Guide to Content and Assessment* 中首次宣布了体育教育的内容标准。相关标准于 2004 年进行小幅修改和更新。2014 年，出台了 K-12 儿童青少年体育教育的课程教学框架以及新的国家标准。当前美国健康与体育教育者学会（SHAPE America）的 K–12 儿童青少年体育教育的美国标准内容如下。

标准一：接受过体育教育的个体在各种运动技能和动作模式方面表现出相应的能力。

标准二：接受过体育教育的个体运用运动和表现相关的概念、原理、战略和战术等知识。

标准三：接受过体育教育的个体具备达到和促进身体健康水平的体力活动和体适能的知识和技能。

标准四：接受过体育教育的个体展现出尊重自己和他人的责任心和社会行为。

标准五：接受过体育教育的个体认识到体力活动对于健康、娱乐、挑战、自我表达和 / 或社会交往等的价值。

测评曾被视为这场改革运动中至关重要的一部分，而标准化测试则被认为不足以测评学生的学习情况。出现在很多体育教育测试中的选择性回答（例如多项选择和对错题）用于测量知识，而根据 Bloom 的分类学，知识是一种最低级的学习。这场改革运动希望对学生的学习提出更高的要求，要求学生们展示更高水平的学习以及掌握相关的教学内容。测量学生们进行分析、综合和评价知识的各种能力，从而展现出使用信息而不仅是获取信息的能力，这需要一个不同的测试方法。当时，人们对于传统的测评方式（例如选择性回答和机器评分测试）越来越不满意，从而对于责任性提出了更高的要求，同时更加重视测评。Wiggins（1989）呼吁建立一种新型的测评方法，这种测评方法可以测评更高水平的学生思维和学习能力，并成为学习过程中的一部分。使用测评一词取代测试表明了一种关注重点的转变，即从关注教学结束时的测试转而关注使用测评来提高对学生的教学。测评一词源自法语"assidere"一词，意思是"坐在旁边"。这种转变暗示教师们不再是判断学生是否进行学习的把关者，而是负责提高学生学习的教练。此前存在一种抓捕心理，取而代之的想法是各种测评方法应该促进教学，强化学习，从而提高学生的成绩。

Wiggins 的观点在教育界产生了共鸣，向另一种测评方式转移的进展加速。随着测评目的出现了这种变化，Wiggins 同时倡导各种对学生有意义的测评方法。他认为学生们应该通过多种方式来展示所学，而不仅仅是在一场标准测试中写出答案。Feuer 和 Fulton（1993）找到了适合用于教育领域的几种基于表现的测评。适合体育教育的那些测评包括论文、展览、作品集和口头论述。这些测评是复杂的，用来反映相关领域的专业人员可能进行的各种有意义的活动。

虽然大部分的教师教育项目都要求各专业教师完成一门测试和测量课程，但是一旦这些教师开始教学时，他们并没有充分使用这门课程所提供的相关信息。体育教育的各项传统测试包括书面测试、标准化运动技能测试和体适能测试。Kneer（1986）公布了测评理论和教师在体育教育中使用各种测评之间存在的差距。多项研究表明教师们在体育教育中更多地追究学生们的责任而不是要求他们提高成绩（Imwald et al.，1982；Hensley et al.，1987）。1988 年，Vean 进行的一项研究表明教师们使用传统的测评方式来评价学生的证据很少。参加她进行的这项研究的教师表示非常愿意加入学生努力和进步等因素来判定学生的等级。此外，教师们希望各种测评方法高效（例如不占用太多的课堂时间）且便于实施，同时还可以用于定级之外的其他目的（例如纠正和提高表现）。简而言之，参加这项研究的相关教师都呼吁制定能够与教学联系起来的各种测评方法，但同时在实施的过程中又不会占用太多的教学时间。Wood（1996）表示"如今教育界的特点是重视学习成果、更高水平的认知技能以及综合性学习，由于教育界情况的变化速度很快，传统的心理测量的测评工具（例如多选题测试和体育技能测试）可能无法再胜任新的教育环境下的测评"。而且，传统测评工具和技能趋于测量定义狭隘的特征，不能推动技能或程序的整合，且在性质上往往具有随意性。各种改革的呼声实现了一种转变，增加其他形式测评手段的使用，因而验证了很多体育教育工作者多年来一直使用的各项技能。显然，一般的教育测评和具体的人类运动学以及体育教育的测评正经历着变革（Wood，2003）。

术语阐释

随着人们接受使用不同的方法做事这个概念，人们开始在测评一词前增加了一些形容词，以此确保教育工作者以及大众理解这种测量学生学习的方法的确不同。最初的时候，Wiggins 曾使用真实性测评。基于表现的测评和可替代性测评等名词也开始出现在相关文献中。有些人喜欢对这些词进行区分，而其他人（Herman et al.，1992；Lund and Kirk，2010）则以互换的方式使用这些词。

使用任何的形容词如果造成使用者之间的困惑那么就会带来问题。对于一项测评是否是真实的这个问题，教师(正常课堂和体育教育工作者)之间已经出现争论。例如，在这个新的测评运动的早期，一位体育教育工作者就提出使用发球机器实施的网球正手击球测试不是真实的测试，只有一名球员与另一名球员连续对打，它才算是一个真实的测评。事实上，尽管这两项测试都是非常好的技能测试，但是它们都不是基于表现的测评所指的复杂测评的例子。随着人们转而使用这种新型的测评，测评的真实性只有通过增加测评对于学生的意义和相关性才能体现其重要性。一项测评真实性越高（它代表了所学的内容是与专业领域实际应用非常相关的），学生们越有可能看到测评的相关性并积极完成测评。

针对本章的写作目标，我们将使用基于表现的测评一词表示用于判断学生学习的复杂测评。基于表现的测评一词指代"各种任务和情境"，在这些情境中学生们得到机会展示他们理解的内容并经过认真思考将知识、技能和思维习惯应用于各种环境中（Marzano et al.，1993）。

在体育教育中，你不要将基于表现的测评一词与技能测试和体适能测试等表现测试混淆。技能和体适能测试在复杂性和意义上比不上各种实战（例如，温布尔登网球赛要求运动员们进行网球比赛，而不是球员们进行来回正手击球过网），因此我们不能将技能和体适能测试视作基于表现的测评。

　　测评是这场改革运动的基石，不仅为实施问责提供了数据，而且还是教学过程中必不可少的一环。在单元教学开始之前，使用诊断性测评可以让教师了解学生之前所掌握的知识，从而确保教师不会假定班上所有的学生都是对将要学习的这个单元的知之甚少或毫不了解的初学者（Lund and Veal，2013）。形成性测评一词用于描述在学习过程中进行的测评。形成性测评的结果不会计入学生成绩，但是教师却可以使用这个结果来给学生提供反馈信息，帮助他们纠正错误或是提高最终表现。形成性测评可以是自我测评、同伴测评或由教师来实施。学生可以使用形成性测评的结果来设定目标并监测为了实现最终学习目标或目的所取得的进步。形成性测评同时也为教师提供了用于策划今后教学的相关数据。虽然我们可以使用基于表现的测评作为教练

基于表现的测评使用非传统技能来确保学生学会并记住体力活动知识。

指导和教学过程一部分的形成性测评，但是技能测试等传统型的测评也能用于形成性测评。形成性测评有助于教师或学生设定目标。教师们可以制定学生的学习目标，从而规划实现最终学习目标的进程。总结性测评是在教学结束时进行的。他们代表了学生成绩的最终水平，并于定级和评价二者其一或同时都相关。总结性测评的实施者是一位教师或是在相关班级中具有权威的人士。

　　形成性和总结性等词指的是测评的目的而不是测评的某种形式或类型。在某个单元教学过程中，我们可以随时使用形成性测评，进行反馈或教学策划，但是如果我们在一个单元的结束时对学生的学习情况进行最终的测评，这种测评就变成了总结性测评。虽然学生们可以使用形成性测评来提高他们的表现，但是他们却没有机会提高他们在总结性测评中的等级或分数。

要点内容 14.1

　　传统测评（选择性回答）所测量的学习内容与基于表现的测评所测的内容之间存在何种差异？

　　基于表现的测评与传统测评之间存在何种差异？人们认为基于表现的测评与常规形式的标准化测试（即多选题或对错题测试、体育技能测试或体适能测试）之间在多个方面存在差异。基于表现的测评涉及各种不同的非传统的测评学生表现的技能。

Herman 等人（1992）提出了多个特征来描述基于表现的各种测评。这些特征有助于解释基于表现的测评与其他传统测试形式之间的差异。

·**要求学生们表现、创造、生产或解决某个东西。**多种测评让学生有机会通过创造一个产品或表演来展示他们对于某个话题具备的知识或做某事的能力。创造一个跳绳套路或一段舞蹈或是打长杆曲棍球要求具备的知识的类型不同于传统测试所要测量的内容。对于基于表现的测评，学生们可以单独完成或参加一个小组来完成相关工作。最终的作品一般需要几天时间才能完成，同时完成作品的过程与最终的作品或表演同样重要。你应该注意基于表现的测评对学生的期望类似于 Anderson 和 Krathwohl（2001）修订的 Bloom 认知分类中的最高等级，即创造。

·**要求学生们使用较高水平的思维和解决问题的技能。**使用包含选择回答题目（例如对错题、多选题和配对题）的测试，我们很难测评学生分析、综合和评价的能力。在测量较高水平的思维能力时，教师可以给学生们出一个问题，让他们来解决这个问题。在体育课上，书面测试提出的问题往往是关于一个场地的尺寸、一项运动最早出现的时间、该运动的发明者或是如何定义与某个特定活动相关的术语。根据 Bloom 分类学，这些都是知识或理解的例子。测评比赛表现或是设计一段舞蹈的能力要求学生们使用更高水平的思维和解决问题技能，这样对学生们提出了更高的要求。此外，这些测评往往能够反映学生理解或不理解的真实水平。

·**使用的任务应该能够代表有意义的教学活动。**学生们对于参加书面测试的机会极少感到兴奋。基于表现的测评为学生们提供了通过各种不同的途径展示所学的机会。例如，学生们不是参加有关规则的书面测试，而是可以通过担任一场比赛的裁判的方式或是担任比赛的解说员来展示对于相关规则的了解。后面这些活动相比于回答书面测试的各个问题可能更加有意义且更加贴近生活。教师可能要求一个舞蹈班的学生对一段舞蹈表演写一个批评性分析以此展示他们编舞的知识。参加一场比赛和进行一套固定舞步都是有意义的任务，让学生们可以展示他们学到的东西。

·**在可能的情况下，你应该使用现实社会的各种应用。**此前的各个例子都出现在现实的体育或其他类型的体力活动中。因为学生们经常看到这些活动出现在他们周围的世界中，他们看到任务相关性的可能性更大。有些测评书建议在条件允许的情况下安排观众观看学生的表演。在他人面前进行一场比赛或发放宣传材料让相关测评多了一层责任感，是因为除了教师之外其他人将有机会看到相关活动。

·**人们使用专业的评判来给测评结果打分。**基于表现的测评的实施者通过使用事先确定对相关测评有显著意义的一列标准来测评表现或产品。进行测评评分的人在受测科目或内容方面应该接受过培训且是有经验的专业人士。如果使用外来小组进行打分，一般要进行有关评分标准使用方面的培训，从而确保测评人理解相关标准、测评的期望以及测评评分的一致性。

·**学生们在整个学习过程中随时可以获得指导。**这是基于表现的学习最令人激动的一点。在学生们努力完成基于表现的测评的过程中，他们得到教师的指导和反馈意见，从而他们的最终表现达到最佳水平。如同教练为各个队员提供反馈意见一样，学生可以获得有关他们在比赛中表现的反馈意见。因为学生们事先知道了测评标准，他们可以将自己的表现与相关标准进行对比（用于形成性测评的自我测评）或是可以通过提供同伴反馈而帮组其他学生。因为最终目标是基于成果的（例如学生能够踢足球），各相关人士可以提供知识和协助来帮助每个学生实现这一目标。

基于表现的测评的类型

上文已经提到，基于表现的测评有很多种。每种测评在提供有关学生学习的可信和可靠信息方面都有自己的优缺点。因为实际上单个测评工具无法充分测评学生表现的方方面面，真正的挑战在于选择或开发相互补充，以及补充更加传统的测评方法的基于表现的测评方法，从而公平地测评学生在体育和人体表现方面的能力。

测评的目标是准确判断学生们是否已经学会所教的内容或信息，同时显示他们是否已经完全无误地掌握了相关内容。正如研究人员使用多种数据源来判断相关结果的真实性一样，教师们可以使用多种测评手段来评价学生的学习。因为测评涉及收集数据或信息，所以必须创造产品、进行表演或制作记录表。以下是体育中使用的各种基于表现的测评的示例。

在测评过程中使用观察

人体表现领域为学生们提供了很多机会展示他人可以直接观察的行为，这是在精神性运动领域工作的一项独特优势。Wiggins（1998）在举例说明复杂的测评概念时使用了体力活动，因为体力活动相比认知性示例更具画面感。展现某项运动技能的本质决定了通过观察分析进行测评顺理成章地成为很多体育教师的选择。事实上，对于体育教育工作者的各种测量做法的调查一致表明他们依赖观察和相关测评的方法（Hensley and East，1989；Matanin and Tannehill，1994；Mintah，2003）。

观察是体育教师在教学中使用的一项技能，用于为学生提供反馈以及帮助他们提高表现。然而，如果不通过某种方法来记录结果，给某个学生的反馈意见就不是一项测评。同伴们可以使用观察进行相互测评。他们可以使用一份包含重要因素的检查列表或是某种活动记录方法来记录某个行为出现的次数。保留比赛统计数据是使用活动记录技能记录数据的一个例子。学生们可以自行分析自己的表现并使用检查列表或是比赛规则提供的各种标准来记录他们的表现。表 14.1 是可以用于同伴测评的一例记录表。

表 14.1　同伴测评：垒球击球检查列表

行为	观察到	没有观察到
双脚分开与肩同宽		
球棒置于空中准备挥棒		
球棒后拉或翘起准备挥棒		
移步，同时将整个身体置于球后		
动作完整的挥棒击球		
转动手腕发力		
挥棒横向越过身体		

　　在使用同伴测评时，最好让测评员仅专注测评一件事。如果我们还要求记录测评结果的人参与测评活动（例如抛球给接受测评的人），那么这个人不能在抛球同时进行准确地观察。如果班级人数较多，教师们甚至可能会使用四人一组的方法，其中一个学生接受测评，第二个学生负责供球，第三个学生进行观察，第四个学生记录第三个学生口头提供的成绩。

@ 可观看视频 14.1 和视频 14.2。

要点内容 14.2

一个观察为什么必须包括某种书面记录才能成为一种测评？

个人和团体项目

　　教育界长期以来一直使用各种项目来测评学生对于一个科目或某个特定话题的理解。项目通常要求学生在完成规定的任务同时应用他们掌握的知识和技能，这往往要求学生们发挥创造性，进行批判性思考以及分析和综合。体育教育中使用的学生项目的例子包括以下内容：通过设计一个新的运动项目来展示对攻击性比赛战略的理解；通过对肥胖开展研究然后为社区居民制作一个宣传册提出培养一个积极参加体育活动的生活方式，促使大家了解如何成为社区中一名积极的参与者；通过使用个人体适能测试结果设计自己的健身计划以此证明了解体适能组成要素以及如何保持健康；通过录制一段由小组各成员设计的舞蹈来证明知道如何创编一个舞蹈；同时研究各种游戏并教当地小学的孩子们如何玩这些游戏。制定测评相关项目的标准，并记录相关项目的结果。

　　团体项目涉及多个学生共同合作来解决一个复杂的问题，要求学生们进行策划、研究和内部讨论以及展示。团体项目应该包括一项每个学生必须单独完成的项目以此避免某个学生因他人所做的工作而得到奖励。避免出现这个问题的另一种方法是一个团体中的每个成员给该组其他成员"金钱奖励"（例如，分配一张一万美元的支票）并说明给每个人分配相应金额的原因。为了鼓励学生们思考其他人所做的贡献，不允许给每个人分配相等的金额。这些支票以及给组员分配资金的理由都是保密的，并且放入一个信封中直接交给教师，这样这组的成员看不到其他组员支付他们的金额。

下面这个例子是针对初中、高中或大学生设计的一个项目，其中涉及研究内容、信息的分析和整合、解决问题以及有效交流。

舞蹈项目

　　这项测评的目的是让学生展示他们理解的一个民间或其他类型的舞蹈，然后再将这支舞蹈教给同伴的能力。为此他们必须展示舞步教学、打拍子并指导学生协调使用音乐和舞步来表演相关舞蹈。教师评价学生的依据是学生的各项能力，包括阅读和解释一套舞蹈说明，将这段舞蹈教给其他人，熟练表演同组其他学生所教的舞蹈。

　　提供给学生们的说明：每组 6 个人，你将展示跟着音乐表演 6 段舞蹈的能力。每个学生必须阅读舞蹈的说明，学习舞步，然后跟着音乐表演舞蹈。如果你不知道相关舞蹈的规范动作，应该做一些研究（例如上网或查阅图书）了解相关动作。成功完成第一步之后，每个学生将会把这支舞教给同组的其他 5 名学生。小组成员都要表演所有舞蹈，并录制视频。此外，每个学生在教其他组员相关舞蹈时将会录制视频。每位教师必须演示向他人解释舞步的能力，打拍子，并指导其他人消除任何舞蹈动作的错误。

要点内容 14.3

　　提出构建一个简单项目的想法，并指出这个项目将会记录的学习类型。

作品集

　　作品集是系统、有目的且有意义地收集旨在记录一段时间内学习情况的学生作品。因为一个作品集提供证据证明学生的学习情况，所以教师希望学生记录的知识和技能对作品集的结构起到了指导作用。作品集的类型、形式和总体内容通常是由教师规定的。作品集所收集的内容可能还包括教师、家长、同伴、管理人员或他人提供的评价。

　　用于规定一个作品集格式的指导纲要是根据该作品集所要记录的学习类型而制定的。教师往往让学生们使用工作作品集作为一段时间内积累的文件或作品的储藏库。其中也可以加入其他类型的过程信息，例如学生作品稿件、学生成绩记录或一段时间内的进步记录。

　　展示作品集包含了为了测评而提交的作品。它包含了学生挑选的代表他们最佳表现的样本。一般来说，教师规定 3 ～ 5 个学生必须提交的文件或作品，然后让学生们选择 2 ～ 3 个自选作品。对于这些自选作品，每个学生必须主动评价自己的作品，并选择最能代表相关测评所针对的那类学习的作品。收录在展示作品集中的每件作品都要配以一个总结，其中制作该作品集的学生需解释这个作品的意义以及它所代表的学习类型。

　　对作品集包含的作品数量进行一定的限制，避免作品集变成对学生来说没有意义的剪贴簿，同时也避免让教师在对作品集评分时承担过大的责任。这也要求学生对哪些作品最符合制作相关作品集的要求且最能代表他们的表现水平等内容进行一些判断。作品集本身通常是一个文件或文件袋，其中包含了学生收集的作品。内容可以包括训练记录、学生日志或日记、书面报告、照片或速写、信件、图表、地图、证书复印件、计算机光盘或计算机生成的作品、完成的评级量表、体能测试结果、比赛数据、培训计划、饮食分析报告，甚至是视频或音频录音。这些作品集合在一起证明学生在一段时间内的成长和学习。作品集可以收录的作品不胜枚举。下面列出了可能成为作品集作品的清单，这个清单对于体力活动的环境可能有用（Kirk，1997）。一位教师绝不会要求作品集包含所有这些内容。我们列出的这个清单是为了给你提供一些想法，让你了解哪些可能成为作品。

体力活动各种可能的作品集清单

- 对于当前的技能水平和比赛能力进行自我测评，并提出各项改进目标。
- 对于技能表现和比赛表现进行不断的自我测评和同伴测评（过程—结果检查列表、评价量表、标准参考任务、任务表、比赛表现数据）。
- 制作图表来展示和解释特定技能的表现或是不同时间的战略。
- 通过收集和研究单次比赛数据（例如投篮的百分比、助攻、成功传球、阻截和抢球数）来分析比赛表现（技能和战略的应用）。
- 使用应用知识和技能创编和表演有氧健身舞、有氧踏板操或体操套路（证据：表演的脚本或视频）。
- 记录练习、非正式比赛或是课外有组织竞赛的参与情况。
- 每天记录体力活动日志，其中设定每天的目标；记录成绩、挫折和进步；同时分析情况对目前和今后的工作提出建议。
- 使用一种自我分析或诊断测评工具，选择或设计一个合适的练习项目并完整计划，记录结果。
- 制定、实施并参与一个班级巡回赛。记录团体和个人的情况和统计数据（作为个体或团队的一分子）。
- 以体育记者的身份撰写一篇新闻，报道班级比赛或是一场比赛（必须展现对比赛的了解）。
- 制定和编辑一份班级体育或健身杂志。
- 以广播（录音）或电视（录制视频）解说员的身份完成和记录一场班级锦标赛的比赛详情和生动评论。
- 采访一名成功的竞技选手了解他作为运动员的成长过程或当前的训练技能和时间安排（录音或录制视频）。
- 采访一名身患残疾的运动员，了解其克服困难的经历。将所学的内容应用于你面对的情况中（录音、录制视频或撰写文章）。
- 写一篇文章，题目是我在体操（或任意一项活动）中学到的知识或完成的工作，以及在这个过程中对自己有哪些认识。

我们应该使用评分标准（评分工具）来测评作品集，测评方法与其他任何作

品或表现的测评非常类似。给学生们提供评分标准以及相关任务，这让学生们可以自行测评他们的工作，从而使制作高水平的作品集的概率增加。因为作品集旨在显示学生学习方面的成长或取得的进步，所以从总体上对其进行测评。描述相关作品以及说明作品集为何收录这个作品的原因，这样可以深入了解学生的学习和表现水平。教师应该记住形式的重要性低于内容，同时应该对评分标准进行加权来反映这一点。表 14.2 显示了一个定性分析标准，用于从三维的角度来测评一个作品集。

表 14.2　完整作品集的定性评分标准

	形式与设计	每一部分的内容项目	作品集任务的总结
恰到好处	遵循规定的格式并且没有错误。设计有吸引力，展现创意。条理清晰。与作品集相关的教学目标非常一致	作品种类丰富，展现了学习的深度和广度。所选的作品记录了学生在学习方面的成长和成绩证据。全面而完整地介绍了期望的学生学习	总结认真且表明了理解的深度。总结深入地反映学生的学习以及掌握预期学习目标的情况
切题	遵循规定的格式，且错误较少。设计整洁并有创意。格式组织有条理且易懂。与学习目标保持有效一致	所选作品展现了相关主题方面的能力。理解有一定的广度同时错误的想法较少。学生能够表明个人成长以及对相关主题的理解	总结清楚地说明了收录相关作品的理由。总结内容容易判断。表达清晰且易于理解
接近	总体遵循规定的格式。创意或想象的证据较少。有些语法和拼写错误。有些地方格式混乱或缺乏组织性	展现了基本信息，表明学生的理解水平能够达到一般水平。所选作品帮助记录学生的学习和成长。一个或多个作品可能与教学目标不一致	总结切题且直接，说明相关作品表现学习的理由。有些内容较短，未能表明理解的深度
偏题	没有遵循规定的格式，错误很多。设计不合理。结构混乱且与学习目标不一致。让人感觉是仓促完成	收集了许多不合适或不相关的内容，表明缺乏基本知识。作品质量较低。缺乏多样性或深度	缺乏证明个人对于相关任务总结的证据。内容含糊且重复。对于收录相关各种作品欠缺思考或理由

要获取有关作品集测评的其他信息，请参阅 Lund 和 Kirk（2010）撰写的关于制定作品集测评的相关章节。作为《美国体育、娱乐和舞蹈期刊》（*JOPERD*）专栏一部分出版的一篇文章介绍了一种针对作品集建议使用的评分量表（Kirk，1997）。Melograno 的关于作品集的测评系列出版物（2000）也包含了有用的信息。

一个作品集项目的例子

以下是一例针对初中或高中活动单元的作品集项目。这个作品集项目适用于不同的体育运动，如排球、篮球、网球、羽毛球或足球。

给学生的说明：为了展示你进行某个体育运动能力的成长，你将提交今年学习一个体育教学单元时完成的作品，数量不超过 8 个。使用这门课所教的一个单元，你必须展示你运用某项体育运动的相关技能、规则和战略的能力，以及分析这项运动的能力。你还必须记录你作为团队一员所做的贡献。必须完成以下 3 项要求。

1. 写一篇文章，报道你所观察的一场班级冠军赛，其中包括比赛统计数据以及根据团队或个人的表现对这场比赛进行分析。
2. 对你所在的团队进行比赛表现测评所得的结果表明你进行这项体育运

动的技能和能力。

3. 列举一例说明你作为职能团队一员是如何履行职责的，同时记录你对比赛的知识。这可能包括证明你执裁、宣布或记录比赛统计数据的能力。（备注："职能团队"成员不参加比赛，而是担任裁判、广播员、记分员、边裁等职。）

自选 2～5 个其他的作品。每个作品都要附上总结，解释相关作品展示的知识类型，以及说明你为何选择这个作品收入作品集。

要点内容 14.4

如果你这门课程的教师要求你提交代表你学习这门课的作品集，你该怎么做呢？制作一份清单，列出你通过这门课学到的一些重要内容（你希望记录的学习内容），然后找出你可以用于记录这种成长的各种作品。你最初的一些作品可能包含一些错误（不要忘记，你要试图记录你的成长），而其他作品则代表较高水平的成就。指出你的教师可能要求所有人完成的 3～4 个重要作品（重点任务）。对于每个任务，写一个总结，解释你选择这个任务的理由。（备注：如果这是一个真实的作品集任务，每个作品应该进行书面总结。）描述以下这个作品集如何让你展示你的成长以及在测量与评价中的能力。

要点内容 14.5

作品集展示的学习与期末考试（例如选择题和简答作文题）展示的学习有何不同？

表现

学生的表现可以用作一个教学单元结束时的最终测评。教师们可能会在一个单元结束时组织一场体操或田径运动会，让学生们可以展示他们在教学中学到的技能和知识。学生在比赛中的发挥也被视作一种学生表现。比赛表现的评判规则可以是书面文字，以便从所有 3 个学习范畴（精神性运动、认知和情感）对学生进行测评。学生们可能会按照以下几种方式之一展示他们的技能和所学。

- 为学校的某个日常集会表演一套有氧健身操。
- 在一场篮球赛的半场时间组织和表演跳绳。
- 在民间舞蹈节上表演。
- 在当地的大型购物中心展示武术。
- 参加当地的公路赛或自行车比赛。

虽然表现不能提供一个书面作品，但是我们可以通过多种方法来收集数据用于测评。通过使用比赛表现规则中的相关标准，可以使用一份评分表来记录学生的表现。

比赛表现数据统计是记录表现的另一种方法。我们还可以录制表现的视频为学习提供证据。

在有些情况下，教师们可能希望缩短用于从表现中收集学习证据的时间。事件任务是在单个课时内完成的表现。学生们可以在接受视频拍摄的情况下进行规定的运动，以此证明他们对于网式或墙式体育运动各项战术的理解。通过使用事件任务，在单个课时内，学生们可以展示他们创造连续动作或一套舞步的能力。许多展现情感范畴特征的冒险性教育活动可以使用事件任务对其进行测评。

要点内容 14.6

毕业后，许多运动科学专业的学生从事私教、理疗师等职业为他们的客户提供教学。你如何才能通过展示来证明你的教学能力呢？

学生日志

记录学生参与体力活动的情况（National Standard 3，SHAPE America，2014）往往比较困难。教师可以使用日志的形式来测评学生参与一项活动或是课外完成的技能练习。证明学生努力的课上练习也可以通过日志的形式进行记录。一份日志记录一段时间的行为（图 14.1）。记录的信息往往显示行为的变化、表现的趋势、参与的结果、取得的进步或是体力活动的规律性。一份学生日志是一个非常适合用于作品集的作品。因为日志通常是自我记录的文件，如果不用于作品集的作品或是不用于某个项目，则不能将其用于总结性测评。如果教师希望增加一份日志的重要性，应该增加一名成人或是具有相应权威人士提供的一种核实方法。

姓名		教师	
班级			
活动	日期		参与时长

图 14.1　活动日志

要点内容 14.7

使用日志可以记录什么类型的学习？

日记

可以使用日记来记录学生对于真实事件或结果的情感、思想、感受或总结。日记的内容通常反映社会或心里的想法，既有积极的也有消极的，可以用于记录参与的意义（National Standard 5，SHAPE America，2014）。日记内容本身不适合作为总结性的测评，但是可以作为一个作品加入作品集中。日记的内容非常有利于教师把握一个班级的情况，并判断学生们是否重视课堂的教学内容。教师必须注意不要将日记中情感范畴的内容作为真实的内容进行测评，因为这样做可能会造成学生们会写一些教师们希望听到（或给予奖励）的内容，而不是真实的情感。教师可以要求学生们完成日记的内容。有些教师使用日记作为记录一段时间内参与的方式。

要点内容 14.8

你会使用哪种类型的基于表现的测评，从而充分说明你从测量与评价课程中学到的知识？

基于表现的测评的制定标准

基于表现的测评的一个特征是在向学生分配测评任务之初就告知学生用于评分的相关标准。在制定测评方法时，有些教师犯了不确定相关标准的错误。没有一个有效的评分标准，测评任务基本上只是一个教学活动，而不应该称为测评。教师们必须始终明确他们对于学生们有关测评的期望，这些期望是测评的标准。

为基于表现的测评制定标准不同于为传统测评制定标准，因为数字分数并非总用于判断表现（例如，根据某项标准得出的表现水平可以使用"充分""优秀"等词语），但是告知学生他们应该达到的表现水平的基本原则却是相同的。如果我们事先告诉学生相关标准，那么他们就不必猜测测试内容了。对于体育专业的学生来说，提供测评相关的标准这个概念应该不陌生。在许多体育测试中，学生们知道用于测评的标准。例如，美国青少年体适能健康测评系统提供了达到健康体适能区所需的一个分数范围。同样，教师常常告诉学生们他们必须在某项技能考试中获得某个分数才能获得一定的等级，或者要求学生达到一定水平专业技能才能让他们参加一项比赛。对于体适能和技能测试，教师都会告知学生他们必须努力达到相关标准。

教师可以使用多种不同类型的标准来表示一项测评表现的标准。过程标准关注学生在完成测评过程中表现的质量或是学生完成某项任务的方法。在体育教学中，过程标准用于表示学生展现正确姿势所必备的因素。表 14.1 列举了一例说明垒球击球动作的关键因素。在学生们初学某项技能时，过程标准至关重要，因为关注正确的姿势很重要。在许多针对小学生的测评中，过程标准一般用于测评学生的表现。对于从事正常课堂教学的教师来说，过程标准用于指代课堂参与、完成家庭作业或是学生所付出的努力。

如果相关标准描述学生表现的结果，我们将其称为结果标准。结果标准的例子包括学生必须完成的排球发球的次数或连续翻滚动作中连续前滚的次数。一般来说，教师制定结果标准的同时也应该要求姿势正确。

Guskey 和 Bailey（2001）报道有些教师当他们希望测量学生的进步时使用进步标准。进步标准不关注表现水平，而是测量学生进步的量。有些教师喜欢进步标准，尤其是当所教的学生对于某项体育运动或活动知之甚少或毫无所知时。使用进步标准的一个问题在于这些标准创造了一个移动目标，意味着有些学生可能必须达到一个比别人更高的表现水平才能获得与他人相似的等级（例如，没有规定每个人必须达到的分数，对每个学生的要求都不相同）。例如，Taylor 从未打过网球，她在预备考试中不能进行正手的连续对打，因而得零分。Chris 之前打过网球，在预备测试中练习进行 3 次正手击球。他们的教师根据预备考试的数据决定要得 A 等。Taylor 在连续对打测试中需要击中 6 球就能得 A，而 Chris 需要击中 10 球才能得 A。在这个单元结束时，两个学生都能在连续对打测试中击中 6 球。Taylor 在该测试中得 A，而 Chris 则没能得 A。使用进步标准的另一个问题是有些学生可能在预先测试中故意隐藏实力，这意味着他们发挥的水平低于他们实际的能力水平，这样他们凭借较少的个人技能进步就能展示出进步了。

简单的评分指南

针对基于表现的测评的一种最简单的评分指南是检查列表。使用检查列表，你不要判断某种特征存在的程度或是相关表现的质量：相关特征展现与否，非此即彼。通过使用检查列表，所有的特征或特点都具有相等的价值。教师们通常使用检查列表来评价针对体育技能（例如前臂传球、过头传球和扣球）或者基本运动技能（例如单腿跳、双腿交替跳和跳跃）的过程标准。教师们在使用检查列表时通过记录单标注的方式来表明相关因素是否存在。有些教师在相关因素前使用一栏空白，而其他教师则使用两栏空白，这样便于评价者可以勾选有或没有选项，以此表明是否观察到相关因素。当我们使用检查列表作为同伴或自我测评工具时，后一种方法能更好地确保学生们观察到清单上所有的内容。制作检查列表相对简单，同时检查列表也可用作一种书面作品来记录某项观察。使用检查列表时，教师千万不要列出太多的内容，尤其是年龄较小的孩子使用的清单。即使是一名经验丰富的教师，同时观察 6 ～ 7 个东西，也是有困难的。年龄较小的孩子根据他们的年龄观察的项目数量不应该超过 2 个或 3 个。在使用包含多个特征用于同伴测评的检查列表时，教师应该要求学生们进行足够次数的尝试，这样观察者才能有充足的机会准确观察相关技能（图 14.2）。要让检查列表成为有效的同伴测评工具，必须告知同伴们使用检查列表的目的以及它们的使用方法。

排球前臂传球	测验 1		测验 2		测验 3	
双手紧握，屈膝	有	没有	有	没有	有	没有
用双臂平坦的表面接球	有	没有	有	没有	有	没有
无须摇臂，使用双腿提供动力	有	没有	有	没有	有	没有
手臂形成的击球平面在击球后续的动作中指向目标	有	没有	有	没有	有	没有

图 14.2 排球测评的重复实验

分数体系（Point system）的评分指南是记录表现的另一种方法，它列出了我们认为对于相关表现具有重要意义的特征或特点。它与检查列表的不同之处在于，它对每个特征列出了相应的分数，这样价值更大或重要性更高的内容获得了更高的分数。与检查列表相同的是，在使用分数体系表现清单时，相关观察人员对于质量不做判断，即相关特征要么存在要么不存在。教师们可以将表现清单用于评分目的。在对相关特征和因素的存在与否进行判断之后，可以将各分值相加从而得出最终分数或总分。教师们对于部分存在的内容不应该给予部分分数，因为这种做法可能会影响评分标准的信度。如果一个因素可以细分为子因素，同时如果教师们希望对展现的各种子因素给出分数，那么每个子因素都应该分配一个分值，这样教师们才能在对这类情况给出部分分数时取得一致。图 14.3 是一例分数体系评分指南。

体育课笔记

姓名 _____ 最终分数（总分 100）_____

团队贡献分（15 分）

____ 出勤、着装和参与记录（2 分）

____ 运动员信息页（5 分）

____ 职能团队职责贡献（5 分）

    · 基于评价解释贡献（3 分）

    · 记录职能团队的评价（2 分）

____ 解释团队职责贡献（3 分）

记录认知范畴的学习（25 分）

____ 裁判等工作人员的认证测试（5 分）

____ 执裁的标准（10 分）

    · 预选赛（5 分）

    · 锦标赛（5 分）

____ 完成的统计数据表（10 分）

    · 预选赛（5 分）

    · 锦标赛（5 分）

技能记录（40 分）

____ 练习（10 分）

图 14.3 分数体系评分案例

```
　　　·日志（6分）
　　　·同伴评价检查列表（4分）
_____ 显示表现变化的数据图表（5分）
_____ 源自比赛的统计数据表（10分）
_____ 体育比赛测评标准结果（15分）
　　　·预选赛（5分）
　　　·锦标赛（10分）

公平比赛和团队贡献（5分）
_____ 由对手填写的公平比赛表现检查列表（2分）
_____ 给对手填写的公平比赛表现检查列表（3分）

笔记的整理和呈现（15分）
_____ 目录表（2分）
_____ 对于涉及学生选择文件的总结（10分）
_____ 整洁、语法、拼写（3分）
```

图 14.3　分数体系评分案例（续）

评分标准

　　评分标准用于测评复杂的测评内容（例如体育比赛、舞蹈、学生项目或作品集）。在使用一个评分标准时，测评人员必须对于学生表现的质量水平做出判断。因为判断相关表现的水平相比判断某个特征是否存在需要更多的时间，所以评分标准中评价的特征或特点的数量一般较少。评分标准有两种类型：分析型和整体型。分析型的评分标准用于单独评价相关表现的单个特征或特点。分析型的评分标准有利于形成性测评，以便学生们能够认识他们表现的好坏情况，或者他们在各个特征或描述因素中的得分并根据相关结果进行改进。

　　分析型评分标准存在两种类型。定量评分标准有利于测评动作姿势的一致性影响表现质量，且需要按照一定顺序发挥多种技能的体育运动项目。可能会使用定性评分标准的情况包括射箭和保龄球等标靶类运动项目以及跳水和田径类项目等个性化运动。测评人员根据学生是否遵循规定顺序完成各个相关阶段的情况来给出数字分数。这些情况包括完全遵守规定顺序（如完整完成 6 个步骤）或仅部分合规（如 6 个步骤中有 2 步符合规定）抑或是介于二者之间的某个水平。在制定一个定量的评分标准时，教师必须指出相关表现包含的 4 个或 5 个阶段，然后测评每个阶段的一致性（表14.3）。定性评分标准包含多个书面说明，对于接受评价的相关特征或特点的各个水平的表现质量进行描述。我们使用这些定性评分标准来测评涉及多个范畴或多维认知性学习的复杂表现。涉及一个以上范畴的复杂表现包括体育比赛和舞蹈表演。有些定性评分标准指出某些表现水平常见的错误。这些描述有助于说明测评人员对相关特征进行评价时应该注意或不应该注意的内容。表 14.4 是一个针对垒球比赛的分析型定性评分标准。

表 14.3　铅球投掷定量标准：班级记录表

各个步骤	开始动作	开始滑步	转身	爆发	落地
关键要素	铅球轻放于颈侧 用手指托起铅球 身体前倾 身体中心置于投掷一侧的腿上，同时屈膝	思考者姿势 随着支撑腿的伸直，非支撑腿向后踢 背部朝向投掷方向 支撑腿开始转动	牢牢固定非支撑腿，同时打开髋关节 支撑腿开始伸直 身体开始挺直	投掷铅球，伸展手臂 中心转移至非投掷一侧的腿上 在腾空跃起时以45度角将铅球脱手	投掷一侧的腿着地，身体侧面朝向目标 铅球脱手时避免身体越过投掷圈 从投掷圈的后侧退场
姓名	分数	分数	分数	分数	分数

说明：请你观察每个运动员的表现并使用以下定义根据量表对每个步骤进行评分。

4= 稳定地展现相关行为或是表现几乎始终一致（连续不少于 3 次）。

3= 展现相关行为频率较高（6 次测验出现 4 次）。

2= 展现行为的频率一般或是大约为 50%。

1= 展现行为的频率较低（6 次测试出现次数不超过 2 次）。

0= 没能完成相关任务或没有参加。

　　整体型评分标准用于通过一个分数评价整个表现。使用分析型评分标准，每个特征获得一个单独的分数。整体型评分标准通过单个段落来描述某个水平表现的所有特征。整体型评分标准最常用于总结性测评，这时学生们不能阅读教师的反馈并据此试图改进他们的表现。表 14.5 是一个整体型评分标准的例子。

　　因为学生在每个特征上的表现极少处于同一水平，所以使用整体型评分标准可能会出现一个问题：学生们可能会在一些测试项目上处于两个水平。这种情况可以通过下面两种方式之一加以解决。如果一个学生的表现在一些特征上处于一个水平，而其他特征都处于另一个水平，那么水平最低的特征得分将是该学生的得分。处理表现存在多个水平问题的第二种方法是对评分标准中列出的相关特点进行加权，根据相关测试项目的等级来计算得分。那些重要性最高的测试项目决定表现的得分。在评分前必须决定如何应用相关评分标准，同时所有的评价者必须使用相同的方法从而实现一致的结果。在使用整体型评分标准时，我们常常会向评价者提供名为范例的往届学生的作品样本。因为整体型得分是对于整个作品的一个印象，这些范例有助于评价者校准相关评分标准的意图。在对学生作品进行评分时，将测试项目与范例进行对比，这样有助于保持较高水平的信度。书面作品的范例较为容易提供。如果对于学生表演使用整体型的评分标准，因为需要视频录像，所以使用范例则要困难许多。

发展型评分标准用于从初学水平到高级水平的各个水平的学生。从事相关运动的学生可以看到他们处于技能发展范围内哪个水平，即他们当前的技能水平，以及还需要掌握多少技能。表 14.6 是一个简单的针对接球和扔球的发展型评分标准的例子。体操或跳水等体育项目使用发展型评分体系。所有的运动员不论年龄都使用相同标准对其进行评判。

在制定评分标准时，教师们可以制定针对单个体育项目或活动的评分标准或是可以用于多个体育项目或活动的评分标准。具体任务的评分标准是为单个体育项目或活动而制定的，如表 14.4 是一例针对垒球的评分标准。通用化的评分标准可用于多个相关体育活动。考虑一下表 14.7 显示的网球评分标准中的水平 5。如果我们对于有关发球的专业术语进行稍稍改动，将其变为"发球强劲有力，同时通常落在线内"，那么这个评分标准就可以用于多个网类运动项目的发球测评。必须删除有关旋转球的词语才能用于羽毛球运动。这些例子说明如何才能将具体任务的评分标准修改成通用的评分标准。在很多情况下，同一类别的体育项目或相似的活动都能通过使用单一评分标准进行测评，这个评分标准应该抓住同一类别中各种不同的体育项目和活动的学习本质。

在制定通用型评分标准时，有些人没能设置任何有意义的基准，结果得出的评分标准为主观决策留下太多空间。表 14.8 是一例过于通用的评分标准，为使用者提供的指导内容太少。教师们应该避免使用过于通用的评分标准进行测评。

表 14.4 垒球比赛表现分析定性评分标准

特点	新手	次校队	校队	全明星
跑垒	在跑动中不顾垒区教练的指令。不分情况每次看到击球就开始跑动。在垒区附近慢跑	迅速跑向垒区。观察垒区教练的指示判断是否留在原地还是前进	了解自身的能力，同时不过高估计安全前进的能力。围绕垒球移动，使用左脚获得最大效率。偶尔滑行避免触杀	条件允许的情况下尽力多起一垒。滑行避免被触杀或是缓慢接近全包。遵循垒区教练的建议，但是同时也能进行准确的判断
击球	挥棒时砍击。每次看到投掷就挥棒或未能挥棒。对于投掷球是否适合挥击常常判断失误	动作规范。挥棒击球动作完整；能够分辨哪些投球适合挥击	击球时一般球棒能够接触垒球。对于击打区能做出良好的判断	即使面对投手投出的高速球也总能击中。极少出现出局的情况（三击不中）。根据相关的情况能够将球打至规定的区域
防守和投球	对很多球不能进行判断，造成失误；跑过球。等待地滚球来到球员身边	能够完成任务并让跑垒者出局。扔球距离超过 40 英尺（约 12.2 米）有点困难。扔球的方向与目标的大方向一致——通常扔出可以接住的球	可以从三垒扔到一垒完成任务。知道何时出奇制胜，但是通常尝试在球的飞行过程中接球。接地滚球	能够准确判断击出之球。接地滚球，并在跑动中进行准确扔球。能够跳起并接住难接的球，能够进行有效的防守

续表

特点	新手	次校队	校队	全明星
对于规则的了解	作为一名跑垒者，不知道当垒球打出时是否该前进或是留在原地。知道基本规则（例如三击不中出局）	理解封杀出局和触杀出局之间的区别。对于规则具备足够记录比赛分数的知识	较好地掌握比赛规则。了解例如场内飞球规则等较为复杂的规则。可以在防守时指导其他球员	能够准确执裁一场比赛。能正确回答有关规则的大部分问题
战略	了解一些战略，但是在比赛中不能严格执行这些战略。没能支持其他队友	支持比赛。使用各种进攻和防守战略来增加获胜机会。能够根据比赛情况（跑垒者和出局），来改变场上的位置	支持比赛。使用攻防战略来提高获胜的机会。根据比赛情况（跑垒者和出局）来改变场上的位置。读懂球员的意图，并根据比赛情况（跑垒者和出局）移动位置，并了解谁能胜任击球	读懂球员的想法并根据比赛情况移动位置（跑垒者和出局）并了解谁能胜任击球
公平比赛	当他人失误时可能会严厉责备他们。不会表扬他人。关心自己的表现，但不关心团队的成败	忽视他们所犯的错误，并祝贺队友的精彩表现	当队友犯错时给予安慰并帮助他们平复心情。关注他人的表现	对于他人甚至是对方球员的精彩表现表示祝贺。愿意为了球队牺牲击球的机会。为了球队的利益，做替补也愿意

表 14.5 垒球比赛表现的评分标准

等级	描述
等级 4	在条件许可的情况下努力将球打至其他垒。滑行避免遭到触杀或是放慢上垒的进程。遵循垒上教练的建议，但能够做出准确的决策。面对高速的投球也能稳定击球。极少出现三振出局。能够根据情况控制球的落点。对于击球能够进行准确的判断。接地滚球，并在跑动中进行准确扔球。能够跳起并接住难度较大的球。能够进行有效防守并打好自己的位置。能够准确地执裁一场比赛。能正确回答大部分有关规则的问题。读懂球员的意图，并根据比赛情况（跑垒者和出局）移动位置，并了解谁能胜任击球。对于他人即使是对方球员的精彩表现都能表示祝贺。愿意为了团队牺牲击球。为了本队的利益，即使做替补也愿意
等级 3	了解自己能力的同时不会过高估计自己安全前进的能力。使用左腿绕垒跑动实现效率最大化。偶尔滑步避免触杀。一般在击球时能触屏到垒球。对于击打区域有良好的判断。可以将球从三垒扔至一垒。知道何时出奇制胜，但是通常试图接住飞行中的球。接地滚球，较好地掌握相关规则。了解内野高飞球规则等较为复杂的规则。在防守时可以指导其他球员。支持比赛。使用攻防战略来增加获胜的机会。根据比赛情况（跑垒者和出局）改变场地上的位置。当队友犯错时安慰他们使其平复下来。关注他人的表现
等级 2	迅速跑垒。观察垒上教练的指令以便了解是否应该留在原地或是前进。动作规范。击球动作完整；知道扔出的哪个球适合进行挥击。可以进行比赛并能让跑垒者出局。扔球距离难以超过 40 英尺（约 12.2 米）。扔球方向与目标方向大体一致——通常扔出的球可以接住。了解封杀出局与触杀出局之间的差异。对相关规则的了解足以记录分数。知道如何通过各种出局方法来应对各垒的跑垒者。不介意他人所犯的错误并对队友的出色表现予以祝贺
等级 1	在跑垒时不顾垒上教练的指令。不分情况每次看到击球就跑垒。在相关各垒附近慢跑。挥棒时砍击。面对每次掷球，一律挥棒或不挥棒。对于投球是否适合挥击常常出现错误判断。在场上，对于很多球不能进行正确判断，从而导致失误；跑过球。等待地滚球来到球员身边。作为跑垒者，不知道击球何时前进或留在原地。了解基本的规则（例如，三击不中出局；4 个坏球出局；每局 3 个出局）

表 14.6　针对学前 ～ 9 岁儿童的发展型接球和扔球评分标准

发展水平	接球	扔球
6	能够接住扔出的高速物体或是在移动中接住物体；能够一气呵成地完成接球和扔球动作技能	可以高速准确地扔球；能够击中 25 英尺（约 7.6 米）之外的目标
5	能将接球技能转化到比赛环境中	能将扔球技能转化到比赛环境中
4	可以接住同伴扔来的不同水平的各种物体	显示身体躯干旋转和扔球的准确性
3	可以接住自己抛出的各种物体	面对目标随机动作
2	能接住同伴扔出的弹地球	在迈步时表现出了反向动作
1	向投手伸出双臂，显示躲避反应；把球夹住而不是接球	身体动作有限；手臂在投球中占主导地位

源自：Adapted from the Wichita Public Schools, Kansas.

表 14.7　网球运动能力整体性测评的评分标准样本

5——优秀	无须刻意努力，能够稳定地完成各种击球，非受迫性失误较少。使用旋转技能来增加击球的难度或获得战略优势。使用相关规则来获取一个优势。预判对手的击球，可以通过控制击球来运用有效的战略进而得分。首先，一发强劲，通常落在界内，且难以接到其发球。公平和准确地判断
4——良好	展现出完成各项基本网球技能能力的同时出错较少。能够正确执裁一场网球比赛，从而展现对于相关规则的理解。能够解答下一场比赛提供合适的战略。通常会根据情况选择合适的战略和击球方法，一般能展现稳定的表现。发球稳定且准确
3——令人满意	对于网球运动展现出基本的理解，同时具备足够的基本技能进行网球比赛。表现稳定，主要依靠击触地球和一些网前打法。理解基本的战略，但是缺乏有效实施这些战略的能力。在比赛常常依靠二发。了解相关规则，足以进行一般水平的网球比赛
2——一般	主要使用正手击球和一些反手击球来延续比赛。可能会围绕反手跑动以此避免使用反手击球。难以将球打至远离对手的地方。战略运用较少，经常将球打回对手身边而无须对方移动接球。能进行计分，但是会出现困惑，同时不能回答一些问题。罚球表现参差不齐
1——差	在极少的情况下展现连续对打的技能。接不住大多数的发球。发球成功率低于 50%。在类似在哪里发球和界内界外球等基本规则方面多次犯错。不具备根据对手的表现调整打法的技能

表 14.8　过于通用的评分标准举例

等级	知识
4	对于相关重要的概念或规律展示出透彻的理解，同时对于相关信息的某些方面有一些新的见解
3	对于相关重要的概念或规律展示出完整和准确的理解
2	对于相关重要的概念和概括展示出的理解不足，同时有一些明显的误解
1	对于相关概念和概括展示出了理解不足并有多个误解

源自：Adapted from the Mid-continent Research for Education and Learning (McREL), Aurora, CO.

制定评分标准

　　一项测评的评分标准往往决定测评的使用者是否对学生的学习情况能够进行有效的推断。大多数的基于表现的测评任务具有很强的内容或表面效度，他们代表了一位教师希望学生们了解和能够完成的内容。例如，一个羽毛球单元教学的最终目标是教学生们如何以一个合理的能力水平来进行羽毛球比赛。教师要求学生们进行一项比赛，从而以测评相关能力。因此，比赛能够强有力地反应学生的能力。然而，要测评这种能力，相关的评分标准必须包括正确的内容，否则评价者将无法对于每个学生参与比赛的能力进行测评。了解相关规则是进行一项体育运动的重要内容。如果评分标准没有将比赛规则的知识作为一个评价特征纳入其中，我们将无法判断学生是否掌握了这些比赛规则。一位合格的羽毛球运动员将使用各种击球方法让对手在场上奔波，并试图将羽毛球打至对手接不到的地方。这个特征应作为一项内容纳入评分标准之中。因为测评必须提供信息供教师判断能力，如果评分标准不能让教师充分收集有关学生能力的信息，那么对于比赛能力的判断将缺乏充分的数据依据。选择正确的特征加入评分标准中是制定一项测评过程的基本内容。

Lund 和 Veal（2013）指出了制定定性评分标准应该遵守的 7 个基本步骤。

1. 指出需要进行测评的内容。
2. 集思广益，提出能够代表希望实现的各种行为的想法。
3. 指出相关的各种描述信息。
4. 判断所需的等级数量。
5. 制定定性评分标准的各个水平。
6. 试点测评内容。
7. 修改评分标准。

在创建各个水平的书面描述时，如果没有一个产品或表现可供参照使用，制定一个定性评分标准就比较困难。在对一个表现或产品进行实地测评时，在指出各个表现水平的基本因素的同时也反映了学生误解和普遍错误的水平。依据定性评分标准制定整体性的评分标准，因为只要将某个特定水平的各项描述总结成一段话，所以较为简单。

如上所述，对于包含单项技能且发挥稳定性决定成败的体育项目，我们通常会选择定量评分标准。这些体育项目通常是在较为封闭的环境中进行的。定量评分标准非常适合测评保龄球和射箭等标靶体育运动。表 14.3 中的评分标准是针对铅球运动的。在制定定量评分标准时需要：

1. 说明相关内容。
2. 判断对于稳定发挥具有重要意义的阶段或步骤。
3. 指出每个阶段包含的关键因素（不超过 2 个）。
4. 决定你希望使用等级水平的数量。
5. 通过说明每个等级水平相关的稳定水平来界定各个相关等级水平。
6. 制作一份记录表。
7. 试用该评分标准。
8. 修改测评内容。

参阅 Lund 和 Veal（2013）的研究，了解如何制定评分标准的详细介绍。

要点内容 14.9

制定一个可用于某个体育项目比赛测评的评分标准，或者为某项体力活动（例如舞蹈、体操和轮滑）制定评分标准。

主观性：对于基于表现的测评的批判

基于表现的测评因评分程序涉及主观性而常常受到批判。如 Danielson（1997）指出的那样，所有的测试和测评都存在一定程度的主观性。对于一项测试测评什么知识，这个决定是非常主观的。你思考一下很多课中教师使用两个测试来评价学生们是否已经掌握了一门持续整个学期的课程所教的内容。教师是否使用书上和课堂上讲解的问题或是二者兼有？有些教师选择使用教师指导用书上的题目，但是撰写这些题目的人从来也没有见过相关的授课教师，也没有听过一节他们上的课。你是否曾碰到过对教科书中图片下方的标题进行提问的教师呢？选择题目的内容是由出题者主观决定的。有些多选题实际上有两个合理的答案（取决于如何理解题干），同时只有一次机会选择正确的选项。在这种情况下，当出题者选择他们认为是正确的选项时就出现了主观性。如果在测评的制定过程中遵循第 8 章介绍的指导纲要，许多此类问题就会得到解答。

这种讨论的目的在于承认大多数类型的测试和测评都存在主观性，差别在于出现主观性的时间。对于传统的书面测试，在选择内容、出题以及选择正确选项的过程中可能出现主观性。对于基于表现的测评，评价相关测评时可能会出现主观性。Danielson 注意到使用基于表现的测评的大多数教师都是合格的专业人士。她并不是说他们使用评分标准进行的质量判断是主观的，而是说教师使用专业裁判来确定学生的学习情况。非常了解某项体育运动的体育教育工作者或是教练都能通过观察球员非常准确地测评出表现水平。基于表现的测评将这个过程正式化，并让学生们指导用于测评相关表现的标准，同时让教师们专注评分标准中标注的重要因素。基于表现的测评让教师能够指导学生，从而让学生获得最佳成绩。

选择适当的基于表现的测评

在教育中引入各种新的观点，其中一项担心是教师们（和管理人员）对于貌似不错的观点会随大流，而并没有深入全面地思考所有相关的细节。总体来说，测评的总目标是提供充分的信息，从而对学习做出有效的决策。充分的测评信息对于学生的表现提供准确的说明，让教师、教练或是其他决策者进行正确的决策。但是什么是充分的测评信息？什么决定了一份测评的质量？ Herman 等人（1992）建议在谈及测评质量时，我们实际上是提出了下列问题。

1. 测评对于决策是否提供了准确信息？
2. 结果是否可以对学生或运动员的表现得出准确而公平的结论？
3. 使用相关结果是否有助于进行明智决策？

要肯定地回答这些问题，必须满足 3 个标准：信度、效度和公平。

信度：准确而一致的信息

上文已经对信度进行了定义，信度与结果的一致性相关。评分不一致的测评基本上是无用的，因为这些测评不能为使用者提供有意义的信息。基于表现的测评在很大程度上依据教师（或其他测评人员）的专业评判来打分和解释测评任务的表现或作品，同样如此，我们必须特别关注不同评分者之间的信度或客观性。这一点与第 6 章介绍的相关概念类似，指的是如果进行评价的人超过一个，一个学生的分数，不论评价者是谁，应该都是相同的。评价者自身的一致性也很重要。一位上午评价学生的教师在下午进行相同测评时必须使用相同的方法来使用相关标准。如果随着评价过程的推进教师使用标准的方法出现了不同，他们就偏离了相关测评的本意。在有些情况下，教师发现一个评分标准存在不足，并开始主观地为相关评分标准增加标准对其加以明确，从而影响了测评的信度。进行评价的人必须使用相关评分标准来完成测评任务，同时不能增加其他标准。同时，千万不要将学生的个性等无关变量纳入决策中（例如，一位教师喜欢学生甲，但讨厌学生乙）。简而言之，一名评价者必须努力确保在评分中将不一致性（错误）降到最低，从而让人相信相关判断是实际表现的结果。

一个合格的表现清单评分指南或评分标准是实现评分一致的基本要求。在使用一个评分标准时，一名评价者必须能够区分不同的等级水平，同时用于描述各个水平的文字必须明确表明应该展现什么样的表现和作品。在制定表现清单的过程中，教师必须选择最重要的特征或特点。当我们指出太多的特点时，难以判断一个表现。为了确保表现清单或是评分标准是彻底且准确的，但又不是笨拙而不便使用的，在将其用于某个重要测评（例如，测评对于一个分数具有重要意义，或是决定一名运动员是否能够进入一支队伍）之前总是应该对其进行试点测试的。当多个人将使用同一个测评和评分标准（例如，美国全州或全区统一的测评）时，培训必不可少。通过培训，评价者可以达到较高水平的信度（Herman et al.，1992）。使用范例有助于确保评分保持一致。

教师应该不论学生的性别、能力和经济状况而创建出对所有学生都公平可靠且一致的测评指导方针，这一点很重要。

在制定评分标准时，使用的等级越多，信度越低（Guskey and Bailey，2001）。对于表现进行两个水平（可接受和不可接受）的区分，难度低于进行 10 个水平的区分。尝试告诉我们随着相关水平之间差异的减少，评价者之间的一致性将会下降。测评的目的应该判断使用等级的数量。在制定测评和评分标准时，教师应该避免将评分标准制定的过于烦琐。

效度

通过第 6 章的学习，大家知道了效度表示一项测评实际测量内容的好坏。虽然信度是必要条件，但是它并非是效度的充分条件。一个测评可以是极为可靠的，但是与所要的决策不相关。如果测评结果与受测特点没有关系，这可能影响对一个人的表现所下的结论以及后续所做的决策。从广义上来说，效度关系着测试分数牵涉的意义和后果（Messick，1995）。Popham（2003）认为问题不是一项测评是否有效，而是相关测评是否让使用者对于从测评过程中获得的各项结果进行有效的判断。

对于基于表现的测评，尤其是那些由教师制定的用于课堂的基于表现的测评，公布的效度主要形式是表面（内容相关）效度，依据教学与测评之间假定的关系。虽然这种相关性很重要，但是表面（内容相关）效度本身不应视作使用某种测评方法的充分证据。从逻辑上来说，成绩最好的学生应该获得最佳分数。如果能够提供确实的证据证明基于表现的测评让教师得出了有效结论，那么基于表现的测评将更加可信。然而，因为基于表现的测评与标准化测试存在显著差异，传统的证明程序可能不合适（Miller and Legg，1993）。测量与评价专家们必须和教师们一起合作来解决这个问题，并制定多种方法来确保基于表现的测评的效度。

对于学生的学习要进行有效判断，教师必须使用具有较高表面效度的测量任务（具有测量相关学习类型的潜力），使用的评分标准包含的特征能够分辨相关行为和相应水平的学生表现，同时使用多个数据源来收集有关学生学习的证据。

公平

虽然公平不是一个与信度和效度有着相同意义的精神性测量属性，但是不论是传统或可替代性测评，在所有形式的测评中公平却是至关重要的。公平仅意味着一项测评不论性别、民族和背景，让所有的学生获得同等的机会。虽然社会极具多样性，学生入学之前在背景、阅历或价值观方面不尽相同，但是所有的学生都应该有着相同的机会展示相关的技能和接受测评的知识。在制定或选择相关测评任务中，以及在用于评判相关表现或作品的标准中，都应该显而易见地体现公平。

相关测评任务是否公平且没有偏见？相关测试任务是否有利于男孩或女孩、一直生活在某个特定地区的学生，或是那些来自经济条件更好的家庭的学生？公平起见，相关任务应该反映所有学生都熟悉且适合他们的知识、价值观和经历，同时应该尽可能测量所有学生都有充足的时间学习的知识和技能。用于测评学生表现或创作的作品的评分程序和标准必须没有偏见。保证做到这一点有助于确保对于一个表现的评分能够反映受测者真实的能力，而不是由该表现评判者的偏见和观点所决定。参阅第13章详细了解如何为学生定级。

有些人认为传统的评价程序比基于表现的测评能够展示更高的信度、客观性和效度，主要是因为传统测评方式的本质更加客观。然而，许多客观、有效且可靠的测评只能对学生的成绩提供间接的测量。如果教师只使用传统的测试模式，那么只能通过书面测试测量规则知识，通过技能测试来测量各种技能，从而评价学生进行一项体育运动的能力。使用传统的测评，我们无法了解学生应用知识（例如战略）的能力，在开放环境中使用技能的能力，知道何时使用相关技能的能力以及公平比赛的能力。基于表现的测评让我们可以对学生的学习情况进行一个整体性的测评。使用这些测评的从业人员面临的一大挑战是认真思考效度、信度和公平等问题，从而确保所有使用的测评都能帮助我们实现有关学生学习情况的正确决策。

在制定基于表现的测评中应该考虑的问题

现在你已经能够明显地看到一点，基于表现的测评的本质决定了不可能会出现放之四海而皆准的测评。显然，谈到基于表现的测评，我们知道一种测评不可能适合所有的情况。因此，大多数的专业人士会制定他们自己的测评方法。这并不意味着我们不可以对通过其他渠道获得的观点加以改编和优化，但是在很多情况下，教师们将需要创建满足他们特定目标的专属测评方法。在开发任何类型的测评方法时，你一定不要忘记一个测评方法包含一项任务和表现标准。要创建一个测评方法，你必须同时创建一项任务和提出用于评价该任务的标准。

要在教学环境下发挥最大作用，一个基于表现的测评应该考虑环境（情境—任务）

和表现（构建—技能）。即相关测评任务应该代表一个具有语境意义的已经完成的表现，这种表现与相关技能的最终使用有着直接的关系（Siedentop，1996）。技能测评有利于学生们在封闭的环境中练习技能。他们也提供了一个机会来确保教师们能够观察学生们表演某些技能，而在比赛中则并非总会出现这种技能。因为基本的单项技能可能为今后的活动或一场比赛中的表现打下基础，因此测评相关单项技能和在比赛表现中实施这些技能都是必要的。很多时候，学生都能在测试中展现相关技能，然而在比赛中却不能使用这些技能。基于表现的测评为教师们提供了在有意义的环境下应用技能的一种测评方法。

以下是在开发测评方法时应该考虑的一些事情。

确定目的

在制定测评方法的过程中，关键的第一步是确定测评的目的。例如，测评的目的是确定学生最初的技能水平，从而知道从何处开始教学？也许相关测评的目的是判定学生表现或是他们创建的作品（形成性测评）存在的不足之处，并就已经学习的内容向相关学生提供反馈意见。测评的目的或是判断每个人完成规定学习目标的情况从而进行定级（总结性测评）？或是获取信息来评价体育教育项目，或者满足美国各州的报告要求（课程测评）？进行测评的目的将决定选择的测评类型。

你决定接受什么样的内容作为学生学习的证据

将使用什么类型的证据来证明学生的学习呢？有些教师可能希望通过要求学生完成他们各项活动的日志来记录学生在体能方面的进步。其他人可能只使用心率监测器和美国青少年体适能健康测评系统中的渐进式有氧心肺耐力跑项目提供的信息对学生进行授课前和授课后的测试。如果一名学生是学习某项技能的初学者，那么过程变量（动作规范）是教学强调的重点。各项冒险类教育活动让学生们展示美国体育国家标准 4 中的多项因素，展现负责人的个人和社会行为（SHAPE America，2014），但是我们如何才能通过一项测评来获取这些行为的信息呢？自评是记录相关学习过程的好方法，但是不适合用作总结性测评。

选择合适的测评任务

一项测评任务必须让教师能够收集必要的证据来对学生的学习情况进行正确的决策。如果相关任务不能提供必要的信息对学生的学习进行测评，那么该任务对于测评就没有意义，同时相关结果对于决策也没有意义。我们必须思考相关测评任务是否能够让学生们展现期望的表现或作品。学生们是否有机会获取完成相关任务必备的知识和技能？否则，应该考虑改变测评内容。同时，你应该记住并非所有的目标或期望的结果都是最适合使用基于表现的测评来进行测评的。

下列基于表现的测评方法有助于测评过程或推动学生学习。

· 日志。

- 日记。
- 自评。
- 同伴测评。
- 面试。
- 表现检查列表。

为了测评作品或结果测量值，我们可以使用下列基于表现的测评方法。

- 项目。
- 表现（例如比赛表现、事件任务、表演）。
- 作品集。

制定表现标准

本章前面各部分已经讨论了表现标准的必要性和重要性。一项任务本身并不包含测评－标准对于评判表现或作品都是必要同时还能告知你多好才是足够好。有些教师和专业人士，尤其是那些刚刚开始进行基于表现的测评的人，往往只关注任务，而不考虑标准。你将如何得知一个学生是否完成了之前设定的学习目标或任务呢？你将如何知道相关表现足够好呢？你将如何知道作品集是合格的呢？你将如何才能诊断学生的表现并提供有意义的反馈意见呢？回答所有这些问题的，是标准而不是任务。

时间

时间是选择测评方法的一个关键因素。测评方法不应该成为教师的负担。基于表现的测评可能会耗费很多时间且劳动强度较大。教师应选择能够让其准确评价学生学习情况的测评方法。然而，测评的时间应该精心安排，这样教师可以对测试进行合理的管理。

班级人数较多时，教师测评学生的难度增大。属于学习过程一部分的基于表现的测评可以有助于解决想要测评学生的学习情况和缺少进行测评的时间之间的矛盾。如果教师检查学生的学习情况，对各种不同能力的学生进行抽样即可，而不必对班上的每个学生进行测评。同伴测评和自评可以提高认知学习并以形成性的测评的形式提供反馈意见。教师同时必须认识到分配足够的时间来进行一个单元的教学。有些教师每个单元或每项活动安排 1 ～ 2 周的时间。这个时间量对于充分教授一项技能来说是不够的。如果学生们没有机会学习相关技能，以及学习如何参与相关活动，那么实际上就没有测评的内容。一般来说，在班级人数较多的情况下，用于管理方面的时间增加，而用于教学的时间则会减少。因此，如果要让学生的学习有意义并达到最佳水平，必须安排更多的教学时间。

@ 可观看视频 14.3。

改进体育教育环境下的测评做法

本章的目的不是向人们证明基于表现的测评是解决幼儿园和中小学教师遇到的各种测评困难的唯一方法。基于表现的测评的确扩展了教师们测评学生的方法，同时与其他传统形式的测评结合使用可能效果最佳。例如，技能测试是在封闭的环境下测评技能的好方法。这些都是很好的形成性测评，可以为学生和教师提供有关学生当前能力水平方面的反馈。以下是一个对两种测评都加以使用的例子。

Gaylor 是一名经验丰富的教师，她选择了匹克球来教授网墙运动战术。她希望她的学生在完成相关单元教学时会玩匹克球，同时她还决定将使用一个测评比赛表现的评分标准来判定学生在班级组织的双打竞标赛中进行此项运动的整体能力。用于测评比赛表现的评分标准要求学生们在击球时使用规范的动作，具有战略性思维将球打至远离对手的位置，与搭档合作，对搭档和对手都展现出积极的体育行为，了解规则的同时使用发球来获得进攻优势（例如，不是仅仅让其过网而已，而是让球旋转，并在条件允许的情况下将球打至远离对手的地方）。她将不会在比赛过程中测评各项个人技能，因为当球员们努力接一个变线球时往往会牺牲动作的规范性。她将使用技能测试来评价抽射、发球和连续的对打。所有这些技能测试都是对着一面墙来完成的，这样参加该技能测试的学生不必依赖另一个学生来展示自己的技术水平。虽然比赛表现评分标准中将包括一项运动规则知识，但是同时也新增一项书面测试（包括选择题和简答题），这样那些可能了解相关规则但是不能在比赛中展示相关知识的同学们将有机会进行相关展示。

本单元教学的第一天，Gaylor 就告诉学生们她对他们的期望，展示了各项相关技能测试，并为学生们提供了比赛表现的评分标准，同时将该规则张贴在了教室的墙上，这样学生们在需要的时候可以查看该规则。在这个单元的教学中，Gaylor 将各项相关技能测试加入了教学进程中。学生们可以在课程教学前后以及在班级比赛期间不打比赛的时候参加相关技能测试。学生们可以多次参加相关技能测试，目标是达到 Gaylor 在解释多项相关测试时提出的各项标准分数。在教学之初，学生们选用一张 3 英寸 ×4 英寸（约 7.6 厘米 × 12.7 厘米）的记录卡，上面可以记录练习次数和结果。学生们在上课开始时有 10 分钟换衣服时间并练习他们的技能。那些更加努力的学生快速换好衣服，有更多机会进行测试，或为技能测试进行练习。通过研究练习日志（记录卡）Gaylor 可以看出哪些技能需要加强，同时在制定教学计划时使用这个信息。此外，Gaylor 关注那些通过技能测试的学生，并了解哪些技能需要更多的教学，了解需要更多帮助的学生，以及哪些已经达到基本的能力水平需要增加学习的难度。

设计用于教学的各项任务的目的是教学生们进行匹克球运动所需的技术和战术。Gaylor 从形成性测评中获得相关信息，并依据这个信息来指导教学内容。在进行比赛之前，她对学生们进行了一项规则测试来确保所有的学生对于相关规则都有所了解。

当学生们开始进行比赛时，她将使用比赛评分标准对学生们进行多次观察。表现较差的地方将在今后的教学中加以提高。每次课结束前要求学生们完成一个小测试来回答有关当天教学内容的问题。在小测试中，学生们还有机会就课上他们没有明白的内容进行自由提问，请求对难点内容进行额外的指导，或是要求增加难度，例如学习其他的技能或比赛战术帮助他们继续提高。

要点内容 14.10

请你指出 Gaylor 使用上面刚刚介绍的相关程序可以记录的相关学习类型。传统的技能测评如何与基于表现的测评方法进行结合从而提高学生的学习？

随着体育教育工作者和教师努力提高他们教学项目的质量，许多人将会看到教育专家们提出的改革倡议，他们建议基于标准教育和基于表现的测评对于提高教育体系的质量具有巨大潜力。为了让体育教师和其他体力活动专家们进一步做好准备从而能够进行有意义的测评，我们这个职业需要接受一种有关测评的新型思维方式。虽然本章建议体育教师们应将基于表现的测评技能纳入其测评方法库中，但是这并不是建议教师们全盘抛弃传统、标准化的测试技能。如例所示，根据测评目的，两种测试技能都有存在的必要。不论采取哪种方法，教师们应该在体育课上或是在其他体力活动环境中采用有意义的测评方法。设计和加入内容清楚、正确且定义明确的评分标准是确保对一致性和公平性进行有效推断的基本要求。

Stiggins（1987）认为在设计基于表现的测评中最重要的因素就是对相关表现标准进行明确定义。Herman 等人（1992）更是认为判断学生表现的相关标准是基于表现的测评的核心内容。如果基于表现的测评要发挥它们的潜能和实现各种期望，那么高质量的测评必须具有明确、有意义且可信的评分标准。下列指导纲要（Gronlund，1993）提供了多种方法来提高体育教育中基于表现的测评的可信度和作用。

1. 确保测评内容与希望的结果和教学做法保持一致。

2. 认识到观察结合依据书面结果进行的明智判断构成了一个合理且有意义的测评方法。

3. 使用一种测评程序，提供必要的信息来对希望的学生学习情况进行判断。

4. 在现实环境中使用各种真实的任务，从而为相关测评提供了环境意义。

5. 设计和纳入内容清楚、定义明确的测评评分标准。

6. 为学生们和其他利益相关人士提供评分标准和评价标准。

7. 在观察、评判和记录表现时要尽可能地客观。

8. 在观察的过程中记录测评结果。

9. 尽可能使用多种测评手段。

10. 使用测评来提高学生的学习。

均衡地进行测评是一种慎重的做法。关键问题不是一种形式的测评是否胜于另一种形式的测评。没有一种测评模式是适合所有目的的。真正的问题是判断什么类型的表现指标能够最好地服务相关测评的目的，然后选择一种适合提供这类信息的测评方法。

数据集应用

使用第 14 章的大数据组，该数据组基于图 14.2。确认 3 次测验每次的总分（第 3 章）。判定 3 次测验总分之间信度的阿尔法信度系数（第 6 章）。对于相关信度进行评论。计算第一次测验中获得的 4 个测量值之间的相关系数（第 4 章）。评价这些相关系数。判断男孩和女孩在总计 3 次测验的所有 4 个测量中的总和是否存在显著差异。

测量与评价的案例思考

让我们回头谈谈本章开篇测评的思考题中提到的 Mariko 面对的问题。她已经决定使用足球来教授进攻性体育运动的相关概念，同时她的主要目的是让她的学生能够进行足球运动。精神性运动测评成为本单元的教学重点。Mariko 已经决定开发一个足球比赛表现评分标准，其中包括保持控球、踢球向球门进攻（带球和传球）、得分（射门或踢向目标）和阻拦对方得分（防守）等能力特点。同时，她还想观察学生们在比赛中对相关比赛规则的了解，以及她的学生是否知道一项进攻性体育运动中重要的战术。她的评分标准还包括公平比赛的各项因素，因为美国体育国家标准 4 对她很重要。运球、传球和射门等技能测试用作形成性测评。Mariko 还制定了一些日志表，让学生们记录他们所做的努力，他们通过课外练习各种技能来证明这些努力。通过观察学生们是否提高了他们的技能，Mariko 间接地判断学生们是否正在进行日志表中所标注的练习。为了记录有关战术的知识，她已经创建了一个项目，要求学生们制定一个计划，其中介绍比赛的战术和战略。在班级比赛中，学生们应该通过执裁 5 人制足球比赛来展示对于规则的了解。同时还创建了一个评分标准来测评执裁知识。

小结

在真实环境中进行的基于表现的测评已经成为当前各学校进行的教育改革的基础。人们认为这种对待测评的方法可以提高学习成绩。基于表现的测评有多种形式，但是体育教育一般使用的测评通常包括个人项目或团体项目、作品集、表演和学生日志或日记。记录学习的方法也很有必要，这样教师们可以使用相关信息来规划未来的教学。开发和使用任何一种基于表现的测评的指导原则是将任务和表现标准包括其中。而且，我们已经强调一致性、有效性和公平性都很重要。在这一点上，基于表现的测评和传统标准化测试是完全一致的。对于那些希望深入了解基于表现的测评的人士，Lund 和 Kirk（2010）以及 Lund 和 Veal（2013）提供了这方面的教学资料。此外，美国国家体育运动教育协会出版的体育教育测评系列的多本教材也为体育教育工作者提供了一批当前使用的、合适的且有实际意义的测评工具。

附录

我们在本书的前言中就曾指出，用于分析人体表现测量和评价决策的许多程序可能相当耗时。然而，使用计算机能够极大地简化这些分析过程。我们在本书中一直使用 SPSS（IBM SPSS 统计）来逐步说明分析数据的各个步骤。SPSS 是一个大型的专业软件包，用于研究、商务、教育和个人决策的各个方面。虽然市面上有一些价格较低学生版的 SPSS，但是总体上来说，学生版的 SPSS 通常对于程序的类型、参与者的人数或（和）能够容纳的变量数量都是有限的。学校、政府机构和研究中心广泛使用 SPSS。然而，我们意识到有些学生获取 SPSS 可能有难度。

微软 Excel 是一种广泛使用的制表软件，你可以使用它来完成本书介绍的所有相关程序。Excel 的创建目的不是像 SPSS 那样成为一种分析工具库，但是它也能满足这个目的。使用 Excel 完成的许多分析可能涉及的步骤多于 SPSS。基本上，SPSS 具有的点击功能（仅需移动和点击鼠标就能完成操纵）或移动拖曳功能，使分析变得非常容易。因为 Excel 软件的开发目的不是统计分析软件，所以当我们使用 Excel 来完成有关信度、效度、测量和评价决策时有些不便。但 Excel 的优点在于其普及性以及成本较低。

在本附录中，我们将向你提供说明和截屏（来自个人计算机）介绍使用 Excel 的方法。我们将说明第 2 章到第 7 章介绍过的相关程序。第 8 章到第 14 章使用第 2 章到第 7 章中介绍的相关程序。我们的目的不是教你如何成为一名 Excel 的使用专家。我们介绍 Excel 的目的与介绍 SPSS 的目的相同，都是解释如何使用你将在人体运动学和人体表现方面进行测量与评价决策时将会遇到这些工具。与使用 SPSS 的情况一样，当你掌握了第 2 章到第 7 章介绍的相关步骤之后，你能够将这些分析进行归纳，运用于本书的其他章节。

本附录中列出了很多相关程序使用了 Excel 分析工具库（Excel's Analysis ToolPak）。以下内容介绍在 Excel 2010 的 PC 版中当 PC 分析工具库（Analysis ToolPak）没有激活的情况下如何将其激活。

第 1 章　微软 Excel 应用

1. 打开 Excel 文件菜单并点击"选项"（Options）。

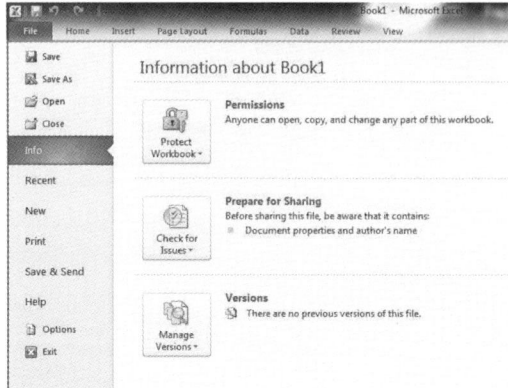

2. 在 Excel"选项"（Options）下点击"加载项"（Add ins）。

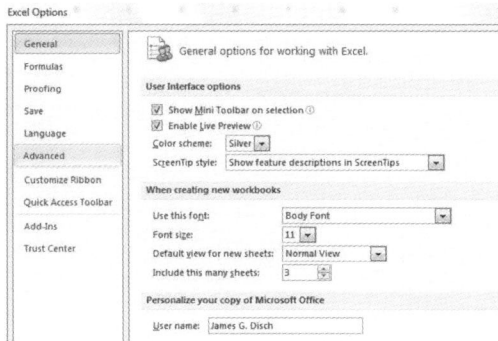

3. 选择"分析工具库 –VBA"（Analysis Toopak），并点击屏幕最下方的"转到"（Go）。

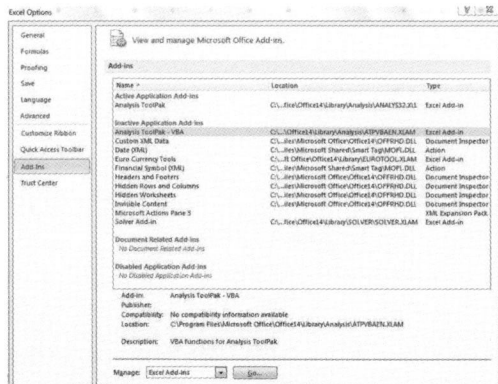

4. 勾选"分析工具库"（Analysis ToolPak），然后点击"确认"（OK）。数据分析应该出现在你的数据菜单的最右侧。

分析工具库（Analysis ToolPak）让你可以进行很多相关分析。要进一步了解有关使用 Excel 进行统计分析的信息，请参阅 *Excel Statiscs: A Quick Guide*, 2nd ed.（Salkind，2013）。

第2章 测量与评价的各种概念

这里介绍的操作说明来自 Excel 2010（PC 版）。在下面的各项任务中，你将使用表 2.1，这里再次显示该表的内容，以此介绍 Excel 的使用。

样本数据库（数据矩阵）

编号	性别	年龄（岁）	体重（千克）	身高（厘米）	每天运动步数（步）
1	0	20	50	165	5 000
2	0	24	51	160	6 000
3	0	21	62	173	7 000
4	0	19	59	178	6 500
5	0	23	43	145	4 500
6	1	22	86	193	4 800
7	1	25	65	183	4 000
8	1	24	61	178	4 200
9	1	28	75	173	3 900
10	1	20	70	178	3 500
平均值		22.6	62.2	172.6	4 940
标准偏差		2.76	12.71	13.29	1 183.4

任务 1

录入和核对数据。

任务 2

计算体重指数（BMI）——步数。

1. 在 G1 单元格录入 "BMI"。

2. 创建 BMI 公式。

    a. 在 G2 单元格中录入 "="。

    b. 点击 D2 单元格，然后在 G2 单元格中录入 "/"。

    c. 录入 "（" 并点击单元格 E2。

    d. 录入 "*" 并再次点击单元格 E2。

    e. 录入 "/10000）"。

    f. 点击 "回车键"（Enter）。

3. 使用 Excel 计算所有人的 BMI。

    a. 将光标移至单元格 G2 中。点击并抓住该单元格右下角的小方框。

    b. 向下拖动光标至单元格 G11，得出所有参与者的 BMI。

    c. 使用起始页（Hometab）数字框内的调节按钮将数值保留 2 ~ 3 位小数，让数据显得更加美观。

任务 3

计算选择的描述统计数据（使用功能菜单）。

1. 在单元格 A12 中录入 "平均值"。

2. 将光标移至单元格 C12。

3. 选择 "公式"（Formulas）菜单，依次点击 "其他函数"（More Functions）和 "统计"（Statistical），然后找到 "平均值"（Average）。

    a. 点击 "平均值"（Average）。

    b. 将光标移入单元格 C12，下拉光标选中 "年龄" 栏中的所有数据。备注：Excel 将把空白单元格视作数值缺失！

    c. 点击 "回车键"（Enter）。

4. 要计算所有其他的平均值，请将光标留在单元格 C12 中。

    a. 将光标移至单元格 C12 的右下角的小方框上。

    b. 使用光标将小方框拖动至单元格 G12，这样做应该可以计算出所有的平均值。

    c. 可以根据需要随意保留小数的位数。

5. 计算标准偏差，在单元格 A13 中录入 "Stdev.s"。

    a. 将光标移至单元格 C13 中。

    b. 依次选择 "公式"（Formulas）菜单、"其他函数"（More Functions）和 "统计"（Statistical），并点击 "统计函数"（Statistical Functions）菜单中的 "stdev.s"。

    c. 向下移动光标依次选择 C2 至 C11 的数字。不要包括 C12 的数字，因为这是平均值。然后点击"确认"（OK）。

　　d.将光标移至该方框的右下角的小方框上，将光标拖动至单元格 G13，操纵方法与第 4 步 b 的做法相同。这样应该可以计算出所有的标准偏差。

　　e.使用首页标签中的数字方框内的调节按钮保留一位小数。

6.注意，我们在计算平均值和标准偏差时没有包括性别，因为性别不是连续变量。

任务 4 和任务 5

使用"统计函数"（Statistical Functions）菜单计算最大值（使用 MAX）和最小值（使用 MIN），操作方法上面刚刚介绍过。将两个符号分别录入单元格 A14 和 A15 中。用同样的方法进行计算来求平均值（average）或标准偏差（stdev.s）。每次务必仅包括第 2 行到第 11 行的数据。

第 3 章　描述统计与正态分布

在下列步骤中，你将使用"数据分析工具库"（Data Analysis ToolPak）计算表 2.1 中数据的描述统计。

1.进入 Excel 的"数据"（Data）菜单，打开"数据分析"（Data Analysis）。

2.你将在显示器中看到以下内容。

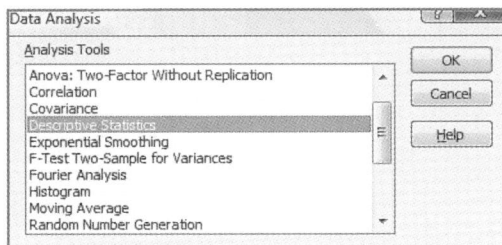

3.选择"描述统计"（Descriptive Statistics）并遵循如下操作指令。

a. 下拉光标选中所有相关数据（只有相关数据，而不是平均值、标准偏差、最大值和最小值）包括各变量的名称。

b. 点击勾选标志位于第一行。

c. 输出选项保留默认选择的"新工作组表"（New Worksheet Ply）。

d. 点击"汇总统计"（Summary statistics）。

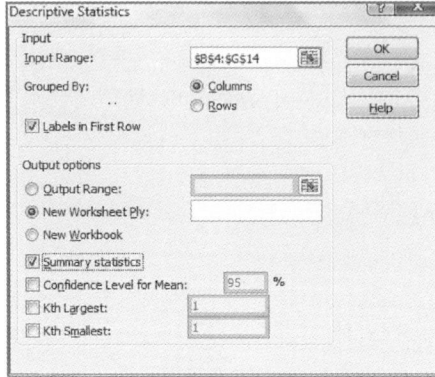

4. 点击"确认"（OK），你的输出内容应该像下图这样。

5. 通过删除多余的内容等做法来对输出进行清理。

6. 清理过后的输出应该像下图这样。

为表 3.1 中数据创建一个直方图，你应该使用以下相关的步骤。

1.进入主页菜单，进行降序排序（依据 Excel 的版本和你使用计算机的类型，操作指令将会有所不同，但是你应该进行降序排序）。下面的截屏显示了一例。

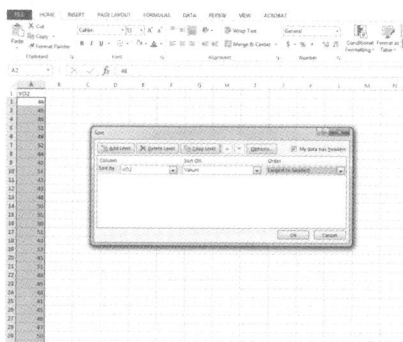

2.下拉光标选中你要的所有数据。

3.打开排序和"筛选"（Sort），依据最大摄氧量进行降序排序。

4.务必点击"降序和标题"（Descending and Header）行。

5.点击"确认"（OK）来对你的分数进行排序。

6.要创建直方图，现在你必须创建 Excel 称之为 Bins 的东西。

7.Bins 用于为直方图建立频率分布。

　a.在代表已经排序数据的符号 VO2 旁边的单元格（单元格 B1）中录入"Bins"这个词。

　b.在 Bins 这一列中根据 VO2 的分值范围按照由高到低的顺序录入一系列分数对应的数字（在这个例子中，从 55 到 41）。

　c.现在，在"数据"（Data）菜单的"数据分析"（Data Analysis）中打开"直方图"（Histogram）程序。在"输入区域"（Input Range）中通过下拉光标选中你的符号和分数，然后在"接收区域"（BinRange）中选择接收区域。

　d.务必点击"标志"（Labels）和"图表输出"（Chart Output）。

　e.在"输出"（Output）中选择"新工作表组"（New Worksheet Ply）选项（下面的截屏显示这时屏幕应该显示的内容）。

　f.点击"确认"（OK）。

8. 要清理你的输出，点击直方图表（通常显得过于扁平）。

　　a. 该直方图表的周围将出现一个方框。

　　b. 将光标移至该方框的右下角，然后向下和向右拖动该角，从而创建一个美观的图表。

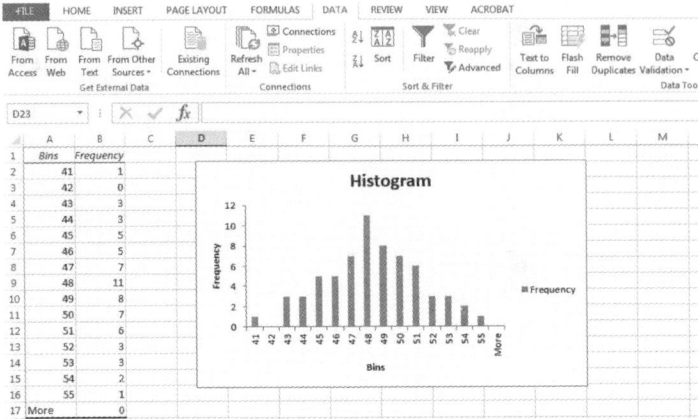

　　要使用 Excel 计算百分位，请你使用"排位与百分比排位程序"（Rank and Percentile program）。打开你的数据所在的 Excel 表单。

1. 从"数据分析"（Data Analysis）菜单中选择"排位与百分比排位"（Rank and Percentile）程序。

2. 录入数据的方法是将光标移至 VO2 这个变量名称上并下拉光标选中所有相关数据。

3. 务必勾选"标志位于第一行"（Labels in First Row）这个按钮。

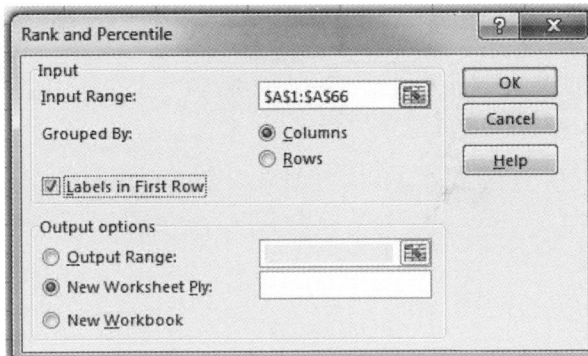

4. 在"输出选项"（Output options）中选择"新工作表组"（New Worksheet Ply）。

5. 点击"确认"（OK），你获得的输出内容应该类似下图。注意这种排位对并列的多个排位使用最高的排位，同时将百分数栏看作百分位。这一点类似 SPSS。

	A	B	C	D
1	Point	VO2	Rank	Percent
2	14	55	1	100.00%
3	62	54	2	96.80%
4	64	54	2	96.80%
5	18	53	4	92.10%
6	35	53	4	92.10%
7	61	53	4	92.10%
8	6	52	7	87.50%
9	55	52	7	87.50%
10	58	52	7	87.50%
11	4	51	10	78.10%
12	9	51	10	78.10%
13	16	51	10	78.10%
14	20	51	10	78.10%
15	45	51	10	78.10%
16	56	51	10	78.10%
17	13	50	16	67.10%
18	15	50	16	67.10%
19	28	50	16	67.10%
20	54	50	16	67.10%
21	60	50	16	67.10%
22	63	50	16	67.10%
23	65	50	16	67.10%
24	22	49	23	54.60%
25	30	49	23	54.60%
26	33	49	23	54.60%
27	38	49	23	54.60%
28	48	49	23	54.60%
29	50	49	23	54.60%
30	57	49	23	54.60%
31	59	49	23	54.60%
32	1	48	31	37.50%
33	3	48	31	37.50%
34	5	48	31	37.50%
35	12	48	31	37.50%
36	17	48	31	37.50%
37	21	48	31	37.50%
38	23	48	31	37.50%
39	31	48	31	37.50%
40	32	48	31	37.50%
41	40	48	31	37.50%
42	52	48	31	37.50%
43	27	47	42	26.50%
44	36	47	42	26.50%
45	39	47	42	26.50%
46	41	47	42	26.50%
47	42	47	42	26.50%
48	44	47	42	26.50%
49	53	47	42	26.50%
50	26	46	49	18.70%

第4章 相关系数和预测

使用 Excel，你可以计算成对的相关系数或整个相关矩阵。要计算单个相关系数（成对相关系数），你应该使用"公式"（Formulas）菜单。依次选择"其他函数"（More Functions）和"统计"（Statistical），从而进入"Correl"函数操作流程。不论你录入变量数组 1 或数组 2。你务必要记住你所进行的操作并对其进行正确的标记。相关系数将出现在你光标所在的单元格中。

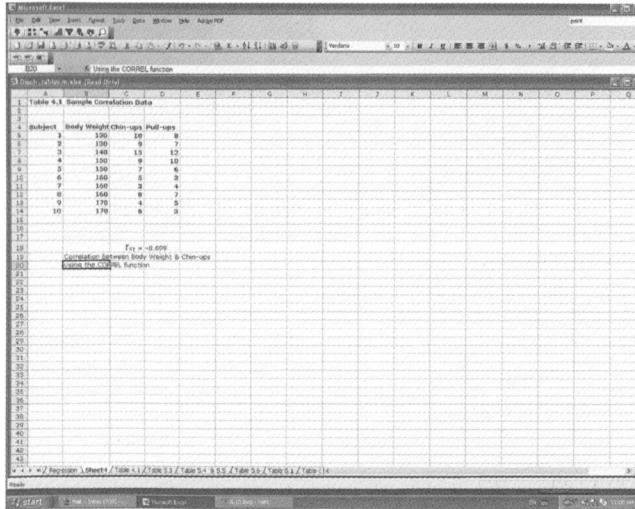

例如，下图显示表 4.1 中体重与引体向上之间的相关系数。［记住：没有标志，同时通过"格式浮动窗口"（formatting palette）始终将相关系数保留 3 位小数。］为了练习，可以计算体重与正握引体向上数量之间的相关系数，以及反握引体向上数量和正握引体向上数量之间的相关系数。

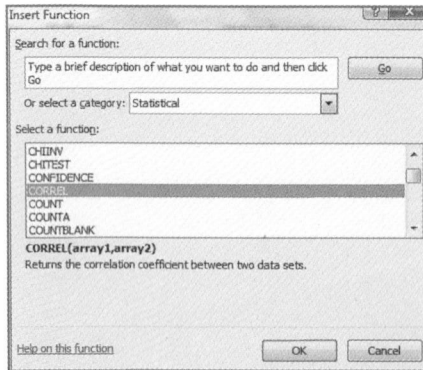

使用"数据分析"（Data Analysis），你可以为这 3 个变量创建一个完整的"相关矩阵"（entire correlation matrix）。

1. 选择"相关系数"（Correlation）程序。

2. 下拉光标选中所有相关数据，其中包括变量的名称。

3. 点击"标志"（Labels）。

4. 在"输出选项"（Output options）中选择"新工作表组"（New Worksheet Ply）。屏幕应该显示类似以下内容。

5. 点击"确认"（OK）。你将得到以下输出内容。

6. 为了进行清理，下拉光标选中所有输出数值，通过"格式浮动窗口"（formatting palette）将小数位数减少至 3 位。最终矩阵应该类似如下所示。

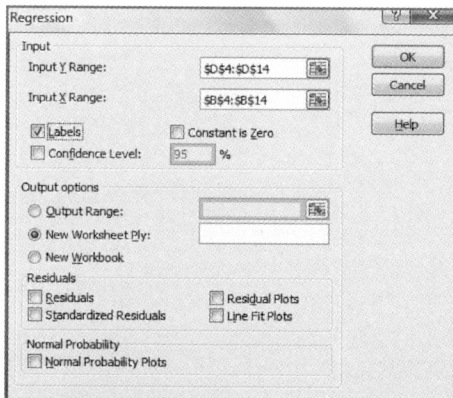

回归

表 4.1 中的相同数据可以用于说明预测（在 Excel 中称为回归）。单个变量的预测可以使用"数据分析：回归"（Data Analysis：Regression）来进行计算。例如，通过体重来预测正手引体向上的数量（pull-ups）。

1. 下拉光标选择正手引体向上的数据，包括 Y Input 的名字。

2. 下拉光标选择体重数据，包括 X Input 的名字。

3. 确保点击勾选"标志"（Labels）。

4. 在"输出选项"（Output options）中选择"新工作表组"（New Worksheet Ply）。

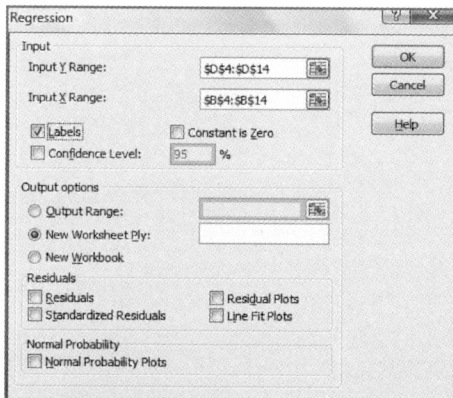

5. 点击"确认"（OK）。

6. 在"汇总输出"（Summary Output）中，使用"格式浮动窗口"（formatting palette）将小数位数降到 3 位。

第 5 章　推论统计

Excel 可以计算第 5 章介绍的所有统计数据。然而 SPSS 中的有些选项在 Excel 却没有。Excel 还有一些其他相关限制。我们将在后面介绍这些限制时对其进行解释。

表 5.3

在 Excel 中计算卡方（χ^2）是非常麻烦的，需要先找到准确计算 χ^2 的模板。只要将数值录入提供的单元格中，该表格将为你计算出卡方和相关的统计数据。χ^2、K 值、Phi 系数和一致性比例的截屏显示如下：

表 5.4

1. 在"数据分析"（Data Analysis）的程序菜单中选择"t 检验：两个具有相等方差的样本"（t-Test：Two-Sample Assuming Equal Variance）。

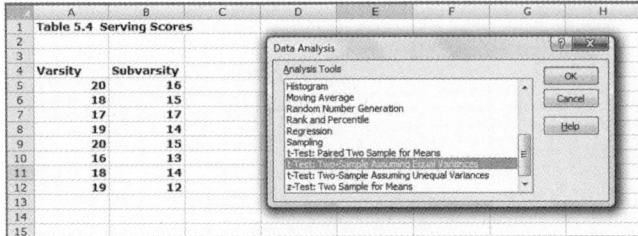

2. 在"变量 1"（Variable 1）中下拉选择校对数据。

3. 在"变量 2"（Variable 2）中下拉选择次校对数据。

4. 在"输出选项"（Output options）中选择"新工作表组"（New Worksheet Ply）。

注意：t- 检验的方向将取决于最先录入的变量。

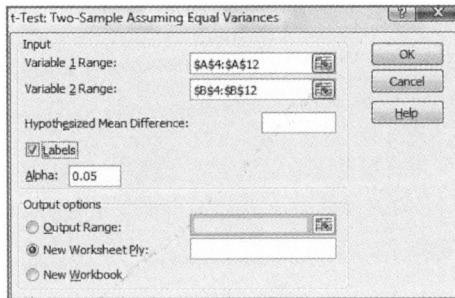

5. 点击"确认"（OK）。

表 5.5

1. 在"数据分析"（Data Analysis）程序菜单中选择"t 检验：平均值的成对二样本分析"（t–test: Paired Two–Sample for Means）。

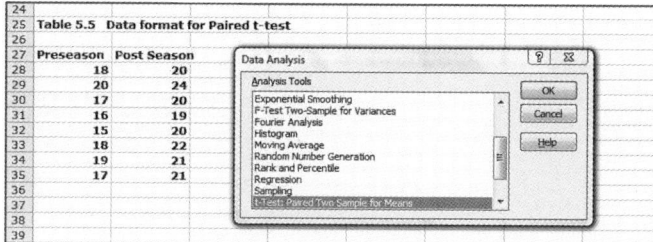

2. 在"变量 1"（Variable 1）的下拉菜单中选择"赛季后的数据"（Postseason Data）。

3. 在"变量 2"（Variable 2）的下拉菜单中选择"赛季前的数据"（Preseason Data）。

4. 点击勾选"标志"（Labels）。

5. 在"输出选项"（Output options）中选择"新工作表组"（New Worksheet Ply）。

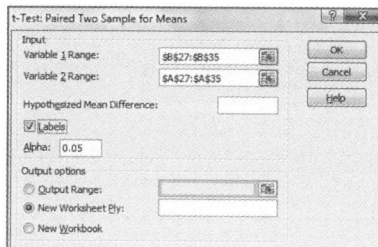

6. 点击"确认"（OK）。

表 5.6

要使用 Excel 进行"单因素方差分析"（one-way ANOVA），必须有相等的 N，同时必须按照这里显示的方法录入数据。注意这些数据的格式与 SPSS 不同。

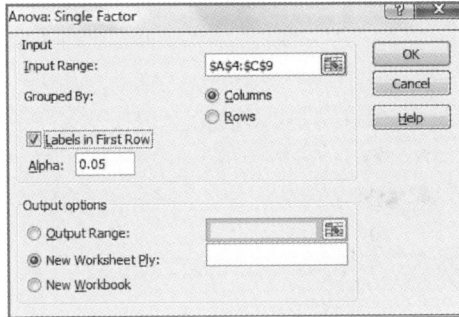

1. 在"数据分析"（Data Analysis）的程序菜单中，选择"单因素方差分析"（ANOVA Single Factor）。

2. 下拉光标选择所有相关数据，包括"小组标志"（group labels）。

3. 勾选"标志"（Labels）。

4. 在"输出选项"（Output options）中选择"新工作表组"（New Worksheet Ply）。

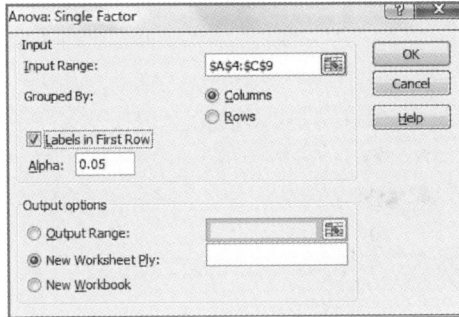

5. 点击“确认”（OK）。

Anova: Single Factor

SUMMARY

Groups	Count	Sum	Average	Variance
Group 1	5	441	88.2	61.7
Group 2	5	323	64.6	92.8
Group 3	5	265	53	127

ANOVA

Source of Variation	SS	df	MS	F	P-value	F crit
Between Groups	3218	2	1608.8	17.145293	0.00030348	3.885
Within Groups	1126	12	93.8333			
Total	4344	14				

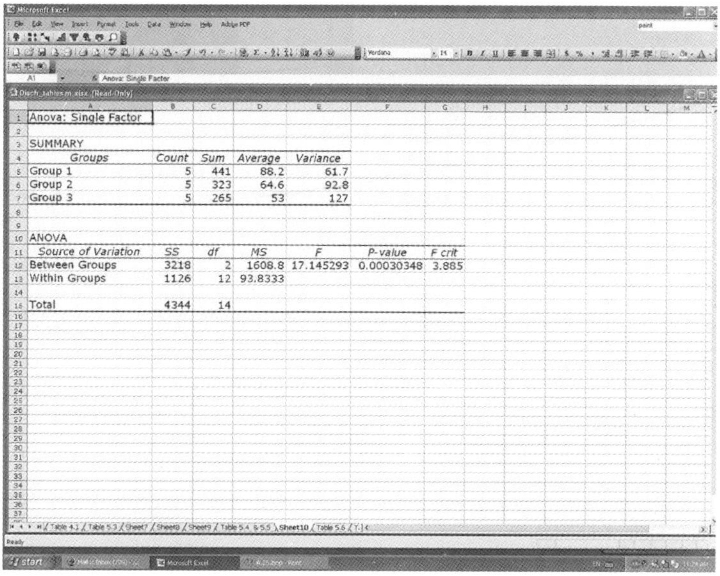

表 5.7

要使用 Excel 进行双因素方差分析，必须有相等的 N，同时必须按照这里显示的内容录入数据。注意这些数据的格式与 SPSS 不同。

样本数据库

	投手	位置
并列争球	29	34
	30	34
	24	31
	23	30
	28	32
	29	28
练习	29	28
	34	34
	34	31
	38	26
	28	27
	29	32

1.从"数据分析"（Data Analysis）的程序菜单中选择"方差分析: 可重复双因素分析"（ANOVA: Two-Factor With Replication）。

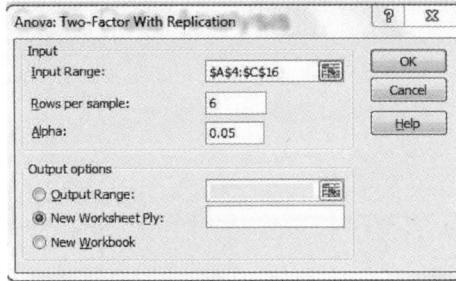

2.下拉光标选择所有相关数据，包括"小组标志"（group labels）。

3.指出每个样本中的行数。在我们的例子中，行数为6［并列争球组（Scrimmages）中有6人，训练组（drills）有6人］。注意：每个单元格必须有相等的 N。

4.指定输出地址。

5.点击"确认"（OK）。

SUMMARY	Pitchers	Position	Total	
Scrimmages				
Count	6	6	12	
Sum	163	189	352	
Average	27.17	31.50	29.33	
Variance	8.57	5.50	11.52	
Drills				
Count	6	6	12	
Sum	192	178	370	
Average	32.00	29.67	30.83	
Variance	15.60	9.87	13.06	
Total				
Count	12	12		
Sum	355	367		
Average	29.58	30.58		
Variance	17.36	7.90		

ANOVA: Two-Factor With Replication

ANOVA

Source of Variation	SS	df	MS	F	P-value	F crit
Sample (Method)	13.5	1	13.5	1.366	0.256	4.351
Columns (P/Pos)	6	1	6	0.607	0.445	4.351
Interaction	66.67	1	66.67	6.745	0.017	4.351
Within	197.67	20	9.88			
Total	283.83	23				

注意：在 Excel "方差分析表"中，我们将"差异源"（source of variation）简单地使用"样本"（Sample）和"列"（Columns）来指代。必须手动录入与每个差异源相关的独立变量的"标志"。

第6章　常模参考的信度和效度

Excel 中没有程序可以直接计算阿尔法系数。我们可以使用函数菜单和公式来计算阿尔法系数。这里介绍的相关步骤以表 6.6 为例。另一种方法，你可以创建一个总分，然后计算与这些"测验"（trials）和"总分"（the total）相关的所有方差，再将这些内容录入阿尔法系数公式并手动完成相关计算。

1. 首先，计算每个参与者所有测验的总分。

2. 使用 Excel 求和函数计算出每个人的总分。1 号参与者的总分为 11。

注意：这个求和将默认包括这个人（受测者）的身份编码（ID）。你必须下拉光标仅选中相关测验的数据。

3. 录入每个参与者的总分。

4. 然后将光标移至第一次测验下方的单元格中。

5. 前往公式菜单，依次选择"其他函数"（More Functions）、"统计"（Statistical）和"方差"（VARA）。

6. 因为没有缺失数据，Excel 将为这 5 名参与者计算"样本方差"（sample variance）。

7. 现在将光标移至"测验 1"（Trial 1）方差单元格的右下角，然后横向拖动光标，这就可以得出各次测验的方差以及总方差。

8. 当获得了各次测验的方差和总方差后，就能轻易地手动计算出阿尔法系数。注意我们已经在 B14 单元格中加入了阿尔法系数的计算公式。

第 7 章　标准参考的信度和效度

与标准参考信度和效度相关的统计数据计算是依据第 5 章介绍的各个卡方（χ^2）的例子。在 Excel 中进行这些统计数据的计算非常烦琐。先要找到计算卡方（χ^2）的模板。你只要将数值录入提供的单元格中，模板将自动为你计算出卡方（χ^2）和相关的统计数据。以下各截屏显示相关的模板。

χ^2、K 值、Phi 系数和一致性比例。

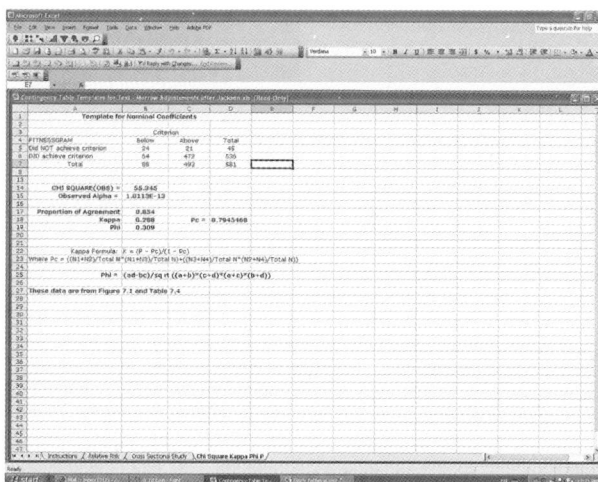

相对风险（Relative Risk）

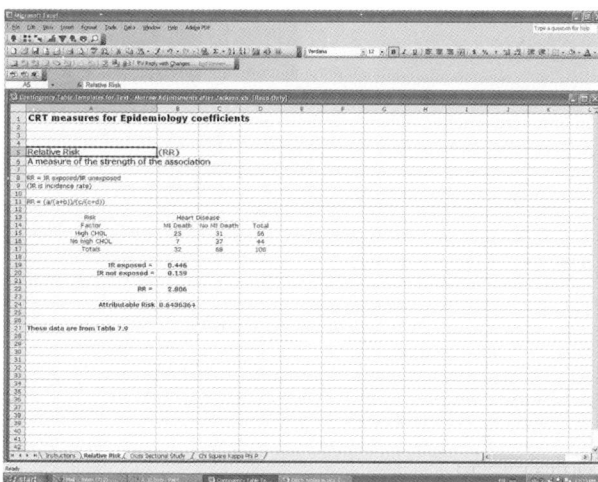

横断面研究（Cross-Sectional Study）

第 8 章至第 14 章

第 8 章到第 14 章介绍的相关数据、例子以及测量和评价分析使用的是第 2 章到第 7 章已经介绍过的相关程序。当你在第 8 章到第 14 章中分析大数据集或解决问题时，只需要复习之前已经学过的相关分析程序，并使用相应的 SPSS 或 Excel 程序就可以了。

词汇表

能力（ability）：一种普遍的内在精神性运动特征。

绝对耐力（absolute endurance）：对抗固定阻力重复运动次数的测量值［例如，负重 100 磅（约 45.4 千克）的卧推次数］。

绝对评级（absoluterating）：根据一个固定的量表评价表现。

基于准确性的技能测试（accuracy-based skills test）：测评一个人将一个物体击打或投射至某个规定区域的能力或击打和投掷距离及准确性的一项技能测试。

成绩测试（achievement test）：在认知范畴中，旨在测量一名受测者对于某套知识理解程度的测试。

改编的体育教育（adapted physical education）：为了满足身体和智力上有缺陷的青少年儿童的需求进行调整的体育教育。

有氧功率（aerobic power）：在体力活动中身体向进行运动的肌肉供氧的能力，通常用最大摄氧量表示。

情感领域（affective domain）：包括态度、观点和心理特点。

阿尔法水平（alphalevel）：错误拒绝零假说的概率（即，当两个变量之间实际上没有关系时宣称二者有关），又称为显著水平或犯 I 型错误的概率。

阿尔法信度（alphareliability）：参看种类内部的信度。

变通性测评（alternative assessment）：不同于传统标准化测试的测评技术，又称为真实性测评。

分析性评分标准（analytic rubrics）：一项测评的评分方法，该测评列出了对于完成或履行相关任务很重要的特点或特征，从而为评分者提供机会来评价这些特点或特征的满足程度。

分析性评分（analytic scoring）：作文题的一种评分方法，其中涉及指出答题中具体的事实、观点或想法，并据此逐项给分。

焦虑（anxiety）：恐惧造成的忧虑和紧张。

测评（assessment）：收集信息并评判信息意义的过程。

运动体适能（athletic fitness or motor fitness）：与运动表现相关的体适能［例如 50 码（约 45.7 米）冲刺、速度和敏捷性］。

真实性测评（authentic assessment）：能够提供真实性和语境意义的针对现实生活环境的测评。

行为目标（behavioral objectives）：附有具体可以测量的步骤的目标。

体成分（body composition）：身体物理组成部分，包括瘦体重和脂肪组织。

心肺耐力（cardiorespiratory endurance）：身体为了能够进行持续运动或体力活动而摄取和使用氧气的能力。

趋中性（central tendency）：接近一组分数中心位置的统计。

趋中性错误（central-tendencyerror）：由于评分人不愿意给出极端评分而造成的一种评分量表错误。

核对清单（check list）：一种典型的对于某个特征的二分法的评判。

决定系数（coefficient of determination）：对于两个变量之间共同的变异程度的测量，这是相关系数的平方，解释为一个百分数。

认知范畴（cognitive domain）：涉及知识和精神方面的成绩。

综合分数（composites core）：依据一套单独测试或表现分数得出的一个总分。

同时效度（concurrent validity）：测量时间相近的一项测试（替代测量方法）和一个标准测试之间的关系。它基于该项测试与标准测试之间的皮尔逊积矩相关系数。

结构相关效度（construct-relatedvalidity）：效度的最高形式，它通过收集各种统计数据信息将效度的逻辑证据和统计证据结合在一起，这些统计信息结合起来能够增加证明接受测量的理论结构存在的证据。

内容目标（content objective）：授课老师制定的具体的课程学习目标。

内容相关效度（content-relatedvalidity）：基于逻辑决策和解释证明真实性的证据，又称为表面效度或逻辑效度。

列联表（contingency table）：一个交叉参照两个名义变量的表。

相关测量（correlation）：对于两个变量之间关系的一个测量。

相关系数（r）［correlation coefficient（r）］：两个变量之间线性关系的指数，表明二者关系的强度或量以及关系方向。

标准参考标准（criterion-referenced standard）：一个具体的、既定的成绩水平。

标准参考测试（criterion-referenced test，CRT）：一项带有具体既定的表现或健康标准的测试。

标准相关效度（criterion-relatedvalidity）：证明一项测试与接受测量特征之间存在统计关系的证据，又称为统计效度和相关效度。

曲线关系（curvilinear relationship）：可以通过曲线进行最佳描绘的多个变量之间的一种关系。

划界分数（cutoffscores）：确立同一群体或表现水平的分数，一般用于标准参考测试。

因变量（dependent variable）：用作某个标准或是大家希望预测的变量（Y），又称为结局变量。

抑郁症（depression）：一种忧郁、悲伤或沮丧的精神状态。

描述统计（descriptive statistics）：用于组织、总结和描述数据的数学。

发展型评分标准（developmental rubric）：用于判断从初学者到专家各水平表

现的体系。

正比关系（direct relationship）：两个变量之间正相关，即一个变量的分数越高，则另一个变量的分数也会越高；同理，一个变量的分数越低，则另一个变量的分数也会越低。

距离或爆发力表现测试（distance or power performance test）：测评一个人投掷某个物体所能达到最大距离或最大力量的一项技能测试。

干扰项（distractor）：多项选择题中错误的选项。

教育任务（educational objective）：由多个教学专家制定的一般教育目标。

流行病学（epidemiology）：对于各种疾病的发生率、分布和频率进行的研究（例如，身体缺乏运动对于冠心病影响的研究）。

错误数值（error score）：观察不到但是理论上存在的一个数值，这个数值导致对于各个单项差异做出了不准确的估计。

评价（evaluation）：对于已经进行测量的内容的相关品质进行价值判断的一个动态决策过程（例如一项测试分数和身体表现）。

展示（exhibition）：一个人展现自己知识和技能的公开陈述或表演。

外在含糊性（extrinsic ambiguity）：一个测试题目让不理解该题所测试的相关概念的答题者觉得模棱两可的特点。

要素分析（factor analysis）：使用相互关系技巧来描述接受测量变量中隐含不被观察到的维度（称为要素）的一种统计方法。

公平性（fairness）：一种测评特质，即没有偏见并让所有参与者都有相等的机会展现他们的最佳能力。

柔韧性（flexibility）：一个或一组关节的动作范围。

陪衬选项（foil）：一个多选测试题中不正确的选项，又称为干扰选项。

形成性测评（formative assessment）：在教学期间进行的测评，它为老师和学生提供反馈，以便学生们可以进行调节从而提高他们的表现和学习成绩。

形成性评价（formative evaluation）：在教学或培训项目期间（而非结束时）进行的评价。

频率分布（frequency distribution）：一列观察数值以及他们的发生频率。

功能性能力（functional capacity）：完成日常生活中正常活动的能力。

一般运动能力（generalmotorability，GMA）：完成各种精神性运动任务的总体能力。

通用化的评分标准（generalized rubric）：一般用于概念或内容相关的多种测评的一个评价体系。

总体评级（global rating）：评价整体表现而不是测评相关动作的单个内容。

总体评分（global scoring）：测评作文题答题的一种方法，其中涉及通过阅读相关答题将总体印象转换成一个分数。

光环效应（halo effect）：因为正偏差而提高一个人分数的趋势，也可能有反向运作（由于负偏差而减少一个分数）。

健康体适能（health-related physical fitness）：与健康结果相关的体适能特征，包含心肺健康、体成分和肌肉体适能等。

柱状图（直方图）（histogram）：使用竖条显示观测分数频率的分布图。

整体测评（holistic assessment）：基于某个表演或产品的总体质量进行的分析。

整体评分规则（holistic rubric）：评价一项测评的方法，对于重要的特点或特征希望达到的表现水平提供段落式描述，一般用于总结性测评。

假定（hypothesis）：两个及以上变量之间的关系表述。

自变量（independent variable）：相对因变量的变量，常常用作预测变量（X）。

难度指数（index of difficulty）：用于题目分析中的一种数学表达，估计正确回答某个测试题的受测者的百分比。

区分指数（index of discrimination）：用于题目分析中的一种数学表达，估计一个测试题目对于多个受测者进行区分程度的好坏，这些受测者依据某个标准（一般是相关测试的总分）进行了分类。

信度指数（index of reliability）：观察到的数值与真实数值之间的理论相关程度；信度系数的平方根。

非正比关系（indirect relationship）：参看反比关系。

推论统计（inferential statistics）：用一个小组（样本）从而推断一个大组（总体）的统计学。

种类之间信度（interclass reliability）：通过使用皮尔逊积矩相关系数计算信度系数。

种类内部信度（intraclass reliability）：基于方差分析的一种内部一致性信度，在方差分析中可以进行无限次的测验。

内在模糊性（intrinsic ambiguity）：一个测试题目实际具有意思含糊的特点，即使理解该题所要测试的相关概念的答题者也会觉得意思模糊。

反比关系（inverserelationship）：两个变量之间相反的关系，即一个变量的分数越高，则另一个变量的分数越低；同理，一个变量的分数越低则另一个变量的分数越高。

题目分析（item analysis）：用于研究某个书面测试中单个题目质量（例如难度和区分能力）的规定程序。

Kappa（K）：一个剔除偶然因素，衡量两个分类变量之间的一致性或相关性的度量值。

标准答案（keyed response）：一个选择题的正确选项。

峰态（kurtosis）：表明一种分布形状，详细说明分布的平坦或高耸情况。

线性关系（linear relationship）：可以使用一条直线进行最佳描述的两个变量之

间的关系。

边缘总和（marginal）：一个列联表的某一行或某一列观察值的总和。

掌握情况测试（mastery test）：在认知范畴，旨在测量一个受测者是否已经掌握了足够的知识以满足规定标准的一项测试，一般用于标准参考测试。

最大锻炼量测试（maximal exercise test）：要求参与者进行锻炼直到体力耗尽为止的一项有氧体能测试（例如，在跑步机上的压力测试）。

最大摄氧量（VO₂max）（maximal oxygen consumption）：有氧能力的标准测量，又称为最大耗氧量。

测量（measurement）：测评行为（例如，测评某个知识或精神性运动测试分数或一个人对于体力活动的态度）。

精神残疾（mental disabilities）：存在精神或心理缺陷（例如自闭症）。

微软 Excel（Microsoft Excel）：微软公司生产的一种生成多排的主题和多列变量的电子制表软件。

情绪（mood）：一种心理情感状态、感觉、倾向或意向。

运动可教育能力（motor educability）：学习运动技能的能力。

多重相关（multiplecorrelation）：一个结果（因）变量和多个预测（自）变量之间的关系。

肌肉耐力（muscular endurance）：持续进行肌肉运动的身体能力。

肌肉力量（muscular strength）：肌肉组织通过收缩所产生的力。

负相关（negativecorrelation）：一种相关关系，其中一个变量的高分与另一个变量的低分相关，而一个变量的低分与另一个变量的高分相关，又称为非正比或反比相关。

净区分（NetD）：针对书面测试题目，剔除不具有区分作用或造成反向区分的题目后，表明具有区分作用题目所占的比例的区分指数。

正态分布（normal distribution）：一个钟形对称概率分布。

常模参考体能标准（norm-referenced fitnesss tandard）：相对于一个明确定义的子组所获得的成绩水平，这个子组可以是与你同龄的所有男性或女性等。

零假说（null hypothesis）：表明变量 X（自变量）和 Y（因变量）之间不存在关系的表述。

客观性（objectivity）：评分者之间的信度水平；两个或多个评分者对某个测试给出相等分数的能力。

观测到的数值（observed score）：一个人在某个测试中的得分。观测到的数值是一个人真实数值与误差数值之和。

参数（parameter）：相关总体中的一种测量（例如总体平均值）。

皮尔逊积矩相关系数（PPM）（r）[Pearson product-moment correlation coefficient, PPM(r)]：参看相关系数。计算得出的皮尔逊积矩系数必定在 -1.00 和 +1.00

之间。

感知用力（perceived exertion）：对于体力活动强度的心理感知。

百分位（percentile）：出现在某个特定分数或低于该特定分数的观察结果的百分比。

基于表现的测评（performance-based assessment）：要求参与者创造一个产品或编排一个表演来展示他们所学的知识或技能的测试方法。

表现标准（performance criteria）：评判一个表演或产品的标准。

表现比（performance ratio）：将一个表现分数除以另一个测量值来更好地比较实验对象之间的表现（例如重量和速度）。

个性（personality）：一个人独特的心理特征的总和。

Phi 系数（Phi coefficient）：两个二分法计分变量之间的皮尔逊积矩相关系数，每个变量的数值可能是 0 或 1。

体力活动（physical activity）：要求肌肉收缩且消耗能量的身体移动行为。

身体残疾（physical disabilities）：具有身体或器官缺陷（例如脑瘫）。

体适能（physical fitness）：人们具备或获得的与进行体力活动能力相关的一系列特征。

点数体系评分指南（point system scoring guide）：用于评判一个表演或产品的一系列特征，每个特征根据其重要性分配一定的分数。

总体（population）：使用研究发现进行推断的相关目标人群或观察对象群体。

作品集（portfolio）：在一段时间内系统、有目标且有意义地收集的一套某人的作品。

功率（power）：在单位时间内的做功量。

预测能力（prediction）：通过一个或多个其他变量来估计一个变量数值的能力。

预测效度（predictive validity）：一项测试（一个替代测量）与今后进行测量的标准测试之间的关系。这种关系依据该测试与标准测试之间的皮尔逊积矩相关系数。

过程标准（process criteria）：用于评价表现质量或一个学生如何完成一项任务的标准。

产品标准（product criteria）：用于测量一个表现结果的标准。

进步标准（progress criteria）：在教学过程中用于测量学生进步的标准。

一致性比例（proportion of agreement）：两个测量之间一致性的百分比。

精神性运动范畴（psychomotor domain）：涉及生理和身体表现。

定性（qualitative）：感知测量，本质上一般是文字描述。

定性评分标准（qualitative rubric）：对于接受测评的表现提供定性信息的书面描述。

定量（quantitative）：精确测量，本质一般是数字。

定量评分标准（quantitative rubric）：给出数字（数量）来表明受测表现的质量。

极差（range）：最高分减去最低分得出的差异程度。

关系（relationship）：两个或多个变量之间的统计关联。

相对耐力（relative endurance）：与最大力量相关的重复运动表现的测量［例如，使用单次最大负重（1RM）的 50% 的重量进行重复的次数］。

相对风险（relative risk）：一组相对于另一组死亡或患病的风险（例如吸烟者与不吸烟者的对比；积极参加体力活动与不积极参加体力活动者之间的对比）。

相对量表（relative scale）：相对于某个特定组中其他人进行的表现评价。

相对评分（relative scoring）：作文题评分的一种方法，要求评分者阅读同一问题的所有答题内容，并根据回答的好坏程度将所有答卷进行排列。

相关性（relevance）：一项测试与相关测量的目标之间的相配程度。

信度（reliability）：在相同的条件下重复测量相同特征得出相同结果的程度或一致性。

最大重复次数（RM）（repetition maximum，RM）：可以进行重复运动的最大次数（例如，1RM 是只能举起一次的最大负重）。

重复性表现测试（repetitive-performance test）：在规定的一段时间内持续进行某个活动的一项技能测试。

研究假说（research hypothesis）：研究人员对于自变量（X）和因变量（Y）之间关系的假说。

余气量（residual volume）：进行最大强度的呼气之后留在肺部的空气。

样本（sample）：科学研究使用的总体中的一部分。

散点图（scatter plot）：两个变量之间关系或相关情况的图形展示。

科学方法（scientific method）：一种调查方法，要求提出假说，然后通过对其可行性进行统计测试。

显著（significance）：当零假说是真实的时候拒绝零假说的概率（阿尔法）。参看 I 型错误。

简单线性预测（simple linear prediction）：使用一个变量（X）来预测相关标准（Y）。

偏度（skewness）：详细说明分布形状不对称的情况。

技能（skill）：一个人基于自身的能力所习得的特征。

特定的限定词（specific determiner）：书面测试题中无意泄露正确答案的某个词或短语。

针对性（specificity）：指的是完成单项精神性运动任务所需的独特的运动能力或技能。

SPSS（IMB SPSS 统计软件）［SPSS（IBM SPSS tatistics）］：数据分析软件。2009 ～ 2010 年，该软件的曾用名为 PASW（预测分析软件）。

稳定性信度（stability reliability）：不同时间测量的一致性。

标准偏差（standard deviation）：一种考虑分布中每个分数的线性差异测量；

方差的平方根。

标准误差（standard error）：对相同的表现，由于评分者使用不同的评价标准造成的一种定级量表的误差。不同的评分者使用不同标准造成的结果。

估计标准误差（SEE）（standard error of estimate，SEE）：通过 X 预测 Y 时的误差量，又称为标准误差（SE）或预测标准误差（SEP），是一种效度统计。

测量标准误差（SEM）（standarderrorofmeasurement，SEM）：反映一个人的观察数值因测量误差而波动的程度，是一种效度统计。

标准分数（standard score）：将观察值转换为一个具有特定平均值和标准偏差分数所得的得分。z 值和 T 值都是标准分数。

精神状态（state）：与环境变化相关的精神特征。

统计数值（statistic）：样本中计算出来的用于估计总体参数的数值（例如样本平均值）。

主观评级（subjective rating）：老师根据个人观察对于某些技能或表现给出的一个数值。

次最大运动测试（submaximal exercise test）：一项体适能测试，要求测试对象付出低于最大强度的努力（例如，使用次最大自行车测试来测评有氧能力）。

总结性测评（summative assessment）：在教学结束时进行的旨在测量一个学生所学内容多少的测评。

总结性评价（summative evaluation）：教学或培训项目结束时或将要结束时进行的一项最终全面的评价。

替代测量（surrogate measure）：用于估计相关标准的测试（例如，皮褶测量是标准体脂百分比这个标准的替代测量，标准的体脂百分比是通过 DXA 或水下测重来获取的）。

细目表（table of specifications）：一个书面测试蓝图，说明各测试题目的比重，涉及内容目标和教育目标的每种组合。

目标重量（target weight）：要达到某个体脂百分比目标所必需的体重。

针对任务的评分标准（task-specific rubric）：专门针对单个测评任务所制定的一个评分标准。

分类学（taxonomy）：基于共同特点的一个分类系统（例如认知、情感和精神性运动范畴）。

测试（test）：进行某个特定测量所使用的测量工具（例如书面测试、表现测试以及各种其他的工具）。

基本能力理论（theory of basic abilities）：技能依托于一些基本精神性运动能力，这些能力结合在一起可以完成相关技能。

力矩（torque）：形成围绕某个轴旋转的力。

全身性运动测试（total body movement test）：测评一个测试参与者完成一

项任务的速度，这项任务要求在有限的范围内进行全身运动（例如篮球防守滑步测试）。

特征（trait）： 相对稳定、普遍和一致的心理特性。

达标次数测试（trials-to-criterion testing）： 重复完成某项技能直至达到某个标准。

真实数值（true score）： 一个不可观察到但是理论上存在的数值，是一个人观测到的测试数值的一部分；它有助于准确估计单个差异。

Ⅰ型错误（type Ⅰ error）： 对于零假说的一种错误否定。当两个变量之间实际上没有关系时却做出有关系的判断。用概率（α）来表示。

Ⅱ型错误（type Ⅱ error）： 对于替代或研究假说的错误否定。当变量之间实际存在关系时却未能发现这种关系。用概率（β）来表示。

效度（validity）： 一项测试的真实度。

差异性（variability）： 一组数据包含的分数由于并非完全相同而形成的分布。

方差（s^2）[variance（s^2）]： 一种差异测量；基于每个分数与平均分偏差的二次方的平均值，对于一组分数分布的测量。

腰臀比（waist-hipgirth ratio）： 腰围除以臀围。这个测量可以估计体脂的分布，体脂的分布是心血管疾病的一个风险因素。

功（work）： 进行体力活动的结果；施力大小与距离的乘积。

体适能成套测试（fitness battery）： 对于体适能进行全面测评的一组体适能测试（例如美国青少年体适能健康测评系统）。

零相关（$r=0$）[zero correlation（$r=0$）]： 说明两个变量之间不存在线性关系。

参考文献

Abernethy, B., J. Summers, and S. Ford. 1998. Issues in the measurement of attention. In *Advances in sport and exercise psychology measurement,* ed. J. Duda. Morgantown, WV: Fitness Information Technology.

Abma, C.L., M.D. Fry, Y.Y. Li, and G.G. Relyea. 2002. Differences in imagery content and imagery ability between high and low confident track and field athletes. *Journal of Applied Sport Psychology* 14(2):67-75.

Ainsworth, B., W. Haskell, A. Leon, D. Jacobs, H. Montoye, J. Sallis, and R. Paffenbarger. 1993. Compendium of physical activities: Classification of energy costs of human physical activities. *Medicine & Science in Sports & Exercise* 25:71-80.

Ainsworth, B.E., W.L. Haskell, M.C. Whitt, M.L. Irwin, A.M. Swartz, S.J. Strath, W.L. O'Brien, D.R. Bassett Jr., K.H. Schmitz, P.O. Emplaincourt, D.R. Jacobs Jr., and A.S. Leon. 2000. Compendium of physical activities: An update of activity codes and MET intensities. *Medicine & Science in Sports & Exercise* 32(Suppl.):498-504.

Ainsworth, B.E., and C.E. Matthews. 2001. Descriptive research in physical activity epidemiology. In *Research methods in physical activity,* 4th ed., ed. J.R. Thomas and J.K. Nelson, 291-308. Champaign, IL: Human Kinetics.

Alamar, B. 2013. *Sports analytics: A guide for coaches, managers, and other decision makers.* New York: Columbia University Press.

Albrecht, R.R., and D.L. Feltz. 1987. Generality and specificity of attention related to competitive anxiety and sport performance. *Journal of Sport Psychology* 9, 231-248.

American Alliance for Health, Physical Education, Recreation and Dance (AAHPERD). 1976. *AAHPERD youth fitness test manual* (Rev.1976 edition). Reston, VA: AAHPERD.

———. 1980. *Health-related physical fitness test manual.* Reston, VA: AAHPERD.

———. 1985. *Norms for college students: Health-related physical fitness test.* Reston, VA: AAHPERD.

———. 1988. *Physical best.* Reston, VA: AAHPERD.

American College of Sports Medicine (ACSM). 2010. *ACSM's health-related physical fitness assessment manual.* 3rd ed. Philadelphia: Lippincott, Williams & Wilkins.

———. 2014a. *ACSM's guidelines for exercise testing and prescription.* 9th ed. Philadelphia: Lippincott, Williams & Wilkins.

———. 2014b. *ACSM's resource manual for guidelines for exercise testing and prescription.* 7th ed. Philadelphia: Lippincott, Williams & Wilkins.

American Heart Association. 1994. *Heart and stroke facts.* Dallas: American Heart Association.

American Psychological Association (APA). 1999. *Standards for educational and psychological testing.* Washington, DC: American Psychological Association.

American Red Cross. 2009. *American Red Cross water safety instructor's manual.* St. Louis: Mosby Lifeline.

Anderson, L.W., and D.R. Krathwohl, eds. 2001. *A taxonomy for learning, teaching and assessing: A revision of Bloom's taxonomy of educational objectives.* Complete ed. New York: Longman.

Anshel, M. 1987. Psychological inventories used in sport psychology research. *Sport Psychologist* 1:331-349.

Åstrand, P., and I. Rhyming. 1954. A nomogram for calculation of aerobic capacity (physical fitness) for pulse rate during submaximal work. *Journal of Applied Physiology* 7:218-221.

Barlow, D.A. 1970. Relation between power and selected variables in the vertical jump. In *Selected topics on biomechanics,* ed. J.M. Cooper, 233-241. Chicago: Athletic Institute.

Barrow, H.M. 1954. Test of motor ability for college men. *Research Quarterly* 25:253-260.

Bartlett, J., L. Smith, K. Davis, and J. Peel. 1991. Development of a valid volleyball skills test battery. *Journal of Physical Education and Dance* 62(2):19-21.

Bass, R.I. 1939. An analysis of the components of tests of semicircular canal function and static and dynamic balance. *Research Quarterly* 2:33-52.

Battinelli, T. 1984. From motor ability to motor learning: The generality-specificity connection. *Physical Educator* 41(3):108-113.

Baumgartner, T.A., A.S. Jackson, M.T. Mahar, and D.A. Rowe. 2016. *Measurement for evaluation in kinesiology.* 9th ed. Burlington, MA: Jones & Bartlett Learning.

Bebetsos, E., and P. Antoniou. 2012. Competitive state anxiety and gender differences among youth Greek badminton players. *Journal of Physical Education and Sport* 12(1):107-110.

Berger, R.A. 1966. Relationship of chinning strength to total dynamic strength. *Research Quarterly* 37:431-432.

Blair, S. 1992. Are American children and youth fit? The need for better data. *Research Quarterly for Exercise and Sport* 63:120-123.

Blair, S., W. Kannel, H. Kohl, and N. Goodyear. 1989. Surrogate measures of physical activity and physical fitness: Evidence for sedentary traits of resting tachycardia, obesity, and low vital capacity. *American Journal of Epidemiology* 129:1145-1156.

Blair, S., H. Kohl, R. Paffenbarger, D. Clark, K. Cooper, and L. Gibbons. 1989. Physical fitness and all-cause mortality: A prospective study of healthy men and women. *Journal of the American Medical Association* 262:2395-2401.

Blair, S.N., J.B. Kampert, H.W. Kohl, III, C.E. Barlow, C.A. Macera, R.S. Paffenbarger Jr., and L.W. Gibbons. 1996. Influence of cardiorespiratory fitness and other precursors on cardiovascular disease and all-cause mortality in men and women. *Journal of the American Medical Association* 276:205-210.

Bland, J.M., and D.G. Altman. 1986. Statistical methods for assessing agreement between two methods of clinical measurement. *Lancet* 327:307-310.

Bloom, B.S., ed. 1956. *Taxonomy of educational objectives: Cognitive domain.* New York: McKay.

Bloom, G., D. Stevens, and T. Wickwire. 2003. Expert coaches' perceptions of team building. *Journal of Applied Sport Psychology* 15:129-143.

Bond, J., and G. Sargent. 1995. Concentration skills in sport: An applied perspective. In *Sport psychology: Theory, applications and issues,* ed. T. Morris and J. Summers, 386-419. Brisbane: Wiley.

Booth, M.L., A. Okely, T. Chey, and A. Bauman. 2002. The reliability and validity of the Adolescent Physical Activity Recall Questionnaire. *Medicine & Science in Sports & Exercise* 34:1986-1995.

Borg, G. 1962. *Physical performance and perceived exertion.* Lund, Sweden: Gleerup.

———. 1998. *Borg's perceived exertion and pain scales.* Champaign, IL: Human Kinetics.

Brace, D.K. 1927. *Measuring motor ability.* New York: Barnes.

Brewer, B., J. Vose, J. Raalte, and A. Petitpas. 2011. Metaqualitative reflections in sport and exercise psychology. *Qualitative Research in Sport, Exercise and Health* 3(3):329-334.

Briere, N., R. Vallerand, M. Blais, M., and L. Pelletier. 1995. Development and validation of the French form of the Sport Motivation Scale. *International Journal of Sport Psychology* 26:465-489.

Brose, A., U. Lindenberger, and F. Schmiedek. 2013. Affective states contribute to trait reports of affective well-being. *Emotion* 13(5): 940-948.

Brown, D., and D. Fletcher. 2013. *Does sport psychology work? A systematic and meta-analytic review of the effects of psychosocial interventions on sport performance.* Paper presented at the Annual Meeting of the Association for Applied Sport Psychology, New Orleans, LA.

Brown, L.E., ed. 2000. *Isokinetics in human performance.* Champaign, IL: Human Kinetics.

Bull, S.J., C.J. Shambrook, W. James, and J. Brooks. 2005. Towards an understanding of mental toughness in elite English cricketers. *Journal of Applied Sport Psychology* 17(3):209-227.

Bungum, T.J., D.L. Peaslee, A.W. Jackson, and M.A. Perez. 2000. Exercise during pregnancy and type of delivery in nulliparae. *Journal of Obstetric, Gynecologic, and Neonatal Nursing* 29:258-264.

Burton, D. 1988. Do anxious swimmers swim slower? Reexamining the elusive anxiety-performance relationship. *Journal of Sport & Exercise Psychology* 10:45-61.

Canadian association of sports sciences, fitness appraisal certification and accreditation program: Fitness Canada. 1987. Ottawa: Government of Canada, Fitness and Amateur Sport.

Canadian standardized test of fitness (CSTF): Operations manual (3rd. ed.). 1986. Ottawa: Government of Canada, Fitness and Amateur Sport.

Caspersen, C. 1989. Physical activity epidemiology: Concepts, methods, and applications to exercise science. In *Exercise and sport science reviews,* ed. K. Pandolph, 423-473. Baltimore: Williams & Wilkins.

Chi, L., and J.L. Duda. 1995. Multi-sample confirmatory factor analysis of the task and ego orientation in sport questionnaire. *Research Quarterly for Exercise and Sport* 66:91-98.

Clark, B.K., E. Winkler, G.N. Healy, P.G. Gardiner, D.W. Dunstan, N. Owen, and M.M. Reeves. 2013. Adults' past-day recall of sedentary time: Reliability, validity, and responsiveness. *Medicine & Science in Sports & Exercise* 45:1198-1207.

Clarke, H.H., and H.A. Bonesteel. 1935. Equalizing the ability of intramural teams at a small high school. *Research Quarterly Supplement* 6(March):193-196.

Clarke, H.H., and R. Munroe. 1970. *Test manual: Oregon cable tension strength test batteries for boys and girls from fourth grade through college.* Eugene, OR: Microcard Publications in Health, Physical Education, and Recreation.

Clough, P., and D. Strycharczyk. 2012. *Developing mental toughness: Improving performance wellbeing and positive behaviour in others.* Philadelphia, PA: Kogan Page

Coleman, R., S. Wilkie, L. Viscio, S. O'Hanley, J. Porcari, G. Kline, B. Keller, S. Hsieh, P. Freedson, and J. Rippe. 1987. Validation of 1-mile walk test for estimating $\dot{V}O_2$max in 20-29 year olds [Abstract]. *Medicine & Science in Sports & Exercise* 19(Suppl. 2):S29.

Collins, D.R., and P.B. Hodges. 2001. *A comprehensive guide to sports skills tests and measurement.* 2nd ed. Lanham, MD: Rowman & Littlefield.

Conroy, D. E., and J.D. Coatsworth. 2007. Coaching behaviors associated with changes in fear of failure: Changes in self-talk and need satisfaction as potential mechanisms. *Journal of Personality* 75:384-419.

Considine, W.J. 1970. A validity analysis of selected leg power tests utilizing a force platform. In *Selected topics on biomechanics,* ed. J.M. Cooper, 243-250. Chicago: Athletic Institute.

Cooper, K. 1968. A means for assessing maximal oxygen intake. *Journal of the American Medical Association* 203:201-204.

Cooper Institute. 1999. *Fitnessgram test administration manual* 2nd ed. Champaign, IL: Human Kinetics.

———. 2004. *Fitnessgram & Activitygram test administration manual* 3rd ed. Champaign, IL: Human Kinetics.

———. 2010. *Fitnessgram & Activitygram test administration manual* 4th ed. Champaign, IL: Human Kinetics.

Cooper Institute for Aerobics Research. 1987. *Fitnessgram.* Dallas, TX: Cooper Institute for Aerobics Research.

———. 1992. *Fitnessgram.* Dallas, TX: Cooper Institute for Aerobics Research.

Corbin, C.B., and R. Lindsey. *Fitness for Life.* 5th ed. Champaign, IL: Human Kinetics; 2005.

Corbin, C.B., and R.P. Pangrazi. 1992. Are American children and youth fit? *Research Quarterly for Exercise and Sport* 63:96-106.

Cox, J., and K. Cox. 2008. *Your opinion, please! How to build the best questionnaires in the field of education.* Thousand Oaks, CA: Sage.

Cox, R.H., M.P. Martens, and W.D. Russell. 2003. Measuring anxiety in athletics: The Revised Competitive State Anxiety Inventory-2. *Journal of Sport & Exercise Psychology* 25:519-533.

Craft, L., M. Magyar, B. Becker, and D. Feltz. 2003. The relationship between the Competitive State Anxiety Inventory-2 and sport performance: A meta-analysis. *Journal of Sport & Exercise Psychology* 25:44-65.

Craig, C.L., C. Cameron, and C. Tudor-Locke. 2013. CANPLAY pedometer normative reference data for 21,271 children and 12,956 adolescents. *Medicine & Science in Sports & Exercise* 45:123-129.

Culver, D., W. Gilbert, and P. Trudel. 2003. A decade of qualitative research in sport psychology journals 1990-1999. *Sport Psychologist* 17:1-15.

Cureton, K.J., and G.L. Warren. 1990. Criterion-referenced standards for youth health-related fitness tests: A tutorial. *Research Quarterly for Exercise and Sport* 61:7-19.

Danielson, C. 1997. Designing successful performance tasks and rubrics. Audio cassette tape #297072. Recorded live at the 52nd Annual Conference ASCD, Baltimore, March 22-25, 1997. Alexandria, VA: Association for Supervision and Curriculum Development.

Dennison, B., J.H. Straus, D. Mellits, and E. Charney. 1988. Childhood physical fitness tests: Predictor of adult physical activity levels? *Pediatrics* 82:324-330.

Dewey, D., L. Brawley, and F. Allard. 1989. Do the TAIS attentional style scales predict how visual information is processed? *Journal of Sport & Exercise Psychology* 11:171-186.

Disch, C.F., and J.G. Disch. 1979. Predictive analysis of a battery of anthropometric and motor performance tests for classifications of male volleyball players. *Volleyball Technical Journal* 4:93-98.

Disch, J.G. 1978. The construction and analysis of a test battery related to volleyball playing capacity in females. Report No. ED 148815. Washington, DC: ERIC Clearinghouse in Teacher Education.

———. 1979. A factor analysis of selected tests for speed of body movement. *Journal of Human Movement Studies* 5:141-151.

Disch, J.G., and S.C. Disch. 2005. Performance testing athletes. *Olympic Coach* 17(3):17-21.

Dishman, R.K., and W. Ickes. 1981. Self-motivation and adherence to therapeutic exercise. *Journal of Behavioral Medicine* 4:421-436.

Docherty, D., ed. 1996. *Measurement in pediatric exercise science.* Champaign, IL: Human Kinetics.

Doyle, J., and G. Parfitt. 1996. Performance profiling and predictive validity. *Journal of Applied Sports Psychology* 8:160-170.

Driskell, J.E., C. Copper, and A. Moran. 1994. Does mental practice enhance performance? *Journal of Applied Psychology* 79:481-492.

Duda, J. 1998. *Advances in sport and exercise psychology measurement.* Morgantown, WV: Fitness Information Technology.

Duda, J.L. 1989. Relationship between task and ego orientation and the perceived purpose of sport among high school athletes. *Journal of Sport & Exercise Psychology* 11:318-335

Dunn, J.H., J. Causgrove Dunn, and D.G. Syrotuik. 2002. Relationship between multidimensional perfectionism and goal orientations in sport. *Journal of Sport & Exercise Psychology* 24:376-395.

Durand-Bush, N., Salmela, J., Green-Demers, I (2001). The Ottawa Mental Skills Assessment (OMSAT-3). *The Sport Psychologist,* 15, 1-19.

Ebel, R. 1965. *Measuring educational achievement.* Englewood Cliffs, NJ: Prentice-Hall.

Edmunds, J., N. Ntoumanis, and J.L. Duda. 2007. Adherence and well-being in overweight and obese patients referred to an exercise on prescription scheme: A self-determination theory perspective. *Psychology of Sport and Exercise* 8:722-740.

Eklund, L., W. Haskell, J. Johnson, F. Whaley, M. Criqui, and D. Sheps. 1988. Physical fitness as a predictor of cardiovascular mortality in asymptomatic North American men. *New England Journal of Medicine* 319:1379-1384.

Ellenbrand, D.A. 1973. Gymnastics skills tests for college women. Unpublished master's thesis, Indiana University, Bloomington.

Engelman, M.E., and J.R. Morrow Jr. 1991. Reliability and skinfold correlates for traditional and modified pull-ups in children grades 3-5. *Research Quarterly for Exercise and Sport* 62:88-91.

Eysenck, H.J., and S.B.G. Eysenck. 1968. *Eysenck Personality Inventory manual.* London: University of London Press.

Feuer, M., and K. Fulton. 1993. The many faces of performance assessment. *Phi Delta Kappan* 74:478.

Fiatarone, M.A., E.F. O'Neill, N.D. Ryan, K.M. Clements, G.R. Solares, M.E. Nelson, S.B. Roberts, J.J. Kehayias, L.A. Lipsitz, and W.J. Evans. 1994. Exercise training and nutritional supplementation for physical frailty in very elderly people. *New England Journal of Medicine* 330:1769-1775.

FitzGerald, S.J., C.E. Barlow, J.B. Kampert, J.R. Morrow Jr., A.W. Jackson, and S.N. Blair. 2004. Muscular fitness and all-cause mortality: Prospective observations. *Journal of Physical Activity & Health* 1:7-18.

Fleishman, E.A. 1964. *The structure and measurement of physical fitness.* Englewood Cliffs, NJ: Prentice-Hall.

Fleishman, E.A., and M.K. Quaintance. 1984. *Taxonomies of human performance.* New York: Academic Press.

Ford, S., and J. Summers. 1992. The factorial validity of the TAIS attentional style subscales. *Journal of Sport & Exercise Psychology* 14:283-297.

Fournier, J.F., C. Calmels, N. Durand-Bush, and J.H. Salmela. 2005. Effects of a season-long PST program on gymnastic performance and on psychological skill development. *International Journal of Sport & Exercise Psychology* 3:59-78.

Fox, K., and C. Corbin. 1989. The Physical Self-Perception Profile: Development and preliminary validation. *Journal of Sport & Exercise Psychology* 11:408-430.

Glaser, R., and D.J. Klaus. 1962. Proficiency measurement: Assessing human performance. In *Psychological principles in systems development,* ed. R.M. Gagne, 419-474. New York: Holt, Rinehart & Winston.

Glass, G.V, and K.D. Hopkins. 1996. *Statistical methods in education and psychology.* 3rd ed. Englewood Cliffs, NJ: Prentice-Hall.

Getchell, L.H., D. Kirkendall, and G. Robbins. 1977. Prediction of maximal oxygen uptake in young adult women joggers. *Research Quarterly* 48:61-67.

Golding, L. 2000. *YMCA fitness testing and assessment manual* 4th ed. Champaign, IL: Human Kinetics.

Golding, L., C. Myers, and W. Sinning. 1989. *Y's way to physical fitness.* Champaign, IL: Human Kinetics.

Goldsmith, W. 2005. Testing: How, why, who, what, and when (and how to make sense of it). *Olympic Coach* 17(3):13-16.

Gotwals, J.K., and J.H. Dunn. 2009. A multi-method multi-analytic approach to establishing internal construct validity evidence: The Sport Multidimensional Perfectionism Scale 2. *Measurement in Physical Education and Exercise Science* 13:71-92.

Gotwals, J.K., J.H. Dunn, J. Causgrove Dunn, and V. Gamache. 2010. Establishing validity evidence for the Sport Multidimensional Perfectionism Scale-2 in intercollegiate sport. *Psychology of Sport and Exercise* 11:423-432.

Gould, D., K. Dieffenbach, and A. Moffett. 2002. Psychological characteristics and their development in Olympic champions. *Journal of Applied Sport Psychology* 14:172-204.

Gould, D., R. Horn, and J. Spreeman. 1984. Competitive anxiety in junior elite wrestlers. *Journal of Sport Psychology* 5:58-71.

Graves, J., M. Pollock, D. Carpenter, S. Leggett, A. Jones, M. MacMillan, and M. Fulton. 1990. Quantitative assessment of full range-of-motion isometric lumbar extension strength. *Spine* 15:289-294.

Green, K.N., W.B. East, and L.D. Hensley. 1987. A golf skills test battery for college males and females. *Research Quarterly for Exercise and Sport* 58:72-76.

Greenspan, M.J., and D.L. Feltz. 1989. Psychological interventions with athletes in competitive situations: A review. *Sport Psychologist* 3:219-236.

Gronlund, N.E. 1993. *Assessment of student achievement.* 6th ed. Boston: Allyn and Bacon.

Grossbard, J.R., S.P. Cumming, M. Standage, R.E. Smith, and F.L. Smoll. 2007. Social desirability and relations between goal orientations and competitive trait anxiety in young athletes. *Psychology of Sport and Exercise* 8: 491-505.

Grove, J.R. 2001. Practical screening tests for talent identification in baseball. *Applied Research in Coaching and Athletics Annual* 16:63-77.

Gucciardi, D., S. Gordon, and J. Dimmock. 2008. Toward an understanding of mental toughness in Australian football. *Journal of Applied Sport Psychology* 20:261-281.

Guskey, T., and J. Bailey. 2001. *Developing grading and reporting systems for student learning.* Thousand Oaks, CA: Corwin Press.

Hagberg, J.M., J.E. Graves, M. Limacher, D.R. Woods, S.H. Leggett, C. Cononie, J. Gruber, and M.L. Pollock. 1989. Cardiovascular responses of 70-79 year old men and women to exercise training. *Journal of Applied Physiology* 66:2589-2594.

Hales, D., A.E. Vaughn, S. Mazzucca, M.J. Bryant, R.G. Tabak, C. McWilliamsJ. Stevens, D.S. Ward. 2013. Development of HomeSTEAD's physical activity and screen time physical environment inventory. *International Journal of Behavioral Nutrition and Physical Activity* 10:132.

Hall, C., D. Mack, A. Paivio, and H.A. Hausenblas. 1998. Imagery use by athletes: Development of the Sport Imagery Questionnaire. *International Journal of Sport Psychology* 29:73-89.

Hall, G., R. Hetzler, D. Perrin, and A. Weltman. 1992. Relationship of timed sit-up tests to isokinetic abdominal strength. *Research Quarterly for Exercise and Sport* 63:80-84.

Hanrahan, S.J., and S.H. Biddle. 2002. Measurement of achievement orientations: Psychometric measures, gender, and sport differences. *European Journal of Sport Science* 2(5):1-12.

Hanton, S.S., S.D. Mellalieu, and R.R. Hall. 2002. Re-examining the competitive anxiety trait-state relationship. *Personality and Individual Differences* 33:1125-1136.

Harris, M.L. 1969. A factor analytic study of flexibility. *Research Quarterly* 40:62-70.

Harris, C.D., K.B. Watson, S.A. Carlson, J.E. Fulton and J.M. Dorn. May 3, 2013. Adult participation in aerobic and muscle-strengthening physical activities - United States, 2011. MMWR 62(17):326-330.

Harrow, A.J. 1972. *A taxonomy of the psychomotor domain.* New York: McKay.

Henry, F.M. 1956. Coordination and motor learning. In *59th Proceedings of the Annual College Physical Education Association,* 68-75. Washington, DC.

———. 1958. Specificity vs. generality in learning motor skills. In *61st Annual Proceedings of the College Physical Education Association,* 126-128. Washington, DC.

Hensley, L.D., ed. 1989. *Tennis for boys and girls: Skills test manual.* Reston, VA: AAHPERD.

Hensley, L., L. Lambert, T. Baumgartner, and J. Stillwell. 1987. Is evaluation worth the effort? *Journal of Physical Education, Recreation and Dance* 58(6):59-62.

Hensley, L.D., and W.B. East. 1989. Testing and grading in the psychomotor domain. In *Measurement concepts in physical education and exercise science,* ed. M.J. Safrit and T.M. Wood, 297-321. Champaign, IL: Human Kinetics.

Hensley, L.D., W.B. East, and J.L. Stillwell. 1979. A racquetball skills test. *Research Quarterly* 50:114-118.

Herman, J.L., P.R. Aschbacher, and L. Winters. 1992. *A practical guide to alternative assessment.* Alexandria, VA: Association for Supervision and Curriculum Development.

Holt, N., and A. Sparkes. 2001. An ethnographic study of cohesiveness in a college soccer team over a season. *Sport Psychologist* 15:237-259.

Hopkins, D.R., J. Schick, and J.J. Plack. 1984. *Basketball for boys and girls: Skills test manual.* Reston, VA: AAHPERD.

Howley, E.T., and B.D. Franks. 2007. *Health fitness instructor's handbook.* 5th ed. Champaign, IL: Human Kinetics.

Imwold, C., R. Rider, and D. Johnson. 1982. The use of evaluation in public school physical education programs. *Journal of Teaching in Physical Education* 2:13-18.

Isaac, A., D.F. Marks and D.G. Russell. 1986. An instrument for assessing imagery of movement: The Vividness of Movement Imagery Questionnaire (VMIQ). *Journal of Mental Imagery* 10(4):23-30.

Jackson, A.S., S.N. Blair, M.T. Mahar, L.T. Wier, R.M. Ross, and J.E. Stuteville. 1990. Prediction of functional aerobic capacity without exercise testing. *Medicine & Science in Sports & Exercise* 22:863-870.

Jackson, A.S., and R.J. Frankiewicz. 1975. Factorial expressions of muscular strength. *Research Quarterly* 46:206-217.

Jackson, A.S., and M. Pollock. 1978. Generalized equations for predicting body density of men. *British Journal of Nutrition* 40:497-504.

Jackson, A.S., M. Pollock, and A. Ward. 1980. Generalized equations for predicting body density of women. *Medicine & Science in Sports & Exercise* 12:175-182.

Jackson, A.W., and A. Baker. 1986. The relationship of the sit and reach test to criterion measures of hamstring and back flexibility in young females. *Research Quarterly for Exercise and Sport* 57:183-186.

Jackson, A.W., A.S. Jackson, and J. Bell. 1980. A comparison of alpha and the intraclass reliability coefficients. *Research Quarterly for Exercise and Sport* 51:568-571.

Jackson, A.W., and N. Langford. 1989. The criterion-related validity of the sit and reach test: Replication and extension of previous findings. *Research Quarterly for Exercise and Sport* 60:384-387.

Jackson, A.W., D.C. Lee, X. Sui, J.R. Morrow Jr., T.S. Church, A.L. Maslow, and S.N. Blair. 2010. Muscular strength is related to prevalence and incidence of obesity in adult men. *Obesity* 18:1988-1995.

Jackson, A.W., J.R. Morrow Jr., H.R. Bowles, S.J. FitzGerald, and S.N. Blair. 2007. Construct validity evidence for single-response items to estimate physical activity levels in large sample studies. *Research Quarterly for Exercise and Sport* 78:24-31.

Jackson, A.W., J.R. Morrow Jr., P.A. Brill, H.W. Kohl III, N.F. Gordon, and S.N. Blair. 1998. Relations of sit-up and sit-and-reach tests to low back pain in adults. *Journal of Orthopaedic & Sports Physical Therapy* 27(1):22-26.

Jackson, A.W., J. Solomon, and M. Stusek. 1992. One-mile walk test: Reliability, validity, and norms for young adults [Abstract]. *Research Quarterly for Exercise and Sport* 63:A52.

Jackson, A.W., M. Watkins, and R. Patton. 1980. A factor analysis of twelve selected maximal isotonic strength performances on the universal gym. *Medicine & Science in Sports & Exercise* 12:274-277.

Jacobs, D., B. Ainsworth, T. Hartman, and A. Leon. 1993. A simultaneous evaluation of 10 commonly used physical activity questionnaires. *Medicine & Science in Sports & Exercise* 25:81-91.

Jensen, C., and C. Hirst. 1980. *Measurement in physical education and athletics*. New York: Macmillan.

Johnson, B., and J. Nelson. 1979. *Practical measurements for evaluation in physical education*. 3rd ed. Minneapolis: Burgess.

Jones, G.G., S.S. Hanton, and D.D. Connaughton. 2002. What is this thing called mental toughness? An investigation of elite sports performers. *Journal of Applied Sport Psychology* 14:205-218.

Jurca, R., A.S. Jackson, M.L. LaMonte, J.R. Morrow Jr., S.N. Blair, N.J. Wareham, W.L. Haskell, M.W. van Mechelen, T.S. Church, J.M. Jakicic, and R. Laukkanen. 2005. Assessing cardiorespiratory fitness without performing exercise testing. *American Journal of Preventive Medicine* 29:185-193.

Kann, L., S. Kinchen, S.L. Shanklin, K.H. Flint, J. Hawkins, W.A. Harris, R. Lowry, E.O. Olsen, T. McManus, D. Chyen, L. Whittle, E. Taylor, Z. Demissie, N. Brener, J. Thornton, J. Moore, and S. Zaza. 2014. Youth risk behavior surveillance-United States, 2013. MMWR 63(No. 4).

Kelly, G.A. 1955. *The psychology of personal constructs*. New York: Norton.

Kenyon, G.S. 1968a. A conceptual model for characterizing physical activity. *Research Quarterly* 39:96-105.

———. 1968b. Six scales for assessing attitude toward physical activity. *Research Quarterly* 39:566-574.

Kirby, R.F., ed. 1991. *Kirby's guide to fitness and motor performance tests*. Cape Girardeau, MO: Ben Oak.

Kirk, M.F. 1997. Using portfolios to enhance student learning and assessment. *Journal of Physical Education, Recreation and Dance* 68(7):29-33.

Kline, G., J. Porcari, R. Hintermeister, P. Freedson, A. Ward, R. McCarron, J. Ross, and J. Rippe. 1987. Estimation of $\dot{V}O_2$max from a one-mile track walk, gender, age, and body weight. *Medicine & Science in Sports & Exercise* 19:253-259.

Kneer, M. 1986. Description of physical education instruction theory/practice gap in selected secondary schools. *Journal of Teaching in Physical Education* 5:91-106.

Krathwohl, D.R., B.S. Bloom, and B.A. Masia. 1964. *Taxonomy of educational objectives: Handbook II: The affective domain*. New York: McKay.

LaPorte, R., H. Montoye, and C. Caspersen. 1985. Assessment of physical activity in epidemiologic research: Problems and prospects. *Public Health Reports* 100:131-146.

Larson, L.A. 1941. A factor analysis of motor ability variables and tests, with test for college men. *Research Quarterly* 12:499-517.

Last, J. 1992. *Dictionary of epidemiology*. 2nd ed. New York: Oxford University.

LeBlanc, A.G.W., and I. Janssen. 2010. Difference between self-reported and accelerometer measured moderate-to-vigorous physical activity in youth. *Pediatric Exercise Science* 22:523-534.

Leone, M., G. Lariviere, and A.S. Comtois. 2002. Discriminant analysis of anthropometric and biomotor variables among elite adolescent female athletes in four sports. *Journal of Sport Sciences* 20:443-449.

Lewis, M. 2004. *Moneyball: The art of winning an unfair game*. New York: W.W. Norton.

Li, F. 1999. The Exercise Motivation Scale: Its multifaceted structure and construct validity. *Journal of Applied Sport Psychology* 11:97-115.

Lohman, T. 1989. Assessment of body composition in children. *Pediatric Exercise Science* 1:19-30.

Looney, M., and S. Plowman. 1990. Passing rates of American children and youth on the FITNESS-GRAM criterion-referenced physical fitness standards. *Research Quarterly for Exercise and Sport* 61:215-223.

Looney, M.A. 2003. Facilitate learning with a definitional grading system. *Measurement in Physical Education and Exercise Science* 7:269-275.

Lund, J., and M. Kirk. 2010. *Performance-based assessment for middle and high school physical education*. Champaign, IL: Human Kinetics.

Lund, J., and M.L. Veal. 2013. *Assessment-driven instruction in physical education: A standards-based approach to promoting and documenting learning*. Champaign, IL: Human Kinetics.

MacDougall, J.D., and H.A. Wenger. 1991. The purpose of physiological testing. In *Physiological testing of the high performance athlete,* 2nd ed., ed. J.D. MacDougall, H.A. Wenger, and H.J. Green, 1-5. Champaign, IL: Human Kinetics.

Mahar, M.T., and D.A. Rowe. 2002. Construct validity in physical activity research. In *Physical activity assessments for health-related research*, ed. G.J. Welk, 51-72. Champaign, IL: Human Kinetics.

———. 2014. A brief exploration of measurement and evaluation in kinesiology. *Kinesiology Review* 3:80-91.

Mahar, M.T., D.A. Rowe, C.R. Parker, F.J. Mahar, D.M. Dawson, and J.E. Holt. 1997. Criterion-referenced and norm-referenced agreement between the mile run/walk and PACER. *Measurement in Physical Education and Exercise Science* 1:245-258.

Mahoney, M., T. Gabriel, and T. Perkins. 1987. Psychological skills and exceptional athletic performance. *Sport Psychologist* 1:181-199.

Marcus, B.H., S.W. Banspach, R.C. Lefebvre, J.S. Rossi, R.A. Carleton, and D.B. Abrams. 1994. Using the stages of change model to increase the adoption of physical activity among community participants. *American Journal of Health Promotion* 6:424-429.

Marcus, B.H., V.C. Selby, R.S. Niaura, and J.S. Rossi. 1992. Self-efficacy and the stages of exercise behavior change. *Research Quarterly for Exercise and Sport* 63:60-66.

Marcus, B.H., and L. Simkin. 1993. The stages of exercise behavior. *Journal of Sports Medicine and Physical Fitness* 33:83-88.

Markland, D., and L. Hardy. 1993. The Exercise Motivation Inventory: Preliminary development and validity of a measure of individuals' reasons for participation in physical activity. *Personality and Individual Differences* 15:289-296.

Markland, D., and V. Tobin. 2004. A modification to the Behavioural Regulation in Exercise Questionnaire to include an assessment of motivation. *Journal of Sport & Exercise Psychology* 26:191-196.

Martens, R. 1977. *Sport competition anxiety test.* Champaign, IL: Human Kinetics.

Martens, R., R. Vealey, and D. Burton. 1990. *Competitive anxiety in sport.* Champaign, IL: Human Kinetics.

Martin, R.H. 1983. Effectiveness of attentional focus and basketball free-throw percentage: An attempt at prediction. Unpublished master's thesis, California State University, Fullerton.

Marzano, R.J., D. Pickering, and J. McTighe. 1993. *Assessing student outcomes: Performance assessment using the dimensions of learning model.* Alexandria, VA: Association for Curriculum and Development.

Matanin, M., and D. Tannehill. 1994. Assessment and grading in physical education. *Journal of Teaching in Physical Education* 13:395-405.

Mayhew, T., and J. Rothstein. 1985. Measurement of muscle performance with instruments. In *Measurement in physical therapy,* ed. J. Rothstein, 57-102. New York: Churchill Livingstone.

McCloy, C.H. 1932. *The measurement of athletic power.* New York: Barnes.

McKenzie, T.L., D.A. Cohen, A. Sehgal, S. Williamson, and D. Golinelli. 2006. System for Observing Play and Leisure Activity in Communities (SOPARC): Reliability and feasibility measures. *Journal of Physical Activity & Health* 1:S203-217.

McKenzie, T.L., S.J. Marshall, J.F. Sallis, and T.L. Conway. 2000. Leisure-time physical activity in school environments: An observational study using SOPLAY. *Preventive Medicine* 30:70-77.

McKenzie, T.L, J.F. Sallis, and P.R. Nader. 1991. SOFIT: System for Observing Fitness Instruction Time. *Journal of Teaching in Physical Education* 11:195-205.

McKenzie, T.L., J.F. Sallis, T.L. Patterson, J.P. Elder, C.C. Berry, J.W. Rupp, C.J. Atkins, M.J. Buono, and P.R. Nader. 1991. BEACHES: An observational system for assessing children's eating and physical activity behaviors and associated events. *Journal of Applied Behavior Analysis* 24:141-151.

McNair, D.M., M. Lorr, and L.F. Droppleman. 1971. *EDITS manual for POMS.* San Diego: Educational and Industrial Testing Service.

Melograno, V. 2000. *Portfolio assessment for K-12 physical education.* Reston, VA: National Association for Sport and Physical Education Publications.

Mesagno, C., and T. Mullane-Grant. 2010. A comparison of different pre-performance routines as possible choking interventions. *Journal of Applied Sport Psychology* 22:343-360.

Messick, S. 1995. Standards of validity and the validity of standards in performance assessment. *Educational Measurement: Issues and Practice* 14(1):5-8.

Miller, M.D., and S.M. Legg. 1993. Alternative assessment in a high-stakes environment. *Educational Measurement: Issues and Practice* 12(3):9-15.

Miller, P. 1985. Assessment of joint motion. In *Measurement in physical therapy,* ed. J. Rothstein, 103-136. New York: Churchill Livingstone.

Mintah, J.K. 2003. Authentic assessment in physical education: Prevalence of use and perceived impact on students' self-concept, motivation, and skill achievement. *Measurement in Physical Education and Exercise Science* 7:161-174.

Montoye, H.J., H.C. Kemper, W.H.M. Saris, and R.A. Washburn. 1996. *Measuring physical activity and energy expenditure.* Champaign, IL: Human Kinetics.

Mood, D.P., Jackson, A.W., and Morrow, J.R., Jr. 2007. Measurement of physical fitness and physical activity: Fifty years of change. *Measurement in Physical Education and Exercise Science* 11:217-227.

Morgan, W.P. 1980. Test of champions: The iceberg profile. *Psychology Today* (July):92-93, 97-99, 102, 108.

Morgan, W.P., and R.W. Johnson. 1978. Psychological characteristics of successful and unsuccessful oarsmen. *International Journal of Sport Psychology* 11:38-49.

Morgan, W.P., and M.L. Pollock. 1977. Psychologic characterization of the elite distance runner. *Annals of the New York Academy of Science* 301:382-403.

Morris, L., D. Davis, and C. Hutchins. 1981. Cognitive and emotional components of anxiety: Literature review and revised worry-emotionality scale. *Journal of Education Psychology* 73:541-555.

Morrow, J.R. Jr. 2005. Are American children and youth fit? It's time we learned. *Research Quarterly for Exercise and Sport* 76:377-388.

Morrow, J.R. Jr., and A. Ede. 2009. Statewide physical fitness testing: A BIG waist or a BIG waste? *Research Quarterly for Exercise and Sport* 80:696-701

Morrow, J.R. Jr., T. Fridye, and S. Monaghen. 1986. Generalizability of the AAHPERD health-related skinfold test. *Research Quarterly for Exercise and Sport* 57:187-195.

Morrow, J.R. Jr., S.B. Going, and G.J. Welk, eds. 2011. Fitnessgram development of criterion-referenced standards for aerobic capacity and body composition. *American Journal of Preventive Medicine* Suppl. 2 41(4):S63-S144.

Morrow, J.R. Jr., A. Jackson, P. Bradley, and H. Hartung. 1986. Accuracy of measured and predicted residual lung volume on body density measurement. *Medicine & Science in Sports & Exercise* 18:647-652.

Morrow, J.R. Jr., S.B. Martin, and A.W. Jackson. 2010. Reliability and validity of the Fitnessgram: Quality of teacher-collected health-related fitness surveillance data. *Research Quarterly for Exercise and Sport* 81(Suppl.):S24-S30.

Morrow, J.R. Jr., J.S. Tucker, A.W. Jackson, S.B. Martin, C.A. Greenleaf, and T.A. Petrie. Meeting physical activity guidelines and health-related fitness in youth. *American Journal of Preventive Medicine* 44: 439-444.

Morrow, J.R. Jr., W. Zhu, B.D. Franks, M.D. Meredith, and C. Spain. 2009. 1958-2008: 50 years of youth fitness tests in the United States. *Research Quarterly for Exercise and Sport* 80:1-11.

Morrow, J.R. Jr., W. Zhu, and M.T. Mahar. 2013. Physical fitness standards for children. In *Fitnessgram/Activitygram Reference Guide*. 4th ed. (Internet Resource). In S.A. Plowman and M.D. Meredith, eds., chapter 4, 2-12. Dallas, TX: Cooper Institute.

Mullan, E., D. Markland, and D.K. Ingledew. 1997. A graded conceptualisation of self-determination in the regulation of exercise behaviour: Development of a measure using confirmatory factor analytic procedures. *Personality and Individual Differences* 23:745-752.

Murphy, S.M., and D.P. Jowdy. 1992. *Imagery and mental practice*. Champaign, IL: Human Kinetics.

Murray, T.D., J.L. Walker, A.S. Jackson, J.R. Morrow Jr., J.A. Eldridge, and D.L. Rainey. 1993. Validation of a 20-minute steady-state jog as an estimate of peak oxygen uptake in adolescents. *Research Quarterly for Exercise and Sport* 64:75-82.

National Association for Sport and Physical Education (NASPE). 2004. *Moving into the future: National standards for physical education*. Reston, VA: NASPE.

———. 2008. *PE metrics: Assessing the national standards*. Reston, VA: NASPE.

National Center for Health Statistics. 2013. *Health, United States, 2012: With special feature on emergency care*. Hyattsville, MD: National Center for Health Statistics.

Neilson, N.P., and F.W. Cozens. 1934. *Achievement scales in physical education activities for boys and girls in elementary and junior high schools*. New York: Barnes.

Nelson, J.K., S.H. Yoon, and K.R. Nelson. 1991. A field test for upper body strength and endurance. *Research Quarterly for Exercise and Sport* 62:436-441.

Nelson, L.R., and M.L. Furst. 1972. An objective study of the effects of expectation on competitive performance. *Journal of Psychology* 81:69-72.

Nicholls, J.G. 1989. *The competitive ethos and democratic education*. Cambridge, MA: Harvard University Press.

Nideffer, R.M. 1976. Test of attentional and interpersonal style. *Journal of Personality and Social Psychology* 34:394-404.

———. 2007. Reliability and validity of the Attentional and Interpersonal Style (TAIS) inventory concentration scales. In *Essential readings in sport and exercise psychology*, ed. D. Smith and M. Bar-Eli, 265-277. Champaign, IL: Human Kinetics.

Nieman, D.C. 1995. *Fitness and sports medicine: A health-related approach*. 3rd ed. Mountain View, CA: Mayfield.

Nitko, A.J. 1984. Defining "criterion-referenced test." In *A guide to criterion-referenced test construction*, ed. R.A. Berk, 8-28. Baltimore: Johns Hopkins University Press.

Odom, L.R., and Morrow, J.R. Jr. 2006. What is this r? A correlational approach to explaining validity, reliability, and objectivity coefficients. *Measurement in Physical Education and Exercise Science*, 10:137-145.

Ostrow, A. 1996. *Directory of psychological tests in the sport and exercise sciences*. 2nd ed. Morgantown, WV: Fitness Information Technology.

Parker, J.K., and G. Lovell. 2011. The influence of experience upon imagery perspectives in adolescent sport performers. *Journal of Imagery Research in Sport and Physical Activity* 6(1). doi:10.2202/1932-0191.1048

Parker, J.K., and G.P. Lovell. 2012. Age differences in the vividness of youth sport performers' imagery ability. *Journal of Imagery Research in Sport and Physical Activity* 7(1). doi:10.1515/1932-0191.1069

Passer, M.W. 1983. Fear of failure, fear of evaluation, perceived competence, and self-esteem in competitive-trait-anxious children. *Journal of Sport Psychology* 5:172-188.

Pate, R. 1988. The evolving definition of physical fitness. *Quest* 40:174-179.

Pate, R., J. Ross, C. Dotson, and G. Gilbert. 1985. The new norms: A comparison with the 1980 AAHPERD norms. *Journal of Physical Education, Recreation and Dance* 56(1):70-72.

Pate R.R., C.Y. Wang, M. Dowda, S.W. Farrell, and J.R. O'Neill. 2006. Cardiorespiratory fitness levels among US youth 12 to 19 years of age: Findings from the 1999-2002 National Health and Nutrition Examination Study. *Archives of Pediatric Adolescent Medicine* 16:1005-1012.

Patterson, E.L., R.E. Smith, J.J., Everett, and J.T. Ptacek. 1998. Psychosocial factors as predictors of ballet injuries: Interactive effects of life stress and social support. *Journal of Sport Behavior* 21:101-112.

Patton, M. 1990. *Qualitative evaluation and research methods.* 2nd ed. Newbury Park, CA: Sage.

Perusse, A., C. Tremblay, C. Leblanc, and C. Bouchard. 1989. Genetic and environmental influences on level of habitual physical activity and exercise participation. *American Journal of Epidemiology* 129:1012-1022.

Pettee-Gabriel, K.K, J.R. Morrow Jr., and A.L. Woolsey. 2012. Framework for physical activity as a complex and multidimensional behavior. *Journal of Physical Activity & Health* 9(Suppl. 1): S11-S18.

Pew Internet and American Life Project. Generations online in 2009. 2009 Pew Research Center.

Plowman, S.A. 1992. Criterion referenced standards for neuromuscular physical fitness tests. *Pediatric Exercise Science* 4:10-19.

Pollock, M., R. Bohannon, K. Cooper, J. Ayres, A. Ward, S. White, and A. Linnerud. 1976. A comparative analysis of four protocols for maximal treadmill stress testing. *American Heart Journal* 92:39-46.

Popham, W.J. 2003. *Test better, teach better.* Alexandria, VA: Association for Supervision and Curriculum Development.

Potgieter, J.R. 2009. Norms for the Sport Competition Anxiety Test (SCAT). *South African Journal for Research in Sport, Physical Education and Recreation* 31(1):69-79.

Powell K.E., A.M. Roberts, J.G. Ross, M.A. Phillips, D.A. Ujamaa, and M. Zhou. 2009. Low physical fitness among fifth- and seventh-grade students, Georgia, 2006. *American Journal of Preventive Medicine* 36:304-310.

Prapavessis, H. 2000. The POMS and sports performance: A review. *Journal of Applied Sport Psychology* 12:34-48.

President's Council on Physical Fitness and Sports (PCPFS). 1999. *The Presidential Physical Fitness Award program.* Washington, DC: PCPFS.

Prochaska, J.O., and C.C. DiClemente. 1983. Stages and processes of self-change in smoking: Toward an integrative model of change. *Journal of Consulting and Clinical Psychology* 51:390-395.

Reiff, G., W. Dixon, D. Jacoby, G. Ye, C. Spain, and P. Hunsicker. 1985. *The President's Council on Physical Fitness and Sports 1985 National School Population Fitness Survey.* Washington, DC: President's Council on Physical Fitness and Sports.

Ridgers, N.D., G. Stratton, and T.L. McKenzie. 2010. Reliability and validity of the System for Observing Children's Activity and Relationships During Play (SOCARP). *Journal of Physical Activity & Health,* 7:17-25.

Rikli, R.E. 1991. *Softball for boys and girls: Skills test manual.* Reston, VA: AAHPERD.

Rikli, R.E., and C.J. Jones. 1999a. Development and validation of a functional fitness test for community-residing older adults. *Journal of Aging and Physical Activity* 7:129-161.

———. 1999b. Functional fitness normative scores for community-residing older adults, ages 60-94. *Journal of Aging and Physical Activity* 7:162-181.

———. 2013a. Development and validation of criterion-referenced clinically relevant fitness standards for maintaining physical independence in later years. *Gerontologist* 53:255-267.

———. 2013b. *Senior fitness test manual.* 2nd ed. Champaign, IL: Human Kinetics.

Rikli, R.E, C. Petray, and T.A. Baumgartner. 1992. The reliability of distance run tests for children in grades K-4. *Research Quarterly for Exercise and Sport* 63:270-276.

Roberts, R., N. Callow, L. Hardy, D. Markland, and J. Bringer. 2008. Movement imagery ability: Development and assessment of a Revised Version of the Vividness of Movement Imagery Questionnaire. *Journal of Sport & Exercise Psychology* 30:200-221.

Robertson, L., and H. Magnusdottir. 1987. Evaluation of criteria associated with abdominal fitness testing. *Research Quarterly for Exercise and Sport* 58:355-359.

Rodriguez, M.C. 2005. Three options are optimal for multiple-choice items: A meta-analysis of 80 years of research. *Educational Measurement* 24:3-13.

Ross, J., C. Dotson, G. Gilbert, and S. Katz. 1985. New standards for fitness measurement. *Journal of Physical Education, Recreation and Dance* 56(1):62-66.

Ross, J., R. Pate, L. Delby, R. Gold, and M. Svilar. 1987. New health-related fitness norms. *Journal of Physical Education, Recreation and Dance* 58(9):66-70.

Rotter, J.B. 1966. Generalized expectancies for internal versus external control of reinforcement. *Psychological Monographs* 80 (No. 609).

Rowe, D.A., and M.T. Mahar. 2006. Validity. In *Measurement theory and practice in kinesiology*, ed. T.M. Wood and W. Zhu, 9-26. Champaign, IL: Human Kinetics.

Rowland, T. 1990. *Exercise and children's health*. Champaign, IL: Human Kinetics.

Rowley, A., D. Landers, B. Kyllo, and J. Etnier. 1995. Does the iceberg profile discriminate between successful and less successful athletes? A meta-analysis. *Journal of Sport & Exercise Psychology* 17:185-199.

Ruiz, J.R., X. Sui, F. Lobelo, J.R. Morrow Jr., A.W. Jackson, M., Sjostrom, S.N, and Blair. 2008. Association between muscular strength and mortality in men: Prospective cohort study. *British Medical Journal* 337:a439. doi:10.1136/bmj.a439

Safrit, M. 1986. *Introduction to measurement in physical education and exercise science*. St. Louis: Mosby.

Safrit, M., L. Hooper, S. Ehlert, M. Costa, and P. Patterson. 1988. The validity generalization of distance run tests. *Canadian Journal of Sport Sciences* 13:188-196.

Safrit, M., and M. Looney. 1992. Should the punishment fit the crime? A measurement dilemma. *Research Quarterly for Exercise and Sport* 63:124-127.

Safrit, M., and C. Pemberton. 1995. *Complete guide to youth fitness testing*. Champaign, IL: Human Kinetics.

Safrit, M.J., T.A. Baumgartner, A.S. Jackson, and C.L. Stamm. 1980. Issues in setting motor performance standards. *Quest* 32:152-162.

Salkind, N.J. 2013. *Excel statistics: A quick guide*. 2nd ed. Washington, D.C.: Sage.

Sallis, J.F., M.J. Buono, J.J. Roby, F.G. Micale, and J.A. Nelson. 1993. Seven-day recall and other physical activity self-reports in children and adolescents. *Medicine & Science in Sports & Exercise* 25:99-108.

Sarason, I.G. 1975. Test anxiety and the self-disclosing coping model. *Journal of Consulting and Clinical Psychology* 43:148-153.

Sargent, D.A. 1921. The physical test of man. *American Physical Education Review* 26(April):188-194.

Sax, G. 1980. *Principles of educational and psychology al measurement and evaluation*. Belmont, CA: Wadsworth.

Schick, J., and N.G. Berg. 1983. Indoor golf skill test for junior high boys. *Research Quarterly for Exercise and Sport* 54:75-78.

Seaman, J., and K. DePauw. 1989. *The new adapted physical education: A developmental approach*. Mountain View, CA: Mayfield.

SHAPE America. 2014. *National standards & grade-level outcomes for K-12 physical education*. Champaign, IL: Human Kinetics.

Sheard, M., and J. Golby. 2006. Effect of a psychological skills training program on swimming performance and positive psychological development. *International Journal of Sport & Exercise Psychology* 4:149-169.

Shephard, R. 1990. *Fitness in special populations*. Champaign, IL: Human Kinetics.

Shifflett, B., and B.J. Shuman. 1982. A criterion-referenced test for archery. *Research Quarterly for Exercise and Sport* 53:330-335.

Siedentop, D. 1996. Physical education and education reform: The case for sport education. In *Student learning in physical education: Applying research to enhance instruction*, ed. S.J. Silverman and C.D. Ennis, 247-267. Champaign, IL: Human Kinetics.

Sierer, S., C. Battaglini, J. Mihalik, E. Shields, and N. Tomasini. 2008. The National Football League combine: Performance differences between drafted and nondrafted players entering the 2004 and 2005 drafts. *Journal of Strength and Conditioning Research* 22:6-12.

Singer, R.N. 1968. *Motor learning and human performance*. New York: Macmillan.

Siri, W. 1956. Gross composition of the body. In *Advances in biological and medical physics*, ed. J. Lawrence, 239-280. New York: Academic Press.

Smith, R., R. Schutz, F. Smoll, and J. Ptacek. 1995. Development and validation of a multidimensional measure of sport-specific psychological skills: The Athletic Coping Skills Inventory-28. *Journal of Sport & Exercise Psychology* 17:379-398.

Smith, R., F.L. Smoll, and B. Curtis. 1979. Coach effectiveness training: A cognitive behavioral approach to enhancing relationship skills in youth and sport coaches. *Journal of Sport Psychology* 1:59-75.

Smith, R.E., F.L. Smoll, and N.P. Barnett. 1995. Reduction of children's sport performance anxiety through social support and stress-reduction training for coaches. *Journal of Applied Developmental Psychology* 16:125-142.

Smith, R.E., F.L. Smoll, and S.P. Cumming. 2007. Effects of a motivational climate intervention for coaches on young athletes' sport performance anxiety. *Journal of Sport & Exercise Psychology* 29:39-59.

Smith, R.E., F.L. Smoll, and R.W. Schutz. 1990. Measurement and correlates of sport-specific cognitive and somatic trait anxiety: The Sport Anxiety Scale. *Anxiety-Research* 2:263-280.

Smith, R.E., F.L. Smoll, S.P. Cumming, and J.R. Grossbard. 2006. Measurement of multidimensional sport performance anxiety in children and adults: The Sport Anxiety Scale-2. *Journal of Sport & Exercise Psychology* 28:479-501.

Society of Health and Physical Educators (SHAPE America). 2014. *National standards & grade-level outcomes for K-12 physical education*. Champaign, IL: Human Kinetics.

Sorrentino, R.M., and B.H. Sheppard. 1978. Effects of affiliation-related motives on swimmers in individual versus group competition: A field experiment. *Journal of Personality and Social Psychology* 36:704-714.

Sparkes, A. 1998. Validity in qualitative inquiry and the problem of criteria: Implications for sport psychology. *Sport Psychologist* 12:333-345.

Spielberger, C.D., R.L. Gorsuch, and R.F. Lushene. 1970. *Manual for the State–Trait Anxiety Inventory.* Palo Alto, CA: Consulting Psychologists Press.

Spink, K.S., and A.V. Carron. 1994. Group cohesion effects in exercise classes. *Small Group Research* 25:26-42.

Stiggins, R. 1987. Design and development of performance assessment. *Educational Measurement* 6(3):33-42.

Stone, D.B., W.R. Armstrong, D.M. Macrina, and J.W. Pankau. 1996. *Introduction to epidemiology.* Madison, WI: Brown and Benchmark.

Strand, B., and R. Wilson. 1993. *Assessing sports skills.* Champaign, IL: Human Kinetics.

Strean, W. 1998. Possibilities for qualitative research in sport psychology. *Sport Psychologist* 12:333-345.

Stuart, M. 2003. Sources of subjective task value in sport: An examination of adolescents with high or low value for sport. *Journal of Applied Sport Psychology* 15:239-255.

Sui, X., M.J. LaMonte, and S.N. Blair. 2007. Cardiorespiratory fitness as a predictor of nonfatal cardiovascular events in asymptomatic women and men. *American Journal of Epidemiology* 165:1413-1423.

Suzuki, N., and S. Endo. 1983. A quantitative study of trunk muscle strength and fatigability in the low-back pain syndrome. *Spine* 8:69-74.

Tarter, B.C., L. Kirisci, R.E. Tarter, S. Weatherbee, V. Jamnik, E.J. McGuire, and N. Gledhill. 2009. Use of aggregate fitness indicators to predict transition into the National Hockey League. *Journal of Strength and Conditioning Research* 23:1828-1832.

Taylor, M., D. Gould, and C. Roio. 2008. Performance strategies of US Olympians in practice and competition. *High Ability Studies* 19:19-36.

Telama, R., X. Yang, L. Laasko, and J. Viikari. 1997. Physical activity in childhood and adolescence as predictor of physical activity in young adulthood. *American Journal of Preventive Medicine* 13:317-323.

Tenenbaum, G., R.C. Eklund, and A. Kamata, eds. 2012. *Measurement in sport and exercise psychology.* Champaign, IL: Human Kinetics.

Terry, P. 2000. Perspectives on mood in sport and exercise. *Journal of Applied Sport Psychology* 12:1-4.

Thelwell, R., N. Weston, and I. Greenlees. 2005. Defining and understanding mental toughness within soccer. *Journal of Applied Sport Psychology* 17:326-332.

Thomas, J.R., J.K. Nelson, and S.J. Silverman. 2015. *Research methods in physical activity.* 7th ed. Champaign, IL: Human Kinetics.

Thomas, P., S. Murphy, and L. Hardy. 1999. Test of Performance Strategies: Development and preliminary validation of a comprehensive measure of athletes' psychological skills. *Journal of Sport Sciences* 17:691-711.

Troiano, R.P., D. Berrigan, K.W. Dodd, L.C. Masse, T. Tilert, and M. McDowell. 2008. Physical activity in the United States measured by accelerometer. *Medicine & Science in Sports & Exercise* 40:181-188

Trudelle-Jackson, E., A.W. Jackson, C.M. Frankowski, K.M. Long, and N.B. Meske. 1994. Interdevice reliability and validity assessment of the Nicholas Hand-Held Dynamometer. *Journal of Orthopaedic & Sports Physical Therapy* 20:302-306.

Tudor-Locke, C., and D.R. Bassett Jr. 2004. How many steps/day are enough? Preliminary pedometer indices for public health. *Sports Medicine* 34:1-8.

U.S. Department of Health and Human Services (USDHHS). 1996. *Physical activity and health: A report of the Surgeon General.* Atlanta: USDHHS, Centers for Disease Control and Prevention, National Center for Chronic Disease Prevention and Health Promotion.

———. 2008. *2008 physical activity guidelines for Americans.* Washington, DC: U.S. Department of Health and Human Services.

Vallerand, R.J. 1997. Toward a hierarchial model of intrinsic and extrinsic motivation. *Advances in experimental social psychology* 29:271-360.

Van Schoyck, R.S., and A.F. Grasha. 1981. Attentional style variations and athletic ability: The advantage of a sport-specific test. *Journal of Sport Psychology* 2:149-165.

Veal, M.L. 1988. Pupil assessment perceptions and practices of secondary teachers. *Journal of Teaching in Physical Education* 7:327-342.

Vealey, R.S. 1986. Conceptualization of sport-confidence and competitive orientation: Preliminary investigation and instrument development. *Journal of Sport Psychology* 8:221-246.

Velicer, W.F., and J.O. Prochaska. 1997. Introduction: The transtheoretical model. *American Journal of Health Promotion* 12:6-7.

Vema, J.P., A.S. Sajwan, and M. Debnath. 2009/2. A study on estimating $\dot{V}O_2$max from different techniques in field situation. *International Quarterly of Sport Science* 2:42-47.

Verducci, F.M. 1980. *Measurement concepts in physical education.* St. Louis: Mosby.

Viera, A.J., and J.M. Garrett. 2005. Understanding interobserver agreement: The kappa statistic. *Family Medicine* 37:360-363.

Vingren, J.L., A.T. Woolsey, and J.R. Morrow, Jr. 2014. Assessing physical activity, fitness, and progress in older adults. In *ACSM's exercise for older adults*, ed. W. J. Chodzko-Zajko. Champaign, IL: Human Kinetics.

Weinberg, R., J. Butt, and B. Culp. 2011. Coaches' views of mental toughness and how it is built. *International Journal of Sport and Exercise Psychology* 9:156-172.

Weinberg, R., D. Gould, and A. Jackson. 1979. Expectations and performance: An empirical test of Bandura's Self-efficacy Theory. *Journal of Sport Psychology* 1:320-331.

Weinberg, R.S., and W.W. Comar. 1994. The effectiveness of psychological interventions in competitive sport. *Sports Medicine* 18:406-418.

Weinberg, R.S., D. Gould, D. Yukelson, and A. Jackson. 1981. The effect of preexisting and manipulated self-efficacy on a competitive muscular endurance task. *Journal of Sport Psychology* 3:345-354.

Welk, G.J., ed. 2002. *Physical activity assessments for health-related research*. Champaign. IL: Human Kinetics.

Weston, A.T., R. Petosa, and R.R. Pate. 1997. Validation of an instrument for measurement of physical activity in youth. *Medicine & Science in Sports & Exercise* 29:138-143.

Widmeyer, W.N., L.R. Brawley, and A.V. Carron. 1985. *The measurement of cohesion in sport teams: The group environment questionnaire*. (Available from Sports Dynamics, 11 Ravenglass Crescent, London, ON, Canada N6G 3X7)

Wier, L.T., A.S. Jackson, G.W. Ayers, and B. Arenare. 2006. Nonexercise models for estimating $\dot{V}O_2$max with waist girth, percent fat, or BMI. *Medicine & Science in Sports & Exercise* 38:555-561.

Wiggins, G. 1989. A true test: Toward more authentic and equitable assessment. *Phi Delta Kappan* 69:703-713.

Wiggins, G. 1998. *Educative assessment: Designing assessments to inform and improve student performance*. San Francisco: Jossey-Bass.

Wilson, P.M., W.M. Rodgers, C.C. Loitz, and G. Scime. 2006. "It's who I am . . . really!" The importance of integrated regulation in exercise contexts. *Journal of Applied Biobehavioral Research* 11(2):79-104.

Wininger, S. 2007. Self-determination theory and exercise behavior: An examination of the psychometric properties of the Exercise Motivation Scale. *Journal of Applied Sport Psychology* 19:471-486.

Winnick, J.P., and F.X. Short. 1999. *The Brockport physical fitness test manual*. Champaign, IL: Human Kinetics.

Winston, W. 2009. *Mathletics: How gamblers, managers, and sports enthusiasts use mathematics in baseball, basketball, and football*. Princeton, Princeton University Press.

Wood, T.M. 1996. Evaluation and testing: The road less traveled. In *Student learning in physical education: Applying research to enhance instruction*, ed. S.J. Silverman and C.D. Ennis, 199-219. Champaign, IL: Human Kinetics.

———. 2003. Assessment in physical education: The future is now. In *Student learning in physical education: Applying research to enhance instruction*, 2nd ed., ed. S.J. Silverman and C.D. Ennis, 187-203. Champaign, IL: Human Kinetics.

Xiang, P., R.E. McBride, A. Bruene, and Y. Liu. 2007. Achievement goal orientation patterns and fifth graders' motivation in physical education running programs. *Pediatric Exercise Science*, 19(2), 179–191.

Yukelson, D., R. Weinberg, and A. Jackson. 1984. A multidimensional group cohesion instrument for intercollegiate basketball teams. *Journal of Sport Psychology* 6: 103–117.

Zhu, W., M.J. Safrit, and A. Cohen. 1999. *FitSmart test user manual: High school edition*. Champaign, IL: Human Kinetics.

Zourbanos, N., A. Hatzigeorgiadis, S. Chroni, Y. Theodorakis, and A. Papaioannou. 2009. Automatic Self-Talk Questionnaire for Sports (ASTQS): Development and preliminary validation of a measure identifying the structure of athletes' self-talk. *Sport Psychologist* 23: 233–251.

Zourbanos, N., A. Hatzigeorgiadis, M. Goudas, A. Papaioannou, S. Chroni, and Y. Theodorakis. 2011. The social side of self-talk: Relationships between perceptions of support received from the coach and athletes' self-talk. *Psychology of Sport and Exercise* 12: 407–414.

Zourbanos, N., A. Papaioannou, E. Argyropoulou, and A. Hatzigeorgiadis. 2014. Achievement goals and self-talk in physical education: The moderating role of perceived competence. *Motivation and Emotion* 38: 235–251. doi:10.1007/s11031-013-9378-x

关于作者

　　詹姆斯·R. 莫罗（James R. Morrow）是美国北得克萨斯州大学的杰出名誉教授。莫罗长期从事人体表现测量与评价课程的教学工作。他撰写过150余篇有关测量与评价、体适能、体力活动以及计算机运用方面的文章，还进行过约300场的专业演讲。同时，他还使用本书介绍的多种相关技巧进行过重大研究。

　　莫罗担任过美国运动学学会（NAK）的会长，以及美国体适能与体育科学总统委员会的主席。他曾获得美国奥林匹克委员会（USOC）、美国疾病控制与预防中心（CDC）、美国卫生研究院（NIH）和库珀研究院（Cooper Institute）的研究资助。他是美国国家运动医学学会（ACSM）、美国运动学学会（NAK）及北美健康、体育、娱乐、运动和舞蹈协会的会员。他还是美国健康与体育教育者学会（SHAPE America）的研究员。莫罗还担任美国健康、体育、娱乐

照片由北得克萨斯州大学的乔纳森·雷诺兹（Jonathan Reynolds）提供

和舞蹈联盟（AAHPERD）测量与评价委员会的主席，并且获得了该委员会颁发的荣誉奖。他开发出了4个体适能测评系统，其中包括AAHPERD健康相关体适能测评（AAHPERD Health–Related Physical Fitness test）。他在1989～1993年担任过《锻炼与运动研究季刊》（*Research Quarterly for Exercise and Sport*）的主编，还是《运动医学与科学》（*Medicine and Science in Sports and Exercise*）杂志的合作创始人之一。他爱好打高尔夫、阅读、旅行以及陪伴他的孙子们。

　　戴尔·P. 穆德（Dale P. Mood）现任科罗拉多大学波尔得分校艺术与科学系的名誉教授，此前担任过该系的副主任。穆德自1970年以来一直从事测量与评价、统计学和研究方法课程的教学工作，同时在这些领域发表过很多著作，其中包括47篇文章和6本书。他还长期担任美国国家橄榄球大联盟（NFL）5支球队的顾问，以及美国健康、体育、娱乐和舞蹈联盟（AAHPERD）测量与评价委员会的主席。他还担任《运动医学与科学》（*Medicine and Science in Sports and Exercise*）、《体育测量与运动科学》和《锻炼与运动研究季刊》的评审专家。闲暇时，穆德喜欢阅读、主持夏季游泳联赛、旅行以及关注他的17个孙子孙女参加的相关活动，同时还热衷参与各种体力活动。

感谢戴尔·P. 穆德（Dale P. Mood）提供照片

詹姆斯·G. 迪施（James G. Disch）是莱斯大学体育管理系的副教授。1986～1991 年，他曾在莱斯大学理查德森学院攻读硕士。1995～2001 年，他曾任莱斯大学人体运动学系的主任。在应用测量、体育预测和应用体育科学领域，迪施已经撰写了大量的论文、手册和文本。自1974 年以来，他一直是美国健康、体育、娱乐与舞蹈联盟（AAHPERD）的会员，他曾先后担任过美国健康、体育、娱乐与舞蹈联盟测量与评价委员会的主席、干事和顾问委员会成员。他还曾担任得克萨斯体育娱乐与舞蹈联合会（TAHPERD）大学部的副主席，并担任过许多分会的主席。迪施现在还担任《锻炼与运动研究季刊》和《运动医学与科学》杂志的评审专家。

感谢詹姆斯·G. 迪施（James G. Disch）提供照片

迪施长期担任多个有关测量与评价的研讨会和讨论会的协调员，他曾是 1980 年美国健康、体育、娱乐与舞蹈联盟健康相关体适能测评系统开发的一名主要贡献者，并一直担任多支奥运队和专业队伍的顾问。在 1999 年，他获得了国家测量与评价委员会荣誉奖，在 2012 年荣获年度得克萨斯体育娱乐与舞蹈联合会最佳学者称号。他曾在 2009～2014 年担任 RBI 基金会董事会成员。

迪施现任积极教练联盟（PCA）休斯敦分会的主席。现在，他还担任乔·尼克罗基金会（Joe Niekro Foundation Knuckleball）的规划委员会委员。

姜敏寿（Minsoo Kang）是中田纳西州立大学健康与人体表现系的教授。他毕业于伊利诺伊大学厄巴纳和尚佩恩校区，获得人体运动学（测量与评价）的博士学位，主修项目是反应理论（IRT）、拉希模型（Rasch）和心理测验学。

姜敏寿的研究重点是测量和统计方法，以及它们在测评体力活动和缺乏运动行为中的各项应用。他发表了 70 余篇期刊文章，参与了 9 本书的撰写，并提出了 200 多个研究项目。他教授的课程包括数据分析、研究方法、meta 分析以及当前人体表现领域的测量问题。

感谢姜敏寿（Minsoo Kang）提供照片

姜敏寿是美国国家运动医学学会（ACSM）和美国健康与体育教育者学会（SHAPE America）的会员。他长期担任美国健康、体育、娱乐与舞蹈联盟测量与评价委员会的主席，并获得过该委员会的荣誉奖。姜敏寿还曾荣获中田纳西州立大学颁发的杰出研究奖。他现在担任《锻炼与体育研究季刊》的副主编，《体育测量与运动科学》（*Measurement in Physical Education and Exercise Science*）的栏目编辑以及这些杂志的编委会成员。他喜欢打羽毛球、高尔夫和网球。

关于供稿人

艾伦·W. 杰克逊（Allen W. Jackson）是北得克萨斯大学的杰出教授，并自 1978 年起在该校长期教授人体运动学的研究、统计和计算机应用等课程。他在测量与评价领域发表了大量的著作，其中包括 100 多篇文章以及 200 多篇科学论文。他曾获美国疾病控制与预防中心（CDC）、美国卫生研究院（NIH）、罗伯特·伍德·约翰逊基金会（the Robert Wood Johnson Foundation）以及库珀研究所（Cooper Institute）提供的研究资助。他还担任《体育测量与运动科学》《运动医学与科学》《锻炼与运动研究季刊》和《儿科杂志》（the Journal of Pediatrics）的评审专家。

杰克逊于 1978 年获得休斯敦大学的教育博士学位。他现为美国国家运动医学学会、美国运动学学会和美国健康与体育教育者学会的会员，此前曾担任美国体适能与体育科学总统委员会科学理事会会员。杰克逊博士热衷心肺适能调节、步行和阻力训练等休闲活动。

约瑟夫·F. 柯恩斯（Joseph F. Kerns）是迈阿密大学俄亥俄州牛津校区的一名研究生，现担任罗伯特·S. 温伯格（Robert S. Weinberg）博士的研究生助理。他本科毕业于华盛顿州立大学，曾从事私人教练和营养顾问工作。同时，他还曾以主题专家的身份向美国国家运动医学学会提供咨询服务。他计划完成硕士学业后成为一名表现心理学专家，为军方提供服务。

杰克琳·L. 伦德（Jacalyn L. Lund）现为佐治亚大学亚特兰大校区人体运动学和健康系的主任兼教授。她曾在公立学校从教 16 年，然后进入俄亥俄州立大学攻读博士学位，为她的第二事业——教师培训教育做准备，于 1990 年获得博士学位。伦德博士曾在无数的研讨会上进行过有关测评的演讲，并教过无数的体育测评方面的课程。

伦德博士 40 多年来一直是美国国家运动与体育教育协会（NASPE）的会员，并长期担任美国国家运动与体育教育协会的主席。她曾参与开发 1995 年 NASPE 体育教育内容标准。2009 年，她荣获美国国家运动学和体育高等教育协会（NAKPEHE）颁发的杰出服务奖，并于 2013 年进入 NASPE 的名人堂。2015 年 3 月，伦德博士当选为美国健康与体育教育者学会的候任主席。她喜欢陪伴家人、跳舞、阅读以及牵着狗散步。

罗伯特·S. 温伯格（Robert S. Weinberg）现任迈阿密大学俄亥俄州牛津校区人体运动学和健康系的教授。温伯格在体育心理学学术和应用方面拥有 30 多年的经验。他在众多学术杂志上发表过 150 余篇文章，还撰写了许多适合教练、运动员和身体锻炼者阅读的图书、图书的章节和应用文章。他与丹·古德尔（Dan Gould）合著的《体育和运动心理学基础》（Foundations of Sport and Exercise Psychology）是体育心理学领域最畅销的图书之一。

温伯格曾被同行们选为北美地区十佳体育心理学家。他曾分别担任体育和身体活动心理学北美学会（NASP-SPA）以及应用体育心理学协会（AASP）的主席。他现在是应用体育心理协会（AASP）、美国精神病学协会（APA）和美国运动学学会（NAK）

的会员。同时，他也是一名应用体育心理学协会（AASP）的认证顾问，向参与各种体育项目的各个年龄段的运动员提供咨询服务。

温伯格于 2005 年荣获迈阿密大学授予的"体育心理学杰出学者"称号。此外，他曾担任《应用体育心理学杂志》（*the Journal of Applied Sport Psychology*）的编辑，并于 1998 年当选为迈阿密大学教育与联合专业学院的杰出教师。闲暇时，他喜欢打网球、旅行和园艺。

关于译者

黎涌明，博士，上海体育学院教授、博士研究生导师，国家体育总局体育科学研究所特聘研究员，"黑马科学训练坊"微信公众号创办人。本硕博分别毕业于北京体育大学、清华大学和（德国）莱比锡大学，研究方向为人体运动的动作和能量代谢、训练监控与评价、体能训练。近年来承担国家级课题 2 项，在国内外期刊发表文章 60 多篇。2016 年入选国家体育总局优秀中青年专业技术人才百人计划，获上海市青年教师教学竞赛三等奖；2017 年获上海市海外高层次人才称号，入选上海市青年拔尖人才开发计划；2020 年获霍英东基金青年教师奖三等奖。

刘阳，上海体育学院教授、博士研究生导师，上海市学生体质健康研究中心研究员，芬兰于韦斯屈莱大学健康科学博士。目前研究方向主要为体育与健康教育，运动与健康促进。在国内外期刊发表文章 60 多篇，主持国家社科基金重大项目子课题和面上项目各 1 项，省部级科研及教学项目 8 项。上海市曙光学者、浦江学者，教育部首批全国高校黄大年式教师团队成员；曾获国家级教学成果奖二等奖、上海市教学成果奖特等奖、中国体育科学学会科学技术三等奖。